¡Qué chévere! 3

THIRD EDITION

Authors Andrew Bowen
Kristin Hoffman

CARNEGIE LEARNING
PITTSBURGH, PA

Acknowledgements

Chief Literacy and Languages Officer
Suzanne Simons

Editorial
Kristin Hoffman, *Senior Director*
Mercedes Valle-Harris, *Senior Editor*
Evelyn Galindo, *Senior Editor*
Anaida Morales-Droz, *Editor*

Instructional Design
Andrew Bowen, *Director*
Shaun Bauer, *Senior Instructional Designer*
Caroline Nieto, *Instructional Designer*

Design
Erica Castle, *Director*
Jayoung Cho, *Senior Visual Designer*

Production
Robert Dreas, *Director*
William Summey, *Senior Delivery Manager*

Project Management
Roberta Lenarz, *Project Manager*

Product Management
Benjamin Graff, *Senior Director*
Andréanne King, *Senior Product Manager*
Benjamin Keller, *Product Manager*
Phillip Dickey Scherk de Souza, *Product Content Specialist*

Contributing Author
Alejandro Vargas Bonilla

Credits: Acknowledgements, Literary Credits, and Photo and Art Credits follow the Index.

We have made every effort to trace the ownership of all copyrighted material and to secure permission from copyright holders. In the event of any question arising as to the use of any material, we will be pleased to make the necessary corrections in future printings. Thanks are due to the aforementioned authors, publishers, and agents for permission to use the materials indicated.

ISBN 978-1-63862-982-5

Pittsburgh, PA
E-mail: info@carnegielearning.com
Website: www.carnegielearning.com

Printed in the United States of America

29 28 27 26 25 3 4 5 6 7 8 9 10

Welcome to *¡Qué chévere! 3*

Carta a los estudiantes

¡Felicidades!

Welcome to ***¡Qué chévere! 3***! You are well on your way to becoming a proficient Spanish speaker and global citizen. What will this year of Spanish bring?

¿Qué le gustaría aprender?

Este año, me gustaría aprender más sobre... With a partner, turn and talk about the language and cultural topics that you would like to learn more about by the end of the school year. Finally, based on your conversation, present your partner to the class and share their thoughts.

¡Conversemos!

Me cambió la perspectiva porque... You have studied many different Spanish-language magazine articles, blog posts, books, news articles, songs, dishes, videos, and locations. How have they changed your perspective of the Spanish-speaking world? Turn and talk with a classmate about some of them.

¡Exploremos la cultura, en la vida real!

Seré... Trabajaré con... Viajaré a... There are a number of situations in the future where you might use Spanish. Becoming bilingual will help open many doors for you. After completing ***¡Qué chévere! 3,*** you might interact with Spanish-speaking people in your community, study or volunteer abroad, or volunteer locally to tutor younger students, work at a camp or other opportunities. After graduating from college, there are even more opportunities available. Your knowledge of the language will make you stand out as a job applicant, since this skill presents you as a person who is willing to learn new things and embrace an intercultural perspective.

Search online to learn more about jobs available in your area for bilingual candidates. Then, with a classmate, discuss a job you might have and a Spanish-speaking place that job might take you. Finally, present your information using images with captions and/or an online presentation tool to the class.

¡Empecemos!

Here are some new topics that you will learn this year in ***¡Qué chévere! 3.*** Look at the list below, and discuss with a classmate the one that interests you most.

Lenguaje	Cultura
• Talk about hypothetical situations • Describe foods in detail • Narrates stories and talk about important events	• Biodiversity in Colombia • Traditional medicinal practices • Volcanoes in Costa Rica

¡Buena suerte!

Table of Contents

UNIDAD 1 | Hola, ¿qué tal? 1

Contexto cultural: Colombia y Venezuela

UNIDAD 2 | En casa y en familia 59

Contexto cultural: Estados Unidos

Contexto cultural: España

UNIDAD 4 | Menos conflictos y más comunicación 175

Contexto cultural: Puerto Rico y República Dominicana

UNIDAD 5 | La vida de la ciudad y del campo 227

Contexto cultural: Argentina y Chile

UNIDAD 6 | ¡Vamos de viaje! 281

Contexto cultural: Panamá y Costa Rica

UNIDAD 7 | A comer bien 335

Contexto cultural: Bolivia y Perú

UNIDAD 8 | La salud 391

Contexto cultural: Guatemala y Honduras

MAPAMUNDI | La lengua española en el mundo

OCÉANO GLACIAL ÁRTICO
RUSIA
SUECIA
FINLANDIA
BIELORRUSIA
POLONIA
UCRANIA
ITALIA
MAR NEGRO
MAR CASPIO
TURQUÍA
GRECIA
TÚNEZ
CHIPRE
SIRIA
IRAQ
IRÁN
KAZAJISTÁN
UZBEKISTÁN
KIRGUIZISTÁN
TURKMENISTÁN
TAYIKISTÁN
AFGANISTÁN
PAKISTÁN
MONGOLIA
CHINA
COREA DEL NORTE
COREA DEL SUR
JAPÓN
OCÉANO PACÍFICO
TAIWÁN
FILIPINAS
INDIA
MYANMAR
LAOS
TAILANDIA
VIETNAM
CAMBOYA
SRI LANKA
MALASIA
BORNEO
INDONESIA
PAPÚA-NUEVA GUINEA
LIBIA
EGIPTO
ARABIA SAUDITA
YEMEN
NÍGER
CHAD
SUDÁN
NIGERIA
SUDÁN DEL SUR
ETIOPÍA
SOMALIA
KENIA
CONGO
TANZANIA
ANGOLA
ZAMBIA
MOZAMBIQUE
MADAGASCAR
NAMIBIA
ZIMBABUE
BOTSUANA
SUDÁFRICA
OCÉANO ÍNDICO
AUSTRALIA
NUEVA ZELANDA
OCÉANO GLACIAL ANTÁRTICO

MÉXICO

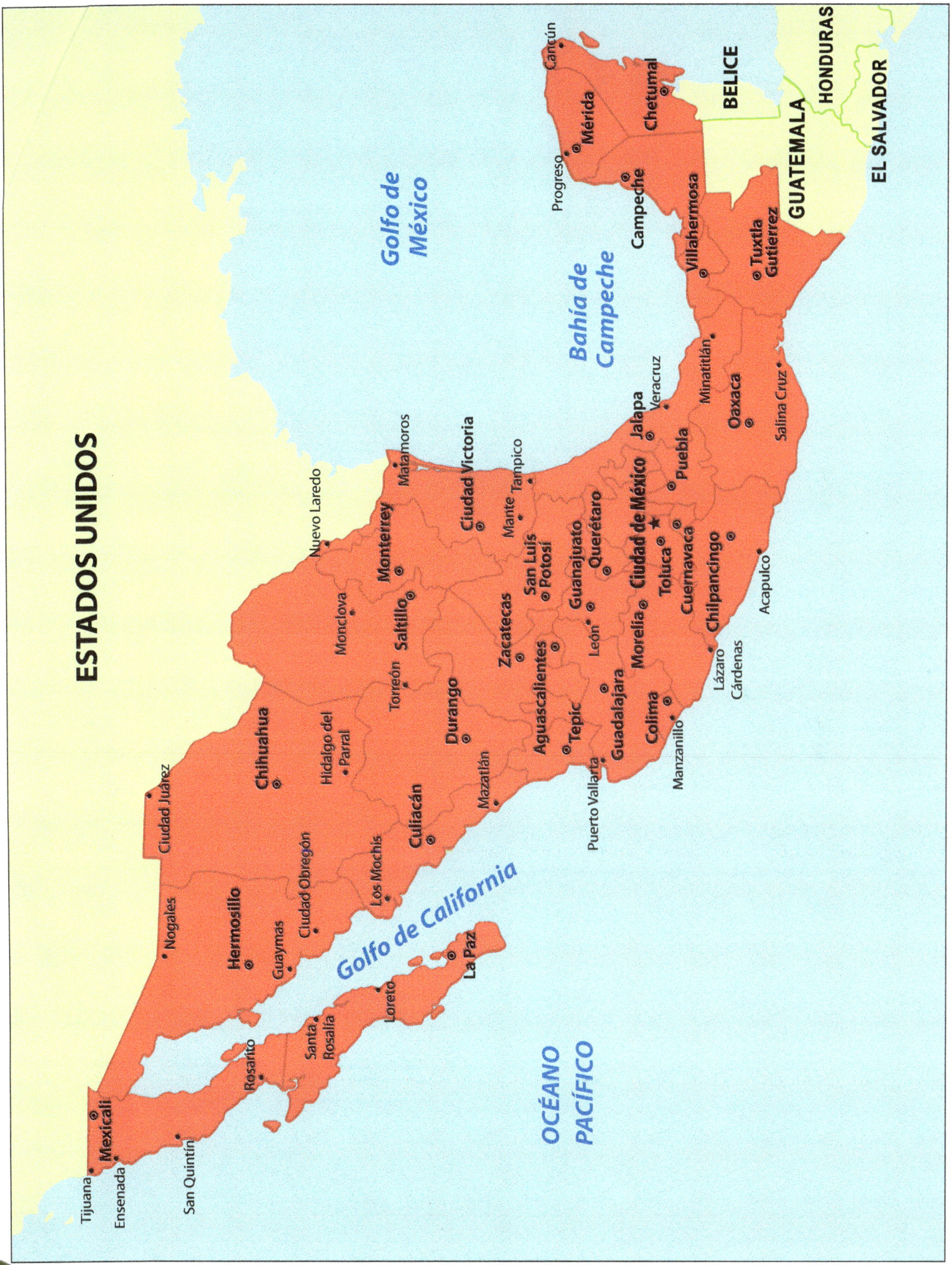
ESTADOS UNIDOS
Golfo de México
Bahía de Campeche
Golfo de California
OCÉANO PACÍFICO
BELICE
GUATEMALA
HONDURAS
EL SALVADOR
Tijuana
Ensenada
Mexicali
San Quintín
Rosarito
Santa Rosalía
Loreto
La Paz
Nogales
Hermosillo
Guaymas
Ciudad Obregón
Los Mochis
Ciudad Juárez
Chihuahua
Hidalgo del Parral
Culiacán
Mazatlán
Durango
Torreón
Monclova
Saltillo
Monterrey
Nuevo Laredo
Matamoros
Ciudad Victoria
Tampico
Mante
Zacatecas
San Luis Potosí
Aguascalientes
Tepic
Puerto Vallarta
Guadalajara
León
Guanajuato
Querétaro
Morelia
Colima
Manzanillo
Lázaro Cárdenas
Ciudad de México
Toluca
Cuernavaca
Chilpancingo
Acapulco
Puebla
Jalapa
Veracruz
Oaxaca
Salina Cruz
Minatitlán
Villahermosa
Tuxtla Gutiérrez
Campeche
Progreso
Mérida
Chetumal
Cancún

AMÉRICA CENTRAL Y EL CARIBE

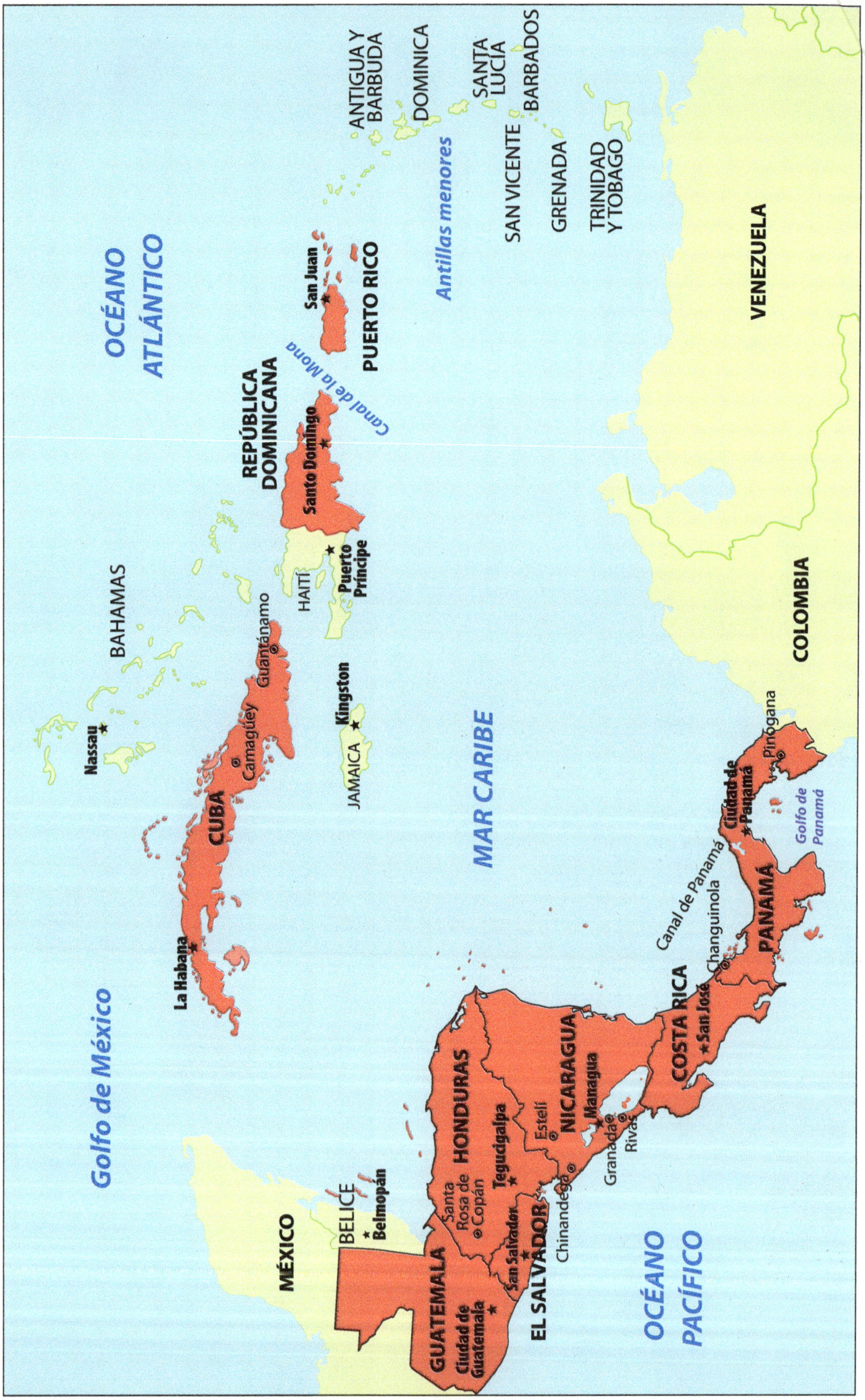

FRANCIA
MAR CANTÁBRICO
OCÉANO ATLÁNTICO
PORTUGAL
MARRUECOS
Golfo de Cádiz
MAR MEDITERRÁNEO
GALICIA
A Coruña
Santiago de Compostela
Ourense
Oviedo
Principado de ASTURIAS
León
CANTABRIA
Santander
Bilbao
San Sebastián
PAÍS VASCO
Vitoria
NAVARRA
Pamplona
LA RIOJA
Logroño
CASTILLA Y LEÓN
Burgos
Valladolid
Zamora
Salamanca
Ávila
Aranda de Duero
ARAGÓN
Zaragoza
Calatayud
Teruel
CATALUÑA
Girona
Barcelona
Lleida
Tarragona
MADRID
Madrid
Guadalajara
Tarancón
Toledo
CASTILLA-LA MANCHA
Ciudad Real
Albacete
Castellón de la Plana
Valencia
VALENCIA
Alicante
MURCIA
Murcia
Cartagena
EXTREMADURA
Mérida
Badajoz
Valencia de Alcántara
ANDALUCÍA
Sevilla
Córdoba
Linares
Jaén
Granada
Antequera
Málaga
Almería
Cádiz
Ayamonte
Ceuta
Melilla
ISLAS BALEARES
MENORCA
MALLORCA
Palma de Mallorca
IBIZA
CANARIAS
TENERIFE
Santa Cruz de Tenerife
GRAN CANARIA
Las Palmas de Gran Canaria
OCÉANO ATLÁNTICO

NICARAGUA
COSTA RICA
San José
Ciudad de Panamá
PANAMÁ
Valencia
Maracaibo
Mérida
Cúcuta
Caracas
Barcelona
Puerto España
TRINIDAD Y TOBAGO
VENEZUELA
Medellín
Bucaramanga
Puerto Ayacucho
Bogotá, D.C.
Cali
COLOMBIA
Mitú
Georgetown
Linden
GUYANA
Paramaribo
SURINAME
Cayenne
GUYANA FRANCESA
OCÉANO ATLÁNTICO
Quito
ECUADOR
Cuenca
Piura
Iquitos
Manaus
Belém
Chiclayo
Trujillo
Chimbote
Huaraz
Pucallpa
PERÚ
BRASIL
Huancayo
Lima
Ayacucho
Ica
Cusco
Juliaca
Arequipa
BOLIVIA
La Paz
Santa Cruz
Cochabamba
Tacna
Arica
Sucre
Iquique
Brasília
OCÉANO PACÍFICO
Tarija
PARAGUAY
Antofagasta
Pedro Juan Caballero
Asunción
Ciudad del Este
Río de Janeiro
São Paulo
Salta
San Miguel de Tucumán
La Rioja
Resistencia
La Serena
Pôrto Alegre
Córdoba
San Juan
Santa Fe
Tacuarembó
Valparaíso
Mendoza
Rosario
URUGUAY
Santiago
Buenos Aires
Montevideo
CHILE
ARGENTINA
Concepción
Mar del Plata
Neuquén
Bahía Blanca
OCÉANO ATLÁNTICO
Puerto Montt
Rawson
Comodoro Rivadavia
Coyhaique
Islas Malvinas (territorio británico de ultramar)
Río Gallegos
Río Grande
Punta Arenas
Georgias del sur (R.U.)

UNIDAD

1 Hola, ¿qué tal?

Refrán

Dime con quién andas y te diré quién eres.

You will be judged by the company you keep.

Pregunta clave

¿Cómo se refleja la cultura de un país en las actividades de su gente?

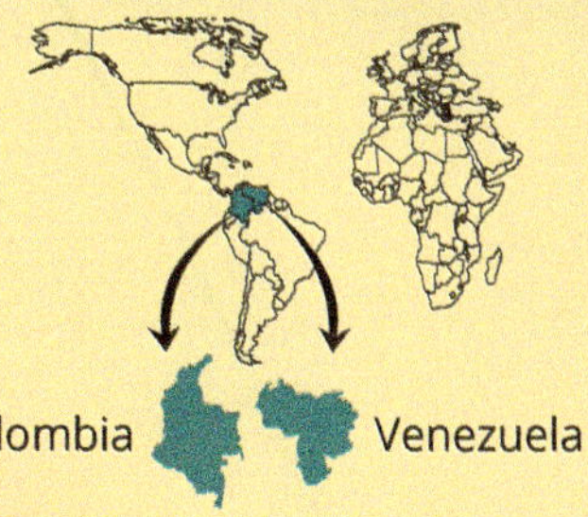

Mis metas

Lección A I will be able to:

- greet friends on the first day of school
- converse about school activities
- ask someone to hurry and respond
- express activities, abilities, and routines that happen in the present or near future
- discuss some characteristics of Colombia and its people
- converse about cultural and recreational activities in **Bogotá**
- explain how to be successful in school
- converse about and describe classmates
- express positive and negative emotions about school
- discuss some key features of Fernando Botero's work

Lección B I will be able to:

- converse about recreational activities
- discuss jobs and occupations
- ask more detailed questions
- describe professions and occupations
- discuss some ways sports and television are important in Venezuela
- converse about media in Venezuela
- communicate opinions and preferences
- analyze a short story

Y tú, ¿cuál es tu película o serie favorita?

¿Por qué quiere conseguir este trabajo?

LECCIÓN

A

Colombia

Vocabulario A1

De vuelta al colegio

Vocabulario en contexto

Colegio Simón Bolívar

Actividades | Zona del estudiante | Zona del profesor | Recursos | Calendario escolar

- Hola, ¿qué tal?
- Hazte miembro y participa
- Para tener éxito
- ¡Conoce a tus nuevos compañeros!
- ¿Buscas trabajo?
- Para divertirte

¿Quieres **hacerte miembro** de **la orquesta**?

Ven a las audiciones el viernes 15 de septiembre.

¿Te gustaría **pertenecer a**l **coro**?

Te invitamos. Tenemos **ensayos** todos los días de 4:00 P. M. a 5:00 P. M.

Acuérdate de **obedecer** las reglas del colegio. Se **establecen** para seguirlas.

Elección de**l consejo estudiantil**.

Ven a votar por tus compañeros. ¡Ellos se lo **merecen**!

¿Tienes una **actitud** positiva y quieres **colaborar** en un club interesante? ¡Ven al club de historia!

Para conversar

Para saludar amigos/as el primer día de clase:

Lorena, ¡me **parece** que siempre **desapareces** en el verano! ¿Dónde estuviste? Es importante estar presente para mantener **las amistades**.

¡Ya **aparecí**! Estuve en Bogotá con mi familia. ¡Fueron unas vacaciones **magníficas**!

¡Chévere! ¿Cuándo piensas volver?

No sé. **Tal vez** el verano próximo porque **extraño** mucho a mi familia.

Hola, Sara. Casi no te **reconozco**. ¿Cómo estás?

Bien, **pasándola**, ¿y tú?

Igualmente. Con tu nuevo *look* **te pareces** mucho a tu hermana, ¿sabes?

Para pedirle a alguien que se dé prisa y responder:

Date prisa, Carlos. **Se me hace tarde.**

Rápido, Andrea. ¡Ya son las ocho!

¡Voy **enseguida**!

PARA DECIR MÁS

ahora mismo	*right now*
¡Apúrate!	*Hurry up!*
En fin...	*Any way. . .*
¡Para nada!	*Not at all!*
¡Te lo juro!	*I swear!*
¡Tengo prisa!	*I am in a hurry!*
¡Ya voy!	*I'm coming!*

1. En el colegio

Indique la letra de la foto que corresponde con cada situación que oye.

A

B

C

D

E

F

2. Conversaciones

Complete las conversaciones con las palabras del recuadro que correspondan, según el contexto.

enseguida   obedecer   pasándola   prisa   miembro   igualmente

1. **A:** Vamos, Anita, ya son las ocho. Date ___.
   B: Está bien, mamá, salgo ___.
2. **A:** Hola, Javier. ¿Cómo estás?
   B: ___, ¿y tú?
   A: ___.
3. **A:** Nicolás, ¿por qué no te haces ___ de algún club?
   B: Porque no me gusta ___ reglas.

3. Expresiones

Empareje cada expresión de la izquierda con la más apropiada de la derecha.

1. ¡Rápido, Sandra! Tengo prisa.
2. No me aceptan como miembro de la banda.
3. ¡Me alegro mucho de verte otra vez!
4. Estás muy diferente. ¡Casi no te reconozco!
5. Pienso hacerme miembro del coro.

A. ¿Qué dices? Estoy igual.
B. ¡Chévere! Yo también pienso hacerlo.
C. ¿Por qué? ¡Tú te lo mereces!
D. Voy enseguida.
E. ¡Igualmente! Siempre desapareces en verano.

Diálogo

¿Me reconoces?

Ramiro: Ana, ¿eres tú? ¿Cómo estás?
Ana: ¿Ramiro? Estás cambiado. Casi no te reconozco.
Ramiro: Soy el mismo, pero con el pelo más corto.
Ana: ¿Por qué desapareciste del colegio?
Ramiro: Mi familia y yo nos mudamos a Cali.
Ana: ¿De veras? ¿Y cómo es tu vida allí?
Ramiro: Colaboro en varias actividades del colegio y pertenezco a un club deportivo. ¿Cómo está Pablo?
Ana: Pasándola. Ahora es miembro del coro. Si quieres lo llamo enseguida para decirle que estás aquí.
Ramiro: ¡Chévere!
Ana: Hola, ¿Pablo? ¿A que no sabes quién apareció por aquí?

4. ¿Qué recuerda Ud.?

1. ¿Por qué Ana no reconoce enseguida a Ramiro?
2. ¿Por qué Ramiro ya no va al colegio de Ana?
3. ¿Qué actividades hace Ramiro?
4. ¿En qué actividad participa Pablo?
5. ¿Qué quiere hacer Ana enseguida?

5. Algo personal

1. ¿Se encuentra Ud. a menudo con amigos de la niñez?
2. ¿Qué dicen ellos cuando lo ven? ¿Lo reconocen?
3. ¿Le gusta vivir en su ciudad? ¿Por qué?
4. ¿Con qué grupos del colegio colabora?

6. Situaciones

Escuche las siguientes situaciones. Escoja la letra de la conclusión más lógica para cada una.

1. **A.** Se me hace tarde.
   B. Pasándola.
2. **A.** ¿Cuándo lo van a establecer?
   B. ¿Por qué colaboran?
3. **A.** Es verdad, siempre se dan prisa.
   B. Es verdad, cantan muy bien.
4. **A.** No te reconozco.
   B. No lo encuentro.
5. **A.** Por eso participa en la orquesta.
   B. Por eso pertenece al consejo estudiantil.

Repaso rápido

El presente de indicativo

You are already familiar with the forms of the verbs in the present indicative.

Verbos regulares:

estudi**ar**:	estudi**o**	estudi**as**	estudi**a**	estudi**amos**	estudi**áis**	estudi**an**
com**er**:	com**o**	com**es**	com**e**	com**emos**	com**éis**	com**en**
recib**ir**:	recib**o**	recib**es**	recib**e**	recib**imos**	recib**ís**	recib**en**

Verbos con cambios en la raíz:

e → ie

p**e**nsar: p**ie**nso, p**ie**nsas, p**ie**nsa, pensamos, pensáis, p**ie**nsan

Verbos como **pensar**: comenzar, perder, querer, sentir, divertirse

e → i

p**e**dir: p**i**do, p**i**des, p**i**de, pedimos, pedís, p**i**den

Verbos como **pedir**: elegir, reír, repetir, seguir, vestirse

o → ue

p**o**der: p**ue**do, p**ue**des, p**ue**de, podemos, podéis, p**ue**den

Verbos como **poder**: almorzar, encontrar, llover, recordar, soñar

u → ue

j**u**gar: j**ue**go, j**ue**gas, j**ue**ga, jugamos, jugáis, j**ue**gan

Nos divertimos en el club de español.

Verbos con formas irregulares en la primera persona:

caber:	**quepo**	dar:	**doy**	estar:	**estoy**	saber:	**sé**
caer(se):	(me) **caigo**	hacer:	**hago**	poner:	**pongo**	salir:	**salgo**

Verbos con cambios en la raíz y formas irregulares en la primera persona:

tener:	ten**go**	t**ie**nes	t**ie**ne	tenemos	tenéis	t**ie**nen
decir:	di**go**	d**i**ces	d**i**ce	decimos	decís	d**i**cen
venir:	ven**go**	v**ie**nes	v**ie**ne	venimos	venís	v**ie**nen

Verbos con más de una forma irregular:

ser:	**soy**	**eres**	**es**	**somos**	**sois**	**son**
ir:	**voy**	**vas**	**va**	**vamos**	**vais**	**van**
oír:	**oigo**	**oyes**	**oye**	**oímos**	oís	**oyen**
ver:	**veo**	ves	ve	vemos	**veis**	ven

7. ¿Qué vamos a hacer?

Unas jóvenes hablan sobre sus actividades. Complete las conversaciones con la forma correcta del verbo que corresponda, según el contexto.

1. **A:** ¿ ___ (tú) a estudiar a la biblioteca por la tarde? (*poner / ir*)
   B: No, yo no voy, pero ___ que Marina y Julián van. (*pensar / traer*)
   A: Pero tú ___ ir con ellos en la noche, ¿no? (*poder / venir*)
   B: Sí, en la noche sí puedo.
2. **A:** ¿ ___ Uds. la tarea en el colegio? (*decir / hacer*)
   B: No, nosotras la ___ en casa. (*hacer / salir*) ¿ ___ (tú) hacer la tarea con nosotras? (*decir / querer*)
   A: ¡Sí, chévere! Nos ___ más tarde. ¡Hasta luego! (*ver / venir*)
   B: ¡Un momento, por favor! ___ que decirte dónde vive Alicia. (*tener / traer*)

Pensamos estudiar juntas esta tarde.

8. En resumen

Copie la tabla y pregúnteles a cinco personas de la clase si hacen las actividades siguientes los fines de semana. Escriba **sí** o **no** en cada espacio en blanco. Después, resuma la información en cinco o seis oraciones. Siga el modelo como guía.

MODELO

A: Elena, ¿vas al cine los fines de semana?
B: Sí, voy al cine.
A: ¿Y tú, Carlos?
C: Yo también voy.
En resumen: Elena y Carlos van al cine los fines de semana.

	Elena	**Néstor**	**Marisa**	**Carlos**	**Liliana**
ir al cine	sí	no	no	sí	no
dormir hasta tarde					
salir con amigos					
hacer aeróbicos					
ver televisión					
oír música					
leer revistas					
jugar al básquetbol					

Los verbos que terminan en *-cer, -cir*

- Verbs that end in ***-cer*** and ***-cir*** and whose endings are preceded by a vowel (for example *conocer* and *conducir*) change the ***c*** to ***zc*** in the *yo* form of the present tense.

  *¿Cono**c**es a todos los estudiantes nuevos?* Do you know all the new students?

  *No, solo cono**zc**o a Felipe Hernández.* No, I only know Felipe Hernández.

- Other verbs that follow this pattern:

aparecer *to appear, to turn up*	**desaparecer** *to disappear*	**establecer** *to establish*	**merecer** *to deserve*	**nacer** *to be born*	**obedecer** *to obey*
ofrecer *to offer*	**parecer** *to seem, to appear*	**parecer(se)** *to look like, to resemble*	**pertenecer** *to belong*	**reconocer** *to recognize*	**traducir** *to translate*

- In verbs like *convencer* where the ***-cer*** ending is preceded by a consonant, the ***c*** changes to ***z***.

  *Siempre conven**z**o a los demás fácilmente.* I always convince others easily.

  Note: These changes in spelling do not apply to the other forms in the present tense, only the *yo* form.

9. ¿Qué corresponde?

Mire las fotos y complete las oraciones con la forma correcta del verbo apropiado. Luego, indique qué oración corresponde a cada foto.

A

B

C

D

E

F

1. Mi hermana siempre me (*ofrecer / establecer*) ayuda con la tarea.
2. Anita, ¿no me (*parecer / reconocer*)? Me parece que necesitas gafas.
3. Tomás (*traducir / nacer*) perfectamente del inglés al español.
4. Ella y él se (*pertenecer / parecer*) mucho. ¡Los dos son casi iguales!
5. Andrea, tú (*conducir / traducir*) muy bien el carro.
6. Rufo siempre me (*ofrecer / obedecer*), pero Mimi no. Ella (*desaparecer / merecer*).

10. ¡Es mi turno!

Con una persona de la clase, háganse preguntas y contéstenlas. Contesten de forma afirmativa o negativa, según sea el caso.

MODELO

obedecer / tus profesores

A: ¿Siempre obedeces a tus profesores?

B: Sí, siempre los obedezco. / No, no siempre los obedezco.

1. establecer / las reglas de tu casa
2. conducir / el carro de tus padres
3. ofrecer / ayuda a tus compañeros
4. traducir / tareas en la clase de español

11. Preguntas personales

Conteste las preguntas.

1. ¿Qué clases ofrecen en su colegio?
2. ¿Cree que merece las notas que le dan en sus clases? ¿Por qué?
3. ¿A quién se parece más, a su papá o a su mamá?
4. ¿A qué grupos del colegio pertenece?

ESTRATEGIA

Learning irregular verb forms

Grouping verbs by what they have in common will help you remember their irregular forms.

For instance, the present tense endings for *ir*, *dar*, and *estar* all end in ***-oy***. Try it!

12. ¿Cómo es su mejor amigo/a?

Escriba cuatro oraciones para describir a su mejor amigo/a. Describa cómo es, a quién se parece, qué hace y a qué grupos pertenece.

13. Una entrevista

Imagine que tiene que entrevistar al nuevo estudiante de intercambio del colegio, un estudiante colombiano. Prepare una lista de preguntas para saber más sobre él y sus actividades escolares. Represente la entrevista con una persona de la clase, turnándose para hacer el papel del entrevistador y del entrevistado. Usen las siguientes palabras como guía. Tome apuntes durante la entrevista para poder presentarle al nuevo estudiante a la clase después.

Yo me parezco mucho a mi padre.

ir	jugar	llamarse	ofrecer	parecer	pensar
pertenecer	querer	ser	tener	volver	hacer

Usos del presente

In Spanish you can use the present tense:

- to describe people's activities, abilities, and routines

***Salgo** con mis amigos todos los viernes.*	**I go out** with my friends every Friday.
***Estamos** en el colegio hasta las tres.*	**We are** at school until three.
*Clara siempre **sabe** todas las respuestas.*	Clara always **knows** all the answers.

- to express actions that are happening as you speak

*¿Qué **hace** Carmen?*	What **is** Carmen **doing**?
*Hoy **hace** calor y **hace** sol.*	Today **it's** hot and **it's** sunny.

- to express immediate future actions

*¿Adónde **vas** el sábado?*	Where **are you going** on Saturday?
*Mi madre **vuelve** de Bogotá este fin de semana.*	My mother **is coming back** from Bogotá this weekend.

- to ask whether or not to do something

*¿**Cierro** la puerta?*	**Should I close** the door?
*¿**Traducimos** este párrafo primero?*	**Should we translate** this paragraph first?

- to invite somebody to join you in an activity

*¿**Hacemos** la tarea juntos?*	**Shall we do** our homework together?
*¿**Vamos** a nadar?*	**Shall we go** swimming?

14. ¿Cierto o falso?

Forme oraciones completas. Si lo que dice la oración es cierto, indique **es cierto**. Si lo que dice la oración es falso, indique **no es cierto**, y corríjala. Use el modelo como guía.

MODELO

mis compañeros / siempre hacer sus tareas en el colegio
Mis compañeros siempre hacen sus tareas en el colegio.
No es cierto. Ellos hacen sus tareas en casa.

1. mi familia y yo / nunca salir juntos los domingos
2. todos mis profesores / ser simpáticos
3. yo / ir a la biblioteca todos los días
4. mi profesora de español / siempre dar mucha tarea
5. mis amigos / no saber hablar español
6. yo / ver videos los fines de semana
7. mis amigos y yo / siempre pedir refrescos en el cine
8. los estudiantes / nunca obedecer las reglas del colegio

Mi hermano siempre hace sus tareas en la biblioteca.

15. Actividades recreativas

ClearTalk®

En parejas, túrnense haciendo y contestando preguntas sobre cuándo y con quién(es) les gusta hacer las siguientes actividades:

- ir al cine
- jugar videojuegos
- ir de compras
- practicar deportes
- navegar por la red

MODELO

ir al cine

A: ¿Cuándo te gusta ir al cine?

B: Me gusta ir al cine los domingos por la tarde.

16. Un amigo de Barranquilla

Lea este e-mail de Esteban Serrano y conteste las preguntas que siguen. Luego, escríbale un mensaje y cuéntele sobre su país, su colegio y sus actividades favoritas.

CORREO | Nuevo | Enviar | Insertar | Responder | Eliminar | Archivar | Esteban

De: Esteban Serrano

Para: Amigos

Asunto: Barranquilla

Hola, amigos:

Me llamo Esteban Serrano y vivo en Barranquilla, una ciudad al noroeste de Colombia que está junto al río Magdalena y muy cerca del mar Caribe. Vivo en el barrio El Prado, que es un lugar bastante antiguo con casas muy bonitas. El fútbol es mi deporte favorito. A veces, mi padre me lleva al Estadio Metropolitano para ver los partidos. Voy al Colegio San José. Es un colegio mixto (chicos y chicas) y también bilingüe. Acabo de empezar el tercer año de bachillerato. Mi clase favorita es la de matemáticas y pertenezco al club de ajedrez. El próximo julio voy a participar en la Olimpiada Matemática que va a tener lugar en mi ciudad. Por favor, escríbanme pronto.

Saludos,

Esteban

1. ¿Dónde está Barranquilla?
2. ¿En qué barrio vive Esteban?
3. ¿Qué dice Esteban del fútbol?
4. ¿Qué es un colegio mixto?
5. ¿Aprende otras lenguas Esteban? Si es así, ¿cómo lo sabe Ud.?
6. ¿Piensa Ud. que Esteban es un buen candidato para la Olimpiada Matemática? Explique por qué.

17. ¿Qué vamos a hacer después de clases?

Invite a una persona de la clase a hacer algo después de la escuela y el fin de semana. Usen los siguientes anuncios para decidir adónde van a ir, a qué hora, cómo van a ir, con quién van a ir, lo que van a hacer y cuándo van a regresar.

MODELO

A: ¿Tomamos clase de guitarra?
B: Sí, ¿dónde podemos tomarla?
A: En la Academia Alirio Díaz.

Red Social

Buscar personas, lugares y cosas

Editar perfil

FAVORITOS
- Noticias
- Mensajes
- Eventos
- Fotos
- Buscar amigos

GRUPOS
- Trucos videojuegos
- Críticas películas
- Fútbol

AMIGOS
- Mejores amigos
- Familia
- Colegio

INTERESES
- Cine
- Videojuegos
- Ropa
- Deportes
- La red

Eventos

+ Crear evento

Febrero

Martes, 3 de febrero

4:00 PM

Instituto de Computación Delta
www.compurrey.com
Cursos intensivos individuales y en grupos. Instituto Delta te invita.

Participar | Tal vez asista | Ocultar

Miércoles, 4 de febrero

7:00 PM

Academia de Arte Miguel Ángel
www.artemigan.com
Clases de dibujo y pintura: cursos de todos los niveles. Academia Miguel Ángel te invita.

Participar | Tal vez asista | Ocultar

Sábado, 7 de febrero

8:00 AM

Club Deportivo
Clases de tenis: canchas abiertas y bajo techo. Instructores de la Asociación Nacional de Tenis. Club Deportivo te invita.

Participar | Tal vez asista | Ocultar

Jueves, 12 de febrero

7:00 PM

Academia Alirio Díaz
Clases de piano, guitarra y canto. Academia Alirio Díaz te invita.

Participar | Tal vez asista | Ocultar

Viernes, 6 de febrero

5:00 PM

Autoescuela Florida
Clases de conducir. Preparación para el examen estatal. Autoescuela Florida te invita.

Participar | Tal vez asista | Ocultar

Sábado, 7 de febrero

9:00 AM

III—Instituto Internacional de Idiomas
Clases de inglés, español, francés, italiano, alemán y ruso, enseñadas por hablantes nativos. Niveles básicos, intermedios y avanzados.

Participar | Tal vez asista | Ocultar

Cultura

Pregunta clave ¿Cómo se refleja la cultura de un país en las actividades de su gente?

El sabor de Colombia

Colombia es un país orgulloso[1] de su belleza[2] natural, su historia y su cultura, pero sobre todo de su gente, su determinación, su optimismo y su hospitalidad. El colombiano recibe a locales y a extranjeros con alegría y amabilidad, haciendo que se sientan bienvenidos. El colombiano también se siente orgulloso de su cultura, la cual celebra y difunde[3] en eventos como la Fiesta Nacional del Café, la Feria de las Flores o el Festival de la Leyenda Vallenata —un festival de música folclórica de la región caribeña. Estos son eventos donde se siente el calor, el color y el sabor del pueblo colombiano.

Colombia es un país que valora su riqueza[4] natural y la necesidad de conservarla para las generaciones futuras, como es el caso del Parque Nacional Natural Tayrona en la costa del mar Caribe. Además de ser un santuario de fauna y flora de increíble belleza, el parque alberga[5] las ruinas arqueológicas de la civilización tayrona, uno de los grupos indígenas que habitaron la región en la época precolombina.

Mire el video para aprender más sobre la cultura de Colombia.

[1] proud [2] beauty [3] disseminates [4] richness [5] houses

BÚSQUEDA parque tayrona, fiesta del café, feria de las flores, leyenda vallenata

18. Comprensión

1. ¿Cuáles son las principales características de los colombianos?
2. ¿En qué eventos o festividades se celebran aspectos típicos de la cultura colombiana?
3. ¿Cuál es la importancia natural e histórica del Parque Nacional Natural Tayrona?

PERSPECTIVAS

"La respuesta es Colombia" es la frase que acompaña al logo-símbolo con que se conoce a Colombia en el mundo. ¿Cómo se refleja la actitud de los colombianos hacia su país en esta frase?

19. Analice

1. Escriba con sus propias palabras una oración que sirva como resumen de lo que ha leído en la lectura "El sabor de Colombia".
2. Escriba con sus propias palabras lo que entiende que quiere decir el lema (*motto*) "Colombia, realismo mágico".

¿Qué hay de nuevo? iNews

Haga una búsqueda en iNews sobre **Colombia**. ¿Qué artículos recientes ve?

PRODUCTOS

"Colombia, realismo mágico" es el nombre de la campaña de turismo que lanzó Colombia en el 2013. Colombia es la tierra del "realismo mágico" porque es la tierra de Gabriel García Márquez, autor de *Cien años de soledad* —una historia en que lo extraordinario e irreal forman parte de la vida diaria—, la obra que le mereció al autor el premio Nobel de Literatura en 1982 y con la cual se dio a conocer el nombre de Colombia en el mundo entero. La campaña fue un éxito. En la respetada publicación *Lonely Planet* del 2017, por primera vez Colombia aparece en la lista de países que hay que visitar.

la literatura

Bogotá: Centro cultural de talla mundial

El colombiano aprecia y celebra su historia y su cultura; por eso las promueve[1] en muchos eventos de varias ciudades del país. En la capital, Bogotá, funciona el programa de diseminación de la cultura "Siga, esta es su casa", que da entradas gratis a una red de museos, centros de exposición y galerías de la ciudad. El Museo del Oro —el patrimonio nacional[2] más visitado— exhibe 34.000 piezas de oro de sociedades indígenas precolombinas.

Bogotá también es el centro de eventos culturales de importancia nacional e internacional, como Expoartesanías —una de las ferias de artesanías[3] más importantes de América Latina— y la Feria Internacional del Libro, un evento muy prestigioso que promueve la lectura y la industria editorial. En el 2007, la UNESCO (*United Nations Educational, Scientific and Cultural Organization*) le dio a Bogotá el título de Capital Mundial del Libro.

En Bogotá hay actividades de recreación para todos los gustos y todas las edades. Los Festivales musicales al Parque ofrecen seis conciertos anuales, de varios días cada uno, en distintos parques de la ciudad y con entrada gratuita. Rock al Parque es el más grande, pues asisten miles de personas. También hay Jazz al Parque, Hip Hop al Parque, Ópera al Parque, Colombia al Parque y Salsa al Parque, un festival con sabor tropical. Los artistas y bandas locales se seleccionan por concurso y los seleccionados tienen la oportunidad de presentar su talento y darse a conocer[4] al lado de artistas de fama mundial.

[1] promotes [2] heritage site [3] handicrafts [4] make a name, become known

BÚSQUEDA bogotá, museo del oro, expoartesanías, feria mundial del libro bogotá, festivales al parque, ciclovía

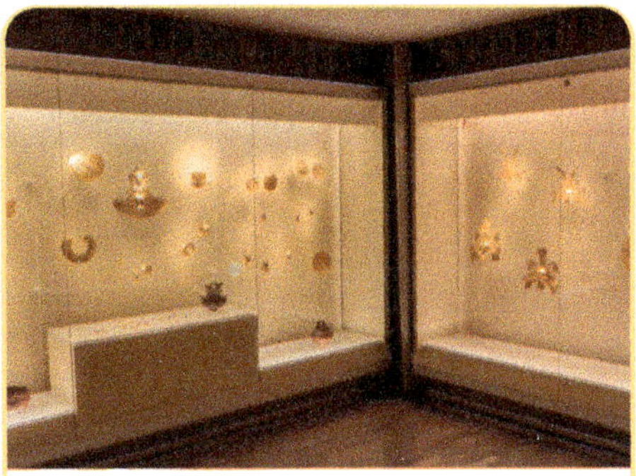

El Museo del Oro, Bogotá

COMPARACIONES

¿Hay algún programa similar al de Ciclovía de Bogotá en la ciudad o región donde vive? ¿En qué se parecen o se diferencian?

20. Comprensión

1. ¿Qué eventos culturales importantes hay en Bogotá?
2. Además de las actividades culturales, ¿de qué otras actividades recreativas disfrutan los colombianos?

21. Analice

1. ¿Por qué se considera el Museo del Oro un patrimonio nacional?
2. ¿Qué valores de la cultura colombiana se reflejan en las actividades de su gente? Dé ejemplos de las lecturas culturales y explique su respuesta.

PRÁCTICAS

Bogotá también ofrece el programa Ciclovía. Los domingos y días de fiesta se cierran casi 130 kilómetros de calles para el uso recreativo de cerca de 1 millón 500 mil personas. Bogotá también tiene 608 kilómetros de vías permanentes solo para bicicletas o "ciclorrutas".

¿Cómo va todo?

Vocabulario en contexto

Colegio Simón Bolívar

Actividades | Zona del estudiante | Zona del profesor | Recursos | Calendario escolar

- Hola, ¿qué tal?
- Hazte miembro y participa
- Para tener éxito
- ¡Conoce a tus nuevos compañeros!
- ¿Buscas trabajo?
- Para divertirte

Si quieres tener éxito, debes...

dedicar tiempo a la tarea.

ser **estudiosa**.

ser **responsable** y **trabajador**.

colaborar. Tus compañeros **dependen** de ti y tú dependes de ellos.

ser **organizada**.

participar, **asistir a** todas las clases y estar **motivado** para aprender.

prestar atención en clase.

Para conversar

Para hablar de tus compañero/as de clase:

¿**Te fijaste** en Mariana? Es una **artista** tan **talentosa**. Tendrá un **futuro** muy exitoso.

Cierto, pero no **tiene** mucha **confianza en sí misma**.

Debería estar **orgullosa** de su talento.

Y Enrique es tan **vago**, pero tan simpático como siempre...

Seguro, pero cuando decide no hacer nada, **¡no hay quien lo aguante!**

Me encanta compartir mis artículos con Juan porque es un **escritor** fantástico.

Para quejarte del colegio:

Estoy **harta** de tener malas **notas**.

¡No es justo! A mí siempre **me tocan** los profesores más **estrictos**.

PARA DECIR MÁS

chistoso/a	*funny*
fascinante	*fascinating*
fenomenal	*great*
genial	*great*
insoportable	*unbearable*

22. Roberto

Escuche las siguientes oraciones sobre cómo es Roberto. Seleccione la ilustración que corresponde con lo que oye.

A

B

C

D

E

F

23. ¿Quiere tener éxito en el colegio?

¿Qué debe hacer alguien que quiere tener éxito en el colegio? Explique.

Diálogo

¡Uf! ¡Qué problema con mi horario!

Ana: La profesora de historia es bastante estricta.

José: Sí, hay que dedicar mucho tiempo a su tarea... ¡Y de eso dependen las notas!

Ana: ¡Qué vago eres, José!

José: No soy vago... Siempre presto atención a los profesores.

Carla: Me dieron siete clases este semestre. ¡No es justo!

Ana: ¿Solo siete clases? No es mucho. Yo tengo nueve.

José: Ay, Ana, tú siempre tan estudiosa y responsable. No hay quien te aguante. Mejor me voy.

Ana: ¿Qué le pasa a José?

Carla: No está motivado y no sabe lo que le gusta.

Ana: Es muy buen futbolista. ¿Por qué no está orgulloso de eso?

Carla: Porque no tiene mucha confianza en sí mismo.

24. ¿Qué recuerda Ud.?

1. ¿Cómo es la profesora de historia?
2. ¿Qué dice José acerca de la tarea de historia?
3. ¿Qué no es justo, según Carla?
4. ¿Qué le pasa a José, según Carla?
5. ¿Qué deporte le interesa a José? ¿Cómo lo sabe Ud.?
6. ¿Qué le falta a José?

25. Algo personal

1. ¿Cómo es Ud. en el colegio?
2. ¿Cuánto tiempo le dedica a la tarea?
3. ¿Cuáles son las clases que le parecen más interesantes?
4. ¿Le gustan los deportes? ¿Cuál es su deporte preferido?
5. ¿Qué cree que se necesita para estar motivado por algo?

26. ¿Qué contesta?

Escuche las siguientes situaciones y escoja la letra de la respuesta apropiada para cada una.

A. ¡No hay quien la aguante!
B. ¡No es justo!
C. ¡Sí, a mí me tocó el mismo profesor!
D. No, no me fijo en esas cosas.
E. Debes prestarle más atención cuando habla.

Repaso rápido

Número y género de los adjetivos

- Most adjectives have a singular masculine form ending in ***-o*** and a singular feminine form ending in ***-a***. To make them plural add an ***-s***.

*Mi papá es estrict**o**.*	My dad is strict.
*Los profesores son estrict**os**.*	The teachers are strict.
*Andrea es estudios**a**.*	Andrea is studious.
*Mis amigas son estudios**as**.*	My friends are studious.

- Some adjectives that end in ***-a***, ***-e***, or a consonant have only one form for both masculine and feminine singular and one form for both masculine and feminine plural. Plural forms of adjectives that end in ***-e*** and ***-a*** add ***-s***. Plural forms of adjectives that end in a consonant add ***-es***.

*Alba Lucía no es egoíst**a**.*	Alba Lucía is not selfish.
*Mi tía es muy responsabl**e**.*	My aunt is very responsible.
*Las amigas de tu mamá son muy elegant**es**.*	Your mother's friends are very stylish.
*La clase de arte es muy popula**r**.*	The art class is very popular.
*Estos problemas no son fácil**es**.*	These problems are not easy.

- Adjectives of nationality that end in a consonant add ***-a*** in the feminine form. The masculine plural form ends in ***-es***.

*Pepe es español, pero su prima Catalina no es español**a**.*	Pepe is Spanish, but his cousin Catalina is not Spanish.
*Los padres de Manolo son español**es**.*	Manolo's parents are Spanish.

- When there is more than one subject, the masculine form is used if at least one of the subjects is masculine.

*Arturo y Valentina son muy simpátic**os**.*	Arturo and Valentina are very nice.

27. Jonás y Micaela

Complete las oraciones con la forma apropiada del adjetivo que corresponda del recuadro, según el contexto.

estupendo/a	horrible	estudioso/a	estricto/a	justo/a
fantástico/a	mucho/a	vago/a	harto/a	contento/a

¡Pobre Jonás! Él está **(1)** de su horario. Es un chico **(2)** y esta clase es **(3)**. Los profesores son muy **(4)** y tiene **(5)** tarea. En cambio, Micaela está **(6)** con su horario. Ella es **(7)**; además, tiene un horario **(8)** y profesores **(9)**. Jonás dice que no es **(10)**.

COMPARACIONES

En inglés, ¿cuáles son las reglas para cambiar una palabra del singular al plural? ¿Se cambian los adjetivos en inglés como se cambian en español?

Usos de *ser* y *estar* con adjetivos

- You have used ***ser*** with adjectives to indicate the inherent qualities of people and things.

*Mis amigos **son** responsables.*	My friends **are** responsible.
*Mi primita **es** talentosa.*	My little cousin **is** talented.
*Las rosas **son** rojas.*	Roses **are** red.

- You have used ***estar*** with adjectives to indicate temporary conditions or states of people (how somebody feels physically or mentally) and things.

*¡**Estoy** harto de tanta tarea!*	**I am** tired of so much homework!
*Mi hermano menor **está** triste porque su perro se escapó.*	My little brother **is** sad because his dog ran away.
***Está** nublado, pero no va a llover.*	**It is** cloudy, but it is not going to rain.

- Use ***estar*** with adjectives to express personal opinions; not everybody may agree with you.

*Mmm... ¡Qué rica **está** la sopa!*	Yum... the soup **is** delicious! (It tastes delicious to me.)
*La abuelita **está** linda hoy, ¿verdad?*	Granny **looks** pretty today, doesn't she? (In my opinion she looks especially pretty today.)
*¡El concierto va a **estar** estupendo!*	The concert is going **to be** wonderful!

- Some adjectives have one meaning when used with ***ser*** and another meaning when used with ***estar***. Observe the following examples:

*Todos mis compañeros **son** aburridos.*	All my classmates **are** boring.
*Todos mis compañeros **están** aburridos.*	All my classmates **are** bored.
*Adriana **es** orgullosa.*	Adriana **is** haughty.
*Adriana **está** orgullosa de su trabajo.*	Adriana **is** proud of her work.
*Mis tíos **son** listos.*	My uncles **are** smart.
*Mis tíos **están** listos.*	My uncles **are** ready.
*El mango **es** verde.*	The mango **is** green.
*El mango **está** verde.*	The mango **is** not ripe.

Mis amigos están muy aburridos.

28. Los cambios en la telenovela

Con una persona de la clase, hable sobre estas personas imaginarias y diga cómo han cambiado. Usen los adjetivos de la lista.

morena	grandes	antipáticos
triste	divertidas	alto

Ahora está alto, ¿no?

MODELO

Néstor / vago

A: Néstor es vago, ¿no?

B: ¡No! Él ahora está muy motivado.

1. el protagonista Luis / bajo
2. Carmen / rubia
3. las primas de Antonio / aburridas
4. los hermanos de Luis / pequeños
5. Carlos y su hermana / simpáticos
6. tu abuelo / alegre

29. ¡Está harto!

Víctor contesta el e-mail que le escribió su amiga Ángeles. Él no está muy contento con sus clases. Complete el mensaje que él le envía a Ángeles con la forma apropiada de **ser** o **estar**.

CORREO | Nuevo | Enviar | Insertar | Responder | Eliminar | Archivar | Víctor

De: Víctor

Para: Ángeles

Asunto: ¡Hola!

Querida Ángeles:

No tengo mucho tiempo para escribirte porque **(1)** muy ocupado. Este año las clases **(2)** difíciles y mi horario **(3)** fatal. Los profesores **(4)** muy estrictos y yo no **(5)** motivado para estudiar. Tú sabes que yo **(6)** estudioso y trabajador, pero ahora **(7)** vago y no tengo ganas de hacer nada. ¡ **(8)** harto del colegio, y las clases solo acaban de empezar! Me parece que no **(9)** justo tener tanto trabajo. Tú **(10)** una persona especial y me vas a ayudar, ¿no? **(11)** tan talentosa... Si tú **(12)** libre mañana, yo **(13)** listo para empezar. Podríamos dedicar una hora a mis estudios. ¿Qué te parece?

Hasta pronto.

Tu amigo,

Víctor

30. ¡Adivinen en quién estoy pensando!

Trabajen en grupos pequeños. Piensen en un amigo o amiga que tengan en común. Luego, túrnense para hacer preguntas, darse pistas y adivinar en quién está pensando cada uno. Pueden intercambiar información sobre la apariencia física de la persona, su personalidad, lo que le gusta y lo que no le gusta. Sigan el modelo como guía.

Ella es muy chistosa.

MODELO

A: ¿Estás pensando en un chico o una chica?
B: En una chica. Ella es muy chistosa.
C: ¿Y es talentosa?
B: Sí, pero a veces es un poco vaga.
D: ¿Tiene confianza en sí misma?
B: ...

31. Por celular

Imagine que llama por celular a su amiga Elena porque no sabe qué tarea hay para mañana. Ella tampoco sabe y le dice que llame a Mariana. Ud. no recuerda quién es ella, así es que Elena le dice todo lo que sabe sobre ella. Escriban su propio diálogo con base en el modelo y, luego, represéntenlo frente a la clase.

¿Cómo es Mariana?

MODELO

A: Hola, ¿sabes qué tarea hay para mañana?
B: Lo siento, no sé. Llama a Mariana. Ella siempre sabe la tarea.
A: ¿Mariana? No la recuerdo. ¿Cómo es ella?
B: ...

COMUNIDADES

Hablar por teléfono en español les resulta difícil a muchos estudiantes. Ud. puede hacer una conexión con alguien en su comunidad y a la vez practicar esta habilidad. Busque por Internet un negocio en su zona que pertenezca a gente hispana. Prepare una lista de preguntas acerca del negocio. Llame por teléfono y hable con alguien del negocio. No olvide tener a la mano unas expresiones útiles por si acaso necesita que repitan algo o que hablen más despacio.

¡Comunicación!

32. Con su hermana de intercambio en Bogotá

Imagine que acaba de llegar a Bogotá para participar en un programa de intercambio de tres meses. Acaba de conocer a Anita, la chica que será su hermana de intercambio durante ese tiempo, y Ud. tiene miles de preguntas. Con una compañera de clase, represente la conversación que tiene con Anita.

Ud. quiere preguntarle sobre su colegio, sus clases, sus profesores y sus mejores amigos. Quiere saber cómo son y qué hacen dentro y fuera del colegio. Anita quiere contarle sobre todas las actividades que le tienen planeadas. Túrnense para hacer las preguntas que tiene cada una y dar las respuestas.

MODELO

A: ¿Cómo son tus profesores?

B: Mis profesores son muy amables, pero son muy estrictos. Por cierto, ¿quieres asistir al concierto Salsa al Parque esta noche?

A: ¡Sí, cómo no!

¡Nos encantan los conciertos de Salsa al Parque!

33. Riqueza colombiana

Trabaje con una persona de la clase para hacer una presentación de multimedia con el propósito de promover (*promote*) el turismo por Colombia.

Busquen en Internet fotos e información sobre lugares o actividades de valor histórico o cultural. Luego, en dos o tres oraciones a pie de foto, mencionen un dato interesante del lugar o actividad y expliquen su importancia, como se ve en el modelo. Cuando terminen, hagan la presentación enfrente de la clase o pónganla en el sitio web de su colegio.

MODELO

El Museo del Oro de Bogotá cuenta con más de 34.000 piezas de oro de diferentes culturas indígenas precolombinas. Es un testimonio de la historia del país y, por eso, se considera un monumento nacional.

El Museo del Oro de Bogotá es fascinante.

Lectura informativa PRE AP

34. Antes de leer

1. ¿Sabe quién es Fernando Botero?
2. ¿Qué impresión le producen sus pinturas y esculturas? Explique.

ESTRATEGIA

Main idea and supporting details

The main idea is often a sentence that summarizes the information in a paragraph. Supporting details give more information to clarify the main idea. As you read, make note of the main idea and supporting details in each paragraph. This will help you better understand what you are reading.

¿Cuáles son las obras más famosas de Fernando Botero?

Pocos artistas hispanos contemporáneos son tan personales y, al mismo tiempo, tan famosos como Fernando Botero, colombiano reconocido principalmente por sus personajes [...] gordos. Su figurativo neobarroco tan particular, al que muchos llaman simplemente "boterismo", le ha convertido, además, en el artista latinoamericano vivo más cotizado[1]. [...] A través de sexualidad, colores chillones[2], la tridimensionalidad y el exagerado volumen de sus reconocibles personajes, Botero ha interpretado todo tipo de temáticas, desde lo cómico a lo dramático, pasando por lo mitológico y lo social, pero... ¿Cuáles son las obras más famosas de Fernando Botero? Destacables[3] son, por ejemplo, *La Mano* en el Paseo de la Castellana madrileño, o las cientos de rechonchas[4] mujeres en todo tipo de posiciones imaginables.

Las mujeres son, por supuesto, una de las más recurrentes ilustraciones también en su obra pictórica. [...] Desde *La Mona Lisa* hasta las escenas más costumbristas[5] e incluso escenas religiosas e históricas, pocos personajes se han quedado sin pasar por el caricaturesco pincel de Botero.

En los últimos tiempos, además, Fernando Botero ha entregado especial importancia a la situación política, tanto de su país como a nivel mundial. Famosa es, por ejemplo, su serie de 78 obras *Abu Ghraib*, sobre las torturas y horrores de la guerra. [...] Conocida es también su imagen de *La muerte de Pablo Escobar*, donde denuncia la extrema violencia colombiana a través de la figura del ilustre[6] narcotraficante.

La Mano, Paseo de la Castellana, Madrid

La Mona Lisa (1978), Museo de Arte Moderno de Nueva York

[1] valued [2] loud [3] notable [4] full-figured [5] everyday [6] famous

Source: www.saberia.com/cuales-son-las-obras-mas-famosas-de-fernando-botero

Note: Fernando Botero passed away in September 2023. This article predates his death.

BÚSQUEDA fernando botero, estilo neobarroco, costumbrismo

35. Comprensión

1. ¿Cuáles son los medios que usa Botero en su arte?
2. ¿Cuál es la característica principal de las obras de Botero?
3. ¿Qué temas se reflejan en las obras de Botero?

36. Analice

1. ¿Cree que tener un estilo propio, muy diferente al de los demás, es algo importante para un artista? Explique su respuesta.
2. ¿Qué opina de la frase: "al artista no le importa que hablen bien o que hablen mal de sus obras, solo que hablen"? Explique su opinión.
3. ¿Cómo se refleja la realidad de Colombia en las obras de Botero?

Extensión

la literatura

En la pintura y las artes plásticas (dibujo, fotografía, escultura, etc.), un retrato (*portrait*) es la reproducción de la imagen de personas. En la literatura, el retrato es una descripción muy detallada de personas, que permite hacerse una imagen mental no solo de su apariencia física, sino también de su personalidad. El objetivo del escritor cuando hace un retrato es "pintar" la imagen con sus palabras para que el lector la "vea" en su mente al leer el texto.

BÚSQUEDA retratos en literatura y pintura

Escritura

37. Un retrato en palabras

Haga un retrato literario titulado "Una familia especial", sobre los personajes de esta pintura de Botero. Primero, observe las características físicas de los personajes y, con base en ellas, imagine su vida y su personalidad. Copie una red de ideas, como se ve a continuación, y complete la información.

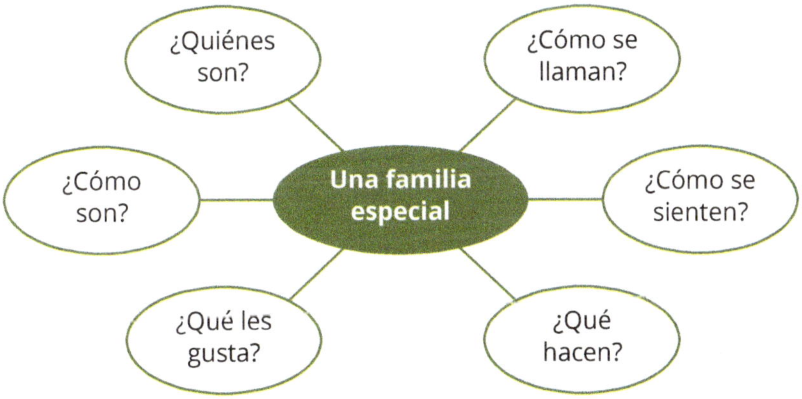

La familia colombiana (1973), de Fernando Botero, Museo de Antioquia, Medellín, Colombia

Ahora, use la información de la red para escribir un borrador (*draft*) y compártalo con una persona de la clase. Revise el borrador según sus recomendaciones y escriba la versión final. Para terminar, preséntelo frente a la clase.

PARA ESCRIBIR MÁS

la criada	*maid*
la muñeca	*doll*
amorosa	*loving*
cariñosa	*affectionate*
linda	*beautiful*

Repaso de la Lección A

A. Escuchar: ¿Un cumplido o una queja? (pp. 2-3, 14-15)

Escuche a las siguientes seis personas y diga **sí**, si lo que oye es un cumplido (*compliment*) o **no**, si es una queja (*complaint*).

B. Vocabulario/Estructura: ¿Qué dicen? (pp. 2-3, 7)

Complete cada diálogo con la forma correcta del verbo de la lista que corresponda, según el contexto.

conducir	parecer	traducir
reconocer	merecer	pertenecer

1. **A:** Hola Néstor, ¿no me ___?
   B: Sí, ahora te ___. Eres Ángel, ¿no? Tú te ___ mucho a tu hermana Carlota.
   A: No, yo me ___ a mi papá.
2. **A:** ¿ ___ Ud. a algún club?
   B: ¡Claro! Yo ___ al club de tenis.
3. **A:** ¿Piensas que yo ___ un premio por mi traducción?
   B: ¿Un premio? No, tú no ___ nada. No ___ bien del inglés al español.
4. **A:** ¡Pare, por favor! Ud. ___ muy rápido.
   B: ¿Rápido? No, siempre ___ con mucho cuidado.

C. Vocabulario: ¿Cómo es? (pp. 14-15)

Describa a su profesor o profesora y a unas personas de la clase. Use tres adjetivos diferentes para indicar cómo es cada uno y explique por qué.

MODELO

Mi compañera de clase es estudiosa y responsable. Tiene buenas notas y está motivada para aprender.

D. Estructura: ¿Cuál es la mejor respuesta? (p. 18)

Escoja la letra de la respuesta que corresponda, según el contexto.

1. ¿Cómo es tu profesor de historia?
   A. Es estricto.
   B. Está estricto.
2. ¿Vas a comer esa manzana?
   A. No, es verde.
   B. No, está verde.
3. Francisco es inteligente, ¿verdad?
   A. Sí, es muy listo.
   B. Sí, está muy listo.
4. ¿Qué tiempo hace hoy?
   A. Es nublado.
   B. Está nublado.
5. ¿Qué dice María del colegio?
   A. Es harta de las clases.
   B. Está harta de las clases.
6. ¿Cómo es el club de matemáticas?
   A. Está interesante.
   B. Es interesante.

E. Cultura: El sabor colombiano (pp. 12-13)

Nombre dos valores, lugares o actividades para cada uno de los temas de la siguiente tabla, según lo que leyó sobre Colombia.

Histórico	Tradicional	Cultural	Recreacional	Deportivo

Vocabulario

Actividades del colegio	Descripciones	Verbos		Otras palabras y expresiones
la amistad	estricto/a	aparecer (zc)	parecer (zc)	la actitud
el/la artista	estudioso/a	asistir a	parecerse (zc)	A mí me tocan…
colaborar	harto/a (de)	dedicar	pertenecer (zc)	¡Chévere!
el consejo estudiantil	magnífico/a	depender (de)	prestar atención	darse prisa
el coro	motivado/a	desaparecer (zc)	reconocer (zc)	enseguida
el ensayo	organizado/a	establecer (zc)	tener confianza en sí/ti mismo/a	Igualmente.
el escritor, la escritora	orgulloso/a	extrañar		¡No es justo!
el futuro	responsable	fijarse		¡No hay quien lo/la aguante!
hacerse miembro	talentoso/a	merecer (zc)		la nota
la orquesta	trabajador(a)	obedecer (zc)		Pasándola.
	vago/a			rápido
				Se me hace tarde.
				tal vez

Estructuras

Verbos que terminan en *-cer* y *-cir*

La mayoría de estos verbos tienen un cambio en la forma de yo: **c → zc**.

aparecer	→	apare**zc**o
reconocer	→	recono**zc**o
Nota: convencer	→	conven**z**o

Usos del presente

Se puede usar el presente para:

- describir actividades, habilidades y rutinas *Ceno con mis padres todas las noches.*
- expresar acciones que están pasando en el momento *Mi hermano estudia en su habitación.*
- expresar acciones del futuro inmediato *¿Adónde va Ud. esta noche?*
- hacer preguntas para aclarar una actividad *¿Hacemos esta tarea antes o después de clase?*
- invitar a alguien a participar en una actividad *¿Vamos al centro comercial?*

Usos de *ser* y *estar* con adjetivos

Use **ser** para describir características de personas y cosas.

*La casa **es** azul.*

*Mis amigos **son** inteligentes.*

Use **estar** para expresar opiniones personales y condiciones temporales.

*¡Estas hamburguesas **están** muy ricas!*

***Está** nublado hoy.*

Tenga cuidado con algunos adjetivos como **aburrido/a**, **orgulloso/a**, **listo/a** y **verde**. Pueden cambiar de significado según su uso con **ser** o **estar**.

Vocabulario B1

¿Qué haces en tu tiempo libre?

Vocabulario en contexto

Colegio Simón Bolívar

Actividades | Zona del estudiante | Zona del profesor | Recursos | Calendario escolar

- Hola, ¿qué tal?
- Hazte miembro y participa
- Para tener éxito
- ¡Conoce a tus nuevos compañeros!
- ¿Buscas trabajo?
- Para divertirte

Carlos Álvarez
Le encanta **montar en bicicleta**. Participa en muchas competencias y siempre es el primero en llegar. Piensa ser **ciclista** profesional o **vendedor** de bicicletas profesionales.

María Elena Martínez
Toca el piano desde los seis años. Su **sueño** es ser **música** y formar parte de una orquesta famosa.

Arturo Villanueva
Es **un atleta** excelente, dedicado y competitivo. Quiere participar en los Juegos Olímpicos y ser campeón de **esquí**.

Alicia Rodríguez
Es muy **curiosa** y le encanta **investigar** todo tipo de temas. Quiere trabajar como **bibliotecaria** o **secretaria** algún día.

Julián Robledo
Es el mejor **beisbolista** del equipo. **Se entrena** todos los días y piensa dedicar su vida al béisbol.

Cristina Salazar
Es **activa** y **atlética** y pertenece al equipo de fútbol femenino. Piensa dedicarse a una **profesión** en el mundo deportivo, por ejemplo **trabajar de entrenadora** en un club de deportes.

Colegio Simón Bolívar

Actividades | Zona del estudiante | Zona del profesor | Recursos | Calendario escolar

- Hola, ¿qué tal?
- Hazte miembro y participa
- Para tener éxito
- ¡Conoce a tus nuevos compañeros!
- ¿Buscas trabajo?
- Para divertirte

Anuncios de trabajo

Se necesitan **niñeras** con **experiencia** para cuidar niños pequeños.

Se necesitan **empleados** para **atender** a personas mayores. Deben ser **sociables** y activos porque tendrán que **pasear** mucho.

Se necesitan **mujeres** y **hombres de negocios** para un **negocio** nuevo en la ciudad.

Se necesitan jóvenes para **repartir** comida de un restaurante. Los **repartidores** deben tener carro y ser mayores de 16 años.

Se necesita asistente de **mecánico**. Debe ser bueno para **reparar** carros y ser buen **obrero** en general.

Se necesita **instructor** con experiencia para **dar clases** de guitarra en la **universidad** local.

Para conversar

Para hablar de trabajos y oficios:

¿Con quién puedo hablar **con respecto a** estos anuncios de trabajo?

¿Qué experiencia tiene para este **oficio** y **empleo**?

Soy **hábil** para...

¿Cuántas horas tiene disponibles para trabajar?

Por ahora, solo puedo trabajar un par de horas diarias.

PARA DECIR MÁS

los certificados	*certificates*
las destrezas	*skills*
las habilidades	*abilities*
cumplido/a	*reliable*
eficiente	*efficient*
a tiempo parcial	*part time*

Si te gusta trabajar afuera, puedes pensar en ser **agricultor**.

Estoy muy preparado para una **carrera** en...

Si te va bien en las matemáticas, puedes considerar ser **ingeniera**.

1. ¿Cuál es su oficio?

Seleccione la letra de la foto que corresponde con lo que oye e indique el trabajo o el oficio de cada persona.

A

B

C

D

E

F

2. ¿Qué hacen?

Lea cada oración atentamente y complétela con la palabra del recuadro que corresponda según el contexto.

con respecto	repartidor	hábil	pasear	niñera
ciclista	músicos	entrenador	atender	dar clases

1. Soy muy hábil cuidando niños; trabajo como __.
2. Jorge tiene carro y es mayor de dieciséis años. Puede trabajar como __.
3. Mi papá tiene mucha experiencia en deporte. Es __.
4. ¿Sabes algo __ a estos anuncios?
5. Somos __. Tocamos en una orquesta.
6. Me gusta sacar a __ a los perros de mis vecinos.
7. Siempre le ha gustado la bicicleta; por eso, es un gran __.
8. Es un gran guitarrista y para ganar un poco de dinero, le gusta __.
9. Su padre le enseñó a reparar carros; es un mecánico muy __.
10. Le gusta __ a personas mayores y trabajar con ellas. Es muy paciente.

Diálogo

¿Qué es tu hermana?

Rosa: Ayer vi a tu hermana Eva en el parque. ¿Qué es ella?
Víctor: Es entrenadora de un equipo de fútbol femenino. Es una entrenadora excelente.
Rosa: No sabía que el fútbol femenino era tan popular. ¿Y hay que ser muy atlética para jugar al fútbol?
Víctor: Sí, y también muy activa. ¿Quieres hablar con Eva? Ella te puede dar clases.
Rosa: Sí, ¿cuándo la puedo ver?
Víctor: Si quieres, vamos ahora.
(Más tarde)
Víctor: Hola, Eva. Rosa dice que quiere jugar al fútbol.
Eva: ¡Chévere! Entrenamos todos los días en el parque. ¿Cuándo puedes comenzar?
Rosa: ¡Ahora mismo!

3. ¿Qué recuerda Ud.?

1. ¿Qué es la hermana de Víctor?
2. ¿Cómo hay que ser para jugar al fútbol?
3. ¿Qué le sugiere Víctor a Rosa?
4. ¿Dónde se entrenan las chicas?
5. ¿Cuándo puede comenzar Rosa?

4. Algo personal

1. ¿Se entrena Ud. en algún deporte? ¿Cuál?
2. ¿Tiene algún trabajo después de la escuela o los fines de semana? Si es así, ¿qué hace?
3. ¿Tiene algún pasatiempo? ¿Cuál?
4. ¿Qué adjetivos asocia Ud. con un(a) beisbolista? ¿Y con un(a) mecánico/a?
5. Según su opinión, ¿cuál es el mejor trabajo para una estudiante?

5. ¿Qué oficios tienen?

Escuche lo que hacen las siguientes personas y escriba el oficio o profesión que asocia con esa persona.

1. Marisa
2. Ernesto
3. Raúl
4. Marta
5. Silvia
6. Andrés

Estructura B1

Usos de *qué* y *cuál/cuáles*

- ***Qué*** and ***cuál*** are interrogative words. Both of them can be translated as "what" in English, but in Spanish they have different uses.
- Use ***qué*** before a verb to ask for a definition or an explanation.

*¿**Qué** es la amistad?*	**What** is friendship?
*¿**Qué** quieres decir?*	**What** do you mean?
*¿**Qué** es eso?*	**What** is that?

- Use ***qué*** before a noun to ask for specific information.

*¿**Qué** día es hoy?*	**What** day is today?
*¿**Qué** deportes practicas?*	**What** sports do you play?

- ***Cuál*** and ***cuáles*** can also mean "which" or "which one/ones." Use ***cuál/cuáles*** before a form of *ser* when choosing between two, or among several, options.

*¿**Cuál** es tu deporte favorito?*	**What** is your favorite sport (among all the sports)?
*¿**Cuál** es la capital de Colombia?*	**What** is the capital of Colombia?
*¿**Cuáles** de los estudiantes son de Caracas?*	**Which** of the students are from Caracas?

6. ¿Qué o cuál(es)?

1. ¿ __ es la capital de Venezuela?
2. ¿ __ clases tienes los lunes?
3. ¿ __ son tus deportes favoritos?
4. ¿ __ profesión tiene tu padre?
5. ¿ __ de esos dos chicos es el novio de tu hermana, el rubio o el moreno?
6. ¿ __ es tu dirección?
7. ¿ __ haces para divertirte?
8. ¿ __ día comienzan las clases?

ESTRATEGIA

Review and recycle

Otras palabras interrogativas:

¿adónde?	*(to) where?*	**¿dónde?**	*where?*
¿cómo?	*how?*	**¿para qué?**	*what for?*
¿cuándo?	*when?*	**¿por qué?**	*why?*
¿cuánto/a?	*how much?*	**¿quién/quiénes?**	*who?*
¿cuántos/as?	*how many?*	**¿a quién/a quiénes?**	*to whom?*
¿de dónde?	*from where?*		

7. ¡Imagínese!

Imagine que Ud. tiene un trabajo después del colegio, dos días a la semana, y otro trabajo un día del fin de semana. Conteste las preguntas según esa situación.

1. ¿Qué trabajo hace en los días de semana?
2. ¿Qué días de la semana tiene ese trabajo?
3. ¿Cuántas horas trabaja cada día?
4. ¿Cuánto le pagan por hora?
5. ¿Qué día del fin de semana trabaja?
6. ¿Para quién trabaja?
7. ¿Qué hace en ese trabajo?
8. ¿En cuál de los dos trabajos le pagan mejor?

8. ¿Qué sabe de Venezuela?

la geografía

Estudie el mapa y los datos siguientes sobre Venezuela. Luego, túrnese con una persona de la clase para hacer preguntas y contestarlas. Usen **qué**, **cuál**, **cuáles** y otras palabras interrogativas según corresponda.

MODELO

A: ¿Cuál es la capital de Venezuela?
B: ...

9. Naturaventura

Hoy es el día de entrevistas para los trabajos en Naturaventura, un campamento de verano. Unas personas de la clase y Ud. piensan asistir a las entrevistas. En parejas, escriban el diálogo entre el entrevistador y el entrevistado y, luego, represéntenlo frente a la clase. Hagan preguntas con **qué**, **cuál**, **cuáles** y otras palabras interrogativas y usen la solicitud de empleo como guía.

MODELO

A: ¿Cuál es su nombre?
B: Me llamo Adriana Agudelo.
A: ¿Qué experiencia tiene?
B: ...

10. ¡Adivine quién soy!

Trabaje con una persona de la clase. Piensen en el nombre de una persona famosa y, luego, túrnense para hacerse preguntas y adivinar el nombre de esa persona. Háganse un mínimo de seis preguntas, usando **qué**, **cuál**, **cuáles** y otras palabras interrogativas, según corresponda.

MODELO

A: ¿Qué hace la persona para ganarse la vida?
B: Trabaja en el teatro.

COMUNIDADES

Busque oportunidades para trabajar como voluntario con niños de familias hispanas. Puede ser en un programa escolar o en un campamento de verano. Así hace conexiones con la comunidad y al mismo tiempo practica el español.

El verbo *ser* para describir ocupaciones o profesiones

- To describe a person's occupation, use the verb ***ser*** without the indefinite article (***un, una***).

Mi hermano ***es*** *músico.*	My brother **is** a musician.
Tú ***eres*** *futbolista, ¿no?*	You **are** a soccer player, right?
La Sra. Torres ***es*** *artista.*	Mrs. Torres **is** an artist.

- However, if an adjective is used to describe someone's profession or occupation, you must use the indefinite article (***un, una***). Compare the examples that follow with the ones above.

Mi hermano ***es un*** *músico* ***excelente****.*	My brother **is an excellent** musician.
Tú eres ***un*** *futbolista* ***muy conocido****, ¿no?*	You **are a well-known** soccer player, right?
La Sra. Torres ***es una*** *artista* ***ecuatoriana****.*	Mrs. Torres **is an Ecuadorian** artist.

UN POCO MÁS

Familias de palabras: adjetivos que terminan en *-oso/a*

Muchos adjetivos se forman agregando la terminación *-oso* u *-osa* al sustantivo. Recuerde que antes de agregar la terminación debe quitar la última vocal. Observe estos ejemplos:

Sustantivo	Adjetivo
la fama (*fame*)	famoso/a
el orgullo (*pride*)	orgulloso/a
el estudio (*study*)	estudioso/a

11. Les presento a mi familia

Juan Esteban, un estudiante colombiano, está mostrándoles fotos de su familia a sus nuevos amigos. Complete su descripción con la forma apropiada del verbo **ser** y el artículo indefinido, si corresponde.

Mi familia **(1)** bastante grande. Aquí en esta foto vemos a mi papá. Él **(2)** pianista. Tiene su propia banda y **(3)** músico bastante conocido.

En esta foto están Julia y Beatriz. Ellas **(4)** mis primas. Julia **(5)** profesora. Todos dicen que **(6)** profesora muy talentosa. Beatriz **(7)** escritora muy famosa. Escribe cuentos para niños. Este es mi hermano Tomás. Él **(8)** estudiante. Yo creo que **(9)** estudiante bastante vago, pero no todos lo creen. Papá dice que no está motivado porque sus profesores no **(10)** estrictos. ¡Qué familia!

Mis primas Julia y Beatriz

Mi papá toca el piano.

12. ¿Qué son?

Con una persona de la clase, identifique la ocupación de cada persona en las fotos y describa cómo es esa persona.

MODELO

A: Marisa es niñera, ¿verdad?

B: Sí, es una niñera excelente.

Marisa / excelente

1. Roberto / muy curioso

2. Eva y Raquel / bastante conocidas

3. Gabriela / hábil

4. Rubén / muy talentoso

5. Sra. Vélez / bastante estricta

6. Ana / muy simpática

13. Talento y profesión

ClearTalk®

En parejas, túrnense haciendo y contestando preguntas sobre las cualidades y talentos necesarios para practicar varias profesiones.

MODELO

A: ¿Qué cualidades debe tener una persona para ser atleta?

B: Debe ser una persona atlética y competitiva.

14. ¿Sabes quién es?

Trabajen en parejas. Piensen en una persona famosa para cada una de las siguientes profesiones. Luego, túrnense para preguntar quién es y cómo es cada persona. Sigan el modelo como guía.

MODELO

A: ¿Sabes quién es Yo-Yo Ma?

B: Sí, es un músico muy talentoso.

1. escritor(a)
2. cantante
3. deportista
4. actor/actriz

Cultura

PRE AP

¿? **Pregunta clave** ¿Cómo se refleja la cultura de un país en las actividades de su gente?

Un país donde el béisbol es rey

Venezuela es un país que ama[1] los deportes. Además de algunos deportes tradicionales como las bolas criollas[2] o los toros coleados[3], los deportes más populares son el béisbol, el básquetbol, el fútbol, el boxeo y el rugby, entre otros.

Tal vez por su cercanía con el Caribe y Estados Unidos, el béisbol se ha convertido en el deporte que tiene más fanáticos y genera más emoción entre los venezolanos. Para el país es muy importante seguir la carrera de los deportistas que se destacan[4] en el exterior, especialmente los beisbolistas que juegan en las Ligas Mayores, como Ronald Acuña Jr., José Altuve y Ender Inciarte, quienes tienen un gran número de seguidores. Por supuesto, también son fanáticos de las ligas locales, profesionales y las ligas menores.

A los venezolanos también les gusta el básquetbol, y el fútbol ha adquirido mucha importancia, pues el equipo nacional está logrando cada vez mejores resultados en las competencias internacionales. Para poder enviar más jugadores a las grandes ligas, Venezuela tiene una importante liga profesional, además de ligas menores y equipos de todos los niveles, en todo el país.

[1] loves, is passionate about [2] boccie (lawn bowling) [3] traditional sport similar to a rodeo [4] stand out

BÚSQUEDA deporte en venezuela, barrio adentro deportivo

Ronald Acuña Jr. de los Bravos de Atlanta

José Altuve de los Astros de Houston

15. Comprensión

1. ¿Cuál es el nombre de un deporte venezolano tradicional?
2. ¿Qué beisbolistas venezolanos juegan en las Ligas Mayores?
3. ¿Por qué ha aumentado la popularidad del fútbol entre los venezolanos?

16. Analice

1. En su opinión, ¿cómo se explica la popularidad del béisbol en Venezuela y el éxito de sus jugadores en las grandes ligas?
2. ¿Por qué es importante para los venezolanos seguir la carrera profesional de sus deportistas en el exterior?

PRODUCTOS

El programa Barrio Adentro Deportivo es una iniciativa del gobierno venezolano que les ofrece a todos los ciudadanos la oportunidad de hacer deporte y actividad física. Este programa ha contribuido a mejorar la salud de los venezolanos en general, y en particular de las personas mayores y de las personas con limitaciones físicas. También ha contribuido a mejorar la preparación de los deportistas venezolanos para competencias deportivas nacionales e internacionales.

PERSPECTIVAS

¿Qué valor venezolano se refleja en el programa Barrio Adentro Deportivo?

¿Qué hay de nuevo?

iNews

Haga una búsqueda en iNews sobre **Venezuela**. ¿Qué artículos recientes ve?

Venezuela y la televisión

La televisión es el medio de comunicación que llega a más hogares en Venezuela. Y los programas de televisión preferidos de los venezolanos son los de deportes, los concursos de belleza y las telenovelas.

Las telenovelas han sido programas de televisión muy populares en Venezuela desde los años 50, cuando llegaron al país. Inicialmente, eran adaptaciones de obras literarias famosas y, poco a poco, se empezaron a escribir guiones[1] originales para la televisión. Estos guiones incluyen episodios cargados de todo el drama que uno se pueda imaginar: amor, pasión, lealtad[2] y traición[3]. Por suerte, se transmiten diariamente; nadie quiere perderse ningún detalle[4] de la telenovela del momento. Y no duran para toda la vida como las *soap operas* estadounidenses; tienen un final, y enseguida empieza otra.

Los concursos de belleza son otro tipo de programa muy popular en Venezuela. Venezuela es reconocida mundialmente por ser un país que valora la belleza y las venezolanas están frecuentemente en los primeros lugares de los concursos de belleza. Existen escuelas famosas dedicadas a la preparación de las jóvenes candidatas y los concursos son tomados con mucha seriedad. Los venezolanos aman y siguen con pasión a sus "*misses*" antes y después de su participación en los concursos. Muchas de ellas se convierten en actrices famosas y muchas otras se vuelven personas de éxito en otras profesiones. Algunas hasta han llegado a ser candidatas presidenciales.

[1]scripts, screenplays [2]loyalty [3]betrayal [4]detail

BÚSQUEDA telenovelas venezolanas, reinados de belleza en venezuela

17. Comprensión

1. ¿Qué programas de televisión tienen más popularidad en Venezuela?
2. ¿Qué temas son más frecuentes en las telenovelas?
3. ¿Por qué son tan populares en Venezuela los concursos de belleza?

18. Analice

1. ¿Cómo cree que contribuye un programa de televisión como una telenovela a comunicar la cultura de un país?
2. ¿Por qué los temas de las telenovelas le interesan a gente de culturas tan diferentes?

Concurso de belleza en Venezuela

COMPARACIONES

¿En qué se parecen y se diferencian las telenovelas latinoamericanas y las *soap operas* estadounidenses?

PRODUCTOS

Gracias a las telenovelas venezolanas, los escritores y actores venezolanos han conquistado los corazones de fanáticos alrededor del mundo. Por ejemplo, la telenovela *Kassandra* fue traducida a muchos idiomas y exportada a países tan lejanos y de culturas tan diferentes como Japón y Bosnia. En pocos lugares del mundo se desconoce esta telenovela y en muchos países del mundo se sabe un poco más sobre la cultura de Venezuela y de América Latina, gracias a las historias que cuentan las telenovelas venezolanas.

Coraima Torres de la telenovela Kassandra

¿Vamos hoy al cine? ¡Te invito!

Vocabulario en contexto

Colegio Simón Bolívar

Actividades | Zona del estudiante | Zona del profesor | Recursos | Calendario escolar

- Hola, ¿qué tal?
- Hazte miembro y participa
- Para tener éxito
- ¡Conoce a tus nuevos compañeros!
- ¿Buscas trabajo?
- Para divertirte

Me fascinan las películas extranjeras, especialmente las **francesas**, **alemanas** e **italianas**.

Saga **de ciencia ficción** que ha encantado a las audiencias del mundo entero por su historia y sus **efectos especiales**.

Con Clark Gable y Vivien Leigh, es una de las películas **románticas** más famosas de todos los tiempos.

Esta es una película **de terror** difícil de olvidar. ¡Nunca podrás volver a apagar la luz!

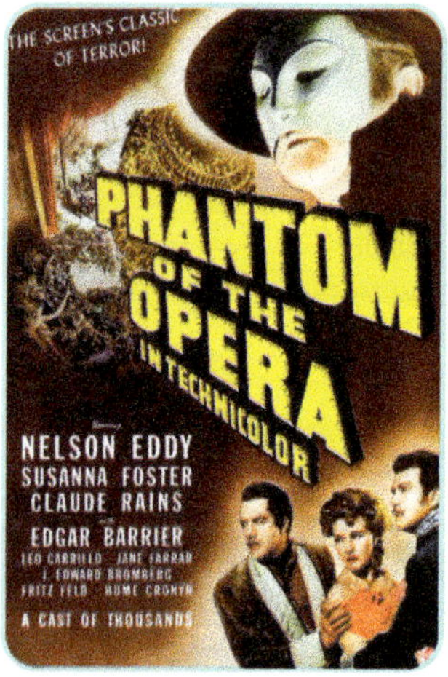

Este famoso musical, basado en la novela del francés Gaston Leroux, tiene uno de **los** mejores **guiones** para el cine.

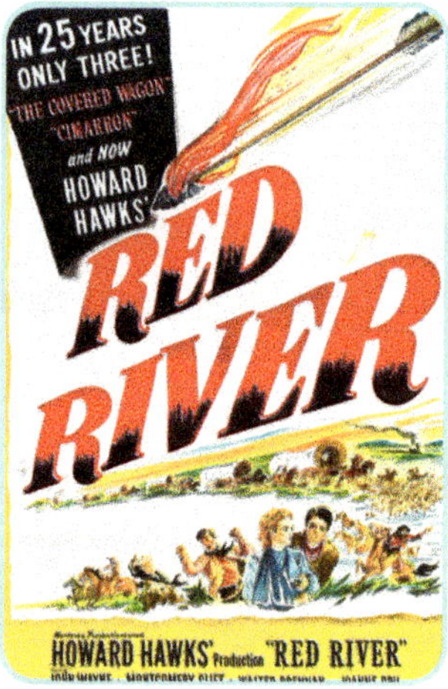

Con **la actuación** de John Wayne, quien hizo historia actuando en películas **de vaqueros** del oeste americano.

Me encantan los dibujos animados. Los personajes que **actúan** en las películas de Disney son mis favoritos.

Me encantan las series **policiacas** en la tele. Tienen de todo: aventura, romance, **drama** y acción.

También me gustan mucho los dibujos animados **japoneses**. Los artistas de **Japón** crean animes increíbles.

Para conversar

Para hablar de películas que no le gustan:

Para serte sincero, no **me caen** muy **bien** las películas extranjeras. Nunca sé **de qué se tratan**.

A mí tampoco. Si no tienen **subtítulos** en español o en **inglés** no las **entiendo**; y cuando están **dobladas**, **¡no las aguanto!**

Para hablar de programas de televisión que le gustan:

¿Qué programas de televisión te gustan más?

Me gustan los documentales porque me fascina aprender sobre eventos **reales**, pero también me gustan las películas **cómicas** y **de aventuras**.

19. ¿Cuáles se relacionan?

Escoja la palabra de la segunda columna que se relacione mejor con cada palabra de la primera columna.

1. futuro	**A.** No las aguanto.
2. documental	**B.** miedo
3. extranjera	**C.** programa informativo
4. romántica	**D.** aventuras en el oeste
5. de aventuras	**E.** policiacas/acción
6. ¿Te caen bien?	**F.** amor
7. de vaqueros	**G.** subtítulos
8. de terror	**H.** ciencia ficción

PARA DECIR MÁS

las comedias	*comedies*
las noticias	*news*
los programas de casos de la vida real	*reality shows*
los programas de detectives	*detective shows*
el reparto	*cast*
las series de misterio	*mystery series*
la trama	*plot*

20. Mis películas favoritas

Haga una lista de cinco tipos de películas y nombre la película que más le guste. Puede incluir películas extranjeras, dobladas o con subtítulos. Luego, compare su lista con las de sus compañeros.

21. ¿Qué película o programa es?

Seleccione la foto que corresponde con lo que oye.

A

B

C

D

E

F

22. ¿Qué es?

Escuche las definiciones. Escoja la letra de la palabra o frase que asocia con cada definición.

1. **A.** dibujo animado
   B. musical
   C. drama
2. **A.** romántica
   B. drama
   C. cómica
3. **A.** subtítulos
   B. guiones
   C. escenas románticas
4. **A.** documentales
   B. dramas
   C. dibujos animados
5. **A.** vaqueros
   B. ciencia ficción
   C. documentales

23. ¿Estamos de acuerdo?

Es viernes y Ud. y sus dos mejores amigos/as acaban de salir del colegio. Les gustaría ir al cine, pero aún no han decidido qué película van a ver. Haga una lista de condiciones importantes, por ejemplo: le gustan o no las películas de acción; qué tipo de película no quiere ver por nada; la hora en que puede encontrarse con sus amigos; cuánto dinero puede gastar. Después, en grupo y con la lista de condiciones en mano, túrnense para hacerse preguntas hasta llegar a un acuerdo.

MODELO

A: ¿Quieren ir a ver la nueva...?

B: ¡Absolutamente no! A mí no me gustan....

C: Bueno, bueno; lo más importante es la hora. ¿A qué hora vamos a ir...?

Me gustan las películas de vaqueros.

Diálogo

¡Me fascina este programa!

Rosa: Me fascina este programa de dibujos animados.
Víctor: Sí, además el guion es excelente.
Rosa: También me gustan las películas del Canal 20. ¿Y a ti?
Víctor: A mí también, especialmente las policiacas.
Rosa: Me encanta la ciencia ficción. Para serte sincera, me encantaría aprender a hacer efectos especiales.
Víctor: Pues aquí en el periódico hay un anuncio de una escuela de cine en Caracas. Fíjate, hay clases muy interesantes: de actuación, de efectos especiales...
Rosa: ¡Quiero ir ahora mismo!
Víctor: ¿Invito a Juan?
Rosa: ¡No, no lo aguanto! No entiende nada de cine.
Víctor: Entonces vamos solos.

24. ¿Qué recuerda Ud.?

1. ¿Qué programa le fascina a Rosa?
2. Según Víctor, ¿qué es excelente?
3. ¿Qué películas mira Víctor?
4. ¿Qué le encanta a Rosa? ¿Qué quiere aprender?
5. ¿Qué clases ofrecen en la escuela de cine de Caracas?
6. ¿Qué opina Rosa de Juan?

25. Algo personal

1. ¿Qué tipo de películas le gustan a Ud.?
2. ¿Qué programas de televisión prefiere?
3. ¿Cuál es su película favorita? ¿Y su programa favorito?
4. ¿De qué se trata su película favorita? ¿Y su programa favorito?
5. ¿Prefiere las películas extranjeras con subtítulos o dobladas? ¿Por qué?

Me encantan las películas de terror.

Estructura B2

Repaso rápido

Para hablar de gustos y preferencias: El verbo *gustar*

You are already familiar with the forms and use of the verb ***gustar*** (to like).

Note: The verb *gustar* really means "to please" or "to be pleasing," which is why the sentences use indirect object pronouns rather than subjects or subject pronouns. Two forms of the verb *gustar* are usually used in the present tense: ***gusta*** and ***gustan***.

gustar			
me **gusta/n**	*I like*	nos **gusta/n**	*we like*
te **gusta/n**	*you (informal) like*	os **gusta/n**	*you (plural) like*
le **gusta/n**	*you (formal) / he / she likes*	les **gusta/n**	*you (plural) / they like*

- Use ***gusta*** to refer to a singular noun and one or more infinitives.

  *¿Te **gusta** esa actriz?* — Do you **like** that actress?

  *Nos **gusta** actuar y cantar.* — We **like** to act and sing.

- Use ***gustan*** before a plural noun.

  *Paula, ¿te **gustan** los documentales?* — Paula, do you **like** documentaries?

- Use a plus a name, pronoun, or noun to clarify to whom you are referring or to add emphasis.

  ***A Daniel le** gusta escribir guiones.* — **Daniel** likes to write scripts.

  ***A mí me** gustan las películas de aventuras, pero **a mis amigos les** gustan las películas musicales.* — **I** like action movies, but **my friends** like musicals.

- Remember that pronouns that follow the preposition *a* are identical to the personal pronouns (*él, ella, Ud., Uds., ellos, ellas*), with the exception of *mí* and *ti*.

  ***A él** le gustan las películas dobladas, pero **a mí** no.* — **He** likes dubbed films, but **I** don't.

  ***A ti** te gustan las comedias, ¿verdad?* — **You** like comedies, right?

A mí me gustan mucho las películas románticas. ¿Qué películas te gustan a ti?

A ellos les fascinan los programas de cocina.

26. Gustos

Indique qué les gusta a las siguientes personas según las actividades que hacen. Use el verbo **gustar** y las palabras del recuadro.

los deportes | el circo | la geografía | los libros | la playa | las lenguas extranjeras

MODELO

Voy al cine o alquilo videos todos los días, es decir (*in other words*), me gustan las películas.

1. Él habla alemán, francés y español, es decir,...
2. Siempre juegas al fútbol, al tenis y al básquetbol, es decir,...
3. Ellos se divierten con los acróbatas y payasos, es decir,...
4. Cuando vamos a la biblioteca leemos novelas, cuentos, poesía, es decir,...
5. Mi hermano se pasa todo el día estudiando ríos y montañas, es decir,...
6. Mis actividades favoritas son nadar y surfear, es decir,...

27. ¿Por qué te gusta?

Trabajen en parejas. Escriban una lista de cinco lugares y una actividad que relacionen con cada lugar. Luego, intercambien (*exchange*) su lista con una persona de la clase y túrnense para preguntar y responder por qué les gusta cada actividad. Sigan el modelo como guía.

MODELO

A: ¿Por qué te gusta la playa?

B: Porque me gusta nadar. Me gustan el mar y el sol.

Nos gusta la playa.

28. Lo más popular del colegio

Hágale una encuesta a cuatro personas de la clase para saber cuáles son sus gustos favoritos en cada categoría. Luego, escriba un breve resumen de los resultados. Siga el modelo.

Nombre	actividad favorita en clase de español	clase favorita	tipo favorito de película	comida favorita	tipo favorito de música
Juan	conversar	matemáticas	ciencia ficción	pollo	rock
Chantal					

MODELO

A cinco compañeros de clase les gustan más las matemáticas.

Para expresar opiniones: Otros verbos como *gustar*

Several verbs follow the pattern of *gustar* and are also used with indirect object pronouns. The most common are: *encantar* (to like very much, to love), *fascinar* (to be fascinated), *importar* (to mind), *interesar* (to be interested), *molestar* (to matter, to bother), and *parecer* (to seem).

*Me **encanta** el cine español.*	I **love** Spanish cinema.
*A mis hermanas les **fascinan** las comedias románticas.*	My sisters are **fascinated** by romantic comedies.
*A mí no me **interesan**.*	They don't **interest** me.
*¿Te **importa** si cambio de canal?*	Do you **mind** if I change the channel?
*A papá le **molesta** cuando haces tanto ruido.*	It **bothers** Dad when you make so much noise.
*Los dibujos animados me **parecen** tontos.*	Cartoons **seem** silly to me.

UN POCO MÁS

"Entre gustos no hay disgustos".

Hay un dicho sobre gustos: "Entre gustos y colores no han escrito los doctores". Lo que es hermoso para una persona, puede ser feo para otra. Lo que es delicioso para alguien, puede ser desagradable para otro. También se dice que "en la variedad está el gusto", es decir, que hay de todo para todo el mundo o, también, que es preferible probar de todo a tener gustos limitados.

En fin... puede haber tantos gustos como opiniones.

29. Películas extranjeras

Complete el diálogo entre César y Nena usando la forma correcta de los verbos entre paréntesis y el pronombre de complemento indirecto que corresponda.

César: ¿Te gustan las películas francesas?

Nena: Sí, (***1***. *encantar*), pero para serte sincera, a veces no entiendo de qué se tratan.

César: Pero, ¿no lees los subtítulos?

Nena: Sí, pero (***2***. *molestar*) leer y ver la película al mismo tiempo. A mi hermano Nacho, sin embargo, (***3***. *fascinar*) los subtítulos porque dice que lo ayudan a aprender francés.

César: Yo estoy de acuerdo con Nacho. No (***4***. *importar*) si no puedo entender todas las palabras. A mí lo que más (***5***. *fascinar*) son la actuación y los efectos especiales.

Nena: ¡Ah, a Uds., los chicos, siempre (***6***. *fascinar*) los famosos efectos especiales!

César: (***7***. *molestar*) que digas eso, Nena. Los efectos especiales son una parte esencial del cine moderno.

Nena: Pues a mí no (***8***. *interesar*). No los aguanto, ¡ni en francés!

30. Anuncios por Internet

El Club Digital Jóvenes Caribeños puso los siguientes anuncios personales en Internet. Lea los anuncios e indique qué tipo de actividades cree que les gustan a las personas que contestan cada anuncio.

MODELO

Patricia contesta el anuncio de los Caraqueños Musicales.
A Patricia le encanta la música y quiere pertenecer a una banda.

1. Yo contesto el anuncio del Club Sherlock Holmes.
2. Pepe y Marta contestan el anuncio de Cuidemos Nuestro Ambiente.
3. Tú contestas el anuncio del Joven Artista.
4. Mariví contesta el anuncio de Amigas del Cine Romántico.

Página web

www.anunciospersonales.com

Anuncios Personales

Club Sherlock Holmes

Buscamos nuevos miembros para nuestro club de misterio. Si te fascinan los libros, películas y programas del famoso detective Sherlock Holmes, escríbenos al Club Sherlock Holmes. ¡Te esperamos!

Caraqueños Musicales

Dicen que nuestra pequeña banda de rock les fascina a todos los jóvenes caraqueños. Ahora que somos "casi" conocidos, necesitamos más músicos para nuestra banda. Si te interesa, por favor escríbenos al e-mail de arriba.

Joven Artista

Me encanta pintar y dibujar. Me fascina la obra del pintor colombiano Fernando Botero. Busco jóvenes artistas que quieran compartir mi estudio. Es grande y tiene mucha luz. Respondan, escribiendo al e-mail de arriba.

Cuidemos Nuestro Ambiente

Soy un chico de 15 años y me importa mucho la naturaleza. Busco jóvenes para caminar por el parque y observar los animales que viven allí. ¿Te interesa? Entonces, escríbeme al e-mail de arriba.

Amigas del Cine Romántico

Somos un grupo de chicas entre 14 y 17 años. Nos fascinan las películas románticas. Nos encontramos en el Cine Regio todos los sábados por la tarde. Si te interesa venir con nosotras, contáctanos al e-mail del Club Digital.

31. ¿Qué opinan?

Hágales preguntas a tres personas de la clase para saber qué les gusta y qué les disgusta (*dislike*). Use los verbos del recuadro y el modelo como guía. Tome apuntes para poder presentar los resultados a la clase.

MODELO

A: ¿Cuáles son los programas que más te gustan?
B: Me fascinan las series de detectives.

fascinar	interesar
molestar	importar
encantar	parecer tonto

¿? **Pregunta clave** ¿Cómo se refleja la cultura de un país en las actividades de su gente?

¡Comunicación!

32. Guía de programación

Lea la guía de programación para una noche de televisión en Venezuela y conteste las preguntas que siguen.

Guía de Programación

Busca, graba y planifica tu entretenimiento.

HOY 17 feb	7:00 PM		8:00 PM
VENTV 102	**Béisbol Venezuela:** Leones de Caracas-Navegantes de Magallanes		
TVAR 104	**Toque de música:** Videos de músicos nacionales e internacionales	**Independencia tecnológica:** Soluciones científicas	**Corazón en canto:** Cantantes venezolanos
VHT 105	**Tas pillao:** Bromas[1] con cámaras escondidas		**Dama y obrero[3]:** Ella es mujer profesional y él un simple trabajador, pero se quieren.
CRB 301	**Alvin y las ardillas[2] 3:** Dibujos animados (continuación)		**Amor ciego[4]:** Película. Un hombre se enamora de la belleza interior de una mujer fea.

[1] practical jokes [2] chipmunks [3] *Labor of Love* (literally, Lady and Worker)
[4] *Shallow Hal* (translated as *Blind Love* for Spanish-speaking audiences)

1. ¿En qué canal presentan películas?
2. ¿Hay alguna telenovela en la programación?
3. ¿Qué programas son apropiados para niños?
4. ¿Qué canal puede ver si le gustan los deportes? ¿Y si le gusta la música?
5. ¿Qué aspectos de la cultura venezolana se reflejan en esta programación?
6. Basándose en la guía, ¿qué clase de programas les gusta ver a los venezolanos?

33. ¿Qué quieren ver?

Imagine que Ud. y su hermano/a están leyendo la guía de televisión, pero no pueden ponerse de acuerdo sobre qué programa o película mirar. Represente la conversación una persona de la clase. Túrnense para sugerir programas y dar razones para no mirarlos. Después de tomar varios turnos, opten por (*opt to, decide on*) ir al cine y digan qué película van a ver y por qué. Usen la guía de televisión de la actividad anterior para generar ideas.

MODELO

A: ¿Por qué no vemos *Dama* y *obrero*?

B: ¿*Dama* y *obrero*? Sabes que me caen mal las telenovelas. No las aguanto.

La idea que da vueltas de Gabriel García Márquez

Sobre el autor

Gabriel García Márquez nació en Aracataca, un pueblito del caribe colombiano, en el año 1928 y falleció el 17 de abril del 2014 en la Ciudad de México. García Márquez se considera uno de los escritores más famosos de la literatura hispana contemporánea, autor de *Cien años de soledad* y ganador del Premio Nobel de Literatura en 1982.

García Márquez escribía con un estilo muy propio, conocido como realismo mágico, el cual se caracteriza por combinar los sucesos extraordinarios con los sucesos de la vida diaria, la fantasía con la realidad. Él mismo decía que muchas de las historias que hay en sus libros se las contaron sus abuelos. En los últimos años, había dividido su tiempo entre Colombia y México, donde vivía desde 1975, aunque también se la había pasado viajando como invitado a eventos, conferencias y homenajes[1] alrededor del mundo.

[1] homage, tribute

BÚSQUEDA gabriel garcía márquez

Gabriel García Márquez, ganador del Premio Nobel de Literatura

34. Antes de leer

¿Alguna vez se ha despertado con una idea que por más que quiera no puede sacarse de la cabeza? Es lo que le pasó a la protagonista del cuento que va a leer, a continuación.

35. Practique la estrategia

Mire las siguientes palabras. Cuando lea "La idea que da vueltas", búsquelas en el texto y cópielas. Una vez que haya terminado de leer, vuelva a la gráfica y escriba el significado que cree que tiene cada palabra de acuerdo con lo que acaba de leer. Luego, búsquelas en el diccionario y escriba su significado.

Palabra	Creo que significa	Significado del diccionario
presentimiento		
grave		
expandiendo		
desmantelar		

ESTRATEGIA

Context clues

Using context clues to understand new words means that you can guess the meaning of words you don't know in a reading based on the ones you know and understand.

La idea que da vueltas de Gabriel García Márquez

Les voy a contar, por ejemplo, la idea que me está dando vueltas en la cabeza hace ya varios años y sospecho que la tengo ya bastante redonda. Imagínense un pueblo muy pequeño donde hay una señora vieja que tiene dos hijos: uno de 17 y una hija menor de 14.

Está sirviéndoles el desayuno a sus hijos y se le advierte[1] una expresión muy preocupada. Los hijos le preguntan qué le pasa y ella responde: "No sé, he amanecido[2] con el presentimiento de que algo grave va a suceder en este pueblo". Ellos se ríen de ella, dicen que esos son presentimientos de vieja, cosas que pasan.

El hijo se va a jugar billar y en el momento en que va a tirar una carambola[3] sencillísima, el adversario le dice: "Te apuesto un peso a que no la haces".

Todos se ríen. Él se ríe, tira la carambola y no la hace. Pagó un peso y le preguntan: "Pero qué pasó si era una carambola muy sencilla". Dice: "Es cierto, pero me ha quedado la preocupación de una cosa que dijo mi mamá esta mañana sobre algo grave que va a suceder en este pueblo".

Todos se ríen de él y el que se ha ganado un peso regresa a su casa, donde está su mamá. Con su peso, feliz, dice: "Le gané este peso a Dámaso en la forma más sencilla, porque es un tonto". "¿Y por qué es un tonto?" Dice: "Hombre, porque no pudo hacer una carambola sencillísima estorbado[4] por la preocupación de que su mamá amaneció hoy con la idea de que algo muy grave va a suceder en este pueblo". Entonces le dice la mamá: "No te burles[5] de los presentimientos de los viejos, porque a veces salen".

[1] they notice (on her) [2] woken up [3] cannon, carom (billiards term)
[4] bothered, hindered [5] make fun

36. Comprensión

1. ¿Qué pasa con la señora que le está sirviendo el desayuno a sus hijos?
2. ¿Por qué se ríen sus hijos de ella?
3. ¿Qué le pasó al hijo que fue a jugar al billar?

37. Analice

¿En qué se diferencia lo que piensan los hijos acerca del presentimiento de su madre de lo que piensa la mamá del joven que ganó el peso en el billar?

Una pariente lo oye y va a comprar carne. Ella le dice al carnicero: "Véndame una libra de carne". En el momento en que está cortando agrega: "Mejor véndame dos, porque andan diciendo que algo grave va a pasar y lo mejor es estar preparado". El carnicero despacha[1] la carne y cuando llega otra señora a comprar una libra de carne le dice: "Lleve dos porque hasta aquí llega la gente diciendo que algo muy grave va a pasar y se está preparando, y andan comprando cosas". Entonces la vieja responde: "Tengo varios hijos, mejor deme cuatro libras". Se lleva las cuatro libras y, para no hacer largo el cuento, diré que el carnicero en media hora agota[2] la carne, mata otra vaca, se vende todo y se va expandiendo el rumor.

Llega el momento en que todo el mundo en el pueblo está esperando que pase algo, se paralizan las actividades y, de pronto, a las dos de la tarde hace calor como siempre. Alguien dice: "¿Se han dado cuenta del calor que está haciendo?" "¡Pero si en este pueblo siempre ha hecho calor!" Tanto que es un pueblo donde todos los músicos tenían instrumentos remendados[3] con brea[4] y tocaban siempre a la sombra porque si tocaban al sol, se les caían a pedazos.

"Sin embargo —dice uno—, nunca a esta hora ha hecho tanto calor". "Pero si a las dos de la tarde es cuando más calor hay". "Sí, pero no tanto calor como ahora".

Al pueblo desierto, a la plaza desierta baja de pronto un pajarito y se corre la voz: "Hay un pajarito en la plaza". Y viene todo el mundo espantado[5] a ver el pajarito. "Pero, señores, siempre han andado pajaritos que bajan". "Sí, pero nunca a esta hora".

[1] serves [2] runs out of [3] mended [4] tar [5] terrified, frightenedn

38. Comprensión

1. ¿Por qué la pariente que va a comprar la carne compra dos libras en lugar de una?
2. ¿Qué aconseja el carnicero a la siguiente señora que va por una libra de carne?
3. ¿Por qué decide la señora llevarse cuatro libras de carne?

39. Analice

¿Qué tiene que ver el calor que hace a las dos de la tarde con los músicos y la ansiedad (*anxiety*) de la gente?

40. Comprensión

1. ¿Qué hace que toda la gente vuelva a la plaza desierta?
2. ¿Qué hace el hombre que dice ser muy "macho"?

41. Analice

¿Se cumplió el presentimiento de la señora finalmente? ¿Qué cree que habría pasado si ella no les hubiera dicho (*hadn't said*) nada a sus hijos?

Llega un momento de tal tensión para todos los habitantes del pueblo, que todos están desesperados por irse y no tienen el valor de hacerlo. "Yo sí soy muy macho —grita uno—. Yo me voy". Agarra sus muebles, sus hijos, sus animales, los mete en una carreta y atraviesa la calle central donde está el pobre pueblo viéndolo. Hasta el momento en que dice: "Si este se atreve[1] a irse, pues nosotros también nos vamos".

Y empiezan a desmantelar, literalmente, al pueblo. Se llevan las cosas, los animales, todo. Y uno de los últimos que abandona el pueblo dice: "Que no venga la desgracia a caer sobre todo lo que queda en nuestra casa", y entonces incendia la casa y otros incendian otras casas. Huyen[2] en un tremendo y verdadero pánico, como en éxodo[3] de guerra, y, en medio de ellos, va la señora que tuvo el presagio[4] exclamando: "Yo dije que algo grave iba a pasar, y... me dijeron que estaba loca".

[1] dares [2] They flee [3] exodus [4] omen

42. Después de leer

Los escritores algunas veces exageran lo que cuentan para hacer que sus relatos sean más emocionantes. Esa es una característica más del realismo mágico. Vuelva a la lectura y busque cinco frases que muestren situaciones exageradas. ¿Qué quiso destacar el autor en cada una de ellas?

A. Escuchar: ¿A qué se dedican? (pp. 26-27)

Elija la letra que corresponde a la descripción de cada profesión u ocupación que oye.

A. repartidor
B. entrenador
C. músico
D. ciclista
E. niñera

B. Vocabulario: ¿Qué tipo de película es? (pp. 36-37)

Escoja la letra de la palabra que corresponda a la descripción de cada tipo de película.

1. Las películas ___ tienen actores y actrices que cantan y bailan durante toda la película.
2. Las películas ___ tienen subtítulos y a veces están dobladas.
3. Las películas ___ son aventuras de detectives con mucho drama y acción.
4. Las películas ___ tratan de aventuras en el viejo oeste americano.
5. Las películas ___ tratan de aventuras en el futuro y tienen muchos efectos especiales.
6. Las películas ___ se tratan de relaciones e historias de amor.

A. románticas
B. de vaqueros
C. policiacas
D. de ciencia ficción
E. de otros países
F. musicales

C. Estructura: ¿Qué, cuál o cuáles? (p. 30)

Complete las preguntas con **qué**, **cuál** o **cuáles**, según corresponda.

1. ¿ ___ quieres hacer esta noche?
2. ¿ ___ es tu número de teléfono?
3. ¿ ___ profesión tiene tu papá?
4. ¿ ___ clases tienes esta tarde?
5. ¿ ___ es tu clase favorita?
6. ¿ ___ son tus pasatiempos favoritos?

D. Estructura: Entre gustos no hay disgustos (pp. 40, 42)

Complete el siguiente párrafo con la forma del verbo entre paréntesis y los pronombres de complemento indirecto que correspondan, según el contexto.

En casa, a todos nosotros **(1)** **(2)** (*encantar*) mirar televisión, pero **(3)** **(4)** (*gustar*) diferentes tipos de películas. Nunca estamos de acuerdo. A mi papá **(5)** **(6)** (*encantar*) los documentales. Dice que debemos verlos, pero a mi mamá no **(7)** **(8)** (*interesar*). A ella y a mí **(9)** **(10)** (*fascinar*) las telenovelas. A mi hermano, en cambio, **(11)** **(12)** (*molestar*) muchísimo. Las historias de amor **(13)** **(14)** (*parecer*) tontas a todos. Las únicas películas que **(15)** **(16)** (*gustar*) ver a todos son las películas de ciencia ficción. **(17)** **(18)** (*fascinar*) las aventuras y los efectos especiales.

E. Cultura: Los deportes y la televisión de Venezuela (pp. 34-35)

Conteste las siguientes preguntas sobre la sección de cultura de Venezuela.

1. ¿Cuáles son los nombres de dos beisbolistas venezolanos famosos en el exterior?
2. ¿Qué otros deportes, además del béisbol, son populares entre los venezolanos?
3. ¿En qué consiste el programa Barrio Adentro Deportivo?
4. ¿Por qué son importantes los concursos de belleza para las jóvenes venezolanas?
5. ¿Cuáles son los temas comunes en las telenovelas venezolanas y del mundo hispano en general?

Vocabulario

Actividades

atender (ie)
dar clases
entrenarse
investigar
montar en bicicleta
pasear
reparar
repartir
trabajar de

Para hablar del cine y del teatro

la actuación
los efectos especiales
el guion (pl. los guiones)
los subtítulos

Para hablar de ocupaciones

el agricultor, la agricultora
el atleta, la atleta
el beisbolista, la beisbolista
el bibliotecario, la bibliotecaria
la carrera
el ciclista, la ciclista
el empleado, la empleada
el empleo
el entrenador, la entrenadora
el esquí
la experiencia
el hombre de negocios
el ingeniero, la ingeniera
el instructor, la instructora
el mecánico, la mecánica
la mujer de negocios
el músico, la música
el negocio
el niñero, la niñera
el obrero, la obrera
la profesión
el repartidor, la repartidora
el secretario, la secretaria
el vendedor, la vendedora

Tipos de películas/programas

de aventuras
de ciencia ficción
cómico/a
doblado/a
el documental
el drama
policiaca
romántico/a
de terror
de vaqueros

Adjetivos

activo/a
alemán, alemana
atlético/a
curioso/a
francés, francesa
hábil
inglés, inglesa
italiano/a
japonés, japonesa
real
sociable

Expresar opiniones

Me cae bien/mal.
No lo/la aguanto.
Para serte sincero/a

Otras palabras y expresiones

actuar
con respecto a
¿De qué se trata?
entender (ie)
el oficio
el sueño
la universidad
Japón
por ahora

Estructuras

¿Qué es? vs. *¿Cuál es?*

Use **¿qué es?** para obtener una definición o información sobre una profesión o nacionalidad.

Use **¿cuál es?** para elegir entre varias posibilidades.

Verbos como *gustar*

Los siguientes verbos se usan como el verbo **gustar**, con pronombres de complemento indirecto (*indirect object pronouns*): **encantar**, **fascinar**, **interesar**, **importar**, **molestar** y **parecer**.

*Las películas de ciencia ficción no **me interesan** para nada.*

*¿**Te encantan** los libros románticos?*

*A mi hermana **le molesta** tu hermanito.*

Biodiversidad en Colombia

Por su posición geográfica, Colombia tiene el orgullo de contar con una biodiversidad superlativa. Tiene zonas de todos los climas, desde montañas a desiertos, selvas y playas, en los que se establece una amplia variedad de especies de flora y fauna.

En este país se pueden encontrar miles de especies de aves como la guacamaya[1] y los loros[2] en la Amazonia, cuyos cantos al atardecer se parecen a la sinfonía de una orquesta. Los páramos[3] del país, además de ser el origen de casi todo el sistema de ríos, son el hogar de mamíferos como el oso de anteojos.

No es justo que, especies como el oso de anteojos y felinos como el jaguar, estén en peligro de extinción. La caza furtiva[4] y la deforestación son los responsables de la disminución de estas especies. Hay que darse prisa en encontrar soluciones y prestar atención a los factores que las amenazan. Por esto, el gobierno se ha visto motivado a dedicar estrictos esfuerzos para reconocer las especies en peligro y evitar su desaparición. Se ha fijado la meta de cinco años para recuperar la población de estos animales.

Igualmente, merece la pena hablar de la colaboración de organizaciones nacionales e internacionales, tanto privadas como públicas, como por ejemplo *The Nature Conservancy*, que con su trabajo, han hecho posible que se recuperen zonas que estaban en peligro de daño[5] total.

[1]macaws [2]parrots [3]highland plains [4]poaching [5]damage

BÚSQUEDA biodiversidad de colombia, la amazonia

Vegetación acuática en la Amazonia

Oso de anteojos, en peligro de extinción

COMPARACIONES

¿Cómo es el clima donde vive? ¿Tiene tanta variedad como el clima de Colombia?

PRODUCTOS

Colombia tiene un sistema de parques naturales con 136.515 km² de territorio. Los 103 parques nacionales y regionales empezaron a ofrecer programas de ecoturismo comunitario en el 2004. Como resultado de los programas de ecoturismo, el número de visitantes incrementó de 441.260 en el 2005 a 1.433.949 en el 2022.

PRACTICAS — **la ecología**

El gobierno de Colombia colabora con varias organizaciones sin fines de lucro (*ONG*) para proteger su biodiversidad. Hay organizaciones nacionales y también grupos internacionales que tienen oficinas en Colombia, como *Green Peace* y *World Wildlife Fund*. La colaboración entre *ONG* y gobiernos es importantísima en la lucha para proteger el medio ambiente de Colombia.

A. Comprensión

1. ¿De qué depende la biodiversidad de Colombia?
2. ¿Cuáles son las causas principales del peligro de extinción de algunas especies de animales y por qué?

B. Analice

1. ¿Qué valores (*values*) colombianos se reflejan en los programas de recuperación de especies en peligro?
2. ¿Por qué cree que el gobierno de Colombia colabora con organizaciones internacionales para proteger su biodiversidad?

Colegios Amigos del Turismo

En Colombia, hay 300 colegios (aproximadamente 300.000 estudiantes) que se integran al programa "Colegios Amigos del Turismo". El objetivo del programa es la promoción del turismo sostenible[1] y por ello entrega becas[2] a estudiantes con excelentes notas para que estudien una carrera en el área del turismo sostenible. En el Ministerio de Comercio, Industria y Turismo se cree que los niños y los jóvenes son el futuro en esta materia, por esta razón se busca desarrollar[3] talento humano que pueda promover la biodiversidad de Colombia, su cultura y su historia.

[1]sustainable [2]scholarships [3]to develop

BÚSQUEDA colegios amigos del turismo

Estudiantes reciben becas del programa "Colegios Amigos del Turismo".

C. Comprensión

1. ¿Cuál es el objetivo del programa "Colegios Amigos del Turismo"?
2. ¿Cuántos colegios participan en el programa?
3. ¿A quiénes les dan becas?
4. ¿Cómo se puede promover la biodiversidad de Colombia?

COMPARACIONES

¿Hay programas de turismo sostenible donde vive Ud.? ¿Cuáles son los requisitos para estudiar una carrera en esa área?

D. Analice

1. ¿Cree que es necesario un buen programa de turismo sostenible en Colombia? ¿Por qué?
2. ¿Cuál es la relación entre el turismo sostenible y la conservación de biodiversidad en Colombia? ¿Cuáles son los puntos positivos o negativos?

PERSPECTIVAS

Colombia se ha dado cuenta de que tiene que garantizar el futuro del medio ambiente (*environment*) y carreras para los jóvenes de hoy. ¿De qué manera la creación de trabajos en el turismo sostenible cumple estos objetivos?

El rincón del arte

La biodiversidad de Colombia ha sido la inspiración de muchos artistas. Catalina Estrada, una famosa artista colombiana, usa la naturaleza en sus diseños que se conocen en todo el mundo. Esta pintura de guacamayas en un bosque tropical de Colombia muestra una fantasía de la flora y fauna de Colombia. El estilo es surrealista, inspirado en las texturas y colores de la realidad. Catalina Estrada pinta la esencia de los objetos, no los detalles biológicos reales. ¿Qué expresa Catalina Estrada en sus pinturas? Explique.

¡Qué chévere es la vida! **Regresamos al colegio**

año escolar *school year* **¡qué pereza!** *what a drag!* **nos echarás de menos** *you'll miss us* **sin duda** *that's for sure*
¡Qué padre! *Awesome! [Mexico]* **despejar la mente** *clear your head*

E. Comprensión

1. ¿Qué hicieron los chicos durante el verano?
2. ¿Cómo es la clase de cálculo?
3. ¿Cuál fue la sorpresa de la señora King al final del año escolar pasado?

F. Analice

1. ¿Por qué cree Ud. que le dijeron a Pepe que es importante ser voluntario?
2. ¿Cómo podría Pepe usar su español como voluntario?
3. ¿Está Ud. de acuerdo con que la participación en actividades extracurriculares es necesaria?

¿? **Pregunta clave** ¿Cómo se refleja la cultura de un país en las actividades de su gente?

A. ¡Manos a la obra!

Las actividades de los jóvenes colombianos y venezolanos reflejan sus valores culturales. Para alguien que no pertenece a esas culturas, puede ser difícil integrarse. Trabajando en grupos pequeños, creen una guía de actividades para un grupo de estudiantes de intercambio que va a pasar un semestre en Colombia o Venezuela. Pueden incluir información sobre los colegios, los lugares históricos que se pueden visitar y las actividades culturales y de recreación que se pueden realizar en el país. Usen recursos de Internet e incluyan ayudas visuales en su guía. Presenten su guía a la clase.

ESTRATEGIA

Making a list

Sometimes it is helpful to make a list before writing to help you organize your ideas:

- *lugares históricos*
- *actividades culturales*
- *actividades recreativas*
- *actividades deportivas*

B. En resumen

Explique cómo los siguientes temas reflejan la cultura de Colombia o de Venezuela.

Tema	Cultura colombiana	Cultura venezolana
la Ciclovía	refleja la pasión de los colombianos por el ciclismo y la creencia de que hacer ejercicio es importante	
la campaña publicitaria "Colombia, realismo mágico"		
Parque Nacional Natural Tayrona		
la Fiesta Nacional del Café		
el programa "Siga, esta es su casa"		
Expoartesanías		
las telenovelas		
los concursos de belleza		
el programa Barrio Adentro Deportivo		
la biodiversidad en Colombia		
el programa "Colegios Amigos del Turismo"		

C. ¡A escribir!

Imagine que conoció a un(a) nuevo/a amigo/a en un programa de ePal del colegio. Escríbale y cuéntele cómo es Ud. Cuéntele de su colegio, su horario de clases, sus profesores y las personas de la clase. Mencione las actividades y los deportes que hace y los programas de televisión y películas que le gustan o no le gustan. Para terminar su e-mail, incluya varias preguntas para conocer mejor a su nuevo/a amigo/a.

PARA ESCRIBIR MÁS

¿Cómo te va en...?
How do you do in...?

¿Qué haces para...?
What do you do to...?

¿Qué te parecen tus...?
What do you think of...?

D. Colombia es la respuesta

la geografía

Colombia ofrece una gran variedad de actividades al turista. Trabaje con una persona de la clase para investigar los siguientes temas y crear una presentación. Visiten el sitio web del departamento de turismo de Colombia para conseguir información. ¡No se olviden de cambiar el idioma del sitio al español! Incluyan en su presentación un mapa y un sistema de íconos para indicar las actividades que se pueden realizar en el país y, luego, hagan la presentación frente a su clase.

- las zonas geográficas
- los fenómenos naturales más importantes
- las ciudades más importantes
- las actividades principales de aventura que se practican en cada lugar investigado

Si no encuentran todo lo que buscan, escojan su red social preferida para ponerse en contacto con la gente del departamento de turismo y pedir lo que les falte.

E. Las telenovelas

la sociología y los medios de comunicación

¿Sabía que Colombia también produce telenovelas famosas? *Yo soy Betty, la fea,* una de las telenovelas de mayor éxito de la televisión, fue adaptada y presentada en 17 países, incluso en Estados Unidos con el nombre de *Ugly Betty*. Busque información en línea sobre dos telenovelas populares, una de Colombia y otra de Venezuela y compárelas usando un diagrama de Venn, como se ve a continuación. Incluya el nombre de la telenovela y algo de información sobre sus personajes, temas y la razón de su popularidad. Para concluir, presente un resumen de la información a la clase.

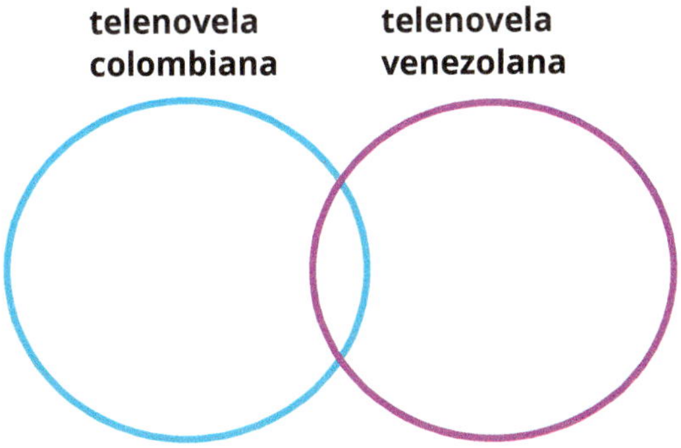

Ana María Orozco, "Betty, la fea"

Repaso de la Unidad 1

Autoevaluación

Lección A I can:

- greet friends on the first day of school (p. 2)
- converse about school activities (p. 2)
- ask someone to hurry and respond (p. 3)
- express activities, abilities, and routines that happen in the present or near future (p. 9)
- discuss some characteristics of Colombia and its people (p. 12)
- converse about cultural and recreational activities in **Bogotá** (p. 13)
- explain how to be successful in school (p. 14)
- converse about and describe classmates (p. 15)
- express positive and negative emotions about school (p. 15)
- discuss some key features of Fernando Botero's work (pp. 22–23)

Lección B I can:

- converse about recreational activities (p. 26)
- discuss jobs and occupations (p. 27)
- ask more detailed questions (p. 30)
- describe professions and occupations (p. 32)
- discuss some ways sports and television are important in Venezuela (p. 34)
- converse about media in Venezuela (p. 35)
- communicate opinions and preferences (p. 42)
- analyze a short story (pp. 45–48)

Repaso de estructuras

Lección A

- **Repaso rápido:** El presente de indicativo (p. 5)
- Los verbos que terminan en **-cer**, **-cir** (p. 7)
- Usos del presente (p. 9)
- **Repaso rápido:** Número y género de los adjetivos (p. 17)
- Usos de **ser** y **estar** con adjetivos (p. 18)

Lección B

- Usos de **qué** y **cuál/cuáles** (p. 30)
- El verbo **ser** para describir ocupaciones o profesiones (p. 32)
- **Repaso rápido:** Para hablar de gustos y preferencias: El verbo **gustar** (p. 40)
- Para expresar opiniones: Otros verbos como **gustar** (p. 42)

My Language Town™

Y tú, ¿cuál es tu película o serie favorita?

Vocabulario de la Unidad 1

A mí me tocan... I get... ***1A.2***
activo/a active ***1B.1***
la **actitud** attitude ***1A.1***
la **actuación** performance ***1B.2***
actuar to act ***1B.2***
el **agricultor**, la **agricultora** farmer ***1B.1***
alemán, alemana German ***1B.2***
la **amistad** friendship ***1A.1***
aparecer (zc) to appear, to turn up ***1A.1***
el **artista**, la **artista** artist ***1A.2***
asistir a to attend ***1A.2***
atender (ie) (a la gente) to take care (of people) ***1B.1***
el **atleta**, la **atleta** athlete ***1B.1***
atlético/a athletic ***1B.1***
la **aventura** action (film) ***1B.2***
el **beisbolista**, la **beisbolista** baseball player ***1B.1***
el **bibliotecario**, la **bibliotecaria** librarian ***1B.1***
la **carrera** career ***1B.1***
¡Chévere! Great! ***1A.1***
el **ciclista**, la **ciclista** cyclist ***1B.1***
la **ciencia ficción** science fiction ***1B.2***
colaborar to collaborate ***1A.1***
cómico/a comedy (film) ***1B.2***
con respecto a regarding ***1B.1***
el **consejo estudiantil** student council ***1A.1***
el **coro** choir ***1A.1***
curioso/a curious ***1B.1***
dar clases to give classes ***1B.1***
darse prisa to hurry ***1A.1***
¿De qué se trata? What is it about? ***1B.2***
dedicar to devote (time) ***1A.2***
depender (de) to depend (on) ***1A.2***
desaparecer (zc) to disappear ***1A.1***
doblado/a dubbed ***1B.2***
el **documental** documentary ***1B.2***
el **drama** drama ***1B.2***
los **efectos especiales** special effects ***1B.2***
el **empleado**, la **empleada** employee ***1B.1***
el **empleo** job ***1B.1***
el **ensayo** rehearsal ***1A.1***
enseguida right away, immediately ***1A.1***
entender (ie) to understand ***1B.2***
el **entrenador**, la **entrenadora** trainer, coach ***1B.1***
entrenarse to train ***1B.1***
el **escritor**, la **escritora** writer ***1A.2***
el **esquí** skiing ***1B.1***
establecer (zc) to establish ***1A.1***
estricto/a strict ***1A.2***
estudioso/a studious ***1A.2***
la **experiencia** experience ***1B.1***
extrañar to miss ***1A.1***
el **futuro** future ***1A.2***
fijarse to notice ***1A.2***
francés, francesa French ***1B.2***
el **guion** (**pl. los guiones**) script ***1B.2***
hábil skillful ***1B.1***
hacerse miembro to become a member ***1A.1***
harto/a (de) tired (of) ***1A.2***
el **hombre de negocios** businessman ***1B.1***
Igualmente. Me, too. ***1A.1***
el **ingeniero**, la **ingeniera** engineer ***1B.1***
inglés, inglesa English ***1B.2***
el **instructor**, la **instructora** instructor ***1B.1***
investigar to investigate ***1B.1***
italiano/a Italian ***1B.2***
Japón Japan ***1B.2***
japonés, japonesa Japanese ***1B.2***
magnífico/a magnificent ***1A.1***
el **mecánico**, la **mecánica** mechanic ***1B.1***
Me cae bien/mal. I like/don't like (someone or something). ***1B.2***
merecer (zc) to deserve ***1A.1***
montar en bicicleta to ride a bicycle ***1B.1***
motivado/a motivated ***1A.2***
la **mujer de negocios** businesswoman ***1B.1***
el **músico**, la **música** musician ***1B.1***
el **negocio** business ***1B.1***
el **niñero**, la **niñera** baby sitter ***1B.1***
¡No es justo! It's not fair! ***1A.2***
¡No hay quien lo/la aguante! Nobody can stand him/her! ***1A.2***
No lo/la aguanto. I can't stand him/her/it. ***1B.2***
la **nota** note, grade ***1A.2***
obedecer (zc) to obey ***1A.1***
el **obrero**, la **obrera** worker ***1B.1***
el **oficio** trade, job ***1B.1***
organizado/a organized ***1A.2***
orgulloso/a proud ***1A.2***
la **orquesta** orchestra ***1A.1***
Para serte sincero/a To be honest with you ***1B.2***
parecer (zc) to seem ***1A.1***
parecerse (zc) to look like, to resemble ***1A.1***
Pasándola. Getting by. ***1A.1***
pasear to walk, to take a walk ***1B.1***
pertenecer (zc) to belong ***1A.1***
policiaca detective (film) ***1B.2***
por ahora for now ***1B.1***
prestar atención to pay attention ***1A.2***
la **profesión** profession ***1B.1***
real real ***1B.2***
rápido quickly ***1A.1***
reconocer (zc) to recognize ***1A.1***
reparar to repair ***1B.1***
el **repartidor**, la **repartidora** delivery person ***1B.1***
repartir to deliver ***1B.1***
responsable responsible ***1A.2***
romántico/a romantic ***1B.2***
el **secretario**, la **secretaria** secretary ***1B.1***
Se me hace tarde. It's getting late. ***1A.1***
sociable sociable, friendly ***1B.1***
los **subtítulos** subtitles ***1B.2***
el **sueño** dream ***1B.1***
tal vez maybe, perhaps ***1A.1***
talentoso/a talented, gifted ***1A.2***
tener confianza en sí/ti mismo to have self-confidence ***1A.2***
el **terror** horror (film) ***1B.2***
trabajador(a) hard working ***1A.2***
trabajar de to work as ***1B.1***
la **universidad** university ***1B.1***
vago/a lazy, idle ***1A.2***
los **vaqueros** western, cowboy (film) ***1B.2***
el **vendedor**, la **vendedora** salesperson ***1B.1***

UNIDAD 2

En casa y en familia

Refrán

El que más madrugó una bolsa de oro se encontró.

The early bird catches the worm.

Pregunta clave

¿Cómo se ve la presencia hispana en Estados Unidos?

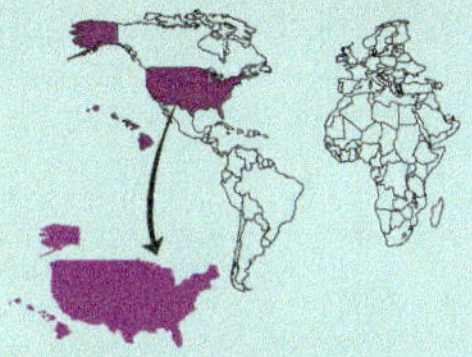

Mis metas

Lección A **I will be able to:**

- describe the relationships among my friends and family
- communicate using affirmative and negative expressions
- give examples of the Hispanic presence in the United States
- name some household items and discuss some household activities
- state what I and others are doing at this moment
- use and interpret general expressions for signs and warnings
- recognize elements and features of multigenerational housing

Lección B **I will be able to:**

- explain my family's morning routine
- describe routines, emotions, and reciprocal actions
- discuss and give examples of the Hispanic presence in New York and California
- describe my bedroom
- tell someone what to do
- indicate where things are located
- analyze a story

¿Cómo es un día de colegio normal para ti?

¿Cómo hace la limpieza en su casa?

LECCIÓN

A

Estados Unidos

Vocabulario A1

¿Cómo es tu familia?

Vocabulario en contexto

Don Alberto

Don Alberto es **el suegro** de Felipe y **el padrino** de Alberto y Arturo.

Doña Elena

Doña Elena es **la suegra** de Rosario y **la madrina** de Alberto y Arturo.

Rosario

Rosario es **la nuera** de don Alberto.

Enrique

Enrique está **casado** con Rosario.

Isabel

Isabel es **la cuñada** de Rosario.

Felipe

Felipe es **el yerno** de doña Elena.

Nora

Nora tiene el pelo negro y **lacio**.

Dora

A diferencia de Nora, Dora tiene el pelo **castaño** y **rizado**.

Alberto y Arturo

Alberto y Arturo son **gemelos**.

Para conversar

Para hablar de amigos y parientes:

¿Quién es el señor de **barba** y **bigote**?

Es don Alberto, el abuelo de los gemelos.

¿Y su esposa, doña Elena, no lleva **lentes**?

No los necesita. Ve perfectamente.

¿Qué le pasó al hermano de don Alberto?
Se ve triste.

Se murió su esposa. Ahora es **viudo**. Tiene que ser **fuerte** y **mantener** una actitud positiva para sus hijos.

¿Y tu primo Javier? ¿Ya está casado?

¡Claro que no! Todavía está **soltero**.

¿Y tú? ¿Por qué no apareces en ninguna foto?

Yo soy el **fotógrafo** de la familia. Siempre **saco las fotos**.

Mi padre siempre saca las fotos.

1. ¿Quién es quién?

Complete las oraciones con la palabra del recuadro que corresponda según el contexto.
Use el Vocabulario A1 como guía.

casados	padrinos	solteras	nuera
suegros	cuñadas	viudo	gemelos

1. Don Alberto y doña Elena son los ___ de Felipe y Rosario; Rosario es su ___.
2. La esposa de Jorge murió; él es ___.
3. Enrique y Rosario están ___.
4. Isabel y Rosario son ___.
5. Dora y Nora son ___; no están casadas.
6. Los ___ son amigos queridos de la familia.
7. Alberto y Arturo se parecen mucho; son ___.

UN POCO MÁS

Los padrinos

En la cultura hispana se considera a los padrinos como miembros de la familia. Ellos son las personas que se responsabilizan de cuidar a un niño o a una niña en caso de que sus padres no puedan hacerlo. Ser padrino o madrina es un honor otorgado (*granted*) por los padres y una responsabilidad que las personas toman muy en serio. Ellos tratan de mantener una relación muy cercana con sus ahijados durante toda su vida.

PARA DECIR MÁS

el ahijado, la ahijada	*godson/goddaughter*
el hermanastro, la hermanastra	*stepbrother/stepsister*
la madrastra	*stepmother*
el padrastro	*stepfather*
el medio hermano	*half brother*
la media hermana	*half sister*
los parientes políticos	*in-laws*
estar divorciado/a	*to be divorced*

2. ¿Cómo son estas personas?

Indique la letra de la foto que corresponde con cada oración que oye.

A

B

C

D

E

F

3. ¡Me encantan mis parientes políticos!

Complete el siguiente párrafo con la palabra del recuadro que corresponda, según el contexto.

suegro	yernos	suegra	viuda	nuera	cuñadas

Me encanta mi familia política. La mamá de mi esposo Arturo es una gran persona. Ella es **(1)**; su esposo murió hace mucho tiempo. Ella me quiere mucho y dice que yo soy su **(2)** preferida. En realidad soy la única. Sus tres hijas son solteras, así es que no tiene **(3)**. Yo no tengo un **(4)**, pero tengo una **(5)** que me encanta y tres **(6)** que me caen muy bien.

4. Presentaciones

Imaginen que hoy hay una fiesta en su casa para conocer a los parientes políticos (*in-laws*) de su hermano que acaba de casarse. En grupos de tres, representen las presentaciones y túrnense para hacer los diferentes papeles. Sigan el modelo como guía.

MODELO

A: Papá, te presento a mi suegra, la señora Elisa del Valle.
B: Mucho gusto, señora del Valle. ¡Bienvenida!
C: El gusto es mío. Estoy encantada de estar aquí.

Diálogo

¿Conoces a algún chico guapo?

Natalia: No sé qué ponerme para la fiesta de mi cuñada.

Romina: ¿Por qué no te pones algún vestido?

Natalia: No tengo ninguno. Creo que me voy a poner unos pantalones y una camisa.

Romina: Buena idea.
(*Más tarde*)

Natalia: ¿Quiénes van a la fiesta? ¿Conoces a algún chico guapo?

Romina: Sí, conozco a varios chicos guapísimos. A mí me cae bien uno que se llama Mario. Tiene el pelo castaño rizado y usa lentes. Creo que a ti te va a caer bien Julio. ¿Lo conoces?

Natalia: ¡Claro! Es el hijo de mi padrino, pero tiene un amigo que me encanta. ¿Conoces a Fabián?

Romina: Sí, él va a la fiesta.

Natalia: ¡Qué bien!

5. ¿Qué recuerda Ud.?

1. ¿Qué le pasa a Natalia?
2. ¿Por qué Natalia no se pone algún vestido?
3. ¿Conoce Romina a algún chico guapo?
4. ¿Cómo es Mario?
5. ¿Quién es Julio?
6. ¿Cómo se llama el chico que le encanta a Natalia?

6. Algo personal

1. ¿Le gusta a Ud. ir a fiestas con sus amigos?
2. ¿Conoce a algún chico o a alguna chica guapa? ¿Cómo es él o ella?
3. ¿Cómo es su familia? ¿Tiene muchos parientes?
4. ¿Se reúne Ud. con toda su familia? ¿Cuándo?
5. ¿Quién es su pariente favorito? Descríbalo.

7. Los parientes

Escuche las siguientes oraciones y escoja la letra de la respuesta correcta.

1. **A.** la abuela
   B. la cuñada
   C. la suegra
2. **A.** el cuñado
   B. el yerno
   C. el padrino
3. **A.** el suegro
   B. el nieto
   C. el yerno
4. **A.** la suegra
   B. la sobrina
   C. la nuera
5. **A.** el tío
   B. el suegro
   C. el cuñado

Estructura A1

Repaso rápido

Expresiones afirmativas y negativas

Here is a review of common affirmative words and their negative counterparts.

algo (*something*)	**nada** (*nothing*)
¿Quieres comer **algo**?	No, gracias, no quiero comer **nada**.
alguien (*someone, anyone*)	**nadie** (*no one, nobody*)
¿Hay **alguien** en la sala?	No, no hay **nadie**.
algún (*some, any*)	**ninguno** (*none, not any*)
¿Conoces a **algún** chico guapo?	No, no conozco a **ninguno**.
siempre (*always*)	**nunca** (*never*)
¿**Siempre** se va Julio temprano?	No, **nunca** se va temprano.
también (*also, too*)	**tampoco** (*neither, either*)
¿**También** viene tu suegra?	No, y **tampoco** viene mi cuñada.
todavía (*still*)	**ya no** (*not anymore, no longer*)
¿**Todavía** vives en Lima, Montana?	No, **ya no**. Ahora vivo en Palo Alto, California.
ya (*already, yet*)	**todavía** (*not yet*)
¿**Ya** empezaste las clases de guitarra?	No, **todavía** no.

8. ¡Feliz cumpleaños!

Un grupo de amigos en Miami conversa en una fiesta de cumpleaños. Escoja la palabra negativa apropiada para completar los siguientes minidiálogos.

1. **A.** ¿Quieres chocolate con el helado?
   B. No, y ___ quiero helado, gracias. (*todavía / tampoco*)
2. **A.** ¿Saben algo de rock sinfónico tus amigos?
   B. No, no saben ___. (*ninguna / nada*)
3. **A.** ¿Todavía vives en la Pequeña Habana?
   B. No, ___. Ahora vivo en Coral Gables. (*todavía no / ya no*)
4. **A.** ¿Ya conoces a alguien en tu barrio?
   B. No, todavía no conozco a ___. (*nada / nadie*)
5. **A.** ¿Tienes alguna canción de jazz latino?
   B. No, no tengo ___. (*ninguna / ningún*)
6. **A.** Siempre veo documentales históricos. ¿Y tú?
   B. No, casi ___ los veo. Prefiero leer novelas sobre historia. (*tampoco / nunca*)
7. **A.** ¿Ya terminaste de leer el último libro de Isabel Allende?
   B. No, ___ no. (*ya / todavía*)
8. **A.** ¿Conoces a alguien aquí con barba?
   B. No, no conozco a ___ con barba aquí. (*nadie / ningún*)

Una fiesta de cumpleaños

Más sobre expresiones afirmativas y negativas

Negative expressions often precede the verb. However, when they follow the verb, you must use *no* before the verb.

Nadie sabe sobre eso.	
No *lo sabe* ***nadie***.	**No one** knows about it.
Él ***nunca*** *baila salsa.*	
Él ***no*** *baila salsa* ***nunca***.	He **never** dances salsa.

- ***Alguno*** and ***ninguno*** are shortened to ***algún*** and ***ningún*** when they precede a masculine singular noun.

¿Tienes ***algún*** *pariente venezolano?*	Do you have **any** Venezuelan relatives?
No, no tengo ***ningún*** *pariente venezolano.*	No, I don't have **any** Venezuelan relatives.

- When ***alguno*** and ***ninguno*** precede a feminine or plural noun, they must agree in number and gender.

¿Sabes ***algunas*** *recetas italianas?*	Do you know **any** Italian recipes?
No, no sé ***ninguna*** *(receta italiana).*	No, I don't know **any** (Italian recipes).

- ***Ni... ni*** *has* the *meaning of* **neither... nor**.

Ni *mi tía* ***ni*** *mi tío comen arepas en el desayuno.*	**Neither** my aunt **nor** my uncle eats arepas at breakfast.

- ***Unos/as*** (a few) and ***algunos/as*** (some) are synonyms.

En Boca Ratón viven ***unos*** *parientes míos y* ***algunos*** *buenos amigos también.*	**A few** relatives of mine as well as **some** good friends live in Boca Ratón.

- Use ***unos/as*** and ***cuantos/as*** to indicate a few. Note that ***cuantos/as*** has no written accent.

Quiero invitar al cumpleaños a ***unos cuantos*** *compañeros de clase.*	I want to invite **a few** classmates to the birthday party.

9. ¿Cuál corresponde?

Escoja la respuesta de la columna II que corresponde a cada pregunta de la columna I.

I

1. ¿Hay algún estudiante ausente hoy?
2. ¿Sabe si alguien habla español en esta tienda?
3. ¿Fuiste a alguna de las clases de salsa?
4. ¿Has viajado fuera del país alguna vez?
5. ¿Alguien sabe a qué hora es la reunión?

II

A. No, nadie sabe.
B. No, no fui a ninguna.
C. No, ninguno.
D. Sí, hay unas cuantas personas.
E. No, nunca.

10. Una encuesta

Ayude a Verónica, una chica que vive en Miami, a completar esta encuesta con la palabra del paréntesis que corresponda según el contexto.

1. **A.** ¿Le gusta estudiar con (*algún* / *ningún*) amigo?
   B. Sí, tengo (*unos* / *unas*) amigos con quienes me gusta estudiar.
2. **A.** ¿Comparte su cuarto con (*alguien* / *nadie*)?
   B. No, no lo comparto con (*alguno* / *nadie*).
3. **A.** ¿Tiene en su cuarto (*algún* / *ningún*) televisor?
   B. No, no tengo (*ninguno* / *algún*).
4. **A.** ¿No hay (*ni* / *ningún*) televisor en su casa?
   B. Sí, pero (*nadie* / *nunca*) lo tiene en su cuarto.
5. **A.** ¿Escucha (*siempre* / *nunca*) música mientras estudia?
   B. No, (*ninguna* / *nunca*) escucho música mientras estudio.
6. **A.** ¿Le gustan (*algunas* / *algún*) canciones en particular?
   B. Sí, me gustan (*unas cuantas* / *ningunas*) canciones.
7. **A.** ¿Qué tipo de películas tiene grabadas?
   B. Tengo (*algunas* / *alguna*) películas de ciencia ficción en español. También tengo (*algún* / *unas cuantas*) de misterio.
8. **A.** ¿Le gustan las películas románticas o las comedias?
   B. No, no me gustan (*ninguna* / *ni*) las películas románticas (*ni* / *nunca*) las comedias.
9. **A.** ¿Le gustan (*también* / *tampoco*) las telenovelas?
   B. No, (*también* / *tampoco*) me gustan las telenovelas.
10. **A.** ¿Conoce a (*algunos* / algún) actor o actriz de cine?
    B. No, no conozco a (*ningún* / *ninguno*).

Estudio con algunos amigos.

11. Dime la verdad

Con una persona de la clase sigan el modelo para crear oraciones negativas. Las respuestas deben empezar siempre con **no**.

MODELO

A: Dime si tienes algún pariente cubano.
B: No, no tengo ningún pariente cubano.

Dime si...

1. siempre estás de buen humor.
2. ya tienes coche.
3. tu papá o tu tío tienen barba.
4. todavía duermes con un oso de peluche.
5. tienes cuñados.
6. conoces a alguien famoso.
7. también te gusta bailar.

12. Nosotros y nuestras familias

ClearTalk®

En parejas, conversen sobre sus familias. Hablen de las siguientes ideas.

- qué actividades hacen juntos en su familia
- qué actividades no hacen juntos y por qué
- si ya no vive en casa ningún hermano o ninguna hermana
- si ya tienen sobrinos o sobrinas
- si es viudo alguno de sus abuelos o viuda alguna de sus abuelas
- si hacen celebraciones con la familia extendida y, si es así, ¿cuáles?

Una celebración familiar

13. Vamos a la Pequeña Habana

Imagine que Ud. y una persona de la clase están de visita en la Pequeña Habana, en Miami. Lean el siguiente anuncio sobre este barrio y, luego, intercambien información sobre los lugares que quieren visitar. Usen algunas de las expresiones afirmativas y negativas de la lección y sigan el modelo como guía.

MODELO

A: ¿Alguna vez has ido al Paseo de las Estrellas?

B: No, nunca he ido.

Página web

www.lapequenahabana.com

Parque Máximo Gómez—Club del Dominó: entre la Ave. 15 y 16. Se juega dominó, cartas y ajedrez. Abierto diariamente de 9 AM a 6 PM

Paseo de la Fama de la Calle Ocho: en la Ave. 16. Destaca a varios artistas hispanos como Gloria Estefan, Thalía, María Conchita Alonso, Raphael y Julio Iglesias.

Restaurante Versailles: 3555 SW 8 St. El preferido de la comunidad cubana. Abierto diariamente de 8 AM a 2 PM

Cuba Ocho: 1475 SW 8th St #106. Un lugar perfecto para tomarse un auténtico café cubano, muy fuerte y dulce. Es un sitio de encuentro artístico y literario.
Abierto de 11:00 AM a 1:00 AM de lunes a viernes, y los sábados de 11:00 AM a 3:00 AM. Cerrado los domingos.

Viernes culturales: para disfrutar de música y obras de arte al aire libre, galerías, centros culturales y auténtica comida cubana. Tienen lugar el último viernes de cada mes, de 6:30 PM a 11:00 PM

¿? **Pregunta clave** ¿Cómo se ve la presencia hispana en Estados Unidos?

La presencia hispana en Estados Unidos

Estados Unidos sigue siendo el país de las oportunidades, tanto para los hispanos de nacimiento[1], como para los miles de inmigrantes que llegan al país continuamente, por distintos medios y con diferentes motivos, pero casi siempre con un sueño en común: asegurar un futuro mejor para ellos y para sus familias.

Hoy más que nunca los hispanos pueden sentirse orgullosos de su origen, su lengua, su participación y su contribución a la cultura del país. En la actualidad[2], Estados Unidos es el tercer país del mundo con más hispanohablantes. Cuenta con una población de casi 50 millones de hispanos, que sigue creciendo en número y en influencia, y que poco a poco está cambiando el presente y el rumbo[3] futuro del país.

La presencia hispana en Estados Unidos ya no solo se ve representada en nombres de ciudades como Los Ángeles o San Francisco, o en edificaciones históricas como el Parque Nacional Histórico de las Misiones de San Antonio en Texas o La Misión de Santa Bárbara en California. También se ve representada en nombres de personas distinguidas como Sonia Sotomayor, Jueza Asociada de la Corte Suprema de Justicia, la primera mujer latina en ocupar tan alta posición; la Dra. Ellen Ochoa, la primera mujer astronauta de la NASA; o la célebre escritora Isabel Allende; en deportistas de fama mundial como los beisbolistas David Ortiz y Mariano Rivera; y en actores y actrices como Javier Bardem y Zoe Saldaña, una de las hispanas de mayores ventas de taquilla[4] en Hollywood.

[1] birth [2] currently [3] path [4] box office

BÚSQUEDA herencia hispana de estados unidos, hispanos en estados unidos

El Parque Histórico de las Misiones de San Antonio, TX, es testimonio de la presencia hispana en territorio estadounidense por más de cuatro siglos.

PRÁCTICAS

los estudios sociales

La presencia hispana también se nota en la observación de días festivos como el Día de la Raza, el cual se celebra en todo el mundo hispano el 12 de octubre en conmemoración de la llegada de Cristóbal Colón a las Américas. En Estados Unidos, se conoce como el Día de la Hispanidad y se celebra con desfiles que atraen a multitudes.

Desfile por la Quinta Avenida de Nueva York, en celebración del Día de la Hispanidad

14. Comprensión

1. ¿Qué tienen en común los hispanos nacidos en Estados Unidos y los inmigrantes hispanos que llegan continuamente al país?
2. ¿Cómo contribuyen los hispanos a la cultura de Estados Unidos? Explique con ejemplos.
3. ¿Qué se conmemora en el Día de la Raza, y cuándo y cómo se celebra?

15. Analice

1. ¿Por qué puede decirse que la población hispana está cambiando el presente y el rumbo futuro del país? Explique su respuesta.
2. ¿Por qué cree que son importantes las misiones españolas en la historia de Estados Unidos?

¿Qué hay de nuevo? iNews
Haga una búsqueda en iNews sobre **Estados Unidos**. ¿Qué artículos recientes ve?

La Florida: Para muchos, un segundo hogar

¿Conoce Ud. la Florida? ¿Sabía que San Agustín, la ciudad más antigua de lo que hoy se conoce como Estados Unidos, fue fundada por los españoles en 1565? ¡Esto sucedió 42 años antes del establecimiento de la colonia de Jamestown!

A través del tiempo, la Florida ha acogido[1] a muchas comunidades de hispanos, entre ellas, la comunidad cubana, formada originalmente por oleadas[2] de personas que, huyendo del régimen político de su país, encontraron en la Florida un segundo hogar. Fue así como surgió[3] la Pequeña Habana en Miami, un lugar donde pudieron empezar de nuevo al tiempo que mantenían intactas sus costumbres. La Calle 8 de la Pequeña Habana es el lugar donde hoy en día se realizan muchos eventos culturales, como el Carnaval de Miami y el Festival de la Calle 8.

Con una población de casi seis millones de hispanos, la Florida se ha vuelto un imán[4] de atracción para celebridades, especialmente en el campo de la música y el entretenimiento[5]. Muchos ídolos latinos de la canción residen allí permanentemente o por temporadas, como es el caso de Gloria Estefan (una de las primeras cantantes en hacer el famoso "*cross over*"), Enrique Iglesias, Marc Anthony, Jennifer López, Paulina Rubio, Shakira y Ricky Martin.

[1] welcomed [2] waves [3] emerged [4] magnet [5] entertainment

BÚSQUEDA san agustín florida, la pequeña habana

Festival de la Calle 8, Miami, Florida

PRODUCTOS

la música

La Academia Latina de Artes y Ciencias de la Grabación estableció la entrega del premio Grammy Latino para reconocer la excelencia artística y técnica de la música grabada en español. La primera entrega anual del Grammy Latino se realizó en el año 2000 en Los Ángeles y fue transmitida (*broadcasted*) por la cadena CBS. Este fue el primer programa en español transmitido por una cadena nacional en horario de mayor audiencia.

16. Comprensión

1. ¿Cómo surgió la Pequeña Habana y qué tipo de actividades se realizan allí en la actualidad?
2. ¿Por qué se convirtió la Florida en un sitio de atracción para ídolos latinos de la canción?

17. Analice

1. ¿Por que se establecieron los cubanos en la Florida? ¿Por qué cree que siguen allí?
2. ¿De qué manera es el Grammy Latino evidencia de que la presencia hispana en Estados Unidos ha cambiado con el tiempo?

COMPARACIONES

¿Hay algún barrio hispano en su ciudad o en la región dónde vive? ¿Qué aspectos de los barrios hispanos le interesan más?

En nuestra casa

Vocabulario en contexto

enchufar

clavar

regar (las plantas)

el detector de humo

el extinguidor de incendios

el destornillador y los tornillos

el martillo y los clavos

las cajas

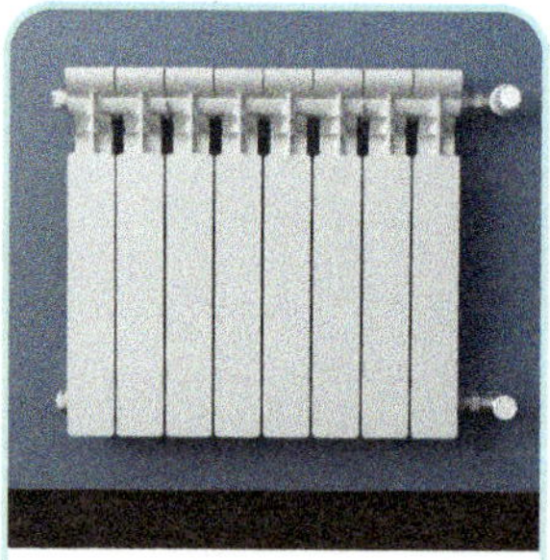

la calefacción

la terraza

el pasillo

El basurero está lleno. Es necesario **vaciar**lo.

El fregadero no está **funcionando**.

Desarmé la lavadora para arreglarla.

Nosotros tenemos **un cortacésped** nuevo.

Para conversar

Para hablar de lo que tú y otras personas hacen:

Estoy **decorando** y **organizando** mi cuarto.
¿Te imaginas? ¡Ya tengo mi **propio** cuarto!

¿Ya **conectaste** tu computadora a Internet?

Todavía no. **Se construyó** la casa sin conexión.

PARA DECIR MÁS

botar / tirar la basura	*to throw away the garbage*
la caja de herramientas	*tool box*
los electrodomésticos	*appliances*
el servicio de cable	*cable TV service*

EN OTROS PAÍSES

el basurero	*el cubo/el contenedor de basura (España)* *la caneca de basura (Colombia)* *el bote/el cesto de basura (México)*
el cortacésped	*la podadora de pasto (Colombia)*

18. ¿Qué están haciendo estas personas?

Seleccione la foto que corresponde con lo que oye.

A

B

C

D

E

F

19. ¿Qué función cumple cada uno?

Complete las oraciones con las palabras que correspondan según el contexto.

enchufan	propio	martillo	construyen

1. La estufa y el horno se ___ en esa pared.
2. María está usando el ___ para clavar un clavo en el mueble que está construyendo.
3. Se ___ casas ecológicas con calefacción y aire acondicionado solar.
4. Alejandro tiene su ___ cuarto. Está feliz porque es suyo y puede decorarlo como quiera.

Diálogo

¿Qué estás haciendo?

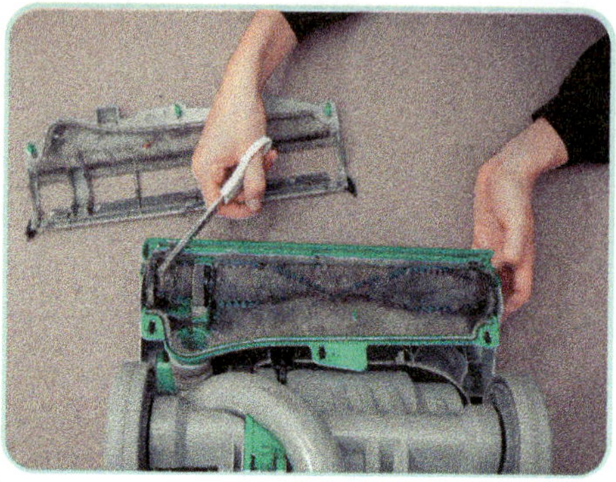

Natalia: ¿Qué estás haciendo, Romina?
Romina: Estoy reparando la aspiradora.
Natalia: ¿Ya la desarmaste?
Romina: Sí. La conecté, pero todavía no funciona.
Natalia: ¿Por qué no la llevas a reparar a algún lugar?
Romina: No conozco ninguno.
Natalia: En este anuncio dicen que se reparan aspiradoras.
Romina: ¿Y las reparan en casa?
Natalia: No.
(*Más tarde*)
Romina: Buenas tardes. Mi aspiradora no funciona.
Dependiente: La voy a tener que desarmar. ¿Para cuándo la necesita?
Romina: Lo más pronto posible. Mi madre siempre está usándola para limpiar la casa.

20. ¿Qué recuerda Ud.?

1. ¿Qué está haciendo Romina?
2. ¿Por qué no lleva Romina la aspiradora a algún lugar?
3. ¿Qué dice el anuncio?
4. ¿Se reparan aspiradoras en casa?
5. ¿Por qué Romina necesita la aspiradora lo más pronto posible?

21. Algo personal

1. ¿Cuántas habitaciones hay en su casa? Descríbalas.
2. ¿Qué hace Ud. cuando algo no funciona?
3. ¿Le gusta construir o reparar cosas? ¿Qué puede Ud. construir o reparar?
4. ¿Tiene su propia habitación?

22. ¿Para qué se usa?

Escoja la letra del objeto que se usa en cada situación.

A

B

C

D

E

Repaso rápido

Los pronombres de complemento directo e indirecto

- Pronouns often replace nouns to avoid unnecessary repetition. In the following example, there is no need to repeat the word *plantas* in the second sentence. The direct object pronoun ***las*** replaces it.

*Mi tía riega **las plantas** todos los días.*	My aunt waters **the plants** every day.
***Las** riega por la mañana.*	She waters **them** in the morning.

- Pronouns can refer to people or things; direct object pronouns (***me, te, lo, la, nos, os, los, las***) answer the questions "what?" or "whom?"

*¿Sabes dónde está **el destornillador?***	Do you know where **the screwdriver** is?
***Lo** vi en la cocina.*	I saw **it** in the kitchen.

- Indirect object pronouns (***me, te, le, nos, os, les***) answer the questions "to whom?" or "for whom?"

*¿Qué **le** diste para su cumpleaños?*	What did you give (to) **him** for his birthday?
***Le** di un cortacésped.*	I gave **him** a lawn mower.

23. Quehaceres

Túrnese con una persona de la clase para hacer y responder las siguientes preguntas. Usen los pronombres de complemento que correspondan y sigan el modelo como guía.

MODELO

A: ¿Haces los quehaceres todos los días?
B: Sí, los hago. (No, no los hago.)

1. ¿Preparas el desayuno por la mañana?
2. ¿Pones la mesa todos los días?
3. ¿Te ayudan tus hermanos/as a vaciar el basurero?
4. ¿Les enseñan sus padres a reciclar?
5. ¿Recogen tus hermanos y tú las hojas en otoño y la nieve en invierno?
6. ¿Riegas las plantas del jardín?
7. ¿Cuidas a tu perro y a tu gato?
8. ¿Sabes usar el cortacésped?
9. ¿Doblas la ropa limpia?
10. ¿Te ayuda alguien con la tarea?
11. ¿Limpias la terraza de la casa?
12. ¿Riega alguien las plantas?

Todos los días ayudamos a nuestros padres con los quehaceres, y también los ayudamos a reciclar.

COMUNIDADES

Investigue sobre el programa de reciclaje de su comunidad. Si se necesita mejorar la comunicación en español con los vecinos, ofrezca sus servicios de voluntario.

El presente progresivo

- When you talk about actions that are taking place as you speak, you can use the simple present tense or the present progressive. *El presente progresivo* is formed with the verb ***estar*** in the present tense plus the present participle (***el gerundio***) of the verb. The ***gerundio*** is often equivalent to the **-ing** ending of verbs in English.

  Estoy barriendo *la terraza.* — **I am sweeping** the terrace.

- The ***gerundio*** is formed by adding ***-ando*** to the stem of ***-ar*** verbs and ***-iendo*** to the stem of ***-er*** and ***-ir*** verbs. Verbs that have a stem change in the third person of the preterite tense keep the same change in the present participle.

  clavar → *clav**ando***   *poner* → *pon**iendo***   *cumplir* → *cumpl**iendo***

  *dormir: d**u**rmió* → *d**u**rmiendo*   *servir: s**i**rvió* → *s**i**rviendo*

- Verbs that end in ***-aer***, ***-eer***, and ***-uir*** form the present participle with ***-yendo***, as do the verbs ir and oír.

  *ca**er*** → *ca**yendo***   ***leer*** → *le**yendo***   *constru**ir*** → *constru**yendo***

- You may place object pronouns either before the conjugated verb or attach them to the present participle. Notice in the second example below that you must add an accent mark to keep the stress on the correct vowel.

  ¿La casa? ***La estamos construyendo*** *allá.*

  ¿La casa? ***Estamos construyéndola*** *allá.* — The house? **We are building** it over there.

- Verbs like *andar*, *continuar*, and *seguir* are also used to form the progressive tense.

  Los vecinos ***siguen vaciando*** *las cajas.* — The neighbors **continue/keep emptying** the boxes.

24. Nuestros nuevos vecinos

Imagine que Uds. tienen nuevos vecinos, y los están ayudando. Forme oraciones completas para indicar qué está haciendo cada uno.

MODELO

yo / vaciar / el basurero

Yo estoy vaciando el basurero.

1. mis hermanitas / regar / las plantas
2. mi papá / construir / una casa para el perro
3. mis primas / decorar / los cuartos
4. mi mamá / poner / cuadros en las paredes
5. mi tía / buscar / el martillo y los clavos
6. mis primos / pintar / la cocina
7. mi hermano / conectar / Internet
8. mi cuñado / barrer / el patio
9. mi abuela / vaciar / las cajas
10. yo / colgar / la ropa en el armario

25. ¡Nos está volviendo locos!

Imagine que su hermana ha pasado todo el día en la ventana observando a sus vecinos y anunciando lo que están haciendo a cada momento en voz alta y por mensaje de texto. Los está volviendo locos. (*She is driving you crazy.*) Complete los mensajes con el presente progresivo de los verbos entre paréntesis, como se ve en el modelo.

MODELO

Miren, los vecinos (*seguir / sacar*) cajas del camión.

Miren, los vecinos **siguen sacando** cajas del camión.

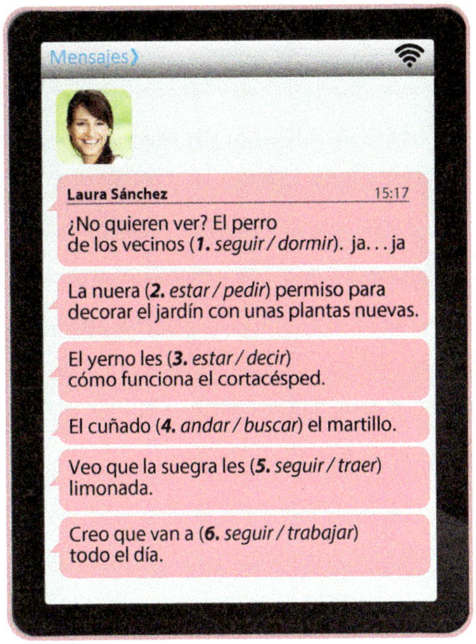

26. ¿Necesitan más ayuda?

Ahora túrnese con una persona de la clase para preguntarle a su vecino en qué pueden ayudar. Usen el presente progresivo y los pronombres para contestar las preguntas, como se ve en el modelo.

MODELO

vaciar las cajas / mi hijo

A: Señor, ¿vacío las cajas?

B: No, gracias, mi hijo ya las está vaciando. / Mi hijo ya está vaciándolas.

1. barrer la terraza / mi nieto
2. vaciar el basurero / mi esposo
3. revisar la calefacción / mi yerno
4. lavar las cortinas / mi nuera
5. colocar el extinguidor de incendios / yo
6. conectar las lámparas / nosotros

27. Excusas o explicaciones

Imagine que Ud. y una persona de la clase tienen una reunión del colegio esta noche, pero todos están enviando mensajes de texto para cancelar. Representen una conversación donde comentan las razones que los demás dieron para no asistir. Usen el presente progresivo.

MODELO

A: ¿Por qué no puede venir Sofía?

B: Sus padres están trabajando tarde y tiene que cuidar a su hermanito.

¿Por qué no vienen ellos?

El uso de se en expresiones impersonales

- To make a generalized statement in Spanish, use ***se*** and the third person form of the verb. This is equivalent to saying "one does," "they do," "you do," or "people do" in English.

  *En mi casa **se come** muy bien.* — In my house **one eats** very well.

  *En esa tienda **se venden** martillos.* — In that store **they sell** hammers.

  Note: If the subject of the sentence (*martillos*) is plural, the verb must be plural as well, as seen in the second example.

- ***Se*** is also commonly used for signs and for giving warnings.

  ***Se vende** cortacésped.* — Lawn mower **for sale**.

  *Aquí **se habla** español.* — Spanish is **spoken** here.

  ***No se permite** entrar sin zapatos.* — Entering without shoes **is not allowed**.

Se construyen casas nuevas.

ESTRATEGIA

Developing language survival skills: circumlocution

Circumlocution is "talking around" a word you don't know. The word **se** with a verb like **usar** can help you make yourself understood when you don't know, or can't remember, a specific word. For example, when you can't remember the word for "hammer," you can use circumlocution:

Es algo que se usa para clavar clavillos.

28. ¿Qué se hace aquí?

Con una persona de la clase, hablen de lo que se hace en cada lugar de una casa. Usen el **se** impersonal. Sigan el modelo.

MODELO

el comedor

A: ¿Qué se hace en el comedor?

B: Se desayuna, se almuerza y se cena.

1. el ático
2. el sótano
3. el garaje
4. el cuarto
5. la sala
6. el patio
7. la cocina
8. la terraza
9. el jardín

29. En una red social

Ud. trabaja en la sección de anuncios de una red social y ayuda a los clientes a escribir los anuncios. Use los elementos dados y el **se** impersonal para hacerlo. Escriba una oración original para terminar el anuncio.

MODELO

construir / paneles solares

Se construyen paneles solares. ¡Es importante conservar energía!

1. vender / guitarras eléctricas
2. limpiar / piscinas
3. reparar / teléfonos celulares
4. instalar / redes de Internet
5. conectar / sistemas de audio
6. planear / fiestas infantiles

30. Se busca...

Con una persona de la clase, lean estos anuncios de un sitio web y decidan cuál es la mejor opción para estas personas.

1. El Sr. y la Sra. Ramos buscan una casa. Tienen cuatro hijos y la suegra de la Sra. Ramos vive con ellos.
2. La señorita Pérez vive sola.
3. Juanita y Miguel tienen dos perros grandes.
4. Patricia y María son estudiantes.
5. Alfonso es pintor y necesita un espacio con mucha luz.
6. Armando, Luis y Guillermo quieren abrir un restaurante.

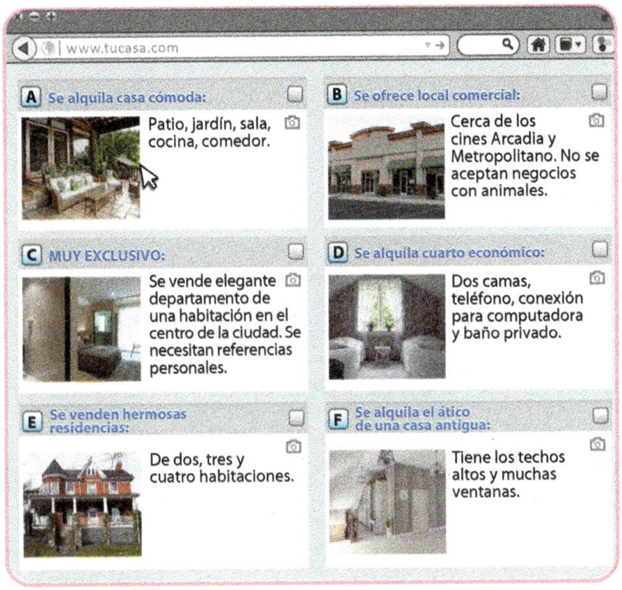

31. ¿Qué se celebra?

Use el **se** impersonal para describirle a una persona de la clase algunas costumbres (*customs*) de las comunidades hispanas en Estados Unidos. Si es necesario, busque por Internet para obtener más información. Puede usar los verbos del recuadro como guía.

celebrar	comer	vender
ver	construir	hablar

MODELO

En Miami se celebra el Festival de la Calle Ocho.

Todo en contexto

Pregunta clave ¿Cómo se ve la presencia hispana en Estados Unidos?

¡Comunicación!

32. ¿Y cómo es la vida aquí?

Con unas personas de la clase, imaginen la siguiente situación. Ud. tiene 30 años y está casado/a. Su esposo/a y Ud. van a recibir la visita de sus suegros que son de Ecuador. Ellos acaban de llegar a Estados Unidos, hablan muy poco inglés y están preocupados por la adaptación al país. Uds. los reciben y los llevan de paseo a la Calle Ocho de la Pequeña Habana en Miami para que se sientan en casa. Represente la situación con unas personas de la clase y túrnense para hacer todos los papeles. Usen el gerundio y el **se** impersonal como se ve en el modelo.

Calle Ocho, Pequeña Habana, Miami

MODELO

A: Estamos caminando por la Calle Ocho. Les gustará mucho.
B: Es el corazón latino de Miami. Acá se habla español y se come muy bien.
C: Allí veo un parque. Hay muchas personas paseando.
A: Sí, allí se juega dominó. También se juegan cartas y ajedrez. ¡Qué divertido!

33. ¡Inspiración para llegar a las estrellas!

Imaginen que el astronauta José Hernández va a presentar su autobiografía en su colegio en el Día de la Hispanidad. Hablará sobre la influencia que su herencia hispana y su familia han tenido en su éxito profesional.

Hijo de campesinos mexicanos, empezó como trabajador del campo hasta llegar a ser astronauta de la NASA. Su mensaje es que nada es imposible; con esfuerzo y educación todo se puede lograr.

Representen la situación y túrnense para hacer el papel de José Hernández y el de los estudiantes que le hacen preguntas en la presentación.

José M. Hernández, de origen mexicano, quiere causar un impacto positivo en los jóvenes hispanos de Estados Unidos.

MODELO

A: Buenos días. Soy José Hernández, y era astronauta de la NASA.
B: ¿Dónde nació Ud.?

34. Antes de leer

¿Con quién vive Ud.? ¿Cuántas personas viven en su casa? ¿Son de generaciones distintas? ¿Conoce Ud. a personas que viven en casas multigeneracionales?

ESTRATEGIA

Reading for information

Before you begin to read the selection, look at the title, subheads, and illustrations to get an idea of the topic. Skim the reading for relevant information. Avoid looking up every word you don't know; rely on the context to help you understand.

Miami-Dade encabeza la tendencia de hogares multigeneracionales en Florida

De 2010 a 2020, Estados Unidos vio un aumento de casi un millón en este tipo de viviendas. ¿Cuáles son las razones?

—por Evelin Meza

En un reflejo de las cambiantes dinámicas familiares y económicas en Estados Unidos, el condado de Miami-Dade en Florida se destacó como líder en la prevalencia de hogares multigeneracionales, según las cifras más recientes del censo del país de 2020, publicado por el centro de datos Pew Research Center en su página web.

Un hogar multigeneracional

Con un 13 % de sus hogares conformados por tres o más generaciones bajo un mismo techo, el condado supera no solo a otros de Florida, sino que también se posiciona notablemente por encima de la media nacional.

Este fenómeno, que se ha intensificado en la última década en todo Estados Unidos, refleja un aumento de casi un millón de hogares multigeneracionales a nivel nacional, al pasar de 5,1 millones en 2010 a 6 millones en 2020. En Florida, los condados de Broward y Palm Beach siguen esta tendencia, aunque con cifras más bajas, registran alrededor del 10 % y 7 % respectivamente.

Razones detrás de los hogares multigeneracionales

Estos arreglos familiares, que incluyen a menudo a abuelos, padres e hijos conviviendo en un mismo espacio, son impulsados por una variedad de factores. De acuerdo con el Pew Research Center, las cuestiones financieras encabezan la lista de razones por las que los adultos estadounidenses viven en hogares multigeneracionales.

- Económicas: altos costos de vivienda, desempleo o dificultades financieras que llevan a compartir gastos del hogar.
- Cuidado familiar: necesidad de cuidar a los miembros mayores o de que los abuelos ayuden con el cuidado de los niños.
- Valores culturales: tradiciones y valores culturales que fomentan la convivencia familiar extendida.
- Educación y empleo: jóvenes adultos que permanecen en casa durante sus estudios universitarios o mientras buscan empleo.
- Cambios demográficos: aumento de la esperanza de vida y preferencia por cuidar a los mayores en casa.
- Conexión y apoyo: deseo de mantener una conexión familiar estrecha y un sistema de apoyo mutuo.

Source: https://www.infobae.com

BÚSQUEDA casas multigeneracionales

35. Comprensión

1. ¿Qué indican las cifras recientes sobre los hogares multigeneracionales a nivel nacional?
2. ¿Por qué es notable el condado de Miami-Dade en Florida?
3. ¿Cuál es la razón más importante para vivir en hogares multigeneracionales?

36. Analice

1. ¿Cómo contribuyen los factores económicos al aumento de hogares multigeneracionales en Miami-Dade, el estado de Florida y los Estados Unidos?
2. ¿De qué manera influyen las necesidades de cuidado (tanto para niños como para miembros mayores de la familia) en la formación de hogares multigeneracionales?
3. ¿Cómo puede afectar la dinámica social de las familias dentro de las casas multigeneracionales?

Escritura

37. Proyecto de publicación digital

Su clase de español va a publicar una revista digital sobre los hogares multigeneracionales. La clase se divide en grupos. Cada grupo va a investigar uno de los aspectos de las viviendas multigeneracionales. Puede elegir entre las razones económicas, el cuidado familiar, los valores culturales, la educación y el empleo, los cambios demográficos, la conexión y el apoyo o los distintos tipos de casas aptas para las familias multigeneracionales. Busquen información en Internet para resumir la información de acuerdo al tema que han elegido. Usen un organizador gráfico como el siguiente para organizar sus ideas.

Una familia de varias generaciones

PARA ESCRIBIR MÁS

los detalles vívidos	*vivid details*
las imágenes alegres	*lively images*

Repaso de la Lección A

A. Escuchar: Parientes y más parientes (pp. 60-61)

Escuche y diga si las seis conversaciones se tratan de parientes políticos (*in-laws*) o no.

B. Vocabulario: ¡Ayúdenme con los quehaceres! (pp. 70-74)

Empareje las preguntas con las respuestas que correspondan, según el contexto.

1. ¿Dónde tienes el martillo?
2. ¿Quién cuida las flores de tu jardín?
3. ¿Qué pasó con el cortacésped?
4. ¿Estás feliz de tener tu propio cuarto?
5. ¿Por qué hay tantas cajas en el pasillo?

A. Sí, y lo estoy decorando a mi gusto.
B. No sé. Dejó de funcionar ayer.
C. No las vaciamos todavía.
D. Está en esa caja, al lado de los clavos.
E. Mi abuela. Ella siempre las está regando.

C. Vocabulario/Estructura: ¿Qué dice? (pp. 64-65, 73)

Complete las respuestas con la palabra correcta.

1. **A.** ¿Siempre ayudas con los quehaceres?
   B. No, no lo hago (*nunca / nadie*).
2. **A.** ¿Ya repararon tu calefacción?
   B. Sí, (*lo / la*) repararon ayer.
3. **A.** ¿Te gusta alguno de tus parientes políticos?
   B. No, no me gusta (*ninguno / tampoco*).
4. **A.** ¿Sabes algo del cuñado de Alberto?
   B. No. No sé (*ningún / nada*).
5. **A.** ¿Te contó Alicia lo que pasó en la fiesta?
   B. No, ella no (*me / los*) contó nada.
6. **A.** ¿Por qué vas a hablar con la vecina?
   B. (*Nos / Le*) tengo que pedir más cajas.
7. **A.** ¿Ya hiciste la tarea?
   B. (*Nunca / Todavía no*).
8. **A.** ¿Quién tiene que vaciar el basurero en tu casa?
   B. Mi hermanito (*la / lo*) tiene que vaciar.

D. Estructura: ¿Qué están haciendo? (p. 74)

Dos personas de la clase y Ud. piensan en tres actividades que pueden hacer en la casa. Túrnense para hacer una pantomima de cada actividad. Sus parejas tienen que adivinar lo que está haciendo y dónde lo está haciendo.

MODELO

A: (Represents *regar las plantas*.)
B: Estás regando las plantas en el jardín.
C: Estás sacando al perro afuera.

E. Estructura: ¡Presta atención! (p. 72)

Complete los siguientes anuncios o advertencias escogiendo la palabra apropiada entre paréntesis.

1. Se necesitan (*persona / personas*) para trabajar en construcción.
2. No se permiten (*hablar en inglés / los celulares*) en la clase.
3. Se prohíbe (*caminar / los animales*) por el césped.

F. Cultura: La influencia hispana en Estados Unidos (pp. 68-69)

Haga una lista de los siguientes temas para hablar sobre la presencia hispana en Estados Unidos y su influencia en la historia y cultura del país: la historia, las celebraciones, las tradiciones, el arte, la música, la literatura. Luego, dé por lo menos un ejemplo para cada tema. Puede crear una gráfica para organizar sus ideas.

MODELO

las celebraciones → El Día de la Hispanidad es una celebración oficial en honor a la herencia hispana en Estados Unidos.

Vocabulario

Miembros de la familia	Descripciones físicas	Estado civil	Partes de la casa	Cosas que se necesitan en una casa	Verbos	Herramientas	Otras palabras y expresiones
el cuñado, la cuñada los gemelos, las gemelas la madrina la nuera el padrino el suegro, la suegra el yerno	la barba el bigote castaño/a lacio rizado/a	casado/a soltero/a viudo/a	el pasillo la terraza	el basurero la caja la calefacción el cortacésped el detector de humo el extinguidor de incendios	clavar conectar construir (y) decorar desarmar enchufar funcionar mantener regar (ie) organizar vaciar	el clavo el destornillador el martillo el tornillo	a diferencia de el fotógrafo, la fotógrafa fuerte los lentes propio/a sacar fotos

Estructuras

Expresiones afirmativas y negativas

Las expresiones negativas se colocan delante del verbo. Cuando se colocan detrás del verbo, se añade **no** antes del verbo.

Nadie *puede ayudar.*

No *puede ayudar* ***nadie****.*

Alguno y **ninguno** cambian a **algún** y **ningún** antes de un sustantivo masculino y singular.

¿Ha visto Ud. ***algún*** *zapato rojo?*

No, no he visto ***ningún*** *zapato rojo.*

El presente progresivo

El presente progresivo se forma con el verbo **estar** + **gerundio**.

Estoy *lav****ando*** *los platos.*

Nosotros ***estamos*** *pon****iendo*** *flores en la mesa.*

Ella ***está*** *corr****iendo*** *por el parque.*

Los verbos que terminan en **-aer**, **-eer** y **-uir** tienen un cambio ortográfico en el gerundio: **-yendo**.

Uds. ***están*** *le****yendo*** *Don Quijote.*

Se pueden añadir pronombres al final de un gerundio, o delante del verbo conjugado. Cuando se añaden al gerundio, se necesita escribir un acento.

Estoy oyendo música rock.

La *estoy oyendo.*

*Estoy oyéndo****la****.*

Vocabulario B1

En la mañana

Vocabulario en contexto

Mi familia es **numerosa**. Somos ocho personas y todos tenemos que **compartir** el baño. Por las mañanas es difícil, porque todos tenemos que **prepararnos** para salir. Debemos ser **pacientes**.

el lápiz de labios

el cepillo de dientes

el secador

el desorden

pintarse los labios

cepillarse (los dientes)

secarse (el pelo)

ponerse furioso

el esmalte de uñas

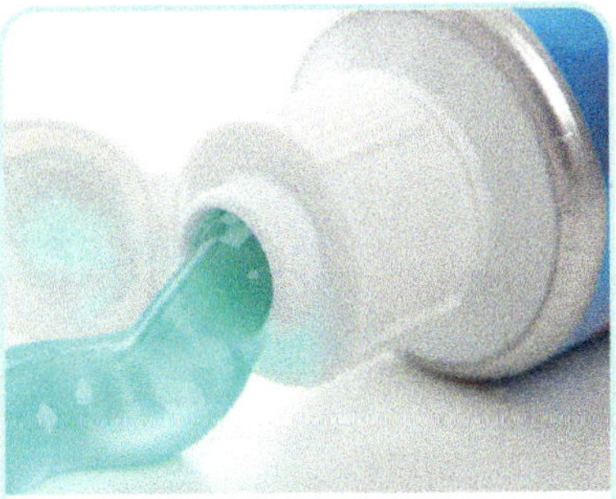

la pasta de dientes

el suelo mojado

Para conversar

Para expresar frustración:

¡Date prisa, Julia! ¿Cuánto te **falta** por terminar? Ya me **toca** a mí usar el baño.

¡Deja de ser **mandona**! Eres muy **impaciente** y **te enojas** por todo.

¡Ya es suficiente, niñas! ¡Dejen de **pelearse**!

PARA DECIR MÁS

enfadarse	*to become angry*
hacer las paces	*to make up*
irritarse	*to get annoyed*

ESTRATEGIA

Review and recycle

acostarse (ue)	*to go to bed*
afeitarse	*to shave*
ducharse	*to shower*
levantarse	*to get up*
maquillarse	*to put on makeup*
peinarse	*to comb one's hair*
ponerse	*to put on*
vestirse (i)	*to get dressed*

1. Situaciones

Escuche los diálogos y diga a qué foto se refieren.

A

B

C

D

E

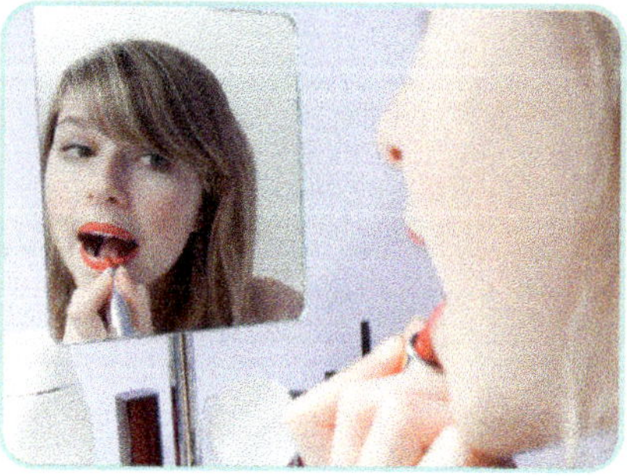
F

2. ¿Con qué se lava el pelo?

Diga qué usaría para hacer lo siguiente. Escriba una oración sobre lo que hace en cada caso.

1. pintarse las uñas
2. cepillarse los dientes
3. secarse el pelo
4. secarse las manos
5. pintarse los labios

MODELO

lavarse el pelo

Yo me lavo el pelo con champú.

Diálogo

¿Por qué se pelean?

María: ¿Dónde está mi lápiz de labios rosado?
Analía: No sé, yo no me pinto con él.
María: ¿Estás segura? Tú siempre usas mis cosas.
Analía: ¡Sí, estoy segura! Eres una mandona.
Ricardo: Chicas, ¿por qué se pelean?
María: No encuentro mi lápiz de labios y creo que lo tiene Analía.
Analía: Siempre que te falta algo, te enojas conmigo.
Ricardo: ¿Lo buscaste en tu bolso?
María: No me fijé allí... Déjame ver... Ah, aquí está... Analía, te pido perdón...
Analía: Está bien, pero tienes que hacer algo con este desorden.

3. ¿Qué recuerda Ud.?

1. ¿Qué está buscando María?
2. ¿Por qué María cree que Analía tiene el lápiz de labios?
3. ¿Qué hace María siempre que le falta algo?
4. ¿Dónde está el lápiz de labios?
5. ¿Qué le dice Analía a María al final?

4. Algo personal

1. ¿Qué hace Ud. cuando no encuentra algo?
2. ¿Se pelea con sus parientes a veces? ¿Por qué?
3. ¿Usa las cosas de sus hermanos o de sus amigos? ¿Qué cosas?
4. ¿Hay una persona mandona en su familia? ¿Quién es?
5. ¿Es su familia numerosa?

5. Conclusiones lógicas

Escuche las siguientes oraciones. Escoja la letra de la conclusión lógica para cada una.

A. ¡Qué mandona es tu hermana!
B. A Cristina siempre le falta algo.
C. El suelo del baño está mojado.
D. Chicos, ¿por qué se pelean?
E. ¡Qué impaciente eres!

Los verbos reflexivos

- When an action reflects back on the subject, you use a reflexive verb. Many of these verbs describe daily routine activities.

***Me pinto los labios** todos los días.*	I **put on lipstick** every day.
*Elena **se prepara** para salir.*	Elena **gets ready** to go out.

- Reflexive verbs always include a reflexive pronoun (***me***, ***te***, ***se***, ***nos***, ***os***).

levantarse			
yo	**me levanto**	nosotros nosotras	**nos levantamos**
tú	**te levantas**	vosotros vosotras	**os levantáis**
Ud. él ella	**se levanta**	Uds. ellos ellas	**se levantan**

- When you use reflexive pronouns with a gerund or an infinitive, you may attach the pronoun to the gerund or infinitive, or place it before the conjugated verb. Note that you may need to add an accent when you attach the pronoun, as with ***vistiéndose*** shown below.

*Él está vistiéndo**se**.*	*Él **se** está vistiendo.*
*Voy a levantar**me**.*	***Me** voy a levantar.*
*Tienes que duchar**te**.*	***Te** tienes que duchar.*

6. ¿Cómo se preparan?

Ud. y su familia van a ver un baile folclórico en Los Ángeles. Describa cómo se preparan, formando oraciones con los verbos indicados.

1. Mi abuela ___ temprano para preparar el desayuno. (*levantarse*)
2. Tú ___ primero para ayudar con los niños pequeños. (*ducharse*)
3. Mi abuelito ___ con cuidado. (*afeitarse*)
4. Mi hermano ___ con un traje típico. (*vestirse*)
5. Mi media hermana ___ los labios de color rosado. (*pintarse*)
6. Mi hermanita ___ el pelo con mi secador. (*secarse*)
7. Ellas ___ frente al espejo. (*maquillarse*)
8. La abuelita Inés ___ un rato porque está cansada. (*acostarse*)
9. La tía Julia ___ un sombrero mexicano. (*ponerse*)
10. Mi prima pequeña ___ las uñas con los colores de la bandera mexicana. (*pintarse*)
11. Todos ___ los dientes después del desayuno y antes de salir de la casa. (*cepillarse*)

Baile folclórico en Los Ángeles

7. ¿Sabes qué están haciendo?

Túrnese con una persona de la clase para hablar de lo que están haciendo las personas en las fotos.

MODELO

los primos

A: **¿Qué están haciendo los primos?**

B: **Los primos están bañándose.**

1. Alfonso

2. la Sra. Reyes

3. Vanessa

4. Teresa y Cecilia

5. yo

6. el Sr. Reyes

8. Un campamento de verano

Ud. y una persona de la clase hacen los papeles de asistente y director(a) de un campamento de verano. Túrnense para hablar de las reglas que deben seguir los niños/as. Usen expresiones como **tienen que**, **deben**, **van a**, e incluyan un verbo reflexivo.

MODELO

A: ¿A qué hora se deben acostar los niños?

B: Deben acostarse a las 9:00 en punto.

9. La rutina diaria

Use las siguientes preguntas para hacerles una encuesta a cinco personas de la clase. Tome notas de sus respuestas y presente los resultados frente a la clase.

1. ¿Te gusta levantarte tarde o temprano?
2. ¿Prefieres bañarte o ducharte?
3. ¿Cuánto tiempo tardas en vestirte?
4. ¿Sueles cepillarte los dientes antes o después de desayunar?
5. ¿Vas a lavarte el pelo hoy?

MODELO

Seis compañeros prefieren bañarse. Todos van a lavarse el pelo hoy.

Otros usos de los verbos reflexivos

- Many reflexive verbs in Spanish are equivalent to "to become" or "to get," and are often used to express physical or emotional changes in the subject. These verbs include *aburrirse* (to get bored), *enojarse* (to get angry), *lastimarse* (to get hurt), *ponerse* (to become).

Yo ***me aburro*** cuando tengo que quedarme en casa.	I **get bored** when I have to stay at home.
Papá ***se enoja*** cuando hacemos mucho desorden.	Dad **gets angry** when we make a big mess.
Mi abuelita ***se pone feliz*** cuando vienen visitas.	Granny **gets happy** when she gets visitors.
Mi hermano se cayó de la bicicleta y ***se lastimó***.	My brother fell off his bike and **got hurt**.

- Some verbs have a different meaning when used as a reflexive.

dormirse	*to fall asleep*	**dormir**	*to sleep*
irse	*to go away, to leave*	**ir**	*to go*
levantarse	*to get up*	**levantar**	*to raise, to lift*
parecerse a	*to look like*	**parecer**	*to seem*
reírse de	*to laugh at*	**reír**	*to laugh*

10. ¿Cómo reaccionan?

Complete las siguientes oraciones escogiendo el verbo apropiado entre paréntesis.

MODELO

Yo ___ nervioso cuando tengo exámenes.
(*aburrirse / ponerse*)

Yo **me pongo** nervioso cuando tengo exámenes.

Me pongo nervioso cuando hay un examen.

1. Mis primas ___ cuando no pueden chatear con sus amigas por su red social favorita. (*aburrirse / acordarse*)
2. Cuando van al parque, mis hermanitos ___ mucho. (*enojarse / divertirse*)
3. Mi tía Hilda ___ triste cuando piensa en su papá que está lejos. (*ponerse / irse*)
4. Mi abuelo ___ cuando le interrumpen la siesta. (*reírse / enojarse*)
5. Yo ___ feliz cuando saco buenas notas en los exámenes. (*sentirse / enojarse*)
6. La madrina de mi hermana ___ mucho de mis chistes. (*reírse / enojarse*)
7. Isabela ___ cuando ve a su prima. (*alegrarse / sentirse*)
8. Uds. siempre ___ cuando es la hora de lavar los platos. (*ponerse / irse*)
9. Mi mamá siempre ___ en el sillón cuando ve la televisión. (*enojarse / dormirse*)
10. Emilio y Ernesto ___ mucho; son gemelos. (*parecerse / reírse*)

11. ¡Ya no quiero más excusas!

Complete este diálogo entre Adriana y su abuela usando la forma apropiada de los verbos del recuadro.

sentirse	dormirse	vestirse	irse
reírse	imaginarse	ponerse	equivocarse
enojarse	parecer	olvidarse	levantarse

¡Ojo!

Remember, even though a reflexive verb is used in the infinitive, the reflexive pronoun must still agree with the subject of the sentence.

Abuela: Rápido, Adriana. Tienes que **(1)** ahora mismo.

Adriana: Pero, abuela, no **(2)** bien. Creo que estoy enferma.

Abuela: No te creo. Me **(3)** que no tienes ganas de ir al colegio.

Adriana: No, abuela, **(4)**. De veras estoy enferma. Tengo ganas de **(5)**.

Abuela: No es así. Lo que yo creo es que tú siempre **(6)** de hacer la tarea y después **(7)** nerviosa porque no la hiciste.

Adriana: Ay, ¿pero por qué **(8)**, abuela? Tú siempre **(9)** lo peor.

Abuela: Entonces, ¿por qué **(10)** de esa manera tan nerviosa?

Adriana: Está bien, abuela, **(11)** en cinco minutos y **(12)** para la escuela.

12. ¿Cómo se sienten los animales?

Imagine que su perro o su gato está un poco deprimido (*depressed*) últimamente. Ud. decide visitar a un psicólogo de animales para ver lo que le pasa. Con una persona de la clase, inventen un diálogo entre el/la dueño/a (*owner*) del animal y el/la psicólogo/a. Pueden usar los siguientes verbos y expresiones, o agregar otros. Use el modelo como guía. Luego, presenten su diálogo frente a la clase.

alegrarse	olvidarse	sentirse bien/mal/triste/contento/cansado
ponerse nervioso/furioso	enojarse	acordarse
divertirse	aburrirse	quedarse

MODELO

Dueño/a: Mi perro se siente muy triste y no quiere jugar.

Psicólogo/a: ¿Lo saca Ud. a pasear a menudo?

Dueño/a: Bueno... A veces me olvido.

Psicólogo/a: Ajá. Ese es el problema...

Mi perro se siente muy contento.

13. ¿Cómo se pone cuando...?

Haga una encuesta entre cinco estudiantes pidiéndoles que completen las oraciones del cuadro. Luego, comparen sus respuestas y hablen de lo que tienen en común. Presenten los resultados al resto de la clase.

nombre	me pongo furioso/a	me enojo	me peleo	me siento triste	me aburro	me alegro	me río	me duermo
Martha	cuando veo injusticias							
Lucía								

MODELO

Martha y Mark se ponen furiosos cuando ven injusticias.

Acciones recíprocas

- The plural reflexive pronouns ***nos*** and ***se*** can be used to express what two people do for each other or to one another. These are called reciprocal actions.

  Enrique y Ana ***se escriben*** *mensajes de texto todo el tiempo.* — Enrique and Ana **write each other** text messages all the time.

  Eva y yo ***nos ayudamos****.* — Eva and I **help each other**.

- The following verbs can be used reciprocally.

abrazarse	*to hug each other*	**llamarse**	*to call each other*
ayudarse	*to help each other*	**llevarse**	*to get along with each other*
besarse	*to kiss each other*	**pelearse**	*to fight with each other*
conocerse	*to know, to meet each other*	**quererse**	*to love each other*
darse	*to give each other*	**saludarse**	*to greet each other*
escribirse	*to write each other*	**verse**	*to see each other*

14. ¿Se llevan bien o mal?

Complete las siguientes oraciones con la forma recíproca de los verbos entre paréntesis.

1. Mis hermanos y yo (*quererse*) mucho y nunca (*pelearse*).
2. ¿Por qué (*llamarse*) Uds. todo el tiempo si (*verse*) con frecuencia?
3. Ana y Sofía (*conocerse*) desde pequeñas y (*llevarse*) muy bien.
4. Normalmente, los chicos se dan la mano cuando (*saludarse*), pero las chicas generalmente (*besarse*) o (*abrazarse*).
5. Mis padres nunca (*darse*) regalos en su aniversario. Solo (*besarse*).

Las niñas se abrazan.

ClearTalk®

15. Acciones recíprocas

En parejas, describan las relaciones de la primera columna, usando los verbos de la segunda columna y las palabras/frases de la tercera columna. Sigan el modelo.

MODELO

A: Mis abuelos y yo nos vemos poco. ¿Se ven poco tú y tus abuelos?

B: No, mis abuelos y yo no nos vemos poco. Nos vemos todos los días.

I	II	III
mis abuelos y yo	escribirse	a menudo
mis abuelos	pelearse	casi nunca
mi(s) hermano/a/os/as y yo	llevarse	a veces
mi hermano y su novia	quererse	mucho/poco
mi(s) primo/a/os/as y yo	verse	bien/mal
mi tío y mi tía	ayudarse	todos los días
mi mejor amigo/a y yo	llamarse	los fines de semana

Mis hermanos y yo nos peleamos a menudo.

16. Un día típico

Describa un día típico de su vida. Use verbos reflexivos para explicar su rutina diaria y verbos recíprocos para describir sus relaciones con otras personas. Luego, compare su descripción con la de una persona de la clase.

17. Quererse unos a otros

Con una persona de la clase, inventen una historia de amor. Incluyan acciones recíprocas. Pueden usar los verbos del recuadro como guía y agregar otros. Luego, presenten su historia frente a la clase. Entre todos, decidan cuál es la historia más original, la más romántica y la más trágica.

abrazarse	ayudarse	besarse	darse
escribirse	hablarse	llamarse	llevarse bien/mal
mirarse	pelearse	saludarse	verse

Jennifer y Oliver se sacan fotos.

MODELO

Jennifer y Oliver se conocieron por una de las redes sociales. Ahora se ven todos los días.

¿? **Pregunta clave** ¿Cómo se ve la presencia hispana en Estados Unidos?

¡Mi casa es su casa!

Muchos hispanos se sienten en casa en la Gran Manzana. Nueva York cuenta con casi dos millones y medio de hispanos, en su mayoría dominicanos, puertorriqueños y mexicanos. Ellos, al igual que los cubanos en Miami, crearon allí una comunidad al llegar. Hicieron de El Barrio (*East Harlem*) su segundo hogar, donde preservan sus costumbres y se apoyan mutuamente. Los inmigrantes ya establecidos, quizá por haber vivido la dura experiencia de empezar de nuevo en otro país, siempre han estado dispuestos[1] a abrir sus puertas a sus compatriotas: familiares, amigos o amigos de amigos a quienes nunca han conocido. El lema[2] de hospitalidad del hispano en Estados Unidos y en todas partes sigue siendo "Mi casa es su casa".

El Barrio, East Harlem, Nueva York

La siguiente generación y los nuevos inmigrantes han encontrado en El Barrio una comunidad consolidada, que aún mantiene la conexión con el lugar de donde vinieron ellos o sus padres. La comunidad puertorriqueña creó el Museo del Barrio que—además de ser un lugar de exposición de pintura, fotografía y esculturas de artistas hispanos—es el centro de reunión y celebración de las fiestas tradicionales de la cultura hispana.

[1] willing [2] slogan, motto

BÚSQUEDA puertorriqueños en nueva york, el barrio east harlem, día de los reyes magos

PRÁCTICAS

El Día de los Reyes Magos es una gran fiesta hispana tradicional que se celebra el 6 de enero. De esta manera, la comunidad latina extiende la temporada navideña con fiestas y desfiles, y regalos para los niños. En California es una fiesta popular entre muchos hispanos; en Los Ángeles se celebra en la Calle Olvera y en Anaheim se celebra en Disney's California Adventure. Es tradicional comer la Rosca de Reyes, un delicioso pan dulce redondo con nueces y frutos secos (*dried fruits and nuts*). El Día de los Reyes Magos es una de las fiestas favoritas de los niños hispanos.

Los Reyes Magos en Disney

18. Comprensión

1. ¿Qué hicieron las primeras generaciones de inmigrantes para beneficiar a aquellas que vinieron después?
2. ¿Cuál es la importancia del Museo del Barrio para los puertorriqueños de Nueva York?

19. Analice

1. ¿Han cambiado los valores de la cultura hispana con el tiempo? Explique su respuesta con ejemplos de la lectura.
2. ¿Por qué cree que es tan popular la celebración del Día de los Reyes Magos en las comunidades hispanas de Estados Unidos?

COMPARACIONES

Antes del Día de los Reyes Magos, los niños escriben una lista de los regalos que quieren recibir. En la noche del 5 de enero, los niños dejan comida y agua para los reyes y sus camellos. En la mañana del Día de Reyes, los niños reciben sus regalos. ¿Hay fiestas similares en su cultura? ¿Cuáles? ¿Cómo se celebran?

La familia hispana en California

En el área de Los Ángeles y el sur de California es fácil encontrar barrios[1] habitados casi exclusivamente por mexicanos, salvadoreños y guatemaltecos. En otras áreas de este estado, los hispanos de distintas procedencias[2] están integrados en comunidades más diversas. Como quiera que sea, la herencia hispana se siente con fuerza. Una gran influencia de los hispanos en la sociedad estadounidense es el restablecimiento[3] de la importancia de la familia, tanto la cercana como la extendida, que incluye a abuelos, tíos, primos... ¡y hasta padrinos y ahijados[4]! El hogar, para los hispanos, es más que una casa con jardín; el hogar es el lugar de reunión de la familia. Esta característica les ha permitido a los latinos mantener su idioma, sus hábitos y sus costumbres. La relación entre la familia y la cultura hispana ha sido un tema constante de series de televisión populares, desde la clásica *I Love Lucy* hasta la contemporánea *Modern Family*.

La familia hispana incluye a abuelos, tíos, primos... ¡y hasta padrinos y ahijados!

La serie *I Love Lucy*

[1] neighborhoods [2] origins [3] recovery
[4] godchildren

BÚSQUEDA hispanos en california

PRODUCTOS

La importancia económica del mercado hispano ha transformado el rostro (*face*) de la publicidad en Estados Unidos. Cada vez es más frecuente ver a estrellas hispanas representando a las grandes marcas. Por ejemplo, la estrella colombiana Sofía Vergara promociona la marca Diet Pepsi, y también tiene un perfume y su propia línea de ropa interior. La exactriz de telenovelas mexicanas, Thalía Sodi, prepara una colección similar. Sus líneas prometen productos a la medida de las mujeres latinas, como talles (*inseam*) más cortos, estampados (*prints*) coloridos y líneas ceñidas (tailored) al cuerpo. La meta es llegar a un público hispano diverso, venga de donde venga, sea la primera o la tercera generación.

20. Comprensión

1. ¿Qué comunidades hispanas viven en Los Ángeles y el sur de California?
2. ¿Cuál es una gran influencia de los hispanos en la sociedad estadounidense?
3. ¿Qué significa el hogar para los hispanos?
4. ¿Cómo se nota la importancia económica del mercado hispano en Estados Unidos?

21. Analice

1. ¿Cree Ud. que las series de televisión como *I love Lucy y Modern Family* presentan situaciones realistas de la relación entre la familia y la cultura hispana? ¿Por que sí o por qué no?
2. ¿Por qué es importante para la economía estadounidense tener en cuenta los gustos del público hispano? Explique con ejemplos.

En el cuarto

Vocabulario en contexto

Tener cuarto propio es **una ventaja**, pero tener que arreglarlo es **una desventaja**.

¡Qué cuarto tan **desordenado**!

las almohadas

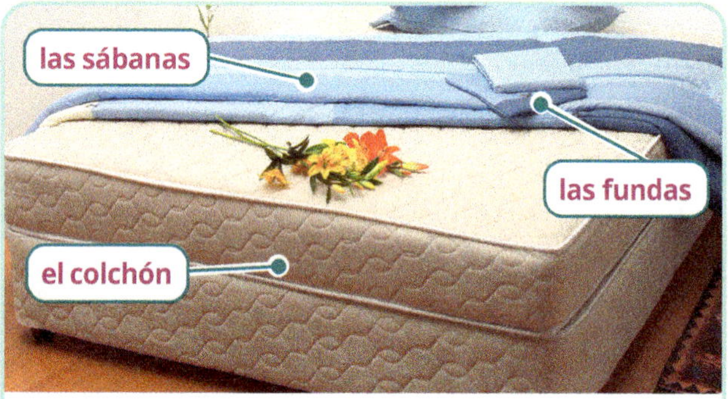

el colchón, las sábanas y las fundas

la cobija

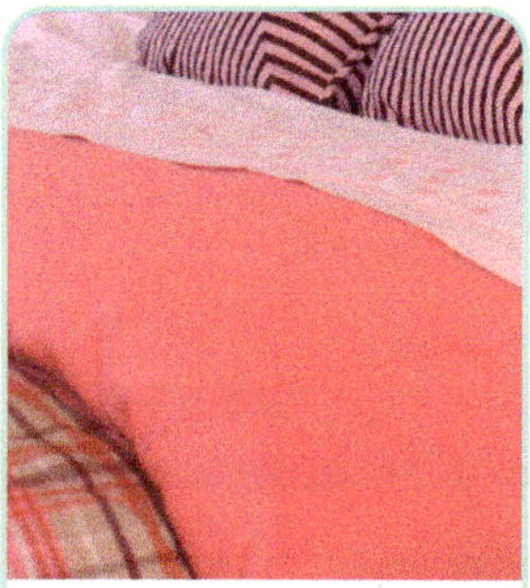
el cubrecama

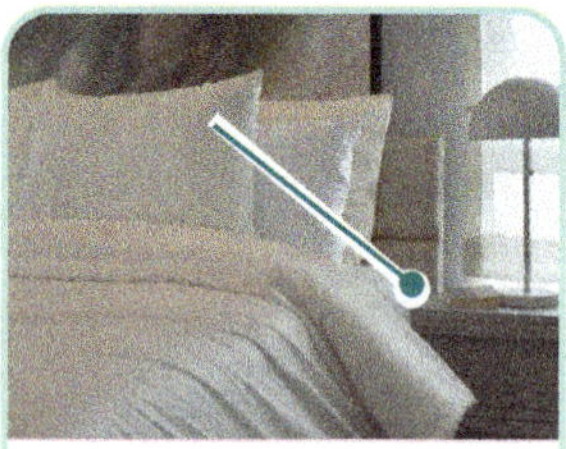
la mesa de noche

la cómoda

el sofá

los estantes

Para conversar

Para preguntar y decir dónde están las cosas:

¿Dónde **guardas** las fundas?

Dentro de la cómoda.

¿Dónde están **las perchas** para colgar la ropa?

En el suelo, **delante del** armario.

Honestamente, Quique, ¿no puedes ser un poco más **ordenado**?

Para decirle a alguien dónde poner algo:

¿Dónde pongo estos estantes?

No los quiero. Sácalos **fuera del** cuarto.

Ven **acá** y ayúdame a mover este sofá, por favor.

¡Claro! ¿Adónde quieres moverlo?

¿Qué tal **enfrente de** esa pared, la que está **detrás de** la puerta?

ESTRATEGIA

Review and recycle

el mueble	*piece of furniture*
barrer	*to sweep*
cambiar (las sábanas)	*to change (the sheets)*
colgar	*to hang*
limpiar	*to clean*
planchar	*to iron*

PARA DECIR MÁS

el cajón	*dresser drawer*
el cojín	*cushion*
el estropajo	*scouring pad*
fregar	*to mop, to scrub*
pulir	*to polish, shine (floor)*
lustrar	*to polish (shoes)*

22. ¡Guarda las cosas!

Escuche los siguientes mandatos. Seleccione la foto que corresponde con lo que oye.

A

B

C

D

E

F

23. ¿Cuál es la palabra apropiada?

Escoja la palabra que completa correctamente cada oración.

1. Compremos nuevas fundas para (*las cobijas / las almohadas*).
2. Por favor, pon los libros en (*los estantes / las perchas*).
3. Ana, guarda las camisetas en la (*mesa de noche / cómoda*).
4. Mis tíos van a comprar (*un colchón / un sofá*) nuevo para la sala.
5. Francisco es muy (*desordenado / ordenado*); guarda todo en su lugar.
6. En casa, cambiamos (*las sábanas / las almohadas*) una vez a la semana.

24. ¡Ordenemos juntos!

Imagine que tiene que arreglar su habitación y le pide ayuda a su hermano/a. Escriba cinco oraciones con las cosas que le pide a su hermano/a que haga.

MODELO

Arregla los libros en los estantes.

Diálogo

¡Pon tus cosas en orden!

María: ¿Por qué está tan desordenado el escritorio?
Analía: No tengo ningún estante para poner mis cosas.
María: Pero puedes guardarlas en la cómoda.
Analía: No hay lugar. Toda tu ropa está allí.
María: La saco ahora mismo.
Analía: ¿Y dónde la pones?
María: Dentro del armario.
Analía: Eres muy ordenada, María.
María: Ayúdame un poco y tráeme esas perchas...
Si cuelgas la ropa en las perchas, tienes más espacio.
Analía: ¿Qué hago ahora?
María: Cuelga tu ropa.
Analía: Eres muy eficiente, María.
María: No hables tanto, y date prisa, Analía.

25. ¿Qué recuerda Ud.?

1. ¿Por qué está tan desordenado el escritorio de María y Analía?
2. ¿Por qué no hay lugar en la cómoda?
3. ¿Dónde pone María su ropa ahora?
4. ¿Qué hacen con la ropa? ¿Para qué?

26. Algo personal

1. ¿Comparte Ud. su cuarto con alguien?
2. ¿Está ordenado su cuarto?
3. ¿Dónde guarda Ud. su ropa?
4. ¿Qué quehaceres de la casa hace Ud.?
5. ¿Qué ventajas tiene ser ordenado?

27. ¡Ordena tu cuarto!

Escoja la letra de lo que le dice a Orlando su madre en cada situación.

A. Arregla tus cosas.
B. Cuelga tu ropa en perchas dentro del armario.
C. Cámbialas.
D. Ponlos en los estantes.
E. Guárdalos dentro de sus cajas.

Arregla tus cosas.

Los mandatos informales afirmativos

- Affirmative commands are used to tell someone to do something. Use the informal affirmative commands for people you address as **tú**. These commands have the same form as the third-person singular of verbs in the present tense. Note that verbs with a spelling and/or stem change in the present tense have the same change in the informal affirmative command.

Saca *la basura.*	**Take out** the garbage.
Riega *las plantas.*	**Water** the plants.
Cuelga *los cuadros.*	**Hang** the paintings.
Construye *una casa de perro.*	**Build** a dog house.

- The following verbs have irregular informal command forms.

decir → di	***Di*** *la lección.*	*salir → sal*	***Sal*** *al patio.*
hacer → haz	***Haz*** *tus tareas.*	*ser → sé*	***Sé*** *sincero.*
ir → ve	***Ve*** *al mercado.*	*tener → ten*	***Ten*** *paciencia.*
poner → pon	***Pon*** *los cubiertos.*	*venir → ven*	***Ven*** *a jugar.*

- Direct and indirect object pronouns (*complementos*), as well as reflexive pronouns are attached to the affirmative informal commands. When attaching these pronouns to a command form of more than one syllable, you must add an accent mark over the stressed syllable.

¿El pan? ***Ponlo*** *en la cocina.*	The bread? **Put** it in the kitchen.
Dime *la verdad.*	**Tell me** the truth.
*Las ventanas están sucias. ¡**Límpialas**!*	The windows are dirty. **Clean them**!
Lávate *la cara.*	**Wash** your face.
Mírate *en el espejo.*	**Look at yourself** in the mirror.
Esos son los pantalones de tu papá.	Those are your father's pants.
*¡**Cuélgalos** en el armario!*	**Hang them** in the closet.

28. Los quehaceres de Dakota

La mamá de Dakota le dejó una lista de los quehaceres que tiene que hacer. Escriba mandatos informales, según la lista.

MODELO

pasar la aspiradora
Pasa la aspiradora.

Querida Dakota:
Tengo una cita médica. Aquí te dejo una lista de los quehaceres que quedan por hacer:
1. limpiar el baño
2. barrer los cuartos
3. cambiar las sábanas
4. hacer las camas
5. guardar la ropa limpia en el armario
6. ir de compras al supermercado
7. poner el pollo en el horno
8. preparar la mesa para el almuerzo
9. sacar al perro
10. ¡y no te olvides de poner flores frescas en la mesa!

Muchas gracias,
Mamá

COMPARACIONES

Busque por Internet los quehaceres más populares en Estados Unidos y en otro país hispanohablante. Tome nota de quiénes, por lo general, los hacen en cada país. Haga una comparación y comparta la información con la clase.

29. ¿Qué hago?

Un(a) amigo/a no puede tomar decisiones y le pide consejos. Con una persona de la clase creen diálogos según las indicaciones.

MODELO

ponerse la chaqueta azul
A: ¿Me pongo la chaqueta azul?
B: Sí, ponte la chaqueta azul.

1. cortarse las uñas
2. secarse el pelo
3. lavarse las manos
4. acostarse temprano
5. cepillarse los dientes
6. probarse los zapatos nuevos
7. quitarse los calcetines
8. irse ahora

30. Ayúdame a arreglar el cuarto

Pepe y Manolo están arreglando un cuarto y Pepe hace muchas preguntas. Complete este diálogo entre los dos amigos. Use mandatos informales y el complemento de objeto directo que corresponda a las palabras en cursiva.

Pepe: Manolo, no encuentro *las sábanas*.
Manolo: (**1.** *buscar*) en el armario. Deben estar ahí.
Pepe: ¿Saco también *la cobija*?
Manolo: Sí, (**2.** *sacar*) también porque la voy a necesitar.
Pepe: ¿Cubro *la almohada* con la funda amarilla?
Manolo: No, (**3.** *cubrir*) con la funda blanca.
Pepe: ¿Y dónde pongo *los cubrecamas*?
Manolo: ¡(**4.** *poner*) en las camas, tonto!
Pepe: ¿Y ahora qué hago? ¿Cuelgo *el cuadro*?
Manolo: Sí, (**5.** *colgar*) al lado de la puerta.
Pepe: Entonces necesito *unos clavos*. ¿Sabes dónde están?
Manolo: (**6.** *buscar*) en la caja. Deben estar ahí.
Pepe: ¿Puedo usar *el martillo*?
Manolo: Sí, (**7.** *usar*), pero con cuidado.

¿Lo cuelgo aquí?

31. Consejos para tener éxito

Su amigo/a quiere ser presidente del consejo estudiantil y, antes de las elecciones, tiene que dar un discurso (*give a speech*) a todos los estudiantes de la escuela. Como Ud. es su amigo/a, quiere darle algunos consejos sobre lo que debe decir. Use mandatos informales y las siguientes frases. Luego, añada dos consejos más.

1. prepararse bien para dar el discurso
2. hacer una lista de objetivos
3. vestirse bien para esa ocasión
4. hablarles de tu experiencia
5. ser amable con todos
6. decirles tus planes para la escuela

Repaso rápido

Expresiones de lugar

To answer the question *¿Dónde?*, use the following expressions:

cerca	close	***aquí***	here	***allá***	there
lejos	far	***acá***	over here	***allí***	over there

Other expressions are more specific:

a la derecha de	to the right of	***delante de***	in front of
a la izquierda de	to the left of	***dentro de***	inside of
al lado de	next to	***encima de***	on top of
alrededor de	around	***enfrente de***	across, facing
atrás / detrás de	behind	***entre***	between, among
cerca de	near, close to	***fuera de***	outside (of)
debajo de	under	***lejos de***	far from

32. ¿Dónde están?

Mire el cuarto y descríbalo usando expresiones de lugar.

MODELO

La computadora está encima del escritorio.

¿? **Pregunta clave** ¿Cómo se ve la presencia hispana en Estados Unidos?

¡Comunicación!

33. ¿Cuánto es que cuesta?

la meteorología

Imagine que Ud. va de compras con su cuñado/a, que se ha mudado a Estados Unidos. Él viene de España y no está acostumbrado a usar el dólar, por eso, siempre está preguntándole el valor de cada cosa en euros, para saber cuánto está pagando. Represente la situación con una persona de la clase y túrnense para hacer los dos papeles. Busquen por Internet la tasa de cambio actual (*current exchange rate*) del dólar a euros, y ténganla en cuenta para sus cálculos.

sábanas y fundas ($35.00)	sofá ($1,500.00)	almohadas ($20.00 c/u)
mesas de noche ($150.00 c/u)	perchas ($10.00 por docena)	estantes ($15.00 c/u)

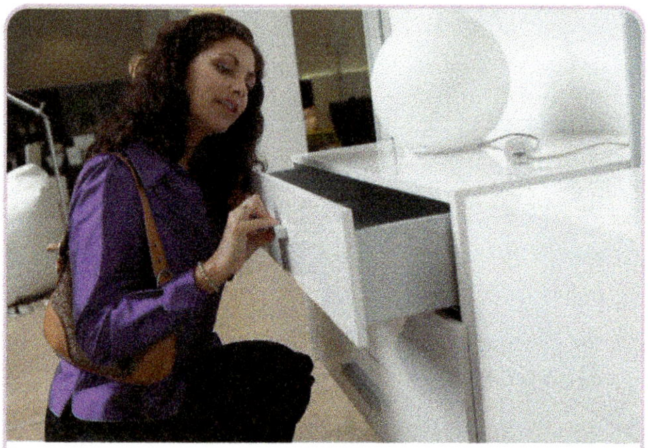

Me falta una cómoda para el dormitorio principal.

MODELO

A: Me falta una cómoda para el dormitorio principal. ¿Dice cuánto cuesta esa?
B: Cuesta $350.
A: ¿Cuánto es eso en euros?
B: Unos... euros.
A: ¡Qué bien! No es mucho. La compro.

34. Querida Siempre Sabe

Imagine que Ud. vive con su familia extendida: dos hermanos, una hermanita, sus padres y sus abuelos. Aunque Ud. y sus hermanos nacieron en Estados Unidos, sus padres y sus abuelos son de un país hispano y tienen ideas bastante tradicionales sobre la familia. Ud. los quiere mucho, pero siempre hay conflictos debido al choque (*clash*) entre las dos culturas. Escríbale una carta a la señora Siempre Sabe, una gran experta en relaciones familiares, y explíquele los problemas específicos que están teniendo. Luego, intercambie su carta con la de una persona de la clase que hará el papel de la experta y le ofrecerá algunas soluciones. Túrnense para hacer los dos papeles y representen la situación frente a la clase.

Once de Sandra Cisneros

Sobre la autora

Sandra Cisneros (1954–) es la más leída de todas las escritoras latinas en Estados Unidos. Nació en Chicago, en una familia de siete hermanos. Gracias a una beca, estudió escritura creativa en la Universidad de Iowa. Su novela más célebre es *The House on Mango Street*, donde explora la niñez en un gueto mexicano de la ciudad. En el 2015 publicó sus memorias (*memoir*), *A House of My Own: Stories from My Life*, en las cuales combina historias personales de su vida familiar en Estados Unidos y México. En el 2016 Cisneros recibió la Medalla de las Artes otorgada por el *National Endowment* for the Arts y entregada por el presidente Barack Obama.

BÚSQUEDA sandra cisneros

Sandra Cisneros

35. Antes de leer

¿Alguna vez anticipó un día muy especial que no resultó así? ¿Qué sucedió?

36. Practique la estrategia

En el texto que va a leer a continuación, la escritora describe los sentimientos de una niña de once años. A medida que vaya leyendo, preste atención a las palabras o frases que describen cómo se siente Raquel y las razones por las cuales se siente de esa forma, y escríbalas en un diagrama de causa y efecto como el que se muestra.

ESTRATEGIA

Visualizing

Visualizing is the process of creating a mental image from a written description. The author provides details that help readers imagine the setting, the characters, and the events that take place in the story. You can envision the personalities of the characters as well as their actions and their feelings. As you read, write down the details that help you visualize how Raquel, the main character, is feeling and the reasons why she feels that way.

Causa		Efecto
Está triste.	→	**Siente deseos de llorar.**
	→	

Once de Sandra Cisneros

Lo que no entienden de los cumpleaños y lo que nunca te dicen, es que cuando tienes once también tienes diez y nueve y ocho y siete y seis y cinco y cuatro y tres y dos y uno. Y cuando te despiertas el día que cumples once años, esperas sentirte de once, pero no te sientes. Abres los ojos y todo está igualito que ayer, sólo que es hoy y no te sientes como si tuvieras[1] once para nada. Todavía te sientes como si tuvieras diez. Y sí los tienes, por debajo del año que te vuelve once.

Como algunos días puede que digas algo estúpido y esa es la parte de ti que todavía tiene diez. Y otros días puede que necesites sentarte en el regazo de tu mamá porque tienes miedo y esa es la parte de ti que tiene cinco. Y tal vez un día, cuando ya seas grande, necesites llorar como si tuvieras tres y está bien. Eso es lo que le digo a mamá cuando está triste y necesita llorar. Tal vez se siente como si tuviera tres.

cuatro y tres y dos y uno..."

Porque el modo como uno se hace viejo es un poco como una cebolla o los anillos dentro de un tronco de árbol o como mis muñequitas de madera que embonan[2] una dentro de la otra, cada año dentro del siguiente. Así es como es tener once años.

No te sientes de once años. No, luego, luego. Tarda varios días, hasta semanas, a veces hasta meses antes de que digas once cuando te preguntan. Y no te sientes como una niña inteligente de once años, no hasta que ya casi tienes doce. Así es.

Sólo que hoy quisiera no tener tan sólo once años repiqueteando[3] dentro de mí como centavitos en una caja de Curitas[4]. Hoy quisiera tener ciento dos años en lugar de once porque si tuviera ciento dos hubiera sabido[5] qué decir cuando la Miss Price puso el suéter rojo sobre mi escritorio. Hubiera sabido cómo decirle que no era mío en lugar de quedarme sentada ahí con esa carota y sin poder decir ni pío[6].

"¿De quién es esto?", dice la Miss Price y levanta el suéter para que toda la clase lo vea. "¿De quién? Ha estado metido en el ropero durante un mes".

"No es mío", dice todo el mundo. "No, no, mío no".

"Tiene que ser de alguien", la Miss Price sigue diciendo, pero nadie se puede acordar. Es un suéter bien feo con botones de plástico rojos y un cuello y unas mangas tan, tan estiradas que lo podrías usar como cuerda de saltar[7]. Tal vez tiene mil años y aunque fuera mío[8] nunca de los nuncas lo diría.

[1] as if you were [2] nest [3] ringing [4] Band Aids® [5] I would have known [6] not even a peep (word) [7] jump rope [8] it were mine

37. Comprensión

1. ¿Cómo es el modo en que uno se hace viejo?
2. ¿Cuántos años quisiera tener la niña? ¿Por qué?
3. ¿Cuánto tiempo ha estado el suéter en el ropero?

38. Analice

¿Por qué la niña dice que no se siente de once años todavía?

Tal vez porque soy flaquita[1], tal vez porque no le caigo bien[2], esa estúpida de Sylvia Saldívar dice: "Creo que es de Raquel". Un suéter tan feo como ése, todo raído[3] y viejo, pero la Miss Price se lo cree. Miss Price agarra[4] el suéter y lo pone justo en mi escritorio, pero cuando abro la boca no sale nada.

"Ese no es, yo no, usted no está.... No es mío", digo por fin con una vocecita que tal vez era yo cuando tenía cuatro.

"Claro que es tuyo", dice la Miss Price. "Me acuerdo que lo usaste una vez". Porque ella es más grande y la maestra, tiene la razón y yo no.

"No es mío, no es mío, no es mío", pero Miss Price ya está pasando a la página treinta y dos y al problema de matemáticas número cuatro. No sé por qué, pero de repente me siento enferma adentro, como si la parte de mí que tiene tres quisiera salirme por los ojos, solo que los cierro con todas mis ganas y aprieto bien duro los dientes y me trato de acordar que hoy tengo once años, once. Mamá me está haciendo un pastel para hoy en la noche y cuando papá venga a casa todos van a cantar *Happy birthday, happy birthday to you*.

Pero cuando se me pasan las ganas de vomitar y abro los ojos, el suéter rojo todavía está ahí parado como una montañota roja. Muevo el suéter rojo a la esquina de mi escritorio con la regla. Muevo mi lápiz y libros y goma tan lejos de él como sea posible. Hasta muevo mi silla un poquito pa' la derecha. No es mío, no es mío, no es mío.

Estoy pensando por dentro cuánto falta para el recreo, cuánto falta para que pueda agarrar el suéter rojo y tirarlo por encima de la barda[5] de la escuela o dejarlo ahí colgado sobre un parquímetro o hacerlo bolita y aventarlo[6] al callejón. Excepto que cuando acaba la clase de matemáticas, la Miss Price dice fuerte y enfrente de todos: "Vamos, Raquel, ya basta", porque ve que empujé el suéter rojo hasta la orillita de mi escritorio donde cuelga como una cascada[7], pero no me importa.

"Raquel", dice la Miss Price. Lo dice como si se estuviera enojando[8]. "Ponte ese suéter inmediatamente y déjate de tonterías".

"Pero si no es...".

"¡Ahora mismo!", dice Miss Price.

[1] skinny [2] she doesn't like me [3] worn out [4] grabs [5] wall [6] throw it out [7] waterfall
[8] as if she were getting angry

39. Comprensión

1. ¿Por qué dice Sylvia Saldívar que el suéter es de Raquel?

2. ¿Qué hace Raquel para alejarse del suéter? ¿Cuánto tiempo ha estado el suéter en el ropero?

3. ¿Qué quiere hacer Raquel con el suéter?

40. Analice

¿Qué quiere decir Raquel con "porque ella es más grande y la maestra, tiene razón y yo no"? ¿Está de acuerdo con Raquel? Explique su respuesta.

Es cuando quisiera no tener once, porque todos los años dentro de mí —diez, nueve, ocho, siete, seis, cinco, cuatro, tres, dos y uno— están queriéndose salir desde adentro de mis ojos mientras meto[1] un brazo por una manga del suéter que huele a queso añejo[2] y luego el otro brazo por la otra y me paro[3] con los brazos abiertos como si el suéter me hiciera daño[4] y sí me hace, todo sarnoso[5] y lleno de microbios que ni siquiera son míos.

Y de repente todo lo que he estado guardando dentro desde esta mañana, desde cuando la Miss Price puso el suéter en mi escritorio, por fin sale y de pronto estoy llorando enfrente de todo mundo. Quisiera ser invisible pero no lo soy. Tengo once años y hoy es mi cumpleaños y estoy llorando enfrente de todos como si tuviera tres. Pongo la cabeza sobre el escritorio y entierro la cara en mi estúpido suéter de mangas de payaso. Mi cara toda caliente y la baba escurriéndome[6] de la boca porque no puedo parar los ruiditos de animal que salen de mí hasta que ya no me quedan lágrimas en los ojos y mi cuerpo está temblando[7] como cuando tienes hipo y me duele toda la cabeza como cuando bebes leche demasiado aprisa.

Pero lo peor sucede justo antes de que suene la campana para el recreo. Esa estúpida Phyllis López, que es todavía más tonta que Sylvia Saldívar, dice que se acuerda que el suéter rojo ¡es suyo! Me lo quito inmediatamente y se lo doy, pero la Miss Price hace de cuenta[8] que no hubiera pasado nada.

Hoy cumplo once años. Mamá está haciendo un pastel para hoy y cuando papá llegue a casa del trabajo nos lo vamos a comer. Va a haber velitas[9] y regalos y todos van a cantar *Happy birthday, happy birthday to you*, Raquel; sólo que ya pa' qué[10].

Hoy cumplo once años. Hoy tengo once, diez, nueve, ocho, siete, seis, cinco, cuatro, tres, dos y uno, pero quisiera tener ciento dos. Quisiera tener cualquier cosa menos once, porque quiero que el día de hoy esté ya muy lejos, tan lejos como un globo que se escapa, como una pequeña "o" en el cielo, tan chiquitita, chiquitita que tienes que cerrar los ojos para verla.

[1] I put [2] stale [3] I stand [4] harm [5] mangy [6] saliva dripping [7] trembling [8] pretends [9] candles [10] what is the point [informal contraction of *para qué*]

41. Comprensión

1. ¿Cómo se siente Raquel cuando empieza a llorar?
2. ¿Qué es lo peor que sucede?
3. ¿Qué quiere ahora Raquel

42. Analice

1. ¿Por qué dice Raquel que no quisiera tener once años?
2. ¿Por qué dice Raquel "que ya pa'qué"?

43. Después de leer

A veces es cierto el dicho: "Un dibujo vale más que mil palabras". Haga una tira cómica para contar lo que le sucedió a Raquel, con base en la información que reunió en Practique la estrategia. Si lo prefiere, piense en un momento de su vida en que otras personas lo hayan hecho sentir tan mal como se sintió Raquel en la historia y cuente en la tira cómica su propia anécdota. Al terminar, compartan sus anécdotas en clase. Verán como todos, en algún momento, han vivido una experiencia similar.

A. Escuchar: ¿Se está arreglando? (pp. 83-84, 94-95)

Escuche y diga **sí** si las seis personas se están arreglando en el baño. Diga **no** si no lo están haciendo.

B. Vocabulario: Busque el intruso (pp. 83-84, 94-95)

Lea los siguientes grupos de palabras. Indique cuál no pertenece y por qué.

MODELO

ordenado / paciente / desventaja
desventaja: No es una cualidad

1. fundas / cobijas / estantes
2. percha / tornillo / clavo
3. cómoda / sábanas / sofá
4. enojarse / secarse / pintarse
5. desordenado / enfrente de / delante de

C. Vocabulario/Estructura: ¡Qué horror! (pp. 83-84, 86)

Complete el siguiente párrafo con las palabras o formas de los verbos del recuadro que correspondan según el contexto.

numerosa	desventaja	desorden	enojarse
prepararse	desordenada	paciente	cepillo de dientes

Nosotros somos una familia **(1)** y vivimos en una casa pequeña. La **(2)** es que hay un solo baño y todos tenemos que **(3)** para salir al mismo tiempo. Por las mañanas, es un horror. Mi hermana es muy **(4)** y se pone furiosa cuando yo le digo algo. Yo soy **(5)**, pero ya no aguanto su **(6)**. Deja todo en el suelo, el secador, el lápiz de labios, y hasta su **(7)**. Luego no encuentra nada y **(8)** conmigo. ¡Ya no aguanto más!

D. Estructura: ¡Es un mandón! (p. 97)

Ud. comparte el cuarto con su hermano que es un desordenado. Use los mandatos informales de los verbos del recuadro y dígale qué tiene que hacer.

colgar la ropa	hacer la cama	poner las fundas
cambiar las sábanas	recoger los libros	mover la cómoda
sacar el sofá	colgar las cortinas	cubrir la cama

MODELO

guardar los zapatos
Guarda los zapatos dentro del armario.

E. Cultura: La importancia de la familia y la comunidad (pp. 92-93)

¿En qué se parecen y en qué se diferencian las costumbres de los estadounidenses y de los hispanos en cuanto a la familia y a la comunidad? Use la información de esta unidad y escriba los resultados en un diagrama de Venn. Presente el diagrama a la clase.

Vocabulario

Objetos del baño	Adjetivos	Verbos	Muebles y otras cosas	Para hacer la cama	Expresiones de lugar	Otras palabras y expresiones
el cepillo de dientes el esmalte de uñas el lápiz de labios la pasta de dientes el secador	desordenado/a furioso/a impaciente mandón, mandona mojado/a numeroso/a ordenado/a paciente	cepillarse compartir enojarse faltar guardar pelearse pintarse los labios ponerse prepararse secarse tocar	la cómoda el estante la mesa de noche la percha el sofá el suelo	la almohada la cobija el colchón el cubrecama la funda la sábana	acá delante de dentro de detrás de enfrente de fuera de	el desorden la desventaja la ventaja

Estructuras

Los verbos reflexivos

Los verbos reflexivos indican que la acción del verbo vuelve a la persona que efectúa la acción. Se construyen con un pronombre reflexivo (**me, te, se, nos, os**) y la forma del verbo conjugado según el sujeto. También, se puede añadir el pronombre reflexivo al final del infinitivo o del gerundio. Si se añade a un gerundio, se necesita escribir un acento para mantener el énfasis original.

> ***Me seco*** *después de bañar**me**.*
> *Nosotros estamos cepillándo**nos** los dientes.*

Tenga cuidado con algunos verbos que cambian de significado cuando se usan de una manera reflexiva:

dormir(**se**), **ir**(**se**), **levantar**(**se**), **parecer**(**se**) y **reír**(**se**).

Acciones recíprocas

Algunos verbos reflexivos expresan lo que pasa entre dos personas usando los pronombres reflexivos **nos** y **se**: **abrazarse**, **ayudarse**, **besarse**, **conocerse**, **darse**, **escribirse**, **llamarse**, **llevarse**, **pelearse**, **quererse**, **saludarse** y **verse**.

> ***Nos escribimos*** *e-mails todos los días.*
> *Mis hermanos* ***se pelean*** *cada mañana.*

Los mandatos informales afirmativos

Para hacer mandatos informales afirmativos se usa la forma de la tercera persona singular (él/ella/Ud.). Se pueden añadir pronombres de complemento directo, indirecto y reflexivo al final del mandato, y se necesita escribir un acento para mantener el énfasis original.

> ***Cierra la*** *puerta.* ***Ciérrala****.*

Algunos mandatos irregulares: **di**, **haz**, **ve**, **pon**, **sal**, **sé**, **ten** y **ven**.

Arte callejero[1] en Chicago

Paletas, por Héctor Duarte

Chicago es la quinta ciudad con más latinos en Estados Unidos. Un aspecto de la ciudad que todos comentan es el arte mural que adorna las paredes de barrios como Pilsen, South Loop, Milwaukee Avenue y estaciones del tren. Murales de colores brillantes documentan la experiencia hispana en Chicago y embellecen[2] las calles de esos vecindarios[3].

Muchos artistas latinos, como Héctor Duarte y Robert Valadez, han pintado sus ideas en las paredes. Duarte ha hecho más de 50 murales en toda la ciudad, y los murales de Valadez también se ven en muchos edificios.

Mural de Francisco Mendoza en la escuela Orozco

Francisco Mendoza merece mención especial. Es un muralista que vivió en Pilsen durante 25 años y enseñó en las escuelas públicas. Fue para el barrio más que un maestro, pues junto con sus estudiantes pintó en fachadas[4] y auditorios de las escuelas.

Sin duda, los murales ofrecen un espectáculo visual que vale la pena visitar, pero también muestran la historia y las experiencias de los inmigrantes latinos en Estados Unidos, las barreras[5] que encuentran y las pequeñas o grandes victorias que han logrado[6] con el paso del tiempo. Capitalismo, nacionalismo, inmigración y valores sociales son los temas más frecuentes de los grandes murales que adornan la ciudad desde los años 50.

[1] street art [2] beautify [3] neighborhoods [4] facades [5] barriers [6] achieved

BÚSQUEDA arte callejero, murales latinos de Chicago

A. Comprensión

1. Si va con su familia a Chicago, ¿dónde podría ver los murales hispanos?
2. ¿Quiénes son dos artistas latinos que pintan murales?
3. ¿Qué se ve en las pinturas?

B. Analice

1. ¿Por qué es bueno para la comunidad que los artistas hispanos pinten las paredes de Chicago?
2. ¿Tienen los murales una influencia social? Explique.

COMPARACIONES

¿Hay murales en su ciudad? ¿Cómo son? ¿Qué temas muestran?

PERSPECTIVAS

Hay un refrán: "Nadie es profeta en su tierra". (*No one is a prophet in his own land.*) Significa que muchas veces lo que alguien dice o hace no se le da importancia en su propio país, pero sí se reconoce en otro país. ¿Cómo se aplica este refrán a los muralistas latinos de Chicago? ¿Cree que serían tan famosos en su país de orígen? Explique.

PRÁCTICAS

Los muralistas de Chicago han usado las paredes de la ciudad para expresar públicamente su manera de ver la vida. Su arte se ha utilizado para dar voz a los sectores que en general no tienen la oportunidad de ser escuchados de otra forma. ¿Le gustaría participar en la elaboración de un mural? ¿Sobre qué tema?

Gustos culinarios latinos

Se puede apreciar la cultura latina a través de sus murales. También se la puede apreciar comiendo. Los restaurantes latinos populares de Chicago ofrecen una gran variedad de platos típicos de todos los países al sur de la frontera[1] de Estados Unidos. Como las pinturas, los restaurantes nos permiten la experiencia de visitar toda Latinoamérica sin salir de Estados Unidos.

Los visitantes siempre hablan de los aromas a tamales, sancochos, cazuelas y otros platos típicos de América Latina que encantan el olfato[2] de quienes recorren[3] los barrios latinos. La alegría se aprecia en las caras de los clientes hispanos que salen felices de los restaurantes. Les encanta regresar por unos momentos a sus países de origen, y comer los platos que comían de niños.

[1] south of the border [2] sense of smell [3] wander

BÚSQUEDA comida latina en chicago

Un plato de sancocho

C. Comprensión

1. ¿Qué experiencia nos ofrecen el arte y los restaurantes de Chicago?
2. ¿Cuáles son algunos platos típicos del mundo latino?
3. ¿En qué países es el sancocho un plato típico?

D. Analice

1. Piense en la ciudad donde vive. Describa la comida de los restaurantes que ofrecen una experiencia cultural.
2. ¿Por qué cree que la comida es tan importante en todas las culturas?

COMPARACIONES

Piense en alguna comida que haya probado que tenga una conexión cultural. Explique.

PRODUCTOS

la gastronomía

El sancocho es una sopa tradicional en varios países latinoamericanos, como Ecuador, Venezuela, Puerto Rico y la República Dominicana. Se sirve con arroz blanco. En Colombia se consume a la hora del almuerzo y se ofrece en fiestas también. Los ingredientes son: carne, pollo, maíz, plátano verde, zanahoria, papa, cebolla, y otros vegetales. De acuerdo con la región del país, tiene variaciones en los ingredientes.

El rincón del arte

Los murales de las calles de Chicago sirven muchas funciones. Son obras de arte que tienen dimensiones visuales y estéticas, pero también son la voz de la comunidad latina de Chicago. A veces su propósito es enseñar sobre la cultura y la historia de los inmigrantes latinos. En otras instancias, el mensaje es directo y verbal, como es el caso de *La voz es poder*, de Ricardo (el Naco) González, cuyas obras se encuentran por toda la ciudad. ¿Qué quiere expresar el artista en este mural?

La voz es poder, por Ricardo (el Naco) González

¡Qué chévere es la vida! Nos encanta estar en familia

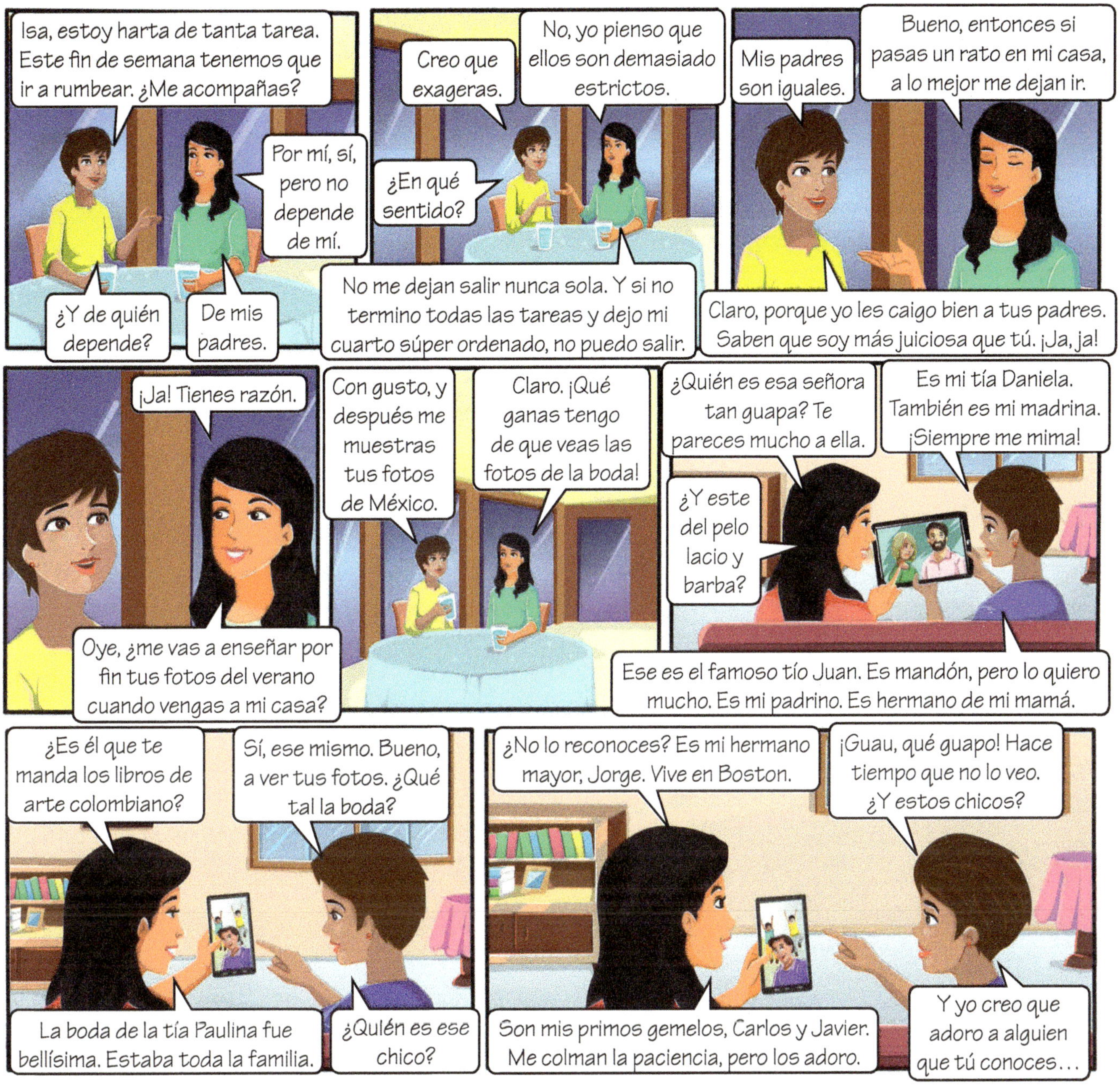

Estoy harta *I'm fed up* **rumbear** *to party [Colombia]* **les caigo bien** *they like me* **juiciosa** *sensible* **Qué ganas tengo** *I really want* **me mima** *she spoils me* **me colman la paciencia** *they test my patience*

E. Comprensión

1. ¿Qué quieren los padres de Isa que haga antes de salir?
2. ¿Cómo es el tío de Sara?
3. ¿Qué dice Sara del hermano de Isa?

F. Analice

1. ¿Está Ud. de acuerdo con Isa en que sus padres son estrictos? Explique.
2. ¿A quién cree Ud. que Sara adora?

¿? **Pregunta clave** ¿Cómo se ve la presencia hispana en Estados Unidos?

A. ¡Manos a la obra!

Imaginen que hoy es el Día de la Hispanidad y que van a invitar a sus nuevos vecinos que acaban de llegar de México. En su honor van a hacer una fiesta y preparar esta receta. Trabajen en grupos, turnándose para dar las instrucciones de preparación. Usen el mandato informal de los verbos en infinitivo para darles instrucciones de preparación a las personas de la clase, como se ve en el modelo.

MODELO

Alicia, corta el tomate, el pimiento y la cebolla en tiras largas.
Y tú, Carlos, corta el pollo en trozos pequeños rectangulares.

Ingredientes:

1. Una libra de pollo
2. Dos cucharaditas de aceite de oliva
3. Un pimiento (chile morrón) grande
4. Una cebolla grande
5. Un tomate grande
6. Sal
7. Pimienta al gusto
8. Opcional para decoración: hojas de cilantro
9. Tortillas de harina de trigo bajas en grasa

Preparación:

1. Cortar el tomate, el pimiento y la cebolla en tiras (*strips*) largas.
2. Cortar el pollo en trozos (*pieces*) pequeños y rectangulares.
3. Poner a calentar el aceite de oliva en una sartén pesada (*heavy skillet*).
4. Añadir el pollo. Dejarlo cocinar hasta que esté 75 % cocido. Hacerlo a fuego alto, revolviendo (*stirring*) constantemente.
5. Añadir el pimiento y la cebolla. Bajar la temperatura a fuego medio.
6. Añadir el tomate, la sal y la pimienta, moviendo constantemente.
7. Cocinar las verduras hasta que estén listas.
8. Decorar con el cilantro.
9. Servirlo caliente, directamente de la sartén. ¡Buen provecho!

B. En resumen

Complete el siguiente cuadro con información sobre la influencia hispana en varias regiones de Estados Unidos. Dé ejemplos sacados de las lecturas de la unidad. Tenga en cuenta las celebraciones, los nombres, el entretenimiento, la conexión con la comunidad, y cualquier otro dato que se le ocurra.

	Influencia hispana en Estados Unidos
California	**En el área de Los Ángeles, se encuentran mexicanos, salvadoreños y guatemaltecos.**
Florida	
Nueva York	
Texas	
Chicago	

C. ¡A escribir!

Investigue a una persona famosa de Latinoamérica que se haya tenido que venir a vivir a Estados Unidos. Busque en Internet entrevistas en español con esta persona. Si es posible, siga a esta persona en una red social para obtener más información. Haga una búsqueda de información adicional por Internet. Después, escriba un párrafo sobre la experiencia de esta persona. Tenga en cuenta las siguientes preguntas:

- ¿Qué hacía esa persona en su país?
- ¿Qué razones tuvo para dejarlo?
- ¿Qué obstáculos tuvo que superar al llegar a este país?
- ¿Logró adaptarse a su nueva vida y obtener tanto éxito como tenía antes?

PARA ESCRIBIR MÁS

la discriminación	*discrimination*
el prejuicio	*prejudice*
perseverar	*persevere*
superar	*overcome*

Isabel Allende es una novelista chilena nacionalizada estadounidense. Reside en California.

D. ¿Qué edad le gustaría volver a tener? las matemáticas

Hagan una encuesta entre sus familiares o amigos de mayor edad para saber si es cierto que unas edades son mejores que otras. Háganles la siguiente pregunta: Si fuera (*it were*) posible volver el tiempo atrás, ¿qué edad le gustaría volver a tener? Luego, analicen las respuestas que obtuvieron, compárenlas y registren los datos. Representen los resultados en una gráfica de barras como la que se ve a la derecha. Según los resultados de la encuesta, ¿cuál es la mejor edad y por qué? Haga una búsqueda en español por Internet para averiguar las opiniones de gente de países hispanohablantes.

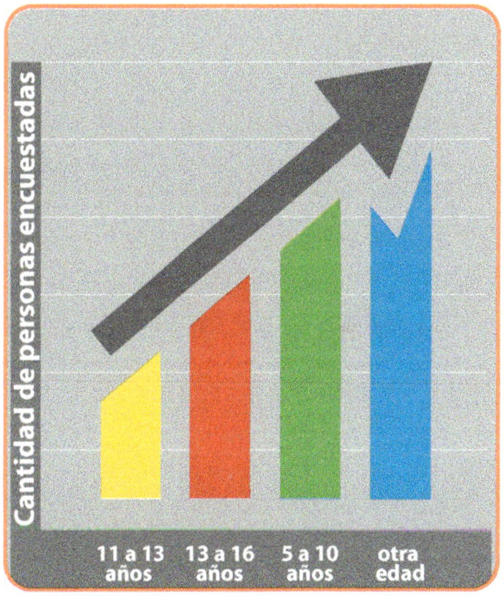

E. Una artista hispana de renombre

el arte

Carmen Lomas Garza, nacida en Kingsville, Texas, es una artista de ascendencia mexicana que se ha hecho famosa por sus cuadros de costumbres, a través de los cuales ha difundido las creencias y tradiciones de la cultura mexicoamericana en Estados Unidos. Prepare una presentación sobre el costumbrismo en el arte de Carmen Lomas Garza, en pinturas como *Sandía y Baile*. Primero, busque los cuadros por Internet y obsérvelos cuidadosamente. Luego, identifique el tema general y los detalles de los cuadros que corresponden con las características del costumbrismo. Resuma la información en uno o dos párrafos y, si es posible, use ilustraciones para respaldar (*support*) sus ideas. Para finalizar, haga su presentación enfrente de la clase.

Repaso de la Unidad 2

Autoevaluación

Lección A I can:

- describe the relationships among my friends and family (pp. 60–61)
- communicate using affirmative and negative expressions (p. 65)
- give examples of the Hispanic presence in the United States (pp. 68–69)
- name some household items and discuss some household activities (pp. 70–71)
- state what I and others are doing at this moment (p. 74)
- use and interpret general expressions for signs and warnings (p. 76)
- recognize elements and features of multigenerational housing (pp. 79–80)

Lección B I can:

- explain my family's morning routine (p. 83)
- describe routines, emotions, and reciprocal actions (pp. 84, 86, 88)
- discuss and give examples of the Hispanic presence in New York and California (pp. 92–93)
- describe my bedroom (p. 94)
- tell someone what to do (p. 97)
- indicate where things are located (p. 99)
- analyze a story (pp. 101–104)

Repaso de estructuras

Lección A

- **Repaso rápido:** Expresiones afirmativas y negativas (p. 64)
- Más sobre expresiones afirmativas y negativas (p. 65)
- **Repaso rápido:** Los pronombres de complemento directo e indirecto (p. 73)
- El presente progresivo (p. 74)
- El uso de **se** en expresiones impersonales (p. 76)

Lección B

- Los verbos reflexivos (p. 86)
- Otros usos de los verbos reflexivos (p. 88)
- Acciones recíprocas (p. 90)
- Los mandatos informales afirmativos (p. 97)
- **Repaso rápido:** Expresiones de lugar (p. 99)

My Language Town™

¿Cómo es un día de colegio normal para ti?

Vocabulario de la Unidad 2

a diferencia de unlike, contrary to ***2A.1***

acá here ***2B.2***

la **almohada** pillow ***2B.2***

la **barba** beard ***2A.1***

el **basurero** garbage/trash can ***2A.2***

el **bigote** mustache ***2A.1***

la **caja** box ***2A.2***

la **calefacción** heating ***2A.2***

casado/a married ***2A.1***

castaño/a brown ***2A.1***

cepillarse to brush (one's hair, teeth) ***2B.1***

el **cepillo de dientes** toothbrush ***2B.1***

clavar to nail ***2A.2***

el **clavo** nail ***2A.2***

la **cobija** blanket ***2B.2***

el **colchón** mattress ***2B.2***

la **cómoda** dresser, chest of drawers, bureau ***2B.2***

compartir to share ***2B.1***

conectar to connect ***2A.2***

construir (y) to build ***2A.2***

el **cortacésped** lawnmower ***2A.2***

el **cubrecama** bedcover, comforter ***2B.2***

la **cuñada** sister-in-law ***2A.1***

el **cuñado** brother-in-law ***2A.1***

decorar to decorate ***2A.2***

delante de in front of ***2B.2***

dentro de inside of ***2B.2***

desarmar to take apart ***2A.2***

el **desorden** mess ***2B.2***

desordenado/a messy ***2B.2***

el **destornillador** screwdriver ***2A.2***

la **desventaja** disadvantage ***2B.2***

el **detector de humo** smoke detector ***2A.2***

detrás de behind ***2B.2***

enchufar to plug in ***2A.2***

enfrente de facing, in front of ***2B.2***

enojarse to get angry ***2B.1***

el **esmalte de uñas** nail polish ***2B.1***

el **estante** shelving, bookcase ***2B.2***

el **extinguidor de incendios** fire extinguisher ***2A.2***

faltar to be missing ***2B.1***

el **fotógrafo,** la **fotógrafa** the photographer ***2A.1***

fuera de outside of ***2B.2***

fuerte strong ***2A.1***

funcionar to function, to work ***2A.2***

la **funda** pillow case ***2B.2***

furioso/a furious ***2B.1***

los **gemelos,** las **gemelas** twins ***2A.1***

guardar to put away, to keep ***2B.2***

impaciente impatient ***2B.1***

lacio straight (hair) ***2A.1***

el **lápiz de labios** lipstick ***2B.1***

los **lentes** eyeglasses ***2A.1***

la **madrina** godmother ***2A.1***

mandón, mandona bossy ***2B.1***

mantener to keep, to maintain ***2A.1***

el **martillo** hammer ***2A.2***

la **mesa de noche** night table ***2B.2***

mojado/a wet ***2B.1***

la **nuera** daughter-in-law ***2A.1***

numeroso/a large (in numbers) ***2B.1***

ordenado/a neat ***2B.2***

organizar to organize ***2A.2***

paciente patient ***2B.1***

el **padrino** godfather ***2A.1***

el **pasillo** hall, corridor ***2A.2***

la **pasta de dientes** toothpaste ***2B.1***

pelearse to fight ***2B.1***

la **percha** hanger ***2B.2***

pintarse los labios (las uñas) to put on lipstick (to paint one's fingernails) ***2B.1***

ponerse to become, to get ***2B.1***

prepararse to prepare oneself, to get ready ***2B.1***

propio/a one's own ***2A.2***

regar (ie) to water ***2A.2***

rizado/a curly ***2A.1***

la **sábana** sheet ***2B.2***

sacar fotos to take pictures ***2A.1***

el **secador** hair dryer ***2B***

secarse to dry (oneself) ***2B.1***

el **sofá** sofa ***2B.2***

soltero/a single ***2A.1***

la **suegra** mother-in-law ***2A.1***

el **suegro** father-in-law ***2A.1***

el **suelo** floor ***2B.1***

la **terraza** terrace ***2A.2***

tocar to be someone's turn ***2B.1***

el **tornillo** screw ***2A.2***

vaciar to empty ***2A.2***

la **ventaja** advantage ***2B.2***

viudo/a widower, widow, widowed ***2A.1***

el **yerno** son-in-law ***2A.1***

UNIDAD 3

Noticias de ayer, de hoy y de siempre

Refrán

Donde hay gana, hay maña.

Where there's a will, there's a way.

Pregunta clave

¿Cómo se manifiesta la historia de un país en su cultura actual?

Mis metas

Lección A I will be able to:

- discuss headlines and news events
- communicate about past activities
- discuss how Spain's past influences its present culture
- converse about media coverage of festivals and other events
- communicate how long ago something occurred
- describe people and actions in the past
- analyze and discuss entertainment and leisure activities in Madrid

Lección B I will be able to:

- converse about current news events
- discuss the Spanish royal family and other Spanish customs rooted in the past
- describe and communicate about the scene of a car accident
- communicate my ideas using complex sentences
- analyze and discuss an excerpt from a Spanish novel

¿Cómo te informas de las noticias?

¿Cómo se ve la historia reflejada en las ciudades de España?

Vocabulario A1

Los titulares de hoy

Vocabulario en contexto

España

Finanzas | Política | Sociedad | Clasificados | Ocio | Deportes

¿Qué sucedió? | Noticias de última hora | MÁS TEMAS > | España TV >>

DEPORTES

El portero del Real Madrid se lastimó **en medio del** partido. **¡No lo puedo creer!** Tal vez no pueda volver a jugar, dice **la prensa**.

Vea la sección de ***Deportes***

POLITICA

El Primer Ministro español **dio un discurso** sobre los problemas financieros de España. Habló de la necesidad de crear nuevas **empresas** para mejorar la economía.

Vea la sección de ***Política***

SOCIEDAD

¿Viste que **se casó** la hija del director?
Parece que la boda fue todo **un espectáculo**.

Vea la sección de ***Sociedad***

OCIO

¿Ya **averiguaste** cuáles fueron las respuestas del **crucigrama** de la semana pasada?

Vea la sección de ***Ocio***

CLASIFICADOS

No te pierdas la venta de coches usados que **tiene lugar** en la Plaza Mayor.

Vea la sección de ***Clasificados***

FINANZAS

¿Sabes qué **sucedió** en la bolsa de valores de Madrid?

Vea la sección de ***Finanzas***

España

Finanzas | Política | Sociedad | Clasificados | Ocio | Deportes

¿Qué sucedió? | *Noticias de última hora* | *MÁS TEMAS* > | *España TV* >>

PROGRAMACIÓN DE TELEVISIÓN

Vea la sección de ***Programación de televisión***

Amar sin miedo

Último capítulo

21:00: Telenovela *Amar sin miedo*
22:00: Noticiero

Para conversar

Para recordar y hablar de eventos en el pasado:

¿Leíste la noticia sobre el temblor que **destruyó** un pueblo en el norte de España?

Sí, parece que se necesita mucha ayuda. Están llamando a todos a **contribuir**. Es un pueblo muy **unido**, pero necesita toda la ayuda y recursos posibles.

¿Leíste **el suplemento dominical**?

Te lo recomiendo. Se trata de la prensa y del **periodismo** en España.

PARA DECIR MÁS

de última hora	*breaking news*
en primera plana	*on the front page*
estar al tanto	*to be up to date*

1. ¿Qué quiere saber?

Empareje los temas de información de la columna I con las secciones del periódico correspondientes de la columna II.

I	II
1. el discurso del presidente	**A.** ocio
2. el valor actual del dólar	**B.** clasificados
3. la hora de la telenovela	**C.** deportes
4. los anuncios de trabajo	**D.** política
5. las diversiones de todo tipo	**E.** finanzas
6. los resultados del partido	**F.** programación de televisión

2. ¿Qué sección del periódico?

¿En qué secciones aparecieron estas noticias? Indique la letra de la ilustración de la sección que corresponde a cada noticia que escucha.

3. ¿Cuál es la palabra?

Complete las oraciones con las palabras que corresponden.

clasificados	tuvo lugar	crucigrama
averiguar	discurso	prensa
suplemento dominical	sociedad	

1. El primer ministro dio un ___ en el Palacio de la Moncloa.
2. Todos los domingos mi familia y yo leemos el ___.
3. No pude encontrar la última palabra del ___.
4. El accidente ___ en una calle cerca de mi casa.
5. No pudimos ___ qué sucedió ese día en la casa de Elena.
6. Encontré un trabajo fantástico en la sección de ___.
7. Vi en la sección de ___ que mi actor favorito se casó el fin de semana pasado.
8. Para practicar su español, los estudiantes leen la ___ de todo el mundo hispanohablante.

En Madrid se leen muchos periódicos como El País, El Mundo y ABC.

Diálogo

¿Qué pasó?

José: ¿Leíste la sección de deportes de hoy, Carlos?
Carlos: No, ¿qué sucedió?
José: Enrique, el mejor jugador de baloncesto del Barcelona, se fue del equipo.
Carlos: ¿Estás seguro?
José: Sí, lo leí aquí... mira.
Carlos: No lo puedo creer. Pero, ¿por qué?
José: Se peleó con el presidente del equipo.
Carlos: ¿Por qué?
José: El presidente dio un discurso que a Enrique no le gustó.
Carlos: ¿Jugó Enrique el partido de anoche?
José: No, pero según la programación de televisión, va a jugar esta noche y van a dar el partido por TV1.
Carlos: ¿Lo vemos?
José: Bueno.

4. ¿Qué recuerda Ud.?

1. ¿Qué leyó José en la sección de deportes?
2. ¿Por qué se fue el jugador del equipo?
3. ¿Sobre qué fue la pelea?
4. ¿Qué dice la programación de televisión?
5. ¿En qué canal van a dar el partido?

5. Algo personal

1. ¿Qué sección del periódico lee Ud. con más frecuencia? ¿Por qué?
2. ¿Lee Ud. el suplemento dominical? ¿Qué sección le gusta más?
3. ¿Leyó Ud. alguna noticia importante esta semana? ¿Sobre qué?
4. ¿Cómo se entera Ud. mejor de las noticias, por el periódico, por la radio, por la televisión o por Internet?

6. ¿En qué sección está?

Escuche las siguientes noticias correspondientes a cada foto y las secciones en que pueden aparecer. Escoja la letra de la sección correcta.

1

2

3

4

Estructura A1

Repaso rápido

El pretérito

- You know how to use the preterite tense to talk about past activities and events. Review the forms of regular verbs in the preterite.

hablar		comer		escribir	
habl**é**	habl**amos**	com**í**	com**imos**	escrib**í**	escrib**imos**
habl**aste**	habl**asteis**	com**iste**	com**isteis**	escrib**iste**	escrib**isteis**
habl**ó**	habl**aron**	com**ió**	com**ieron**	escrib**ió**	escrib**ieron**

- Verbs that end in ***-car***, ***-gar***, and ***-zar*** have a spelling change in the ***yo*** form of the preterite.

c → qu		g → gu		z → c	
bus**car**	→ bus**qué**	ju**gar**	→ ju**gué**	comen**zar**	→ comen**cé**
sa**car**	→ sa**qué**	lle**gar**	→ lle**gué**	cru**zar**	→ cru**cé**

Saqué un 10 en el examen.

7. ¿Qué hizo anoche?

Emilio describe lo que él y su familia hicieron anoche después de llegar a casa. Complete lo que dice con el pretérito de los verbos entre paréntesis.

MODELO

Anoche yo no (*salir*) de casa.
Anoche yo no **salí** de casa.

1. Yo (*llegar*) a casa a las cinco.
2. Después (*buscar*) la sección de ocio del periódico.
3. Luego, mis hermanos (*tratar*) de hacer el crucigrama.
4. Yo no (*leer*) nada en la sección de política.
5. A las seis mi papá (*regresar*) del trabajo.
6. Él (*subir*) a su cuarto y (*comenzar*) a mirar los titulares.
7. Mi papá, mis hermanas y yo (*comer*) juntos.
8. Mi mamá (*llegar*) tarde y no (*comer*).
9. Después de comer, todos (*ver*) las noticias por televisión.
10. Nosotros (*acostarse*) sobre las diez.

ESTRATEGIA

Review and recycle

Estas expresiones de tiempo se usan a menudo con el pretérito.

anoche	*last night*
anteanoche	*night before last*
anteayer	*day before yesterday*
ayer	*yesterday*
de repente	*suddenly*
desde que	*since*
después	*after*
el año/mes pasado	*last year/month*
el otro día	*the other day*
la semana pasada	*last week*

8. ¿Cómo se comparan?

Primero, compare las actividades que Ud. y su familia hicieron anoche con las que Emilio describe en la actividad anterior. Luego, pregúntele a una persona de la clase si él o ella y su familia hicieron lo mismo.

MODELO

A: Anoche, el padre de Emilio regresó del trabajo a las seis. Mi padre también regresó a esa hora. ¿A qué hora regresó tu padre del trabajo?

B: Mi padre regresó a las ocho de la noche.

Mi padre regresó del trabajo a las seis.

Verbos irregulares en el pretérito

- Some ***-ir*** verbs that have stem changes in the present, like *sentir* and *dormir*, also have stem changes in the preterite. The stem vowel changes from ***e → i***, or ***o → u***, but only in the third person singular (*él, ella, Ud.*) and plural (*ellos, ellas, Uds.*) forms.

  e → i *sentir: sentí, sentiste, sintió, sentimos, sentisteis, sintieron*

  o → u *dormir: dormí, dormiste, durmió, dormimos, dormisteis, durmieron*

- More verbs like *sentir* and *dormir*:

conseguir	divertirse	mentir	morir	pedir	preferir
reírse	repetir	seguir	sentirse	vestirse	

- The verbs ***ver***, ***dar***, ***ser***, and ***ir*** are irregular in the preterite. Note that ***ser*** and ***ir*** have identical forms in this tense. The context of the sentence will indicate which verb is being used.

ver	**vi**	**viste**	**vio**	**vimos**	**visteis**	**vieron**
dar	**di**	**diste**	**dio**	**dimos**	**disteis**	**dieron**
ser/ir	**fui**	**fuiste**	**fue**	**fuimos**	**fuisteis**	**fueron**

- The verb ***haber*** has a single form, ***hubo***, that means "there was" or "there were."

  Hubo *una explosión en un edificio del centro.*

  There was an explosion in a building downtown.

Hubo un incendio en un barrio de Sevilla.

9. Los titulares de ayer

Cree oraciones usando el pretérito según las indicaciones.

MODELO

Nosotros lo (*leer*) en el periódico de ayer.
Nosotros lo **leímos** en el periódico de ayer.

1. Ayer el gobernador (*dormirse*) durante una reunión de prensa.
2. El director del museo (*dar*) un discurso sobre el arte de Velázquez.
3. Los obreros de la empresa Vidal (*conseguir*) el aumento.
4. Los estudiantes del Instituto Cervantes (*pedir*) más días de vacaciones.
5. La reina Letizia (*ir*) a un concierto en el Auditorio Nacional.
6. Dos mujeres y un niño (*morir*) en un accidente de tráfico.
7. Muchas personas (*sentirse*) mal después de cenar en un restaurante del centro.
8. La gente del barrio de Salamanca (*ver*) con sorpresa llegar al presidente.
9. (*haber*) un accidente terrible en la Gran Vía.

No fue un accidente muy serio.

10. ¡No me diga!

Complete las siguientes conversaciones con el pretérito de los verbos del recuadro que correspondan en cada contexto. Algunos verbos se usan más de una vez.

conseguir	ser	pedir	ir
divertirse	ver	dar	sentirse

1. **A:** ¿Sabes que el presidente ___ un discurso anteayer en el Congreso?
   B: No. ¿___ tú a verlo en vivo?
   A: No, lo ___ por televisión. ___ muy informativo.
2. **A:** ¿___ tú en la sección de sociedad que Elena se casó?
   B: ¡Claro! Mis padres ___ a su boda y ___ muchísimo.
   A: Y Elena, ¿cómo ___ ella?
   B: Muy emocionada.
3. **A:** ¿___ Uds. la información en Internet?
   B: No, nosotros ___ a la biblioteca y le ___ ayuda a la bibliotecaria.
4. **A:** ¿Sabes que ayer___ un programa en inglés por el canal Telecinco?
   B: ¿Te gustó?
   A: Sí, ___ estupendo.

La estudiante le pidió ayuda a la bibliotecaria.

11. Una boda de la alta sociedad

Imagínese que Ud. es periodista y que tiene que escribir un reportaje para la sección de sociedad del periódico sobre una boda muy prestigiosa. Primero, tiene que entrevistar a un par de invitados para averiguar todos los detalles sobre la ceremonia, la recepción, los invitados y todo lo que sucedió. Trabajen en grupos de tres y túrnense para representar el papel del reportero y el de los invitados. Usen las palabras del recuadro y sigan el modelo como guía. Después, escriban el artículo incorporando la información que hayan averiguado.

casarse	dar	divertirse	hacer	parecer	sentirse	servir

MODELO

A: Cuénteme, ¿cómo le pareció la boda?

B: Bueno, pues... fue una boda sumamente elegante, como se podrá imaginar.

A: Sí, por supuesto. Y ahora Ud., señora. ¿Me puede decir quiénes asistieron a la ceremonia en la iglesia?

C: Sí, claro. Asistió mucha gente de la alta sociedad.

Otros verbos irregulares en el pretérito

- Verbs that end in ***-aer***, ***-eer***, ***-uir***, as well as the verb ***oír***, change the ***i*** to ***y*** in the third person singular and plural forms. With the exception of verbs ending in ***-uir***, these verbs have a written accent on the ***i*** in all the preterite forms.

leer	
le**í**	le**í**mos
le**í**ste	le**í**steis
le**yó**	le**y**eron

contribuir	
contribuí	contribuimos
contribuiste	contribuisteis
contribu**yó**	contribu**y**eron

- Other verbs like *leer* and *contribuir* include *oír*, *caerse*, *destruir*, and *construir*.
- The following verbs all have irregular preterite stems and share the same endings.

verb	stem	ending	verb	stem	ending
andar	**anduv**				
caber	**cup**				
estar	**estuv**	**-e**			**-e**
haber	**hub**	**-iste**	conducir	**conduj**	**-iste**
poder	**pud**	**-o**	decir	**dij**	**-o**
poner	**pus**	**-imos**	traer	**traj**	**-imos**
querer	**quis**	**-isteis**			**-isteis**
saber	**sup**	**-ieron**			**-eron**
tener	**tuv**				
venir	**vin**				

12. Las noticias que leímos

Use los elementos dados para describir lo que hicieron estos jóvenes.

MODELO

Tú no (*poder*) oír el discurso que dio el rey.
Tú no **pudiste** oír el discurso que dio el rey.

1. Clara y Pablo (*hacer*) una encuesta acerca de las redes sociales que leen los jóvenes.
2. María Antonieta (*oír*) en la radio una entrevista con el primer ministro.
3. Mis compañeros (*contribuir*) con varios artículos sobre el concierto de anoche.
4. Juana (*leer*) un artículo sobre la economía del país.
5. Pablo y yo (*traer*) varias fotos para poner en nuestro artículo.
6. Yo (*poner*) un anuncio en la sección de clasificados.

¿Viste la foto de la boda de Margarita y Luis en la sección de sociedad del periódico?

13. ¡Demasiadas excusas!

Use el pretérito de los verbos entre paréntesis para completar las excusas que dieron estas personas.

1. La profesora no (*querer*) explicar nada nuevo, porque nadie (*traer*) la tarea.
2. Mis hermanitas (*caerse*) y yo (*tener*) que cuidarlas.
3. Nosotros (*oír*) que el partido no (*tener*) lugar porque el huracán (*destruir*) el estadio.
4. ¿Sabes por qué (*irse*) Elisa sin despedirse?
5. Perdón, yo (*estar*) enferma y por eso no (*poder*) terminar la tarea.
6. ¡Pobre Ana! Ella no (*saber*) la respuesta porque no (*tener*) tiempo para estudiar.
7. Carlos no (*leer*) la novela porque no la (*conseguir*) en Internet.
8. ¡Qué pena! Nadie me (*decir*) ayer que mis tíos (*venir*) a visitarnos.

14. ¿Qué hizo?

Imagine que acaba de encontrarse con su mejor amigo/a a quien no ve desde el viernes, y están charlando sobre todo lo que hicieron el fin de semana. Represente la conversación con una persona de la clase y túrnense para hacerse preguntas y contarse todo lo que hicieron. Usen las expresiones del recuadro y sus propias ideas. Sigan el modelo como guía.

hacer algo interesante	ir a una fiesta	practicar algún deporte	salir con amigos	divertirse

MODELO

A: Hola, Lisa, no te veo desde el viernes. ¿Qué hiciste el fin de semana?
B: Fíjate que tuve que irme de viaje con mis padres. ¿Y tú? ¿Qué hiciste?

15. Un paseo por Madrid

Ud. está de vacaciones en Madrid y quiere obtener más información sobre la parte antigua de la ciudad. Lea el siguiente artículo que un reportero escribió sobre sus experiencias en la ciudad y conteste las preguntas.

Un paseo por el Madrid antiguo

Comenzamos el paseo en la Plaza Mayor. Nos dijeron que hasta el siglo XIX, la Plaza Mayor fue escenario de muchos eventos públicos, como corridas de toros, ejecuciones[1] y fiestas con bailes y teatro. Bajo sus arcadas[2] vimos tiendas de paños[3], joyerías y pastelerías. Seguimos por la Calle Mayor hasta llegar a la Plaza de la Villa, que fue la sede[4] del Ayuntamiento[5] hasta el año 2008. Quisimos entrar allí pero no pudimos porque estaba cerrado. Continuamos por la Cava Baja, una calle donde hay muchos restaurantes con el sabor del viejo Madrid. Entramos en uno de ellos y nos trajeron unas tapas[6] deliciosas. Estuvimos allí más de dos horas. El dueño[7] del restaurante vino a saludarnos y luego nos sirvió unas natillas[8] exquisitas de postre. Regresamos al hotel cansados, pero felices. Fue una experiencia maravillosa.

[1] executions [2] arches [3] fabric [4] seat [5] local government [6] small plates [7] owner [8] cream custards

La Plaza Mayor, Madrid

1. ¿Dónde comenzaron el paseo?
2. ¿Qué les dijeron acerca de la Plaza Mayor?
3. ¿Qué vieron allí?
4. ¿Por dónde siguieron?
5. ¿Dónde quisieron entrar? ¿Pudieron hacerlo?
6. ¿Adónde fueron después?
7. ¿Qué les trajeron en el restaurante?
8. ¿Quién vino a saludarlos allí?
9. ¿Qué les sirvieron de postre?
10. ¿Cómo se sintieron cuando regresaron al hotel?
11. ¿Cómo fue la experiencia?

16. ¿Cómo es su ciudad?

Con una persona de la clase, escriban un artículo sobre un paseo por el lugar donde viven, usando el pretérito de los verbos que aprendieron. Luego, presenten su artículo a la clase. Si pueden, incluyan fotos.

La Plaza de la Villa, Madrid

Pregunta clave ¿Cómo se manifiesta la historia de un país en su cultura actual?

España: Un país donde el presente y el pasado se encuentran día a día

Si crees que los sucesos históricos de un país son noticias de ayer que ya no importan, ¡te equivocas! En la España contemporánea se mantiene viva la herencia de los griegos, romanos, árabes y judíos y otros pueblos que la ocuparon a través de su historia. Este legado[1] histórico se hace especialmente evidente en la arquitectura, en edificaciones como el acueducto de Segovia, el cual data de los tiempos del Imperio romano, y el palacio-ciudad de La Alhambra en Granada, el cual fue testigo[2] de ocho siglos de dominación árabe.

En Madrid, la vida transcurre[3] en medio de lugares que han visto más de tres siglos de historia, como la Plaza Mayor, la Puerta del Sol y el Parque del Buen Retiro. La Plaza Mayor fue centro de eventos públicos, corridas de toros y ejecuciones en épocas pasadas, y sigue siendo el alma[4] de la ciudad. En ella se realizan conciertos y muchos otros eventos culturales. La Puerta del Sol es una plaza rodeada de tiendas y restaurantes que atrae a madrileños y turistas por igual. Por encontrarse en el centro geográfico de Madrid y de España, es el punto de origen del sistema de carreteras del país. El Retiro fue el parque privado de la realeza española hasta mediados del siglo XIX. Hoy es uno de los lugares más concurridos[5] de la ciudad y parte del patrimonio cultural e histórico del país.

[1] legacy [2] witness [3] passes by [4] soul [5] busy

BÚSQUEDA acueducto de segovia, alhambra de granada, plaza mayor, puerta del sol, el buen retiro

El acueducto de Segovia

El Parque del Buen Retiro

17. Comprensión

1. ¿Qué pueblos dejaron marcas permanentes en España a través de su historia?
2. ¿En qué lugares se hace evidente el legado histórico de España?
3. ¿Por qué es importante la Puerta del Sol?
4. ¿Cuál es la importancia actual del Parque del Buen Retiro?

18. Analice

1. ¿Por qué cree Ud. que el acueducto de Segovia y La Alhambra de Granada han durado tanto tiempo?
2. ¿Con qué otra obra de la literatura se puede comparar la obra del *Quijote*? ¿Por qué?

PRODUCTOS

la literatura

El ingenioso hidalgo don Quijote de la Mancha, la obra maestra de la literatura española, fue escrita por Miguel de Cervantes Saavedra y publicada por primera vez a comienzos del siglo XVII. *Don Quijote de la Mancha* es una de las obras más reconocidas de la literatura universal y el libro más traducido de la historia, después de la Biblia.

Fiestas en España

España es un país de fiestas y tradiciones que tienen más de ocho siglos de historia. Hoy en día, muchas de las celebraciones de los españoles tienen una historia religiosa. Un ejemplo es la Semana Santa[1], la cual se celebra en marzo o abril con grandes procesiones por las calles. La gente lleva a hombros plataformas con figuras religiosas rodeadas de flores y velas[2]. La fiesta más tradicional de Madrid es la Fiesta de San Isidro, la cual se celebra el 15 de mayo en honor al santo patrón de la capital. Por cinco días los madrileños festejan[3] en las calles con actos religiosos que datan del siglo XII; con bailes, trajes típicos, y fuegos artificiales; y con los tradicionales desfiles de cabezones, los cuales se conocen en España desde la Edad Media[4] y constituyen una sátira del gobierno, la monarquía y la sociedad en general.

También hay muchas celebraciones españolas seculares, como el Carnaval de Santa Cruz de Tenerife, el segundo carnaval más importante del mundo después del Carnaval de Río de Janeiro.

Para prolongar sus fiestas, los españoles tienen la costumbre de "hacer puente": si un día festivo cae en jueves, se toma el viernes de vacaciones para disfrutar de un fin de semana extendido.

[1] Holy Week [2] candles [3] celebrate [4] Middle Ages

BÚSQUEDA semana santa, carnaval de santa cruz de tenerife, san isidro

Una procesión de Semana Santa

Desfile de cabezones en la Fiesta de San Isidro

PRODUCTOS

la danza

El baile flamenco se conoce en España desde antes del siglo XVIII, pero al principio fue popular solo entre las jóvenes gitanas (*gypsies*) de la región de Andalucía, en el sur de España. En la actualidad, el flamenco es parte integral de la cultura de España y de su patrimonio nacional.

COMPARACIONES

¿Existe en su región una celebración tradicional como el desfile de los cabezones? ¿En qué se parecen o se diferencian?

19. Comprensión

1. Nombre y describa tres celebraciones españolas.
2. ¿Qué significado tienen los cabezones que se ven en muchos desfiles españoles?
3. Explique la costumbre española de "hacer puente".

20. Analice

1. En su opinión, ¿es importante mantener tradiciones y costumbres a través de los años y los siglos? Explique.
2. ¿Qué aspectos negativos tiene la costumbre de "hacer puente"?

Recuerdos de mis festivales preferidos

Vocabulario en contexto

Publicaciones

Siguiendo

Seguidores

Favoritos

Listas

Seguir Premios España

Nombre

Correo

Contraseña

Continuar

Fotos y videos

Premios España

@PremiosEspaña
Las publicaciones oficiales de la @Academiadecine para narrar todo lo que acontece en relación con los Premios España
premiosespaña.academiaespañolacine.com

PUBLICACIONES 1,198 | SIGUIENDO 205 | SEGUIDORES 45

Seguir

Penélope Cruz y Pedro Almodóvar se veían contentos durante **una sesión fotográfica** en **el Festival** de Cannes.

Ver detalles #Festival de Cannes

Entrevistaron a los actores en **la rueda de prensa** del Festival de Cine de Málaga, España. Todos hablaron de sus **recuerdos** favoritos de la película.

Ver detalles #Málaga

Bruna Cusi sonríe al **agradecer** el premio Goya a la mejor actriz, cuando lo **acepta** en la ceremonia.

Ver detalles #PremiosGoya

Juan Diego dio un discurso en **la ceremonia** de **entrega de premios** del Festival de San Sebastián.

Ver detalles #Festival de San Sebastián

Para conversar

Para hablar de eventos en los medios de comunicación:

Hola Anita, ¿viste **el reportaje** que le hicieron a Javier Bardem después del **estreno** de su nueva película?

No, no lo vi. ¿Cuál es tu **opinión**?

Al principio no me gustó mucho, pero luego se puso bastante interesante. ¡Y él estaba tan guapo que yo no podía dejar de verlo!

Cuéntame más tarde. Ahora tengo que ir a recoger mi **ordenador** y **la (video)cámara digital** que se quedaron en el colegio.

¡Por supuesto! ¡Nos vemos más tarde!

PARA DECIR MÁS

el agradecimiento	*appreciation*
la alfombra roja	*the red carpet*
el escenario	*stage*
el (los) ganador(es)	*winner(s)*
el/la presentador(a)	*presenter*
el rodaje	*filming/shooting*
la publicación	*(social media) post*
publicar	*to publish, to post*
nominado/a	*nominated*

21. ¿Qué sucedía en el festival?

Escuche las siguientes situaciones. Seleccione la letra de la foto que corresponde con lo que oye.

A

B

C

D

E

F

22. Definiciones

Indique a qué palabra se refiere cada definición. Luego, escriba oraciones con tres de las palabras.

1. decir gracias por algo
2. cuando una película se pasa por primera vez
3. hacer preguntas a alguien sobre algo
4. el aparato que se usa para sacar videos digitales
5. una entrevista en la que varios reporteros hacen preguntas
6. el aparato que se usa para escribir y usar Internet
7. lo que una persona piensa sobre un tema
8. cuando se le da un premio a alguien
9. una celebración de tema artístico o cultural en una comunidad
10. una frase para expresar que algo es absolutamente cierto

A. ¡Por supuesto!
B. agradecer
C. la videocámara digital
D. la entrega de premios
E. la rueda de prensa
F. entrevistar
G. el festival
H. el estreno
I. la opinión
J. el ordenador

Había una rueda de prensa todos los meses.

Diálogo

La entrevista

Manuel: ¿Hace cuánto tiempo que trabaja como reportera?
Reportera: Empecé a trabajar como reportera hace muchos años.
Sergio: ¿Qué hacía al principio de su carrera?
Reportera: Iba con otros reporteros a hacer entrevistas.
Manuel: ¿Cómo se hacían los reportajes antes?
Reportera: Escribíamos las preguntas y respuestas en papel y sacábamos fotos.
Manuel: ¿Le gustaba ir a las ruedas de prensa?
Reportera: Sí, pero prefería entrevistar yo sola.
Sergio: ¿Era más difícil o más fácil entrevistar a gente famosa?
Reportera: Era más fácil porque había menos reporteros.

23. ¿Qué recuerda Ud.?

1. ¿Hace cuánto tiempo que empezó a trabajar la reportera?
2. ¿Qué hacía la reportera al principio?
3. ¿Cómo se hacían los reportajes antes?
4. ¿Por qué era más fácil antes entrevistar a personas famosas?

24. Algo personal

1. ¿Fue Ud. alguna vez a un festival de cine? ¿Qué películas vio?
2. ¿Qué piensa del trabajo de un reportero? ¿Le gustaría hacer ese trabajo?
3. ¿Con cuánta frecuencia usa el ordenador para enviar mensajes a sus amigos?
4. ¿Cuáles eran sus actividades favoritas hace cinco años?

25. Reportaje a un director

Escuche la siguiente entrevista a un famoso director de cine de los años noventa. Luego, conteste las preguntas. Puede tomar apuntes (*take notes*) mientras escucha.

1. ¿Qué tipo de películas hacía al principio de su carrera?
2. ¿Le gustaba participar en los festivales de cine?
3. ¿Asistía a las ceremonias de entrega de premios?
4. ¿Iba a los estrenos de sus películas?
5. ¿Por qué no usaba videocámaras digitales para grabar?

Repaso rápido

Expresiones de tiempo con *hace*

- To ask how long something has been going on, use ***¿Cuánto tiempo hace que?*** plus a verb in the present tense. To say how long something has been going on, use ***hace*** followed by an expression of time plus ***que*** and the present tense of the verb.

  *¿**Cuánto tiempo hace que lees** los clasificados en español?* — **How long have you been reading** the classified ads in Spanish?
  ***Hace dos años que leo** los clasificados en español.* — **I've been reading** the classified ads in Spanish **for two years**.

- To ask how long ago an event took place, use ***¿Cuánto tiempo hace que?*** plus a verb in the preterite. To say how long ago this event took place, use the preterite tense and ***hace*** plus an expression of time.

  *¿**Cuánto tiempo hace que empezó** la telenovela?* — **How long ago did** the soap opera **start?**
  Empezó hace media hora. — **It started half an hour ago.**

26. ¡Cuéntame!

Pregúntele a una persona de la clase cuánto tiempo hace que hizo las siguientes actividades. Después, pueden agregar otras actividades.

MODELO

empezar a estudiar español
A: ¿Cuánto tiempo hace que empezaste a estudiar español?
B: Empecé a estudiar español hace cuatro años.

1. ir a una fiesta
2. levantarse
3. ver una película cómica
4. terminar la tarea
5. resolver un crucigrama
6. leer el suplemento dominical

27. Fechas importantes

las matemáticas

Lea con una persona de la clase la siguiente lista de eventos importantes, junto con sus fechas. Luego, túrnense para preguntar y decir cuánto tiempo hace que tuvieron lugar esos sucesos. Pueden agregar otros sucesos más.

MODELO

La Segunda Guerra Mundial empezó. (1939)
A: ¿Cuánto tiempo hace que empezó la Segunda Guerra Mundial?
B: Empezó hace... años.

1. Cervantes escribió *Don Quijote*. (1605)
2. Estados Unidos obtuvo su independencia. (1776)
3. El hombre llegó a la luna. (1969)
4. Se construyó el Museo Guggenheim de Bilbao. (1997)

El Museo Guggenheim de Bilbao

El imperfecto

- You know how to use the imperfect tense (*el imperfecto*) to talk about past activities and events. To form this tense, remove the ***-ar***, ***-er***, or ***-ir*** from the infinitive and add the endings listed below.

hablar	comer	vivir
habl**aba**	com**ía**	viv**ía**
habl**abas**	com**ías**	viv**ías**
habl**aba**	com**ía**	viv**ía**
habl**ábamos**	com**íamos**	viv**íamos**
habl**abais**	com**íais**	viv**íais**
habl**aban**	com**ían**	viv**ían**

- There are only three irregular verbs in the imperfect.

ir	ser	ver
iba	**era**	**veía**
ibas	**eras**	**veías**
iba	**era**	**veía**
íbamos	**éramos**	**veíamos**
ibais	**erais**	**veíais**
iban	**eran**	**veían**

- Use the imperfect to describe ongoing, habitual, or repetitive past actions and routines.

*Cuando **era** pequeño **me gustaba** ver dibujos animados.* — When **I was** little **I liked** to watch cartoons.

*Mi madre **trabajaba** para un periódico.* — My mother **used to work** for a newspaper.

- Use the imperfect to set the scene and describe the background in a narration in the past.

***Eran** las cinco de la tarde.* — **It was** five o'clock in the afternoon.

***Había** mucha gente en la entrega de premios.* — **There were** a lot of people at the awards ceremony.

- Use the imperfect to describe moods, feelings, intentions, or thoughts when talking about the past.

***Tenía** muchas **ganas** de asistir al estreno de una película famosa.* — I really **wanted** to attend the premiere of a famous film.

*Mis padres siempre **querían** viajar a España.* — My parents always **wanted** to travel to Spain.

28. Vida de periodista

María Antonia trabajaba de periodista para *La Vanguardia*, un periódico de Barcelona. Escriba lo que ella y sus colegas hacían usando el imperfecto.

1. María Antonia (*entrevistar*) a mucha gente conocida.
2. Ella y los otros reporteros (*compartir*) el trabajo con los fotógrafos.
3. Los fotógrafos (*ir*) a las ruedas de prensa.
4. Ellos (*sacar*) muchas fotos durante las sesiones fotográficas.
5. A veces, María Antonia (*asistir*) a los estrenos de películas.
6. En el teatro, todos los reporteros (*ver*) a artistas muy famosos.
7. Durante la ceremonia de entrega de premios los artistas (*agradecer*) al público.
8. Para María Antonia, los festivales de cine (*ser*) una experiencia maravillosa.

29. Un sábado especial

Complete el siguiente párrafo con el imperfecto del verbo entre paréntesis que corresponda según el contexto.

(***1.*** *ser*) un sábado por la tarde. (***2.*** *hacer*) mucho frío y no (***3.*** *haber*) mucha gente en la calle. El cielo (***4.*** *estar*) nublado. Yo (***5.*** *caminar*) por el barrio cuando vi en una esquina a un grupo de chicas que (***6.*** *hablar*) con un hombre. Ellas (***7.*** *parecer*) muy contentas. El hombre (***8.*** *ser*) Alejandro Sanz, el famoso cantante español. Las chicas y yo (***9.*** *querer*) pedirle un autógrafo, pero Alejandro no (***10.*** *poder*) porque ya (***11.*** *ser*) las seis de la tarde y él (***12.*** *tener*) que regresar al hotel. ¡Qué lástima!

30. ¿Qué hacían cuando eran pequeños?

Describa lo que Ud., sus amigos y su familia hacían cuando Uds. eran pequeños/as. Use palabras o expresiones de cada columna y luego escriba oraciones de su propia creación.

MODELO

A menudo, mi hermanito rompía los juguetes.

I	II	III
a veces	yo	viajar en coche
todos los días/meses	Clara	romper los juguetes
a menudo	mi hermana y yo	compartir la ropa
en aquella época	Uds.	jugar en el jardín
de vez en cuando	mis padres	grabar con la videocámara
por lo general	Juan y José	montar en bicicleta
antes	mi hermanito	pelearse
cada año/semana	nosotros	ver la televisión juntos
por lo general	mi familia	visitar el zoológico

ESTRATEGIA

Review and recycle

A menudo, estas expresiones de tiempo se usan con el imperfecto.

a menudo	*often*
a veces	*at times*
antes	*before*
cada año/semana	*every year/week*
de vez en cuando	*from time to time*
en aquella época	*at that time*
por aquel entonces	*at that time*
por lo general	*in general*
todos los días/meses	*every day/month*

31. ¿Cómo eras?

ClearTalk®

En parejas, hablen de cómo eran sus vidas a los diez años. Incluyan las siguientes preguntas en la conversación.

1. ¿Cómo eras? ¿A quién te parecías?
2. ¿Dónde vivías? ¿Cómo era tu casa o apartamento?
3. ¿Tenías tu propio cuarto? ¿Qué había allí?
4. ¿A qué escuela ibas?
5. ¿Quién era tu mejor amigo o amiga? ¿Cómo era?
6. ¿Qué hacías para divertirte?
7. ¿Qué cosas te molestaban?
8. ¿Qué puedes hacer ahora que no podías hacer antes?

32. Periodista por un día

Imagine que es periodista y que tiene que escribir artículos sobre los siguientes sucesos. Con una persona de la clase, escriban por lo menos tres oraciones en el imperfecto para describir cada suceso. Incluyan el lugar, el tiempo, la hora, lo que hacían las personas y cómo se sentían. Presenten sus artículos a la clase.

- una conferencia de prensa
- una protesta
- un estreno de una película
- una ceremonia de premiación
- una tormenta

La periodista informaba al público sobre el incendio.

33. Hace cincuenta años

Trabajen en grupos de cuatro para escribir un informe sobre cómo era la vida en su pueblo o ciudad hace cincuenta años. Usen los siguientes temas como guía. Si quieren, pueden acompañar su informe con fotos o ilustraciones de esa época.

la televisión	la tecnología
los carros	los edificios
la comunicación	la ropa
la música	

En los años sesenta había coches como este.

¡Comunicación!

34. ¿Cuánto tiempo hace que...?

la historia, las matemáticas

Complete la siguiente línea cronológica con cuatro hechos importantes en la historia de España y la fecha en que ocurrieron. Puede buscar esta información por Internet o en algún libro de texto. Con una persona de la clase, pregunten cuánto hace que ocurrió cada hecho de la línea y túrnense para responder, como se ve en el modelo. Luego, comenten cómo estos hechos se manifiestan en la cultura actual.

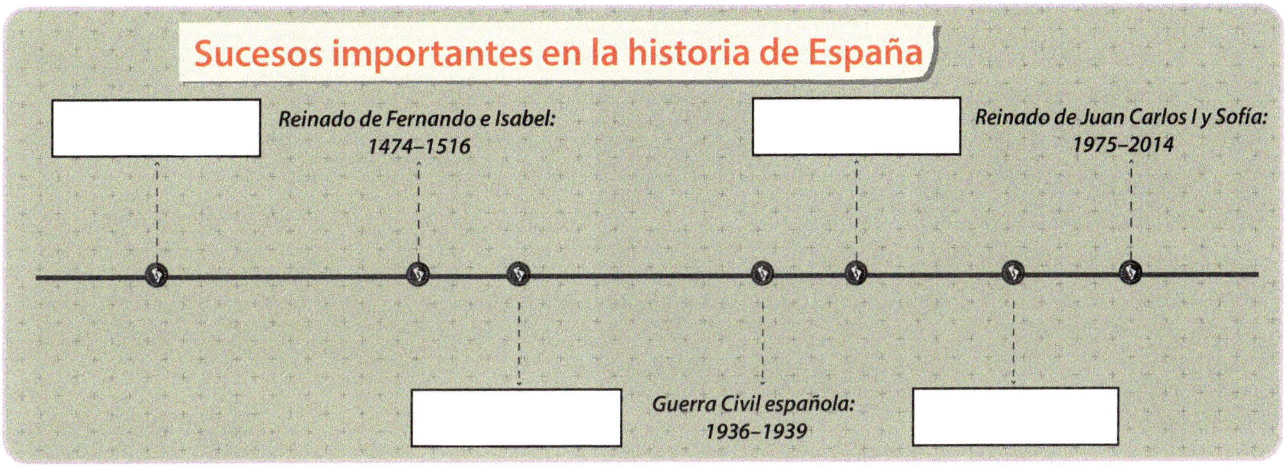

MODELO

1936 / el comienzo de la Guerra Civil española

A: **¿Cuánto tiempo hace que comenzó la Guerra Civil española?**

B: **La Guerra Civil española comenzó hace... años. Cuando terminó en 1939, empezó la dictadura de Franco, la cual tuvo un efecto profundo en la vida de los españoles.**

35. ¡Luces, cámaras, acción!

Imagine que Ud. y unas personas de la clase tienen que hacer un documental sobre España para estrenarlo en un festival de cine. Incluyan algo sobre la historia del país, además de otros temas culturales de la actualidad. Cada miembro del grupo debe describir por lo menos dos eventos históricos o culturales que le gustaría incluir en el documental, y explicar su importancia. Después, comenten todas las ideas y lleguen a un acuerdo sobre los temas históricos y culturales que formarán parte del documental. Hagan un esquema del documental y preséntenlo delante de la clase. Deben estar preparados para justificar los temas.

Descubre la historia de la Plaza Mayor de Madrid.

Lectura informativa PRE AP

36. Antes de leer

1. ¿Qué sitios de ocio de su ciudad recomendaría a un turista?
2. ¿Qué deportes de invierno practica Ud.?

ESTRATEGIA

Fact or opinion

A fact is a piece of information that can be proven true. An opinion is a person's belief that can't be proven right or wrong. Being able to tell the difference between fact and opinion will help you draw better conclusions when you read news articles and websites.

Madrid

Finanzas | Política | Sociedad | Clasificados | Ocio | Deportes

¿Qué sucedió? | *Noticias de última hora* | *MÁS TEMAS* > | *España TV* >>

Explorar el universo, observar en vivo toda clase de especies animales, aprender a esquiar, disfrutar de la naturaleza en estado puro o soltar adrenalina[1] en atracciones únicas. Son solo algunas de las posibilidades que ofrecen los centros de ocio de Madrid. ¡No te los pierdas!

Parque de Atracciones

La Casa de Campo acoge[2] uno de los recintos de ocio urbano más completos de España con atracciones para todas las edades. El recinto está dividido en cinco grandes zonas tematizadas: Maquinismo, Gran Avenida, Naturaleza, Tranquilidad e Infantil.

Zoo Aquarium

Conoce a Chulina, la primera hembra[3] de oso panda gigante de su historia, la quinta en su especie nacida en el parque madrileño. En él podemos encontrar más de 6.000 animales [...] de todos los grupos zoológicos: mamíferos, aves, reptiles, anfibios, peces e invertebrados con delfinario, acuario y aviario.

Música en Vivo

Cuando el día llega a su fin, los locales de la Asociación de Salas de Música en Directo se preparan una amplia y variada oferta de actuaciones musicales: cantautores[4] y grupos de rock, conciertos de jazz o de música electrónica [...]. Además de pubs, discotecas y salas de conciertos, el compás[5] de la noche madrileña puede conducirte hacia uno de los muchos karaokes repartidos por la ciudad.

Deportes de invierno en Madrid

Esquí alpino, patinaje sobre hielo, *snowboard*, esquí nórdico... En Madrid puedes disfrutar de la práctica de deportes de invierno. Madrid puede presumir de tener varias estaciones de esquí a apenas una hora de trayecto.

[1] get an adrenalin rush [2] is home to [3] female [4] singer-songwriters [5] rhythm

Source: www.esmadrid.com/centros-ocio-madrid

BÚSQUEDA turismo en madrid, actividades de ocio en madrid

37. Comprensión

1. ¿Adónde va si quiere soltar adrenalina?
2. ¿Quién es Chulina y dónde vive?
3. ¿Qué tipos de música en vivo ofrece la Asociación de Salas de Música en Directo?
4. Si le gustan los deportes de nieve, ¿qué actividades puede hacer si va a Madrid?

38. Analice

1. ¿Cree que este artículo le despierta interés por visitar Madrid? Explique.
2. ¿El artículo contiene información u opinión? Dé ejemplos.
3. Visite el sitio web citado al pie del artículo. ¿Cómo se podría mejorar para atraer más turistas?

Extensión el periodismo

En periodismo hay dos formas muy populares de escritura, el reportaje y la reseña. Un reportaje es un relato informativo que combina la narración y la descripción de sucesos. Para escribir un reportaje, hay que estar bien informado y la narración debe referirse a hechos verdaderos. Generalmente, un reportaje se acompaña con material gráfico, fotografías o ilustraciones. Por otro lado, una reseña es un escrito de opinión que busca convencer a la gente que haga, o que no haga, algo, por ejemplo, ver una película o visitar un sitio. La reseña también puede ir acompañada de fotografías.

BÚSQUEDA reportaje, periodismo, reseña

Escritura

39. Una reseña de Madrid

Su clase ha ido a Madrid en un intercambio cultural. A Ud. le toca escribir una reseña para un sitio web para jóvenes sobre viajes. Escriba sobre cinco sitios que visitaron. Pueden ser los sitios mencionados en las lecturas de esta unidad u otros lugares de Madrid que conozca o que ha investigado en Internet. Recuerde que su reseña tiene que incluir información sobre los sitios, además de su evaluación personal. Como la reseña es para jóvenes, debe escribirla usando el "tú" informal y mencionar actividades y cosas que a los jóvenes les interesan. Use un organizador gráfico como el de la derecha para organizar su información.

Después, escriba un borrador con la información que reunió. Acuérdese de usar el pretérito para el itinerario y el imperfecto para describir. Pida a una persona de la clase que lea su borrador y que le sugiera correcciones. Escriba la versión final y agregue fotografías de los lugares. ¡Y no se olvide de poner las estrellas al final para registrar su opinión! Presente su reseña a la clase o póngala en el sitio web de la clase.

PARA ESCRIBIR MÁS

al aire libre	*outdoors*
gira en autobús	*bus tour*
paseo con guía	*guided tour*
viaje de compras	*shopping trip*

Información	Opinión

Repaso de la Lección A

A. Escuchar: ¿En qué sección debe buscar? (pp. 116-117)

Elija la sección del periódico que corresponde a lo que oye.

1. **A.** la programación de televisión
   B. las noticias de última hora
2. **A.** la sección de clasificados
   B. la sección de espectáculos
3. **A.** la sección de política
   B. la sección de deportes
4. **A.** la sección de sociedad
   B. la sección de finanzas

B. Vocabulario: Estamos al tanto (pp. 128-129)

Complete las oraciones con las palabras del recuadro que correspondan.

agradecía	entrega	ceremonia
estreno	aceptó	entrevistaron
recuerdo	rueda de prensa	festival

La **(1)** de premios del **(2)** Talento Joven tuvo lugar en una fantástica **(3)** en el auditorio del Teatro Colón este pasado sábado. Esteban Hernández, ganador del premio al mejor artista joven del cine, **(4)** el premio con emoción al tiempo que **(5)** a su público por tan grande honor. En una **(6)** en la que **(7)** a todos los ganadores del evento, Esteban comentó que el **(8)** de su película tuvo tanto éxito, que él mismo no lo podía creer, y agregó que siempre llevará consigo el **(9)** de este festival por ser un momento tan importante de su vida artística.

C. Estructura: ¡Gran inauguración! (pp. 120-121, 123)

Complete las siguientes oraciones con el pretérito del verbo entre paréntesis, como se ve en el modelo.

MODELO

El gobierno ___ un nuevo edificio para la universidad en Madrid. (*construir*)
El gobierno **construyó** un nuevo edificio para la universidad en Madrid.

1. ___ celebraciones en todas partes. (*haber*)
2. Un incendio ___ el antiguo edificio. (*destruir*)
3. Los estudiantes ___ sus libros a la clase. (*traer*)
4. El presidente ___ un discurso de inauguración. (*dar*)
5. Los madrileños ___ fiestas para celebrar San Isidro. (*hacer*)

D. Estructura: Cuando era pequeño... (p. 132)

Forme oraciones con el imperfecto, contando lo que ocurría cuando era pequeño y complételas con su propia información.

1. frecuentemente / mis hermanos y yo / jugar...
2. en aquella época / mi papá / trabajar...
3. cada verano / mi familia / ir...
4. todos los días / mi mamá / preparar...

E. Cultura: La historia y la cultura actual de España (pp. 126-127)

Haga un resumen sobre las formas en que la historia de España se manifiesta en su cultura actual, según la información de la lección. Organice la información en un diagrama como el que se ve a continuación.

Vocabulario

Secciones del periódico	En el festival de cine	Verbos	Otras palabras y expresiones	
los clasificados	la cámara digital	aceptar	la empresa	el recuerdo
el crucigrama	la ceremonia	agradecer	el espectáculo	por supuesto
las finanzas	la entrega de premios	averiguar	en medio de	tener lugar
el ocio	el estreno	casarse	¡No lo puedo creer!	dar un discurso
la programación de televisión	el festival	contribuir	la opinión	unido/a
la sociedad	el reportaje	destruir	el ordenador	
el suplemento dominical	la rueda de prensa	entrevistar	el periodismo	
	la sesión fotográfica	suceder	la prensa	
	la videocámara digital		al principio	

Estructuras

Verbos irregulares en el pretérito

Dar, **ser**, **ver** e **ir** son irregulares en el pretérito. Además, los verbos que terminan en **-ir** y que tienen un cambio radical de **e → ie** o **e → i** en el presente, también sufren un cambio radical en el pretérito, pero solamente en la tercera persona (Ud./él/ella y Uds./ellos/ellas). Los verbos que terminan en **-aer**, **-eer** y **-uir** (y el verbo **oír**) cambian de **i → y** en el pretérito.

pedir (i, i)		morir (ue, u)		oír	
pedí	pedimos	morí	morimos	oí	oímos
pediste	pedisteis	moriste	moristeis	oíste	oísteis
p**i**dió	p**i**dieron	m**u**rió	m**u**rieron	o**y**ó	o**y**eron

El imperfecto

caminar		correr		escribir	
camin**aba**	camin**ábamos**	corr**ía**	corr**íamos**	escrib**ía**	escrib**íamos**
camin**abas**	camin**abais**	corr**ías**	corr**íais**	escrib**ías**	escrib**íais**
camin**aba**	camin**aban**	corr**ía**	corr**ían**	escrib**ía**	escrib**ían**

Recuerde que los verbos **ir**, **ser** y **ver** son irregulares en el imperfecto.

LECCIÓN
B
España

Vocabulario B1

¡Últimas noticias!

Vocabulario en contexto

HOY.COM

Finanzas | Política | Sociedad | Clasificados | Ocio | Deportes

¿Qué sucedió? | Noticias de última hora | MÁS TEMAS >

PORTADA

Explosión en Madrid >

Terrible explosión en el centro de Madrid **causó** pánico, pero no dejó **víctimas**, según **anunció** el departamento de **bomberos** de la ciudad.

Trujillo declarado inocente >

El acusado Juan Pablo Trujillo se **declaró inocente** de su **crimen** cuando apareció hoy con su **abogado**.

Inundaciones en Sevilla >

Tormenta causa gran **inundación** en muchos barrios de Sevilla.

Ladrones arrestados >

La policía acaba de **arrestar** a dos de **los** tres **ladrones** que cometieron el robo al Banco de la República, pero uno **logró** escaparse.

Para conversar

Para hablar de las últimas noticias:

¿Estás siguiendo **el juicio** de Trujillo en las noticias?

No, solo sé que está en **la cárcel**.

Fue acusado de **asaltar** y **matar** a un hombre.

El jurado lo declaró **culpable** y en las noticias decían que estaba esperando su **sentencia**.

¿Supiste si **la bomba** que **explotó** en el centro esta mañana dejó víctimas?

Sí, oí que muchas personas se lograron **salvar**, pero no todas. ¡Qué triste!

PARA DECIR MÁS

un asesinato	*a murder*
la guerra	*war*
el juez / la jueza	*judge*
el juzgado	*court*
el terremoto	*earthquake*
implicado	*implicated*
premeditado	*premeditated*
deliberar	*to deliberate*
detener	*to detain, to arrest*
evacuar	*to evacuate*

1. El noticiero

Escuche las siguientes noticias y diga la letra de la foto a la que se refiere cada una.

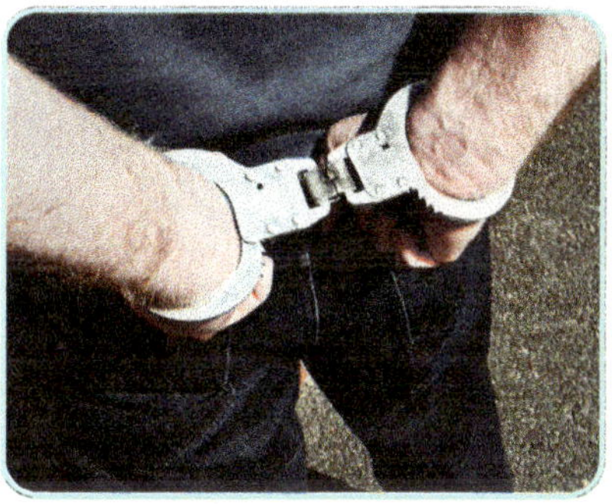

A

B

C

D

E

F

2. Un asalto sin éxito

Complete la siguiente noticia con las palabras apropiadas según el contexto.

anunció	arrestarlos	cárcel	asaltaron
culpables	explotaría	bomba	sentencia

Ayer, varios ladrones **(1)** un banco de Granada causando mucho pánico entre los empleados y las personas que gritaban y corrían de un lado a otro. Entonces, uno de los ladrones sacó una **(2)** y **(3)** que la **(4)** si los empleados no se callaban y si no se quedaban en su lugar. Después de robar todo el dinero, los ladrones dejaron el banco por la puerta de atrás. Afortunadamente, la policía logró **(5)** mientras trataban de escapar. Los ladrones se declararon **(6)** y, ahora esperan su **(7)** en la **(8)**.

3. ¿Qué ocurrió hoy?

Escuche los comentarios de las siguientes personas sobre las noticias del día. Escoja la letra de la noticia a la que se refiere cada uno.

1. **A.** bomba
   B. crimen
   C. inundación
2. **A.** juicio
   B. crimen
   C. bomba
3. **A.** incendio
   B. tormenta
   C. robo
4. **A.** crimen
   B. ladrón
   C. huracán
5. **A.** víctima
   B. tormenta
   C. explosión
6. **A.** festival
   B. ceremonia
   C. robo

Hubo un incendio en la fábrica.

4. ¡Cuénteme qué pasó!

Acaba de ver un noticiero que avisa de una noticia. Con una persona de la clase, hable sobre lo ocurrido. Incluyan dónde, cuándo, quién, qué, por qué y cómo para formar preguntas que su pareja pueda contestar. Sigan el modelo como guía.

MODELO

el accidente de coche enfrente de la escuela

A: ¿Vio la noticia del accidente? ¿Cuándo pasó el accidente?

B: Pasó hace una hora en frente de nuestra escuela. Ojalá que nadie esté herido.

1. la explosión en una fábrica cerca de nuestro pueblo
2. la inundación en un país del extranjero
3. el huracán en el sur de los Estados Unidos
4. el incendio en la casa de un vecino

Diálogo

¿Qué sucedió?

Pedro: ¿Viste el juicio de Diego Pérez Díaz por la televisión?
Silvia: No, ¿qué sucedió?
Pedro: Lo declararon inocente.
Silvia: ¡No lo puedo creer!
Pedro: Yo tampoco lo podía creer cuando me enteré. La gente no estaba de acuerdo con el jurado. Todos creían que él era culpable.
Silvia: Por supuesto... Pero, ¿por qué lo declararon inocente?
Pedro: Nadie lo vio en el lugar del crimen.
Silvia: Pero si estaba claro que él robó el banco y mató a dos personas.
Pedro: Sí, pero el jurado no estaba de acuerdo.
Silvia: Estoy segura que él se merecía ir a la cárcel.
Pedro: Yo también.

5. ¿Qué recuerda Ud.?

1. ¿De qué estaban hablando Pedro y Silvia?
2. ¿Cómo declararon a Diego Pérez Díaz?
3. ¿Cómo estaba la gente con la noticia? ¿Por qué?
4. ¿Por qué lo declararon inocente?
5. ¿Qué estaba claro acerca de Diego Pérez Díaz, según Silvia?

6. Algo personal

1. ¿Le gusta ver las noticias? Explique por qué le gusta o no le gusta verlas. Debe dar ejemplos.
2. Cuando tiene que acceder información sobre una noticia, ¿qué tipo de plataforma prefiere usar usted y por qué? (Ejemplos: Las redes sociales, el noticiero, leer artículos en periódicos o en línea, etc.)
3. ¿Cómo reaccionó usted a una noticia que vio recientemente en su plataforma preferida?

El jurado de un juicio escucha al abogado.

COMUNIDADES

Si hay un periódico, un canal de televisión o una estación de radio en español en su comunidad, haga una cita para hablar con uno de los reporteros acerca de su trabajo.

Usos del pretérito y del imperfecto

You have used both the imperfect and the preterite to talk about the past. Now review the differences between these two tenses.

Use the imperfect...

- to describe habitual past actions and routines.

  *De niña, **me gustaba** ver dibujos animados.* — As a child, **I liked** to watch cartoons.
  *Mi mamá **trabajaba** para un periódico.* — My mom **used to work** for a newspaper.

- to talk about moods, feelings, desires, and intentions.

  ***Estaba** contento.* — **I was** content.
  *Marta **tenía miedo** de las tormentas.* — Marta **was afraid** of storms.
  *Ellas **querían** ir al cine.* — They **wanted** to go to the movies.

Tenía miedo de las tormentas.

- to set the scene or provide background information.

  ***Era** la una.* — **It was** one o'clock.
  ***Había** muchos reporteros en la rueda de prensa.* — **There were** many reporters at the press conference.

Use the preterite...

- to talk about actions (or a series of actions) completed in the past at a specific time.

  *Ayer **hubo** un incendio. Los bomberos **llegaron** y **salvaron** a todas las personas.* — **There was** a fire yesterday. The firefighters **arrived** and **saved** everyone.

Hubo un temblor que dejó muchas víctimas.

Use the preterite and imperfect in the same sentence...

- to indicate that one action occurred (preterite) while another was in progress (imperfect).

  *Todos **estábamos** en el restaurante cuando de repente **oímos** una explosión.* — **We were** all in the restaurant when all of a sudden **we heard** an explosion.

- to report an action (preterite) that took place because of a condition (imperfect) that was in progress.

  *El acusado no **respondió** porque **tenía miedo**.* — The accused **didn't respond** because **he was scared**.

- to present an event where the preterite describes the action and the imperfect sets the stage or background for that action.

  *Ya **era** tarde cuando **anunciaron** los resultados de las elecciones.* — **It was** already late when **they announced** the election results.

7. ¿Por qué lo hicieron?

Diga por qué estas personas hicieron lo siguiente. Use el pretérito y el imperfecto.

MODELO

la reportera / quitarse la chaqueta / tener calor
La reportera se quitó la chaqueta porque tenía calor.

1. tres ladrones / asaltar un banco / necesitar dinero
2. dos osos / robar comida de un camping / tener hambre
3. el presidente / despedirse de todos / ya ser las doce
4. dos niños / esconderse en el ático / tener miedo de la tormenta
5. la acusada / ir a la cárcel / ser culpable
6. la maestra / castigar a los estudiantes / hacer mucho ruido

La reportera no se puso chaqueta porque hacía calor.

8. ¿Cómo eran las fiestas?

Complete esta conversación entre Pablo y Julio usando el pretérito o el imperfecto de los verbos entre paréntesis.

Julio: Pablo, ¿cuándo (***1.*** *empezar*) tú a salir con tu novia?
Pablo: (***2.*** *ser*) durante nuestro primer año en la universidad. En poco tiempo nos (***3.*** *hacer*) buenos amigos.
Julio: ¿Cómo (***4.*** *ser*) ella? ¿Qué le (***5.*** *gustar*) hacer?
Pablo: Elena (***6.*** *tener*) muchos amigos y a veces (***7.*** *organizar*) fiestas en su casa.
Julio: ¿Qué (***8.*** *hacer*) Uds. en las fiestas? ¿Cómo (***9.*** *divertirse*)?
Pablo: (***10.*** *haber*) mucha comida y la gente (***11.*** *bailar*) y (***12.*** *cantar*) hasta tarde.
Julio: ¿Y los vecinos no (***13.*** *enojarse*) cuando hacían fiestas?
Pablo: Sí, una noche ellos (***14.*** *llamar*) a la policía y le (***15.*** *decir*) que nosotros (***16.*** *hacer*) mucho ruido.
Julio: Entonces, ¿qué (***17.*** *hacer*) Uds.?
Pablo: ¡(***18.*** *invitar*) a nuestros vecinos, por supuesto!

9. ¡Robaron el Banco Central!

El siguiente artículo apareció en varios periódicos de Bilbao, en el norte de España. Use el pretérito o el imperfecto de los verbos entre paréntesis según corresponda.

N ÚLTIMA HORA *Bilbao ›*

(***1.*** *ser*) un viernes por la tarde y las calles (***2.*** *estar*) llenas de gente. En el banco solo (***3.*** *haber*) dos dependientes trabajando y una cliente. De repente, un coche (***4.*** *pararse*) delante del banco. Un hombre (***5.*** *salir*) del coche. (***6.*** *ser*) bajo y calvo. (***7.*** *llevar*) una maleta grande en la mano. El hombre (***8.*** *entrar*) en el banco. Uno de los dependientes le (***9.*** *preguntar*) al hombre si (***10.*** *querer*) algo. El hombre le (***11.*** *decir*): "Sí, deme todo el dinero que está en sus cajas". El hombre no (***12.*** *ser*) un cliente. ¡(***13.*** *ser*) un ladrón que (***14.*** *venir*) a robar el banco!

10. Ocurrió un desastre

Imagine que Ud. y una persona de la clase vieron una película donde ocurre un desastre. Puede ser un incendio, una explosión o un temblor. Con una persona de la clase escriban un párrafo describiendo lo que vieron o escucharon en la película. Usen las preguntas siguientes como guía y el pretérito o el imperfecto según el contexto. Luego, presenten su descripción a la clase.

¿Qué desastre ocurrió?	¿Qué ropa llevaban?
¿Cuándo ocurrió?	¿Cómo era la música?
¿Dónde tuvo lugar?	¿Qué pasó al final?
¿Quiénes eran los personajes principales?	¿Les gustó la película? Explique por qué.

El huracán causó mucho daño.

11. Recuerdos de un actor

Este artículo apareció en la revista del periódico *El Mundo* de Madrid. Relata los recuerdos de un actor madrileño cuando era niño. Después de leer el artículo, conteste las preguntas que siguen.

DEPORTES

Ese es mi barrio, cerca de la Casa de Campo. Como todos los madrileños y españoles, practicaba el fútbol, y el campo era uno de los puntos sociales donde se reunía la gente para divertirse y celebrar competiciones.

Mis hermanas, como eran monas[1], eran las elegidas para dar los premios. Nunca me llevé una de esas copas[2]. Era el portero de reserva, siempre esperando mi oportunidad. Como me aburría, me cambié después a jugador, pero no era muy bueno. Entonces decidí ser actor. En mi zona había mucha gente de origen andaluz[3] y se escuchaba flamenco en todos los bares. Pasábamos todo el día en la calle jugando. En esa época no había ordenadores.

Nos gustaba jugar al fútbol.

[1] pretty [2] trophies [3] from Andalucía

1. ¿Dónde vivía el chico?
2. ¿Qué deporte practicaba?
3. ¿Cómo eran las hermanas del chico?
4. ¿Para qué las elegían?
5. ¿Le gustaba al chico ser portero? ¿Cómo lo sabe?
6. ¿Cómo jugaba?
7. ¿Qué decidió ser entonces?
8. ¿Por qué se escuchaba flamenco en los bares?
9. ¿Cómo pasaban el día los chicos?
10. ¿Qué es lo que no había en esa época?

12. La memoria colectiva

En grupos, busquen información sobre una situación catastrófica que ocurrió en los últimos 50 años en su comunidad o cerca de su comunidad. Van a organizar un noticiero donde informarán a la clase sobre el desastre. En su informe deben incluir:

- quién fue impactado por el desastre
- cuál fue el plan de emergencia durante y después del desastre
- dónde ocurrió
- si hubo víctimas
- cómo se resolvió el desastre
- cómo impactó este desastre a su comunidad

La tormenta pasó por esta comunidad.

Cambios de significado en el pretérito y el imperfecto

A few verbs change meaning depending on whether they are used in the imperfect or the preterite.

	imperfecto	pretérito
conocer	La **conocía** bien. *I **knew** her well.*	La **conocí** en la universidad. *I **met** her in college.*
poder	**Podía** hacer los crucigramas. *I **was able** to do crossword puzzles.*	**Pudieron** salvar a la víctima. *They **were able (managed)** to save the victim.*
saber	¿**Sabías** usar la tableta? *Did you **know how** to use the tablet?*	¿**Supiste** lo que pasó en el juicio? *Did you **find out** what happened in the trial?*
querer	**Querían** arrestar al ladrón. *They **wanted** to arrest the thief.*	**Quisieron** arrestarlo anoche. *They **tried** to arrest him last night.*
no querer	**No queríamos** ver el noticiero. *We **didn't want** to watch the news.*	**No quisimos** hablar con ella. *We **refused** to speak to her.*

COMUNIDADES

¿Le gusta el campo jurídico? Entreviste (*interview*) a un(a) intérprete legal en su comunidad y, si es posible, acompáñelo/a a unas de sus citas.

13. Diálogos

Complete cada diálogo con la forma correcta del pretérito o del imperfecto del verbo indicado.

saber

A: ¿Sabes que César estuvo en Bilbao durante la inundación?

B: No, no lo **(1)**. Y tú, ¿cuándo lo **(2)**?

A: Lo **(3)** ayer, cuando leí una noticia sobre la inundación en el periódico.

B: Pues yo hablé ayer con sus padres y ellos me dijeron que no **(4)** nada de él.

A: No entiendo cómo yo no lo **(5)** antes porque él siempre me cuenta todo.

querer

A: Ayer yo te **(6)** llamar, pero tu teléfono no funcionaba. ¿Qué hiciste?

B: Fui al teatro con mis padres. Ellos **(7)** ir a ver *La casa de Bernarda Alba*, de Federico García Lorca.

A: Yo también **(8)** verla, pero ya no había entradas.

poder

A: ¿Fuiste ayer a ver el juicio?

B: No, no **(9)** ir. ¿Tú estabas en el jurado, verdad?

A: Sí. Fue muy interesante porque nadie **(10)** decidir si el acusado era inocente o no.

B: ¿Y qué pasó entonces? ¿**(11)** Uds. llegar a un acuerdo?

A: No, (nosotros) no **(12)** porque no teníamos suficiente información.

conocer

A: ¿Dónde **(13)** a Mercedes Pantoja?

B: La **(14)** en una rueda de prensa. Ella vino a saludarme y me dijo que ya me **(15)**.

A: ¡Qué interesante! Entonces tú sí la **(16)**.

B: Bueno... yo no me acuerdo de ella, pero **(17)** mejor a su familia.

14. Cómo conocí a mi nuevo amigo

Complete el párrafo con el pretérito o el imperfecto de los verbos entre paréntesis para descubrir lo que le pasó a Esteban.

Yo no (***1.*** *conocer*) bien a Rodolfo. Recuerdo que lo (***2.*** *conocer*) el año pasado en una clase de música. Él (***3.*** *querer*) aprender a cantar y a tocar la trompeta. Yo le pregunté si (***4.*** *saber*) leer las notas. Él me dijo que no. Entonces, yo lo ayudé y en poco tiempo (***5.*** *poder*) aprenderlas. Un día, Rodolfo me dijo que (***6.*** *querer*) presentarme a una chica. Él la (***7.*** *conocer*) muy bien porque era compañera de su hermana. Cuando yo la (***8.*** *conocer*) me pareció muy simpática. Esa noche la invité a tomar algo, pero ella me dijo que no (***9.*** *poder*) ir porque ya tenía una cita con Rodolfo. En aquel momento (***10.*** *saber*) que eran novios. No (***11.*** *querer*) saberlo. ¡Qué mala suerte!

Rodolfo quería aprender a cantar y a tocar la trompeta.

15. Quise pero no pude

Primero, conteste las siguientes preguntas. Luego, hágale estas preguntas a una persona de la clase y comparen sus respuestas.

1. ¿Conoció a alguien famoso alguna vez? Si es así, ¿a quién conoció?
2. ¿Conocía Ud. ya a muchos de las personas de su clase cuando empezó esta clase? Si es así, ¿a quién(es) conocía Ud.?
3. ¿Quiso Ud. hacer algo alguna vez pero no pudo? ¿Qué fue?
4. ¿Hay algo que Ud. nunca pudo hacer bien? ¿Por qué no podía hacerlo?
5. Piense en un momento en que se enteró de una noticia muy importante. ¿Cómo lo supo? ¿Quién más lo sabía?

16. ¿Supiste lo que pasó?

Lea el artículo sobre lo que sucedió durante un festival de flamenco en Sevilla. Escriba un mínimo de cinco preguntas sobre la información que contiene para hacérselas a una persona de la clase. Luego, con una persona de la clase, escriban cuatro oraciones más para terminar la noticia. Traten de incluir el pretérito o imperfecto de los verbos **querer**, **poder**, **conocer** y **saber**.

MODELO

El hospital no quiso dejar entrar a los aficionados de la cantante.

www.periodico.com

MÚSICA >

¡Noticias de última hora!

Sevilla, España.— Hoy se supo que la conocida cantante sevillana Macarena está en el hospital. La artista se desmayó en un concierto que se celebró durante la Bienal de Flamenco y tuvo que abandonar el escenario. Aunque muchos reporteros querían entrevistarla, no pudieron hacerlo porque la cantante necesitaba descansar. Esta mañana hubo una protesta delante del hospital porque cientos de aficionados querían verla en persona.

¿? **Pregunta clave** ¿Cómo se manifiesta la historia de un país en su cultura actual?

Costumbres españolas arraigadas[1] en el pasado

¿Alguna vez has caminado 700 km? Esa es la distancia del recorrido del Camino[2] de Santiago, el cual empieza en Roncesvalles, Navarra, cruza los Pirineos y termina en Santiago de Compostela, en el noroeste de España. El Camino de Santiago es una peregrinación[3] religiosa que ha tenido lugar en España desde la Edad Media, en honor al Apóstol Santiago[4]. Hoy en día muchos españoles y extranjeros hacen la peregrinación por diferentes motivos, ya sean espirituales, físicos o por el simple placer de disfrutar de la naturaleza. Las personas tienen la opción de recorrer el camino a pie, en bicicleta o a caballo, de acuerdo con las normas oficiales establecidas. El recorrido dura muchos días, pero hay refugios modestos y gente amable en el camino, siempre dispuesta[5] a ayudar y darle ánimos a la gente para seguir.

Famosas gracias a Ernest Hemingway, las fiestas de San Fermín también se originaron durante la Edad Media. Son tal vez las fiestas de toros más conocidas de esta polémica[6] tradición española. Las fiestas hacen noticia todos los años por el número de heridos que dejan. Al mediodía del 6 de julio de cada año, multitudes de personas esperan ansiosas el chupinazo (la explosión de cohetes[7]) que marca el inicio de la fiesta. La salida de los toros que ocurre la mañana del día 7 dura dos o tres minutos. Los toros corren libres por la calle, abriéndose paso en medio de multitudes de personas. Esta frenética carrera de personas, delante de los toros que les vienen pisando los talones[8], se conoce como "el encierro"[9] y es la parte más emocionante y famosa de esta celebración. Los San Fermines son nueve días de encierros, corridas de toros, desfiles, música en vivo y ¡mucha, mucha fiesta!

Mire el video para aprender más sobre el Camino de Santiago.

Los encierros en las calles de Pamplona

[1]rooted [2]path, way [3]pilgrimage [4]St. James [5]willing [6]controversial [7]fireworks [8]heels [9]running of the bulls

BÚSQUEDA camino de santiago, fiestas de san fermín, el encierro

17. Comprensión

1. ¿Qué razones tienen las personas para hacer el recorrido del Camino de Santiago y cómo lo hacen?
2. ¿En qué consisten los "encierrros" de la fiesta de San Fermín y quién hizo famosa esta celebración?

18. Analice

1. ¿Cuáles cree Ud. que son los motivos de la gente que hace la peregrinación?
2. ¿Por qué cree Ud. que hay tanta controversia alrededor de la costumbre de las corridas de toros en la actualidad?

PERSPECTIVAS

"Es una fiesta española que viene de prole en prole (*offspring*) y ni el gobierno la abole (*abolish*) ni habrá nadie que la abola".

¿Cómo refleja este estribillo popular de Ricardo de la Vega y Chueca (escritor español del siglo XIX) el pensamiento de los españoles con respecto a las corridas de toros, tradicionales en España desde el siglo XVI?

La familia real española

A unos 800 metros de altura sobre el nivel del mar se ve La Alhambra de Granada. Esta majestuosa fortaleza árabe se convirtió en la sede[1] de la corte cristiana cuando los Reyes Católicos, Fernando de Aragón e Isabel de Castilla, declararon en 1492 el fin del dominio islámico en España. Fue en este palacio, en el Salón de los Embajadores, donde los Reyes Católicos entrevistaron a Cristóbal Colón, dando comienzo a los eventos que habrían de cambiar el rumbo[2] de la historia.

Cinco siglos después, un descendiente de estos reyes, el rey don Juan Carlos de Borbón, fue clave[3] en la transición de España hacia la democracia, después del final de la dictadura militar de Francisco Franco, la cual retrasó[4] culturalmente al país y lo mantuvo en estado de aislamiento por cerca de cuarenta años.

En 1981 la intervención del rey fue decisiva para evitar un golpe de estado[5] iniciado por los militares que querían regresar a una dictadura. Desde 1978 España es un estado democrático, con una monarquía representativa. En el 2014 el rey decidió abdicar el trono y comenzó el reinado de Felipe VI, hijo de Juan Carlos y la reina Sofía; esposo de Letizia, la nueva reina; y padre de Leonor y Sofía.

[1] headquarters [2] course [3] key [4] delayed [5] coup

BÚSQUEDA la alhambra de granada, dictadura militar española, juan carlos de borbón, felipe vi

La Alhambra de Granada

El Palacio Real de Madrid

PRODUCTOS

Los Premios Princesa de Asturias, creados con el fin de exaltar y promover los valores científicos, culturales y humanísticos de España y del mundo entero, se entregan anualmente en una solemne ceremonia presidida por el rey de España, Felipe VI de Borbón y Grecia. Un día los entregará la princesa Leonor, la hija mayor del rey. Estos premios son los segundos en importancia después del premio Nobel y los más importantes que se entregan en España.

Premios Princesa de Asturias

¿Qué hay de nuevo?

iNews

Haga una búsqueda en iNews sobre **España**. ¿Qué artículos recientes ve?

19. Comprensión

1. ¿Qué es La Alhambra de Granada? ¿Qué importancia histórica tiene?
2. ¿En qué eventos de trascendencia histórica para los españoles participó el rey Juan Carlos de Borbón?
3. ¿Qué son los Premios Princesa de Asturias?

20. Analice

1. Según la lectura, la reunión de Colón con los reyes Católicos fue un evento que habría de cambiar el rumbo de la historia. ¿En qué medida cambió ese evento el rumbo de la historia?
2. ¿Por qué cree Ud. que España ha mantenido una monarquía representativa?

Vocabulario B2

¡Hubo un accidente!

Vocabulario en contexto

HOY.COM

Finanzas | Política | Sociedad | Clasificados | Ocio | Deportes

¿Qué sucedió? | Noticias de última hora | MÁS TEMAS >

PORTADA

Accidente en la carretera >

Terrible accidente en la carretera hacia los Pirineos. **Menciona** el reporte oficial que había muy poca **visibilidad**.

Accidente en Barcelona >

Violento accidente en Barcelona. **Por suerte**, no hubo heridos **graves**, informan los noticieros.

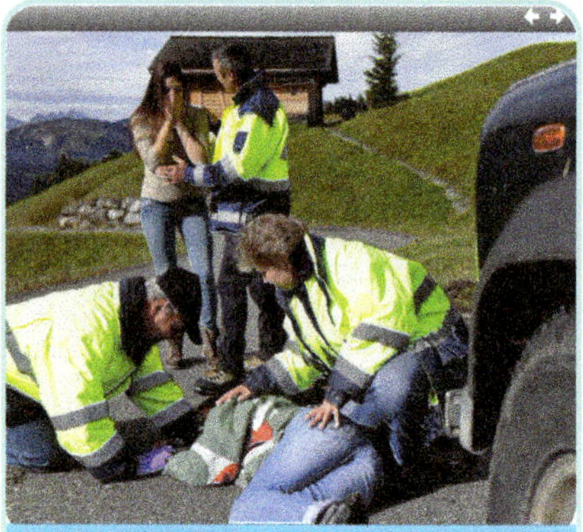

Paramédicos ayudan a joven herida >

Los paramédicos **rodearon** a la joven que **se había desmayado**. Su amiga la miraba **preocupada**.

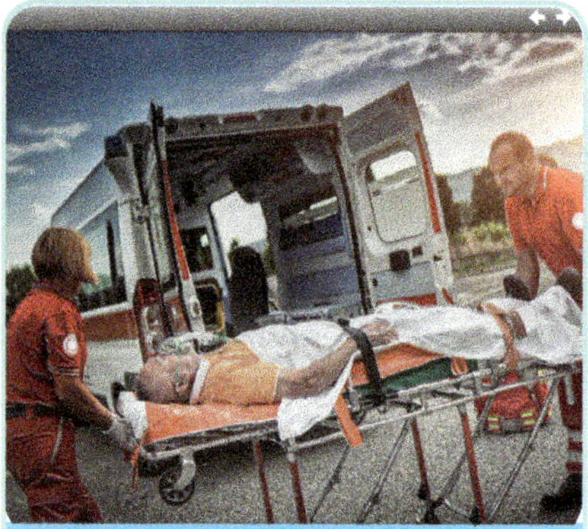

Ambulancia llega a la escena >

Una ambulancia llegó para recoger a **un conductor** herido y llevarlo al hospital.

Choque en la carretera >

Camioneta choca contra otro coche en la carretera N-121-A que va de Pamplona a Behobia.

Víctimas de inundación >

Bomberos y voluntarios **rescatan** a víctimas de inundaciones causadas por fuertes lluvias.

Para conversar

Para hablar de la escena de un accidente:

¡Socorro! ¡Necesito ayuda!

Un conductor que pasaba es el que les dio **los primeros auxilios** a los heridos.

EN OTROS PAÍSES

la camioneta	*la furgoneta (España)* *la picop/pick-up (México)*

PARA DECIR MÁS

¡Auxilio!	*Help!*
la autopista	*freeway, tollway*
la bolsa de aire	*airbag*
el camión	*semi-truck*
el choque de frente	*head-on crash*
el cinturón de seguridad	*seatbelt*
las heridas leves	*minor injuries*
la imprudencia	*recklessness*
la lesión	*injury*

21. Cuéntenos lo que pasó

Complete el relato de un accidente con la palabra de la lista que corresponda según el contexto.

camioneta	se desmayó	paramédicos
primeros auxilios	¡Socorro!	preocupados

Yo venía con mi esposa en la **(1)**. De repente, la chica apareció, gritó "**(2)**" y, ahí mismo, **(3)**. Paré para ver cómo estaba mientras mi esposa llamaba a la ambulancia. Estábamos muy **(4)** porque ella no parecía reaccionar. Los **(5)** llegaron casi inmediatamente, le dieron los **(6)** y se fueron con ella al hospital.

22. ¿Qué había sucedido?

Escuche las entrevistas a los testigos de diferentes accidentes. Seleccione la foto que corresponde con lo que oye.

A

B

C

D

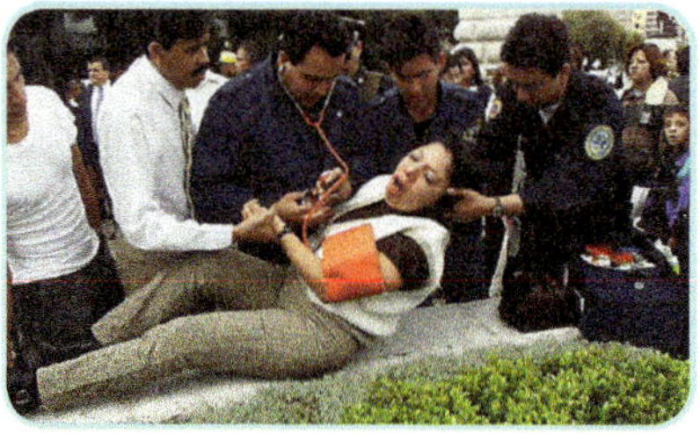

E

F

23. La respuesta correcta

Escoja la expresión entre paréntesis que completa correctamente cada oración.

1. Los paramédicos llegaron en la (*ambulancia* / *camioneta*) después del accidente.
2. La reportera entrevistó al (*acusado* / *conductor*) del coche.
3. Los bomberos ya habían (*rescatado* / *desmayado*) a las personas cuando llegó la ambulancia.
4. El accidente fue muy (*divertido* / *violento*). Había muchos heridos.
5. Cuando hay poca (*visibilidad* / *gente*), significa que no se puede ver bien en la carretera a causa de la neblina.
6. Cuando una persona necesita ayuda grita, (*"¡Presten atención!"* / *"¡Socorro!"*).
7. Todos los amigos estaban alrededor de Ricardo. Lo habían (*rodeado* / *chocado*) para ayudarlo.
8. El conductor no había visto el otro coche en la carretera y (*corrió* / *chocó*) contra él.
9. Por suerte, no hubo heridos (*preocupados* / *graves*).
10. La víctima recibió (*los primeros auxilios* / *la visibilidad*) muy pronto.

Hubo un accidente.

Diálogo

¿Qué había pasado?

Pedro: ¿Qué le sucedió a Teresa?

Silvia: Se desmayó en la calle cuando salía de su casa.

Pedro: ¿Sabes por qué?

Silvia: No estoy segura, pero llevaba varios días enferma y sé que ya había hecho planes para ver a su doctor.

Pedro: ¿Quién ayudó? ¿Los paramédicos?

Silvia: No, un señor que caminaba por la calle ya la había ayudado cuando llegaron los paramédicos.

Pedro: ¿Y qué sucedió luego?

Silvia: Los paramédicos la llevaron en una ambulancia al hospital. Ella ya estaba bien, pero tuvo que ir a ver a un doctor.

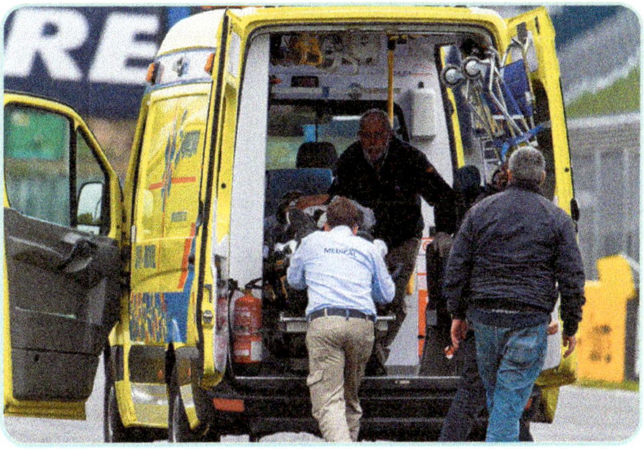

24. ¿Qué recuerda Ud.?

1. ¿Qué le pasó a Teresa?
2. ¿Por qué había hecho planes para ver a su doctor?
3. ¿Quién la había ayudado ya, cuando llegaron los paramédicos?
4. ¿Adónde la llevaron los paramédicos?

25. Algo personal

1. ¿Fue Ud. testigo de un accidente alguna vez? ¿Qué pasó?
2. ¿Hubo heridos graves? ¿Quiénes vinieron para rescatar a los heridos?
3. ¿Se desmayó Ud. alguna vez? ¿Qué le pasó?

26. ¿Cuál había sido la situación?

Indique la letra de la foto que corresponde con lo que oye.

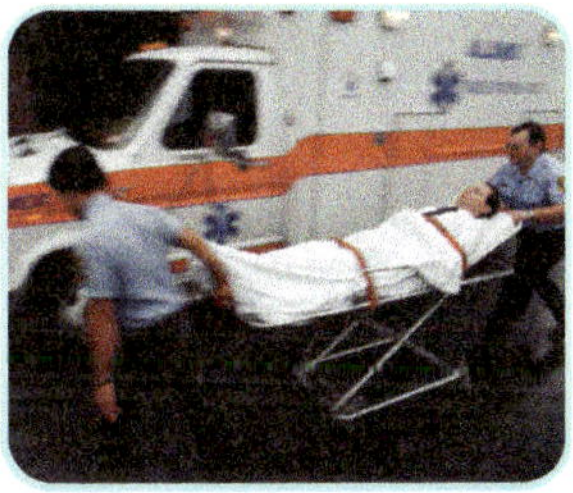

A

B

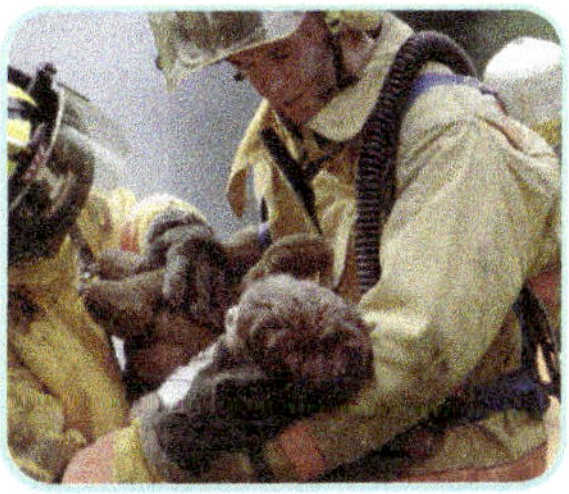

C

D

El participio pasado y el pluscuamperfecto

- The *participio pasado* (past participle) is an adjective formed from a verb. To form the past participle of most ***-ar*** verbs, add ***-ado*** to the stem: *rescat**ado***, *mencion**ado***. To form the past participle of most ***-er*** and ***-ir*** verbs, add ***-ido*** to the stem: *agradec**ido***, *recib**ido***. The following verbs have irregular participles.

abrir	→	**abierto**	*opened*
cubrir	→	**cubierto**	*covered*
decir	→	**dicho**	*said*
describir	→	**descrito**	*described*
escribir	→	**escrito**	*written*
hacer	→	**hecho**	*made, done*
morir	→	**muerto**	*died*
poner	→	**puesto**	*put, placed*
resolver	→	**resuelto**	*solved*
romper	→	**roto**	*broken*
ver	→	**visto**	*seen*
(de)volver	→	**(de)vuelto**	*returned*

- The pluperfect tense (also called the past perfect or *pluscuamperfecto*) is formed by combining the imperfect form of ***haber*** and a past participle.

Pluscuamperfecto	
había llegado	**habíamos** llegado
habías llegado	**habíais** llegado
había llegado	**habían** llegado

- The pluperfect tense is often used to describe an action that "had" occurred before another action took place.

*Un hombre ya **había dado** los primeros auxilios cuando llegó la ambulancia.* — A man **had** already **administered** first aid when the ambulance arrived.

- Object and reflexive pronouns always precede the conjugated form of *haber*.

*Ellos **se habían acostado** cuando empezó la tormenta.* — They **had gone to bed** when the storm started.

*No lo conocían. Nadie **lo había visto** antes del accidente.* — They didn't know him. No one **had seen him** before the accident.

27. ¡Qué día!

Parece que fue un mal día para todos. Indique qué les pasó a estas personas, usando el pluscuamperfecto de los verbos entre paréntesis.

1. Íñigo fue a la tienda de videos, pero cuando llegó, (ellos) ya la (*cerrar*).
2. Yo iba a usar mi nueva cámara digital, pero cuando quise sacar una foto, me di cuenta de que mi hermanita la (*romper*).
3. María quería ir con Emilio al estreno de la última película de Almodóvar, pero él ya la (*ver*).
4. Hoy me invitaron a ver la entrega de premios, pero yo ya (*hacer*) planes para hacer otra cosa.
5. Ud. fue a visitar a su amigo, pero él ya (*salir*).
6. El policía trató de arrestar a los ladrones, pero ellos ya (*escaparse*).

28. ¡Desde Sevilla para ti!

Complete el siguiente e-mail que Amalia envió desde Sevilla, usando el pluscuamperfecto de los verbos entre paréntesis.

CORREO | Nuevo | Enviar | Insertar | Responder | Eliminar | Archivar | Amalia

Entrada
Spam (12)
Borradores
Eliminados
Contactos
Notas

De: Amalia
Para: Nacho
Asunto: Un viaje inolvidable

Querido Nacho:

¡Saludos desde Sevilla! Yo (**1.** *pensar*) escribirte antes, pero (**2.** *estar*) muy ocupada hasta hace poco, visitando la ciudad. Como tú tampoco me (**3.** *escribir*), decidí enviarte este e-mail. Quería contarte lo que mi familia y yo (**4.** *hacer*) antes de tomar un descanso hoy. Mis tíos ya me (**5.** *decir*) que es una ciudad maravillosa, y tenían razón. Ayer fuimos a pasear por el Barrio de Santa Cruz, que es donde está la Giralda, la torre famosa de la catedral de Sevilla. Mi tío nos explicó que los árabes (**6.** *construir*) la Giralda en el siglo XII. Quisimos entrar en la Sacristía mayor porque mis padres (**7.** *estar*) allí antes y (**8.** *ver*) unos cuadros magníficos del famoso pintor sevillano Esteban Murillo. Pero no pudimos hacerlo porque ya era tarde y (ellos) la (**9.** *cerrar*). Cuando regresamos al hotel nos encontramos con mis hermanas que ya (**10.** *volver*) de su excursión a Granada. Bueno, te cuento más en mi próximo e-mail. A ver si me escribes pronto.

La Giralda de Sevilla

Un abrazo,

Amalia

29. Cuénteme antes de tomar un descanso hoy

Imagine que Ud. fue testigo de un accidente y que un(a) periodista quiere hacerle una entrevista sobre lo que sucedió. Con una persona de la clase, hagan los papeles de testigo y periodista usando el pluscuamperfecto o el pretérito según corresponda.

MODELO

A: ¿Qué vio Ud.?

B: Vi que un coche se había chocado contra otro.

¿Qué sucedió?

Los pronombres relativos *que, quien(es)*

- A relative pronoun is a word that links, or relates, two parts of a sentence. The most common relative pronoun in Spanish is ***que*** (that, which, who, whom), and it may refer to both people and things.

*Don Martín es el hombre **que** fue testigo del accidente.*	Martín is the man **who** was the witness to the accident.
*Nadie vio al conductor del coche **que** chocó contra la camioneta.*	No one saw the driver of the car **that** crashed with the pickup truck.

- After a preposition (*a*, *con*, *de*, *en*), use ***que*** to refer to things and ***quien*(*es*)** to refer to people.

*Esa es la calle **en que** explotó la bomba.*	That is the street **where** the bomb exploded.
*Ella no es la chica **a quien** viste en el partido.*	She is not the girl **whom** you saw at the game.
*Ellos son los reporteros **con quienes** fuiste al juicio, ¿verdad?*	They are the reporters **with whom** you went to the trial, right?

- Use ***el que***, ***la que***, ***los que***, or ***las que*** when you want to distinguish one subject from a group.

*De todos los fotógrafos, Jaime es **el que** saca las mejores fotos.*	Of all the photographers, Jaime is **the one who** takes the best pictures.
*Mientras guardaba las fotos, encontré **las que** saqué del accidente*	While I was putting away photos, I found **the ones** I took of the accident.

- Use ***lo que*** to refer to a situation, action, or object not yet identified.

*Julia no entendió **lo que** le dijeron.*	Julia didn't understand **what** they said to her.

30. ¿Quién es?

Ud. fue testigo de un accidente e hizo una lista de las personas que estuvieron allí. Un policía quiere saber quiénes son. Con una persona de la clase, hagan los papeles de testigo y policía. Usen **el que**, **la que**, **los que** y **las que**.

MODELO

ese joven con la cámara / sacó fotos del accidente

A: ¿Quién es ese joven con la cámara?

B: Es el que sacó fotos del accidente.

1. esa chica que está hablando con los señores / rescató al niño
2. los chicos que están en la esquina / llamaron a la ambulancia
3. esa señora con la enfermera / se desmayó
4. ese reportero / entrevistó a los heridos
5. esas chicas jóvenes con mochilas / dieron los primeros auxilios
6. el hombre del sombrero blanco / chocó contra la camioneta

31. Hay tanta gente

Imagine que Ud. conoce a mucha gente. Use las preposiciones **a**, **con**, **en** y **de** junto con **que**, **quien/quienes** para completar las oraciones. Luego, termínelas de una manera original.

MODELO

La chica ___ tú salías...

La chica con quien tú salías acaba de entrar.

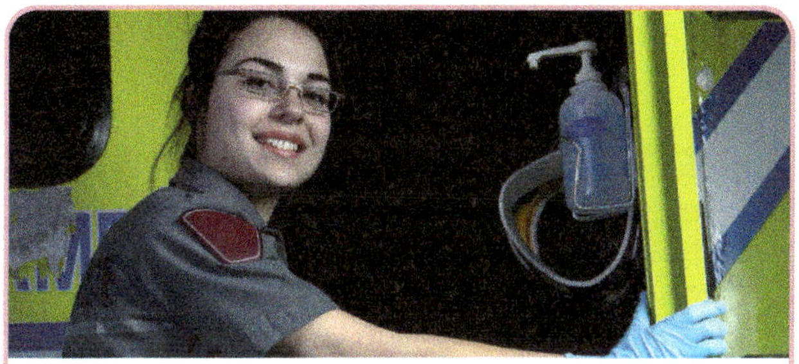

La chica a quien te presenté es paramédica.

1. Las chicas ___ yo te vi anoche...
2. El reportero ___ te hablé...
3. Esa es la cámara ___ saqué...
4. El músico ___ yo saludé...
5. El chico ___ tú viniste a la fiesta...
6. El cantante ___ yo le pedí un autógrafo...
7. Esta es la mesa ___ coloqué...

32. ¿Qué es lo que le gusta?

ClearTalk®

En parejas, conversen sobre las noticias, los libros, las películas y los festivales de cine que les gustan o les interesan. Hablen de las siguientes cosas: la noticia que vieron o leyeron ayer que más les interesó y por qué; los libros que leyeron este año que les gustaron más y por qué; el autor o la autora que más les gusta y por qué; las películas que vieron este año que les gustaron más y por qué; los festivales de cine que más les interesan y por qué.

MODELO

A: De las noticias que viste o leíste ayer, ¿cuál fue la que más te interesó? ¿Por qué?

B: La noticia que vi ayer que más me interesó fue una sobre el cambio climático porque...

¿? **Pregunta clave** ¿Cómo se manifiesta la historia de un país en su cultura actual?

¡Comunicación!

33. Un desastre

la historia

Imagine que Ud. es periodista y tiene que hacer un reportaje sobre un desastre natural como el temblor que ocurrió en Granada, España, el 11 de abril del 2010 o un desastre causado por el hombre, como el derrame de petróleo que ocurrió a la entrada del puerto de La Coruña, España, en 1992. Trabaje con una persona de la clase, y después de investigar los hechos del desastre que eligieron, representen la entrevista. Si eligen el derrame de petróleo, hagan la representación de una entrevista entre el reportero y un oficial de la compañía cuyo tanque petrolero fue la causa del desastre. Pueden hablar de lo que ha pasado desde entonces, por ejemplo, ¿hay nuevas leyes que regulen las compañías de petróleo? Si eligen el temblor, pueden representar la entrevista con un oficial del gobierno para saber más sobre los esfuerzos de rescate durante el desastre y cómo pueden mejorarse en el futuro. Después de representar la entrevista, escriban el reportaje y preséntenlo a la clase.

Temblor del 2010 en Granada

34. Hay itinerarios para todos

Imagine que Ud. y dos o tres personas de la clase trabajan como guías de turismo y quieren que sus clientes disfruten de su viaje a España. Como sus clientes tienen diferentes edades e intereses, Uds. tienen que hacer búsquedas en línea en conjunto para crear itinerarios interesantes para cada cliente. Usen las opciones de búsqueda que se dan para proponer itinerarios a cada cliente que se describe y añadan dos clientes más. Después, presenten sus ideas a la clase.

El Camino de Santiago

MODELO

Cliente: dos hermanos que siempre han soñado con hacer la peregrinación del Camino de Santiago (búsqueda en línea: peregrinaciones, España)

Itinerario: Planear con ellos el recorrido del Camino de Santiago

1. un grupo de aficionados a las corridas de toros (búsqueda en línea: fiestas de San Fermín, España)
2. un arquitecto interesado en los Premios Princesa de Asturias (búsqueda en línea: Frank Gehry)
3. una persona interesada en la historia de la presencia árabe en España (búsqueda en línea: La Alhambra)
4. dos jóvenes admiradoras del rey Felipe VI de Borbón y la reina Letizia (búsqueda en línea: la familia real española)
5. dos estudiantes con mucho interés en los años después de la Guerra Civil española (búsqueda en línea: la dictadura militar española)

De la segunda salida de don Quijote

de Miguel de Cervantes Saavedra

Sobre el autor

Miguel de Cervantes Saavedra (1547–1616) es considerado como el escritor más brillante de la literatura española de todos los tiempos. Vivió en una época de agitación, guerras y problemas sociales en España, pero también la época cuando florecieron el arte y la literatura, tanto así que se conoce como el Siglo de Oro.

Cervantes se alistó en la marina española y participó en varias batallas. En una de ellas fue herido y perdió el movimiento de su brazo izquierdo, por lo que desde entonces se le conoció como el "manco[1] de Lepanto". Cervantes tuvo una vida difícil y de muchos sufrimientos. Fue tomado como esclavo y más tarde, después de ser libre, pasó un tiempo en la cárcel. En esos años fue cuando escribió su obra maestra, *El ingenioso hidalgo don Quijote de La Mancha*, que tuvo un éxito inmediato. Entre otras de las obras que escribió se cuentan: *La Galatea, Novelas ejemplares y Viaje del Parnaso*.

[1] one-armed man

BÚSQUEDA miguel de cervantes saavedra, don quijote de la mancha

35. Antes de leer

1. ¿Qué héroes de la literatura conoce Ud.? ¿Cómo son?
2. ¿Qué tienen en común los héroes de la literatura y los héroes de la vida real? ¿En qué se diferencian?
3. Don Quijote es un héroe de la literatura medieval. ¿Cómo se comparan los héroes ficticios de esa época con los de la literatura contemporánea?

ESTRATEGIA

Use prior knowledge

Calling on prior knowledge will help you better understand a reading. Chances are you already know something about the character Don Quixote. Cervantes wrote his masterpiece *El ingenioso hidalgo don Quijote de la Mancha* in the 17th century, and its hero became famous in literature and the arts. Don Quixote is known as the romantic idealist, whereas his companion, Sancho Panza, embodies common sense and world-weariness. The expression "tilting at windmills" originated from one of the iconic scenes and means attacking imaginary enemies or taking on impossible goals.

36. Practique la estrategia

Antes de leer, haga una búsqueda en línea de los tres personajes principales de la novela *El ingenioso hidalgo don Quijote de la Mancha*. Escriba los apuntes en la tabla.

Personajes	Aspecto físico	Personalidad	Sucesos
Don Quijote			
Sancho Panza			
Dulcinea			

De la segunda salida de don Quijote

de Miguel de Cervantes Saavedra

37. Comprensión

1. ¿Cómo era Sancho Panza?
2. ¿Qué pensaba don Quijote que podía ganar en una de sus aventuras?

Quince días estuvo don Quijote en casa muy sosegado[1]. Sin embargo, en este tiempo solicitó a un labrador[2] vecino suyo, hombre de bien, pero poco inteligente, que le sirviera de escudero[3]. Tanto le dijo, tanto le prometió, que el pobre se decidió a seguirlo.

Don Quijote le decía, entre otras cosas, que se dispusiera[4] a ir con él de buena gana, porque tal vez le podía suceder alguna aventura en que ganara alguna ínsula[5] y lo nombrara a él como gobernador de ella.

Con estas promesas [...] el labrador, llamado Sancho Panza, dejó a su mujer y a sus hijos y se fue como escudero de su vecino. Iba sobre su asno[6] con sus alforjas[7] y su bota[8], con mucho deseo de verse gobernador de la ínsula que su amo[9] le había prometido.

Don Quijote tomó el mismo camino de su primer viaje, por el campo de Montiel, y caminaba con menos pena que la vez pasada porque, por ser la hora de la mañana, los rayos del sol no le fatigaban.

3. ¿Por qué iba don Quijote más cómodo esta vez que la anterior?

[1] calm, relaxed [2] farmworker [3] squire [4] he should get ready [5] island [6] donkey [7] saddlebags [8] wineskin [9] master

38. Analice

¿Por qué era importante que don Quijote tuviera un escudero?

—Ya sabrás, amigo Sancho Panza, que los caballeros andantes[1] antiguos tenían por costumbre nombrar gobernadores a sus escuderos de las ínsulas o reinos[2] que ganaban, y yo tengo determinado no faltar a tan agradecida costumbre; antes pienso mejorarla, porque ellos, algunas veces, esperaban a que sus escuderos fueran viejos para darles algún título de conde[3] de algún valle; pero, si tú vives y yo vivo, bien podría ser que antes de seis días ganara yo un reino, que tuviera otros a él unidos, para coronarte[4] rey de uno de ellos.

Don Quijote y Sancho Panza por Alexandre Gabriel Decamps

En esto, descubrieron treinta o cuarenta molinos de viento[5] que hay en aquel campo, y así como don Quijote los vio, dijo a su escudero: —Tenemos más suerte de la que pudiéramos[6] desear; porque ves allí, amigo Sancho Panza, donde se descubren treinta, o pocos más, gigantes[7] con quienes pienso hacer batalla y quitarles a todos las vidas, con cuyos despojos[8] comenzaremos a ser ricos [...].

—¿Qué gigantes? —dijo Sancho Panza. —Aquellos que ves allí —respondió su amo— de los brazos muy largos. —Mire vuestra merced[9] —respondió Sancho— que no son gigantes, sino molinos de viento, y lo que parecen brazos son las aspas[10], que movidas por el viento, hacen andar la piedra del molino. —Parece —respondió don Quijote— que no estás ejercitado en esto de las aventuras: ellos son gigantes; y si tienes miedo, quítate de ahí, y ponte en oración[11] mientras yo voy a luchar con ellos.

Y diciendo esto, dio de espuelas[12] a su caballo Rocinante, sin escuchar a Sancho [...], él iba tan convencido de que eran gigantes que ni oía las voces:

[1] knights-errant [2] kingdoms [3] count (title of nobility) [4] to crown you
[5] windmills [6] that we could [7] giants [8] loot [9] your grace [10] blades
[11] pray [12] spurred

39. Comprensión

1. ¿Cómo piensa don Quijote mejorar la costumbre de los caballeros andantes de nombrar gobernadores a sus escuderos?
2. ¿A qué se refiere don Quijote cuando le dice a Sancho que tienen más suerte de la que pudieran desear?
3. ¿Qué le responde don Quijote a Sancho cuando él le advierte que no son gigantes?

40. Analice

¿Por qué don Quijote buscaba tener todas estas aventuras?

Don Quijote y los molinos de viento por Francisco J. Torrome

—No huyan[1], cobardes[2] y viles criaturas; que un solo caballero es el que los ataca.

Como se levantó un poco de viento, las grandes aspas comenzaron a moverse; al ver esto don Quijote, dijo: —Pues aunque muevan más brazos que los del gigante Briareo, me lo van a pagar. Y diciendo esto, y encomendándose[3] de todo corazón a su señora Dulcinea[4] [...], bien cubierto con su rodela[5], arremetió con la lanza[6] a todo correr de Rocinante y se lanzó[7] contra el primer molino que estaba delante, dándole una lanzada en el aspa. La volvió el viento con tanta fuerza que hizo la lanza pedazos, llevándose tras sí al caballo y al caballero, que fue rodando por el campo. Sancho Panza se lanzó a socorrerlo a toda velocidad de su asno, y cuando llegó lo halló que no se podía mover: tal fue el golpe que dio con él Rocinante.
—¡Válgame Dios! —dijo Sancho.

[1]Don't flee [2]cowards [3]commending himself [4]Character in the novel. Dulcinea is a woman of questionable morals whom Don Quijote believes to be the epitome of feminine virtue [5]shield [6]lance [7]lunged forward

41. Comprensión

1. ¿A quién se encomienda don Quijote antes de luchar contra los gigantes?
2. ¿Qué le sucedió a don Quijote cuando atacó al primer molino?

42. Analice

¿Por qué no reconoce don Quijote que los gigantes no son más que molinos?

43. Después de leer

El Quijote es una obra que retrata de manera fiel cómo era la vida en España en esos años, cómo eran los personajes, cómo vestían, cómo vivían. En ese tiempo, el papel de los caballeros era muy importante y su deber ante todo era defender el honor de su rey y de su dama y para esto tenían que aprender a luchar, a manejar las armas y también a comportarse en sociedad de acuerdo con el Código de la Caballería. Esta época se ve reflejada en las aventuras de don Quijote y en muchas otras obras del género caballeresco que se caracterizan por contar las hazañas (*great feats*) de los caballeros andantes, hombres valientes y enamorados que luchan contra enemigos reales o imaginarios. Ahora es su turno de escribir una historia caballeresca suya, con base en lo que ha leído. Escriba el guion (*script*) para una escena de teatro con dibujos para ilustrarlo. Represente la escena frente a la clase.

A. Escuchar: ¿Cierto o falso? (pp. 140-141, 152-153)

Diga si lo que oye en las cinco oraciones es **cierto** o **falso**.

B. Vocabulario: ¡Últimas noticias! (pp. 140-141, 152-153)

Complete el siguiente párrafo con las palabras que correspondan según el contexto.

terribles	ambulancias	rescate	paramédicos
anunciar	inundaciones	socorro	

Acaban de **(1)** que la tormenta está causando **(2)** **(3)** en los barrios del sur de la ciudad. Muchas casas están parcialmente sumergidas bajo el agua y sus dueños piden **(4)** desde los techos o las terrazas. Cantidades de bomberos, **(5)** y agentes de la policía están ayudando con el **(6)** y hay muchas **(7)** listas para llevar a la gente al hospital.

C. Estructura: ¿Pretérito o imperfecto? (p. 144)

Complete las siguientes oraciones con la forma del pretérito o el imperfecto del verbo indicado entre paréntesis.

Hoy (***1.*** *terminar*) el juicio de Augusto Pérez Delgado, uno de los hombres que organizaron la explosión que (***2.*** *causar*) decenas de víctimas en el centro de la ciudad. Después de dos semanas, el jurado (***3.*** *tomar*) una decisión y lo (***4.*** *declarar*) culpable de múltiples crímenes. La decisión del jurado no (***5.*** *ser*) una sorpresa para nadie, pues (***6.*** *haber*) mucha evidencia que (***7.*** *probar*) que Pérez Delgado (***8.*** *ser*) culpable.

D. Estructura: ¿En qué orden pasó todo? (p. 153)

Imagine que Ud. fue testigo de un accidente y cuando llega la policía, ellos quieren que les explique detalladamente el orden en que pasaron los hechos. Corrija las declaraciones de la policía de acuerdo con la información entre paréntesis, como se muestra en el modelo.

MODELO

Ud. se bajó de su coche, ayudó a la chica y llamó a la ambulancia.
(mi esposa ya / llamar a la ambulancia / yo bajarme del coche)
No, mi esposa ya había llamado a la ambulancia cuando yo me bajé del coche.

1. La chica se desmayó después de que Ud. llegó. (la chica ya / desmayarse / yo llegar)
2. Los paramédicos le prestaron primeros auxilios. (el chofer de la camioneta ya / prestarle primeros auxilios / los paramédicos llegar)
3. La chica despertó cuando los paramédicos la examinaron. (la chica ya / despertarse / los paramédicos examinarla)
4. Los bomberos llegaron y después la ambulancia se llevó a la chica al hospital. (ambulancia ya irse / los bomberos llegar)

E. Cultura: Costumbres españolas arraigadas en el pasado (pp. 150–151)

Conteste las siguientes preguntas.

1. ¿Qué motiva a las personas a hacer la peregrinación del Camino de Santiago?
2. ¿Por qué son famosas las fiestas de San Fermín? ¿Por qué es controversial esa celebración en la actualidad?
3. ¿Por qué se crearon los Premios Princesa de Asturias?

Vocabulario

Las noticias	Para hablar de un juicio	En un accidente	Verbos		Otras palabras y expresiones
la bomba	el/la abogado/a	la ambulancia	anunciar	explotar	la camioneta
el/la bombero/a	el/la acusado/a	el/la conductor(a)	arrestar	lograr	contra
el crimen	la cárcel	grave	asaltar	matar	por suerte
la explosión	culpable	el/la paramédico/a	causar	mencionar	preocupado/a
la inundación	inocente	los primeros auxilios	chocar	rescatar	¡Socorro!
el juicio	el jurado	la visibilidad	declarar	rodear	terrible
el ladrón, la ladrona	la sentencia		desmayarse	salvar	violento/a
la tormenta					
la víctima					

Estructuras

El participio pasado y el pluscuamperfecto

Use el pluscuamperfecto para hablar de eventos que sucedieron antes de otro evento en el pasado.

imperfecto de *haber* + participio pasado		
había	**habíamos**	***-ar*** verbs → ***-ado***
habías	**habíais**	***-er*** verbs → ***-ido***
había	**habían**	***-ir*** verbs → ***-ido***

El pretérito vs. el imperfecto

El **pretérito** se usa para indicar:	El **imperfecto** se usa para:
• Una acción que se completó en un momento específico del pasado	• Acciones habituales en el pasado
*¿**Fuiste** al restaurante el sábado pasado?* *Ayer **fue** el día de la independencia de los EE.UU.*	*Todos los viernes, yo **almorzaba** a la una de la tarde con mi amigo.*
• Una acción que interrumpe otra acción que está sucediendo en el pasado	• Dos o más acciones que pasaban al mismo tiempo en el pasado
*Cuando yo estaba en el parque, **vi** unos fuegos artificiales.*	*Mi hermana **hacía** el desayuno mientras mi madre **planchaba** la ropa.*
	• Emociones, sentidos, deseos e intenciones en el pasado
	*Nosotros **queríamos** darle un regalo al profesor.*
	• Escenas y condiciones en el pasado
	*El día **estaba** nublado.*
	• Descripciones en el pasado
	*Mi abuela **era** muy cariñosa.*

La fiesta brava

La fiesta brava, o la corrida de toros, es una tradición española que es una parte fundamental de la identidad y realidad nacional, aunque hoy en día despierta mucha controversia. Su origen es la primitiva caza[1] de animales para comer, pero con el paso de los siglos, evolucionó hasta convertirse en un espectáculo artístico y atlético. Básicamente se trata de un combate donde el torero[2] demuestra[3] su habilidad y valentía[4] confrontando a un toro igualmente valiente con el objetivo de conquistarlo. Y no es solo el combate que fascina al público: hay música, una procesión de gente y caballos, trajes especiales, y mucha pompa y ceremonia.

La corrida ha inspirado a grandes artistas y escritores, como Goya, Picasso y García Lorca. Ernest Hemingway creía que la corrida de toros simbolizaba la eterna lucha entre el hombre y el mundo, la vida y la muerte. Dijo que la corrida es "el único arte en el que el artista está en peligro de morir".

En la España de hoy, hay un gran debate sobre la tauromaquia[5]. Hay los que respetan[6] la larga tradición e historia que la corrida representa. Y mucha gente reconoce que la corrida, como otros deportes y actividades de ocio, es una industria que emplea a unas 300.000 personas, desde los agricultores y ganaderos[7] hasta la gente que trabaja en las plazas de toros. Por otra parte, hay grupos que deploran la violencia y la crueldad contra los animales y quieren prohibir las corridas. En partes de España, como Cataluña, Galicia y Asturias, se prohíbe la corrida. En Portugal, se permite la corrida, pero no matan al toro. El futuro de la fiesta brava en Madrid puede ser muy diferente de su pasado.

[1]hunt [2]bullfighter [3]demonstrates [4]bravery [5]art of bullfighting
[6]respect [7]cattle ranchers

BÚSQUEDA corridas de toros, hemingway, federico garcía lorca

El torero y el toro

Plaza de toros de Las Ventas en Madrid

COMPARACIONES

¿Hay deportes en Estados Unidos que generan debates como el debate sobre la fiesta brava en España? ¿Cuáles?

PRODUCTOS

la música

La música de las corridas es el pasodoble. En las plazas donde hay espectáculos de toreo, el son de la trompeta anuncia la procesión. Todo el mundo identifica el pasodoble con las corridas de toros.

PERSPECTIVAS

Esta cita es de un periodista español. "La tauromaquia es como el cine: si se estudia y se entiende lo que se ve, será más fácil disfrutarlo si es bueno, o criticarlo si es malo". ¿Está Ud. de acuerdo? Explique.

A. Comprensión

1. ¿Cómo se originó la corrida de toros?
2. ¿A qué autor americano le fascinaba la corrida de toros?
3. Explique el gran debate en España sobre la tauromaquia.

B. Analice

1. ¿Es la corrida de toros un arte, un deporte, o un espectáculo artístico? Explique.
2. ¿Cómo está reflejada la corrida de toros en la historia y cultura de España?

La tauromaquia[1] en España hoy en día

Aunque todavía hay gente joven que asiste a las corridas de toros, cada vez son menos y normalmente los espectadores son personas que tienen más de 50 años. Según una encuesta española, muchos jóvenes prefieren disfrutar otras actividades que no cuestan nada, como dar un paseo con los amigos, pasar tiempo en las redes sociales y escuchar música. No toda la sociedad española de hoy acepta las corridas como antes, porque se considera una terrible crueldad contra los toros. Hay protestas públicas por parte de los que quieren proteger a los animales. Los carteles[2] dicen cosas como "La tauromaquia es violencia", "Ni arte, ni cultura", "Basta de crueldad".

Una protesta en las calles de Madrid

[1] art of bullfighting [2] posters

BÚSQUEDA protesta contra la corrida de toros

PRODUCTOS

Las manifestaciones en España son muy comunes. Hay varias organizaciones españolas que han organizado manifestaciones de protesta contra la tauromaquia. Una es el partido verde, Equo; otra es Amnistía Animal; otra es la Asociación Parlamentaria de Defensa de los Animales. Estas tres participaron en una manifestación el 14 de mayo del 2017 a la que asistieron miles de personas en Madrid.

COMPARACIONES

¿Ha participado en una protesta en su comunidad? ¿Cómo se comparan con las protestas de España?

C. Comprensión

1. Según la encuesta, ¿qué prefiere hacer la gente joven de España en vez de ir a los toros?
2. En general, ¿cuántos años tienen los espectadores que van a las corridas?
3. ¿Qué protestan los grupos antitaurinos?

D. Analice

1. ¿Qué significa el símbolo # en el cartel de protesta? ¿Cuál es la implicación del símbolo?
2. La tauromaquia ha sido parte de la historia de España durante muchos siglos. ¿Cree Ud. que esta tradición histórica tiene futuro? Explique.

El rincón del arte

Picasso pintó una serie de obras sobre la corrida de toros, muchas en blanco y negro y otras como esta, abstractas y coloridas. En esta pintura Picasso pinta el toro de color café, el matador de verde y el caballo de gris. Las líneas negras estridentes indican la violencia del combate. Según el comentario del museo de arte de Saint Louis donde se encuentra la pintura, para Picasso —como para Hemingway— la corrida pone de manifiesto las pasiones oscuras de la subconsciencia humana. ¿Le parece esta pintura de Picasso una celebración o una crítica de la corrida de toros? Explique.

La corrida de toros, de Picasso

¡Qué chévere es la vida! Las noticias de ayer

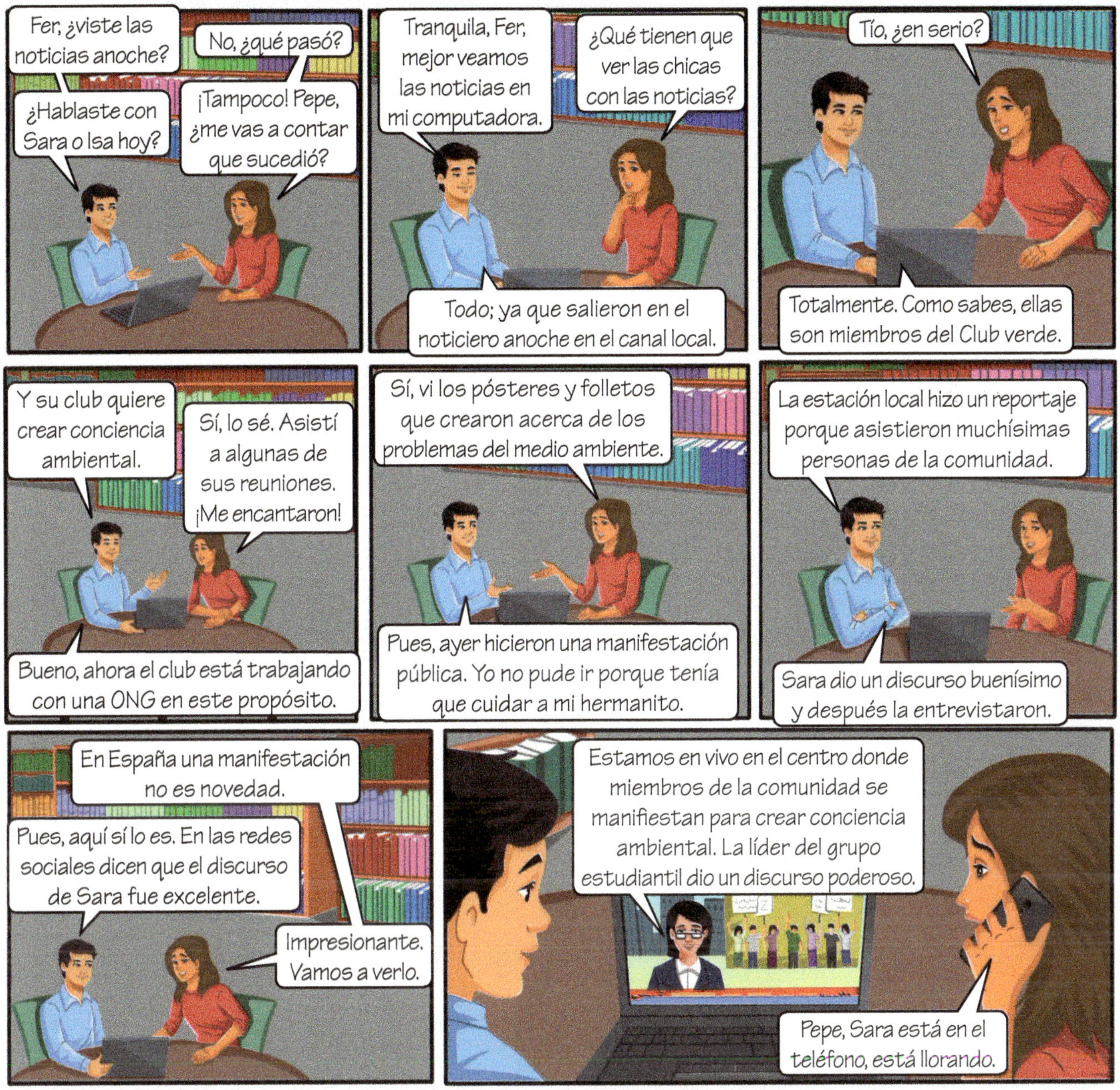

Tío *Dude* [Spain] **consciencia ambiental** *environmental awareness* **ONG** *non-governmental organization* **medio ambiente** *environment* **manifestación** *protest* **novedad** *novelty* **poderoso** *powerful*

E. Comprensión

1. ¿De qué hablan Fer y Pepe?
2. ¿Quiénes salieron en las noticias? ¿Por qué?
3. ¿Por qué no fue Pepe a la manifestación?

F. Analice

1. ¿Por qué cree Ud. que Sara e Isa participaron en la manifestación?
2. ¿Cree Ud. que la manifestación estudiantil es una forma efectiva para crear conciencia ambiental? Explique su respuesta.

Proyectos PRE AP

¿? **Pregunta clave** ¿Cómo se manifiesta la historia de un país en su cultura actual?

A. ¡Manos a la obra!

Imagine que ha ocurrido un robo o crimen en su ciudad y como Ud. es reportero/a va a investigar lo que pasó. Tendrá que entrevistar a los testigos, las víctimas y, posiblemente, al culpable. Trabaje con varias personas de la clase. Primero, busquen por Internet ejemplos de entrevistas en español. Después, escriban el guion para su propia situación y luego representen sus entrevistas delante de la clase.

B. En resumen la historia

Explique la importancia histórica y en la actualidad de los siguientes lugares, productos, tradiciones y celebraciones de España.

la Plaza Mayor, la Puerta del Sol y el Buen Retiro →	
Don Quijote de la Mancha →	
la Fiesta de San Isidro →	
el flamenco →	
el Camino de Santiago →	
las fiestas de San Fermín →	
La Alhambra de Granada →	
la realeza española →	
la corrida de toros →	

Alquiler de botes en El Parque del Buen Retiro, Madrid

C. ¡A escribir!

Imagine que Ud. es Sancho Panza, el escudero de don Quijote, y ha decidido acompañarlo en sus aventuras. En un diario registre sus observaciones sobre lo que hacen durante sus andanzas, descripciones de la gente y lugares que van conociendo al igual que las percepciones únicas de don Quijote y cómo Ud., Sancho, las interpreta. Escriba por lo menos tres entradas en el diario.

ESTRATEGIA

Recuerde que palabras como **antes**, **siempre**, **a veces** o **de vez en cuando** se usan generalmente con el imperfecto. Palabras como **un día**, **ayer**, **la semana pasada**, **hace... años**, etc. se usan comúnmente con el pretérito.

D. Ya habían cerrado

Imagine que Ud. está estudiando un semestre en Madrid. Quiere hacer excursiones para visitar museos, monumentos, edificios históricos y tantos lugares culturales como sea posible, pero también quiere divertirse. Desafortunadamente, los primeros días no ha tenido mucha suerte, porque por una razón u otra sus planes han fracasado. Trabaje con una persona de la clase e intercambien información sobre las actividades que querían realizar o los lugares que querían visitar y las razones por las cuales no pudieron hacerlo. Usen las situaciones dadas a continuación o inventen sus propios ejemplos y sigan el modelo como guía.

La maja vestida, Francisco de Goya, Museo del Prado

MODELO

A: ¿Lograste ver las obras de Francisco de Goya en el Museo del Prado?

B: Fíjate que no pude. Cuando llegué al museo ya lo habían cerrado.

1. comprar boletos para el festival de flamenco
2. ir a de compras por la Gran Vía
3. escuchar el discurso del rey
4. ver una corrida de toros en la Plaza de Toros de Las Ventas
5. ir a la entrega de los Premios Princesa de Asturias

E. ¿Hay caballeros andantes hoy en día?

¿Existen figuras como don Quijote hoy en día, ya sean actores, políticos o deportistas? ¿Quiénes son? ¿En qué se parecen y en qué se diferencian del "caballero de la triste figura"? ¿Son figuras serias y respetables, o le parecen ridículas? Comente estas ideas con dos o tres personas de la clase y si opinan que no existen figuras como don Quijote, expliquen sus razones.

Don Quijote de la Mancha y Sancho Panza, Gustavo Doré, 1863

Repaso de la Unidad 3

Autoevaluación

Lección A I can:

- discuss headlines and news events (pp. 116–117)
- communicate about past activities (p. 121)
- discuss how Spain's past influences its present culture (pp. 126–127)
- converse about media coverage of festivals and other events (p. 128)
- communicate how long ago something occurred (p. 131)
- describe people and actions in the past (p. 132)
- analyze and discuss entertainment and leisure activities in Madrid (p. 136)

Lección B I can:

- converse about current news events (pp. 140–141)
- discuss the Spanish royal family and other Spanish customs rooted in the past (pp. 150–151)
- describe and communicate about the scene of a car accident (pp. 152–153)
- communicate my ideas using complex sentences (p. 158)
- analyze and discuss an excerpt from a Spanish novel (pp. 161–164)

Repaso de estructuras

Lección A

- **Repaso rápido:** El pretérito (p. 120)
- Verbos irregulares en el pretérito (p. 121)
- Otros verbos irregulares en el pretérito (p. 123)
- **Repaso rápido:** Expresiones de tiempo con **hace** (p. 131)
- El imperfecto (p. 132)

Lección B

- Usos del pretérito y del imperfecto (p. 144)
- Cambios de significado en el pretérito y el imperfecto (p. 147)
- El participio pasado y el pluscuamperfecto (p. 156)
- Los pronombres relativos **que, quien(es)** (p. 158)

My Language Town™

¿Cómo te informas de las noticias?

Vocabulario de la Unidad 3

el **abogado,** la **abogada** lawyer ***3B.1***

aceptar to accept ***3A.2***

el **acusado,** la **acusada** accused person ***3B.1***

agradecer to thank ***3A.2***

al principio at the beginning ***3A.2***

la **ambulancia** ambulance ***3B.2***

anunciar to announce ***3B.1***

arrestar to arrest ***3B.1***

asaltar to assault ***3B.1***

averiguar to find out ***3A.1***

la **bomba** bomb ***3B.1***

el **bombero,** la **bombera** firefighter ***3B.1***

la **cámara digital** digital camera ***3A.2***

la **camioneta** truck, station wagon ***3B.2***

la **cárcel** jail ***3B.1***

casarse to marry, to get married ***3A.1***

causar to cause ***3B.1***

la **ceremonia** ceremony ***3A.2***

chocar to crash ***3B.2***

los **clasificados** classifieds ***3A.1***

el **conductor,** la **conductora** driver ***3B.2***

contra against ***3B.2***

contribuir (y) to contribute ***3A.1***

el **crimen** crime ***3B.1***

el **crucigrama** crossword puzzle ***3A.1***

culpable guilty ***3B.1***

dar un discurso to give a speech ***3A.1***

declarar to declare ***3B.1***

desmayarse to faint ***3B.2***

destruir (y) to destroy ***3A.1***

la **empresa** business ***3A.1***

en medio de in the middle of ***3A.1***

la **entrega de premios** awards ceremony ***3A.2***

entrevistar to interview ***3A.2***

el **espectáculo** show ***3A.1***

el **estreno** premiere ***3A.2***

la **explosión** explosion ***3B.1***

explotar to explode ***3B.1***

el **festival** festival ***3A.2***

las **finanzas** finances ***3A.1***

grave serious, grave ***3B.2***

inocente innocent ***3B.1***

la **inundación** flood ***3B.1***

el **juicio** trial ***3B.1***

el **jurado** jury ***3B.1***

el **ladrón,** la **ladrona** thief ***3B.1***

lograr to achieve, to obtain ***3B.1***

matar to kill ***3B.1***

mencionar to mention ***3B.2***

¡No lo puedo creer! I can't believe it! ***3A.1***

el **ocio** free time ***3A.1***

la **opinión** opinion ***3A.2***

el **ordenador** computer ***3A.2***

el **paramédico,** la **paramédica** paramedic ***3B.2***

el **periodismo** journalism ***3A.1***

por suerte luckily ***3B.2***

por supuesto of course ***3A.2***

la **prensa** press ***3A.1***

preocupado/a worried ***3B.2***

los **primeros auxilios** first aid ***3B.2***

la **programación de televisión** TV guide ***3A.1***

el **recuerdo** memory ***3A.2***

el **reportaje** report, interview ***3A.2***

rescatar to rescue ***3B.2***

rodear to surround ***3B.2***

la **rueda de prensa** press conference ***3A.2***

salvar to save ***3B.1***

la **sentencia** sentencing ***3B.1***

la **sesión fotográfica** photo session ***3A.2***

la **sociedad** society ***3A.1***

¡Socorro! Help! ***3B.2***

suceder to happen ***3A.1***

el **suplemento dominical** Sunday supplement ***3A.1***

tener lugar to take place ***3A.1***

terrible terrible ***3B.1***

la **tormenta** storm ***3B.1***

unido/a united, connected ***3A.1***

la **víctima** victim ***3B.1***

la **videocámara digital** digital video camera ***3A.2***

violento/a violent ***3B.2***

la **visibilidad** visibility ***3B.2***

UNIDAD

4 Menos conflictos y más comunicación

Refrán

Ser como uña y carne.

To be joined at the hip, inseparable.

¿?

Pregunta clave

¿Cómo se difunde la cultura dentro y fuera de un país?

Mis metas

Lección A I will be able to:

- describe friends, their feelings, and their personalities
- discuss Puerto Rican culture on and off the island
- converse about difficulties in friendships and ask for forgiveness
- communicate what has occurred
- discuss how teenagers communicate today

Lección B I will be able to:

- converse about feelings and relationships with family
- tell others what not to do
- name and describe some famous people from the Dominican Republic
- discuss some youth programs from the Dominican Republic communicate by phone
- communicate about ongoing actions in the past
- analyze and discuss a poem

¿Qué es lo que más te gusta o valoras de un amigo?

¿Cómo han cambiado las maneras de comunicarse con otras personas?

LECCIÓN

A

Puerto Rico

Vocabulario A1

El blog de Julián: Mis amistades

Vocabulario en contexto

Julián | Mis fotos | Videos | Mi familia

Diario de un puertorriqueño en NYC

Datos personales

Nací en San Juan de Puerto Rico el 5 de junio de 1998. Hace dos años que vivo en Nueva York. Soy simpático, divertido y muy popular. Pues tengo muchos amigos.

Mi amiga Amalia es muy **considerada**. Siempre se preocupa por su familia; nunca **piensa en sí misma**.

Carlos dice:

Julián, estoy de acuerdo. Su familia siempre puede **contar con** su ayuda.

Estos son algunos de mis vecinos. Son muy divertidos, pero también son un poco **chismosos**. Todo lo que oyen se lo cuentan a los demás.

Esta es mi amiga Rosita. Es **increíble**. Sé que le puedo contar todos mis secretos y que nunca se los va a contar a nadie.

Sofía dice:

Es verdad. Es una amiga **en** quien puedes **confiar**.

Este es Ángel, mi mejor amigo. Tenemos las mismas clases y los mismos intereses. Siempre hacemos todo juntos.

Camila dice:

Julián, es verdad. Es obvio que **tienen** muchos **intereses en común**.

Este es mi grupo de compañeros del colegio. Lo que más me gusta es que son muy buenos amigos. Siempre te ayudan y te **apoyan** cuando lo necesitas.

OTROS TEMAS

- Mi familia
- La escuela
- Vacaciones
- Deportes
- Mis amistades

Esta es mi prima Catalina. Ella siempre **tiene celos** de su novio, Lucas. No **se da cuenta de** que él solo la quiere a ella, y que no mira a otras chicas ¡ni por curiosidad!

Catalina dice:

Gracias, primo.

Para conversar

Para hablar de amigos y sentimientos heridos:

Catalina, ¿vas a **reconciliarte** con Lucas?

¡No lo **perdono**! Anita me contó que estuvo todo el tiempo con mi prima en una fiesta, **haciéndo**le **cumplidos** y bailando con ella.

¿Anita? Todo el mundo sabe que dice mentiras y es **entrometida**. Le gusta **chismear**. ¡Lucas es muy **honesto**! No seas **celosa**.

PARA DECIR MÁS

desconsiderado/a	*inconsiderate*
descortés	*rude*
deshonesto/a	*dishonest*
impertinente	*impertinent*
mentiroso/a	*liar*
presumido/a	*conceited*
prudente	*discreet*
rencoroso/a	*hateful*
tímido/a	*shy*
tolerante	*tolerant*

1. ¡Qué entrometido!

Indique la letra de la ilustración que corresponde con lo que oye.

A

B

C

D

E

F

2. ¿Quién es quién?

Complete las oraciones con una de las opciones del recuadro que corresponda según el contexto.

celosa	cumplido	entrometida	considerada
en común	honesta	contar	chismosa

1. Alguien que le cuenta a todo el mundo lo que le cuentan es una persona ___.
2. Alguien que quiere enterarse de todo lo que pasa en la vida de otros es una persona ___.
3. Una persona que siempre te apoya y escucha es alguien con quien siempre puedes ___.
4. Una persona que comparte muchos de tus intereses es alguien con quien tienes mucho ___.
5. Alguien que encuentra una billetera con dinero y la devuelve es una persona ___.
6. Alguien que le dice a una chica que está muy bonita ese día, le está haciendo un ___.
7. Una persona ___ no piensa mucho en sí misma.
8. Alguien a quien no le gusta que su novio/a pase tiempo con otros/as chicos/as es una persona ___.

3. ¡Yo conozco a alguien así!

Piense en una persona que conozca que tenga una de las siguientes características. Explique por qué esa persona es así.

MODELO

alguien increíble
Mi profesora de español es increíble porque siempre me ayuda con la tarea.

1. alguien honesto
2. alguien chismoso
3. alguien entrometido
4. alguien considerado
5. alguien en quien puede confiar
6. alguien que lo/la apoya a Ud.
7. alguien celoso
8. alguien con quien tiene muchas cosas en común
9. alguien que hace muchos cumplidos

4. Me gusta que...

Describa lo que más le gusta o le disgusta de sus amigos. Use el vocabulario de la lección y siga el modelo como guía.

MODELO

Javier es honesto y considerado, y eso me gusta mucho.
Graciela es un poco chismosa, y eso me molesta.

Mis amigos y yo tenemos mucho en común.

5. ¿Cuál es su personalidad?

Escuche lo que dicen estas personas. Escoja la letra de la palabra que describe la personalidad de cada una.

1. **A.** honesta
   B. celosa
   C. increíble
2. **A.** considerado
   B. entrometido
   C. egoísta
3. **A.** estricto
   B. chismoso
   C. honesto
4. **A.** chismosa
   B. nerviosa
   C. ocupada
5. **A.** increíble
   B. sincero
   C. entrometido
6. **A.** sincero
   B. estudioso
   C. celoso

Diálogo

Te voy a contar un secreto

Paco: Te voy a contar un secreto, pero no puedes decírselo a nadie.

Claudia: ¿Qué es?

Paco: Miguel y Laura se reconciliaron.

Claudia: ¿Estás seguro?

Paco: Sí, Laura lo perdonó. Por fin se dio cuenta de que Miguel es un chico sincero y honesto.

Claudia: Sí, pero el problema de Laura es que es muy celosa y no confía en ningún chico.

Paco: Laura tiene que ser más considerada y aceptar a las amigas de Miguel.

Claudia: Sí, pero Miguel no debe pensar tanto en sí mismo y comprenderla. No es fácil para ella. ¡Miguel tiene demasiadas amigas!

6. ¿Qué recuerda Ud.?

1. ¿Cuál es el secreto que le cuenta Paco a Claudia?
2. ¿De qué se dio cuenta Laura, según Paco?
3. ¿Cuál es el problema de Laura, según Claudia?
4. ¿Cómo tiene que ser Laura, según Paco?
5. ¿Por qué no es fácil para Laura salir con Miguel?

7. Algo personal

1. ¿Le contaron alguna vez un secreto que no podía decir a nadie?
2. ¿Pudo guardar ese secreto?
3. ¿Piensa Ud. en las otras personas más que en Ud. mismo/a?
4. ¿Qué tiene en común con su mejor amigo/a?
5. ¿Cómo se describe a sí mismo/a?

8. Buenos consejos

Con una persona de la clase, conversen sobre la relación de Miguel y Laura del Diálogo. ¿Qué creen que podrían hacer para mejorar su relación? Juntos escriban una lista de los consejos que se les ocurran.

MODELO

Laura debe confiar más en Miguel.
Miguel debe ser más considerado.

Mis amigos me apoyan mucho.

Repaso rápido

Más sobre verbos y pronombres

- Indirect and direct object pronouns as well as reflexive pronouns come before conjugated verb forms.

*Borré tu e-mail, pero **lo** leí.*	I erased your e-mail, but I read **it**.
***Les** escribo este fin de semana.*	I'll write **to them** this weekend.
*Tomás **se va** a las seis.*	Tomás **is leaving** at six.

- Pronouns are attached to the end of affirmative command forms. An accent must be added to maintain the stress on the correct syllable.

*Contésta**lo** ahora mismo.*	Answer **it** right now.
*Explíca**me** el problema.*	Explain the problem **to me**.
*¡**Cepíllate** los dientes!*	**Brush** your teeth!

- When pronouns are used with infinitives and present participles, they may either go before the conjugated verb or be attached to the infinitive or participle. The participle will pick up an accent mark to maintain the stress on the correct syllable.

***Te** voy a apoyar.* *Voy a apoyar**te**.*	I'm going to support **you**.
*¿**Me** estás diciendo la verdad?* *¿Estás diciéndo**me** la verdad?*	Are you telling **me** the truth?

Cuéntale que Elisa y yo nos reconciliamos.

9. ¡Preparemos la fiesta!

Ud. y una persona de la clase están organizando una fiesta y tienen que preparar muchas cosas. Decidan quién va a hacer cada cosa de la lista de abajo y, si lo desean, añadan más preparativos. Sigan el modelo.

MODELO

hacer la lista de invitados

A: Hay que hacer la lista de invitados. ¿La hago yo?

B: Sí, hazla tú. (No, compra los refrescos.)

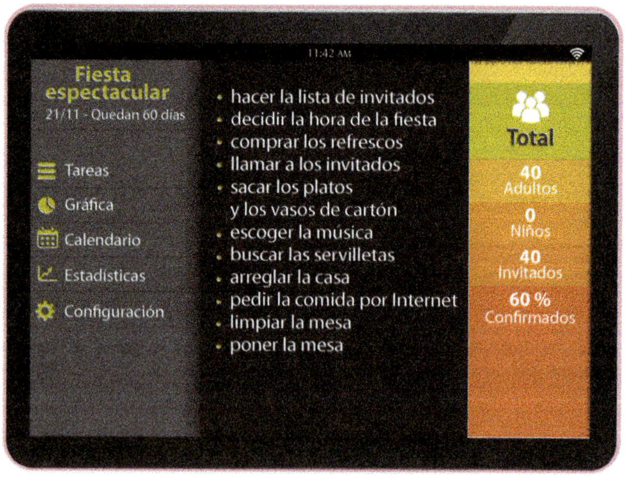

Los complementos directos e indirectos en una misma oración

- Sometimes both an indirect object pronoun and a direct object pronoun are used in the same sentence.

*Gloria **me** contó un secreto.*	Gloria told **me** a secret.
***Me lo** contó ayer en la biblioteca.*	She told **it to me** in the library yesterday.

Note: The indirect object pronoun ***me*** answers the question "to whom" and comes before the direct object pronoun ***lo***, which answers the question "what."

- The indirect object pronouns ***le*** and ***les*** become ***se*** when followed by the direct object pronouns ***lo***, ***la***, ***los***, or ***las***.

*Gloria también **les** contó el secreto.*	Gloria also told the secret **to you**.
***Se lo** contó hoy en el colegio.*	She told **it to you** at school today.

- Since the indirect object pronouns ***le***, ***les***, and ***se*** can refer to him, to her, to them, or to you, it is often necessary to provide additional information by adding *a* + the corresponding noun to avoid confusion.

***Le** pido favores **a mi hermano**,* *pero **le** hago favores **a mi hermana**.*	I ask **my brother** for favors, but I do favors **for my sister**.

- Direct and indirect object pronouns can either precede conjugated verbs or be attached to infinitives and present participles. An accent mark must be added to the infinitive and the present participle to maintain the appropriate stress.

***Se lo** vamos a contar a Uds. más tarde.* *Vamos a contár**selo** a Uds. más tarde.*	We are going to tell **it to you** later.
***Se la** estoy escribiendo a él.* *Estoy escribiéndo**sela** a él.*	I am writing **it to him**.

- In affirmative commands the object pronouns are attached to the command forms. Note that if the command form with the attached pronouns is three syllables or longer, it requires an accent mark over the stressed syllable.

*Dá**selo** a ella.*	Give **it to her**.
*Escúcha**la**, te dice la verdad.*	Listen to **her**, she's telling you the truth.
*Présta**melas**.*	Lend **them to me**.

No se lo digas a nadie.

10. Te los prestaría, pero...

¿Qué pasa con los videojuegos de José? Escoja el pronombre o los pronombres correctos para completar la conversación entre José y un amigo suyo.

MODELO

Tú nunca ___ pides nada a tus amigos. (*le / se la / les*)

Tú nunca **les** pides nada a tus amigos.

Le presto un videojuego a mi hermano.

A. José, ¿**(1)** prestaste los videojuegos a Andrés? (*los / le / me los*)

B. No, **(2)** presté a Carolina. (*te los / se la / se los*)
Ella no **(3)** dio todavía. (*me los / me lo / te los*)

A. ¿Cuándo **(4)** prestaste a ella? (*te los / se los / me los*)

B. La semana pasada. Ella va a traér**(5)** mañana. (*melas / selas / melos*)

A. ¿**(6)** puedes prestar a mí mañana? (*me las / me los / te los*)

B. Lo siento. No **(7)** puedo prestar a ti. (*te los / se los / me las*)

A. ¿Por qué no quieres prestár**(8)**? (*telos / melas / melos*)

B. Sí, **(9)** quiero prestar. (*te las / te los / me las*).
Pero **(10)** prometí a mi hermano. (*se los / te las / se la*)
(11) quiero dar a él antes. ¡Primero están los hermanos!
(*me los / se las / se los*)

11. Una nueva estudiante

Ha llegado una nueva estudiante a su colegio. Una persona de la clase y Ud. están encargados de darle la información que necesita. Túrnese con una persona de la clase para saber qué hizo cada uno.

MODELO

explicarle el horario de la biblioteca

A: ¿Le explicaste el horario de la biblioteca?

B: Sí, se lo expliqué. / No, no se lo expliqué.

La llevé a la sala de computadoras.

1. mostrarle el colegio
2. presentarle al director
3. llevarla al gimnasio
4. contestar sus preguntas
5. darle los números de teléfono
6. enseñarle la sala de computadoras
7. indicarle el camino a la cafetería

12. ¿Qué vas a hacer con...?

Imagine que tiene muchísimo dinero y quiere reemplazar las cosas que se ven en las fotos por otras nuevas y mejores. Haga una lista de estas cosas que ya no quiere y lo que piensa hacer con ellas o a quién se las puede dar. Luego, intercambie información con una persona de la clase y túrnense para decir qué le van a dar a quién y por qué. Usen los pronombres de complemento como se ve en el modelo.

MODELO

la cámara

A: ¿Qué vas a hacer con la cámara?

B: Se la voy a dar a mi primo Paco.

A: ¿Por qué a Paco?

B: Porque su cámara no funciona bien.

13. ¡Todo un éxito!

Imagine que Uds. contrataron los servicios de un nuevo salón de fiestas para hacer la reunión de graduación de su clase, y el administrador del lugar quiere saber su opinión sobre el servicio que obtuvieron. Hablen sobre la comida que pidieron y lo que les sirvieron, la atención de los camareros, la música que pusieron, en fin, la calidad del servicio en general. Trabajen en grupos de tres estudiantes y túrnense para hacer los papeles del administrador y los clientes.

MODELO

A: Cuéntenme, ¿qué fue lo que más les gustó o les disgustó del servicio?

B: Bueno, a mí me gustó mucho la comida. Fue exactamente lo que pedimos.

C: Estoy de acuerdo. Y los camareros nos la sirvieron rápidamente.

¿? **Pregunta clave** ¿Cómo se difunde la cultura dentro y fuera de un país?

Puerto Rico: La isla de varias culturas

Se dice que Puerto Rico es la Isla del Encanto, y parte de ese encanto se lo debe a su mezcla de influencias culturales. La cultura de Puerto Rico es una amalgama[1] de costumbres y tradiciones indígenas, africanas y españolas. Se han transformado y difundido de generación en generación, como lo atestigua[2] su propio nombre, Borinquen, otorgado por los taínos, sus primeros pobladores[3]. De hecho, muchos puertorriqueños prefieren usar el término boricuas, en lugar de americanos, para describirse a sí mismos.

Puerto Rico fue una de las últimas colonias de España y continuó bajo el dominio español hasta finales del siglo XIX, cuando se convirtió en estado asociado de Estados Unidos. A pesar del paso del tiempo, en Puerto Rico se mantiene viva la herencia cultural de España. Por ese motivo, aunque en la isla hay hoy en día dos idiomas oficiales, el inglés y el español, el español sigue siendo el idioma predominante, pues es el que habla la mayor parte de la población. La herencia cultural de España se manifiesta también en las calles y edificaciones coloniales del Viejo San Juan. Sigue viva en celebraciones como las Fiestas de la Calle San Sebastián, a finales de enero, en las cuales se celebra con bailes y procesiones el fin de la Navidad, otra tradición heredada de España.

Por su parte, los africanos, llevados a la isla por los españoles para labrar la tierra, también dejaron su huella en la cultura, sobre todo en la música. En cuanto a Estados Unidos, su influencia cultural, que es más reciente, se nota en celebraciones como el Día de la Independencia de Estados Unidos y el Día de Acción de Gracias.

[1]melting pot [2]proves [3]settlers

BÚSQUEDA mezcla de culturas en puerto rico, estado libre asociado de puerto rico

Viejo San Juan, Puerto Rico

PRODUCTOS

la gastronomía

La síntesis cultural puertorriqueña está presente en su cocina criolla (*creole*). El plátano es el acompañamiento más común, especialmente los tostones (*fried green plantains*) y el mofongo (*green plantain puree*). Los platos de origen taíno y africano se combinan con otros productos derivados de la cocina española, como las empanadas, los bacalaítos (*cod fritters*) y el arroz con pollo. ¡Qué rico!

Tostones de plátano

14. Comprensión

1. ¿Qué culturas componen la cultura puertorriqueña actual?
2. ¿Por qué hay dos idiomas oficiales en Puerto Rico?
3. ¿Qué celebraciones tradicionales de Puerto Rico son resultado de la mezcla de culturas de la isla?

15. Analice

1. ¿Por qué cree Ud. que los puertorriqueños prefieren llamarse a sí mismos "boricuas"?
2. ¿Qué impacto cree Ud. que tuvo para los puertorriqueños la adopción del inglés como segundo idioma oficial de la isla?

¿Qué hay de nuevo? iNews

Haga una búsqueda en iNews sobre **Puerto Rico**. ¿Qué artículos recientes ve?

La clave musical de Puerto Rico

Con sus raíces [1] indígenas, africanas, europeas y americanas, la música es, sin duda, la expresión cultural más importante de Puerto Rico. En los últimos setenta años, la influencia de la diáspora [2] puertorriqueña en Nueva York ha llegado a los géneros más populares. La primera gran explosión musical fue la salsa, donde los ritmos caribeños se mezclaron con el jazz. Tito Puente fue el músico más conocido de su tiempo y dio a conocer un novedoso [3] instrumento de percusión parecido al tambor: los timbales. En la década del 1970, en el sur del Bronx, estas raíces se mezclaron con la cultura afroamericana para dar origen al *hip hop*. Hoy, el *hip hop* forma parte de la cultura popular de los jóvenes de todo el mundo.

Ricky Martin: Fiesta Latina 2017

La música puertorriqueña actual tiene un embajador muy popular en Ricky Martin. Cuando el huracán María devastó a Puerto Rico en septiembre del 2017, el cantante inmediatamente empezó a recaudar fondos [4] para ayudar a la isla. Para el 11 de ocubre del 2017 ya había recaudado $3 millones. Ricky cantó el 4 de noviembre para la "Fiesta Latina 2017: *Celebrating Our Heroes*", el concierto en vivo más grande en la historia de la radio. Allí recibió el premio Corazón Latino por sus varios esfuerzos humanitarios y por su ayuda a Puerto Rico.

Tito Puente

[1] roots [2] migration [3] novel [4] raise money

BÚSQUEDA tito puente, ricky martin

PRÁCTICAS

Desde el 2010, jugar al dominó en Puerto Rico dejó de ser un pasatiempo para convertirse en un deporte nacional. Este juego de mesa se inventó en China, pero se popularizó en el Caribe como complemento perfecto para el carácter social de los latinos. La modalidad preferida es el dominó de 28 fichas que se juega en parejas.

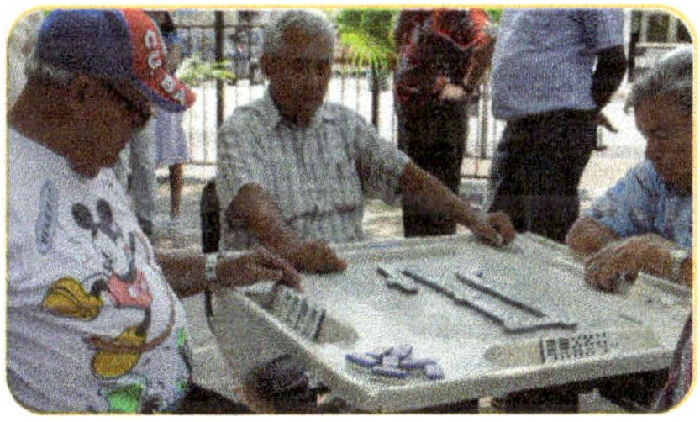

16. Comprensión

1. ¿Cuáles son los orígenes de la salsa y el *hip hop*?
2. ¿Quién fue Tito Puente?
3. ¿Por qué recibió Ricky Martin el premio Corazón Latino?

17. Analice

1. ¿Cómo se difunde la cultura a través de la música y el deporte?
2. ¿Cómo cree que una actividad como jugar al dominó llegó a hacerse popular en Puerto Rico?

PERSPECTIVAS

El estribillo de una canción interpretada por Ricky Martin dice: "Y del blanco tengo el alma / Y del negro los sabores / Y del indio la nobleza / Soy raza de mil colores". ¿Qué valor puertorriqueño se refleja en la letra de este estribillo?

El blog de Maritza: ¿Quién no comete errores?

Vocabulario en contexto

Maritza | Mis fotos | Videos | Mi familia

Diario de una dominicana en NJ

Datos personales

Nací en Punta Cana, República Dominicana, el 27 de abril de 1999. Hace un año que vivo en New Jersey. Mis amigos y yo **cometemos errores** todos los días.

Susana e Isabela **dejaron plantados** a Andrés y Nicolás después del colegio.

Pablo dice:

¡Qué raro! Ellas dijeron que iban a recogerlos. ¡Algo les debe haber pasado!

Por error, mi prima Teresa les envió un mensaje de texto a sus amigos y ahora está muy preocupada.

Sonia dice:

Ellos son **comprensivos**. Van a entender que ella **lo hizo sin querer**.

Patricia **desconfía** de Miguel porque siempre está mirando a otras chicas. Lo peor es que él mismo lo **ha admitido** y ella ya **está perdiendo la paciencia**.

Natalia dice:

Ella **tiene la culpa**. Siempre lo termina perdonando.

Tatiana **ha llorado** mucho desde que **descubrió** que su novio tiene una amiga nueva. Está celosa.

Adela dice:

¡Pobre Tatiana! ¡No estés triste! Sécate **las lágrimas**. No es gran cosa. Él también se pone celoso de ti.

Juliana tuvo **una discusión** con Arturo y no se están hablando. Él dijo que le prestó su DVD favorito y que ella no se lo **ha devuelto**. Ella dijo que ya se lo devolvió.

Mi hermanita Andrea tuvo **una pelea** con su mejor amiga, Jessica. Andrea dice que Jessica la **acusó** de decir una mentira.

Gloria dice:

¡Qué va! Lo siento por Andrea. Ya verás que pronto se reconciliarán.

OTROS TEMAS

- Mi familia
- Mi colegio
- Mis amigos
- Mis amistades

Para conversar

Para disculparse:

Discúlpame, pero tenemos que **posponer** nuestros planes.

No faltaba más. Yo tengo la culpa por informarte en el último momento.

¡Por favor! No te **eches la culpa**.

PARA DECIR MÁS

conmover	*to move, to touch emotionally*
derramar lágrimas	*shed tears*
estar locamente enamorado/a de	*to be madly in love with*
herir los sentimientos	*to hurt someone's feelings*
romper con alguien	*to break up with someone*

18. ¡Qué va!

Escuche las siguientes frases. Escoja la letra de la respuesta correcta.

1. **A.** Chévere.
   B. Discúlpame.
   C. ¡No faltaba más!
2. **A.** Lo hice sin querer.
   B. ¡Qué raro!
   C. ¡Qué va!
3. **A.** Lo hice sin querer.
   B. ¡Qué raro!
   C. ¡Chévere!
4. **A.** ¡No faltaba más!
   B. ¡Qué bueno!
   C. No fue mi culpa.
5. **A.** ¡Qué va!
   B. No fue mi culpa.
   C. ¡Qué raro!
6. **A.** ¡No faltaba más!
   B. Discúlpame.
   C. Chévere.

19. ¿Cuál es la definición?

Escoja la definición que corresponde a cada palabra.

1. acusar
2. descubrir
3. la discusión
4. las lágrimas
5. posponer
6. admitir

A. una conversación de opiniones contrarias
B. lo que cae al llorar
C. dejar algo para hacerlo más tarde
D. aceptar la responsabilidad
E. enterarse de algo
F. decir que alguien tiene la culpa de algo

20. A pedir disculpas

Trabaje con una persona de la clase. Uno de Uds. debe mencionar un problema del recuadro y una persona de la clase debe darle un consejo. Usen el modelo como guía. Cuando terminen, repitan la actividad intercambiando los papeles.

MODELO

dejar plantado

A: Roberto me dejó plantada. Estoy furiosa.

B: No pierdas la paciencia con él. Lo hizo sin querer.

tener una discusión
romper una relación
devolver lo que me prestan
posponer una reunión

Diálogo

No ha sido mi culpa

Diego: ¿Por qué estás llorando, Rita?

Rita: He descubierto que saliste con Clara el viernes pasado.

Diego: ¿Quién te ha dicho eso?

Rita: Elena.

Diego: Yo no salí con ella. Clara me llamó porque tenía un problema y quería hablar con alguien.

Rita: Pero, ¿por qué no me lo contaste?

Diego: Porque me olvidé. Discúlpame, pero no ha sido mi culpa.

Rita: ¡Qué va! Tú siempre cometes esos errores. Estoy perdiendo la paciencia contigo.

Diego: Créeme. Lo hice sin querer. No puedes desconfiar así de mí.

Rita: No lo sé, Diego. Esta vez necesito pensarlo. Te llamo mañana.

21. ¿Qué recuerda Ud.?

1. ¿Por qué está llorando Rita?
2. ¿Quién ha visto a Diego con Clara?
3. ¿Por qué llamó Clara a Diego?
4. ¿Por qué no le avisó Diego a Rita que iba a ver a Clara?
5. ¿Por qué está perdiendo Rita la paciencia con Diego?

22. Algo personal

1. ¿Ha tenido Ud. una pelea con alguien? ¿Sobre qué?
2. ¿Reconoce cuando Ud. tiene la culpa o ha cometido un error?
3. ¿Pierde la paciencia con facilidad?
4. ¿Alguna vez le ha echado la culpa de algo a otra persona?

23. ¿Qué ha sucedido?

Escuche los siguientes diálogos. Diga a qué foto corresponde cada uno.

A

B

C

D

Repaso rápido

Los participios pasados

- You are already familiar with the forms of the past participle in Spanish. For ***-ar*** verbs, the past participle ends in ***-ado*** (*llor**ado***); for ***-er*** and ***-ir*** verbs, the past participle ends in ***-ido*** (*perd**ido**, discut**ido***).

  Note: When the past participle is used as part of a compound tense, for example the present perfect, it is only used in its masculine singular ***-o*** form.

El pretérito perfecto

- The past participle is frequently used with the verb ***haber*** to describe what you have or have not done. This tense is called the present perfect (*pretérito perfecto*), and it is formed with a conjugated form of ***haber*** in the present tense + a past participle.

haber	participio pasado
he	
has	llorado
ha	perdido
hemos	discutido
habéis	
han	

ESTRATEGIA

Review and recycle

Participios pasados irregulares

abrir	abierto
decir	dicho
(de)volver	(de)vuelto
escribir	escrito
hacer	hecho
poner	puesto
romper	roto
ver	visto

*Pedro **ha perdonado** a su novia.* — Pedro **has forgiven** his girlfriend.

*Todos **hemos prometido** ir a la fiesta.* — We **have** all **promised** to go to the party.

- Direct object, indirect object, and reflexive pronouns precede the form of ***haber***.

*Sandra **me** ha contado un secreto.* — Sandra has told **me** a secret.

*¿**Se lo** ha dicho a Uds.?* — Has she told **it to you**?

24. ¿Cómo han contestado?

Complete los siguientes diálogos con la forma correcta del pretérito perfecto de los verbos entre paréntesis.

1. **A:** Raúl, tú no me (*decir*) la verdad. ¿Por qué no (*ser*) honesto conmigo?
   B: Perdóname, Cristina, lo (*hacer*) sin querer. No (*querer*) ofenderte.
2. **A:** Yo (*enterarse*) de que (*ver*) a tu antiguo novio.
   B: ¿A Nicolás? ¡Qué va! ¿Quién te (*contar*) ese chisme?
3. **A:** Ay, Raúl, (*llorar*) mucho en estos días, y tú tienes la culpa.
   B: Pero, Amalia, ¿por qué (*desconfiar*) tanto de mí?
4. **A:** Jorge, ¿(*tener*) algún problema con Silvia?
   B: Ella es una irresponsable. Me (*dejar*) plantado y no me (*dar*) ninguna explicación.
5. **A:** Ana me (*acusar*) de decirle una mentira. ¡No es verdad!
   B: Lo sé. Ella (*cometer*) un error en acusarte de eso.
6. **A:** ¡Oye, Marta! (*descubrir*) que me (*echar*) la culpa por posponer los planes, pero ¡fue Emilio!
   B: Discúlpame, Eduardo. Me (*darse*) cuenta de que no fuiste tú.

25. ¡Pobrecita Alejandra!

Complete el e-mail que Alejandra le escribió a su amiga Tere con la forma correcta del pretérito perfecto de los verbos del recuadro.

CORREO | Nuevo | Enviar | Insertar | Responder | Eliminar | Archivar | Alejandra

De: Alejandra
Para: Tere
Asunto: Pedro y yo

Querida Tere:

No sabes lo que me **(1)**. Yo **(2)** la relación con Pedro. Nosotros **(3)** y **(4)**. Yo **(5)** toda la noche. No sé qué hacer. Yo pensaba que Pedro era muy amable y comprensivo, pero me **(6)** de que solo piensa en sí mismo. Yo no **(7)** con nadie más desde que lo conocí a él y **(8)** con él por mucho tiempo, casi dos años. Ahora siento que por su culpa estoy sola y que **(9)** a todos mis amigos. ¡**(10)** muy tonta! Perdóname este mensaje triste.

Espero verte pronto. Escríbeme.

Alejandra

darse cuenta	discutir
pelear	perder
salir	pasar
estar	llorar
romper	ser

26. ¿Lo has hecho o no?

ClearTalk®

En parejas, hablen de lo que han hecho esta última semana. Usen el pretérito perfecto y la lista de actividades.

1. estudiar algo interesante
2. hacer la tarea para todas las clases
3. ir al cine
4. ver un programa bueno por televisión
5. discutir con alguien
6. descubrir algo interesante

MODELO

leer algún libro interesante

A: ¿Has leído algún libro interesante?

B: Sí, he leído... ¿Y tú?

27. ¿Alguna vez has...?

Pregúnteles a tres personas de la clase si han hecho las siguientes cosas. Anote sus respuestas y comparta los resultados con la clase.

¿Alguna vez...?	Sí, varias veces.	No, nunca.
le has echado la culpa de algo a otra persona	√ √	√
le has dicho una mentira a tu mejor amigo/a		
has dejado plantado/a a alguien		
has tenido celos de tus hermanos/as		
has llorado durante una película		

MODELO

A: ¿Alguna vez le has echado la culpa a otra persona?

B: Sí, varias veces. / No, nunca lo he hecho.

A: Según mis resultados...

La posición del adjetivo y su significado

The following frequently used adjectives have two meanings, depending on whether they precede or follow the noun they are modifying. Observe the differences.

Es una buena profesora.

*Es una familia **pobre**.*	It's a **poor** family. (in poverty)
*¡**Pobre** chico! Su novia lo dejó plantado.*	The **poor** guy! (unfortunate) His girlfriend stood him up.
*Es un hombre **viejo**.*	He is an **old** man. (elderly)
*Es un **viejo** amigo mío.*	He is an **old** friend of mine. (longtime)
*Estos libros son muy **antiguos**.*	These books are **ancient**. (very old)
*Mi **antigua** escuela queda en Ponce.*	My **old** school is in Ponce. (former)
*La casa es **nueva**.*	The house is **new**. (brand new)
*Necesito una **nueva** computadora.*	I need a **new** computer. (another one)
*Es una **gran** ciudad.*	It is a **great** city.
*Es una ciudad **grande**.*	It is a **large** city.
*Es una **buena** profesora.*	She is a **good** teacher. (talented)
*Es una mujer **buena**.*	She is a **good** woman. (kind)
*Es el **único** mapa de San Juan que tenemos.*	It's the **only** map of San Juan we have.
*Es un mapa **único**.*	It's a **unique** map. (There's no other like it.)
*Es un estilo **diferente**.*	It is a **different** style.
*Hay **diferentes** estilos.*	There are **various** styles.

28. ¿Viejos amigos o amigos viejos?

Escoja la letra de la oración que mejor explique el significado de cada ejemplo.

1. Mi abuelo tiene amigos viejos.
- **A.** Se conocen desde que eran niños.
- **B.** Todos tienen más de 65 años.

2. ¡Pobre hombre!
- **A.** No tiene dinero.
- **B.** Tiene problemas.

3. Isabel todavía quiere a su antiguo novio.
- **A.** Es un hombre mayor.
- **B.** Ahora ella tiene otro novio.

4. El equipo necesita un gran jugador.
- **A.** Necesitan un jugador bueno.
- **B.** Necesitan un jugador muy alto.

5. Nuestra escuela es única.
- **A.** Es muy especial y diferente.
- **B.** No hay otras escuelas en la ciudad.

6. Veo que Paco tiene un nuevo coche.
- **A.** Tiene un coche diferente.
- **B.** No es un coche usado.

29. El parque nacional

El Yunque es un parque nacional que está cerca de San Juan. Con una persona de la clase lean las siguientes oraciones y decidan si los adjetivos entre paréntesis deben ir antes o después de las palabras en cursiva. Recuerde que algunos adjetivos cambian de significado según su posición. Compartan sus respuestas con la clase.

MODELO

El Yunque tiene ____ *animales* ____ que no existen en otros países. *(únicos)*

El Yunque tiene **animales únicos** que no existen en otros países.

1. El Yunque es un ____ *parque* ____ que tiene 28.000 acres. (*grande*)
2. Es el ____ *bosque lluvioso* ____ del sistema forestal de Estados Unidos. (*único*)
3. Es también la ____ *reserva forestal* más ____ del hemisferio occidental. (*vieja*)
4. Tiene una torre de observación que ofrece una ____ *vista* ____ del noreste de la isla. (*grande*)
5. En las partes bajas de la reserva se encuentran especies de ____ *plantas* ____ que aparecieron hace cientos de años. (*antiguas*)
6. Uno de los animales más conocidos de El Yunque es la cotorra puertorriqueña. Dicen que después del huracán Hugo la ____ *cotorra puertorriqueña* ____ estaba en peligro de extinción. (*pobre*)
7. Pero gracias al ____ *interés* ____ que despertó la posible desaparición de esta ave, el número de cotorras ha crecido. (*nuevo*)

Bosque nacional El Yunque

30. ¡Cuidado con el lugar del adjetivo!

Trabaje con una persona de la clase. Escojan uno de los siguientes pares de temas y escriban una oración con cada uno de ellos. Presten atención al lugar que ocupa el adjetivo. Luego, presenten sus oraciones a la clase.

- una gran persona / una persona grande
- un pobre hombre / un hombre pobre
- una gran ciudad / una ciudad grande
- un único amigo / un amigo único
- un celular nuevo / un nuevo celular
- un colegio antiguo / un antiguo colegio

¡Comunicación!

31. Hemos decidido que...

los estudios sociales

Imagine que Ud. y una persona de la clase son los jefes de un negocio en Puerto Rico y deben decidir qué días de fiestas va a tomar la compañía en el año. La idea es apoyar la cultura hispana y la americana para evitar conflictos entre los empleados. Escojan fiestas que las dos culturas tengan en común y otras típicamente hispanas o americanas. Pueden buscar ideas en el texto de la página 184 y también hacer una búsqueda por Internet. Intercambien opiniones sobre qué días podrían escoger y por qué. Túrnense los dos papeles. Después, hagan un calendario de los días de fiesta y preséntenlo a la clase. Sigan el modelo como guía y usen palabras o expresiones del recuadro.

¿Qué días de fiesta vamos a celebrar?

admitir	comprensivo	darse cuenta	discusión
posponer	¡Qué raro!	apoyar	considerado
descubrir	increíble	¡No faltaba más!	¡Qué va!

MODELO

A: Podríamos celebrar el Día de José de Diego en abril.

B: ¿Por qué?

A: Fue un gran defensor del idioma español y de la cultura puertorriqueña. ¿Vas a apoyarme en esto?

B: ¡Qué va! Estados Unidos y Puerto Rico no tienen esa fiesta en común.

32. La herencia que nos dejaron

la historia, la sociología

Piense en las características y las influencias de la cultura de Puerto Rico y en cómo se han mezclado y cambiado a lo largo del tiempo. Imagine que Ud. es un(a) sociólogo/a interesado/a en cómo se origina la cultura de un pueblo y cómo se difunde a través del tiempo. Escoja cualquier ciudad o país del mundo hispanohablante e investigue cómo eran sus primeros habitantes, de dónde venían y qué lenguas hablaban. Describa el trabajo, la educación y las tradiciones, y su influencia sobre la cultura contemporánea. Tome notas y úselas como base para hacer una presentación oral frente a la clase. Concluya su presentación con una frase que ilustre cómo se difundió la cultura del lugar a través del tiempo.

Ciudad de Panamá, Panamá

Punta del Este, Uruguay

33. Antes de leer

¿Qué medios de comunicación usa Ud. para comunicarse con sus amigos/as? ¿Cuáles dan los mejores resultados? ¿Cuáles pueden ocasionar conflictos? ¿Por qué?

ESTRATEGIA

Understanding numbers in a text

When a text you are reading has a lot of numbers, pay attention to them as you skim the article. Are they all the same kind? What do they reference? Categorizing them may help you better understand the content.

¿Cómo se comunica la "generación muda[1]"?

Ocho de cada diez *millennials* prefieren enviar mensajes de texto a hablar por teléfono [...] De las 2 horas y media al día que usamos el móvil, solo unos 20 minutos corresponden a llamadas, ¿es el fin de la conversación telefónica? [...] Todo parece indicar que las llamadas telefónicas están pasando a la historia. La "generación muda" [...] prefiere enviar mensajes de texto y usar las redes sociales para comunicarse, en lugar de llamar por teléfono o tener una conversación con otra persona [...].

"Escribo a mis amigos en WhatsApp, Twitter, a veces en Facebook Messenger [...] cualquier cosa que implique teclear", dice Laura, una joven británica. [...] Como ella, muchos otros jóvenes en todo el mundo eligen esa forma de comunicarse: la llamada "mensajería instantánea".

De hecho[2], ese tipo de comunicación es la más habitual entre los jóvenes británicos de 16 a 24 años. [...] El 49 por ciento de los adolescentes admite que envían mensajes instantáneos a otras personas aunque estén en la misma habitación [...]. Y una investigación en Estados Unidos [...] encontró que el 92 por ciento de los adolescentes del país jamás[3] usa sus celulares para hacer llamadas de voz.

Pero ¿por qué escribir en lugar de llamar?

"Obviamente, llamar es lo más fácil. Pero, simplemente, no me gusta", cuenta Laura. "Es, probablemente, una cosa generacional. Nuestros padres y abuelos solo tenían teléfonos fijos y nunca tuvieron móviles. [...]"

"La gente joven tiene derecho a decir: 'Nosotros no lo hacemos como ustedes. Así es como nos comunicamos, es una forma distinta'. Y ese es un patrón[4] de cambio que se repite también en la moda[5], la música y la cultura [...] y en cómo la gente elige comunicarse".

Jóvenes comunicándose, ¿pero con quién?

[1]mute [2]In fact [3]never [4]pattern [5]fashion

Source: www.dinero.com/internacional/articulo/millennials-son-la-generacion-muda/255726

BÚSQUEDA mensajería instantánea, millennials

34. Comprensión

1. Según el artículo, ¿qué está pasando con las llamadas telefónicas?
2. ¿Por qué prefieren los jóvenes los mensajes de texto a las llamadas de voz?
3. ¿Qué porcentaje de los adolescentes de EE. UU. no usa sus celulares para hacer llamadas de voz, según el artículo?

35. Analice

1. ¿Está Ud. de acuerdo en que las llamadas telefónicas están pasando a la historia? Explique.
2. ¿Cree que una "generación muda" tendrá éxito en el mundo profesional del siglo XXI? Defienda su posición con ejemplos específicos de posibles empleos profesionales.

Extensión los estudios sociales

Una encuesta *(opinion poll, survey)* es un estudio para obtener datos, que consiste en una serie de preguntas dirigidas a un grupo de personas; puede ser a la totalidad o solo a una parte del grupo. El objetivo es saber lo que opinan las personas o qué características tienen, según las respuestas. Las encuestas pueden ser cara a cara, por teléfono, por e-mail o por Internet (cuando las preguntas están en una página web).

Escritura

36. ¡Hagamos una encuesta!

Ud. y unas personas de la clase tienen que hacer un informe sobre cómo se comunican los jóvenes de su escuela. Trabaje con dos personas de la clase. Cada uno debe entrevistar a 10 estudiantes al azar (*randomly*) y hacerles las preguntas que aparecen a continuación. (Pueden agregar otras preguntas que se les ocurran.) Luego, reúnan todos los datos que obtuvieron y regístrenlos en una tabla como la de abajo. Después, represéntenlos en una gráfica. Para finalizar, hagan su informe a partir de los resultados y preséntenlo a la clase.

MODELO

Nuestros resultados indican que 25 de los 30 estudiantes entrevistados pasan 20 horas o más semanales hablando por celular.

Tiempo que los jóvenes se comunican por diferentes medios

Horas a la semana	0–5	6–10	11–15	16–20	20+
1. ¿Cuántas horas a la semana pasas hablando por un teléfono fijo?					
2. ¿Cuántas horas a la semana pasas hablando por tu celular?					
3. ¿Cuántas horas a la semana pasas enviando o recibiendo mensajes de texto con tus amigos?					
4. ¿Cuántas horas a la semana pasas comunicándote con tus amigos en redes sociales?					
5. ¿Cuántas horas a la semana pasas comunicándote en persona con tus amigos?					

Repaso de la Lección A

A. Escuchar: ¿Qué pasa con ellos? (pp. 176-177, 186-187)

Seleccione la foto que corresponde con lo que oye.

A

B

C

D

B. Vocabulario: ¿Qué hacen y cómo son? (pp. 176-177, 186-187)

Complete las oraciones de la primera columna con las frases de la segunda columna que correspondan según el contexto.

1. Alguien a quien le puedes contar todos tus secretos...
2. Si tienes la culpa en una pelea...
3. Alguien que se mete en las discusiones de otras personas...
4. Él sabe que puede contar con sus padres porque ellos...

A. debes admitir tu error y disculparte.
B. es alguien en quien puedes confiar.
C. es una persona entrometida.
D. siempre lo apoyan en todo.

C. Estructura: ¡Conflictos y más conflictos! (pp. 180-181)

Complete los minidiálogos con los pronombres de complemento que correspondan según el contexto.

1. **A:** ¿Quién te contó esa mentira tan grande?
   B: Elena ___ ___ contó.
2. **A:** ¿Le dijiste a Claudia que desconfías de ella?
   B: No, claro que no ___ ___ dije. ¡No faltaba más!
3. **A:** ¿Apoyaste a tus hermanos cuando lo necesitaban?
   B: No, no ___ apoyé como debía y debo pedir___ perdón.
4. **A:** ¿ ___ pediste disculpas a Claudia?
   B: Sí, ___ hice, pero ella no ___ quiere perdonar.

D. Vocabulario/Estructura: ¿Lo ha hecho? (p. 189)

Indique si ha hecho o no ha hecho lo que se ve en el recuadro. Use el pretérito perfecto y palabras como **siempre**, **algunas veces**, **ya** y **nunca** como se ve en el modelo.

MODELO

decirle la verdad a mi novio/a
Ya le he dicho la verdad a mi novio/a.

tener una pelea
romper una relación
dejar plantado a alguien
perder la paciencia
desconfiar de alguien

E. Cultura: Puerto Rico y su cultura (pp. 184-185)

Explique por qué los siguientes temas son ejemplos de cómo se difunde la cultura de un país.

- el viejo San Juan
- las fiestas de la Calle San Sebastián
- la salsa y el *hip hop*
- el dominó
- el Día de Acción de Gracias
- la cocina criolla

Vocabulario

Descripciones	Verbos	En las peleas	Otras palabras y expresiones
celoso/a	acusar	la discusión	cometer un error
chismoso/a	admitir	las lágrimas	darse cuenta (de)
comprensivo/a	apoyar	la pelea	dejar plantado/a a alguien
considerado/a	chismear		Discúlpame.
entrometido/a	confiar (en)		echar la culpa a alguien
honesto/a	contar con		hacer un cumplido
increíble	desconfiar		hacerlo sin querer
	descubrir		No faltaba más.
	devolver		pensar en sí mismo/a
	llorar		perder la paciencia
	perdonar		¡Qué raro!
	posponer		¡Qué va!
	reconciliarse		tener celos
			tener intereses en común
			tener la culpa

Estructuras

Los pronombres de complemento directo e indirecto

Los pronombres de complemento directo e indirecto se pueden usar juntos en una frase, y el indirecto siempre precede al directo.

Sebastián ***me*** *sirvió la cena.*
Sebastián ***me la*** *sirvió.*

Se usa el pronombre **se** en lugar de **le** y **les** delante de los pronombres **lo**, **la**, **los** y **las**. Además, el pronombre reflexivo siempre precede al pronombre de complemento directo o al complemento indirecto.

Uds. le enviaron ***los documentos*** *a Elena por e-mail.*
Uds. ***se los*** *enviaron por e-mail.*
Me *lavé las manos.*
Me *las lavé.*

Se les puede añadir los pronombres de complemento directo e indirecto a los infinitivos y a los gerundios. Cuando se le añade al gerundio, es necesario escribir un acento para mantener el énfasis original.

Puedo traer ***el boleto*** *al colegio.*
*Puedo traer****lo*** *al colegio.*
*¿****Le*** *está escribiendo Ud.* ***una carta*** *a mi hermano?*
*¿Está escribiéndo****sela*** *Ud. a mi hermano?*

El participio pasado y el pretérito perfecto

Use el pretérito perfecto para eventos que ya han pasado.

presente de **haber** + participio pasado

he	hemos	**-ar** *verbs* → **-ado**
has	habéis	**-er** *verbs* → **-ido**
ha	han	**-ir** *verbs* → **-ido**

Marcos ***ha*** *com****ido*** *mucho hoy.*
He *cocin****ado*** *bistec, arroz y una ensalada.*

Vocabulario B1

¿Cómo tratas a tu familia?

Vocabulario en contexto

Catalina, discúlpate inmediatamente con tu abuelo. Sabes que es **un adulto** y lo debes **respetar**.

Mírame cuando te hablo, por favor. No me gusta este **comportamiento**, **tal como** te he dicho muchas veces.

¿Por qué siempre **reaccionas** y me **levantas la voz** cuando discutimos?

¡Tenemos que **ponernos de acuerdo**! Si tú dices SÍ y yo digo NO, ella no nos va a obedecer a ninguno de los dos.

Gracias por **hacer las paces** con tu abuelita. Sabes que ella te quiere mucho y debes tenerle paciencia.

Tienes **la obligación** de pagar las cuentas. ¿Vas a **avisar** al banco?

—¡No me **critiques** más!
—Prima, es que tú nunca me **haces caso**.

Felipe, **¡estás equivocado!** Yo no soy la única que tiene la culpa. La culpa es de los dos.

Para conversar

Para hablar de relaciones familiares:

Luisa, ¿por qué le quitaste el celular a Laurita sin **consultar**me? Sobre eso tenemos **diferencias de opinión**.

Tú deberías apoyarme. Si no, nunca dejaremos de tener **conflictos** en esta **relación**.

PARA DECIR MÁS

la actitud	*attitude*
alabar	*to praise*
contradecir	*to contradict*
dañar / hacer daño	*to hurt*
entrometerse	*to meddle, to interfere*
equivocarse	*to be mistaken*
insultar	*to insult*
irritar	*to irritate*
ofender	*to offend*
grosero/a	*rude*
insoportable	*unbearable*

1. ¿Conflicto u obligación?

Diga si cada oración que escucha se refiere a **un conflicto** o a **una obligación** en una relación.

2. Conflictos en familia

Complete la siguiente conversación con las palabras del recuadro.

aceptar	obligación	paces
caso	equivocado	reacciona

Padre: Tienes que hacer las **(1)** con tu hermano. No pueden pelearse así.

Hija: Él siempre **(2)** mal cuando le pido ayuda para arreglar el cuarto.

Padre: Pero es su **(3)** mantener el cuarto ordenado.

Hija: Sí, pero a él no le importa. Dice que no es un chico ordenado y que lo debo **(4)** como es.

Padre: Está **(5)**. Tengo que hablar con él.

Hija: Él tiene que hacerte **(6)** a ti.

¡Tienes que arreglar tu cuarto!

3. Cómo llevarnos bien

Con una persona de la clase, hagan una lista de reglas que se pueden seguir para evitar conflictos con la familia. Luego, presenten la lista a la clase.

MODELO

No debo levantar la voz en una discusión.
Es importante pedir disculpas cuando cometemos un error.

Diálogo

¡No vuelvas tarde a casa!

Juan: Mamá, me voy a una fiesta.
Madre: ¿Adónde?
Juan: A una fiesta en la casa de Sebastián.
Madre: Yo no sabía nada de esta fiesta. ¿Por qué no me avisaste antes?
Juan: Me olvidé.
Madre: No me gusta ese comportamiento. Respétame un poco.
Juan: Pero, mamá, ¿por qué reaccionas así?
Madre: No me levantes la voz, Juan.
Juan: Pero si estamos hablando...
Madre: Estoy muy enojada.
Juan: Discúlpame, por favor. ¿Hacemos las paces?
Madre: Tu única obligación es avisarme adónde vas.
Juan: Lo sé... ¿Pero puedo ir a la fiesta?
Madre: Bueno, puedes ir, ¡pero no vuelvas tarde a casa!

4. ¿Qué recuerda Ud.?

1. ¿Adónde quiere ir Juan?
2. ¿Por qué no le avisó Juan a su mamá que iba a la fiesta?
3. ¿Por qué reacciona mal la mamá de Juan?
4. ¿Cuál es la obligación de Juan?

5. Algo personal

1. ¿Cómo es su relación con sus padres?
2. ¿Qué obligaciones tiene en su casa con sus padres?
3. ¿Cómo reaccionan sus padres cuando no les avisa algo?

6. ¿Qué dice cada diálogo?

Escuche los siguientes diálogos y escoja la palabra que complete las oraciones sobre cada uno.

1. Rodolfo y Mario
   - **A.** han tenido muchas obligaciones.
   - **B.** han hecho las paces.
   - **C.** no se han puesto de acuerdo.
2. Paola
   - **A.** está levantando la voz.
   - **B.** respeta mucho a Clara.
   - **C.** está haciendo las paces.
3. Tomás no quiere
   - **A.** hacerles caso a sus padres.
   - **B.** estar equivocado.
   - **C.** hacer las paces.
4. Eugenia y su madre tienen
   - **A.** una obligación.
   - **B.** una diferencia de opinión.
   - **C.** un comportamiento.

Los mandatos negativos informales

- Use negative informal commands to tell those you address informally not to do something. To form a negative informal command, use the *yo* form of the verb and remove the ***-o***. Then, add ***-es*** to ***-ar*** verbs, and ***-as*** to ***-er*** and ***-ir*** verbs.

reaccionar	*¡**No reacciones** así!*	**Don't react** like that!
cometer	***No cometas** ese error.*	**Don't make** that mistake.
discutir	***No discutas** conmigo.*	**Don't argue** with me.

- For verbs with stem changes and irregular *yo* forms, start with the *yo* form of the verb as well.

contar	***No cuentes** chismes.*	**Don't spread** gossip.
poner	***No te pongas** nervioso.*	**Don't get** nervous.

- Four verbs have irregular negative *tú* commands.

ir	dar	estar	ser
No vayas a la fiesta.	**No** me **des** más consejos.	**No estés** triste.	**No seas** entrometido.
***Don't go** to the party.*	***Don't give** me more advice.*	***Don't be** sad.*	***Don't be** nosy.*

- Object pronouns and reflexive pronouns in negative *tú* commands appear between *no* and the command. If there are two object pronouns, the indirect object pronoun comes first.

*No **te** vayas.*	Don't leave.
*No **se lo** des.*	Don't give it to her.

ESTRATEGIA

Review and recycle

For verbs that end in...

car → change the *c* to *qu* before *e*.

***criticar:** ¡**No** me criti**qu**es!*

gar → change the *g* to *gu* before *e*.

***llegar:** **No** lle**gu**es tarde.*

zar → change the *z* to *c* before *e*.

***empezar:** ¡**No** empie**c**es a llorar!*

ger/gir → change *g* to *j* before *a* and *o*.

***recoger:** **No** me reco**j**as después del colegio.*

7. ¡No molestes!

Es el primer día de clase de su hermano menor. Túrnese con una persona de la clase para decirle lo que no debe hacer en clase. Pueden agregar dos o tres consejos más.

MODELO

hablar en clase sin permiso

No hables en clase sin permiso.

1. llegar tarde
2. comer en clase
3. dormir en clase
4. discutir con los otros chicos
5. gritar en la escuela
6. hacerle preguntas a tu compañero
7. levantar la voz
8. criticar a los otros estudiantes

¡No comas esa naranja!

8. ¿Qué más va a decir?

La madre de Mario siempre le está diciendo qué hacer. Complete cada oración con la forma correcta del verbo entre paréntesis que corresponda según el contexto.

1. No levantes la voz y, por favor, no (*avisar / empezar*) otra discusión.
2. Ve a hablar con tu hermanita y no (*tener / perder*) la paciencia.
3. Ábrele la puerta a Diego. No lo (*poner / hacer*) esperar.
4. Explícaselo a tu padre. No me lo (*admitir / explicar*) a mí.
5. No (*ser / tener*) tan celoso de tu hermanito. Los queremos a los dos.

9. Eso no se permite

Trabajando con una persona de la clase, diga a cuál de las siguientes situaciones corresponde cada foto. Luego, escriban el mandato negativo informal que la madre o el padre le da a cada uno de los jóvenes.

1. A Julito su papá no le permite usar aretes.
2. A Verónica su mamá no la deja ponerse maquillaje.
3. A Juan José su mamá no le permite ver la televisión mientras come.
4. A Magdalena su madre no le permite subirse al árbol.
5. A Ricardo su papá no le permite tocar la guitarra por la noche.

A

B

C

D

E

10. ¡No, no, no...!

Imagine que hoy tiene que cuidar a Sarita, la hija de sus vecinos. Ella anda metida en todo y Ud. ya está perdiendo la paciencia. Complete lo que Ud. le dice a Sarita con el mandato negativo del verbo entre paréntesis y los pronombres que correspondan según el contexto. Siga el modelo como guía.

¡No molestes al perro!

MODELO

Sarita, deja en paz al perro. (*molestar*)
No lo molestes.

1. Sarita, acabo de abrir las ventanas porque hace mucho calor. (*cerrar*)
2. Sarita, estoy guardando tu ropa en el armario. (*sacar*)
3. ¿No ves que estoy hablando por teléfono? (*interrumpir*)
4. Yo ya le di comida al perro. (*dar*)
5. La estufa está encendida. (*acercarte*)

11. ¿Qué debo hacer?

Imagínese que un(a) amigo/a de otro barrio va a empezar a asistir a su colegio. Está un poco nervioso/a y Ud. le da consejos sobre lo que debe o no debe hacer en distintos lugares del colegio. Represente la situación con una persona de la clase, turnándose para hacer los dos papeles. Usen el vocabulario del recuadro y sigan el modelo como guía.

la cafetería	el gimnasio	el auditorio
el patio	la biblioteca	la clase de...

MODELO

A: ¿Qué debo hacer en la clase de español?

B: Contesta siempre en español. No hables inglés.

12. Más consejos

Reúnanse en grupos de cuatro. Para cada una de las siguientes preguntas, piensen en tres consejos que darían como respuesta. Después, comparen los consejos e intercambien opiniones con los otros grupos.

¿Qué hago para...	Compañero/a 1	Compañero/a 2	Compañero/a 3
tener buenas notas en todas las clases?	Haz las tareas todos los días.	No salgas con tus amigos durante la semana.	No hables con tus compañeros en la clase.
no tener problemas con mis padres?			
resolver un conflicto con mi mejor amigo/a?			
no pelearme con mis amigos/as o hermanos/as?			
mantener buenas relaciones con mi familia?			

13. ¡Respeten, por favor!

Piense en cosas que otras personas hacen y que a Ud. le molestan. Intercambie información con una persona de la clase y hagan una lista de las cosas más irritantes. Luego, hagan carteles (*signs*) con esa información y compártanlos con el resto de la clase. Usen las palabras del recuadro, si lo desean, y sigan el modelo como guía.

entrar	cerrar	usar	sacar	tomar
saltar	abrir	poner	subir	dejar

Los usos de la preposición *a*

The preposition ***a*** has five main uses:

- to express motion or destination

*¿Por qué no vamos **a la playa**?*	Why don't we go **to the beach**?
*No llegaremos **al teatro** si no te apuras.*	We won't get **to the theater** on time if you don't hurry up.

- to express location or proximity in certain circumstances

*La panadería está **a dos cuadras** de aquí.*	The bakery is **two blocks** from here.
*¿La ves? Está **a la izquierda**.*	Do you see it? It's **on the left**.

- to introduce the direct object, when the direct object is a person (personal ***a***)

*Debes llamar **a tu tía**.*	You should call **your aunt**.
*Esperé **a Juan** en la esquina.*	I waited for **Juan** at the corner.

- to introduce rates and proportions

*¿**A cuánto** están las manzanas hoy?*	**How much** are the apples today?
*Ana corre **a seis millas por hora**.*	Ana runs **six miles an hour**.

- to introduce an infinitive after certain common verbs, such as *ir*, *venir*, *aprender*, *empezar*, and *comenzar*

***Voy a salir** en un rato.*	**I'm going to go out** in a while.
*Mi amiga **viene a cenar** esta noche.*	My friend **is coming to have dinner** with us tonight.
*Josecito **ha aprendido a leer**.*	Josecito **has learned to read**.
*Si **empiezas a discutir**, me voy.*	If **you start to argue**, I'll leave.

14. Vamos a completar con *a*

Complete los siguientes diálogos con la preposición **a** solo cuando sea necesario. Luego, lea los diálogos en voz alta con una persona de la clase.

Ha comenzado a llover.

1. **A:** ¿Quieres venir ___ la casa de Fernando? Vamos ___ estudiar para el examen.
   B: Lo ___ siento, pero los viernes no puedo. Tengo que ir ___ clase. Estoy aprendiendo ___ conducir.
2. **A:** Hace mucho tiempo que no veo ___ Tomás. ¿Sabes ___ algo de él?
   B: Sí, hoy he visto ___ su hermana. Me ha dicho que él se ha ido ___ la piscina. Está ___ unas cuatro cuadras de aquí.
3. **A:** ¿Conoces ___ la hermana de Julián?
   B: No, no ___ la conozco, pero dicen que se parece mucho ___ su hermano.
4. **A:** ¡Ay! Ha empezado ___ llover y tengo que volver ___ casa caminando.
   B: ¿Cómo? ¿No viene ___ buscarte tu mamá?

15. ¿Qué ha hecho últimamente?

Conteste las siguientes preguntas según su experiencia, usando la preposición **a**. Luego, hágale las mismas preguntas a una persona de la clase y comparen sus respuestas.

1. ¿Ha conocido a alguien famoso últimamente? ¿A quién?
2. ¿Adónde va generalmente después del colegio? ¿Qué hace allí?
3. ¿A cuántas millas de su casa está el centro comercial más cercano? ¿Ha ido Ud. allí esta semana?
4. ¿Ha visto Ud. a otra persona hacer algo peligroso esta semana? ¿A quién? ¿Qué hizo?
5. ¿Ha ido Ud. al supermercado esta semana? ¿Se ha fijado en los precios de la fruta? ¿A cuánto está la libra de manzanas?
6. ¿A quiénes respeta Ud. más? ¿Por qué?

16. Conflictos de familia

Una revista para jóvenes hace una encuesta entre sus lectores. Conteste las preguntas. Luego, piense en otras preguntas parecidas sobre relaciones familiares e intercambie opiniones con una persona de la clase, como se ve en el modelo.

ENCUESTA

1. ¿Cuántas veces a la semana discutes con tus padres o con los adultos de tu familia? 1-2 ◯ 3-4 ◯
2. ¿Cuáles son las causas principales de esos conflictos? ¿Tu comportamiento? ¿Una diferencia de opiniones? ¿Otra cosa? Explica.
3. ¿Respetas las opiniones de tus padres? Explica por qué sí o por qué no. sí ◯ no ◯
4. ¿Y las de tus hermanos o hermanas mayores? Explica por qué sí o por qué no. sí ◯ no ◯
5. ¿Y las de otros adultos de tu familia? Explica por qué sí o por qué no. sí ◯ no ◯
6. ¿Piensas que tus padres te respetan a ti? ¿Por qué? sí ◯ no ◯
7. ¿Tus padres te aceptan tal como eres? Explica tu respuesta. sí ◯ no ◯

MODELO

A: ¿Con quién tienes más conflictos en tu familia?

B: Con mi mamá. Siempre se está quejando de mi comportamiento.

Pregunta clave ¿Cómo se difunde la cultura dentro y fuera de un país?

Embajadores dominicanos de renombre

La presencia de la cultura de la República Dominicana se hace sentir más allá de sus fronteras. A partir de la segunda mitad del siglo pasado, muchos dominicanos dejaron su país por razones políticas y económicas, y así se difundió[1] su cultura en el mundo. Entre ellos, se cuenta el escritor Junot Díaz, criado y educado en Estados Unidos y ganador del premio Pulitzer en el 2008 por su novela bilingüe *La breve y maravillosa vida de Óscar Wao*. En esta saga de tres generaciones de la familia de Óscar Wao, se entrelaza[2] de forma humorística la realidad de la vida del inmigrante latino en Estados Unidos y la historia del pueblo dominicano durante la dictadura de Rafael Trujillo, que se extendió desde 1930 hasta 1961.

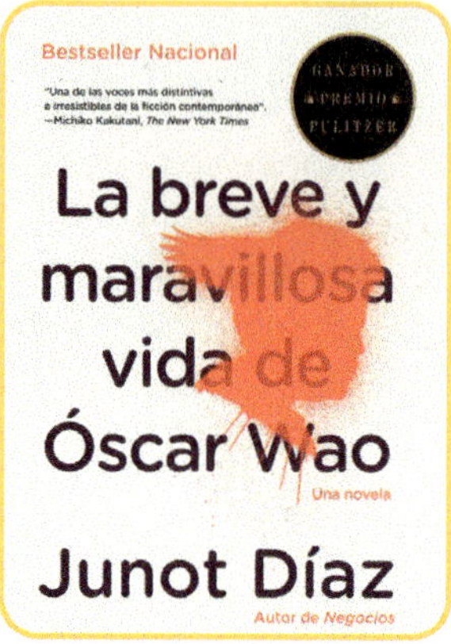

Otro dominicano destacado, aunque nunca emigró a otro país, es Juan Luis Guerra, quien con su música ha difundido su cultura dentro y fuera de la Republica Dominicana. Ha logrado fama internacional por sus merengues, bachatas y música de pop latino, con las cuales ha ganado dos premios Grammy y 15 Grammy Latinos. Además de cantar en español, Guerra ha grabado varias canciones en portugués, inglés e incluso dos en la lengua indígena de la isla. Juan Luis Guerra también se destaca a nivel mundial por su trabajo filantrópico.

Finalmente, otro dominicano de renombre internacional fue el diseñador de modas y filántropo Oscar de la Renta, quien fundó su propia casa de modas en 1965. Fue uno de los diseñadores preferidos de las primeras damas estadounidenses, desde Nancy Reagan hasta Michelle Obama. Aunque renunció a su nacionalidad para hacerse ciudadano estadounidense, de la Renta tuvo una conexión fuerte con su país natal.

[1]spread [2]intertwine

BÚSQUEDA república dominicana dictadura, junot díaz, juan luis guerra, oscar de la renta

PERSPECTIVAS

Mi moda y mi vida llevan ese amor por la vida que es muy nuestro. Todos hablan siempre de mi "pasión hispana". [...] Crecí en Santo Domingo, rodeado de color, de flores, de fragancias y de mujeres muy femeninas. [...] Amo la música latina y la alegría que tenemos, y mi deseo de embellecer a la mujer y rodearla de colores y de detalles muy ricos es parte de mi herencia latina.

¿Cómo se refleja su aprecio por la herencia cultural dominicana en estas palabras de Oscar de la Renta?

17. Comprensión

1. ¿Cómo difunden los dominicanos su cultura cuando emigran a otros países?
2. ¿Cuál es el tema general de *La breve y maravillosa vida de Óscar Wao*?
3. ¿Cómo difunde Juan Luis Guerra la cultura dominicana dentro y fuera de su país?

18. Analice

1. ¿Cómo se difunde la cultura a través de la literatura?
2. ¿Cómo se difunde la cultura a través de la música? ¿Y de la moda?
3. ¿Cómo se difunde la cultura estadounidense fuera del país? Dé ejemplos.

Donde los jóvenes les susurran[1] a las ballenas...

En la actualidad, los medios de comunicación no solo permiten difundir la cultura de un país, sino que también pueden aprovecharse para que se conozcan sus recursos naturales con fines ecológicos. Un ejemplo de ello es un programa de la oficina de turismo de la República Dominicana en Alemania para conocer y proteger a las ballenas jorobadas[2]. El programa se titula "Susurrador de ballenas" y es un concurso donde se invita a los jóvenes alemanes a convertirse en embajadores de las ballenas que viajan cada año a la península de Samaná, en el noreste de la República Dominicana, entre los meses de enero y marzo. El ganador o la ganadora del concurso tiene que observar a las ballenas y publicar en las redes sociales todas sus experiencias, al tiempo que promueve el turismo respetuoso con el medio ambiente. Esta es una increíble oportunidad de viajar y disfrutar de la naturaleza y de otra cultura y al mismo tiempo participar de una maravillosa causa ecológica y socializar con seguidores de todo el mundo.

[1]whisper [2]humpback whale

BÚSQUEDA ballenas jorobadas, península de samaná

Una ballena jorobada

COMPARACIONES

Donde Ud. vive, ¿hay algún programa que promueva las artes o el medio ambiente? Si no es así, ¿qué tipo de programa podría implementarse allí?

PRODUCTOS

la literatura

"Botellas Literarias" es un concurso nacional patrocinado por la Biblioteca Infantil y Juvenil República Dominicana (BIJRD), diseñado con el propósito de promover el cuidado del medio ambiente, al tiempo que se difunde el interés por el arte y la literatura dominicanos. Cada participante recibe tres botellas en cada una de las cuales se ha incluido un fragmento de una obra literaria de un autor dominicano. Después de leer los respectivos fragmentos, los estudiantes deben usar las botellas y otros objetos de reciclaje para crear una obra de arte que comunique el mensaje de la obra literaria. Los ganadores son elegidos por un jurado encargado de premiar la creatividad y originalidad de la obra de arte y su relación con la obra literaria.

¡Léeme! Nada nos enriquece más que la lectura.

19. Comprensión

1. ¿Qué animales viajan a la península de Samaná cada año?
2. ¿Qué tienen que hacer los ganadores del concurso "Susurrador de ballenas"?
3. ¿Cómo se pueden comunicar los embajadores de las ballenas con sus *fans* alrededor del mundo?

20. Analice

1. ¿De qué manera contribuyen los medios sociales a la difusión de la cultura?
2. ¿De qué manera se difunde la cultura dominicana con el programa "Botellas Literarias"?

Comunicación por teléfono

Vocabulario en contexto

Siempre que viajamos, tenemos que **cargar las baterías** de los celulares en el aeropuerto.

Tengo que hacer **una llamada de larga distancia** y necesito **el código** del país. Lo buscaré por Internet.

el cargador

la funda para celular

el protector de pantalla

marcar

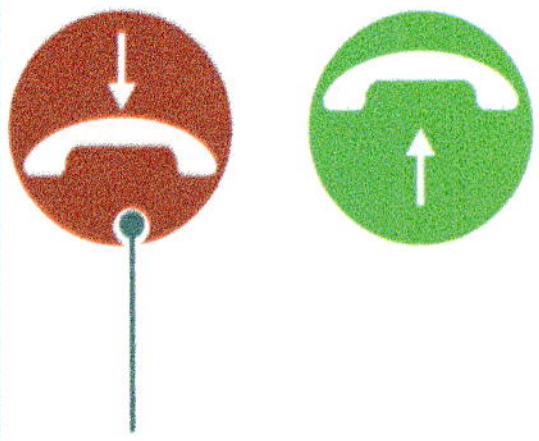

colgar

sonar

el mensaje de texto

la tarjeta telefónica

el modo de silencio

el buzón de voz

el teléfono fijo

las redes sociales

Para conversar

Para hablar de problemas telefónicos:

Mira, **la recepción** está muy mal y no te oigo. Voy a colgar y te vuelvo a llamar.

¡Qué raro! Yo sí te oigo. ¿Será que no tienes buena **cobertura**? Espero tu llamada.

Estaba hablando con Josefa cuando la llamada se cortó.

PARA DECIR MÁS

la ayuda y soporte	*help and support*
la base de carga inalámbrica	*wireless charging station*
el cargador para el carro	*car charger*
los datos ilimitados	*unlimited data*
el mensaje / el correo de voz	*voicemail message*
el puerto USB	*USB port*
roaming	*roaming*
la selfie	*selfie*
desbloquear / liberar	*to unlock*

21. Sobre el teléfono

Escuche las oraciones y diga a qué foto corresponde cada una.

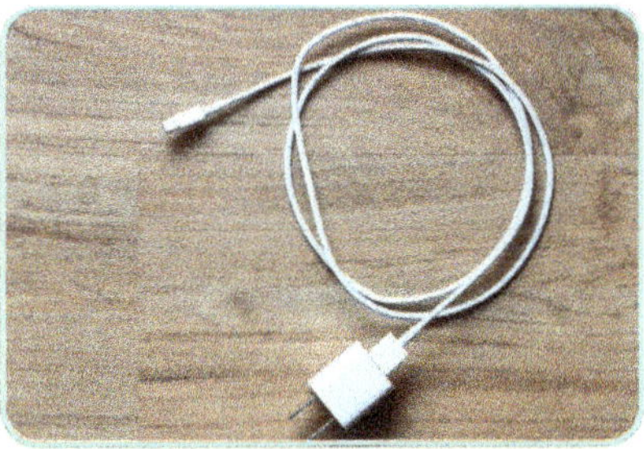

A

B

C

D

E

F

22. ¿Qué palabra no está relacionada con las otras?

Diga qué palabra no está relacionada con las demás. Luego, escoja un grupo de cuatro palabras y escriba una oración con ellas.

1. **A.** dejar un mensaje
   B. grabar
   C. cargar
   D. buzón de voz
2. **A.** marcar
   B. número
   C. avisar
   D. teléfono
3. **A.** mensaje
   B. protector de pantalla
   C. funda
   D. cargador
4. **A.** ¿Aló?
   B. ¿Quién habla?
   C. ¿Bueno?
   D. ¡Qué va!
5. **A.** llamada local
   B. modo de silencio
   C. tarjeta telefónica
   D. llamada de larga distancia

23. Recomendaciones

Complete las oraciones con la opción del recuadro que corresponda según el contexto.

cargador	de larga distancia	código	buzón de voz
mensajes de texto	colgar	cobertura	red social

1. Si llama a un amigo, y él no contesta, debe dejarle un mensaje en su ___.
2. Debe conseguir un buen plan de llamadas ___ si habla mucho con familiares de otros países.
3. También es bueno que su plan permita enviar ___ fuera del país. Las llamadas a veces son muy costosas.
4. Si está de vacaciones, puede usar su ___ para que sus amigos sigan las novedades de su viaje.
5. Si necesita el ___ de un país para hacer una llamada, puede consultarlo por Internet.
6. Es buena idea conseguir una tarjeta telefónica si su plan de teléfono no tiene ___ internacional.
7. Recuerde que es importante llevar el ___ de su teléfono cuando va de viaje.
8. Si no dejas de criticarme, te voy a ___. ¡Ya no aguanto más!

24. Número equivocado

Imagine que Ud. llama por teléfono a una persona de la clase, pero ha marcado el número equivocado. Juntos representen el diálogo que tendrían en esa situación. Usen las frases del recuadro.

perdón	¿Quién habla?	¿Aló?	número equivocado	¿Con el...?

Diálogo

¿Qué estabas haciendo?

Madre: ¿Por qué no contestabas el teléfono, Juan? Te dejé dos mensajes en el buzón de voz. ¿Qué estabas haciendo?
Juan: Estaba hablando con Pedro.
Madre: ¡Pedro! ¡Ay, no! Pero si él vive en Caracas. ¿Él te llamó?
Juan: No, yo lo llamé. Necesitaba hablar con él.
Madre: ¡Pero estabas haciendo una llamada de larga distancia!
Juan: Usé una tarjeta telefónica. Es mucho más barato.
Madre: ¿Cuántas llamadas puedes hacer con la tarjeta?
Juan: No sé. Según el país.
Madre: Ah, sí, es lógico.

25. ¿Qué recuerda Ud.?

1. ¿Qué estaba haciendo Juan cuando lo llamó su madre?
2. ¿Dónde vive Pedro?
3. ¿Qué tipo de llamada estaba haciendo Juan?
4. ¿Qué usó Juan para hacer la llamada? ¿Por qué?

26. Algo personal

1. ¿Hace llamadas de larga distancia? ¿A quién?
2. ¿Usa alguna vez tarjetas telefónicas? ¿Cuánto cuestan?
3. ¿Dejan sus amigos mensajes en su buzón de voz?
4. ¿Tiene su familia un teléfono fijo, o solo tienen celulares?
5. ¿Qué accesorios tiene para su celular? ¿Dónde los compra, por Internet o en una tienda?

27. ¿Cuál es la palabra?

Escuche las definiciones y escoja la letra de la palabra a la que se refiere cada una.

1. **A.** sonar
   B. colgar
   C. consultar
2. **A.** código
   B. año
   C. día
3. **A.** red social
   B. buzón de voz
   C. cobertura
4. **A.** moverse
   B. sonar
   C. cargar
5. **A.** escribir
   B. indicar
   C. marcar
6. **A.** recepción
   B. sonido
   C. batería

El imperfecto progresivo

- Use the imperfect progressive tense when speaking about past actions that lasted for an extended period of time. Form this tense with the imperfect of the verb ***estar*** plus the present participle (*gerundio*) of another verb.

estar	gerundio
estaba	
estabas	**hablando**
estaba	**comiendo**
estábamos	**escribiendo**
estabais	
estaban	

Estaba hablando *con mi novio.* — **I was talking** to my boyfriend.

Estábamos cargando *la batería.* — **We were charging** the battery.

- When you need to use direct or indirect object pronouns or reflexive pronouns with the past progressive, you have two options: You can place the pronouns before the conjugated form of ***estar*** or attach them to the present participle. Remember that sometimes you will have to include an accent mark when you attach pronouns to present participles.

Te estaba buscando.
Estaba buscándote. — **I was looking for you.**

Te estabas secando *el pelo.*
Estabas secándote *el pelo.* — **You were drying** your hair.

- When an ongoing action in the past is interrupted by another event, the imperfect progressive is used for the ongoing action and the preterite to describe the interruption.

Estaba saliendo *de casa cuando Jorge* ***llamó*** *por teléfono.* — **I was leaving** the house when Jorge **called**.

Estábamos caminando *cuando* ***empezó*** *a llover.* — **We were walking** when **it started** to rain.

Estábamos preparando la cena cuando llamaron por teléfono.

28. ¿Qué estaban haciendo cuando...?

Use el imperfecto progresivo de los verbos entre paréntesis para describir lo que estaba haciendo cada persona.

1. Yo te (*enviar*) un mensaje de texto cuando perdí la cobertura.
2. Tú (*mirar*) la funda nueva cuando se te cayó al suelo.
3. ¡Nosotros (*chismear*) sobre ti cuando llegaste!
4. El teléfono fijo (*sonar*) cuando abrí la puerta.
5. Yo te (*enviar*) un mensaje de texto cuando recibí el tuyo.
6. Los novios (*poner*) el celular en modo de silencio cuando la película empezó.

Estábamos comiendo pizza cuando tú entraste.

29. ¿Por qué no contestaste?

La semana pasada, un amigo suyo lo/la llamó por teléfono varias veces, pero nunca logró comunicarse con Ud. Imagínese que se encuentra con él y debe disculparse usando las excusas de abajo. Con una persona de la clase, representen el diálogo siguiendo el modelo. Pueden inventar otras excusas.

MODELO

el sábado por la mañana / estudiar en la biblioteca

A: Te llamé el sábado por la mañana, pero no contestaste. ¿Qué estabas haciendo?

B: Estaba estudiando en la biblioteca.

1. el domingo por la mañana / correr en el parque
2. el martes al mediodía / visitar a mi amiga de Santo Domingo
3. el miércoles muy temprano / dormir
4. el jueves por la tarde / ponerle el protector de pantalla al celular
5. el viernes por la noche / cenar con amigos

ClearTalk®

30. Grandes acontecimientos

En parejas, hablen de una noticia importante de los últimos cinco años. Puede ser un desastre natural, un accidente, un campeonato deportivo o un acontecimiento en la vida de una persona famosa. Una persona tiene que hacer las preguntas y la otra persona tiene que contestar. Hablen sobre qué estaba haciendo la otra persona cuando se enteró de la noticia y también qué estaban haciendo sus amigos y amigas y diferentes miembros de su familia.

MODELO

A: ¿Qué estabas haciendo cuando te enteraste de...

B: Estaba mirando la televisión cuando me enteré de...

¿? **Pregunta clave** ¿Cómo se difunde la cultura dentro y fuera de un país?

¡Comunicación!

31. ¡No quiero verte más!

Miguel, un alemán de madre dominicana, pasó cuatro semanas en la península de Samaná, después de ganar el concurso "El susurrador de ballenas". Luego, fue a Santo Domingo a visitar a su novia, Sandra, pero cuando llegó, ella no quería verlo. Estaba furiosa porque él había estado publicando noticias y fotos de su experiencia en las redes sociales, pero en cambio a ella no la había llamado por teléfono ni una vez, ni le había contestado sus mensajes de texto. Él le dice que trató de comunicarse muchas veces y le da miles de explicaciones, pero ella no quiere dejar de pelear. Con una persona de la clase, hagan los papeles de Miguel y Sandra y dramaticen la situación enfrente de la clase.

No lo creas si no quieres, pero te estoy diciendo la verdad.

MODELO

A: Miguel, ¿por qué no me llamaste mientras estabas de viaje?

B: Bueno... quería llamarte muchas veces, pero no tenía buena cobertura.

32. Yo digo... la literatura

Julia Álvarez es otra escritora de origen dominicano que, a través de su obra, ha dado a conocer aspectos de su cultura y de su propia experiencia como inmigrante hispana en Estados Unidos. En su novela *Cómo las hermanas García perdieron su acento*, ella trata el tema de las diferencias culturales a través de la historia de una familia dominicana que tiene que empezar una nueva vida en Nueva York. ¿Qué aspectos de la cultura dominicana se pueden observar en los siguientes fragmentos de la novela, y cómo se relacionan con aspectos de la cultura de Estados Unidos? Analice los fragmentos y responda al texto como se ve a continuación.

1. **El texto dice:** "En la isla siempre había un chofer que les abría la puerta o un jardinero que se llevaba la mano al sombrero y media docena de sirvientas y niñeras que se comportaban como si la salud y el bienestar de los niños de la Torre García fueran un asunto de interés público. Sin embargo, por llevar el apellido de la Torre, a las niñas también se las hacía sentir personas importantes".

   Yo digo: Se puede inferir que en la República Dominicana... En cambio en Estados Unidos...
2. **El texto dice:** "Se había retirado de la universidad, enamorada. Había aceptado un puesto de secretaria y seguía viviendo en casa porque su padre había amenazado con desheredarla si se iba a vivir por su cuenta".
3. **El texto dice:** "Todos los sueños caribeños del abuelo por tener un heredero varón [...] habían aflorado (*surfaced*). Como naciste aquí, hasta puedes llegar a ser presidente, le canturreaba. También podrás ir a la Luna, o tal vez a Marte, cuando tengas mi edad. [...] Era detestable que él siguiera con sus alabanzas (*praises*) mientras a su lado estaba su nietecita, con los ojos muy abiertos y tristes al oír todas las cosas que su hermanito, que no era más grande que una de sus muñecas, podría llegar a hacer por el simple hecho de ser varón".

A Julia de Burgos **de Julia de Burgos**

Sobre la autora

Al cumplirse cien años del nacimiento de esta destacada poetisa puertorriqueña, hubo diversos homenajes. En "El Barrio" (sector de East Harlem en Nueva York donde vivió en algunas etapas de su vida), hay un mural, un centro cultural y una calle con su nombre, entre otros.

Julia de Burgos (1914–1953) nació en Puerto Rico, la mayor de trece hermanos en una familia pobre. Sin embargo, sus padres insistieron en que tuviera una buena educación y fue la única de sus hermanos que se certificó como maestra, en la Universidad de Puerto Rico.

Su poesía abarca (*encompasses*) los temas feministas, los emocionales y la justicia social. Perteneció a las "Hijas de la libertad" del Partido Nacionalista de Puerto Rico que promovía el ideal de independencia. Ella luchó (*struggled/fought*) con sus conflictos internos hasta el día de su muerte. Entre sus poemas se destacan: "Río Grande de Loíza", "Noche de amor en tres cantos", "Poema de la cita eterna", "Velas sobre un recuerdo" y "A Julia de Burgos".

BÚSQUEDA julia de burgos

Parque Julia de Burgos, Willimantic, Connecticut

33. Antes de leer

¿Alguna vez ha pensado que parece ser dos personas distintas, como si tuviera dos personalidades diferentes dependiendo de dónde está o con quién está?

34. Practique la estrategia

En el poema, la autora hace un contraste entre quién es "tú" y quién es "yo", utilizando palabras y frases que indican que una persona es lo contrario de la otra. Mientras lee, o después de leer, complete la siguiente tabla con la palabra o frase que se opone a la que se da en cada caso. Siga la primera línea como ejemplo.

tú	yo
ropaje	esencia
egoísta	
de tu marido	
a ti todos te mandan	
flor de aristocracia	
lo tienes todo y a todos se lo debes	

ESTRATEGIA

Inferring the poet's attitude

In poetry, every word must carry weight and add something to the poet's expression of an idea. This means that you can infer a poet's attitude toward the subject of a poem by examining his or her choice of words. As you read the following poem, pay attention to the poet's use of repetition, especially of the words *tú* and *yo*. Ask yourself questions, such as: "To what two parts of the poet do *tú* and *yo* refer?"; "What are the differences between these two parts?"; "What point is the poet trying to make?"

A Julia de Burgos **de Julia de Burgos**

35. Comprensión

1. ¿De quién habla la autora en este poema?

2. ¿Qué quiere decir "en ti mandan [...] el auto, las alhajas, el banquete, el champán"?

3. ¿Por qué "tú" y "yo" son tan diferentes?

Ya las gentes murmuran[1] que yo soy tu enemiga
porque dicen que en verso doy al mundo tu yo.
Mienten, Julia de Burgos. Mienten, Julia de Burgos.
La que se alza[2] en mis versos no es tu voz: es mi voz;
porque tú eres ropaje[3] y la esencia soy yo;
y el más profundo abismo[4] se tiende[5] entre las dos.
Tú eres fría muñeca[6] de mentira social,
y yo, viril destello[7] de la humana verdad.
Tú, miel[8] de cortesanas[9] hipocresías; yo no;
que en todos mis poemas desnudo[10] el corazón.
Tú eres como tu mundo, egoísta; yo no;
que todo me lo juego a ser lo que soy yo...
Tú eres de tu marido, de tu amo[11]; yo no;
yo de nadie, o de todos, porque a todos, a todos,
en mi limpio sentir y en mi pensar me doy...
Tú en ti misma no mandas; a ti todos te mandan;
en ti mandan tu esposo, tus padres, tus parientes,
el cura[12], la modista[13], el teatro, el casino,
el auto, las alhajas[14], el banquete, el champán,
el cielo y el infierno, y el qué dirán social.
En mí no, que en mí manda mi solo corazón,
mi solo pensamiento; quien manda en mí soy yo.
Tú, flor de aristocracia; y yo la flor del pueblo.
Tú en ti lo tienes todo y a todos se lo debes,
mientras que yo, mi nada a nadie se la debo.
Tú, clavada al estático dividendo ancestral,
y yo, un uno en la cifra[15] del divisor social,
somos el duelo a muerte[16] que se acerca fatal.

[1] mutter [2] rises up [3] clothing [4] abyss [5] stretches out [6] doll
[7] sparkle, gleam [8] honey [9] courtly [10] bare [11] master [12] priest
[13] dressmaker [14] jewels [15] number, digit [16] duel to the death

36. Analice

¿Cree que Julia de Burgos hace un retrato de su propia personalidad en este poema? Explique.

37. Después de leer

El símil o comparación consiste en relacionar dos palabras con una cualidad similar. Es fácil identificarlo por las palabras "como" o "cual". Vuelva al poema y encuentre ejemplos de comparación. Luego, escriba cuatro versos sobre sí mismo. Describa su yo "interior" y su yo "exterior" usando la comparación.

A. Escuchar: ¿Resolvieron el conflicto? (pp. 198-199)

Escuche los cinco minidiálogos y diga **sí** si las personas resolvieron el conflicto o **no** si no lo resolvieron.

B. Vocabulario: Buenas recomendaciones (pp. 198-199, 208-209)

Complete las oraciones con las palabras del recuadro que correspondan según el contexto.

admitirlo	cargador	buzón de voz	cobertura	red social
batería	modo de silencio	tarjeta telefónica	se dé cuenta	

1. Si sabes que cometiste un error, debes ____ personalmente. Nunca lo hagas dejando un mensaje en el ____ o por e-mail.
2. ¿Me prestas tu ____? Tengo que cargar la ____ de mi celular.
3. No pongas demasiada información personal en tu ____. No es bueno que todo el mundo ____ de todo lo que pasa en tu vida.
4. Si quieres hablar con parientes en otro país y tu plan telefónico no ofrece ____ internacional, puedes usar una ____.
5. Antes de entrar al cine, debes poner tu celular en ____.

C. Estructura: ¿Qué me recomiendas? (p. 201)

Imagine que su mejor amigo/a tiene muchos problemas en sus relaciones personales y Ud. le está dando consejos. Complete lo que le dice con el mandato negativo que corresponda según el contexto.

MODELO

El comportamiento de Rosita está horrible en estos días. (*hacerle caso*)

No le hagas caso.

1. Respeta a tus abuelos. (*levantarles la voz*)
2. Sé honesto con Natalia. (*decirle mentiras*)
3. Hazle caso a otros y considera su opinión. (*pensar en ti mismo*)
4. Respeta a tu hermana. (*criticarla*)
5. Tu hermano y tú tienen diferencias de opinión. (*discutir mucho*)
6. Tu amiga dice algo que no te gusta. (*reaccionar mal*)

D. Estructura: ¿Qué estaban haciendo? (p. 212)

Use el imperfecto progresivo para decir lo que estaba haciendo cada persona.

1. Ellos (*correr*) en el parque cuando empezó a llover.
2. ¿(*dormir*) cuando te llamé?
3. Él (*buscar*) información en el sitio web cuando se cortó lo conexión.
4. Yo (*vestirme*) cuando sonó el teléfono fijo en la cocina.
5. Nosotros (*hacer*) las paces cuando entraron nuestro padres.
6. Mi novio me (*criticar*) cuando empecé a llorar.

E. Cultura: La presencia dominicana (pp. 206-207)

Explique cómo estas personas y eventos difunden o han difundido la cultura dominicana en la isla y en el mundo entero.

- Junot Díaz
- Juan Luis Guerra
- Oscar de la Renta
- el "Susurrador de ballenas"
- las "Botellas Literarias"

Vocabulario

Relaciones con los parientes	Verbos	Expresiones	Por teléfono	
el adulto, la adulta el comportamiento el conflicto la diferencia de opinión la obligación la relación	avisar cargar colgar (ue) consultar criticar marcar reaccionar respetar sonar (ue)	estar equivocado/a hacer caso hacer las paces levantar la voz ponerse de acuerdo ¿Quién habla? tal como	la batería el buzón de voz el cargador la cobertura el código la funda para celular la llamada de larga distancia el mensaje de texto	el modo de silencio el número equivocado el protector de pantalla la recepción la red social la tarjeta telefónica el teléfono fijo

Estructuras

Los mandatos negativos informales

Use esta tabla para crear un mandato negativo informal.

infinitivo	→	**presente de *yo***	→	**omitir *-o***	→	**añadir *-es* o *-as***
hablar	→	habl**o**	→	habl-	→	habl**es**
correr	→	corr**o**	→	corr-	→	corr**as**
decir	→	dig**o**	→	dig-	→	dig**as**

***No hables** tan rápido.*

***No digas** mentiras.*

Los mandatos negativos informales irregulares incluyen **ir**, **ser**, **dar** y **estar**. Recuerde que los verbos que terminan en **-car**, **-gar**, **-zar** y **-ger** tienen un cambio ortográfico para mantener la pronunciación original.

El imperfecto progresivo

El imperfecto progresivo se usa para describir acciones del pasado que duran por mucho tiempo.

imperfecto de *estar*		+	**gerundio**		
estaba	estábamos		**-ar** *verbs*	→	**-ando**
estabas	estabais		**-er** *verbs*	→	**-iendo**
estaba	estaban		**-ir** *verbs*	→	**-iendo**

***¿Qué estaba pasando** cuando llegó el profesor?*

***Estábamos leyendo** el texto de García Lorca.*

La isla de Vieques

A solo siete millas de la costa suroeste de Puerto Rico se encuentra la isla de Vieques, que mide 21 millas de largo y 4 millas de ancho. Es una isla agreste[1] caracterizada por bellas playas y una bahía bioluminiscente. Las playas y la bahía son importantes para el turismo, el cual es parte integral de la economía de Vieques.

En la década de 1940 el gobierno de Estados Unidos instaló una base naval en Vieques y comenzó a realizar maniobras militares[2]. Esto generó un largo conflicto con los isleños que se oponían a esas prácticas y a la ocupación de tierras por parte de la Marina[3].

En los años noventa, los residentes expresaron inquietudes sobre el impacto ambiental y sanitario de las actividades militares en la isla. A partir de entonces comenzó "la protesta con la propuesta[4]", un proyecto de desarrollo[5] socioeconómico que incluía la recuperación de las tierras utilizadas por la base naval y el uso sostenible de recursos naturales.

En el 2001, el gobierno estadounidense ofreció ayuda económica a la isla para mitigar el impacto de las actividades militares. Finalmente, en el 2003, se decidió cesar las operaciones militares en Vieques, y la Marina de los Estados Unidos cerró su base naval.

Hoy día, los terrenos que anteriormente ocupaba la base naval forman parte del Refugio Nacional de Vida Silvestre de Vieques. Tristemente, los huracanes del 2017 que devastaron a todo Puerto Rico causaron enormes daños al refugio. Pero la vegetación ya ha empezado a recuperar su color verde, a los árboles caídos les están brotando nuevas ramas y los animales marinos han vuelto a las playas. ¡Y los turistas también!

[1]rural, rustic [2]military maneuvers [3]Navy [4]proposal [5]development

BÚSQUEDA bahía luminiscente, isla de vieques

La bahía Mosquito de noche

COMPARACIONES

¿Hay actividades que están contaminando el lugar donde Ud. vive? ¿Qué acciones podría hacer para cambiar la situación?

A. Comprensión

1. ¿A qué se oponían los residentes de Vieques desde la década del 1940?
2. ¿De qué acusaban los residentes a la Marina estadounidense?
3. ¿Qué ocurrió con las zonas que anteriormente ocupaba la base naval?

B. Analice

1. ¿Cuál cree que era la "propuesta" del movimiento "la protesta con propuesta"?
2. Póngase en el lugar de un residente de Vieques cuando el presidente Clinton hizo su oferta. ¿Cuáles son los riesgos (*risks*) y beneficios de aceptar la oferta? ¿Estaría Ud. dentro del 70 por ciento?

PRÁCTICAS

En Vieques, los caballos son parte de la vida diaria. Muchos residentes los usan como transporte para ir al trabajo o para llevar a los niños a la escuela. Como la mayoría de los dueños (*owners*) de caballos no tienen los medios económicos para darles de comer, dejan a sus caballos sueltos (*at large*) para que se alimenten de plantas y frutas silvestres. Los caballos caminan libres por las calles y las playas de Vieques. Cuando los dueños los necesitan, ¡saben dónde encontrarlos!

PERSPECTIVAS

El presidente Clinton le ofreció a la isla un gran incentivo económico a cambio de mantener la base naval en la Isla. Los residentes no lo aceptaron. ¿Qué nos dice esto de los valores de los residentes de Vieques?

Vieques pierde el conflicto con huracán María

La pequeña isla de Vieques sufrió la misma devastación que la isla grande de Puerto Rico. Se destruyeron casas, árboles y casi toda la infraestructura eléctrica y de comunicaciones. Afortunadamente, varias industrias en Vieques, como *Crowley Maritime*, colaboraron para restaurar los servicios básicos. Restaurar la infraestructura humana requería otras soluciones. Muchas organizaciones mandaron ayuda. ViequesLove es un ejemplo. Fue fundada en el 2006 por dos estadounidenses que viven en la isla para restaurar los espacios naturales. Pero después del huracán concentraron su energía en buscar dinero para ayudar a los ancianos[1] y enfermos, recaudando[2] casi $900.000 el primer mes.

La destrucción después del huracán

[1]elderly people [2]raising

BÚSQUEDA viequeslove

PERSPECTIVAS

Uno de los grupos que mandaron una gran cantidad de ayuda después del huracán es Activados por Puerto Rico, un grupo integrado por puertorriqueños que viven en Florida y Canadá. ¿Qué dice esto de la actitud de los puertorriqueños que viven en el extranjero?

COMPARACIONES

¿Su comunidad ha sufrido un desastre natural? ¿Cuál? ¿Qué grupos en su comunidad responden cuando hay una emergencia?

C. Comprensión

1. ¿Quiénes fundaron el grupo ViequesLove?
2. ¿Cuál era el objetivo original del grupo?
3. ¿Cuánto dinero se recaudó el primer mes?

D. Analice

Investigue la situación de Vieques hoy. ¿Qué cosas se han restaurado y cuáles todavía están en el proceso de restaurarse? ¿Le parece que el progreso es rápido o lento?

El rincón del arte

Billy Joe Pérez y su hijo Jwan Pérez Ramos, 20, pintaron su mural *Salimos de aquí* dos meses después del huracán María en el 2017. El mural se sitúa en la entrada del barrio de Cerro Calero y muestra el barrio como era antes del huracán. "Por lo menos" explica Jwan, "la gente que vive aquí puede parar antes de subir y verlo hermoso otra vez". ¿Qué emociones cree que evoca el mural en la gente del barrio? ¿Y en la gente de otros barrios?

El mural *Salimos de aquí* con sus pintores

¡Qué chévere es la vida! **Somos buenas amigas**

agotada *exhausted* **agobiado** *overwhelmed/swamped* **novedades** *news* **notas** *grades* **Me estoy quemando las pestañas** *I'm burning the midnight oil* **apuntes** *notes* **Me peleé** *I fought*

E. Comprensión

1. ¿Por qué los padres de Sara se enojaron cuando la vieron en la televisión?
2. ¿Cómo se ayudan las chicas?
3. ¿Cuál es el secreto de Sara?

F. Analice

1. ¿Cree que hay una justificación para que los padres de Sara estén enojados con ella? Explique.
2. ¿Cómo sabe Ud. que las chicas valoran su amistad?

Proyectos PRE AP

¿? **Pregunta clave** ¿Cómo se difunde la cultura dentro y fuera de un país?

A. ¡Manos a la obra!

Imagine que tiene un abuelo que a menudo critica la cultura contemporánea del país e insiste en que hace años todo era mejor. Él critica lo que considera falta de modales, la manera en que se comunican los jóvenes, y también lo que considera una obsesión con los aparatos electrónicos de comunicación. Represente la situación con una persona de la clase y túrnense para hacer los dos papeles: el del abuelo que se queja de todo y el del nieto que trata de convencerlo de que la cultura de hoy no está tan mal como él la ve.

Las generaciones no se comunican de la misma manera.

B. En resumen

Piense en ejemplos de cómo se difunde la cultura dentro de un país y de un país a otro país, según la información que leyó en las secciones de Cultura de esta unidad. Luego, escriba esos ejemplos en una tabla de categorías como la que se muestra a continuación y agregue otros ejemplos de su propio conocimiento.

¿Cómo se difunde la cultura?			
Puerto Rico		República Dominicana	
Dentro del país	De un país a otro	Dentro del país	De un país a otro

C. Influencias culturales

Con una persona de la clase, investiguen y analicen distintas influencias culturales de otros países en la región donde viven. Si es posible, entrevisten a personas de esos países para averiguar lo más posible acerca de su cultura, por ejemplo, las costumbres, las celebraciones, las comidas y bebidas típicas, las palabras en otros idiomas, y los géneros musicales. Piensen en cómo han llegado hasta allí y cuál es su origen. Luego, hagan una presentación delante de la clase.

PARA DECIR MÁS

la influencia *influence*
adoptar *to adopt*
provenir *to come from*
extranjero/a *foreign*
típico/a *typical*

D. Ayer y hoy el lenguaje

Los idiomas también cambian a través del tiempo; algunas expresiones adquieren nuevos significados. Con el uso de las nuevas tecnologías, muchas palabras que ya se usaban adquieren otros sentidos. Con ayuda de un diccionario o un navegador de Internet, averigüe el significado tradicional de estas palabras y el que adquirieron en el ámbito de las nuevas tecnologías. Complete la tabla con una persona de la clase y luego compárenla con las de otras parejas.

Expresión	Significado anterior	Nuevo significado
red		
navegar		
explorador		
pestaña		
ventana		
nube		

E. ¿Y si todos fuéramos bilingües? los estudios sociales

Su estado está debatiendo si debe ser bilingüe o monolingüe y unas personas de la clase y Ud. van a debatir el tema. Unos van a estar a favor del bilingüismo y otros en contra. Piense en las ventajas y desventajas de vivir en un lugar donde haya dos idiomas oficiales. ¿Cómo cree que cambiará la cultura de un lugar si pasa de ser monolingüe a bilingüe? Divídanse en grupos de cuatro estudiantes y debatan el tema con otro grupo. Todos los estudiantes votarán por el argumento que los convenza más a todos.

A favor	En contra

F. A comentar la tecnología

Piense en cómo las nuevas tecnologías han cambiado los medios de comunicación a nivel global y personal. Comente con unas personas de la clase el efecto que estas tecnologías han tenido y siguen teniendo en su vida, por ejemplo, cómo se entera Ud. de las últimas noticias, cómo sigue en contacto con amigos o familiares que viven lejos y cómo mantiene relaciones con amigos. Incluya tanto los aspectos que ayudan como los que dificultan la comunicación.

Repaso de la Unidad 4

Autoevaluación

Lección A **I can:**

- describe friends, their feelings, and their personalities (pp. 176–177)
- discuss Puerto Rican culture on and off the island (pp. 184–185)
- converse about difficulties in friendships and ask for forgiveness (pp. 186–187)
- communicate what has occurred (p. 189)
- discuss how teenagers communicate today (p. 194)

Lección B **I can:**

- converse about feelings and relationships with family (pp.198–199)
- tell others what not to do (p. 201)
- name and describe some famous people from the Dominican Republic (p. 206)
- discuss some youth programs from the Dominican Republic (p. 207)
- communicate by phone (pp. 208–209)
- communicate about ongoing actions in the past (p. 212)
- analyze and discuss a poem (pp. 215–216)

Repaso de estructuras

Lección A

- **Repaso rápido:** Más sobre verbos y pronombres (p. 180)
- Los complementos directos e indirectos en una misma oración (p. 181)
- **Repaso rápido:** Los participios pasados y el pretérito perfecto (p. 189)
- La posición del adjetivo y su significado (p. 191)

Lección B

- Los mandatos negativos informales (p. 201)
- Los usos de la preposición **a** (p. 204)
- El imperfecto progresivo (p. 212)

My Language Town™

¿Qué es lo que más te gusta o valoras de un amigo?

Vocabulario de la Unidad 4

acusar to accuse *4A.2*
admitir to admit *4A.2*
el **adulto,** la **adulta** adult *4B.1*
apoyar to support, to back (another person) *4A.1*
avisar to let someone know *4B.1*
la **batería** battery *4B.2*
el **buzón de voz** voice mail (box) *4B.2*
el **cargador** charger *4B.2*
cargar to charge *4B.2*
celoso/a jealous *4A.1*
chismear to gossip *4A.1*
chismoso/a gossipy *4A.1*
la **cobertura** coverage *4B.2*
el **código** (country/area) code *4B.2*
colgar (ue) to hang up *4B.2*
cometer un error to make a mistake *4A.2*
el **comportamiento** behavior *4B.1*
comprensivo/a understanding *4A.2*
confiar (en) to trust (in) *4A.1*
el **conflicto** conflict *4B.1*
considerado/a thoughtful, considerate *4A.1*
consultar to check *4B.1*
contar con to count on (someone) *4A.1*
criticar to criticize *4B.1*
darse cuenta (de) to realize *4A.1*
dejar plantado/a a alguien to stand someone up *4A.2*
desconfiar to mistrust *4A.2*
descubrir to find out, to discover *4A.2*
devolver (ue) to return (an item) *4A.2*
la **diferencia de opinión** difference of opinion *4B.1*
Discúlpame. Forgive me. *4A.2*
la **discusión** discussion *4A.2*
echar la culpa a alguien to blame someone else *4A.2*
entrometido/a nosy *4A.1*
estar equivocado/a to be wrong *4B.1*
la **funda para celular** cell phone cover/case *4B.2*
hacer caso to listen to, to pay attention, to obey *4B.1*
hacer las paces to make up (with someone) *4B.1*
hacer un cumplido to compliment (someone) *4A.1*
hacerlo sin querer to do something without meaning to *4A.2*
honesto/a honest *4A.1*
increíble incredible *4A.1*
las **lágrimas** tears *4A.2*
levantar la voz to raise one's voice *4B.1*
la **llamada de larga distancia** long-distance call *4B.2*
llorar to cry *4A.2*
marcar to dial *4B.2*
el **mensaje de texto** text message *4B.2*
el **modo de silencio** silent mode *4B.2*
No faltaba más. Don't mention it. *4A.2*
el **número equivocado** wrong number *4B.2*
la **obligación** obligation *4B.1*
la **pelea** fight *4A.2*
pensar en sí mismo/a to think of oneself *4A.1*
perder la paciencia to lose patience *4A.2*
perdonar to forgive *4A.1*
ponerse de acuerdo to reach an agreement *4B.1*
posponer to postpone *4A.2*
el **protector de pantalla** screen protector *4B.2*
¡Qué raro! How odd! *4A.2*
¡Qué va! No way! *4A.2*
¿Quién habla? Who is it? (telephone greeting) *4B.2*
reaccionar to react *4B.1*
la **recepción** (telephone) reception *4B.2*
reconciliarse to make up (with someone) *4A.1*
la **red social** social network *4B.2*
la **relación** relation(ship) *4B.1*
respetar to respect *4B.1*
sonar (ue) to ring *4B.2*
tal como just as *4B.1*
la **tarjeta telefónica** calling card *4B.2*
el **teléfono fijo** landline *4B.2*
tener celos to be jealous *4A.1*
tener intereses en común to have interests in common *4A.1*
tener la culpa to be someone's fault *4A.2*

UNIDAD 5

La vida de la ciudad y del campo

Refrán

Querer es poder.

Where there's a will, there's a way.

Pregunta clave

¿Cómo se transportan las personas en otros países y adónde van?

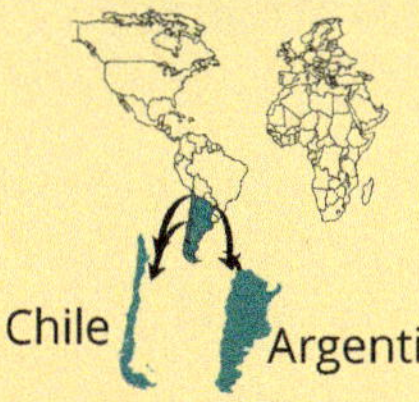

Mis metas

Lección A I will be able to:

- communicate about driving in the city
- identify and name some road signs
- tell others what to do
- communicate a suggestion about what we might do
- discuss transportation in Buenos Aires
- explain the history of the national dance of Argentina
- converse about moving about in the city
- communicate requests and generalizations
- analyze and discuss **Condorito**, a famous Chilean cartoon character

Lección B I will be able to:

- converse about train travel
- communicate opinions
- discuss transportation, geography, and activities in Chile
- discuss camping activities and supplies
- converse about the countryside
- express desires, demands, and wishes
- analyze and discuss a short story

¿Qué te gusta más, la vida en la ciudad o la vida en el campo?

¿Cómo se llega al Glaciar Perito Moreno y a Ushuaia?

LECCIÓN
A
Argentina

Vocabulario A1

Manejando en la ciudad

Vocabulario en contexto

la glorieta

la licencia de conducir

el espejo retrovisor

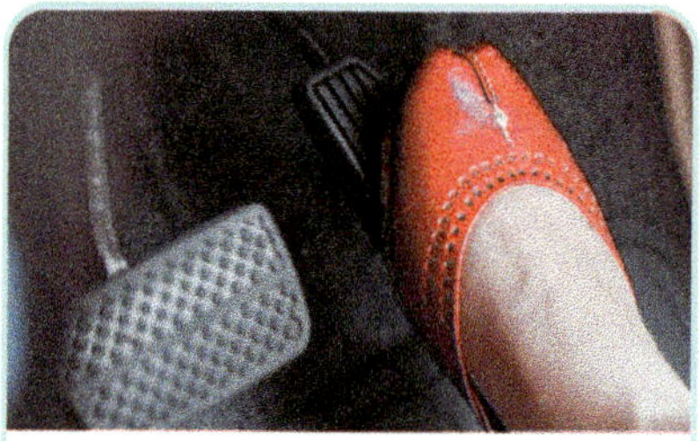

pisar el acelerador

prohibido doblar

la calle de una sola vía

la calle de doble vía

el semáforo

pare

el estacionamiento

el espacio vacío

Para conversar

Para hablar sobre las reglas para manejar en forma segura:

Preste atención a **las normas de tránsito**.

Antes de encender el motor, **ajuste** el espejo retrovisor.

Para salir del garaje, ponga **la marcha atrás** y pise el acelerador **despacio**.

Disminuya la velocidad al llegar a una glorieta y **ceda el paso**.

Estacionemos en un estacionamiento y no al lado de un parquímetro.

Está prohibido estacionar aquí.

PARA DECIR MÁS

las direccionales / los intermitentes	*directionals, turn signals*
el freno de emergencia	*emergency brake*
los limpiaparabrisas	*windshield wipers*
el parabrisas	*windshield*
arrancar	*to start*
poner las luces	*to turn the (head) lights on*

EN OTROS PAÍSES

el estacionamiento	*el aparcamiento, el parking (España)*
la licencia de conducir	*el carnet (carné) de conducir (España)* *el pase (Colombia)* *la licencia de manejar (México)*
las normas de tránsito	*las reglas de tránsito (muchos países)*
estacionar	*aparcar (España)*
pare	*alto (España y México)*

1. Busque el intruso

Indique qué expresión no pertenece al grupo y explique por qué.

MODELO

ceder el paso / parar / acelerar
acelerar: Parar y ceder el paso se tratan de disminuir la velocidad.

1. parar / estacionar / calle de doble vía
2. ser prudente / tener paciencia / pisar el acelerador
3. espejo retrovisor / calle de una sola vía / glorieta
4. licencia de conducir / normas de tránsito / paciencia
5. poner la marcha atrás / ajustar el espejo / cometer errores
6. ceder el paso / acelerar / disminuir la velocidad
7. ajustar / estacionamiento / espacio vacío
8. espejo retrovisor / acelerador / licencia de conducir

2. ¡Respetemos las señales!

Indique la letra de la foto que corresponde con lo que oye.

A

B

C

D

E

F

3. Lógico

Complete en forma lógica cada frase de la izquierda con la correspondiente de la derecha.

1. Ponga la marcha atrás
2. Respetemos
3. Ajuste el espejo retrovisor
4. Disminuyamos
5. La señal dice
6. Mis padres estacionaron el coche
7. Mariano debe pisar

A. en un parquímetro del barrio.
B. el acelerador con cuidado.
C. las normas de tránsito.
D. para salir del estacionamiento.
E. la velocidad.
F. antes de encender el motor.
G. prohibido doblar.

4. ¡A tomar la prueba de manejar!

Ud. y una persona de la clase se están preparando para tomar la prueba de manejar. Antes de entrar a las oficinas se hacen estas preguntas para estar seguros de que están listos. Túrnense para hacer las preguntas y responderlas.

1. ¿Cuándo debemos ponernos el cinturón?
2. Al llegar a una glorieta, ¿qué haces?
3. ¿Van los coches en un sentido solamente en una calle de doble vía?
4. Si el semáforo se pone en amarillo, ¿qué haces?
5. ¿Cuándo debemos ajustar el retrovisor?
6. ¿Cuándo debemos seguir las normas de tránsito?
7. ¿Qué puedes hacer cuando el semáforo está en verde?
8. ¿Qué debes hacer para ir marcha atrás?
9. ¿...?

Diálogo

¡No acelere!

María: Quiero obtener la licencia de conducir. Hoy es mi primera clase.

Instructor: Muy bien. Súbase a este coche. ¿Ya sabe todas las normas de tránsito?

María: Sí. ¿Me pongo el cinturón de seguridad?

Instructor: Por supuesto. Siempre debe ponérselo.

María: ¿Qué hago ahora?

Instructor: Primero ajuste el espejo retrovisor y luego encienda el motor.

María: ¿Acelero?

Instructor: No, no acelere todavía. Busque el freno... Pise el acelerador con mucho cuidado. Al principio debe ir despacio. No quite las manos del volante... ¡Con cuidado! ¡Disminuya la velocidad!

María: Profesor, tenga más paciencia conmigo.

5. ¿Qué recuerda Ud.?

1. ¿Cuándo se debe poner María el cinturón de seguridad?
2. ¿Qué debe hacer para acelerar?
3. ¿Cómo debe ir al principio?
4. ¿Qué le dice el instructor a María al final?

6. Algo personal

1. ¿Sabe conducir coches?
2. ¿Tiene licencia de conducir?
3. ¿Conoce las normas de tránsito? ¿Es prudente cuando conduce?
4. ¿Qué errores comete la gente o Ud. al conducir?

7. Para conducir

Escuche cada diálogo y escoja la frase que completa correctamente cada oración.

1. Roberto quiere tener (*la licencia de conducir / la señal de tránsito*).
2. Carla debe ajustar primero (*el acelerador / el espejo retrovisor*).
3. Víctor pone la marcha atrás porque va a (*estacionar / acelerar*) el coche.
4. Los conductores le (*ceden / disminuyen*) el paso a la señora.

Los mandatos formales singulares y plurales

- To tell a person you address as *Ud.* what to do, use a formal command. To form this command, use the *yo* form of the present tense and drop the final ***-o***. Then, add ***e*** for ***-ar*** verbs, and add ***a*** for ***-er*** and ***-ir*** verbs. The same rule applies to stem-changing and spelling-changing verbs. To form a plural (*Uds.*) command, add ***n*** to the singular command.

(estacionar) ***Estacione*** *el coche.*	**Park** the car.
(leer) ***Lean*** *las normas de tránsito.*	**Read** the traffic rules.
(salir) ***Salgan*** *del estacionamiento.*	**Leave** the parking lot.
(pensar) ***Piense*** *en su seguridad.*	**Think** about your safety.
(conducir) ***Conduzca*** *con cuidado.*	**Drive** carefully.

- Affirmative and negative formal singular and plural commands have the same forms. To make a command negative, add *no*.

No doble *aquí.*	**Don't turn** here.
No enciendan *los faros.*	**Don't turn on** the headlights.

- The following five verbs have irregular formal commands:

	Ud.	Uds.
dar	**dé**	**den**
estar	**esté**	**estén**
ir	**vaya**	**vayan**
saber	**sepa**	**sepan**
ser	**sea**	**sean**

Sea *prudente y* ***sepa*** *las normas de conducir.*	**Be** cautious and **know** the driving rules.
No sean *impacientes y* ***vayan*** *despacio.*	**Don't be** impatient and **go** slowly.

- Attach object and reflexive pronouns to the end of formal affirmative commands. These same pronouns precede negative commands.

Muéstreme *la licencia de conducir.*	**Show me** your driver's license.
Abróchense *los cinturones.*	**Fasten** your seatbelts.
No me dé *órdenes.*	**Don't give me** orders.

Muéstreme la licencia de conducir.

8. Conduzca con cuidado

La señora Cánova está aprendiendo a manejar. ¿Cuáles son las instrucciones que le da la instructora?

MODELO

no cruzar en rojo

No cruce en rojo.

1. no estar nerviosa
2. abrocharse el cinturón de seguridad
3. obedecer las señales de tránsito
4. no ir rápido
5. disminuir la velocidad
6. ser prudente

9. ¿Qué debe hacer?

Escriba un mandato formal, singular o plural, para cada señal usando los verbos indicados.

MODELO

Abróchense los cinturones de seguridad.

1.

2.

3.

ceder | parar
(no) doblar | abrocharse
seguir | (no) estacionar
disminuir

4.

5.

6.

10. ¡Pónganse de acuerdo!

Imagine que Ud. es un instructor de manejo recién recibido. Como es la primera vez que va a dar una clase, lo acompaña un instructor con experiencia, que lo corrige cuando da instrucciones equivocadas. Represente la situación con una persona de la clase turnándose para hacer el papel de cada instructor. Usen las expresiones de abajo y los mandatos formales, como se ve en el modelo.

MODELO

doblar a la derecha en esa calle

A: Doble a la derecha en esa calle.

B: Esa calle es de una sola vía. Doble a la izquierda.

1. estacionar en esta calle
2. ajustar el espejo retrovisor
3. pisar rápido el acelerador
4. parar en la glorieta
5. no ceder el paso
6. poner la marcha atrás

11. Consejos para los conductores jóvenes

Trabajen en un grupo de tres o cuatro estudiantes. Lean el anuncio y escojan las cinco recomendaciones más importantes. Formen con ellas mandatos e intercambien sus mandatos con los otros estudiantes de la clase. ¿Cuál es la recomendación más importante y por qué lo es?

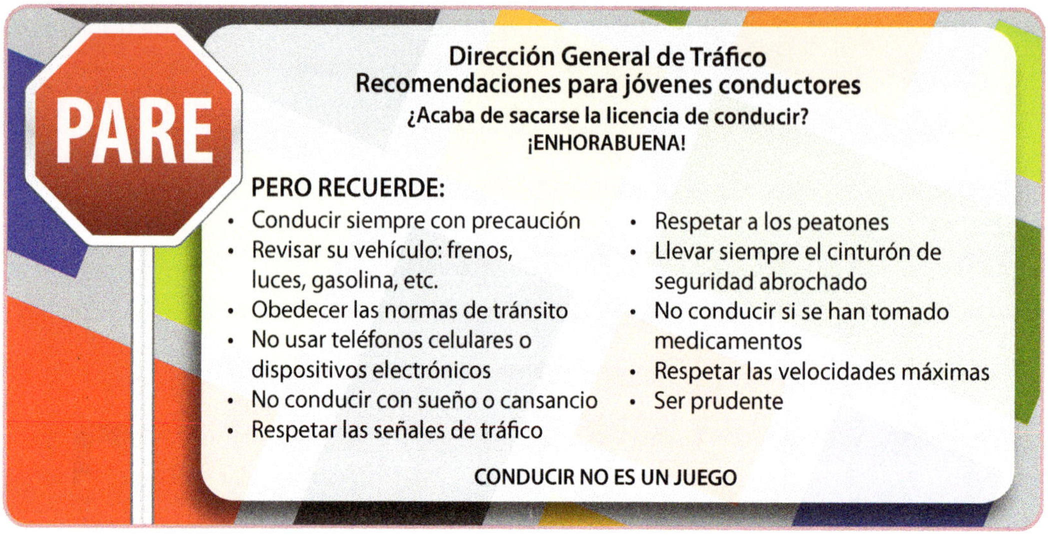

Los mandatos con *nosotros*

- You have learned to use "*¡Vamos a…!*" to suggest doing an activity or going to a place. You may also use a *nosotros* command to suggest that others do an activity with you. It is equivalent to saying "Let's (do something)" in English. Form the *nosotros* command by substituting the ***-o*** of the present tense yo form of a verb with ***-emos*** for most ***-ar*** verbs, or ***-amos*** for most ***-er*** and ***-ir*** verbs.

Estacionemos *aquí.*	**Let's park** here.
Disminuyamos *la velocidad en la curva.*	**Let's slow down** at the curve.
Pidamos *direcciones.*	**Let's ask for** directions.

- As with formal commands, object and reflexive pronouns are attached to affirmative *nosotros* commands and precede negative commands.

Entreguémosle *su licencia.*	**Let's give him** his license.
No se lo enviemos *por correo.*	**Let's not send it to him** by mail.

Note: Pronouns attached to affirmative *nosotros* commands of reflexive verbs drop the final consonant:

olvidemos + nos = olvidémonos

Abrochémonos *los cinturones.*	**Let's fasten** our seat belts.
Pongámonos *las gafas de sol.*	**Let's put on** our sunglasses.

12. ¿Seguimos o no?

Un conductor de otro país le hace preguntas a su amigo/a de Buenos Aires. Conteste sus preguntas usando un mandato con **nosotros**. Use la forma afirmativa o negativa según se indica entre paréntesis.

La Avenida 9 de Julio, Buenos Aires

MODELO

A: ¿Encendemos los faros? (*no*)

B: **No, no los encendamos.**

1. ¿Adónde vamos? ¿Al Tigre? (*sí*)
2. ¿Por dónde tomamos? ¿Por la Avenida General Paz? (*no*)
3. ¿Doblamos a la derecha? (*no*)
4. ¿Seguimos derecho? (*sí*)
5. ¿Preguntamos cómo llegar? (*sí*)
6. ¿Paramos aquí? (*no*)
7. ¿Le pedimos ayuda a ese señor? (*sí*)

13. ¿Qué hacemos?

Ud. y una persona de la clase están manejando por Buenos Aires y tienen algunos problemas. Decidan qué van a hacer para resolverlos. Usen mandatos con **nosotros**. Ofrezcan dos opciones para cada situación.

MODELO

No encuentran lugar para estacionar el coche.

A: **Busquemos estacionamiento en otra calle.**

B: **No, tratemos de encontrar un lugar en esta calle.**

1. El semáforo está en rojo.
2. No pueden encontrar el restaurante que buscan.
3. Perdieron el mapa con las indicaciones.
4. Hay un coche que quiere pasarlos.
5. No pueden ver bien por el espejo retrovisor.
6. El freno no funciona bien.

14. Indicaciones útiles

Imagine que Ud. y una persona de la clase tienen que realizar una actividad para la cual se deben seguir instrucciones, como preparar una receta. Primero, escojan la actividad. Luego, piensen en las instrucciones e intercambien información sobre los pasos que deben seguir y el orden en que deben seguirlos. Usen los mandatos de **nosotros** y túrnense para ponerse de acuerdo, como se ve en el modelo.

MODELO

(instrucciones para hacer una tortilla española: cortar las papas)

A: **¿Cortamos las papas primero?**

B: **Sí, cortémoslas. / No, no las cortemos. Primero, pelémoslas.**

¿? **Pregunta clave** ¿Cómo se transportan las personas en otros países y adónde van?

¿Cómo se movilizan los porteños[1]?

¿Cómo se transporta Ud. donde vive? ¿Existen medios de transporte público eficaces[2]? ¿O se necesita un coche? Para los porteños, movilizarse por la capital de Argentina es fácil a pesar del tamaño de la ciudad. El medio de transporte más rápido dentro de la ciudad es el subterráneo (el metro), o el subte, como lo llaman los residentes de Buenos Aires. También existen líneas de tren, taxis y tranvías[3] que sirven a los viajeros para movilizarse dentro de la ciudad y a las afueras. Pero el medio de transporte de mayor uso y tradición es el colectivo. Los colectivos son autobuses que forman parte de una red de cerca de 200 rutas que recorren toda la ciudad y la conectan con los municipios de la capital. Los colectivos son muy llamativos[4]. Están pintados de un color que indica la ruta que recorren para que el usuario los identifique más fácilmente. El colectivero (conductor) puede decorar la parte delantera o posterior de su colectivo con pinturas especiales o con mensajes divertidos que se conocen como "fileteado" (dibujos artísticos). El colectivero también puede agregar objetos ornamentales detrás de su asiento y en el volante.

Una forma práctica de pagar el viaje en cualquier sistema de transporte es mediante la tarjeta SUBE (Sistema Único de Boleto Electrónico), que es una tarjeta magnética recargable[5].

[1]residents of Buenos Aires [2]efficient [3]trams [4]flashy [5]refillable

BÚSQUEDA transporte en buenos aires, fileteado porteño

Colectivo argentino

Ejemplo de fileteado porteño

PRÁCTICAS — la ecología

En Buenos Aires, los porteños también se movilizan por "Ecobici", un sistema de transporte público de bicicletas. Solo se necesita registrarse, buscar una bicicleta en la estación y retornarla en la estación más cercana a su destino. Se puede usar la bicicleta durante una hora y el servicio es gratuito. Así la gente se moviliza de un sitio a otro de manera saludable y sin contaminar el aire.

COMPARACIONES

¿Existe en su región un medio de transporte que se pueda usar en alquiler (*as a rental*)?

15. Comprensión

1. ¿Qué medios pueden utilizar los habitantes de Buenos Aires para viajar dentro de la ciudad?
2. ¿Qué son los colectivos? ¿Por qué son llamativos?
3. ¿Qué es Ecobici y cómo se usa?

16. Analice

1. ¿De qué manera es bueno que una ciudad y sus municipios cercanos tengan medios variados de transporte?
2. Si Ud. fuera (*you were*) colectivero, ¿cómo decoraría su colectivo?

¿Adónde vamos a bailar tango?

Para bailar tango, no hay lugar mejor que Buenos Aires, la capital mundial de este baile tan famoso. Allí, no solo los porteños[1] sino también muchísimos extranjeros disfrutan de esta danza; asisten a espectáculos en vivo, clases y milongas, que es el nombre de los sitios donde se baila tango. Desde que el tango fue declarado Patrimonio Inmaterial de la Humanidad, existe un lugar especializado, el Teatro de la Ribera, ubicado[2] en el barrio de La Boca, que dedica su programación exclusivamente a esta música porteña. Aquí se puede bailar, tomar clases, visitar exposiciones y ver espectáculos. También se realizan en la ciudad eventos y festivales a lo largo de todo el año. El más importante es el Festival y Mundial de Tango que tiene lugar en el mes de agosto y que ha llegado a reunir hasta 550.000 personas en más de 200 espectáculos gratuitos.

Mire el video para aprender más sobre el tango.

El tango nació en el barrio de La Boca en Buenos Aires entre grupos diversos de gente: inmigrantes italianos y españoles, gauchos[3] y descendientes de comunidades africanas. Con los años, su música y sus formas de bailar y de sentir se fueron mezclando hasta convertirse en esas melodías llenas de nostalgia, historias y secretos que son los tangos. Inicialmente los grupos contaban con flautas, guitarras y violines, y después llegaron otros instrumentos como el bandoneón[4], tan típico del tango, que tiene origen alemán.

Al principio, en Buenos Aires el tango era considerado una música de arrabal[5], de poca categoría social. Sin embargo, una vez que el tango se hizo famoso en Europa, los porteños de la alta sociedad empezaron a bailarlo en sus salones. Hoy en día, el tango es la danza nacional de Argentina y uno de los bailes de salón más elegantes del mundo.

[1]residents of Buenos Aires [2]located [3]Argentinian cowboys [4]type of accordion [5]suburban slum

BÚSQUEDA el baile de tango, la boca buenos aires

17. Comprensión

1. ¿Qué son las milongas?
2. Nombre tres sitios adonde se puede ir a disfrutar del tango.
3. ¿Qué habitantes del barrio de La Boca contribuyeron sus costumbres musicales para dar origen al tango?
4. ¿Cómo se llama el primer museo peatonal del mundo y de dónde viene su nombre?

18. Analice

1. ¿Por qué cree Ud. que una música como el tango se hizo famosa primero en otros países y después sí fue reconocida en Argentina?
2. ¿Qué cree Ud. que se necesita para que un baile se considere un símbolo nacional?

PRODUCTOS

el arte

Caminito es el primer museo peatonal al aire libre del mundo. Es una calle en el barrio de La Boca en Buenos Aires donde además de sus casas con colores característicos, se puede disfrutar del arte en la calle y adquirir artesanías únicas en el mundo. Se le dio ese nombre en honor al tango que lleva el mismo nombre. *Caminito* es una atracción turística de la ciudad de Buenos Aires que nadie se debe perder.

La ciudad y el tránsito

Vocabulario en contexto

la bocacalle

el cruce de peatones

el parquímetro

la obra en construcción

la estación de servicio

la autopista

el atasco

el callejón sin salida

la zona verde

el kiosco

Para conversar

Para pedir y dar direcciones:

Disculpe, ¿sabe **dónde se encuentra** el nuevo museo?

No está aquí en el centro. Está en **las afueras**.

¿Nos puede decir cómo llegar? Estamos **perdidos**.

Perdone, ¿sabe **dónde queda** una estación de servicio? Mi padre me **manda** que llene el tanque.

Sí, hay una dos cuadras **más allá de** esa obra en construcción.

PARA DECIR MÁS

la calle peatonal	*pedestrian street*
el carril	*(driving) lane*
el embotellamiento	*traffic jam*
la gasolinera	*gas station*
el peaje	*toll*
la vía de servicio	*frontage road*
la zona de carga y descarga	*loading and unloading zone*

19. Es mejor que...

Indique la letra de la foto que corresponde con lo que oye.

A

B

C

D

E

F

20. Busque el intruso

Indique qué expresión no pertenece al grupo y explique por qué.

1. bocacalle / calle de una vía / espejo retrovisor / callejón sin salida
2. estación de servicio / gasolina / tanque / multa
3. kiosco / gasolina / coche / camioneta
4. multa / exceder / velocidad / perdido
5. atasco / autopista / glorieta / cruce de peatones

Diálogo

¡Creo que estamos perdidos!

Tere: ¿Dónde queda la casa de Marisa?
Raúl: Creo que es esa... No, me parece que no.
Tere: ¿No tienes su dirección?
Raúl: No, me la olvidé en casa.
Tere: No lo puedo creer. (*Más tarde*)
Tere: ¿Y tú has ido alguna vez a su casa?
Raúl: Sí, recuerdo que estaba cerca de una estación de servicio... ¿O era de un callejón sin salida?
Tere: ¡No veo ni un callejón sin salida ni una estación de servicio!
Raúl: Creo que estamos perdidos. ¿Tienes un mapa?
Tere: No, no tengo. Es mejor que llamemos a Marisa por teléfono y le digamos que estamos perdidos. ¿Tienes su número?
Raúl: ¿De teléfono? Pues... no.

21. ¿Qué recuerda Ud.?

1. ¿Qué le sucedió a Raúl?
2. ¿Dónde estaba la casa de Marisa, según Raúl?
3. ¿Qué es lo que no ve Tere?
4. ¿Qué dice Tere que es mejor?
5. ¿Tiene Raúl el número de teléfono de Marisa?

22. Algo personal

1. ¿Se perdió alguna vez en la ciudad? ¿Qué sucedió?
2. ¿Qué puede hacer la gente cuando se pierde?
3. ¿Va a las afueras de la ciudad? ¿Qué hace allí?
4. ¿Le han puesto alguna vez una multa a un miembro de su familia? ¿Por qué?

23. Al conducir un coche

Escuche los siguientes diálogos. Diga a qué foto corresponde cada uno.

A

B

C

D

Repaso rápido

Preguntar y pedir

Preguntar and ***pedir*** both mean "to ask" in English. However, in Spanish they are not interchangeable. ***Preguntar*** means "to ask" as in to ask a question, or to inquire about someone or something. ***Pedir*** means "to ask for or request something." Compare the uses in the following examples.

> *Le* ***pregunté*** *a mamá el precio de las manzanas y le* ***pedí*** *dinero para comprarlas.*
>
> **I asked** mom the price of the apples, and **I asked** her **for** money to buy them.

Note: *Pedir* has the additional meaning of "to order" in a restaurant.

> *Mmm... voy a* ***pedir*** *una hamburguesa con papas fritas.*
>
> Mmm... I'm going **to order** a hamburger with fries.

Le pregunté a mamá el precio de las manzanas y le pedí dinero para comprarlas.

24. ¿Pedimos o preguntamos?

Complete las siguientes oraciones con la forma correcta del presente de **pedir** o **preguntar**.

1. ¿Por qué no le __ tú a ese señor si hay una zona verde cerca de aquí?
2. Nuestros padres nos __ adónde vamos.
3. Nosotros le __ el menú al mesero.
4. ¿Les __ tú ayuda a tus vecinos?
5. No, solo les __ si saben dónde está mi gato.
6. ¡Estoy harta! Mis amigos siempre me __ favores.
7. Ahora, Juan me __ dinero prestado porque tiene que llenar el tanque de gasolina.
8. En ese restaurante argentino yo siempre __ carne. ¡Es deliciosa!

¿Van a pedir el plato del día?

El subjuntivo: Verbos regulares y con cambios ortográficos

- In addition to using the verb *pedir* to make a request, you can use the subjunctive mood. Sentences in the subjunctive usually contain a verb of will such as *querer*, *desear*, or *mandar* in the first (independent or main) clause. The verb in the independent clause is in the indicative while the verb in the second (dependent or subordinate) clause is in the subjunctive. The two clauses have different subjects, and the two clauses are connected by the conjunction *que*.

*El policía quiere **que pares** ahora mismo.*	The police officer wants **you to stop** right now.
*El instructor nos manda **que estacionemos** aquí.*	The instructor orders **us to park** here.

- You can also use the subjunctive to suggest something. In the main clause, use impersonal expressions such as *es necesario*, *es importante*, or *es mejor* followed by *que* and a verb in the subjunctive.

*Es necesario **que aprendas** a manejar.*	It's necessary **that you learn** to drive.
*Es importante **que Ud. llene** el tanque.*	It's important **that you fill** the tank.
*Es mejor **que no excedan** la velocidad.*	It's better **that you don't go over** the speed limit.

- Like formal (*Ud.*) commands, the subjunctive is formed by taking the *yo* form of the present tense and dropping the final ***-o***. For ***-ar*** verbs, add the endings ***-e***, ***-es***, ***-e***, ***-emos***, ***-éis***, and ***-en***. For ***-er*** and ***-ir*** verbs, add the endings ***-a***, ***-as***, ***-a***, ***-amos***, ***-áis***, and ***-an***. Note that the first person singular and third person singular forms are the same.

llenar	ceder	salir
llen~~o~~	ced~~o~~	salg~~o~~
llen**e**	ced**a**	salg**a**
llen**es**	ced**as**	salg**as**
llen**e**	ced**a**	salg**a**
llen**emos**	ced**amos**	salg**amos**
llen**éis**	ced**áis**	salg**áis**
llen**en**	ced**an**	salg**an**

Es importante que aprendas a estacionar.

- Verbs that have spelling changes, such as *buscar*, *pagar*, and *comenzar* in the *Ud.* command form, and verbs that have irregular *yo* forms, such as *traigo*, *pongo*, *parezco*, and *escojo*, keep these changes in the subjunctive.

*No quiero que me **pongan** una multa.*	I don't want them **to give** me a fine.
*¿Quieres que lo **busque**?*	Do you want me **to look for** it?
*Es importante que **traigas** el permiso.*	It's important that **you bring** your permit.

25. Es necesario que...

Mientras Ud. conduce con unos amigos por las calles de Buenos Aires, les hace unas observaciones acerca de los buenos conductores. Forme oraciones con el subjuntivo para decirles qué es **necesario** o **importante**.

MODELO

tú / respetar las normas de tránsito
Es necesario que respetes las normas de tránsito.

1. nosotros / no acelerar en las curvas
2. nosotros / mirar el mapa
3. Uds. / tener cuidado en el cruce de peatones
4. yo / no exceder la velocidad
5. el conductor / ceder el paso
6. Ud. / no tocar el claxon
7. los conductores / abrocharse el cinturón
8. todos / conducir cuidadosamente
9. tú / entrar en la glorieta con cuidado
10. yo / pisar el acelerador despacio

Es importante que no aceleren.

Es necesario que el policía dirija el tráfico.

26. ¿Qué quieres que hagamos?

Complete las frases de la columna de la izquierda con una frase apropiada de la columna de la derecha. Use el presente de subjuntivo del verbo entre paréntesis.

1. El instructor manda que
2. El guía de turismo desea que
3. El policía manda que
4. Los conductores no quieren que
5. Nosotros deseamos que
6. Mis padres no quieren que
7. Los estudiantes quieren que
8. El peatón quiere que
9. El guía de turismo no quiere que
10. El instructor no quiere que

A. mi hermano (*salir*) con el coche.
B. nuestros padres nos (*permitir*) usar el coche.
C. los turistas le (*preguntar*) cosas tontas en el tour.
D. el conductor (*pagar*) una multa.
E. el instructor (*tener*) paciencia con ellos.
F. yo (*poner*) marcha atrás sin mirar.
G. los turistas (*comprar*) un mapa en el kiosco.
H. todos los estudiantes (*aprender*) a manejar bien.
I. los policías les (*poner*) una multa.
J. los conductores (*disminuir*) la velocidad.

ClearTalk®

27. ¿Qué debemos hacer?

En parejas, tomen turnos para darse consejos sobre qué deben hacer en las siguientes situaciones. Usen **es mejor que**, **es importante que** y **es necesario que** en sus respuestas. Pueden usar las siguientes opciones o inventar otras.

MODELO

tener el tanque casi vacío / poner gasolina

A: Tengo el tanque casi vacío.

B: Es necesario que pongas gasolina. Más allá de aquel callejón sin salida hay una estación de servicio. Puedes llenar el tanque allí.

Situaciones

1. estar perdido
2. conducir por primera vez
3. haber un atasco por aquí
4. estar en un callejón sin salida
5. buscar estacionamiento
6. tener prisa

Opciones

- tomar otra autopista
- doblar
- ser prudente
- poner monedas en el parquímetro
- mirar/comprar un mapa
- acelerar/no exceder la velocidad

28. Quiero que tengas éxito

Uno de sus amigos está aprendiendo español y Ud. quiere que tenga mucho éxito en sus estudios. Use expresiones como **es necesario que**, **es mejor que** y **es importante que** y el subjuntivo de las expresiones de abajo para darle buenos consejos. Es posible que él/ella no esté de acuerdo con sus consejos, así que prepárese para debatir un poco. Use algunas de las siguientes ideas o invente otras. Escojan la mejor conversación que hayan preparado y preséntensela a la clase.

asistir siempre a clase	usar un buen diccionario
escribir en español	mirar programas en español
hacer la tarea	practicar mucho
leer libros en español	tener amigos hispanos

COMUNIDADES

Busque las normas de tránsito de su comunidad. ¿Existe una versión en español? Si no existe, ofrezca su ayuda de voluntario para traducirlas al español. Investigue más oportunidades para hacer conexiones entre el gobierno local y la comunidad hispana.

¡Comunicación!

29. Tomemos el colectivo

Imagine que Ud. y su mejor amigo/a están de visita en Buenos Aires y están tratando de decidir adónde ir y cómo hacerlo. Represente la situación con una persona de la clase y túrnense para hacer diferentes sugerencias. Usen los mandatos de nosotros y el subjuntivo, como se ve en el modelo.

MODELO

A: ¿Por qué no vamos a La Boca en subte?

B: No, mejor tomemos el colectivo. Es mejor que veamos adónde vamos.

Caminemos en lugar de tomar el colectivo.

30. Normas de seguridad para pasajeros

el arte

Imagine que su clase va a participar en un concurso de fileteado y normas de seguridad para los pasajeros de colectivos en Buenos Aires. Trabajen en grupos de tres o cuatro estudiantes. Piensen en cinco normas de seguridad y escríbanlas usando el subjuntivo y expresiones impersonales como **es importante que**, **es necesario que** o **es mejor que**, como se ve en el modelo. Escojan una de las normas que escribieron y piensen en el tipo de diseño que quieren hacer para decorar el colectivo. Hagan un diseño original y creativo para la norma elegida. Presenten todos los carteles en la clase y escojan el mejor de todos para enviar al concurso.

MODELO

Es importante que tenga cuidado al bajar.

Queremos que promuevan la seguridad entre los pasajeros.

31. Antes de leer

1. ¿Le gustan las tiras cómicas?
2. ¿Prefiere las tiras cómicas de humor o las que tienen personajes de acción? Explique su respuesta con ejemplos.

ESTRATEGIA

Predict content using supporting visuals

Illustrations, photographs, charts, and other visuals do more than just attract the reader's attention. Graphics that accompany a reading provide additional support of some aspect of a reading and often depict what takes place in the selected text. Learning to look for these visual supports can enhance your reading comprehension.

Una sonrisa en la vida diaria

Una forma divertida de conocer sobre la forma en que se vive en un país es a través de los personajes de caricatura[1]. En América Latina existen personajes que se han ganado el corazón de varias generaciones con sus opiniones y ocurrencias[2].

Un personaje muy querido y difundido[3] es Condorito, que fue creado por el caricaturista chileno René Ríos Boettiger, más conocido como Pepo. Cuando lo creó en 1949, su autor pensó en hacer algo diferente a lo que era común en las historietas en ese momento: superhéroes o personajes de fantasía y de cuentos de hadas[4]. Por eso, los personajes de Condorito son personas del común, de las que todos encontramos diariamente en el camino.

El protagonista, Condorito, es el único que no es una persona: es un cóndor, el ave que se encuentra en el escudo[5] de Chile. Condorito vive en el mundo real, donde tiene todo tipo de experiencias divertidas en el barrio, la casa, el campo o en cualquier lugar donde se encuentre. Condorito es tan popular, que muchas personas usan la expresión "¡plop!" para referirse a algo que sorprende o desconcierta[6].

Source: www.condorito.com

[1]cartoon [2]wisecracks [3]widespread [4]fairy tales [5]emblem [6]disconcerts, unsettles

BÚSQUEDA condorito

32. Comprensión

1. ¿Cuál es el nombre y la nacionalidad del autor de Condorito?
2. ¿Qué tipo de animal es Condorito? ¿Por qué es un símbolo de Chile?
3. ¿Qué tipo de situaciones se muestran en las tiras cómicas de Condorito?

33. Analice

1. ¿Por qué cree que el autor quería hacer un personaje diferente de lo común?
2. ¿De qué manera sirven las caricaturas para conocer la cultura de un país?

Extensión

En las historietas, lo que el autor quiere contar está distribuido en recuadros o espacios llamados viñetas. En cada viñeta va la ilustración de los personajes, y el texto de lo que dicen o piensan se encierra en un globo cuya forma depende de si el personaje está pensando o hablando y si lo hace en voz alta o baja.

Escritura

34. Cree su propia historieta

Observe con atención la historieta que se encuentra en la lectura anterior. Luego, complete un cuadro como el siguiente, en el que organice sus ideas para crear una historieta con cuatro viñetas. Para cada viñeta piense qué personaje(s) aparecerá(n), qué dirá(n) y qué tipo de ilustraciones puede incluir. Haga su historieta y póngale un título. Por último, muéstresela a unas personas de la clase. ¿Les pareció divertida?

Viñeta	Personaje(s)	Diálogo	Ilustraciones
1.			
2.			
3.			
4.			

PARA ESCRIBIR MÁS

Te apuesto que...	*I bet you that...*
¡Ni lo sueñes!	*Don't even dream about it!*
Yo lo pensaría dos veces.	*I would think twice about it.*
Nunca me imaginé que fuera(n) tan...	*I never imagined you'd be so...*

Repaso de la Lección A

A. Escuchar: ¿Es lógico? (pp. 228-229, 238-239)

Diga **sí** si lo que oye es lógico. Diga **no** si es ilógico.

B. Vocabulario: ¡Qué confusión! (pp. 228-229, 238-239)

Un policía hizo parar a un conductor en una calle. El conductor cuenta la conversación que tuvo con el policía, pero está tan alterado que el relato no se entiende. Con la ayuda de una persona de la clase, ordenen las partes de la conversación para entender lo que pasó.

A. Bueno, pero en el futuro, sea prudente.

B. Tenga paciencia conmigo, por favor. No conozco el centro. Soy de las afueras.

C. Muéstreme su licencia de conducir.

D. En esta calle la velocidad es de 30 km/h y Ud. iba a 50 km/h.

E. Disculpe Sr. policía, pero no entiendo por qué me paró.

F. ¿Me va a poner una multa?

G. Es importante que Ud. no exceda la velocidad.

H. Cierto. Siempre trato de prestar atención a las normas de tránsito.

C. Estructura: Es importante y necesario... (pp. 232, 242)

Complete la siguiente conversación entre Nora y su instructora de autoescuela con la forma correcta del subjuntivo del verbo en paréntesis.

Instructora: No es necesario que Ud. (***1.*** *acelerar*).

Nora: Pero no me doy cuenta de que voy acelerando.

Instructora: Es importante que (***2.*** *entrar*) en la glorieta con cuidado.

Nora: Hay muchos coches y me ponen nerviosa.

Instructora: Es mejor que (***3.*** *ser*) prudente; no acelere.

Nora: Es mejor que yo (***4.*** *sacar*) mi licencia lo más pronto posible.

Instructora: Primero, es necesario que Ud. (***5.*** *aprender*) las normas de tráfico.

Nora: ¿Es necesario que nosotros (***6.*** *ir*) por esta calle?

Instructora: No, no (***7.*** *doblar*). Es una calle de una sola vía.

D. Estructura: ¿Qué piensa Ud.? (p. 242)

Túrnese con una persona de la clase para hacer y responder las siguientes preguntas sobre cómo conducir en su comunidad.

1. ¿Es necesario tener una licencia de conducir para ser popular?
2. ¿Es mejor que todos los adolescentes sepan conducir? ¿Por qué (no)?
3. ¿Cuándo es mejor que seamos prudentes?
4. ¿A qué edad es importante saber conducir? ¿Por qué?
5. ¿Es importante que los padres enseñen a conducir a sus hijos o es mejor que alguien que no sea pariente lo haga?

E. Cultura: Una ciudad fácil de visitar (pp. 236-237)

Imagine que está de visita en Buenos Aires. ¿Cómo puede ir de un lugar a otro? ¿Qué lugares le gustaría visitar? Complete las gráficas.

Vocabulario

En el coche

el acelerador
el espejo retrovisor
la licencia de conducir
el tanque

Al conducir

ceder el paso
el espacio
el estacionamiento
la marcha atrás
las normas de tránsito
la velocidad

Las señales

la calle de doble vía
la calle de una sola vía
pare
prohibido doblar
el semáforo

La ciudad

las afueras
el atasco
la autopista
la bocacalle
el callejón sin salida
el cruce de peatones
la estación de servicio
la gasolina
la glorieta
el kiosco
la obra en construcción
el parquímetro
el peatón, la peatona
la zona verde

Verbos

acelerar
ajustar
desear
disminuir
estacionar
exceder
llenar
mandar
pisar
poner una multa

Para pedir instrucciones

¿Dónde queda...?
¿Dónde se encuentra...?
más allá de
perdido/a

Expresiones y otras palabras

despacio
la paciencia
prudente
vacío/a

Estructuras

Los mandatos formales y plurales

Use la tabla para crear un mandato formal.

infinitivo	→	presente de *yo*	→	omitir *-o*	→	añadir *-e* o *-a*
hablar	→	hablo	→	habl-	→	hable
correr	→	corro	→	corr-	→	corra
decir	→	digo	→	dig-	→	diga

Añada **-n** al mandato formal para convertirlo en un mandato formal en plural.

*Ceda**n** paso en la glorieta.*
*Pise**n** el acelerador despacio.*

Añada **-emos** o **-amos** en vez de **-e** o **-a** en los verbos de la tabla de arriba para crear mandatos con nosotros.

*Par**emos** en el estacionamiento.*
*Disminuy**amos** la velocidad.*
*No se lo **demos** a él.*

Recuerde que los siguientes verbos tienen mandatos formales irregulares: **dar**, **estar**, **ir**, **saber** y **ser**.

Usos del subjuntivo

Uno de los usos del subjuntivo es el de pedir y sugerir algo a otra persona. El subjuntivo se forma de la misma manera que los mandatos formales.

*Quiero que **hagas** la tarea.*
*Es importante que **él pague** la multa.*
*El profesor les pide que **ellos** los **busquen**.*

Note que cada una de estas frases tiene dos cláusulas con dos sujetos que se conectan con **que**.

LECCIÓN

B

Chile

Vocabulario B1

El blog de Margarita: Un viaje en tren

Vocabulario en contexto

Inicio | **Mis viajes** | Mi escuela | Mis amigos | Mi familia

Me llamo Margarita. Voy a visitar a mis abuelos este fin de semana. ¿Has viajado en tren alguna vez? Es fácil.

Primero, compremos el boleto en **la boletería**.

Después, busquemos **el andén** de donde sale el tren.

la boletería

el andén

Hay varios tipos de trenes: **el local** y **el rápido**.

el tren local

el tren rápido

¡Subamos! El tren está **a punto de partir**.

el vagón

el asiento de la ventanilla

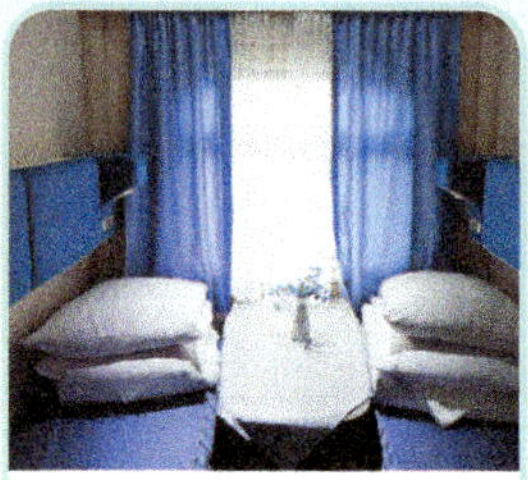

el coche cama

el coche comedor

la viajera

el viajero

la inspectora

el inspector

Para conversar

Para hablar de viajar en tren:

Es increíble que no tengan ni un boleto **de primera clase**. ¿Podría hacer algo?

Es inútil que (yo) siga buscando, pero hay boletos **de segunda clase** si le interesa.

PARA DECIR MÁS

el ferrocarril	*railway*
la sala de espera	*waiting room*
el tren de cercanías	*commuter train*
el tren de largo recorrido	*long-distance train*
la vía	*track*

1. Viajar en tren

Indique la letra de la foto que corresponde con lo que oye.

A

B

C

D

E

F

2. Con retraso...

Escriba oraciones con las palabras dadas.

MODELO

El tren de las doce va a llegar con retraso.

asiento	a punto de
local	el inspector
con retraso	andén
transbordo	clase

Diálogo

¿A qué hora sale el tren?

Mario: Papá, ¿de qué andén sale el tren que va a Valdivia?
Papá: Del andén 7.
Mario: ¿A qué hora sale el tren?
Papá: ¿El tren local o el rápido?
Mario: El que llegue antes.
Papá: Llega antes el rápido, pero hoy está con retraso.
Mario: Entonces, ¿cuál de los dos trenes es mejor que tome?
Papá: El tren local sale en 20 minutos, pero tarda una hora en llegar. El tren rápido sale en 40 minutos y tarda media hora.
Mario: Es mejor que tome el local porque llega casi a la misma hora que el rápido.
Papá: Sí, es una lástima que el rápido vaya con retraso.
Mario: No importa, tengo más tiempo para mirar el paisaje por la ventanilla.

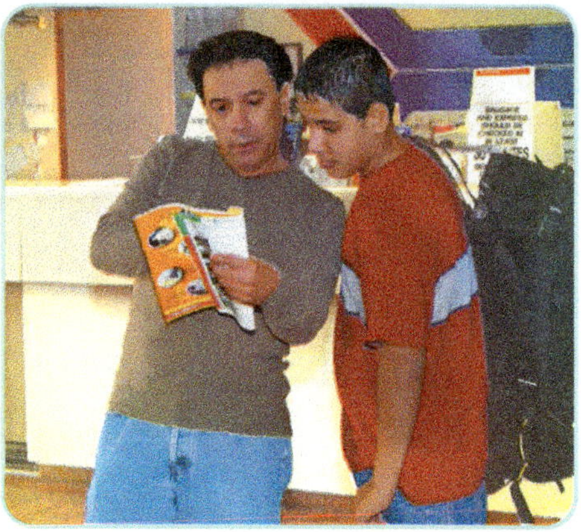

3. ¿Qué recuerda Ud.?

1. ¿Adónde quiere ir Mario?
2. ¿Cómo está hoy el tren rápido?
3. ¿Qué tren decide tomar Mario? ¿Por qué?
4. ¿Para qué tiene más tiempo Mario durante el viaje en el tren local?

4. Algo personal

1. ¿Viaja Ud. en tren? ¿Adónde?
2. ¿Le gusta mirar el paisaje por la ventanilla? ¿Por qué?
3. ¿Qué prefiere: el tren rápido o el local? ¿Por qué?

5. ¡Qué lástima!

Escuche las siguientes expresiones. Escoja la letra de la oración que dice la expresión de otra manera.

1. **A.** ¡Qué lástima que el tren rápido no vaya a Valdivia!
   B. Es una suerte que el tren vaya directo a Valdivia.
2. **A.** No viajo en un coche cama porque me encanta dormir en los viajes.
   B. No viajo en un coche cama porque nunca puedo dormir mientras viajo.
3. **A.** Por suerte, el tren sale con una hora de retraso.
   B. Es un problema que el tren salga una hora más tarde.
4. **A.** Por suerte, no debemos cambiar de tren en Valparaíso.
   B. Es una suerte que debamos cambiar de tren en Valparaíso.

El subjuntivo: Verbos irregulares y más expresiones impersonales

- There are six verbs that have irregular forms in the subjunctive.

dar	estar	haber
dé	esté	haya
des	estés	hayas
dé	esté	haya
demos	estemos	hayamos
deis	estéis	hayáis
den	estén	hayan

ir	saber	ser
vaya	sepa	sea
vayas	sepas	seas
vaya	sepa	sea
vayamos	sepamos	seamos
vayáis	sepáis	seáis
vayan	sepan	sean

- You have already learned to use the subjunctive with certain verbs of will, such as *desear*, *mandar*, and *querer*, and after certain impersonal expressions that indicate opinions about actions and events, such as *es importante que*, *es necesario que*, and *es mejor que*. Here are some other impersonal expressions that often require the use of the subjunctive.

Expresiones impersonales			
es bueno que	*it's good that*	**es inútil que**	*it's useless (that)*
es malo que	*it's bad that*	**es una lástima que**	*it's a pity that*
es increíble que	*it's incredible that*	**es una suerte que**	*it's fortunate that*

Es malo que no haya *un coche comedor en este tren.* — **It's bad that there isn't** a dining car on this train.

Es una lástima que *ella* ***no sepa*** *la verdad de su novio.* — **It's a pity that** she **doesn't know** the truth about her boyfriend.

6. ¿Qué es mejor?

Cambie los verbos en infinitivo indicados en cursiva a la forma correspondiente del subjuntivo según los sujetos indicados entre paréntesis.

1. Es importante *tomar* el tren rápido para llegar antes. (nosotros)
2. Es malo *llegar* con retraso a la estación. (el tren)
3. Es necesario *hacer* transbordo en Santiago. (Ud.)
4. Es mejor *comprar* boleto de ida y vuelta. (ellos)
5. Es bueno *comer* en el coche comedor. (los viajeros)
6. Es una lástima no *ver* el paisaje. (yo)
7. Es una suerte *estar* sentado al lado de la ventanilla. (tú)
8. Es inútil *esperar* en el andén. (Uds.)

7. ¿Qué dicen los viajeros?

Complete las siguientes oraciones de forma lógica escogiendo uno de los verbos dados y usando la forma correcta. Algunos verbos se pueden usar más de una vez.

haber	ser
dar	hacer
llegar	ir
ver	saber
estar	venir

1. Es mejor que tú le __ los boletos al inspector. Es necesario que él los __.
2. Es una suerte que tú __ dónde tenemos que bajarnos.
3. Es una lástima que nosotros __ lejos del coche comedor.
4. Es increíble que __ tantos viajeros esperando en el andén.
5. ¿Quiere Ud. que ellos __ con nosotros?
6. Es bueno que __ trenes rápidos a Chillán todos los días, pero es necesario que nosotros __ en un tren local.
7. Es importante que tú __ puntual. No quiero que nosotros __ tarde a la estación.
8. Es malo que esta línea no __ directa. Es necesario que nosotros __ un transbordo en la próxima estación.

8. Al partir en tren

Complete el siguiente diálogo entre Ana e Isabel, dos amigas chilenas, con el subjuntivo del verbo apropiado.

Ana: ¿No es increíble que el tren (**1.** *salir / haber*) a tiempo?
Isabel: ¡Es una suerte! Es mejor que nosotras (**2.** *saber / llegar*) a Valparaíso temprano.
Ana: El tren va a salir en cinco minutos. Es mejor que tú (**3.** *dar / subir*).
Isabel: ¡Espera! Es necesario que les (**4.** *decir / ir*) adiós a mis hermanitos.
Ana: ¡Ay! Es una lástima que ellos no (**5.** *viajar / ser*) con nosotras.
Isabel: Pero es mejor que (**6.** *quedarse / saber*) en Santiago.
Ana: Sí, claro, es necesario que tus hermanos (**7.** *partir / ir*) a la escuela.
Isabel: Es increíble que ellos ya (**8.** *venir / estar*) tan grandes. ¡Cómo pasa el tiempo!

9. ¿Qué me aconseja?

Trabaje con una persona de la clase y túrnense para crear diálogos entre un(a) viajero/a y un(a) agente de viajes. Uno/a presentará una situación y el/la otro/a ofrecerá algunos consejos. Usen expresiones impersonales y el subjuntivo en los consejos.

MODELO

A: Quiero ir a Buenos Aires, pero no me gusta viajar en avión.
B: Entonces, es mejor que vaya en tren.

El subjuntivo: Verbos con cambio de raíz

- Stem-changing verbs that end in ***-ar*** and ***-er*** have the same stem changes in the present subjunctive as they do in the present indicative. The stem changes follow the shape of a shoe or a boot.

pensar	
p**ie**nse	pensemos
p**ie**nses	penséis
p**ie**nse	p**ie**nsen

volver	
v**ue**lva	volvamos
v**ue**lvas	volváis
v**ue**lva	v**ue**lvan

- ***E*** → ***ie*** and ***o*** → ***ue*** stem-changing verbs that end in ***-ir*** have a stem change in all forms of the present subjunctive. The *nosotros* and *vosotros* forms change ***e*** → ***i*** and ***o*** → ***u***. The other forms follow the same change as the regular pattern for subjunctive: put the verb in the *yo* form, drop the ***-o***, and add ***-a***, ***-as***, ***-a***, ***-an***. These stem changes also follow the shape of a shoe or a boot.

sentir	
s**ie**nta	s**i**ntamos
s**ie**ntas	s**i**ntáis
s**ie**nta	s**ie**ntan

dormir	
d**ue**rma	d**u**rmamos
d**ue**rmas	d**u**rmáis
d**ue**rma	d**ue**rman

Espero que vuelvas pronto.

10. Es importante que...

Haga una lista de consejos para viajeros, usando expresiones impersonales y verbos en subjuntivo. Luego, léale los consejos a una persona de la clase para ver si está de acuerdo o no. Si no está de acuerdo, debe ofrecer otro consejo.

MODELO

bueno / encontrar

A: Es bueno que encontremos los asientos antes de partir.

B: No, es bueno que encontremos el coche comedor antes de partir.

1. importante / pedir
2. malo / sentarse
3. necesario / conseguir
4. mejor / dormir
5. importante / volver
6. bueno / vestirse

11. Es necesario que los viajeros...

Observe los dibujos siguientes. Túrnese con una persona de la clase para decir a cuál de las situaciones corresponde cada dibujo. Luego, escriban oraciones usando **es necesario que**, **es importante que** o **es mejor que** que se refieran a lo que deben hacer los pasajeros en cada situación.

A

B

C

D

E

F

G

H

I

J

1. entender el horario
2. conseguir los boletos en la boletería
3. esperar en el andén
4. subir al tren con cuidado
5. mostrar su boleto al inspector
6. encontrar el número de su asiento
7. poner su equipaje en el lugar indicado
8. sentarse en el asiento correspondiente
9. no quedarse de pie en el corredor
10. no ir de un vagón a otro

12. Vamos a dar una fiesta

Ud. y una persona de la clase están organizando una gran fiesta para juntar dinero para su clase. Primero, decidan el tema de la fiesta. Después, piensen en cómo la van a preparar, dónde van a comprar las cosas necesarias, cómo serán las decoraciones, etc. Comenten las diferentes opciones y den su opinión, utilizando expresiones impersonales y el subjuntivo.

- tema de la fiesta
- tipo de decoraciones
- comida y bebida
- invitaciones e invitados
- lugares donde hacer la fiesta
- música y baile

MODELO

A: ¿Por qué no hacemos una fiesta con el tema de un viaje a la Luna?

B: Es mejor que usemos el tema de viajar en tren por los Andes.

De punta a punta: El transporte en Chile

Chile es el país más largo del mundo. De norte a sur, su extensión abarca unos 4.200 kilómetros. Otra característica sorprendente de su particular geografía es que posee territorios en América del Sur, Oceanía (la Isla de Pascua) y la Antártida (Villa de las Estrellas). En un país tan extenso, ¿cómo se moviliza la gente?

Casi todas las regiones de Chile están conectadas por un sistema de carreteras y autopistas, por donde circulan más de cuatro millones de vehículos. Debido a las grandes distancias, los viajes en auto pueden llevar demasiado tiempo; por ejemplo, conducir desde Santiago hasta Punta Arenas lleva unas 40 horas. De cualquier forma, no es posible llegar por carretera hasta el extremo sur de Chile. Hay que hacer trasbordos en ferry o pasar por Argentina para poder llegar allí. Si se prefiere el autobús, hay para todos los gustos. Por ejemplo, los anfibios[1] se usan en rutas turísticas para cruzar ríos o lagos, pero también pueden ser útiles durante la estación lluviosa en las ciudades.

Durante mucho tiempo, los ferrocarriles[2] fueron el medio de transporte principal de carga[3] y de pasajeros del país e impulsaron el desarrollo[4] económico, pero poco a poco, la gente dejó de usarlos. Sin embargo, en la actualidad, el gobierno está poniendo en marcha algunos ferrocarriles con fines turísticos. El Expreso del Recuerdo, que va de Santiago hasta San Antonio, fue el primero de ellos. Los pasajeros hacen el mismo recorrido que se hacía en los años veinte, en coches ambientados al estilo de la época.

Coche comedor del Expreso del Recuerdo

[1]amphibious [2]railroads [3]cargo [4]development

BÚSQUEDA transporte en chile, ferrocarriles de chile

13. Comprensión

1. ¿Por qué se puede decir que Chile es un país tricontinental?
2. ¿Por qué lleva tanto tiempo hacer viajes por tierra en Chile?
3. ¿Qué usos tienen los autobuses anfibios?

14. Analice

¿Por qué cree Ud. que es importante poder transportarse con facilidad dentro y fuera de un país?

PERSPECTIVAS

En 1971, el entonces presidente de Chile, Salvador Allende, decía: "El transporte constituye una herramienta fundamental en el desarrollo del comercio exterior y en la vinculación de Chile con los demás países del mundo".

Explique la importancia del transporte para los chilenos, teniendo en cuenta la cita de Allende y la geografía del país.

Un viaje al sur chileno

Chile tiene de todo. Debido a sus dimensiones, el clima allí es muy variado y se pueden realizar distintas actividades en cada época del año. Tanto los chilenos como los extranjeros aprovechan esa diversidad.

Si visitas Chile en invierno, tienes muchas opciones. El sur de Chile es una región turística muy atractiva para quienes disfrutan de las actividades de invierno. Entre junio y septiembre, el clima es muy frío en el extremo sur y el paisaje se cubre de nieve.

Este extremo del país, que recibe el nombre de Patagonia chilena, cuenta con zonas naturales muy hermosas y áreas deportivas: el Parque Nacional de las Torres del Paine, los archipiélagos de las islas australes[1] y el Estrecho de Magallanes, que es el paso natural de mayor importancia entre los océanos Pacífico y Atlántico. En esta región, es posible hacer todo tipo de actividades al aire libre, como senderismo[2], cabalgatas[3], campamentos, *snowboarding* o navegar por los lugares más fantásticos del planeta. También se pueden realizar viajes en kayak de cuatro días que llegan hasta el Cabo Froward, el punto más austral del continente americano.

En Punta Arenas, una de las bellas ciudades de la Patagonia, los turistas pueden visitar el centro de esquí Club Andino. El centro cuenta con un telesilla[4] que recorre 1.200 metros de longitud y tiene una pendiente[5] de 200 metros. Cada hora, pueden trasladarse unas 600 personas hasta la cima[6] del Cerro Mirador. El recorrido desde la estación base dura ocho minutos. Desde las pistas de esquí, es posible ver el Estrecho de Magallanes y la Grande de Tierra del Fuego, territorio compartido con la República Argentina.

[1]southern [2]trekking [3]horseback rides [4]chair lift [5]slope [6]summit

BÚSQUEDA patagonia chilena, chile atracciones turísticas

Torres del Paine

Senderismo en la Patagonia chilena

15. Comprensión

1. ¿Por qué es Chile un buen destino turístico para quienes disfrutan de las actividades de invierno?
2. ¿Qué lugares de atractivo turístico se encuentran en la Patagonia chilena?
3. ¿Por qué se da el nombre de "el monstruo" al público de la Quinta Vergara?

16. Analice

1. ¿Con qué regiones de Estados Unidos comparte características la Patagonia chilena?
2. ¿Cómo se beneficia el turismo de Chile por su clima y su geografía?

PRODUCTOS — **la música**

En la ciudad de Viña del Mar, en el parque la Quinta Vergara, se realiza anualmente el Festival Internacional de la Canción. Este festival se creó con el fin de promover (*promote*) el folclor popular chileno, pero con el tiempo se empezaron a destacar las participaciones de artistas invitados de todo el mundo. El público de la Quinta Vergara (hasta 16.000 personas) es conocido como "el monstruo". Son ellos quienes deciden quién sale de allí con premios y quién debe retirarse avergonzado (*ashamed*).

Los premios del Festival Internacional de la Canción

El blog de Tomás: Vamos al campo

Vocabulario en contexto

Inicio | Mis viajes | Mi escuela | Mis amigos | Mi familia

Me llamo Tomás. Me encanta **acampar**. Mi familia y yo vamos a viajar al **campo** este fin de semana. Es un viaje muy divertido. ¿Y a ti te gusta acampar?

el campamento

En el campamento **recomiendan** hacer muchas actividades y **exigen** dejar todo limpio.

(ir al) pueblo

Para acampar necesitamos:

la linterna

los binoculares

la brújula

dar una caminata por el sendero

la tienda de acampar

los sacos de dormir

(ir al) valle

escalar

el casco

los fósforos

Para conversar

Para hacer sugerencias:

Hay muchos **mosquitos** en **los arbustos** por el sendero.
Te **sugiero** que te pongas **repelente de insectos**.

PARA DECIR MÁS

el amanecer	*dawn*
el atardecer	*dusk*
la autocaravana	*camper*
la caña de pescar	*fishing pole*

la fogata

la pesca

17. En el campamento...

Escuche las oraciones y diga a qué foto corresponde cada una.

A

B

C

D

E

F

18. Voy a acampar por primera vez

Antonio quiere ir a acampar y le pide consejos. Dígale lo que necesita para cada actividad.

1. Qué necesito para dormir en un campamento?
2. ¿Qué necesito para protegerme de los insectos?
3. ¿Qué necesito para escalar las rocas?
4. ¿Qué necesito para encender una fogata?
5. ¿Qué necesito para no perderme?
6. ¿Qué más necesito para acampar?

Diálogo

Te sugiero que lleves botas

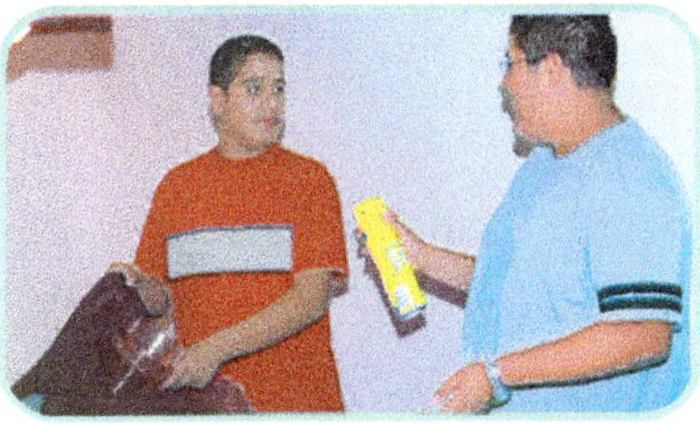

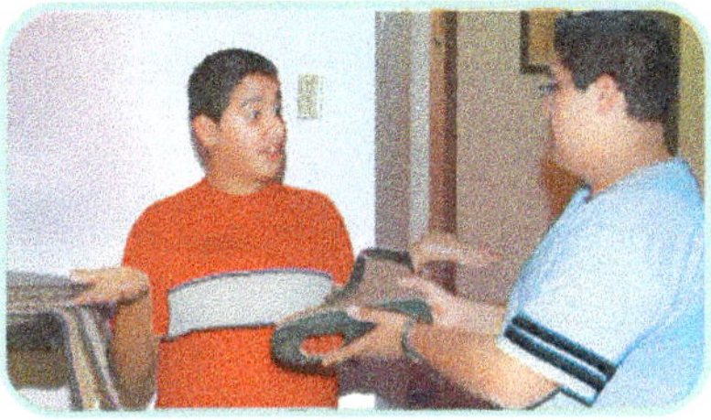

Mario: Lucas, es la primera vez que me voy de campamento. ¿Qué debo llevar?

Lucas: Te recomiendo que lleves un repelente de insectos. Hay muchos mosquitos en el campo.

Mario: Y para escalar, ¿qué cosas necesito?

Lucas: Te sugiero que lleves un casco. Si te caes te puede ayudar.

Mario: ¿Y si quiero dar una caminata por la noche?

Lucas: Es mejor que tengas una linterna. ¿Llevas la tienda de acampar?

Mario: No, Rubén la lleva.

Lucas: ¿Y el saco de dormir?

Mario: Sí, compré uno ayer. ¿Tienes algún otro consejo?

Lucas: Recuerda que es bueno que lleves botas. Puede llover.

19. ¿Qué recuerda Ud.?

1. ¿Por qué le recomienda Lucas a Mario que lleve un repelente de insectos?
2. ¿Por qué es mejor que Mario tenga una linterna?
3. ¿Qué debe recordar Mario? ¿Por qué?

20. Algo personal

1. ¿Ha ido alguna vez de campamento? ¿Le gustó la experiencia?
2. Su amigo/a se va de campamento. ¿Qué le recomienda que lleve?
3. ¿Le gustan las actividades al aire libre? ¿Cuáles?

21. ¿Qué me recomienda?

Escuche las siguientes preguntas y escoja la foto que corresponde a cada una.

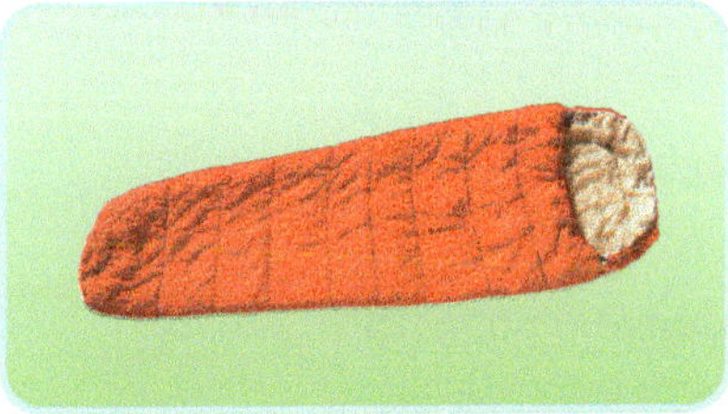

A

B

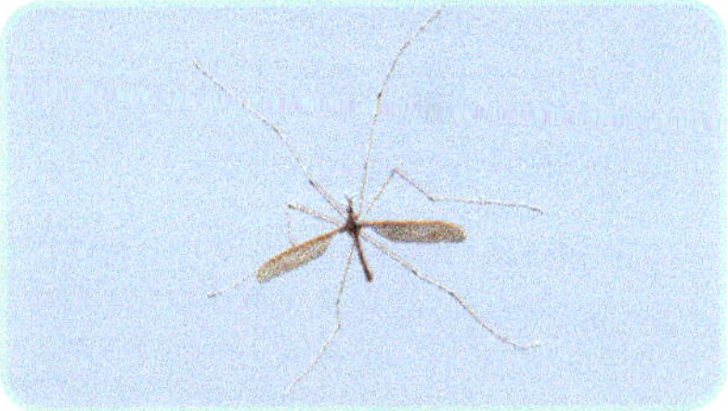

C

D

E

F

Estructura B2

Para y por

You already know some of the ways ***para*** and ***por*** are used. Remember that even though ***por*** and ***para*** are equivalent to "for" in English, they are not interchangeable.

Use ***para*** to express:

- Destination

  *Salimos **para** la estación.* We're leaving **for** the station.

  *Vamos **para** las montañas.* We're headed **for** the mountains.

- Who or what something is for

  *Estos binoculares son **para** tu papá.* These binoculars are **for** your dad.

  *Y esta brújula es **para** ti.* And this compass is **for** you.

- When something is due

  *Debe estar listo **para** la semana que viene.* It must be ready **for** next week.

- Purpose

  *¿**Para** qué sirve esto?* What is this **for**?

  *Son fósforos **para encender** la fogata.* They are matches **to light** the bonfire.

  *Vine aquí **para dártelos**.* I came here **to give them to you**.

Use ***por*** to express:

- Movement through space

  *Los amigos caminaron **por** todo el valle.* The boys walked **all over** the valley.

  *¿Han ido **por** ese sendero?* Have you gone **along** that path?

- Duration of time

  *Acamparon en el bosque **por** cinco noches.* They camped in the forest **for** five nights.

- Manner or means

  *Envié la carta **por** correo.* I sent the letter **by** mail.

  *Se enteró **por** Internet.* He found out **through** the Internet.

- Reason, motive, or on behalf of (someone)

  *Me caí **por** no usar la linterna.* I fell down **because** I did not use the flashlight.

  *Trabajé **por** Juan anoche.* I worked **for** Juan (in his place) last night.

- Proportion, rate, or exchange

  *Pagué ciento cincuenta dólares **por** esta tienda de acampar.* I paid one hundred fifty dollars **for** this tent.

  *El límite de velocidad es de 65 millas **por** hora.* The speed limit is 65 miles **per** hour.

22. Hablar del campo

Complete el diálogo que sigue usando **por** o **para**.

Elena: Mira, aquí tengo un regalo **(1)** ti.

Juanita: ¿**(2)** mí? ¿Qué es?

Elena: Algo necesario **(3)** el campamento.

Juanita: ¡Una brújula! ¡Chévere! Gracias **(4)** el regalo. ¿Adónde vamos ahora?

Elena: ¿Vamos **(5)** el pueblo?

Juanita: ¿**(6)** dónde quieres ir? ¿**(7)** la carretera o **(8)** el sendero?

Elena: No sé, quiero pasar **(9)** la tienda **(10)** comprar repelente. Anoche no pude dormir **(11)** los mosquitos. Oye, ¿pagaste mucho **(12)** esas botas?

Juanita: ¡No pagué nada! Me las regalaron mis padres **(13)** mi cumpleaños. Creo que las compraron **(14)** Internet. ¿**(15)** qué lo preguntas?

Elena: **(16)** saber dónde puedo comprarlas. ¡Vamos! Se nos hace tarde.

23. Un e-mail para su tío

Esteban le escribe a su tío. Complete el mensaje usando **por** o **para**.

CORREO | Nuevo | Enviar | Insertar | Responder | Eliminar | Archivar | Esteban

De: Esteban

Para: Tío Alberto

Asunto: ¡Gracias!

Querido tío:

¿Cómo estás? Yo no estaba en casa la última vez que hablaste con mamá **(1)** teléfono y no pude darte las gracias **(2)** los binoculares que me enviaste. ¡Son fantásticos **(3)** acampar! Sabes cómo me gusta andar **(4)** la montaña. **(5)** las vacaciones pienso irme de campamento **(6)** un mes, y voy a llevar los binoculares. Mamá me dijo que vas a venir a visitarnos. Quiero que te quedes mucho tiempo, así vamos a poder pasear **(7)** el pueblo.

Muchos abrazos,
Esteban

24. No hay que regatear

Ud. y una persona de la clase reciben este folleto de publicidad que anuncia una gran venta (*sale*) en su tienda favorita. Primero, complétenlo usando **por** o **para**; después, intercambien ideas para crear un folleto similar que anuncie otro producto. Por último, escriban el folleto y léanlo delante de la clase.

20 años

(1) celebrar
20 años de comercio

"Todo **(2)** el campamento" ofrece los mejores precios **(3)** el público **(4)** diez días solamente. Un diez y un quince **(5)** ciento menos de los precios regulares en tiendas de acampar y sacos de dormir. ¡No se lo pierda! **(6)** recibir más información **(7)** correo o Internet, vaya a http://www.campa.com.

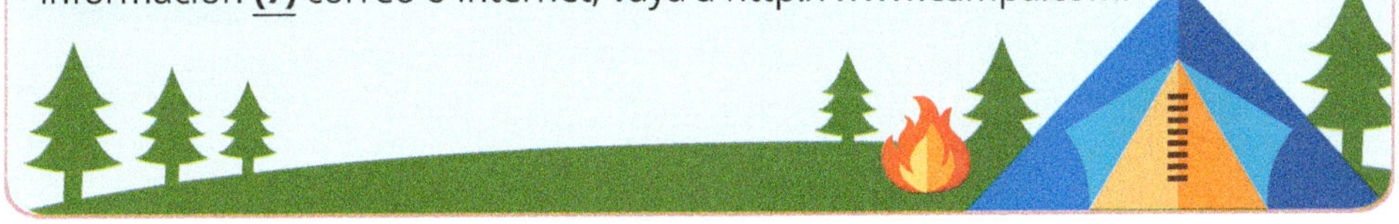

Más sobre el subjuntivo

- You already know that the verb *querer* is followed by *que* and the subjunctive when there is a change in subject.

Mi hermano ***quiere que yo vaya*** *a acampar con él.* — My brother **wants me to go** camping with him.

- Here are some other verbs that indicate desire, demand, will, or wish and require the subjunctive in the dependent clause when there is a change in subject from the independent clause.

aconsejar	*to advise*	**exigir**	*to demand*	**ordenar**	*to order (command)*
decir	*to tell (someone to do something)*	**insistir en**	*to insist on*	**pedir**	*to ask for, to request*
desear	*to wish, to want*	**mandar**	*to order (command)*	**recomendar**	*to recommend*
esperar	*to wish, to hope for*	**necesitar**	*to need*	**sugerir**	*to suggest*

Te ***aconsejo que lleves*** *agua si das una caminata.* — **I advise you to take** water if you take a walk.

El guía nos ***dice que usemos*** *los cascos para escalar las rocas.* — The guide **tells us to wear** our helmets to climb the rocks.

Note: When there is no change in subject between the two clauses, the second verb is either in the infinitive form or in the indicative.

Mi padre ***insiste en hacer*** *una fogata.* — My father **insists on making** a campfire.

Mi padre ***insiste en*** *que él* ***va a hacer*** *una fogata.* — My father **insists** that **he's going to make** a campfire.

25. Por primera vez

Es la primera vez que Rolando va de campamento. Todos quieren que él haga algo. Forme oraciones completas para indicar qué quieren que haga.

MODELO

su hermano recomendarle / llevar unas buenas botas

Su hermano le recomienda que lleve unas buenas botas.

1. sus amigos insistir en / usar un saco de dormir
2. su madre pedirle / no ir a dar caminatas solo
3. el guía querer / llevar un casco para escalar montañas
4. el vendedor esperar / comprar los binoculares más caros
5. sus compañeros sugerirle / dormir en la tienda de acampar
6. el instructor pedirle / encender la linterna
7. las reglas exigirle / no acampar cerca de las rocas
8. todos decirle / usar la brújula para no perderse

Quieren que lleve un casco.

26. Unos consejos

Primero, complete las oraciones de la columna II con el subjuntivo de **usar**, **llevar**, **ponerse** o **tener**. Luego, con una persona de la clase escoja el consejo de la columna II que mejor corresponda a cada situación de la columna I.

I	II
1. Voy a escalar las rocas.	**A.** Te aconsejo que __ los binoculares.
2. ¿Hago una fogata?	**B.** Entonces, insisto en que tú __ las botas.
3. Queremos ir al valle.	**C.** Está bien, pero les sugiero que __ el sendero.
4. El sendero está cubierto de hielo.	**D.** Te pido que __ el casco.
5. Hay muchos mosquitos.	**E.** Les aconsejo que __ la brújula.
6. No queremos perdernos.	**F.** Sí, pero espero que tú __ cuidado con la fogata.
7. Quiero observar los pájaros.	**G.** Espero que __ el repelente de insectos.

27. ¿Qué sugieren Uds.?

ClearTalk®

En parejas, tomen turnos para darse consejos sobre las siguientes situaciones:

- observar los pájaros
- estar lloviendo
- estar lejos del pueblo
- estar perdidos
- estar oscuro
- haber muchos mosquitos

MODELO

estar cansados

A: Estamos cansados después de escalar.

B: Les aconsejo que descansen.

Les recomiendo que lleven binoculares.

28. ¿Se lo recomiendan o se lo exigen?

Ud. y una persona de la clase son consejeros de un campamento para niños. Hagan una lista de por lo menos ocho consejos que darían a los niños usando el subjuntivo como se ve en el modelo.

MODELO

Les digo que no se acuesten muy tarde. Mañana hay mucho que hacer.

¿? **Pregunta clave** ¿Cómo se transportan las personas en otros países y adónde van?

¡Comunicación!

29. Lo mejor del desierto

Imagine que Ud. y una persona de la clase van a viajar al norte de Chile y quieren aprovechar para conocer el desierto de Atacama, pero no pueden ponerse de acuerdo en ninguno de los planes. Investiguen esta región del país en Internet y, con base en esa información, hagan los preparativos finales para el viaje. Intercambien ideas y decidan a qué lugares van a ir; si van a quedarse en hoteles o campamentos; cómo van a transportarse y qué actividades van a realizar. Usen verbos y expresiones que requieran el uso del subjuntivo en su conversación, como se ve en el modelo.

La cordillera de la Costa en el desierto de Atacama

MODELO

A: Yo quiero que acampemos en el desierto. Dicen que es una experiencia increíble.

B: Y yo insisto en que nos quedemos en un hotel. En el desierto hace mucho frío por la noche y hasta podemos perdernos.

A: Claro que hace mucho frío, pero podemos llevar ropa apropiada y hacer una fogata si tenemos frío.

B: ...

30. ¿Qué nos recomienda? la geografía

Imagine que Ud. es agente de viajes y un grupo de personas le pide consejos sobre unas vacaciones en Chile. Durante su viaje quieren visitar por lo menos dos ciudades. Use Internet o una guía de turismo para obtener la información. Haga una presentación delante de la clase usando un programa para presentaciones o cualquier otra herramienta de tecnología o audiovisual que tenga disponible. Use verbos y expresiones que requieran el uso del subjuntivo para dar sus opiniones, recomendaciones y consejos. Incluya información sobre las dos ciudades y su situación geográfica. Incluya también datos sobre el transporte a los lugares de interés turístico dentro de cada ciudad y el transporte recomendado entre las ciudades seleccionadas.

Dos palabras de Isabel Allende

Sobre la autora

Isabel Allende es chilena, pero nació en 1942 en Lima, Perú. Su padre era un diplomático chileno que vivía en Perú con su familia. En 1945, su madre regresó a Chile con sus hijos, pero a causa del golpe de estado (*coup*) de 1973 en Chile, Isabel tuvo que salir del país. No regresó hasta 1990 para recibir el premio Gabriela Mistral; para entonces, ya era famosa. Su primera novela, *La casa de los espíritus*, se publicó en 1982 y se convirtió de inmediato en un éxito total. Su siguiente obra, *De amor y de sombras*, recibió excelentes calificativos de la crítica y confirmó que su éxito no era producto de la suerte. Estas primeras novelas han sido adaptadas para el cine. Otros de sus libros son: *Cuentos de Eva Luna* (1989) que incluye "Dos palabras", *Paula* (1994), *El cuaderno de Maya* (2011), *El juego de Ripper* (2014), *El amante japonés* (2015), y *Más allá del invierno* (2017). Isabel Allende reside en San Rafael (California) desde 1987. En el 2014, Allende fue condecorada por el Presidente Obama con la mayor distinción otorgada a un civil, *the Medal of Freedom*.

BÚSQUEDA isabel allende

31. Antes de leer

1. ¿Cree que las palabras tienen poder? Explique su respuesta.
2. ¿Alguna vez le dijeron algo que nunca ha podido olvidar por más que haya querido?

32. Practique la estrategia

A medida que lee el fragmento de "Dos palabras", identifique las palabras o frases de secuencia que preceden a los siguientes sucesos. Luego, escoja tres de ellas y úselas en oraciones.

1. __ Belisa Crepusculario se enteró que las palabras andan sueltas sin dueño y cualquiera con un poco de maña (*knack*) puede apoderárselas (*take them over*). [...]
2. __, __, se encontraba Belisa Crepusculario en el centro de una plaza. [...] Era día de mercado y había mucho bullicio (*noise*) alrededor.
3. Se escucharon __ galopes y gritos, ella levantó los ojos de la escritura y vio __ una nube de polvo y __ un grupo de jinetes (*horsemen*) que irrumpió en el lugar.
4. __ el Coronel se convirtió en el político más popular. [...]
5. Y __ en que esas dos palabras venían a su mente, evocaba la presencia de Belisa Crepusculario [...]
6. [...] hasta que __ un día el jefe no pudo más y le confesó que la culpa de su ánimo eran esas dos palabras que llevaba clavadas en el vientre.

ESTRATEGIA

Sequence of events

It is important to recognize the sequence of events in a story. Words or phrases like *primero, luego, enseguida, después, más tarde,* etc., indicate the sequence, or order, in which events take place. Recognizing order of events will help you understand how one action may cause another to happen in a story.

Dos palabras (*fragmento*) **de Isabel Allende**

Tenía el nombre de Belisa Crepusculario, pero no por fe de bautismo[1] o acierto[2] de su madre, sino porque ella misma lo buscó hasta encontrarlo y se vistió con él. Su oficio era vender palabras. Recorría[3] el país, desde las regiones más altas y frías hasta las costas calientes, instalándose en las ferias y en los mercados, donde montaba cuatro palos con un toldo de lienzo[4], bajo el cual se protegía del sol y de la lluvia para atender a su clientela. [...] Vendía a precios justos. Por cinco centavos entregaba versos de memoria, por siete mejoraba la calidad de los sueños, por nueve escribía cartas de enamorados, por doce inventaba insultos para enemigos irreconciliables. También vendía cuentos, pero no eran cuentos de fantasía, sino largas historias verdaderas que recitaba de corrido sin saltarse nada. Así llevaba las nuevas de un pueblo a otro. [...]

A quien le comprara cincuenta centavos[5], ella le regalaba una palabra secreta para espantar[6] la melancolía. No era la misma para todos, por supuesto, porque eso habría sido un engaño[7] colectivo. Cada uno recibía la suya con la certeza de que nadie más la empleaba para ese fin en el universo y más allá. [...]

Belisa Crepusculario salvó la vida y además descubrió por casualidad la escritura. Al llegar a una aldea[8] en las proximidades de la costa, el viento colocó a sus pies una hoja de periódico. Ella tomó aquel papel amarillo y quebradizo[9] y estuvo largo rato observándolo sin adivinar su uso, hasta que la curiosidad pudo más que su timidez. Se acercó a un hombre que lavaba un caballo en el mismo charco turbio[10] donde ella saciara su sed.

—¿Qué es esto? —preguntó.

—La página deportiva del periódico —replicó el hombre sin dar muestras de asombro[11] ante su ignorancia.

Ese día Belisa Crepusculario se enteró que las palabras andan sueltas sin dueño y cualquiera con un poco de maña puede apoderárselas para comerciar con ellas. Consideró su situación y concluyó que aparte de prostituirse o emplearse como sirvienta en las cocinas de los ricos, eran pocas las ocupaciones que podía desempeñar. Vender palabras le pareció una alternativa decente. [...]

Varios años después, en una mañana de agosto, se encontraba Belisa Crepusculario en el centro de una plaza, sentada bajo su toldo vendiendo argumentos de justicia a un viejo que solicitaba su pensión desde hacía diecisiete años. Era día de mercado y había mucho bullicio a su alrededor. Se escucharon de pronto galopes y gritos, ella levantó los ojos de la escritura y vio primero una nube de polvo y enseguida un grupo de jinetes que irrumpió en el lugar. Se trataba de los hombres del Coronel, que venían al mando del Mulato, un gigante conocido en toda la zona por la rapidez de su cuchillo y la lealtad hacia su jefe. [...]

[1]baptism certificate [2]choice [3]She traveled [4]linen sunshade [5]To whomever bought 50 cents worth [6]to scare away [7]fraud [8]village [9]brittle [10]muddy puddle [11]surprise

33. Comprensión

1. ¿En dónde trabajaba Belisa Crepusculario?

2. ¿Por qué eligió ella como oficio el de vender palabras?

34. Analice

¿Por qué cree Ud. que vender palabras resultaba un buen negocio?

—¿Eres la que vende palabras? —preguntó.

—Para servirte —balbuceó ella oteando[1] en la penumbra para verlo mejor.

El Coronel se puso de pie y la luz de la antorcha que llevaba el Mulato le dio de frente. La mujer vio su piel oscura y sus fieros ojos de puma y supo al punto que estaba frente al hombre más solo de este mundo.

—Quiero ser Presidente —dijo él. [...] —Para eso necesito hablar como un candidato. ¿Puedes venderme las palabras para un discurso? —preguntó el Coronel a Belisa Crepusculario.

Ella había aceptado muchos encargos, pero ninguno como ese, sin embargo no pudo negarse, temiendo que el Mulato le metiera un tiro[2] entre los ojos o, peor aún, que el Coronel se echara a llorar. [...] Toda la noche y buena parte del día siguiente estuvo Belisa Crepusculario buscando en su repertorio las palabras apropiadas para un discurso presidencial. [...] Descartó[3] las palabras ásperas y secas, las demasiado floridas, las que estaban desteñidas[4] por el abuso, las que ofrecían promesas improbables, las carentes[5] de verdad y las confusas, para quedarse solo con aquellas capaces de tocar con certeza el pensamiento de los hombres y la intuición de las mujeres. Haciendo uso de los conocimientos comprados al cura por veinte pesos, escribió el discurso en una hoja de papel. [...] Le pasó el papel y aguardó, mientras él lo miraba sujetándolo con la punta de los dedos.

—¿Qué carajo dice aquí? —preguntó por último.

—¿No sabes leer?

—Lo que yo sé hacer es la guerra —replicó él.

Ella leyó en alta voz el discurso. Lo leyó tres veces, para que su cliente pudiera grabárselo en la memoria. Cuando terminó vio la emoción en los rostros[6] de los hombres de la tropa que se juntaron para escucharla y notó que los ojos amarillos del Coronel brillaban de entusiasmo, seguro de que con esas palabras el sillón presidencial sería suyo.

—¿Cuánto te debo por tu trabajo, mujer? —preguntó el jefe.

—Un peso, Coronel.

—No es caro —dijo él abriendo la bolsa que llevaba colgada del cinturón con los restos del último botín[7].

—Además tienes derecho a una ñapa[8]. Te corresponden dos palabras secretas —dijo Belisa Crepusculario.

—¿Cómo es eso?

Ella procedió a explicarle que por cada cincuenta centavos que pagaba un cliente, le obsequiaba una palabra de uso exclusivo. El jefe se encogió de hombros, pues no tenía ni el menor interés en la oferta, pero no quiso ser descortés con quien lo había servido tan bien. Ella se aproximó sin prisa al taburete de suela[9] donde él estaba sentado y se inclinó para entregarle su regalo. Entonces el hombre sintió [...] el aliento de yerbabuena[10] susurrando en su oreja las dos palabras secretas a las cuales tenía derecho.

[1]scrutinizing him [2]would shoot her [3]She eliminated [4]faded [5]lacking [6]faces [7]loot [8]bonus [9]foot stool [10]peppermint

35. Comprensión

¿Por qué el Coronel acude a Belisa Crepusculario?

36. Analice

1. ¿Qué quiere decir que se quedó solamente con las palabras "capaces de tocar con certeza el pensamiento de los hombres y la intuición de las mujeres"?

2. ¿Cómo cree Ud. que Belisa Crepusculario escogió las dos palabras secretas para el Coronel?

37. Comprensión

1. ¿En qué lugares daba el Coronel su discurso?

2. ¿Qué le pasaba al Coronel cuando recordaba las dos palabras?

38. Analice

¿Por qué el Mulato llamó a Belisa "bruja"?

—Son tuyas, Coronel —dijo ella al retirarse—. Puedes emplearlas cuanto quieras.

En los meses de septiembre, octubre y noviembre el Coronel pronunció su discurso tantas veces, que de no haber sido hecho con palabras refulgentes[1] y durables el uso lo habría vuelto ceniza[2]. Recorrió el país en todas direcciones, entrando a las ciudades con aire triunfal y deteniéndose también en los pueblos más olvidados, allí, donde solo el rastro de basura indicaba la presencia humana, para convencer a los electores que votaran por él. Pronto el Coronel se convirtió en el político más popular. [...]

—Vamos bien, Coronel —dijo el Mulato al cumplirse doce semanas de éxito.

Pero el candidato no lo escuchó. Estaba repitiendo sus dos palabras secretas, como hacía cada vez con mayor frecuencia. Las decía cuando lo ablandaba[3] la nostalgia, las murmuraba dormido, las llevaba consigo sobre su caballo, las pensaba antes de pronunciar su célebre discurso y se sorprendía saboreándolas en sus descuidos. Y en toda ocasión en que esas dos palabras venían a su mente, evocaba la presencia de Belisa Crepusculario y se le alborotaban[4] los sentidos[...], hasta que empezó a andar como un sonámbulo[5] y sus propios hombres comprendieron que se le terminaría la vida antes de alcanzar[6] el sillón de los presidentes.

—¿Qué es lo que te pasa, Coronel? —le preguntó muchas veces el Mulato, hasta que por fin un día el jefe no pudo más y le confesó que la culpa de su ánimo eran esas dos palabras que llevaba clavadas en el vientre[7]. [...]

Cansado de ver a su jefe deteriorarse como un condenado a muerte, el Mulato se echó el fusil[8] al hombro y partió en busca de Belisa Crepusculario. [...]

—Tú te vienes conmigo —ordenó.

Ella lo estaba esperando. [...]

Tres días después llegaron al campamento y de inmediato condujo a su prisionera hasta el candidato, delante de toda la tropa.

—Te traje a esta bruja para que le devuelvas sus palabras, Coronel, y para que ella te devuelva la hombría —dijo apuntando el cañón de su fusil a la nuca[9] de la mujer.

El Coronel y Belisa Crepusculario se miraron largamente, midiéndose desde la distancia. Los hombres comprendieron entonces que ya su jefe no podía deshacerse del hechizo de esas dos palabras endemoniadas[10], porque todos pudieron ver los ojos carnívoros del puma tornarse mansos[11] cuando ella avanzó y le tomó la mano.

[1]brilliant [2]ash [3]soften up [4]disturb [5]sleepwalker [6]reaching [7]stomach [8]rifle [9]back of her neck [10]wicked [11]calm

39. Después de leer

¿Cuáles cree Ud. que fueron esas dos palabras que tuvieron tal efecto en la vida del Coronel? Explique su respuesta.

A. Escuchar: ¿Lógico o ilógico? (pp. 250-251, 259-260)

Diga **sí** si lo que oye es lógico. Diga **no** si es ilógico.

B. Vocabulario: Dos buenos amigos (pp. 250-251, 259-260)

Complete el diálogo con las palabras del recuadro.

escalar	el transbordo	local	el repelente	unas linternas
fósforos	ventanilla	el andén	la tienda de acampar	la brújula

Juan: Me alegra que vengamos desde Arica para **(1)** y acampar en el Cerro El Plomo a un lado de Santiago, pero no hemos elegido bien el transporte.

David: ¿Por qué? ¿No te gusta viajar en tren? ¿Quieres que te cambie mi asiento de **(2)** ?

Juan: No es eso; **(3)** en la estación de Antofagasta estuvo muy malo. Nos perdimos dos veces y ahora, venimos en este tren **(4)** que va demasiado lento. Cambiando de tema, traes todo lo necesario, ¿verdad?

David: ¡Claro! **(5)** de insectos, **(6)** para caminar sin perdernos y mi saco de dormir. ¿Y tú?

Juan: Sí. Traigo mi saco de dormir, muchos **(7)** para hacer fogatas y **(8)** para ver de noche. ¿Dónde está **(9)** ? Te la di en Antofagasta.

David: ¡¿No la traes tú?! ¡Uf! Creo que se quedó en **(10)** de la estación.

C. Estructura: *¿Para o por?* (p. 262)

Complete las oraciones con **para** o **por** según corresponda.

Ayer recibí un mensaje de Raúl **(1)** correo **(2)** invitarme a su fiesta de cumpleaños. Compré un regalo **(3)** él **(4)** Internet. Según mis cálculos, **(5)** el miércoles ya estará aquí.

D. Estructura: Recomendaciones (p. 264)

Ud. y su mejor amigo/a quieren acampar en Punta Arenas estas vacaciones y Ud. ha pedido consejos a sus otros amigos. Ahora, Ud. le cuenta a su mejor amigo/a sobre las recomendaciones que le han hecho.

MODELO

Ricardo / querer / nosotros / tener cuidado si escalamos rocas

Ricardo quiere que nosotros tengamos cuidado si escalamos rocas.

1. Nora y María / esperar / tú / divertirse en el campo
2. Pablo / insistir en / nosotros / dar caminatas por los senderos
3. Ana y Juan / aconsejar / yo / usar repelente de insectos
4. Bernardo / sugerir / nosotros / ir al pueblo en el valle
5. Juanita / recomendar / yo / comprar los boletos de tren ahora
6. Rosa y yo / pedir / tú / limpiar la tienda de acampar antes de regresársela

E. Cultura: Dos países parecidos (pp. 257-258)

Como Chile, Estados Unidos es un país de distancias enormes. Compare la topografía y el transporte de los dos países en un diagrama de Venn, como el que se ve a continuación.

Vocabulario

En el tren	En la estación de tren	En el campamento	Verbos
el andén	la boletería	los binoculares	acampar
el asiento	de primera (segunda) clase	la brújula	escalar
el coche cama	el transbordo	el campamento	exigir
el coche comedor	**En el campo**	el casco	partir
el inspector, la inspectora	el arbusto	la fogata	recomendar (ie)
el local (tren)	el campo	el fósforo	sugerir (ie)
el rápido (tren)	el pueblo	la linterna	**Expresiones y otras palabras**
el vagón	la roca	el mosquito	a punto de
la ventanilla	el sendero	la pesca	con retraso
el viajero, la viajera	el valle	el repelente de insectos	dar una caminata
		el saco de dormir	Es increíble que...
		la tienda de acampar	Es inútil que...
			puntual

Estructuras

El subjuntivo: verbos irregulares y expresiones impersonales

El subjuntivo se usa con expresiones impersonales para expresar opiniones sobre acciones y eventos. Recuerde que los verbos que terminan en **-car**, **-gar**, **-zar** y **-ger** tienen un cambio ortográfico para mantener la pronunciación original.

Es bueno que *Ud.* ***estudie*** *mucho.*

Es una lástima que *no* ***podamos*** *asistir al concierto.*

Es una suerte que *mi hermano* ***llegue*** *temprano.*

Recuerde que los siguientes verbos son irregulares en el subjuntivo: **dar**, **estar**, **haber**, **ir**, **saber** y **ser**.

El subjuntivo con verbos de obligación

Use el subjuntivo para expresar deseos, mandatos o aspiraciones.

Espero que *ellas* ***conduzcan*** *con cuidado.*

Necesitas que tengamos *buena actitud.*

Uds. ***exigen que*** *el testigo* ***diga*** *la verdad.*

Para vs. *por*

When to use ***para***	When to use ***por***
Destination	Movement
Due date	Duration
Purpose	Manner or means
	Reason or motive
	Proportion, rate, or exchange

Viajando en el subte de Buenos Aires

La ciudad de Buenos Aires tiene una población de 3 millones de personas; son 16 millones incluyendo el área metropolitana. Al igual que en todas las grandes metrópolis, transitar la ciudad en auto puede ser muy frustrante. Además de los atascos, es difícil encontrar sitios para estacionar. Por eso mucha gente prefiere el transporte público, especialmente el metro, que en Buenos Aires se llama "subte". La primera línea de subte de la capital se inauguró en 1913 y fue la primera de Latinoamérica. En la actualidad el subte porteño[1] cuenta con siete líneas que recorren 57,4 km bajo tierra. Un millón de personas usan el subte diariamente.

Recorrer las líneas subterráneas de Buenos Aires puede ser también una experiencia cultural enriquecedora[2], ya que las paredes de las estaciones de subte están llenas de arte. Con los años, unos 200 artistas participaron en más de 450 intervenciones que incluyen murales, pinturas, mosaicos e ilustraciones. Estas expresiones artísticas representan la historia de los pueblos originarios y de los inmigrantes, así como también símbolos tradicionales como el tango y el arte urbano, lo cual ha convertido los oscuros andenes en una auténtica galería de arte. ¡Viajar en el subte de Buenos Aires es una experiencia única!

[1]native or resident of Buenos Aires [2]enriching

BÚSQUEDA subte de buenos aires

Las estaciones de subte de Buenos Aires despliegan arte en todas sus paredes.

COMPARACIONES

Muchos estudiantes que asisten a las escuelas públicas de Buenos Aires van a la escuela en subte. ¿Cómo llegan a la escuela los estudiantes de su comunidad? Haga una encuesta en su clase para investigar.

PRODUCTOS

En el subte de Buenos Aires se encuentra una pared llena de historietas. Son de Mafalda, una niña de seis años que es prácticamente un tesoro (*treasure*) nacional. Es la creación cómica y cínica de Joaquín Salvador Lavado, conocido como Quino. El tema de muchos de los dibujos es que vivimos en un mundo loco.

"Do you think God patented the idea of a round madhouse?"

PERSPECTIVAS

El Ministerio de Educación de Argentina autoriza que los niños y jóvenes de edad escolar puedan viajar a las escuelas públicas primarias y secundarias sin pagar. En la ciudad de Buenos Aires, por ejemplo, el boleto estudiantil incluye los viajes en colectivos y subtes y es gratuito (*free*). ¿Por qué cree que el gobierno de Argentina ofrece este beneficio a los estudiantes?

A. Comprensión

1. Dé dos razones por las que los residentes de Buenos Aires prefieren usar el subte para ir al trabajo.
2. ¿Qué medios artísticos adornan las estaciones de subte de Buenos Aires?
3. ¿Qué elementos de la historia argentina están representados en el arte del subte de Buenos Aires?

B. Analice

1. ¿Qué nos dice el arte del subte sobre los valores de los porteños?
2. ¿Está de acuerdo con la opinión de Mafalda, que vivimos en un mundo loco? Explique.

Chile mejora su sistema de transporte público

En el 2017 Santiago ganó el Premio de Transporte Sostenible por mejoras[1] en su sistema de transporte público. Aumentó BikeSantiago, el programa de bicicletas alquiladas, que pasó de 150 recorridos[2] por día a 5.000. Se implementaron cambios en las calles del centro para permitir más acceso a bicicletas. También se inició un programa en la ciudad de taxis públicos gratuitos[3] en triciclos, BMov Trici. Estos vehículos son pequeños y llevan pocos pasajeros, pero no usan combustible. Pero la innovación más importante es que se implementó un programa en las escuelas primarias y en los jardines infantiles[4] para enseñar a los niños a usar bicicletas en el tráfico de manera segura[5].

[1]improvements [2]trips [3]free [4]kindergartens [5]safely

BÚSQUEDA bikesantiago, ecomobility

Las bicicletas públicas de Santiago

Los vehículos de BMov Trici

C. Comprensión

1. ¿Qué premio ganó la ciudad de Santiago en el 2017 y por qué?
2. ¿Dónde dan clases sobre cómo usar la bicicleta de manera segura?

D. Analice

1. ¿Qué valores se ven reflejados en las mejoras en el sistema de transporte público de Santiago?
2. ¿Cuáles son los beneficios de los tipos de transporte público sobre los que ha leído en esta unidad? ¿Hay aspectos negativos? Explique.

PRODUCTOS

BMov Trici es un nuevo servicio de taxi en Santiago. Es un sistema privado gratuito que depende de fondos de anuncios (*advertising revenue*). Los vehículos funcionan con motor eléctrico o a pedales. Cualquier persona puede usar los tricis, pero se da preferencia a personas mayores o a las que no pueden caminar bien.

El rincón del arte

Xul Solar era un artista argentino (1887–1963) a quien le fascinaba la aviación. Era un adolescente cuando los hermanos Wright experimentaban con los primeros aviones. Xul Solar estudió en París durante el período del surrealismo, que claramente le influenció. Pintó *Vuel Villa* en 1936. Se pueden identificar varios métodos de transporte en el cuadro. ¿Cuáles son? ¿Adónde cree Ud. que va la gente del cuadro y por qué?

Vuel Villa (Flying Village)

¡Qué chévere es la vida! **¡Vamos a conducir en la ciudad!**

me mudaré *I'll move* **les haga gracia** *it makes you laugh* **particulares** *private* **se sacuda** *shaking/jerking* **tendré en cuenta** *will keep in mind*

E. Comprensión

1. ¿De qué hablan los chicos?
2. ¿Cómo aprenden cada uno de los chicos a manejar?
3. ¿Qué necesitan aprender todavía los chicos sobre cómo manejar?

F. Analice

1. ¿Cómo se sienten los chicos acerca de conseguir su licencia de conducir?
2. ¿Está Ud. de acuerdo con los consejos de James? ¿Puede sugerir otros?
3. ¿Las normas de conducir de James son similares a las de sus padres? Explique.

Proyectos PRE AP

¿? **Pregunta clave** ¿Cómo se transportan las personas en otros países y adónde van?

A. ¡Manos a la obra! los estudios sociales

Imagine que su pueblo o ciudad quiere promover (*promote*) el transporte público para que los habitantes no dependan tanto de sus autos. Trabaje con dos o tres personas de la clase y organicen un plan para crear interés en usar el transporte público. Mencionen las ventajas de usar autobuses, trenes o el metro para desplazarse de un lugar a otro. Diseñen también rutas entre los lugares más populares de la ciudad. Piensen en cómo pueden usar las nuevas tecnologías tanto para darle un formato atractivo (videos, presentaciones interactivas, etc.) al mensaje como para difundirlo entre la población (redes sociales, blogs, etc.).

El transporte público le ahorra tiempo y dinero.

B. En resumen

En el siguiente diagrama aparecen medios de transporte y lugares para visitar de Chile y Argentina. Complete los recuadros de la derecha indicando el país al que pertenece y algunas características particulares de cada uno.

el colectivo →	Argentina. llamativos, coloridos, fileteado porteño
los anfibios →	
el sistema "Ecobici" →	
el Expreso del Recuerdo →	
el Club Andino →	
el Teatro de la Ribera →	
Viña del Mar →	
Caminito →	
el subte →	
BMov Trici →	

Extensión

Escoja otro país hispanohablante e investigue en Internet cuáles son sus medios de transporte característicos y qué lugares se pueden visitar.

C. ¡A escribir!

Imagine que Ud. piensa escribir un libro que se va a titular *Guía para pasarlo bien en el campo*. Será un libro dirigido a los que viven en la ciudad. Escriba por lo menos cuatro sugerencias y desarrolle un párrafo para cada una. Presente las ideas para que estas usen verbos de obligación o expresiones impersonales con el subjuntivo. Luego, lea algunas de sus ideas delante de la clase.

PARA ESCRIBIR MÁS

Usar nexos

Use nexos, las palabras que unen ideas, para que haya fluidez. Algunas de estas palabras son:

además	**porque**
tampoco	**de la misma manera**
también	**sin embargo**

D. ¿Cuál es su transporte favorito?

Piense en cómo le gustaría viajar. ¿Cuál es su medio de transporte preferido? ¿Adónde puede ir con este transporte? Luego, trabaje con un grupo de cinco o seis personas y comenten los transportes que prefieren y por qué. Voten para elegir el transporte favorito del grupo. Busquen en Internet algún recorrido que se pueda hacer con ese medio de transporte y señálenlo en un mapa interactivo en línea. Luego, presenten su "candidato" delante de la clase y expliquen por qué lo han seleccionado. Cuando todos los grupos hayan hecho su presentación, voten por su favorita.

Viajar en bicicleta le permite parar y ver todo de cerca.

E. Folleto turístico

Imagine que Ud. y una persona de la clase trabajan en el ministerio de turismo de Argentina o Chile y quieren promover el turismo en su país. Busquen en Internet información sobre los lugares de interés y las actividades que los turistas pueden hacer tanto en las ciudades como en el campo. Conversen sobre los lugares y escriban una lista "final" de los mejores. Hagan un folleto o una presentación digital para describirlos. Incluyan las siguientes secciones: "Sitios de interés", "Qué hacer", "Cómo llegar", "Cuándo venir" y "Dónde alojarse". Ilustren cada sección con una foto.

F. Una vuelta por el barrio

Ud. y tres o cuatro personas de la clase van a organizar un recorrido turístico por un barrio de su ciudad para que los visitantes hispanos lo conozcan. Trabajen juntos para diseñar el recorrido. Incluyan sitios de interés, con datos históricos e información sobre ellos, y festivales típicos. Agreguen también los medios de transporte disponibles en el barrio e indicaciones para ir de un lugar a otro. El diseño puede incluir audio o videos para ilustrar, por ejemplo, la música o los bailes del barrio. Al terminar el proyecto, orfezcan su recorrido a la oficina de turismo de su comunidad para que lo ponga en su sitio web.

Repaso de la Unidad 5

Autoevaluación

Lección A I can:

- communicate about driving in the city (pp. 228–229)
- identify and name some road signs (p. 228)
- tell others what to do (p. 232)
- communicate a suggestion about what we might do (p. 234)
- discuss transportation in Buenos Aires (p. 236)
- explain the history of the national dance of Argentina (p. 237)
- converse about moving about in the city (pp. 238–239)
- communicate requests and generalizations (p. 242)
- analyze and discuss **Condorito**, a famous Chilean cartoon character (p. 246)

Lección B I can:

- converse about train travel (pp. 250–251)
- communicate opinions (p. 253)
- discuss transportation, geography, and activities in Chile (pp. 257–258)
- discuss camping activities and supplies (pp. 259–260)
- converse about the countryside (p. 259)
- express desires, demands, and wishes (p. 264)
- analyze and discuss a short story (pp. 267–270)

Repaso de estructuras

Lección A

- Los mandatos formales singulares y plurales (p. 232)
- Los mandatos con **nosotros** (p. 234)
- **Repaso rápido: preguntar** y **pedir** (p. 241)
- El subjuntivo: Verbos regulares y con cambios ortográficos (p. 242)

Lección B

- El subjuntivo: Verbos irregulares y más expresiones impersonales (p. 253)
- El subjuntivo: Verbos con cambio de raíz (p. 255)
- **Para** y **por** (p. 262)
- Más sobre el subjuntivo (p. 264)

My Language Town™

¿Qué te gusta más, la vida en la ciudad o la vida en el campo?

Vocabulario de la Unidad 5

a punto de (partir) about (to leave, to depart) ***5B.1***
acampar to camp ***5B.2***
el **acelerador** gas pedal ***5A.1***
acelerar to speed (up), to accelerate ***5A.1***
las afueras suburbs ***5A.2***
ajustar to adjust ***5A.1***
el **andén** train platform ***5B.1***
el **arbusto** bush ***5B.2***
el **asiento** seat ***5B.1***
el **atasco** traffic jam ***5A.2***
la **autopista** highway ***5A.2***
los **binoculares** binoculars ***5B.2***
la **bocacalle** street entrance ***5A.2***
la **boletería** ticket office ***5B.1***
la **brújula** compass ***5B.2***
la **calle de doble vía** two-way street ***5A.1***
la **calle de una sola vía** one-way street ***5A.1***
el **callejón sin salida** blind alley ***5A.2***
el **campamento** campsite, campground ***5B.2***
el **campo** countryside, field ***5B.2***
el **casco** helmet ***5B.2***
ceder el paso to yield ***5A.1***
el **coche cama** sleeping car ***5B.1***
el **coche comedor** dining car ***5B.1***
con retraso delayed ***5B.1***
el **cruce de peatones** pedestrian crosswalk ***5A.2***
dar una caminata to take a walk ***5B.2***
de primera (segunda) clase first (second) class ***5B.1***
desear to desire, to wish ***5A.2***
despacio slowly ***5A.1***
disminuir to slow (down) ***5A.1***
¿Dónde queda...? Where is...? ***5A.2***
¿Dónde se encuentra...? Where is...? ***5A.2***
Es increíble que... It's incredible that... ***5B.1***
Es inútil que... It's useless that... ***5B.1***
escalar to climb ***5B.2***
el **espacio** space ***5A.1***
el **espejo retrovisor** rearview mirror ***5A.1***
la **estación de servicio** gas station, service station ***5A.2***
el **estacionamiento** parking lot, parking ramp ***5A.1***
estacionar to park ***5A.1***
exceder to exceed ***5A.2***
exigir to demand ***5B.2***
la **fogata** camp fire ***5B.2***
el **fósforo** match ***5B.2***
la **gasolina** gas ***5A.2***
la **glorieta** traffic circle ***5A.1***
el **inspector,** la **inspectora** inspector ***5B.1***
el **kiosco** kiosk ***5A.2***
la **licencia de conducir** driver's license ***5A.1***
la **linterna** flashlight ***5B.2***
llenar to fill ***5A.2***
el **local (tren)** local (train) ***5B.1***
mandar to order (command) ***5A.2***
la **marcha atrás** reverse (gear) ***5A.1***
más allá de beyond ***5A.2***
el **mosquito** mosquito ***5B.2***
las **normas de tránsito** traffic rules ***5A.1***
la **obra en construcción** construction site ***5A.2***
la **paciencia** patience ***5A.1***
pare stop ***5A.1***
partir to leave, to depart ***5B.1***
el **parquímetro** parking meter ***5A.2***
el **peatón,** la **peatona** pedestrian ***5A.2***
perdido/a lost ***5A.2***
la **pesca** fishing ***5B.1***
pisar to step on ***5A.1***
poner una multa to give a ticket ***5A.2***
prohibido doblar do not turn ***5A.1***
prudente cautious ***5A.1***
el **pueblo** village ***5B.2***
puntual on time ***5B.1***
el **rápido (tren)** express (train) ***5B.1***
recomendar (ie) to recommend ***5B.2***
el **repelente de insectos** insect repellent ***5B.2***
la **roca** rock ***5B.2***
el **saco de dormir** sleeping bag ***5B.2***
el **semáforo** traffic light ***5A.1***
el **sendero** path ***5B.2***
sugerir (ie) to suggest ***5B.2***
el **tanque** gas tank ***5A.2***
la **tienda de acampar** tent ***5B.2***
el **transbordo** transfer ***5B.1***
vacío/a empty ***5A.1***
el **vagón** train car ***5B.1***
el **valle** valley ***5B.2***
la **velocidad** speed ***5A.1***
la **ventanilla** window (transportation) ***5B.1***
el **viajero,** la **viajera** traveler ***5B.1***
la **zona verde** green space ***5A.2***

UNIDAD

6 ¡Vamos de viaje!

Refrán

A la tierra que fueres, haz lo que vieres.

When in Rome, do as the Romans do.

Pregunta clave

¿Por qué viaja la gente a otros países?

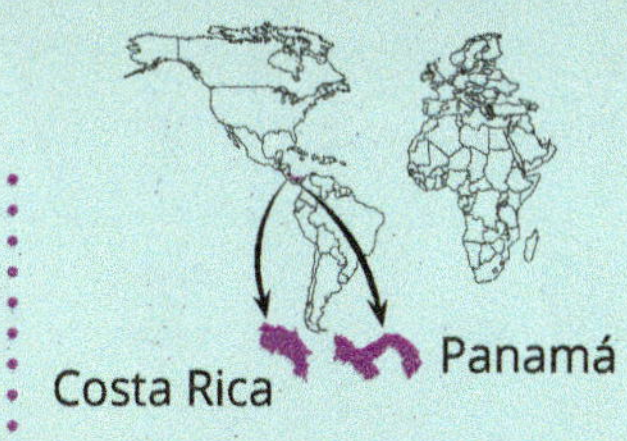

Mis metas

Lección A I will be able to:

- make and adjust travel plans
- express when something might happen
- discuss the Panama Canal and other tourist attractions in Panama
- converse about weather-related delays at the airport
- communicate about what will happen in the future
- express doubt, denial, and uncertainty
- discuss the Panama Canal visitor's center

Lección B I will be able to:

- check in at a hotel
- converse about lodging and amenities
- communicate about what would happen
- express probability and communicate requests politely
- discuss tourism in Costa Rica
- converse about nature excursions in Costa Rica
- discuss nature and environmental issues
- express emotions, likes, and dislikes
- analyze and discuss a poem

Y tú, ¿adónde quieres ir de vacaciones?

¿Encontrará un destino ideal para viajar?

LECCIÓN

A

Panamá

Vocabulario A1

¡A soñar viajando!

Vocabulario en contexto

Estamos **planeando** un viaje a Panamá.

Agencia de viajes virtual

Destinos de sueño

➤ **Planear** un viaje

➤ Buscar excursiones

▼ ¡Promociones y **descuentos**!

Para **detalles**, haz clic aquí.

▲ Horarios de excursiones **sujetos a cambios** a causa del tiempo.

Haz clic para ver el folleto.

Para hacer una confirmación

▼ Para **confirmar** necesita:

Número de la reserva:

Nombre:

Destino:

Fecha de reserva:

Para hacer una cancelación

▼ Para **cancelar** necesita:

Número de la reserva:

Nombre:

Destino:

Fecha de reserva:

No se permite hacer cancelaciones **a último momento**.

Una excursión a Panamá

Visite Contadora, una hermosa **isla** en el **mar** Caribe.

DESCUENTOS de **50 %** en hoteles, pasajes y excursiones. **Desde $450**

Visite el Canal de Panamá y **observe** de cerca cómo funciona.

HAGA SUS RESERVAS ¡AHORA MISMO! ▼

Haga una excursión al **volcán** Barú.

DESCUENTOS de **50 %** en hoteles, pasajes y excursiones. **Desde $500**

Tenemos excursiones al lago Gatún.

Buscar hoteles

Hacer reserva

➤ Ciudad:

Fecha de entrada:

Fecha de salida:

➤ Número de personas:

Buscar vuelos

◉ ida y vuelta

○ ida

Ciudad de salida:

Ciudad de llegada:

Fecha de salida:

Fecha de regreso:

➤ Número de pasajeros:

Formas de pago

Tarjetas de crédito

Si quieres más detalles, haz clic para ver el folleto.

Para conversar

Para hacer y cambiar planes de viaje:

Le puedo ofrecer un crucero para **atravesar el océano** Pacífico o Atlántico.

¡Fantástico! Pensé que tendría que **gastar** más dinero. ¿Debo pagar **por adelantado**?

Sí, para que no haya **malentendidos**, debe pagar **tan pronto como** confirme la reserva.

Si necesita cancelar, avísenos pronto. No aceptamos cancelaciones **sin previo aviso**.

Recuerde que no debe hacer las reservas de hotel **hasta que** haya comprado sus boletos de avión.

Antes de que viaje, llame al banco **para que** le diga si puede usar su tarjeta de crédito en Panamá.

Después de que llegue al hotel, pregunte dónde hay **un cajero automático** para sacar dinero, y **en cuanto** pueda, pase por allí.

Este verano le sugiero que visite **Europa**. Vaya a **Francia**, **Italia**, **Alemania** o **Inglaterra** para disfrutar de una experiencia **europea** con distintas culturas y perspectivas.

PARA DECIR MÁS

un día feriado / un día festivo	*an observed holiday*
un viaje de negocios	*a business trip*
pasear en canoa	*to canoe*
pasear en kayak	*to kayak*
con anticipación	*in advance*

1. En la agencia de viajes

Escuche las siguientes oraciones. Indique qué frase o palabra completa correctamente cada oración para que su significado sea similar al de la oración que oye.

1. Los pasajes hay que pagarlos (*dos semanas antes / dos semanas después*).
2. Los viajes en avión (*no cambian / pueden cambiar*) a causa del mal tiempo.
3. El folleto ofrece (*descripciones / reservas*) interesantes sobre la excursión al volcán Porú.
4. En la excursión, las personas (*vuelan / cruzan*) la selva tropical.
5. Para (*cancelar / aceptar*) la reserva de hotel, hay que llamar a la agencia de viajes.
6. El precio del hotel es un diez por ciento (*más barato / más caro*).

COMUNIDADES

Viajar a otro país, aunque sea de forma virtual, es una buena manera de conocer otra cultura. Busque el sitio oficial de turismo de Panamá e investigue una excursión que hacer o una feria a la cual asistir. ¡No olvide cambiar el idioma del sitio web al español!

2. Definiciones

Empareje las definiciones de la izquierda con la palabra o frase que corresponda de la derecha.

1. la acción de anular o deshacer un plan hecho antes
2. el aparato que se usa con una tarjeta para sacar dinero
3. la prueba o el recibo de haber separado un sitio para uso personal
4. el acto de ir a un museo o dar una caminata para estudiar o relajarse
5. la acción de reafirmar un plan
6. la acción de pasar de un lado a otro de un sitio

A. la reserva
B. atravesar
C. confirmar
D. cancelar
E. la excursión
F. el cajero automático

3. De vacaciones

Complete las oraciones con las palabras del recuadro.

cajero automático	descuento	malentendido
previo aviso	reserva	volcán

1. Cuando compramos los boletos nos hicieron un ___ del 10 por ciento.
2. Susana y Ricardo discutieron a causa de un ___.
3. Tan pronto como supieron que no podían viajar, cancelaron la ___.
4. No se puede cancelar el viaje sin ___.
5. Desde el hotel podíamos observar el fuego que salía del ___.
6. Cuando una persona viaja a otro país es posible sacar dinero de un ___.

4. ¡Qué problemas!

Complete el siguiente diálogo con las palabras entre paréntesis que correspondan según el contexto.

Agente: Buenos días. ¿En qué puedo ayudarla?

Lilia: Buenos días. Creo que hay un (***1.*** *malentendido / aviso*).

Agente: Veamos los (***2.*** *volcanes / detalles*) de su reserva.

Lilia: Viajo con dos amigas —tres en total— y hemos recibido una tarifa mucho más cara de lo que creíamos.

Agente: De acuerdo con la reserva, al principio solo eran dos. El (***3.*** *momento / descuento*) de tarifa se aplica a las primeras dos personas. La tercera paga la tarifa completa porque hicieron este cambio (***4.*** *a último momento / por adelantado*). Además, toda venta está (***5.*** *sujeta a cambios / sin previo aviso*) si la reserva cambia.

Lilia: Bueno, pero ese cambio no se hizo sin (***6.*** *tarjeta de crédito / previo aviso*); yo misma hablé por teléfono con una persona de su agencia hace tres semanas.

Agente: En ese caso, permítame investigar más.

Diálogo

¿Tiene los pasajes?

Rosa: Venimos a buscar los pasajes para Panamá.
Agente: ¿Cuándo hicieron la reserva?
Marcos: El lunes pasado...
Agente: Permítanme mirar la información en la computadora.
Rosa: ¿Tiene los pasajes?
Agente: No, aquí dice que Uds. no los confirmaron.
Marcos: Claro que los confirmamos. Tan pronto como supimos que podíamos viajar, llamamos a la agencia para hacer la confirmación.
Agente: ¿Y pagaron los boletos?
Rosa: No, nos dijeron que hasta que no pasáramos a buscarlos no teníamos que pagarlos.
Agente: Creo que ha habido un malentendido... Pero no se preocupen, podemos hacer una nueva reserva.

5. ¿Qué recuerda Ud.?

1. ¿Cuándo hicieron la reserva Rosa y Marcos?
2. ¿Qué información da la computadora sobre los pasajes?
3. ¿Qué hicieron Marcos y Rosa tan pronto como supieron que podían viajar?
4. ¿Cuándo les dijeron que tenían que pagar los pasajes?
5. ¿Qué dice la agente que ha habido?

6. Algo personal

1. ¿Ha planeado alguna vez un viaje? ¿Adónde?
2. ¿Ha tenido que cancelar algún viaje? ¿Cuándo?
3. Si tiene que viajar, ¿hace las reservas con una agencia de viajes?
4. ¿Ha tenido algún malentendido con alguien? Explique.

7. Daniel y su viaje a Panamá

Escuche la siguiente historia. Después de cada párrafo va a oír dos preguntas. Escoja la mejor respuesta para cada una.

1. **A.** gastó el dinero
   B. confirmó su reserva
2. **A.** la reserva del hotel
   B. la reserva del carro
3. **A.** en efectivo
   B. con tarjeta de crédito
4. **A.** atravesar la selva
   B. atravesar la ciudad
5. **A.** con anticipación
   B. el día del viaje
6. **A.** si no leía el detalle del viaje
   B. si cancelaba sin previo aviso

El subjuntivo en cláusulas adverbiales I

- The subjunctive is used after the following conjunctions to talk about events that have not happened yet or that may never happen.

antes de que	*before*
cuando	*when*
después de que	*after*
en cuanto	*as soon as*
hasta que	*until*
para que	*so that*
tan pronto como	*as soon as*

Llámame tan pronto como aterrices.

Vamos a confirmar el viaje ***tan pronto como*** *sepamos la tarifa.* — We're going to confirm our trip **as soon as** we know the fare.

Recibirán los pasajes ***cuando*** *confirmen la reserva.* — You will receive your tickets **when** you confirm the reservation.

- The subjunctive is not used after these conjunctions if the action refers to events in the past or if they are habitual actions.

Confirmamos el viaje ***tan pronto como*** *supimos la tarifa.* — We confirmed the trip **as soon as** we found out the fare.

Recibieron los pasajes ***cuando*** *confirmaron la reserva.* — They received their tickets **when** they confirmed the reservation.

Generalmente confirmamos un viaje ***en cuanto*** *sabemos la fecha de salida.* — Generally we confirm a trip **as soon as** we know the departure date.

Siempre reciben los pasajes ***después de que*** *confirman la reserva.* — They always receive their tickets **after** they confirm the reservation.

- ***Antes de que*** is the exception to the previous rule. You must always use the subjunctive with ***antes de que***, regardless of the time reference.

Apaguen los celulares ***antes de que*** *empiece la clase.* — Turn off your phones **before** class starts. (Class hasn't started yet.)

Siempre apagan los celulares ***antes de que*** *empiece la clase.* — They always turn off their phones **before** class starts.

- ***Para que*** indicates that an action has not yet been completed, and for that reason, it will always trigger the subjunctive.

Te llamo mañana ***para que*** *hablemos de los detalles del viaje.* — I'll call you tomorrow **so that** we can talk about the details of the trip.

8. ¿Qué dicen?

Complete cada diálogo con la forma correcta del subjuntivo del verbo apropiado del recuadro.

acabarse	poder	estar	dar
regresar	enviar	haber	enterarse

1. **Ana:** Toni, ¿ya estás decidido a hacer el viaje?
   Toni: No. No puedo decidirme antes de que mis padres me ___ permiso, ¿y tú?
   Ana: Sí, yo voy a hacer la reserva tan pronto como ___.
2. **Agente:** ¿Piensa Ud. planear sus vacaciones con nosotros?
   Cliente: Sí, voy a llamar cuando ___ seguro de la fecha.
   Agente: Llame pronto, antes de que ___ los pasajes con descuento.
3. **Cliente:** ¿Cuándo me van a devolver el dinero de los pasajes?
   Agente: Después de que Ud. nos ___ la nota firmada por su médico.
   Cliente: Gracias, pero no se la puedo enviar hasta que él ___ de vacaciones.
4. **Cliente:** Por favor, dígame cuáles son las condiciones para que no ___ malentendidos.
   Agente: Bien, se las voy a leer para que Ud. ___.

9. Miranda y Luisa van de viaje

Miranda va de viaje con sus padres y quiere que su amiga Luisa vaya con ellos. Lea los e-mails de las chicas y complételos con la forma del subjuntivo del verbo entre paréntesis que corresponda según el contexto.

CORREO Nuevo Enviar Responder Miranda

Para: Luisa
De: Miranda
Asunto: ¡Bocas del Toro!

Querida Luisa:

¡No sabes lo contenta que estoy! Finalmente mis padres han decidido ir a Bocas del Toro para las fiestas. Espero que tú (**1.** *poder / salir*) ir con nosotros. ¡Nos vamos a divertir muchísimo! Pídeles permiso a tus padres y contéstame en cuanto (**2.** *hablar / preguntar*) con ellos. Espero que te (**3.** *seguir / decir*) que sí. Escríbeme tan pronto como te (**4.** *decidir / saber*) para que nosotros (**5.** *estar / poder*) hacer la reserva.

Hasta pronto,

Miranda

CORREO Nuevo Enviar Responder Luisa

Para: Miranda
De: Luisa
Asunto: Re: ¡Bocas del Toro!

Querida Miranda:

Me encantó recibir tus noticias y tu invitación. No puedo decirte nada del viaje por ahora, pero voy a volver a escribirte después de que (**6.** *pedir / hablar*) con mis padres. ¡Espero que me (**7.** *dar / decir*) permiso para ir! Ellos han ido a la casa de mis abuelos este fin de semana, pero en cuanto (**8.** *hacer / volver*) voy a preguntarles y tan pronto como (**9.** *saber / entender*) la respuesta te llamo por teléfono.

Saludos,

Luisa

10. Lo vamos a hacer cuando podamos

Complete las oraciones con la forma correcta del indicativo o subjuntivo del verbo entre paréntesis.

1. Es mejor que compres el pasaje antes de que (*gastar*) el dinero en otra cosa.
2. Tan pronto como (*terminar*) de hacer estos ejercicios, voy a hacer la reserva.
3. En cuanto (*pagar*) el vuelo, voy a buscar un hotel en La Chorrera.
4. Cuando (*recibir*) la confirmación voy a pagar el pasaje.
5. Después de que Ud. (*confirmar*) la reserva, va a recibir los detalles de la excursión.
6. Normalmente, no viajo hasta que (*llegar*) el verano.
7. Cuando (*tener*) dinero siempre lo gasto en ropa.
8. No voy a poder ir de viaje hasta que (*ahorrar*) el dinero que necesito.
9. Me puse las botas después de que (*empezar*) a llover.
10. Vamos a pagar por adelantado para que el hotel nos (*dar*) un descuento.
11. Les enviaron un mensaje a sus padres en cuanto (*aterrizar*).

Cuando tengo dinero siempre lo gasto en ropa.

11. Cuando estemos en Panamá

Dos amigos están haciendo planes para visitar la Ciudad de Panamá. Haga oraciones lógicas sobre sus planes, uniendo las expresiones de la primera columna con una palabra o expresión de la segunda y una frase de la tercera. Use el indicativo o el subjuntivo según corresponda.

I	II	III
1. Te llamaré...		(nosotros) estar muertos de sueño
2. Te voy a enviar el vínculo de un mapa...	cuando	(tú) ir de excursión
3. Siempre hago la maleta...	hasta que	(nosotros) no tener más dinero
4. Atravesaré el canal...	para que	(yo) recibir los pasajes
5. Iremos al Parque Natural Metropolitano...	después de que	llegar la confirmación del hotel
6. Iremos de compras a la Avenida Central...	tan pronto como	(nosotros) encontrar un buen hotel
7. No vamos a descansar...	antes de que	(nosotros) tener unas horas libres
8. Siempre compras recuerdos...		(tú) saber adónde vamos a ir

12. Un viaje perfecto

Uno/a de sus amigos/as quiere hacer un viaje a Panamá, pero nunca ha salido del país y por eso tiene muchas preguntas. Como Ud. ha viajado mucho, le da buenos consejos. Trabaje con una persona de la clase y túrnense para hacer los dos papeles. Usen el subjuntivo con cláusulas adverbiales en las respuestas y sigan el modelo como guía.

MODELO

A: ¿Cuándo debo comprar los pasajes?

B: Cómpralos antes de que se acaben las ofertas especiales.

¿Qué necesito para el viaje?

13. ¡Tantos detalles!

Trabaje con dos personas de la clase y representen una conversación entre un(a) agente de viajes y dos clientes que están planeando un viaje a Panamá. Incluyan los temas del recuadro en su conversación y túrnense para hacer los papeles. Usen el presente de subjuntivo con cláusulas adverbiales en las respuestas, como se ve en el modelo.

la fecha en que piensan viajar	las actividades que quieren realizar
los lugares que quieren visitar	la cantidad de dinero que tienen para gastar
la forma de transporte	lo que necesitan llevar
la duración del viaje	lo que tienen que hacer antes de viajar

MODELO

A: ¿Cuándo piensan viajar?

B: Viajaremos tan pronto como bajen las tarifas aéreas.

C: Sí, después de que terminen las vacaciones escolares.

¿? **Pregunta clave** ¿Por qué viaja la gente a otros países?

Lo mejor de Panamá

¿Qué acontecimiento[1] dio a conocer el nombre de Panamá en el mundo entero? La construcción del canal de Panamá es, sin duda alguna, la respuesta. Fue una de las más grandes obras de ingeniería de todos los tiempos, la realización de un sueño de casi 400 años: conectar el océano Atlántico con el Pacífico. Antes de su construcción, los barcos debían rodear el continente suramericano en un viaje de semanas que ahora dura unas cuantas horas. En la actualidad, el canal de Panamá además de ser imprescindible[2] para el comercio global, es el ícono más representativo del país y una atracción turística sin igual, tanto para las líneas de cruceros como para aquellos que visitan el país.

El canal está construido por encima de la superficie[3] de ambos océanos, debido a que cada uno tiene una altura diferente. Para cruzar de un extremo a otro, un barco debe ser elevado hasta la altura máxima del canal y luego descendido hasta el nivel del mar del otro lado. Este tránsito se realiza con un sistema de esclusas[4], o compuertas, que se abren a secciones aisladas del canal.

En el siglo XX, un 80 por ciento de los países del mundo usaron el canal con fines comerciales. Actualmente, más de 14.200 barcos transitan por el canal cada año. Sin embargo, los nuevos buques de carga[5] y barcos de crucero son tan anchos que no caben por algunos sectores del canal. Por esa razón, se realizaron obras de ampliación del canal para duplicar su capacidad y triplicar el comercio de la zona.

Mire el video para aprender más sobre Panamá.

¿Qué hay de nuevo? iNews

Haga una búsqueda en iNews sobre **Panamá**. ¿Qué artículos recientes ve?

[1]event [2]indispensable [3]surface [4]locks [5]cargo ships

BÚSQUEDA historia del canal de panamá, ampliación canal de panamá

14. Comprensión

1. ¿Cuál es la importancia del canal de Panamá en la actualidad?
2. ¿Cómo funciona el sistema de esclusas del canal?
3. ¿Qué impacto tuvo la ampliación del canal de Panamá en la economía mundial? Explique.

15. Analice

1. ¿Qué occurió con la ampliación del canal de Panamá?
2. ¿Qué relación hay entre la obra de ampliación del canal y el nuevo centro de convenciones?

PRODUCTOS

La Zona Libre de Colón en Panamá es la segunda zona franca (*trade zone*) más grande del mundo, después de Hong Kong. Por eso, para promover el turismo de negocios y capitalizar la ampliación del canal de Panamá, en 2020 se construyó un nuevo centro de convenciones en Amador. Además del centro, añadieron una terminal de cruceros ampliada, nuevos museos, media docena de restaurantes en el canal, extensas comunidades residenciales y un puerto deportivo expandido. Con este nuevo centro de convenciones, Panamá aspira a consolidarse como el principal centro de negocios y convenciones de América Latina.

Vista nocturna de la Cinta Costanera de Panamá, donde se encuentra la zona franca

Otras atracciones turísticas

Parque Internacional La Amistad (PILA), Panamá

La naturaleza, que fue el gran enemigo durante la construcción del canal de Panamá, se ha convertido en el principal atractivo turístico del país. Panamá comparte con su vecina Costa Rica una reserva ecológica de gran biodiversidad que atrae cada vez a más visitantes. Mientras en el mundo aumenta el número de especies amenazadas[1], Panamá ofrece un refugio para muchas de ellas. Gracias a su situación geográfica y a su clima lluvioso tropical, se han podido conservar las áreas naturales donde habitan estas especies. Aunque Panamá apenas tiene el tamaño de Carolina del Sur, sus parques nacionales terrestres ocupan más de tres millones de acres. Entre ellos, se encuentran el Parque Nacional del Darién, una de las áreas protegidas más grandes de Centroamérica y el Caribe; y el Parque Internacional La Amistad (PILA), que contiene una rica flora, más de 215 especies de mamíferos y unas 600 especies de aves. Fue declarado Patrimonio Mundial de la UNESCO.

Además de atraer a los turistas por su naturaleza, Panamá también atrae a visitantes con intereses culturales. En Panamá se mantiene viva la cultura de seis pueblos indígenas, como los guna, pueblo originario[2] de las islas de San Blas. Los guna son conocidos mundialmente por sus molas, unas piezas de tela bordadas con gran colorido y trabajo manual que sirven como vestimenta o como elemento decorativo. Estas piezas de artesanía de gran atractivo para los turistas son la principal fuente de ingreso[3] de las mujeres guna y contribuyen a preservar la identidad cultural y las tradiciones de su pueblo.

Una mujer guna muestra sus molas.

[1]endangered [2]native [3]source of income

BÚSQUEDA áreas protegidas de panamá, parque nacional darién, parque internacional la amistad

16. Comprensión

1. ¿Por qué se encuentra en Panamá una variedad única de especies en peligro de extinción?
2. ¿Por qué es importante el PILA? ¿Qué características tiene?
3. ¿Qué son las molas?

17. Analice

1. ¿Por qué cree Ud. que la naturaleza fue el peor enemigo de la construcción del canal de Panamá?
2. ¿Por qué cree Ud. que las artesanías contribuyen a preservar la identidad cultural de un pueblo?

PERSPECTIVAS

Eduardo Espinosa, periodista panameño, escribió un artículo titulado "En las entrañas de la PILA", publicado en el diario *La Prensa* donde dice: "Se trata de una zona de gran belleza natural, rodeada de un ambiente que merece ser visitado no solo para admirarlo sino para tener presente la importancia de su conservación". ¿Qué sentimientos panameños se manifiestan en la cita del artículo de Espinosa?

El blog de Sandra: Retraso en el aeropuerto

Vocabulario en contexto

Perfil | **Mis viajes** | Mi escuela | Mis amigos | Mi familia

Me llamo Sandra y soy de Panamá. Me gusta viajar en avión. Hoy voy a Costa Rica. Acaban de anunciar que habrá **un retraso** de varias horas. **Ojalá** que no **perdamos** nuestro vuelo de conexión.

El taxista me dijo que todos los vuelos estarán **retrasados** a causa de la tormenta.

los relámpagos

las nubes

el aguacero

la niebla

Nuestro vuelo está confirmado. Ya tenemos **la tarjeta de embarque** y en unos instantes vamos a **presentarnos** para **embarcar**.

Tenemos que **hacer fila** para abordar el avión.

El avión **se mueve** muy despacio antes de despegar.

Para conversar

Para hablar de retrasos a causa del tiempo:

Es mejor que **nos relajemos**. No vamos a salir pronto.

Es mejor esperar. No me gustaría volar con tanta **turbulencia**.

A mí tampoco. No puedo **negar** que **me asusto** con **los truenos**.

Dudo que sea buena idea volar con tantos relámpagos.

PARA DECIR MÁS

facturar el equipaje	*to check baggage*
reclamar el equipaje	*to claim baggage*
la aduana	*customs*
algo/nada que declarar	*something/nothing to declare*
el control de seguridad	*security*
exceso de equipaje/peso	*excess baggage/weight*
libre de impuestos	*duty free*

18. No creo que...

Indique la letra de la foto que corresponde con lo que oye.

A

B

C

D

E

F

19. ¿Qué palabra?

Escoja la palabra o frase que completa correctamente cada oración.

1. Todos los aviones están retrasados. El agente dice que el (*relámpago / retraso*) será de tres horas.
2. Dudo que José y Mario (*se presenten / pierdan*) el vuelo. Ellos nunca se retrasan.
3. El ruido de (*las nubes / los truenos*) era muy fuerte. No podíamos dormir en el avión.
4. Nos (*embarcaremos / asustaremos*) tan pronto como encontremos las tarjetas de embarque.
5. El avión se movía mucho. Había mucha (*turbulencia / niebla*).
6. Para subir al avión, tendré que (*hacer fila / negar*) en la puerta de embarque.
7. Antes de embarcar, tenemos que (*relajarnos / presentarnos*) en el mostrador.

Diálogo

No creo que haya tormenta

Marcos: ¿Sabes cuál es nuestro número de vuelo, Rosa?

Rosa: No. Es mejor que nos fijemos en la pantalla de información.

Marcos: Aquí está. Es el vuelo 137... pero dice que está retrasado.

Rosa: ¿Por qué estará retrasado? No creo que haya tormenta.

Marcos: Todavía no está lloviendo, pero dijeron en las noticias que habrá un gran aguacero a la hora que sale nuestro avión.

Rosa: ¡Yo no quiero embarcarme si hay una tormenta!

Marcos: Relájate, Rosa. No tienes que asustarte. Piensa que el avión no saldrá hasta que pare la tormenta.

Rosa: Tienes razón.

20. ¿Qué recuerda Ud.?

1. ¿Qué sucede con el vuelo 137?
2. ¿Qué dijeron en las noticias?
3. ¿Qué no quiere hacer Rosa si hay tormenta?
4. ¿Cuándo saldrá el avión?

21. Algo personal

1. ¿Viajó alguna vez en avión durante una tormenta? ¿Cómo fue el viaje?
2. ¿Puede relajarse mientras viaja en avión o se pone nervioso/a?
3. ¿Qué siente cuando hay turbulencias en el avión?
4. ¿Qué hace si su avión está retrasado?
5. ¿Perdió alguna vez un avión porque llegó tarde? ¿Qué hizo entonces?

22. En el aeropuerto

Escuche los siguientes anuncios en un aeropuerto. Diga a qué foto corresponde cada uno.

A

B

C

D

El futuro

- You already know how to use *ir a* + infinitive to talk about plans for the future.

Voy a visitar Panamá el próximo mes.	I am going to visit Panama next month.

- The future tense is generally used to talk about a more distant time in the future than *ir a* + infinitive. Form the future tense by adding the following endings to the infinitive of the verb: ***-é***, ***-ás***, ***-án***, ***-emos***, ***-éis***, ***-án***. These endings are the same for all verbs. Note the accent marks.

*En las vacaciones, **iré** a Costa Rica.*	On my vacation, **I will go** to Costa Rica.
***Buscaré** unos pasajes con descuento.*	**I will look for** discounted tickets.
***Nos quedaremos** allí por diez días.*	**We will stay** there for ten days.

viajar	ver	ir
viajar**é**	ver**é**	ir**é**
viajar**ás**	ver**ás**	ir**ás**
viajar**á**	ver**á**	ir**á**
viajar**emos**	ver**emos**	ir**emos**
viajar**éis**	ver**éis**	ir**éis**
viajar**án**	ver**án**	ir**án**

- Even though some verbs have an irregular stem in the future tense, they still have the same endings as regular verbs.

decir	**dir-**	querer	**querr-**
haber (hay)	**habr-**	saber	**sabr-**
hacer	**har-**	salir	**saldr-**
poder	**podr-**	tener	**tendr-**
poner	**pondr-**	venir	**vendr-**

*El avión **saldrá** con media hora de retraso.*	The plane **will leave** half an hour late.
*El piloto nos avisa que **habrá** mucha turbulencia durante el vuelo.*	The pilot warns us that **there will be** a lot of turbulence during the flight.

- The future tense is also used to express uncertainty or probability in the present (*el futuro de probabilidad*). This is the equivalent to the English "probably" or "I wonder..."

*¿Qué hora **será**?*	**I wonder** what time **it is**. (What time do you think it is?)
***Serán** las cinco.*	**It's probably** 5 o'clock.

¿Cuándo llegará el avión?

23. En el aeropuerto

Forme oraciones con el futuro de los verbos en infinitivo para saber qué pasará en el aeropuerto.

MODELO

El auxiliar de vuelo / anunciar la salida del vuelo
El auxiliar de vuelo anunciará la salida del vuelo.

1. el avión / moverse mucho si hay turbulencia
2. ellas / perder el avión si no se dan prisa
3. Victoria / asustarse mucho con la tormenta
4. los pasajeros / presentarse en la puerta
5. el avión / no salir hasta que pare la tormenta
6. haber / mucha gente haciendo fila
7. nosotros / no poder embarcarnos hoy
8. el aguacero / ser muy fuerte

¿Saldrá a tiempo?

24. ¿Qué ocurrirá?

Complete los comentarios de los pasajeros con el futuro del verbo entre paréntesis para expresar qué ocurrirá en cada situación.

1. Mis tíos no confirmaron la reserva. No (*poder*) viajar.
2. Tan pronto como nos llamen para embarcarnos, (*subirse*) al avión.
3. Mis abuelos no están aquí. Ellos no (*querer*) volar en medio de una tormenta.
4. Estoy muy cansado. (*dormir*) todo el viaje aunque haya truenos.
5. Los truenos no me (*despertar*), pero si el avión se mueve, yo (*asustarse*).
6. Antes de que el avión aterrice, Ud. (*abrocharse*) el cinturón, ¿verdad?

25. Minidiálogos

Con una persona de la clase, completen cada diálogo con el futuro del verbo apropiado del recuadro.

estar	hacer	salir	haber
ser	tomar	llover	llegar
perder	poder	terminar	conseguir

1. **A:** Mañana a esta hora nosotras ya ___ en Panamá.
   B: Sí, pero si tú no dejas de hablar no ___ hacer el equipaje y nosotras ___ el vuelo.
2. **A:** ¿Cuánto tiempo ___ el viaje?
   B: Pienso que ___ un viaje muy corto. Los chicos ___ de aquí a las cinco de la mañana y ___ a las siete.
   A: ¿Te parece que ellos ___ un taxi a esa hora?
   B: Sí, no ___ ningún problema.
3. **A:** ¿Sabes el pronóstico del tiempo para mañana?
   B: Sí, ___.
   A: No, dicen que ___ de llover esta noche y que mañana ___ buen tiempo.

26. ¿Cómo lo estarán pasando?

Trabaje con una persona de la clase e imaginen que unos amigos suyos están de viaje. Use el futuro de probabilidad para hacerse preguntas sobre estos amigos y el viaje que están haciendo. Traten de hacer dos o tres preguntas para cada una de las situaciones a continuación.

MODELO

el lugar donde están
¿Dónde estarán?

1. si tienen problemas
2. las personas que han conocido
3. si tienen la ropa adecuada para el tiempo que hace
4. cómo lo pasan, si se divierten o no
5. la comida típica del lugar
6. el dinero que gastan
7. si les gusta ese lugar o no
8. las actividades que están haciendo

¿Dónde estarán?

27. ¿Qué dice el pronóstico del tiempo?

la meteorología

Con una persona de la clase, escojan una ciudad de Panamá y busquen el pronóstico del tiempo en un periódico en español o por Internet. Fíjense en el tiempo que hará para el fin de semana en la ciudad que escogieron. Con la información, describan en un párrafo qué tiempo hará el sábado y el domingo. Mencionen si habrá niebla, humedad, tormentas, lluvia o sol, frío o calor, y sugieran algunas actividades apropiadas según el tiempo. Después, lean el pronóstico y la lista de actividades delante de la clase.

EL TIEMPO

CIUDAD DE PANAMÁ

Parcialmente nublado
Temp. 27°
máx. 28° / min. 23°

Humedad:	84 %
Viento:	N/14° Km/h
Salida del sol:	6:08
Puesta del sol:	17:54

OTRAS CIUDADES

BOCAS DEL TORO	**Temp. 29°**
Parcialmente nublado	máx. 30 / min. 23
SAN JOSÉ DE DAVID	**Temp. 29°**
Parcialmente nublado	máx. 31 / min. 23
SANTIAGO DE VERAGUAS	**Temp. 30°**
Parcialmente despejado	máx. 30 / min. 21

El subjuntivo para expresar duda o negación

- The subjunctive is often used to convey doubt, uncertainty, or denial. As such, it is used after verbs like the following:

no creer que	*to not believe that*
dudar que	*to doubt that*
no estar seguro/a de que	*to not be sure that*
negar que	*to deny that*
no pensar que	*to not think that*

***Dudo que** llleguemos a tiempo.* — **I doubt** we will arrive on time.

***No creo que** nieve hoy.* — **I don't believe** it will snow today.

***No estoy segura de que** podamos embarcarnos.* — **I am not sure** we will be able to board.

- Note that the subjunctive is not required after expressions of certainty, such as ***pensar que***, ***creer que***, and ***estar seguro/a de que***. Nor is the subjunctive used after the impersonal expressions ***es verdad que***, ***es cierto que***, and ***es evidente que***, since these expressions confirm information and certainty, and they do not express subjective opinions.

***Creo que** el avión saldrá a tiempo.* — **I believe** the plane will leave on time.

***Pienso que** hará buen tiempo en Panamá.* — **I think** the weather will be good in Panama.

***Estoy seguro de que** llegaremos a tiempo.* — **I am sure** we will arrive on time.

- However, the subjunctive is needed after the following expressions of uncertainty or possibility to express events that have not yet occurred and that may never occur.

***tal vez**: **Tal vez** tomemos el autobús.* — **We might** take the bus.

***quizá(s)**: **Quizá** tome mucho tiempo.* — **It might** take a long time.

***ojalá**: **Ojalá** que no cueste mucho dinero.* — **I hope** it doesn't cost a lot of money.

28. ¿De qué duda Ud.?

Complete los comentarios siguientes con la forma apropiada del subjuntivo del verbo entre paréntesis.

1. Mariano duda que sus amigos (*tener*) vacaciones ahora.
2. Los pasajeros no creen que el avión (*llegar*) con retraso.
3. Mi papá no cree que él y mi mamá (*poder*) viajar este mes.
4. No creo que (*haber*) mucha gente en el aeropuerto.
5. Dudamos que (*hacer*) mal tiempo mañana.
6. Ella no está segura de que ese (*ser*) el número del vuelo.

29. ¡Ojalá que haga buen tiempo!

Unos amigos están escuchando el pronóstico del tiempo. La primera oración de cada grupo de oraciones a continuación es el pronóstico que escuchan. Las oraciones siguientes son sus reacciones. Complete las oraciones con la forma apropiada del subjuntivo o del indicativo de los verbos del recuadro. Usará cada verbo más de una vez.

¿Cuál será el pronóstico para mañana?

caer	llover	parar	estar

1. Mañana ___ todo el día.
   A: Estoy seguro/a de que ___.
   B: Yo no pienso que ___.
2. Hoy por la tarde ___ de llover.
   A: ¡Ojalá que ___!
   B: Yo creo que ___.
3. ___ nublado por la mañana temprano.
   A: Es cierto que ___ nublado.
   B: Yo no creo que ___ nublado.
4. Es evidente que ___ un aguacero en cualquier momento.
   A: Yo dudo que ___ un aguacero.
   B: Ojalá que no ___ un aguacero.

30. Dudo que tengas ganas de verme

Trabaje con una persona de la clase y completen los dos e-mails que siguen. Escojan el subjuntivo o el indicativo de los verbos entre paréntesis de acuerdo al contexto.

CORREO Nuevo Enviar Responder Luz

Para: Carmen
De: Luz
Asunto: Nuestros planes

Hola, Carmen.

Dudo que tú (***1.*** *querer*) venir a pasar tus vacaciones aquí. No estoy segura de que (***2.*** *tener*) tiempo ni ganas de verme. No niego que me (***3.*** *gustar*) la playa y la de aquí es muy bonita. Pero no creo que (***4.*** *hacer*) buen tiempo el mes próximo. Tal vez (***5.*** *salir*) el sol en algún momento, pero lo dudo. Si decides visitarme, no pienso que nosotras lo (***6.*** *pasar*) muy bien. Si quieres venir, escríbeme, pero no creo que (***7.*** *poder*) ir a buscarte al aeropuerto.

Saludos,

Luz

CORREO Nuevo Enviar Responder Carmen

Para: Luz
De: Carmen
Asunto: Re: Nuestros planes

¿Qué tal, Luz?

Es evidente que no (***8.*** *estar*) muy contenta. Es verdad que tú no (***9.*** *ser*) muy divertida, pero pienso que ahora no lo (***10.*** *estar*) pasando muy bien. Ojalá tú (***11.*** *sentirse*) mejor cuando yo (***12.*** *estar*) allá, porque yo quiero ir a pasar las vacaciones contigo aunque tú (***13.*** *pensar*) que yo no debo ir. Espero que nosotras (***14.*** *poder*) hablar y que tú me (***15.*** *contar*) qué te pasa. Ojalá que (***16.*** *hacer*) muy buen tiempo. Quiero que nosotras (***17.*** *ir*) a la playa todos los días. Espero que lo (***18.*** *pasar*) muy bien y que (***19.*** *hacer*) muchas cosas juntas.

Hasta pronto,

Carmen

31. Opiniones diferentes

En parejas, expresen opiniones diferentes sobre las siguientes situaciones. Usen el futuro y el subjuntivo con expresiones de duda.

ClearTalk®

MODELO

El cielo está nublado y se oyen truenos. (*llover*)

A: ¿Lloverá?

B: No creo que llueva.

1. En una tienda del centro ven una camiseta que les gusta mucho. (*costar*)
2. Su profesora le hace una pregunta a una de sus compañeras que parece muy nerviosa. (*saber*)
3. Tienen una cita con un amigo a las tres, pero olvidaron el reloj. (*ser*)
4. Están en el teatro y la obra es muy larga y aburrida. (*terminar*)
5. Se levantan para ir a la escuela. Cuando miran por la ventana, ven que hay mucha nieve en las calles. (*haber*)

32. ¡Adivine!

Trabaje con tres o cuatro personas de la clase de clase y túrnense para predecir el futuro de cada uno. Escriba por lo menos cuatro oraciones sobre lo que el futuro les traerá. Puede hacer predicciones sobre sus estudios, su trabajo, sus viajes y vacaciones, sus relaciones con amigos/as o familiares, etc. Use el futuro y el subjuntivo con expresiones de duda.

MODELO

Tendrás éxito en los exámenes.

No creo que te cases muy joven.

33. ¿De qué están seguros?

Trabaje con una persona de la clase para hablar de cosas que están seguros/as de que pasarán, cosas que dudan que pasen, cosas que tal vez pasen y cosas que esperan que pasen. Luego, hagan una lista de por lo menos tres cosas en cada categoría. Pueden incluir acontecimientos escolares, deportivos, políticos, ambientales o lo relacionado con sus amigos/as, familia o comunidad. Comparen sus listas con otras dos parejas y decidan en qué se parecen y en qué se diferencian.

ESTRATEGIA

Using graphic organizers

Use simple charts or tables to organize your thoughts before making a final draft.

MODELO

mi viaje a Panamá

Estoy segura de que lo pasaré muy bien.

¡Comunicación!

34. Para que todo esté bien...

Con una persona de la clase hagan los papeles de dos amigos/as que van a hacer un viaje a Panamá. Como uno/a de ellos nunca ha salido del país, tendrá bastantes preguntas sobre lo que tienen que hacer antes y durante el viaje. Túrnense para hacer preguntas y contestarlas. Usen el tiempo futuro y el subjuntivo cuando haga falta.

MODELO

A: ¿Habrá un cajero automático en el aeropuerto para sacar dinero en cuanto lleguemos?

B: No estoy seguro que haya uno, pero si no hay, tan pronto como llegues al hotel, pregunta dónde hay uno cerca.

A: ¿Debemos confirmar nuestra reserva de hotel antes de salir?

B: ...

35. ¡Visiten Panamá!

la geografía

Imagine que una persona de la clase y Ud. trabajan para el Ministerio de Turismo de Panamá y quieren promover sus atracciones turísticas. Investiguen y conversen sobre los lugares que les parecen más interesantes del país. Después, diseñen un cartel, un folleto o un sitio web que describa uno o más de estos lugares. Incluyan imágenes e información del clima, las excursiones que los turistas podrán hacer, las tarifas, los horarios, y otra información necesaria e interesante. Al final, hagan una presentación a la clase.

Relájese en las maravillosas playas de Panamá.

36. Antes de leer

1. ¿Ha utilizado folletos turísticos o sitios web para planear sus viajes?
2. ¿Cree que estos folletos o sitios son útiles?

ESTRATEGIA

Using text features to predict content

Before beginning to read, examine how the material is presented. Look at the title, the photo and its caption, the bold text, and the layout to predict what you will be reading.

Página web

www.panama.com

INICIO | SOBRE PANAMÁ | VISITA PANAMÁ | EXPLORA PANAMÁ | NOTICIAS | CONTÁCTANOS

Centro de Visitantes de Agua Clara (tercer juego de esclusas[1])

Ahora cuentas con un nuevo atractivo para vivir plenamente[2] la experiencia del canal de Panamá.

Ubicado en el lado Atlántico, cerca de la ciudad de Colón, [...] con una vista sin igual, este lugar te espera a ti y a todos aquellos que gusten de pasar una experiencia agradable enriqueciéndose[3] con datos sumamente curiosos pero sobre todo formando parte de esta, la historia de la ruta que une[4] al mundo.

El mirador redondo de Agua Clara, Panamá

Este nuevo centro se caracteriza por su impresionante vista panorámica que contrasta dos escenarios particulares, los cuales fusionados generan una mezcla de sensaciones sin precedentes. Por un lado encontrarás el famoso Lago Gatún, donde día con día buques de carga[5] u otro tipo de embarcaciones transitan por esta magnífica obra de la ingeniería moderna; de igual forma pero de una manera un tanto diferente, te impactará la vista hacia la obra de la ampliación, que más allá de alucinarte[6] por su tecnología aplicada o máquinas de tamaños colosales, te asombrará el trabajo de miles de personas, disciplina y determinación, todas con el mismo objetivo, hacer a esta nación cada vez más fuerte, un Panamá digno[7] de admirar.

Luego de pasar por nuestro impresionante mirador, [...] continúa tu visita por nuestra sala de proyecciones donde podrás apreciar toda la historia y esfuerzos que miles de hombres han marcado a lo largo[8] de nuestro primer centenario y por supuesto nuestros planes a futuro próximo y lejano. A lo largo de tu visita no pierdas de vista las paredes y mamparas[9] [...].

La imagen, un circuito de un lazo cerrado[10], se proyecta hacia todos los espacios posibles en su entorno, y una estructura a la altura de las copas[11] de los árboles privilegiará el variado paisaje en el lugar que el visitante escoja para admirar y contemplar la naturaleza en toda su plenitud.

[1]series of locks [2]fully [3]enriching [4]unites [5]freighters [6]thrill you [7]worthy [8]throughout [9]displays [10]closed loop [11]tops

Página web

www.panama.com

INICIO | SOBRE PANAMÁ | VISITA PANAMÁ | EXPLORA PANAMÁ | NOTICIAS | CONTÁCTANOS

Dirección: Cruzando el ferrocaril a la izquierda, antes de Esclusas de Gatún; Colón, Panamá

Teléfono: 272-7677

Email: info@pancanal.com

Página web: https://visitcanaldepanama.com/centro-de-visitantes-de-agua-clara/

Horario: De lunes a domingo, incluyendo días feriados. Abierto de 8 AM a 4 PM. Boletería de 8:00 AM–3:15 PM (puntual). Barcos visibles desde las 8:00 AM hasta 4:00 PM.

Source: www.panamaparaninos.com/paseos/museos/Centro-de-Observacion-de-la-Ampliacion-del-Canal-de-Panama

BÚSQUEDA lago gatún, centro de visitantes de agua clara

37. Comprensión

1. ¿Hacia qué océano se orienta el mirador?
2. ¿Cuáles son las dos vistas que ofrece el mirador?
3. ¿Dónde se puede aprender sobre la historia del canal de Panamá?
4. ¿Cuándo puede Ud. comprar boletos para el Centro de Visitantes?

38. Analice

1. ¿Cree que este sitio web se dirige a turistas panameños, a turistas extranjeros o a los dos? Explique.
2. La lectura dice que la ampliación tiene el objetivo de "hacer a esta nación cada vez más fuerte, un Panamá digno de admirar". ¿Por qué cree Panamá que la ampliación va a tener este efecto?

Escritura

39. Presentación

Lea nuevamente la lectura sobre el Centro de Visitantes de Agua Clara. ¿Cree que la información que se da es suficiente para el visitante?

Elabore Ud. de manera creativa un folleto informativo o una página web sobre una atracción para turistas en un país hispanohablante que hemos estudiado. Asegúrese de que la información que Ud. dé esté completa y que sea clara y atractiva.

Repaso de la Lección A

A. Escuchar: ¿Dónde están? (pp. 282-283, 292-293)

Decida si lo que escucha en las seis oraciones ocurre en **una agencia de viajes** o en **un aeropuerto**.

B. Vocabulario: ¡Una fiesta en el jardín! (pp. 282-283, 292-293)

Su mejor amigo le cuenta lo que pasó en la fiesta de cumpleaños de Leticia. El tiempo arruinó la fiesta. Complete la descripción de su amigo con una de las palabras en el recuadro. Si es un verbo, conjúguelo en el pretérito o déjelo en el infinitivo de acuerdo con la situación.

niebla	nubes	truenos	relámpago	aguacero
cancelar	observar	asustarse	gastar	planear

¡No lo vas a creer! ¡Pobre Leticia! El día empezó con una **(1)** que no dejaba ver nada, pero como los padres de Lety **(2)** tanto dinero arreglando el jardín y, además, como no había tiempo para **(3)** la fiesta, el plan siguió en marcha. Lety **(4)** la fiesta para las seis de la tarde. A las tres, ella **(5)** que unas **(6)** grises cubrían todo el cielo. Los pocos invitados que fuimos empezamos a llegar a las seis y media y también los primeros **(7)**. Lety ya estaba en el jardín con sus amigos cuando un **(8)** le pegó a un árbol en el extremo del jardín y Lety **(9)**. Salimos corriendo hacia los autos dejando a Lety en medio del **(10)**.

C. Estructura: ¿Subjuntivo o no? (p. 286)

Complete las oraciones siguientes escogiendo la forma correcta del verbo según el contexto.

1. Ana y yo vamos a planear el viaje cuando (*sabemos / sepamos*) cuánto dinero tenemos.
2. Estoy preocupado. Llámame tan pronto como (*puedes / puedas*).
3. Rogelio canceló la reserva en cuanto (*supo / sepa*) que no podía ir de viaje.
4. No pagaste los boletos hasta que (*recibiste / recibas*) la confirmación del hotel.
5. Manuel y Hortensia pasaron a verme después de que (*llegaron / lleguen*) de su viaje.
6. Teresa va a dar un aviso una semana antes del viaje para que la agencia no (*cancela / cancele*) su viaje.

D. Estructura: ¡Qué verano! (p. 295)

Sus amigos/as y Ud. se divirtieron mucho en el viaje que hicieron el verano pasado. Les gustaría volver al mismo sitio y divertirse de la misma manera. Cambie el tiempo del verbo de estas oraciones del pretérito al futuro para decir lo que Uds. harán o lo que pasará este verano.

1. Tú hiciste las reservas para Panamá con la agencia de viajes.
2. Mis amigos y yo compramos los boletos de avión.
3. Martín y José confirmaron las reservas del hotel.
4. Olga organizó las excursiones a Portobelo.
5. Luisa y Delia se asustaron en el vuelo porque hubo mucha turbulencia.
6. Yo pude ir al volcán de Chiriquí.
7. Tú y Rosa pagaron por la cena de cumpleaños de Martín.
8. No hubo ningún problema.
9. Volvimos a casa muy contentos.

E. Cultura: De visita en Panamá (pp. 290-291)

Complete un cuadro como el que sigue con los nombres de cinco lugares que uno puede visitar en Panamá y las actividades que uno puede realizar en esos lugares.

De visita en Panamá	
¿Adónde puede ir?	¿Qué puede hacer allí?

Vocabulario

Los viajes	En el aeropuerto	Verbos	Otras expresiones
Alemania	retrasado/a	asustarse	a último momento
la cancelación	el retraso	atravesar (ie)	antes de que
la confirmación	la tarjeta de embarque	cancelar	el cajero automático
el descuento	el taxista, la taxista	confirmar	después de que
el detalle	la turbulencia	embarcar	en cuanto
Europa		gastar	hacer fila
europeo/a	**El tiempo**	mover(se) (ue)	hasta que
la excursión	el aguacero	negar (ie)	el malentendido
Francia	la niebla	observar	ojalá
Inglaterra	la nube	perder (ie)	para que
la isla	el relámpago	planear	por adelantado
Italia	el trueno	presentarse	sin previo aviso
el mar		relajarse	sujeto a cambio
el océano			tan pronto como
la reserva			el volcán

Estructuras

El futuro

El futuro se usa para hablar de cosas o eventos que pasarán más adelante. Se forma agregando estas terminaciones al infinito del verbo: **-é**, **-ás**, **-án**, **-emos**, **-éis**, **-án**.

Recuerde que los siguientes verbos son irregulares en el futuro: **decir**, **haber**, **hacer**, **poder**, **poner**, **querer**, **saber**, **salir**, **tener** y **venir**.

*Ellos **hablarán** la próxima semana sobre los resultados.*
***Saldré** por las montañas para dar una caminata este fin de semana.*
*Mi hermano le **escribirá** a mi mamá desde Panamá.*

El subjuntivo en cláusulas adverbiales

Use el subjuntivo después de estas palabras o expresiones para hablar sobre cosas o eventos que todavía no han ocurrido.

antes de que	hasta que
cuando	para que
después de que	tan pronto como
en cuanto	

*Voy a hablar con mi amiga **cuando** ella llegue aquí.*
*Escribiremos un e-mail a la profesora **después de que** salgamos de la clase.*
*Regresen a casa **tan pronto como** oigan la señal.*

LECCIÓN
B
Costa Rica

Vocabulario B1

Alojarse en un hotel

Vocabulario en contexto

Hice una reserva a nombre de Roldán e **incluí** mi número de tarjeta de crédito para **el depósito**. ¿Estaría ya **disponible** la habitación?

Nuestro hotel ofrece habitaciones de varios tipos.

(la habitación con) cama doble

(la habitación con) cama sencilla

(la habitación con) bañera

El hotel también ofrece **servicios** útiles las 24 horas del día.

la conserje
el conserje

la lavandería

las canchas de tenis

Para conversar

Para hablar de dónde quedarse:

¿Por qué no nos alojamos en **un albergue juvenil**? Es más barato.

No, preferiría quedarme en un hotel con mejores servicios y una habitación que no **dé a**l estacionamiento.

Para pedir cosas en un hotel:

Disculpe, el colchón de mi cama es muy **blando** y no puedo dormir. ¿Sería posible cambiarlo por uno más **firme**? ¿O si no, podría buscarme otra habitación?

PARA DECIR MÁS

el encargado de turno	*manager on duty*
el jacuzzi	*hot tub, jacuzzi*
el limpiador / la limpiadora	*cleaning person*
la pensión	*boarding house*
la planta (del edificio)	*floor (of a building)*
el sauna	*sauna*
el vestíbulo	*lobby*

ESTRATEGIA

Review and recycle

el ascensor	*elevator*
el botones	*porter*
el hotel de lujo	*luxury hotel*
las maletas	*suitcases*
el parador	*state-run hotel (Spain)*
la recepción	*reception desk*
el servicio de habitación	*room service*

1. En el hotel

Indique la letra de la foto que corresponde con lo que oye.

A

B

C

D

E

F

2. ¿Sabe cuál es?

Empareje las definiciones de la izquierda con la palabra o frase que corresponda de la derecha. Luego, escriba un párrafo en el que use por lo menos tres de estas palabras.

1. cuando algo está libre para usarse
2. el dinero que se da por adelantado al hacer una reserva
3. formar parte de otra cosa
4. lo opuesto de firme
5. el servicio en los hoteles o lugar para lavar la ropa
6. cuando una habitación tiene una vista de algo
7. quien da información sobre restaurantes y actividades cerca del hotel
8. una cama para una persona

A. dar a
B. sencilla
C. disponible
D. el conserje
E. el depósito
F. incluir
G. blando
H. la lavandería

3. Después de la primera noche

Complete este diálogo con la expresión del paréntesis que corresponda según el contexto.

Conserje: Buenos días. ¿Qué les pareció la habitación a las señoritas?
Mariana: Buenos días, señora (***1.*** *juvenil / conserje*). ¿Podríamos cambiar de habitación?
Conserje: Les di una habitación con (***2.*** *camas sencillas / registro*) como pidieron.
Ester: Sí, las camas están un poco (***3.*** *blandas / disponibles*), pero están bien.
Mariana: Lo que pasa es que preferimos una habitación con (***4.*** *cancha de tenis / bañera*).
Conserje: Permítanme un momento; voy a ver si hay una (***5.*** *firme / disponible*).
Ester: ¡Gracias! Y ¿nos puede decir dónde está la (***6.*** *conserje / lavandería*)?
Conserje: ¡Claro! Está al fondo a la derecha.

4. ¿Qué prefieren?

Escuche lo que dicen Alicia y David acerca de dónde les gusta alojarse cuando viajan. Complete una tabla como la siguiente con los datos que oye.

¿Qué prefieren?	Alicia	David
lugar dónde alojarse		
con quiénes viajar		
servicios		
tipo de habitación		
la habitación perfecta		

Diálogo

En el albergue juvenil

Ana: ¿Tendría una habitación disponible para esta noche?
Conserje: Habría una cama disponible en una habitación para seis personas.
Ana: ¿No tiene habitaciones sencillas?
Conserje: No, este es un albergue juvenil.
Ana: ¿Y qué servicios tiene el albergue?
Conserje: Tiene servicio de lavandería y cafetería.
Ana: ¿Cuánto costaría la noche?
Conserje: Costaría 3.300 colones.
Ana: ¿Incluiría el desayuno?
Conserje: Por supuesto que no.
Ana: ¿Y con quién compartiría la habitación?
Conserje: Con otras cinco muchachas de Nicaragua.
Ana: ¿Y adónde daría la habitación?
Conserje: La habitación daría al jardín... Señorita, ¿nunca ha estado en un albergue juvenil?

5. ¿Qué recuerda Ud.?

1. ¿Qué le pregunta Ana al conserje?
2. ¿Por qué no hay habitaciones sencillas?
3. ¿Qué servicios tiene el albergue?
4. ¿Con quién compartiría Ana la habitación?
5. ¿Adónde daría la habitación?

6. Algo personal

1. ¿Ha estado alguna vez en un albergue juvenil?
2. ¿Le gusta alojarse en hoteles cuando viaja?
3. ¿Qué servicios prefiere que tenga un hotel?

7. Haciendo una reserva

Imagine que tiene que llamar por teléfono para hacer una reserva en un albergue juvenil. Represente la conversación con una persona de la clase y túrnense para hacer el papel del conserje que contesta el teléfono y la persona que hace la reserva. Intercambien información sobre la clase de cuarto que Ud. quiere reservar y los servicios que se incluyen con el precio de la habitación. Sigan el modelo como guía.

MODELO

A: Albergue juvenil San José. ¿En qué puedo ayudarlo/a?
B: Buenos días. Necesito hacer una reserva.
A: Muy bien. ¿Cómo se llama?

¿Tendría una habitación disponible?

El condicional

- The conditional tense can indicate probability or desire and is often used where "would" might be used in English. The conditional is formed like the future, by taking the infinitive of the verb and adding the conditional endings: ***-ía***, ***-ías***, ***-ía***, ***-íamos***, ***-íais***, ***-ían***.

viajar	ver	ir
viajar**ía**	ver**ía**	ir**ía**
viajar**ías**	ver**ías**	ir**ías**
viajar**ía**	ver**ía**	ir**ía**
viajar**íamos**	ver**íamos**	ir**íamos**
viajar**íais**	ver**íais**	ir**íais**
viajar**ían**	ver**ían**	ir**ían**

*Juan **pediría** una habitación con bañera.* — Juan **would ask for** a room with a bathtub.

***Nos quedaríamos** una semana.* — **We would stay** for a week.

***Preferiría** un colchón más blando.* — **I would prefer** a softer mattress.

- The verbs that have an irregular stem in the future use the same stem with the conditional endings to form the conditional.

decir	**dir-**	querer	**querr-**
haber (hay)	**habr-**	saber	**sabr-**
hacer	**har-**	salir	**saldr-**
poder	**podr-**	tener	**tendr-**
poner	**pondr-**	venir	**vendr-**

*(Yo) **Diría** que va a llover.* — **I would say** it's going to rain.

***Saldríamos** con amigos esta noche, pero estamos cansados.* — **We would go out** with friends tonight, but we are tired.

Nos gustaría estar siempre en la playa.

8. Soñar no cuesta nada

Laura está soñando con ir de vacaciones a Costa Rica. Para saber qué le gustaría hacer, forme oraciones con el condicional de los verbos en infinitivo.

MODELO

yo / escoger un hotel de lujo
Yo escogería un hotel de lujo.

1. me gustar / ir a la playa Naranjo
2. yo pedir / una habitación doble
3. la habitación / ser muy elegante / y dar al mar
4. yo / pagar por adelantado
5. quedarme / en Limón por un mes
6. mis amigos / venir a visitarme
7. el clima / ser estupendo y siempre / haber sol
8. nosotros / ir a la playa Puntarenas / y bañarse en el mar todos los días
9. nosotros / comer mariscos todos los días
10. ¡todos nosotros / pasarlo muy bien!

Yo escogería un hotel de lujo.

9. ¿Adónde le gustaría ir de vacaciones?

Un estudiante entrevista a una compañera sobre sus vacaciones ideales. Complete su conversación con la forma correspondiente del condicional de los verbos en paréntesis.

A: ¿Adónde (***1.*** *ir*) tú, al mar o a las montañas?

B: Yo (***2.*** *preferir*) ir a las montañas. Me (***3.*** *gustar*) aprender a esquiar.

A: ¿Qué tipo de hotel (***4.*** *escoger*)?

B: Yo (***5.*** *quedarse*) en un albergue juvenil. Los albergues son baratos y, así, yo (***6.*** *poder*) ahorrar un poco de dinero.

A: ¿Con quién (***7.*** *querer*) ir tú?

B: Me (***8.*** *encantar*) ir con mis dos mejores amigas. Nosotras lo (***9.*** *pasar*) muy bien.

A: ¿Y cuánto tiempo (***10.*** *poder*) quedarse Uds.?

B: Nosotras (***11.*** *quedarse*) unos diez días.

A: ¿Qué actividades (***12.*** *hacer*) Uds.?

B: Además de esquiar, nosotras (***13.*** *jugar*) al tenis y (***14.*** *practicar*) otros deportes. ¡(***15.*** *divertirse*) mucho!

10. ¡Sería divertido!

Con una persona de la clase, hablen de lo que harían en las siguientes situaciones. Pueden agregar otras situaciones más.

MODELO

Uds. son tenistas famosos.

A: Yo viviría en Florida porque hace buen tiempo para estar al aire libre.

B: Yo compraría mis propias canchas de tenis.

1. Uds. son ricos/as.
2. Uds. viven en un país tropical.
3. Uds. tienen 21 años.
4. Uds. son actores famosos.
5. Uds. son profesores de este colegio.
6. ¿...?

11. ¡Qué lindas son las vacaciones!

ClearTalk®

En parejas, conversen sobre sus vacaciones ideales. Incluyan información sobre los siguientes temas, usando el condicional en sus preguntas y respuestas.

- adónde ir
- con quién ir
- dónde quedarse
- servicios del hotel
- tipo de habitación
- cuánto tiempo quedarse
- actividades

Mis vacaciones ideales

Otros usos del condicional

- In addition to expressing hypothetical situations, the conditional may be used to ask for things very politely. This usage is the equivalent of "would," "could," or "should" in English. You may use the conditional of the verb or add the conditional of the verb ***poder*** followed by the infinitive.

Deme una habitación que dé al mar.	Give me a room with a view of the sea.
*¿Me **daría** una habitación que dé al mar?*	**Would you give** me a room with a view of the sea?
Tráigame un café.	Bring me a coffee.
*¿Me **podría traer** un café?*	**Could you bring** me a coffee?

- The conditional is also used when you're not entirely sure of facts in the past. This usage corresponds to the English "must have been" or "might have been."

*Cuando mis padres salieron del restaurante, **serían** las diez.*	When my parents left the restaurant, **it must have been** around ten o'clock.
*El albergue era viejo. **Tendría** unos 100 años.*	The hostel was old. **It might have been** 100 years old.

12. ¡Qué amables!

Para suavizar el tono de una conversación entre un(a) conserje y un(a) cliente/a del hotel, use el condicional para hacer preguntas. Comunique la siguiente información, pero de una manera amable. Siga el modelo.

MODELO

Deme el nombre de un buen restaurante.

¿Me daría el nombre de un buen restaurante, por favor?

¿Podría darme el nombre de un buen restaurante, por favor?

1. Deje la habitación a las 12.
2. Tráigame toallas limpias.
3. Acepte esta tarjeta de crédito.
4. Deme una habitación doble.
5. Firme el registro.
6. Vuelva en otro momento.
7. Dígame cuánto es.
8. Envíeme el depósito el lunes.
9. Sáquenos una foto.
10. Pague por adelantado.

13. El mejor hotel

Imagine que está en Costa Rica y quiere quedarse en el Hotel Arenal. Con una persona de la clase, creen un diálogo entre el/la conserje y un(a) turista basado en la información del folleto. Usen el condicional.

MODELO

A: ¿Tendrían habitaciones con baño privado?

B: Sí. Hay 25 habitaciones con baño privado.

Pregunta clave ¿Por qué viaja la gente a otros países?

Costa Rica, ¡un país esencial!

Viajar es la actividad favorita de mucha gente. Ya sea por un mes o por un fin de semana, por razones de trabajo, de estudio, o por el simple placer de conocer otros lugares, a la gente le encanta viajar y, si es a Costa Rica, ¡mucho mejor! Miles de viajeros consideran que Costa Rica es un lugar ideal para vacaciones en familia, viajes de negocios, lunas de miel[1] o para aprovechar el creciente[2] turismo de bienestar y salud que incluye desde tratamientos estéticos[3] hasta terapias relajantes para aliviar enfermedades causadas por la tensión y el agotamiento[4].

Costa Rica posee el cuatro por ciento de las especies animales del planeta.

Volcán Irazú en Costa Rica

"Esencial" es su lema[5]. A pesar de tener solo 321,8 km de ancho[6], Costa Rica es un país que cuenta con todos los climas y una gran riqueza natural. Se calcula que posee el cuatro por ciento de las especies de todo el planeta, lo cual atrae a miles de viajeros interesados en el turismo medioambiental. Cualquiera sea la razón que tengan para viajar, los viajeros pronto descubren que los costarricenses son famosos por su hospitalidad. Los ticos, como ellos se llaman a sí mismos, son los mejores promotores de su país y están siempre dispuestos a ayudar al visitante para que su viaje sea inolvidable.

[1]honeymoons [2]growing [3]beauty treatments [4]fatigue [5]slogan [6]width

BÚSQUEDA turismo en costa rica, riqueza natural de costa rica

14. Comprensión

1. ¿Por qué razones viaja la gente?
2. ¿Por qué es Costa Rica un lugar de destino favorito de mucha gente?
3. ¿Qué expresión se oye en todas partes del país? ¿Para qué se usa?

15. Analice

1. ¿En qué medida cree Ud. que el turismo de bienestar y salud da buenos resultados?
2. ¿Cuál cree Ud. que es el fundamento para el lema "esencial" de Costa Rica?

¿Qué hay de nuevo?

Haga una búsqueda en iNews sobre **Costa Rica**. ¿Qué artículos recientes ve?

iNews

PRÁCTICAS

el lenguaje

Los ticos acostumbran a decir "¡Pura vida!" como saludo, como despedida, para expresar su estado de ánimo o para alentar (*encourage*) a alguien en un momento difícil. En Costa Rica, "¡Pura vida!" se escucha en todas partes y a todas horas. La expresión, que viene de una película mexicana de 1956 del mismo nombre, es una marca de la personalidad de los ticos. Quienes visitan Costa Rica seguramente la recuerdan para siempre.

Pura vida en las playas de Costa Rica

Visitantes siempre bienvenidos

Costa Rica, el lugar de nacimiento del ecoturismo, no solo atrae a miles de turistas cada año, sino también a incontables tortugas marinas hembras[1] que visitan las playas y los parques para disfrutar de ellos de otra manera. Tanto en el Pacífico como en el Atlántico llegan para anidar[2] sus huevos en las mismas playas donde ellas nacieron. Estas viajeras han llevado a cabo[3] este ritual de supervivencia[4] desde hace millones de años y algunas hacen viajes de miles de kilómetros.

La tortuga verde es una especie de tortuga marina.

Uno de los destinos preferidos por estas viajeras es el Parque Nacional Las Baulas, en la región de Guanacaste. El parque se llama así porque es un santuario para miles de tortugas baulas[5] que van allí a anidar cada año. Estas tortugas son de las más grandes del mundo: su caparazón[6] puede medir hasta 1,8 m y pueden pesar hasta 400 kg. Se conocen por ser unas de las que hacen los recorridos[7] más largos.

Parque Nacional Tortuguero

En el norte de la región de Limón se encuentra el Parque Nacional Tortuguero, que es una zona extensa de tierra protegida donde anida la tortuga verde. Se trata de una zona de bosque húmedo tropical creada para proteger a la tortuga verde, pero también llegan allí otras especies, y todas están en peligro de extinción. Ojalá que los amantes del ecoturismo que viajan a Costa Rica para apreciar la flora y la fauna de sus playas y parques nacionales no perjudiquen a las visitantes más vulnerables.

[1]female sea turtles [2]nest [3]carried out [4]survival [5]leatherback turtles
[6]shell [7]trips

BÚSQUEDA protección de las tortugas marinas en costa rica, parque nacional tortuguero

16. Comprensión

1. ¿Por qué existen zonas protegidas en las playas de Costa Rica para los nidos de las tortugas?
2. ¿Qué características tienen las tortugas baulas?
3. ¿Por qué son famosas las carretas de bueyes de Costa Rica?

17. Analice

1. Si las zonas de protección se crearon para evitar el contacto del hombre con las especies en peligro, ¿por qué cree Ud. que se promueven como sitios turísticos?
2. ¿Por qué cree Ud. que a los turistas les gusta comprar artesanías?

PRODUCTOS

el arte y el diseño

Una de las piezas de artesanía de Costa Rica más conocida en el mundo y más apreciada por los turistas es la carreta de bueyes (*oxen*), el símbolo nacional del país. Estas carretas de vivos colores y diseños únicos se hacen a mano y se venden en todas partes del país, pero las más especiales se consiguen en Sarchí, un pequeño pueblo en la provincia de Alajuela donde se fabrican desde hace siglos. En esta comunidad, reconocida como la cuna de la artesanía costarricense, se encuentra la carreta de bueyes más grande del mundo.

¡De excursión!

Vocabulario en contexto

Me llamo Esteban. Me encanta ir de excursión a Costa Rica.

Me encanta **la naturaleza**, su flora y su fauna. Hay muchas cosas que hacer.

(ir a) un parque nacional

navegar por rápidos

bucear

hacer una cabalgata

En **las reservas naturales** de Costa Rica se **protegen** muchas especies de plantas y animales. Son **refugios de vida silvestre**.

el jaguar

la mariposa

la orquídea

el oso perezoso

el quetzal

el tucán

Para conversar

Para hablar del medio ambiente:

Me **disgusta** que la gente no cuide **el medio ambiente**. Me **enoja** que se destruya la naturaleza.

Sí, **es una lástima que** haya tanta basura en un lugar tan hermoso. Me **fastidia** mucho.

Sin embargo, me **sorprende** que el agua se vea tan clara.

PARA DECIR MÁS

el ave	*bird*
la gaviota	*seagull*
el/la guardabosques	*park ranger*
la serpiente	*serpent*
la tarántula	*tarantula*

18. En el refugio de vida silvestre

Escuche las frases y diga a qué foto corresponde cada una.

A

B

C

D

E

F

19. ¡Qué bueno es viajar!

Complete el siguiente diálogo con las palabras del recuadro.

la balsa	bucear	el parque nacional	el quetzal	los rápidos

Elena: ¿Viste qué bonitos colores tiene **(1)**?
Marco: Sí, es muy bonito. Me encanta ver pájaros en **(2)**.
Elena: A mí también. ¿Cuándo vamos a ir a navegar por **(3)**?
Marco: Mañana. ¿Sabes cuántas personas van en **(4)**?
Elena: Hasta ocho personas. ¿Crees que podamos **(5)** en el río?

Diálogo

Temo que nos perdamos en la selva

Ana: Leo, ¿estás seguro que sabes dónde está la oficina del refugio de vida silvestre?

Leo: Sí, está al final de este sendero.

Débora: Pero este sendero va por la selva. ¡Temo que nos perdamos en la selva!

Ana: ¿No hay otra forma de llegar?

Leo: Tranquilas, muchachas. No creo que nos perdamos. Yo tengo un mapa.

Débora: ¿Y si en el camino nos encontramos con un jaguar?

Ana: ¿O un oso perezoso?

Leo: No se preocupen, yo las protejo.

Ana: ¿Cómo nos vas a proteger tú, si hasta las mariposas te dan miedo?

Leo: Me fastidia que exageres, Ana.

Ana: No exagero. Es la verdad... Ya verás cómo nosotras somos las que te protegemos a ti.

20. ¿Qué recuerda Ud.?

1. ¿Dónde está la oficina del refugio de vida silvestre?
2. ¿Por dónde va el sendero?
3. ¿Qué teme Débora que les pase?
4. ¿Qué va a hacer Leo si en el camino se encuentran con un jaguar?
5. ¿Qué le da miedo a Leo?
6. ¿Qué le fastidia a Leo?

¿Por dónde va el sendero?

21. Algo personal

1. ¿Estuvo alguna vez en un parque nacional? ¿Dónde?
2. ¿Qué animales y plantas se pueden ver en un parque nacional?
3. ¿Se perdió alguna vez en un bosque u otro lugar de la naturaleza?
4. ¿Navegó alguna vez por rápidos o fue de cabalgata?

22. ¿Qué me recomienda?

Escuche las oraciones y diga si cada una se refiere a una situación en **un parque nacional** o en **una ciudad**.

El subjuntivo con verbos que expresan emociones

- Use the subjunctive after verbs that express emotions or feelings if the subject of the main clause is different from the subject of the subordinate clause (the clause that starts with *que*). The following verbs express emotions, and they are all conjugated like *gustar*.

agradar	*to please*	**enojar**	*to anger*	**interesar**	*to be of interest*
alegrar	*to make glad*	**fascinar**	*to fascinate*	**molestar**	*to bother*
complacer	*to please*	**fastidiar**	*to annoy*	**preocupar**	*to worry*
disgustar	*to dislike*	**importar**	*to matter*	**sorprender**	*to surprise*
encantar	*to delight*				

***Me agrada que vengas** con nosotros.* — **I'm glad that you're coming** with us.

***Me sorprende que haya** tantos animales.* — **It surprises me that there are** so many animals.

- Other verbs that express emotion but do not follow the pattern of *gustar* are ***sentir*** (to be sorry, to regret) and ***tener miedo de*** (to be afraid of).

***Siento que no puedas** bucear con nosotros.* — **I'm sorry you can't** scuba dive with us.

***Tengo miedo de que cancelen** el viaje.* — **I'm afraid they will cancel** the trip.

Note: The subjunctive and the conjunction *que* are not needed when the subject doesn't change.

***Temo perderme** en la selva.* — **I'm afraid I'll get lost** in the jungle.

***Me encanta bucear**.* — **I love to scuba dive**.

***Me molesta ir** en la balsa con tanta gente.* — **It annoys me to go** in the raft with so many people.

23. En gustos no hay disgustos

Complete las oraciones con el subjuntivo del verbo entre paréntesis.

MODELO

Me alegra que Uds. (*poder*) ir al parque.
Me alegra que Uds. **puedan** ir al parque.

Me alegra que sean mis amigas.

1. Nos agrada que en los parques nacionales se (*proteger*) la flora y fauna.
2. ¿No te disgusta que la gente no (*cuidar*) el medio ambiente?
3. A muchas personas les molesta que la gente (*tirar*) la basura en cualquier parte.
4. A los turistas les fastidia que no se (*permitir*) bucear en el lago.
5. ¿A Ud. le preocupa que algunas plantas (*estar*) en peligro?
6. Me sorprende que (*haber*) tantas orquídeas en este lugar.
7. Me encanta que nosotros (*poder*) ver tantos animales en la selva.
8. Mi papá tiene miedo de que la balsa (*ser*) demasiada pequeña.

24. ¿Qué sientes al respecto?

Cambie el verbo en infinitivo a la forma correspondiente del subjuntivo según el sujeto indicado entre paréntesis.

MODELO

Me gusta *observar* las tortugas y me encanta que... (*mis amigos*)
Me gusta observar las tortugas y me encanta que **mis amigos las observen.**

1. A mí me importa *proteger* el medio ambiente, y me sorprende que no... (*la gente*)
2. Me interesa *estudiar* la flora y la fauna y me agrada que... (*tú*)
3. Me da miedo *subir* a la balsa, pero no me molesta que... (*Ud.*)
4. Me encanta *descubrir* secretos, pero me fastidia que... (*otras personas*)
5. Me encanta *navegar* por rápidos, pero me da miedo que... (*mi hermano*)
6. Me molesta *tirar* basura en el parque, y me enoja que... (*todo el mundo*)
7. Me agrada *cortar* flores pero me molesta que... (*ellos*)

Nos fastidia hacer fila en el aeropuerto.

Me agrada que estudiemos español.

25. ¿Cómo reacciona Ud.?

Ud. está caminando en San José, Costa Rica, cuando se encuentra con un(a) amigo/a. Reaccione a las noticias que le da, usando verbos que expresan emoción y una forma del subjuntivo.

MODELO

Ya hace seis años que vivo en San José.
Me sorprende que vivas aquí.

1. Trabajo en una agencia de viajes y estoy muy contenta.
2. Organizo excursiones a las reservas naturales.
3. Tengo muchos amigos y soy muy feliz en Costa Rica.
4. Viajo por toda América Central y me encanta.
5. Extraño a mis hermanos y a mi familia.
6. Voy a ir a estudiar a la Universidad de Costa Rica.
7. Aquí hay cursos muy interesantes sobre la protección del medio ambiente.
8. No quiero volver a Estados Unidos.

26. ¡Cómo molestan!

Una persona de la clase y Ud. están en un parque nacional de Costa Rica. Expresen su reacción a lo que dicen los siguientes carteles. Usen los verbos de la caja. Sigan el modelo.

MODELO

¡No corten las flores!

A: Me sorprende que no se puedan cortar las flores.

B: Pues a mí me alegra que prohíban cortarlas.

agradar	disgustar
alegrar	preocupar
molestar	sorprender
fastidiar	enojar

27. Otro lugar, otro pensar

Trabaje en un grupo de tres o cuatro estudiantes. Túrnense para decir qué les agrada y qué les fastidia en los siguientes lugares o situaciones. Agreguen otros lugares o situaciones más. Comparen sus respuestas con otros grupos.

MODELO

en la clase de español

A: Me agrada que hablemos de cultura. ¿Y a ti?

B: A mí también, pero me disgusta que haya tanta tarea.

	Me agrada	Me encanta	Me fastidia	Me enoja
1. en la escuela				
2. en el aeropuerto				
3. en el hotel				
4. en una fiesta				
5. en un parque nacional				

¡Comunicación!

28. No podemos ponernos de acuerdo

Trabaje con una persona de la clase para crear un diálogo entre dos amigos/as que van a hacer un viaje juntos a Costa Rica. Son buenos/as amigos/as, pero tienen opiniones diferentes sobre casi todo lo relacionado con el viaje. Uno viaja para explorar el medio ambiente y el otro, para relajarse. Practiquen su diálogo juntos y luego preséntenlo delante de la clase. Luego, comenten cómo pueden llegar a un acuerdo y resolver sus diferencias.

MODELO

A: Estamos en Costa Rica; me gustaría explorar la selva tropical.
B: Prefiero relajarme en el hotel.
A: Me interesa la naturaleza y quiero hacer una cabalgata para conocer la selva.
B: Pues, me fastidia la selva. Preferiría nadar en la piscina del hotel.

29. Un viaje ecológico

la ecología

Imagine que dos personas de la clase y Ud. van a ir a Costa Rica. Quieren descubrir la belleza natural del país y van a compartir sus experiencias con sus amigos. Investiguen por Internet por lo menos dos reservas naturales del país y presenten esta información en una charla delante de la clase. Hablen también sobre la importancia de proteger el medio ambiente. Acompañen su presentación con imágenes de los lugares que van a ver e incluyan datos e imágenes de las especies que van a encontrar en estos lugares. Organicen toda la información en una gráfica como esta.

Nos interesa que el país proteja el medio ambiente.

Nombre del parque	Puntos de interés	Animales	Plantas

Emboscada del tiempo de Marco Aguilar

Sobre el autor

Marco Aguilar nació en Turrialba, Costa Rica, en 1944. Estudió en el colegio local ya que su familia era humilde, pero a través de los años conoció a varios de los que serían en el futuro poetas como él. Algunos de sus poemas han sido publicados en revistas nacionales e internacionales y traducidos a otros idiomas como el portugués y el inglés. Se han publicado cuatro libros con sus poemas, pero han salido pocos ejemplares, por lo cual su poesía no es muy conocida entre los jóvenes lectores. La perfección en la técnica de sus sonetos y la sencillez de sus temas han sido alabadas por críticos literarios y escritores. Entre sus obras se destacan *Raigambres* (1961), *Cantos para la semana* (1963), *Emboscada del tiempo* (1988) y *El tránsito del sol* (1996).

BÚSQUEDA marco aguilar autor costarricense

30. Antes de leer

1. ¿Qué prefiere Ud. leer, prosa o poesía?
2. ¿Cuál de los dos estilos le parece más difícil de leer? Explique su respuesta.

ESTRATEGIA

Interpreting figurative language

Many times in literature, especially in poetry, you can't take the meaning of certain expressions literally. You have to interpret what the author wants to say and figure out the effect he or she wants to achieve.

31. Practique la estrategia — la literatura

En "Emboscada del tiempo" ("*Ambush of Time*"), el autor usa la personificación (figura literaria en que se atribuyen cualidades humanas a seres inanimados) para hablar del idioma castellano. A medida que lee el poema, identifique ejemplos de personificación y escríbalos en una tabla como la siguiente. ¿Qué significado más profundo quiso comunicar el autor en esos versos?

Texto	Interpretación
Viajó sin pasaporte a sembrar sus vocales florecidas (*flowery*)...	El autor le atribuye al idioma las características y motivaciones de una persona no identificada, un desconocido que viaja a otro lugar donde espera empezar una nueva vida.

32. Comprensión

1. Cuando el autor habla de carabelas y del Mar de los Sargazos, ¿a qué acontecimiento de la historia se refiere?
2. ¿Qué clase de personas venían en las carabelas?
3. ¿Por qué dice el autor, al referirse al lenguaje, que lo traían sin cuidado y sin pulimento pero aun así era hermoso?

33. Analice

1. ¿Qué quiere expresar el autor cuando dice "Nunca notaron que venía con ellos y tampoco supieron que no lo merecían"?
2. ¿Qué comparación implícita hace el autor cuando dice "el idioma castellano me sabe a leche tibia"?

Emboscada del tiempo **de Marco Aguilar**

Algo venía en esas carabelas[1]
que no anotaron en el inventario.

Era intangible
pero pesaba tanto que no entiendo
cómo no las hundió[2] cuando cruzaron
el Mar de los Sargazos.

Lo traían sin nada de cuidado,
sin brillo lo traían,
ni pulimento[3]
pero de todos modos era hermoso.

Nunca sabremos cómo viajaría
siendo mucho más grande que los barcos,
pero sabemos que las maderas ásperas[4]
se habían suavizado al escucharlo.

Nunca notaron que venía con ellos
y tampoco supieron que no lo merecían.

Viajó sin pasaporte
a sembrar[5] sus vocales florecidas
y sus desesperadas consonantes,
a nutrirse en los nuevos territorios.

Yo lo conozco bien porque mi madre
con esas sílabas me amamantaba[6].

Esa era la manera
en que yo pretendía[7] decir las cosas
en meses de estupor[8] y balbuceo[9].

Amo

esos adverbios y esos adjetivos
que cuando abrí los ojos
cantaron la canción de bienvenida.

Por eso es que el idioma castellano
me sabe[10] a leche tibia.

[1]caravels, sailing ships [2]sink [3]polish [4]rough [5]to plant [6]nursed
[7]tried [8]astonishment [9]babbling [10] tastes like

34. Después de leer

Comente con dos personas de la clase los versos en que el autor personificó el idioma y el mensaje que transmitió al hacerlo. Luego, piensen en un objeto inanimado y descríbanlo en una estrofa usando la personificación.

A. Escuchar: ¿Cómo lo puedo ayudar? (pp. 306-307)

Escuche cómo hacen una reserva estas seis personas. Preste atención a la descripción del cuarto y de los servicios que cada uno quiere y diga si lo que pide el cliente es **lógico** o **ilógico**.

B. Vocabulario: Un paraíso (pp. 316-317)

Complete este diálogo con la palabra adecuada del recuadro, según el contexto.

quetzal	mariposa	tucán
oso perezoso	orquídea	jaguares

David: ¡Qué buena idea tuviste! Esta cabalgata me gusta. ¡Mira! Las alas de esa **(1)** son azules.

Daniela: ¡Qué flores! ¡Qué **(2)** tan bonita! Las flores de mi jardín no son tan bonitas.

David: También hay una gran variedad de fauna. ¿Ya viste ese **(3)**? ¡Qué plumaje tan colorido!

Daniela: Sí, los pájaros son muy bonitos, pero a veces se ven chistosos. Mira ese **(4)**. Es muy bonito, pero tiene el pico muy grande y chistoso, ¿no?

David: Sí, hasta los animales grandes son bonitos, aunque muy peligrosos; los **(5)** son gatos muy bellos.

Daniela: Bueno, no todos los animales son bonitos; mira ese **(6)**.

C. Estructura: Yo preferiría (p. 310)

¿Qué haría si fuera (*you went*) a Costa Rica? Escriba una oración con el condicional de cada uno de los verbos del recuadro y el vocabulario de la lección.

visitar	ver	querer
pasear	salir	ir

D. Estructura: Un padre preocupado (p. 319)

Imagine que tiene un hijo que está por viajar a Costa Rica. Es la primera vez que su hijo viajará solo y Ud. está preocupado/a. Exprese sus sentimientos conjugando en subjuntivo los verbos que están entre paréntesis.

1. Me alegra que te (*ir*) a Costa Rica, pero estoy preocupado/a.
2. Me disgusta que tú no (*viajar*) acompañado.
3. Me sorprende que me lo (*contar*) un día antes de viajar.
4. Me preocupa que (*poder*) sucederte algo.
5. Me interesa que (*hacer*) todos los planes solo.
6. Me enoja que no (*haber*) ningún adulto en el viaje.
7. Me importa que lo (*pasar*) bien en Costa Rica.

E. Cultura: A viajar a Costa Rica (pp. 314-315)

Piense en las razones por la cuales alguien querría viajar a Costa Rica y resúmalas en un diagrama como este.

Vocabulario

Para alojarse	La naturaleza	Verbos	Animales y plantas
el albergue juvenil la bañera la cama doble la cama sencilla la cancha de tenis el conserje, la conserje la lavandería el registro el servicio	el medio ambiente la naturaleza el parque nacional el refugio de vida silvestre la reserva natural	dar a disgustar enojar fastidiar incluir proteger sorprender	el jaguar la mariposa la orquídea el oso perezoso el quetzal el tucán

Actividades de los parques	Adjetivos	Otras palabras y expresiones
la balsa bucear hacer una cabalgata navegar por rápidos	blando/a disponible firme	el depósito Es una lástima que... sin embargo

Estructuras

El subjuntivo con verbos de emoción

Use el subjuntivo con verbos que expresan emociones (como los de abajo) en oraciones que tienen dos cláusulas y dos sujetos. Las cláusulas se conectan con **que**.

agradar	fastidiar
alegrar	gustar
complacer	importar
disgustar	interesar
encantar	molestar
enojar	preocupar
fascinar	sorprender

*Me **molesta que** la gente no **cuide** el medio ambiente.*
*Te **enoja que lleguemos** tarde.*
*A Uds. les **alegra que** su tío **pueda** ir al concierto.*

El condicional

El condicional se usa para hablar de probabilidad. Recuerde que los siguientes verbos son irregulares en el condicional: **decir**, **haber**, **hacer**, **poder**, **poner**, **querer**, **saber**, **salir**, **tener** y **venir**.

*Con un millón de dólares, me **compraría** una casa nueva.*
*El cine **mostraría** películas cómicas en un mundo perfecto.*
*¿**Podría** traerme un refresco?*

¡Visite los volcanes de Costa Rica!

Costa Rica es parte del Cinturón de Fuego del Pacífico, donde están la mayor cantidad de volcanes del mundo. Los volcanes contribuyen al ecosistema de este país. Sus erupciones depositan minerales en el suelo y hacen que la tierra sea más fértil.

- Si da un paseo por el pueblo de La Fortuna, gozará de una espléndida vista del volcán Arenal. Este volcán es muy activo y sus pequeñas erupciones crean un espectáculo maravilloso, especialmente por las noches.
- Cerca de la ciudad de Alajuela, se encuentra el volcán Poás. Si pasea por sus senderos, pasará por varios tipos de hábitats, como el bosque achaparrado[1] y el bosque nuboso. En este último podrá observar helechos[2], bromelias y orquídeas que crecen en los troncos de los árboles.
- El volcán Irazú, el más alto de Costa Rica, es uno de los más turísticos con su enorme lago verde. Desde la cima del Irazú se pueden observar el océano Atlántico y el océano Pacífico.
- El volcán Turrialba es el segundo más alto del país. Si llega a su cima en un día despejado[3], ¡gozará de una vista panorámica de las llanuras[4] del Caribe!
- El Parque Nacional Rincón de la Vieja, donde está el volcán del mismo nombre, se caracteriza por sus cataratas, bosque tropical, fumarolas activas, aguas termales y una variada fauna exótica que incluye kinkajous, pumas, monos, osos, perezosos, tapires y jaguares.

Si estos volcanes no existieran.... ¡Costa Rica no sería Costa Rica!

[1]stunted forest [2]ferns [3]clear [4]plains

BÚSQUEDA fumarolas, aguas termales, volcanes de costa rica

Las erupciones del volcán Arenal son espectaculares.

COMPARACIONES

Si tuviera que destacar las atracciones turísticas de su región, ¿qué lugares mencionaría? ¿Por qué?

PERSPECTIVAS

En 1948 hubo una guerra civil en Costa Rica que dejó al ejército (*army*) en ruinas. En vez de invertir dinero en reconstruir unas milicias destruidas, el presidente decidió invertirlo en la educación, investigación, salud y cultura de Costa Rica. ¿Qué le indica este cambio de actitud sobre las prioridades del pueblo costarricense?

PRODUCTOS

En muchos hogares de Costa Rica para preparar café se usa el "chorreador", que consiste en una base de madera que sostiene una bolsa de tela que sirve de filtro. El café molido se coloca en la bolsa, y luego se le echa agua caliente. El café cae en un receptáculo que se coloca debajo de la bolsita.

A. Comprensión

1. ¿Cuál es el volcán más alto de Costa Rica? ¿Y el más activo?
2. ¿Qué se puede ver desde los senderos del volcán Poás?

B. Analice

1. ¿Por qué la zona llamada "Cinturón de fuego del Pacífico" lleva este nombre?
2. ¿Por qué dice este artículo que Costa Rica no sería Costa Rica sin los volcanes?

El ZooAve de Alajuela

Como muchos jardines zoológicos hoy en día, el parque ZooAve, a 40 minutos de San José, es un centro de rescate[1]. Cuenta con hermosos jardines botánicos y con más de 125 especies de aves[2], mamíferos y reptiles rescatados. Es un sitio que todos los turistas visitan. Los animales llegan al ZooAve con varias condiciones que imposibilitan el retorno a su hábitat natural. En el parque, viven en espacios naturalmente diseñados para ofrecerles buena calidad de vida. El tucán de la foto se llama Grecia. Vino al ZooAve en el 2016 con el pico roto[3]. Esta foto es de un año más tarde. El pico blanco es artificial: fue hecho en el zoo con una impresora 3-D. Grecia ahora puede comer y "hablar" como todos los tucanes.

El tucán Grecia con su pico nuevo

Además de rescatar a los animales, el parque tiene la importante función de educación ambiental[4], ya que cada visitante, tanto los turistas como los ticos, aprende sobre las especies de Costa Rica, su rol en el ecosistema y la necesidad de protegerlos.

[1]rescue [2]birds [3]broken bill [4]environmental

BÚSQUEDA zooave, alajuela

COMPARACIONES

¿Hay un jardín zoológico o centro de rescate de animales donde Ud. vive? ¿Ofrece información educativa como el ZooAve? ¿Es una parte importante del sitio? ¿Cree que la misión de rescatar a los animales es importante? Explique.

C. Comprensión

1. ¿Qué es un centro de rescate?
2. Mencione tres cosas que se pueden ver en el ZooAve.
3. ¿Por qué no dejan a los animales volver a su hábitat natural?

D. Analice

¿Está Ud. de acuerdo que ver los animales y plantas en un jardín botánico o zoológico es una buena manera de educar a la gente sobre el ambiente? Explique.

El rincón del arte

Cristina Gutiérrez es una artista costarricense que pinta con un estilo abstracto. Aquí su obra abstracta tiene un marco figurativo dentro del cual ella desarrolla lo abstracto. Es una ballena, pero a la vez, la abstracción crea un mundo más complejo: su interior. Un juego entre lo interno y lo externo, la representación de Gutiérrez nos invita a contemplar la grandeza de la naturaleza. Costa Rica, país con abundante riqueza natural, es también conocido por ser uno de los mejores lugares del mundo para observar las ballenas. Ver las ballenas en todo su esplendor es un acto que puede causar profunda contemplación. ¿Qué impresión le causa a Ud. esta obra?

Oceánica I, por Cristina Gutiérrez

Un poco más: Tira cómica

¡Qué chévere es la vida! **¡De viaje a Costa Rica!**

me hace ilusión *I'm very excited* **me llama la atención** *I'm struck by the fact* **aprendizaje a través del servicio** *service learning* **aportar** *to contribute* **con lujo de detalles** *in great detail* **ONG** *non-governmental organization*

E. Comprensión

1. ¿Qué van a hacer los chicos? ¿Por qué?
2. ¿Por qué no deben comprar los pasajes todavía?
3. ¿Qué quieren hacer los chicos durante su tiempo libre en Costa Rica?

F. Analice

1. ¿Por qué piensa Ud. que el profesor escogió un viaje con proyecto de servicio y no un viaje de turismo?
2. ¿Qué cree Ud. que significa la expresión "pura vida"?
3. ¿Qué tipo de proyecto cree Ud. que harán los chicos? Explique su respuesta.

¿? **Pregunta clave** ¿Por qué viaja la gente a otros países?

A. ¡Manos a la obra! la economía

Tres personas de la clase y Ud. han decidido abrir un hotel en Costa Rica o en Panamá. Primero, deben hablar de las ventajas y posibles desventajas de establecer su negocio en uno de estos países. Cuando hayan decidido en qué país van a montar el hotel, deben decidir el lugar: ciudad o campo. Luego, tienen que identificar sus futuros clientes: ¿serán personas de negocios, ecologistas, aventureros o amigos o familias que quieren disfrutar de sus vacaciones? Hablen de todos los detalles del hotel y preparen un anuncio. Pueden elegir el medio que más les convenga: un sitio web, un anuncio por la televisión o la radio, un artículo en la prensa o una serie de charlas para anunciar su apertura. Busquen ejemplos por Internet para ayudar con el diseño y el contenido.

Hotel de lujo en Costa Rica

B. En resumen

Imagine que Ud. es un guía de turismo especializado en viajes a Costa Rica y Panamá. Hoy recibe en su oficina a un cliente que nunca ha salido del país. Ud. quiere ayudarlo, dándole mucha información sobre los dos países para que su cliente escoja el destino más adecuado según sus gustos y preferencias. Piense en el clima, la ubicación geográfica y las atracciones turísticas. No se olvide de la belleza y la riqueza natural de cada país, sus parques nacionales, la hospitalidad de la gente, las artesanías, los pueblos originarios, el canal de Panamá, la Zona Libre de Colón y el turismo medioambiental. Organice la información en un diagrama de Venn para entregárselo al cliente.

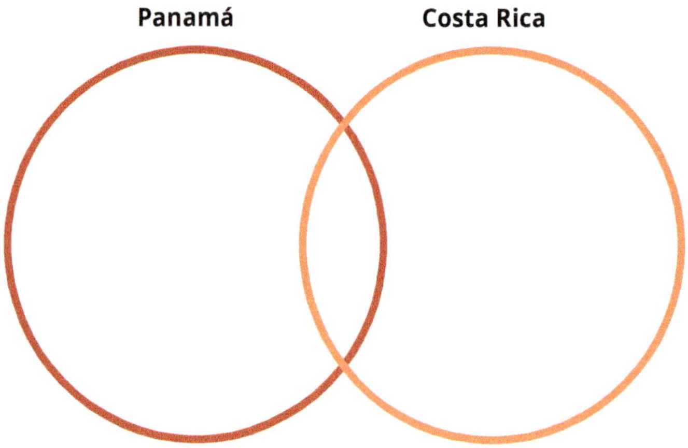

Extensión

Imagínese que Ud. es el cliente de la actividad anterior y que ha tomado una decisión sobre su viaje. Escriba sus planes e incluya las ciudades que visitará, las actividades que hará, dónde se alojará y cómo se trasladará de un lugar a otro.

C. ¡A escribir! la historia

Imagine que Ud. es un(a) pasajero/a en uno de los primeros barcos que pasó por el canal de Panamá el año en que terminaron la construcción, 1914. Ud. hizo el viaje desde la ciudad española de Málaga, España y mientras estaba atravesando el Atlántico ha ido anotando sus impresiones en un diario. Investigue cómo eran las condiciones y el ambiente en los barcos durante esa época. En su diario, describa la flora y la fauna, sus reacciones, alegrías, gustos, disgustos, enojos y las ocasiones en que sintió miedo durante el viaje. Incluya comentarios de por lo menos siete días.

ESTRATEGIA

Revisar

Before handing in any written work, be sure to review it. Verify that the grammar, spelling, and accents are correct. Look up any unknown words or expressions. You could also ask a partner to peer edit your work.

D. ¿Cuál sería su viaje ideal?

Piense en un viaje que le gustaría hacer con su familia, amigos o quizás solo/a. Luego, trabaje con tres o cuatro personas de la clase y hablen de estos viajes. Comenten los preparativos que harían para el viaje, los lugares que visitarían, las actividades que harían, dónde se alojarían, las personas con quiénes les gustaría viajar y por qué, además de cualquier detalle que contribuiría a saber por qué sería un viaje ideal.

El viaje ideal: ¿Qué decisiones necesito tomar?				
Los preparativos	Lugares adónde iría	Actividades que haría	Con quién(es) me iría	Detalle que haría ideal el viaje

E. ¿Desaparecerán? las ciencias

Con una persona de la clase investigue una especie de animal o planta que está en peligro de extinción. Identifique el lugar donde se encuentra esta especie, las medidas que se toman o deberían tomarse para protegerla y las consecuencias ecológicas si esta especie desaparecería. Usen una gráfica como esta.

En peligro			
Nombre	Dónde está	Medidas de protección	Consecuencias de pérdida (*loss*)

Repaso de la Unidad 6

Autoevaluación

Lección A I can:

- make and adjust travel plans (pp. 282–283)
- express when something might happen (p. 286)
- discuss the Panama Canal and other tourist attractions in Panama (pp. 290–291)
- converse about weather-related delays at the airport (pp. 292–293)
- communicate about what will happen in the future (p. 295)
- express doubt, denial, and uncertainty (p. 298)
- discuss the Panama Canal visitor's center (pp. 302–303)

Lección B I can:

- check in at a hotel (p. 306)
- converse about lodging and amenities (p. 307)
- communicate about what would happen (p. 310)
- express probability and communicate requests politely (p. 312)
- discuss tourism in Costa Rica (pp. 314–315)
- converse about nature excursions in Costa Rica (p. 316)
- discuss nature and environmental issues (p. 317)
- express emotions, likes, and dislikes (p. 319)
- analyze and discuss a poem (pp. 323–324)

Repaso de estructuras

Lección A

- El subjuntivo con cláusulas adverbiales I (p. 286)
- El futuro (p. 295)
- El subjuntivo para expresar duda y negación (p. 298)

Lección B

- El condicional (p. 310)
- Otros usos del condicional (p. 312)
- El subjuntivo con verbos que expresan emociones (p. 319)

My Language Town™

Y tú, ¿adónde quieres ir de vacaciones?

Vocabulario de la Unidad 6

a último momento at the last minute ***6A.1***
el **aguacero** (heavy) rain shower ***6A.2***
el **albergue juvenil** youth hostel ***6B.1***
Alemania Germany ***6A.1***
antes de que before ***6A.1***
asustarse to get scared ***6A.2***
atravesar (ie) to go through, to cross ***6A.1***
la **balsa** raft ***6B.2***
la **bañera** bathtub ***6B.1***
blando/a soft ***6B.1***
bucear to scuba dive ***6B.2***
el **cajero automático** ATM ***6A.1***
la **cama doble** double bed ***6B.1***
la **cama sencilla** single bed ***6B.1***
la **cancelación** cancellation ***6A.1***
cancelar to cancel ***6A.1***
la **cancha de tenis** tennis court ***6B.1***
la **confirmación** confirmation ***6A.1***
confirmar to confirm ***6A.1***
el **conserje,** la **conserje** concierge ***6B.1***
dar a to look onto ***6B.1***
el **depósito** deposit ***6B.1***
el **descuento** discount ***6A.1***
después de que after ***6A.1***
el **detalle** detail ***6A.1***
disgustar to dislike ***6B.2***
disponible available ***6B.1***
embarcar to board ***6A.2***
en cuanto as soon as ***6A.1***
enojar to anger ***6B.2***
Europa Europe ***6A.1***
europeo/a European ***6A.1***
Es una lástima que... It's a pity that... ***6B.2***
la **excursión** outing ***6A.1***
fastidiar to bother ***6B.2***
firme firm ***6B.1***
Francia France ***6A.1***
gastar to spend ***6A.1***
hacer fila to stand in line ***6A.2***
hacer una cabalgata to go horseback riding ***6B.2***
hasta que until ***6A.1***
incluir to include ***6B.1***
Inglaterra England ***6A.1***
la **isla** island ***6A.1***
Italia Italy ***6A.1***
el **jaguar** jaguar ***6B.2***
la **lavandería** laundry ***6B.1***
el **malentendido** misunderstanding ***6A.1***
el **mar** sea ***6A.1***
la **mariposa** butterfly ***6B.2***
el **medio ambiente** environment ***6B.2***
mover(se) (ue) to move ***6A.2***
la **naturaleza** nature ***6B.2***
navegar por rápidos to go white-water rafting ***6B.2***
negar (ie) to deny ***6A.2***
la **niebla** fog ***6A.2***
la **nube** cloud ***6A.2***
observar to observe ***6A.1***
el **océano** ocean ***6A.1***
ojalá would that, if only, I hope ***6A.2***
la **orquídea** orchid ***6B.2***
el **oso perezoso** sloth ***6B.2***
para que so that ***6A.1***
el **parque nacional** national park ***6B.2***
perder (ie) to miss ***6A.2***
planear to plan ***6A.1***
por adelantado in advance ***6A.1***
presentarse to show up ***6A.2***
proteger to protect ***6B.2***
el **quetzal** quetzal ***6B.2***
el **refugio de vida silvestre** wildlife refuge ***6B.2***
el **registro** register ***6B.1***
relajarse to relax ***6B.2***
el **relámpago** lightning ***6A.2***
la **reserva** reservation ***6A.1***
la **reserva natural** nature reserve ***6B.2***
retrasado/a delayed ***6A.2***
el **retraso** delay ***6A.2***
el **servicio** service ***6B.1***
sin embargo however, nevertheless ***6B.2***
sin previo aviso without advance notice ***6A.1***
sorprender to surprise ***6B.2***
sujeto a cambio subject to change ***6A.1***
tan pronto como as soon as ***6A.1***
la **tarjeta de embarque** boarding pass ***6A.2***
el **taxista,** la **taxista** taxi driver ***6A.2***
el **trueno** thunder ***6A.2***
el **tucán** toucan ***6B.2***
la **turbulencia** turbulence ***6A.2***
el **volcán** volcano ***6A.1***

UNIDAD

7 A comer bien

Refrán

Tener la sartén por el mango.

To have control of the situation; to call the shots.

Pregunta clave

¿Cómo se relaciona la comida que se consume en un país con su cultura?

Mis metas

Lección A I will be able to:

- converse about buying food at the market
- make comparisons using expressions of inequality, equality and superlatives
- discuss typical foods and markets found in Bolivia
- discuss recipes and food preparation
- narrate past actions
- describe food preparations
- communicate that an occurrence was an accident
- recognize and discuss some details about the role of **quinua** in Bolivia

Lección B I will be able to:

- describe some elements and customs of a party
- comment on desired actions in the past
- recognize and discuss traditional and contemporary Peruvian cuisine
- order from a menu in a restaurant and make a complaint
- hypothesize about people or things that may or may not exist
- analyze an excerpt from a novel by a Peruvian author

Y tú, ¿qué compraste la última vez que fuiste al mercado?

¿Por qué se considera Machu Picchu uno de los destinos más espectaculares?

Vocabulario A1

¡Vamos al mercado!

Vocabulario en contexto

Me llamo Luisa. Soy de La Paz, Bolivia. Me encanta ir al mercado. Mi familia y yo vamos todos los sábados. Allí venden los productos más frescos. ¡Están buenísimos!

el puesto de frutas

el puesto de verduras

las cerezas

los damascos

el choclo

el ají (los ajíes)

las legumbres

los frijoles

los garbanzos

las lentejas

el repollo

la espinaca

el puesto de condimentos

PARA DECIR MÁS

el apio	*celery*
las arvejas	*peas* (Argentina)
el cilantro	*coriander*
los guisantes	*peas* (España)
las habas	*fava beans*
la yuca	*yucca*

el perejil

el orégano

EN OTROS PAÍSES

el ají	*el chile (México)*
el choclo	*el elote (México)*
	el maíz (Venezuela)
	la mazorca (Colombia)
los condimentos	*los aliños (Colombia)*
el damasco	*el albaricoque (España, Suramérica)*
	el chabacano (México)
los frijoles	*las caraotas (Venezuela)*

Para conversar

Para hablar de la comida en el mercado:

Este damasco está un poco **agrio**. Creo que todavía está **verde**. Parece menos maduro que las cerezas.

¿De veras? El mío está muy **sabroso**. ¡Pruébalo!

Estas cerezas se ven **podridas**. Vamos a otro puesto.

Llevemos la espinaca. Está a solo cinco **bolivianos** la bolsa. No está tan cara como el repollo.

No olvides comprar **unos gramos** de algún condimento **picante**.

1. Definiciones

Empareje la definición con la palabra correcta.

1. una verdura de hojas delicadas que se usa en ensaladas
2. una fruta de color anaranjado
3. una legumbre redonda (*round*) de color beige
4. una verdura que puede ser picante
5. un condimento clásico de la comida italiana
6. una legumbre pequeña y plana (*flat*)

A. el ají
B. el garbanzo
C. la espinaca
D. la lenteja
E. el damasco
F. el orégano

2. De compras

Indique la letra de la foto que corresponde con lo que oye.

A

B

C

D

E

F

3. Categorías

Complete la tabla con las palabras del recuadro que correspondan en cada categoría.

el perejil	las cerezas	los frijoles	las espinacas	el orégano
los garbanzos	el repollo	los damascos	las lentejas	el choclo

Frutas	Legumbres	Verduras	Condimentos

4. ¡A comer!

Escoja la palabra del paréntesis que complete en forma lógica cada oración.

1. Cuando fuimos al mercado en Bolivia pagamos con (*bolivianos / euros*).
2. Estas cerezas están tan (*agrias / sabrosas*) que no las puedo comer.
3. El orégano es el mejor (*cereal / condimento*) que existe para cocinar.
4. La comida boliviana es menos (*picante / podrida*) que la mexicana.
5. En el restaurante caribeño nos sirvieron una comida con arroz y (*cerezas / frijoles*).
6. Los damascos están un poco (*verdes / picantes*). Comámoslos mañana.
7. Este (*puesto / choclo*) de verduras es el mejor del mercado.
8. Los garbanzos y las lentejas son (*legumbres / frutas*).

Diálogo

¡Estas manzanas están carísimas!

Vendedor: ¿Le puedo ayudar, señorita?

Eva: Sí, necesito medio kilo de cerezas. ¿Están maduras?

Vendedor: Sí, y muy sabrosas también. ¿Quiere probarlas?

Eva: Gracias. Tiene razón, están sabrosísimas.

Vendedor: ¿Qué otra cosa necesita?

Eva: ¿Cuánto cuestan las manzanas?

Vendedor: Cuestan tres bolivianos el kilo.

Eva: Uy, están carísimas. Y los damascos, ¿a qué precio están?

Vendedor: A dos bolivianos el kilo, pero están un poco verdes. Los duraznos están mejor que los damascos.

Eva: Muy bien, deme un kilo y medio y póngalos en una bolsa.

5. ¿Qué recuerda Ud.?

1. ¿Cómo están las cerezas?
2. ¿Cuánto cuestan las manzanas?
3. ¿Cómo están los damascos?
4. ¿Cómo están los duraznos?
5. ¿Cuántos kilos de duraznos compra Eva?

¿Qué condimentos le gustan?

6. Algo personal

1. ¿Va Ud. al mercado? ¿Qué le gusta comprar allí?
2. ¿Qué prefiere: las frutas o las verduras? ¿Por qué?
3. ¿Le gusta la comida picante?
4. ¿Cuál es el condimento que más le gusta?
5. ¿Cuál es para Ud. la comida más sabrosa? ¿Por qué?

7. Las compras de Leticia

Escuche los siguientes diálogos. Escriba lo que compra Leticia en el primer puesto del mercado y lo que compra en el segundo puesto. Complete una tabla como la de al lado con los datos.

LISTA DE COMPRAS

En el primer puesto	*En el segundo puesto*

Repaso rápido

El comparativo

- ***Más que*** and ***menos que*** are used with adjectives and adverbs to compare people, things, and activities.

*Juliana es **más alta que** Lilia.* — Juliana is **taller than** Lilia.
*El repollo es **menos sabroso que** la espinaca.* — Cabbage is **less tasty than** spinach.
*Cocinas **más frecuentemente que** yo.* — You cook **more frequently than** I (do).

- A few common adjectives have irregular comparative forms.

bueno	*good*	→	**mejor**	*better*
malo	*bad*	→	**peor**	*worse*
joven	*young*	→	**menor**	*younger*
viejo	*old*	→	**mayor**	*older*
pequeño	*small*	→	**menor**	*smaller*
grande	*big*	→	**mayor**	*bigger*

*Este damasco está **mejor que** aquel.* — This apricot is **better than** that one.
*Este mercado es **peor que** el otro.* — This market is **worse than** the other one.
*Él es **menor que** mi primo.* — He is **younger than** my cousin.
*Él es **mayor que** yo.* — He is **older than** I (am).

- The comparative forms of the adverbs ***bien*** (well) and ***mal*** (badly) are ***mejor*** and ***peor***.

*Cocinas **mejor que** yo.* — You cook **better than** I (do).
*Alberto canta **peor que** tú.* — Alberto sings **worse than** you (do).

8. Vamos a ver...

Haga comparaciones con el adjetivo que está entre paréntesis.
El signo + indica **más... que**, y el signo – indica **menos... que**.

MODELO

estas espinacas parecen / (– buenas) que aquellas
Estas espinacas parecen peores que aquellas.

1. los frijoles negros son / (– bueno) que las lentejas como plato principal
2. mi manzana está / (– madura) que la tuya
3. el vendedor es / (– viejo) que su esposa
4. Conchita cocina / (+ bueno) que su madre
5. este tomate está / (– podrido) que los otros
6. el novio de Isa es / (+ joven) que ella
7. la comida de la cafetería es / (– sabroso) que la comida de mi mamá

Estos limones están más amarillos que los otros.

9. Los precios de las verduras

Ud. está en el mercado con una persona de la clase. Comparen los precios de las verduras. Túrnense para hacerse preguntas y responderlas.

MODELO

ajos / ajíes

A: ¿Cuáles cuestan más, los ajos o los ajíes?

B: Los ajíes cuestan más que los ajos. / Los ajíes son más caros que los ajos.

El comparativo de igualdad

- Use ***tan*** and an adjective or an adverb followed by ***como*** (as… as) to express that two or more people or things are equal in terms of qualities or characteristics.

*Las papas están **tan caras como** los frijoles.*	The potatoes are **as expensive as** the beans.
*Yo no cocino **tan bien como** mi madre.*	I don't cook **as well as** my mother (does).

- Use ***tanto/a… como*** to express equality of amount. The form of ***tanto*** (***tanta***, ***tantas***, ***tantos***) agrees with the object that follows. The English equivalents to these expressions are "as much as" and "as many as."

*En este mercado hay **tantos puestos como** en el otro.*	In this market there are **as many stands as** in the other one.
*Necesito **tantos damascos como** duraznos.*	I need **as many apricots as** peaches.

- ***Tanto como*** can also be used to express equality of actions.

*No cocino **tanto como** ellos.*	I don't cook **as much as** they (do).
*Compramos **tanto como** Ud.*	We buy **as much** (quantity) **as** you (do).

10. Alimentos de calidad

Use las palabras del recuadro para completar el párrafo.

como	tan	más	tanta
peor	mejor	menos	tanto

Muchos de los alimentos que comemos no son (1) frescos como pensamos. Cuando vamos al mercado, debemos ver que (2) las frutas (3) las verduras estén en buen estado. Esto significa que debemos comparar los alimentos entre sí. Muchas veces hay (4) variedad de alimentos que es difícil elegir qué producto es (5) o (6) que otro. Por ejemplo, es fácil ver si un tomate está (7) maduro o (8) fresco que otro y también si tiene algo de podrido. Es importante prestar mucha atención a la calidad de un producto antes de comprarlo.

11. ¿Y la comida?

La comida es el tema de las siguientes conversaciones. Complételas con **más**, **menos**, **más... que**, **menos... que**, **tanto/a/os/as... como**, según corresponda.

1. **A:** Me parece que mi ensalada tiene ___ fruta ___ la tuya.
   B: Mira, creo que tiene ___ damascos, pero no tiene ___ cerezas ___ la tuya.
2. **A:** ¿Puedes hacer seis sándwiches de jamón y cuatro de queso?
   B: ¡Ah!, ¿quieres que haga ___ sándwiches de jamón ___ de queso?
   A: No, mejor haz seis y seis, haz ___ sándwiches de jamón ___ de queso.
3. **A:** ¿Qué te gusta ___, la carne o el pescado?
   B: Me gusta ___ el pescado ___ la carne.
   A: ¡Ah, bueno! Voy a preparar ___ pescado que carne.
   B: No, por favor, no trabajes ___ por mí. Prepara ___ pescado ___ carne.

12. La comida y los amigos

Complete las siguientes oraciones según su experiencia. Después, compárelas con las de una persona de la clase.

MODELO

A: ¿Qué te gustan más, los duraznos o las peras?
B: Me gustan los duraznos más que las peras.
A: ¿En qué me parezco a tu mejor amiga?
B: Liliana, mi mejor amiga, es tan alegre como tú.

Las torticas de quinua son más saludables que las tortas fritas.

La comida

1. Me gusta(n) más (menos)... que...
2. Por lo general... son más (menos) picantes que...
3. La comida italiana es más (menos)... que la comida...

Los amigos

4. Mi mejor amigo/a es tan... como...
5. Tengo tantos... como...
6. Mis compañeros... tanto como...

El superlativo

- The superlative ("the best," "the tallest," "the most expensive," etc.) is used when you want to single out one item or individual compared to others. In Spanish, use the following formula:

el/la/los/las* + *más/menos* + adjective/adverb + *de

*Este mercado es **el más caro de** la ciudad.*	This market is **the most expensive in** the city.
*Estos frijoles son **los más ricos de** todos.*	These beans are **the most delicious of** all.
*Esta manzana es **la más madura de** la bolsa.*	This apple is **the ripest one in** the bag.

- Recall that some adjectives are irregular.

*Este puesto de frutas es **el mejor de** la ciudad.*	This fruit stand is **the best in** the city.
*Pero este es **el peor de** todos.*	But this one is **the worst of** all.
*Mi hermana pequeña es **la menor de** la familia.*	My little sister is **the youngest in** the family.

- The preposition *de* and the noun are not always used once the referent's pool is established or known. Compare the two examples below.

*Este orégano es **el más fresco del** mercado.*	This oregano is **the freshest in** the market.
*Este orégano es **el más fresco**.*	This oregano is **the freshest**.

- One way to intensify your descriptions is to use ***tan*** before adjectives and adverbs.

*¡Estos ajíes son **tan** picantes!*	These peppers are **so** hot!
*Juan, no comas **tan** rápido.*	Juan, don't eat **so** fast.

- To say that someone or something is extraordinarily good (or extraordinarily bad, etc.), drop the end vowel of the adjective and attach the suffix ***-ísimo/a***.

*Estos damascos están **buenísimos**.*	These apricots are **extraordinarily good**.
*Ay, mira los precios. ¡Todo está **carísimo**!*	Oh, look at the prices. Everything is **outrageously expensive**!

- The last vowel is dropped before adding ***-ísimo/a***, except with adjectives that end in ***-ble***, which change the ending to ***-bil***.

amable → amabilísimo

- Sometimes a spelling change is needed.

ie → e	caliente, calentísimo
z → c	feliz, felicísimo

c → qu	fresca, fresquísima
g → gu	largos, larguísimos

Jennifer es la mayor de los hermanos y Jeremy es el menor.

13. La familia y los amigos

Pregúntele a una persona de la clase sobre sus familiares y amigos.

MODELO

A: ¿Quién es el mayor de tus hermanos?
B: Mi hermano Daniel es el mayor de todos.

1. ¿Cuál es el más alto de tus amigos?
2. ¿Quién es el menor de tu grupo de amigos?
3. ¿Quién es la persona de tu familia que cocina mejor?
4. ¿Y la que cocina peor?
5. ¿Cuál de tus amigos tiene más hermanos?
6. ¿Quién es la persona más joven de tu familia?

14. ¡Qué rico!

Escriba oraciones completas según los elementos dados. Siga el modelo.

MODELO

fresas /estar / muy caras
Las fresas están carísimas.

1. camareros / ser / muy amables
2. tú / comer / mucho
3. este restaurante / ser / muy caro
4. garbanzos / estar / muy sabrosos
5. legumbres / cocinarse / muy lento
6. cena / estar /muy rica
7. cerezas / estar / muy frescas
8. ají / estar / muy picante

15. ¡Qué diferencia!

Ricardo y Laura cenaron en dos restaurantes diferentes. Complete lo que escribieron con el superlativo (la expresión con **-ísimo**) de las palabras en paréntesis.

Eliminar | Enviar | Insertar | Responder

De: Laura
Para: Ricardo
Asunto: ¡Hola!

¿Te gustó el restaurante adonde fuiste anoche? Como sabes, nosotros fuimos al restaurante Diamante, el más barato de la ciudad. Aunque es (***1.*** *barato*), la comida estaba (***2.*** *rica*), las verduras (***3.*** *frescas*) y los postres (***4.*** *sabrosos*). A todos nos gustó (***5.*** *mucho*). ¡Te lo recomiendo! Cuéntame cómo te fue a ti.

Cariños,

Laura

Eliminar | Enviar | Insertar | Responder

De: Ricardo
Para: Laura
Asunto: Re: ¡Hola!

Me dices que el restaurante Diamante es (***6.*** *bueno*); por el contrario, el restaurante Casa Esteban es (***7.*** *malo*) y además, (***8.*** *caro*). Anoche la comida estaba (***9.*** *mala*), los ajíes estaban (***10.*** *picantes*) y las frutas (***11.*** *podridas*). Como los camareros son (***12.*** *lentos*), la cena estaba fría cuando la sirvieron y tuvimos que hacerla calentar. Siento mucho no haber ido contigo al restaurante Diamante.

Hasta pronto,

Ricardo

16. ¡Haga aquí la compra!

Ud. y una persona de la clase están en el mercado y ven los siguientes carteles. Complétenlos usando una forma del superlativo. Después, piensen en un producto del mercado para vender. Diseñen y escriban un cartel similar a los que se ven aquí para anunciarlo. Presenten su cartel a la clase.

1.

2.

3.

17. ¡Lo mejor de lo mejor!

En grupos de tres, hablen de los siguientes temas.

el restaurante más lujoso	un viaje divertidísimo
una comida deliciosa	unos ejercicios facilísimos
el mejor día de su vida	una película interesantísima
un libro larguísimo	un día aburridísimo

COMUNIDADES

Las frutas y las verduras cambian de nombre según el país. ¿Cómo se llaman en Bolivia y en Perú? Visite el sitio web de un supermercado en cada país. Busque los productos frescos. ¿Qué nombres son iguales en los dos países? ¿Cuáles son diferentes?

¿? **Pregunta clave** ¿Cómo se relaciona la comida que se consume en un país con su cultura?

Manjares[1] con altura

Uno de los logros más admirables de los pueblos indígenas que habitaban la cordillera de los Andes era su habilidad para crear sistemas de riego y plantación para cultivar alimentos a miles de metros de altura[2]. Bolivia es uno de los herederos de esas culturas andinas y muchas de sus ciudades están a grandes alturas. La ciudad más alta del mundo es Potosí, a unos 4.070 m sobre el nivel del mar. La Paz, su capital, también es muy alta, a 3.649 m. Con esa geografía, no es fácil producir muchos alimentos en grandes cantidades, pero aun así, la gastronomía boliviana es diversa y sabrosa.

La gastronomía boliviana

Jugo de tamarindo

En el clima de altura, se necesitan comidas fuertes y nutritivas como la sopa. Las sopas son uno de los platos más populares porque no requieren muchos ingredientes. Con los productos andinos se pueden preparar sopas deliciosas. Por ejemplo, el chairo es una sopa con cordero[3], maíz, papas, cebolla, habas[4], orégano y sal. El fricasé es otra sopa tradicional que lleva cerdo, maíz blanco y chuño (papas deshidratadas), condimentada con ají amarillo. Se sirve en un plato hondo[5], con mucho caldo[6].

Las comidas se acompañan con bebidas, como el api (una mazamorra[7] de maíz morado), el jugo de tamarindo y el refresco de quinua con mora[8].

Otro alimento común es el pan, especialmente la marraqueta, un pan muy crujiente[9]. ¡Comer en Bolivia es una experiencia maravillosa y deliciosa!

La marraqueta

1 delicacies 2 altitude 3 lamb 4 fava beans 5 soup bowl 6 broth 7 pudding
8 blackberries 9 crusty

BÚSQUEDA gastronomía de bolivia, platos típicos de bolivia

PRODUCTOS

la gastronomía

En la región de Cochabamba, en Bolivia, se prepara un plato típico llamado pampaku: un guiso (*stew*) de carne con otros ingredientes. El término "pampaku" deriva de "p'ampay", una palabra quechua (el idioma de la gente indígena de Bolivia y Perú) que significa enterrar o cubrir con tierra. La carne se cocina en un horno bajo tierra en un foso (*pit*). Adentro, se ponen piedras que se calientan con leña (*firewood*). Allí se mete el recipiente con la carne, y el foso se cubre con tierra para que no escape el calor. La carne se cocina aproximadamente tres horas en sus propios jugos y queda sabrosa, como una sopa. Es una tradición que aún se practica en pleno siglo XXI.

El pampaku

18. Comprensión

1. ¿Cuál es uno de los platos más populares de Bolivia? ¿Por qué?
2. ¿Qué bebidas se mencionan en la lectura?
3. ¿Qué es una marraqueta?
4. ¿Dónde se cocina el pampaku?

19. Analice

1. ¿Por qué hay alimentos que son difíciles de conseguir o que no se producen en algunas regiones de Bolivia?
2. ¿Cómo se refleja la influencia indígena en la gastronomía boliviana?

El mercado tradicional

En Bolivia, hay mercados que existen desde hace siglos. Se ponen una vez por semana, generalmente los domingos, como el mercado tradicional de Tarabuco cerca de la ciudad de Sucre, la capital constitucional del país. Conseguir una buena ubicación para su puesto no es fácil; los vendedores tienen que caminar varios kilómetros en el frío y llegar antes del amanecer. En este mercado se comercian principalmente vacas y toros, pero también hay frutas, verduras, legumbres y cereales.

A unos pasos de la calle Sagárnaga en La Paz, hay un mercado muy especial. Allí se practica un ritual llamado *apthapi* que se hace para dar gracias a la Pachamama (la Madre Tierra). Cada participante trae una comida preparada con lo que él mismo produce y vende, y la pone sobre una tela colorida llamada *el aguayo*, que se extiende en el suelo. Es una comida comunitaria[1] que celebra la producción de la tierra: agricultura y ganado[2]. El que tiene hambre extiende su mano y toma lo que quepa en ella[3]. Todos están invitados.

Ritual del apthapi

La tradición del *apthapi* se ha extendido tanto que algunas empresas también lo realizan al final de congresos y seminarios y lo llaman "buffet andino". La diferencia principal es que todo lo organiza una sola persona; en cambio, en el ritual original cada persona trae lo que ha preparado con sus propias manos para compartir esos alimentos con los demás.

[1] potluck [2] cattle [3] as much as it can hold

BÚSQUEDA mercados bolivianos, apthapi

PRÁCTICAS

Una de las fiestas más importantes que se celebra cada año en Bolivia es el Carnaval de Oruro. Este carnaval, conocido por sus danzas folclóricas y la diversidad y colorido de sus trajes y máscaras, también tiene como protagonista a la gastronomía tradicional. Durante la celebración, se preparan y venden platos típicos cuyo ingrediente principal es la carne de cordero (*lamb*). El más popular y sabroso de los platos de Oruro es el "rostro asado", que se sirve en la cabeza de un cordero cocida al horno o bajo tierra.

Rostro asado

PERSPECTIVAS

Uno de los alimentos típicos de Bolivia es la quinua, un cereal muy nutritivo que se ha hecho conocido en el mundo entero. Uno de los productores de la Asociación Nacional de Productores de Quinua, Juan Ernesto Crispín, dijo:

"Es muy importante para hacer conocer a todas las personas que visiten nuestro país que la quinua es cien por ciento del altiplano boliviano".

¿Por qué es importante que se sepa que la quinua es un producto cien por ciento boliviano?

20. Comprensión

1. ¿Qué tipo de productos se consiguen en el mercado de Tarabuco?
2. ¿En qué consiste el ritual del *apthapi*?
3. ¿Qué diferencia hay entre el *apthapi* y el "buffet andino"?

21. Analice

1. ¿Qué valores culturales cree Ud. que se celebran en el ritual del *apthapi*?
2. ¿A qué se parece el *apthapi* en los países de habla inglesa?
3. ¿Qué influencias ve Ud. en la comida que se consume en Bolivia?

Una receta favorita

Vocabulario en contexto

Inicio | Mis recetas | Videos | Recetas de mi familia | Blogs

INICIO > MIS RECETAS > **ARROZ CON QUESO**

INGREDIENTES

1 litro de agua
2 tazas de arroz
1 taza de leche
8 onzas de queso

PREPARACIÓN

Se **hierve un litro** de agua.

Se agrega el arroz y se deja **cocer** por 20 minutos.

Cuando el arroz esté **cocido**, se le agrega la leche.

Se deja **enfriar**. Después, se agrega el queso al arroz.

OTROS INGREDIENTES

los dientes de ajo

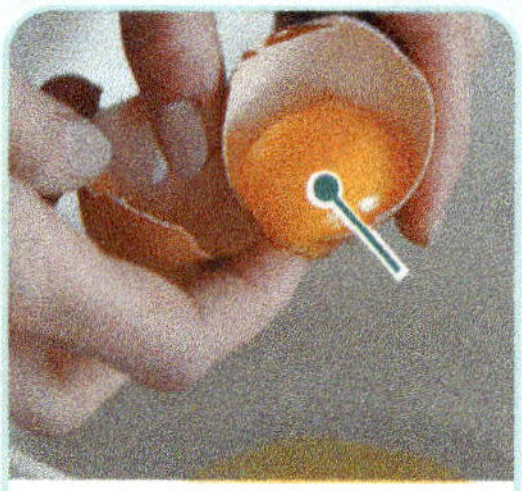

la yema

las claras

la harina

PARA LA PREPARACIÓN

picar en pedazos

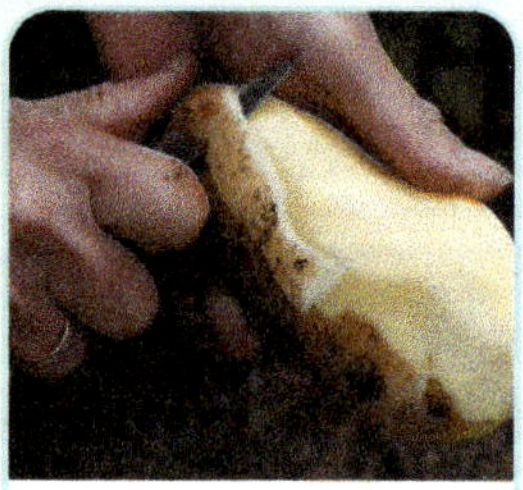

pelar

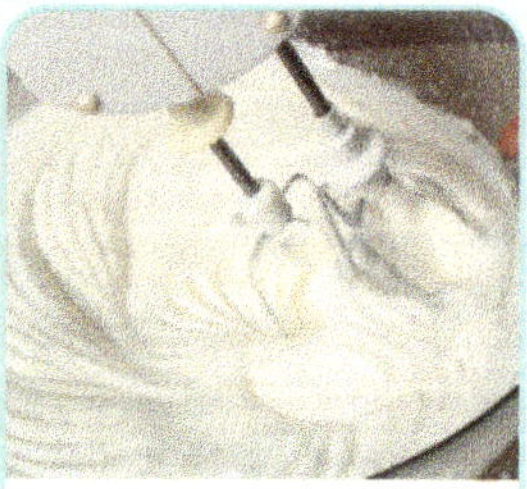

batir

hornear

PARA COCINAR

el recipiente

la asadora

la batidora

la sartén

Para conversar

Para hablar de la preparación de la comida:

Puede Ud. **mezclar** cebolla, tomate y condimentos para acompañar al pollo. **Revuelva** todo muy bien.

Puede Ud. **asar** el pollo en una asadora o en la sartén. Si se le quema un poco, no se preocupe. ¡Toda la familia gozará este plato!

PARA DECIR MÁS

la cabeza de ajo	*head of garlic*
el cucharón	*ladle*
el fogón	*burner*
el guiso	*stew*
la parrillada	*barbecue*
empanar	*to coat with bread crumbs*
rallar	*to grate*

22. ¿Cuál es la definición?

Indique a qué palabra corresponde cada definición.

1. el sabor que tienen los limones
2. donde se fríen los huevos
3. la parte amarilla del huevo
4. un ingrediente en polvo (*powder*) que se usa para hacer pan o galletas
5. la parte blanca del huevo
6. donde se mezclan los ingredientes

A. la harina
B. el recipiente
C. la sartén
D. la yema
E. agrio
F. la clara

ESTRATEGIA

Using visual images

Record words, ideas, or expressions in Spanish with visual images or icons that will help you remember them.

23. Tarta de queso

Escuche la siguiente receta de cocina. Coloque los pasos en el orden que corresponda según lo que oye.

A. Se hornea por 30 minutos.
B. La mezcla se coloca en el horno.
C. Se mezclan la harina, la leche y el azúcar.
D. Se baten todos los ingredientes de la receta.
E. Se deja enfriar.
F. Se agrega el queso y el limón.

Se deja enfriar.

Diálogo

¡Ay, se me cayó el plato!

Eva: ¿Tenemos todos los ingredientes para hacer picadillo?

Rubén: Creo que sí. ¿Qué se hace primero?

Eva: Se pica la carne y se pone a freír en una sartén con un poco aceite y sal.

Rubén: ¿Qué se hace con las papas?

Eva: Las papas tienen que ser peladas y cortadas pedazos pequeños... ¿Dónde están las cebollas?

Rubén: Las puse en ese plato, ya están picadas.

Eva: Tráemelas, por favor.

Rubén: ¡Ay, se me cayó el plato!

Eva: Debes ser más cuidadoso, Rubén.

Rubén: Lo siento. Voy a picar otras cebollas.

Eva: Apúrate. La carne ya está hecha y debo mezclarla con las cebollas y los dientes de ajo.

24. ¿Qué recuerda Ud.?

1. ¿Qué se hace primero en la receta para hacer picadillo?
2. ¿Qué se hace con las papas?
3. ¿Qué hizo Rubén con las cebollas?
4. ¿Por qué debe Rubén apurarse para picar las cebollas?

25. Algo personal

1. ¿Ayuda Ud. a su madre o a otro familiar a cocinar?
2. ¿Le gusta a Ud. cocinar? ¿Qué comidas cocina?
3. ¿Sabe la receta de alguna comida? ¿Cuál?
4. ¿Qué es lo que más le gusta hacer cuando cocina? ¿Por qué?

26. En la cocina

Escuche los siguientes diálogos y escoja la palabra o frase que completa correctamente cada oración, según lo que oye.

1. El pastel debe ser (*enfriado / calentado*) para poderlo comer.
2. Se (*hierven / baten*) los huevos por cinco minutos.
3. Se baten los ingredientes con (*una batidora / un abrelatas*).
4. Las papas se fríen en (*la sartén / la clara*).
5. El pollo fue asado en una (*cacerola / asadora*).
6. Se (*revuelven / hornean*) los ingredientes con mucho cuidado.

La voz pasiva

- In the passive voice the subject is not the doer but rather the receiver of the action.
- The passive voice is formed with a form of ***ser*** and the past participle of the verb. Note that the past participle agrees with the subject in gender and number.

*La carne **fue asada**.*	The meat **was roasted**.

- The passive voice is often used with the word ***por*** (by).

Ella compró el alimento.	She bought the food.
*El alimento **fue comprado** (**por** ella).*	The food **was bought** (**by** her).
Yo tengo que cocer las espinacas.	I have to cook the spinach.
*Las espinacas tienen que **ser cocidas** (**por** mí).*	The spinach has **to be cooked** (**by** me).

- The passive voice can be expressed in the present, the past, and the future by using the present, past, and future tense forms of ***ser*** and the past participle.

(él/ella) Asa la carne.	→	La carne **es asada** (**por** él/ella).
(él/ella) Asó la carne.	→	La carne **fue asada** (**por** él/ella).
(él/ella) Asará la carne.	→	La carne **será asada** (**por** él/ella).

- Sometimes ***se*** can express the passive voice with an impersonal structure. Compare the following pairs.

*El desayuno **fue servido** a las nueve.* *El desayuno **se sirvió** a las nueve.*	Breakfast **was served** at nine.

27. La comida fue preparada por todos

Los estudiantes de la escuela de cocina están todos muy ocupados. Diga quién preparó cada cosa. Use la voz pasiva.

MODELO

Ricardo hirvió el agua.
El agua fue hervida por Ricardo.

La receta fue cocida por cocineros expertos.

1. Juanita preparó el arroz.
2. Esteban y Carlos pelaron las papas.
3. Mi hermana picó el ajo.
4. La profesora encendió el horno.
5. Rosario asó las papas.
6. Ramiro y Paula cortaron las cebollas en pedazos pequeños.
7. Maribel batió las claras de huevo.
8. Rosario y Carlos lavaron las verduras.

28. ¿Quién?

Complete las siguientes oraciones con la voz pasiva del verbo entre paréntesis. Use el tiempo verbal (*tense*) que se indica.

1. La sopa (*futuro / preparar*) por mi tío.
2. Los condimentos (*futuro / comprar*) mañana.
3. El cereal (*presente / mezclar*) con la leche.
4. El pollo (*pretérito / asar*) ayer.
5. Los huevos (*pretérito / batir*) por mi hermana.
6. Los tomates (*presente / lavar*) en agua fría.
7. Las verduras (*presente / cortar*) en pedazos pequeños.
8. La receta (*pretérito / crear*) por mi abuela.

El cereal será servido con leche.

29. ¡Qué lástima!

La comida no ha quedado bien. Túrnese con una persona de la clase para completar las respuestas. Siga el modelo.

MODELO

Las espinacas están frías. ¿Quién las cocinó? (*Andrea*)
Fueron cocinadas por Andrea.

1. Las galletas no quedaron bien horneadas. ¿Quién las horneó? (*Irma*)
2. La lechuga está sucia. ¿Quién la lavó? (*Linda*)
3. Las papas no están bien peladas. ¿Quién las peló? (*Genaro*)
4. La cebolla no está bien picada. ¿Quién la picó? (*Gerardo*)
5. El arroz está mal cocido. ¿Quién lo coció? (*Ana*)
6. Los tomates están mal cortados. ¿Quién los cortó? (*Pablo*)
7. Estos duraznos están verdes. ¿Quién los compró? (*Antonio*)

30. Comparaciones

Descríbale a una persona de la clase algunas costumbres de Bolivia que Ud. ha aprendido en esta lección o en Internet. Su pareja le describirá una costumbre similar en Estados Unidos. Deben usar la forma pasiva con **se**.

MODELO

A: En Bolivia se hacen mercados tradicionales todas las semanas. ¿Y en Estados Unidos?
B: En Estados Unidos también se hacen mercados similares, los mercados de agricultores.

Estar y el participio pasado

- ***Estar*** is used with the past participle to describe a condition that is the result of a previous action. The past participle is used as an adjective and must agree in gender and number with the noun it modifies.

  *El ajo **está picado**.* The garlic **is chopped**.

  *La cena **está servida**.* Dinner **is served**.

- Recall that to form the past participle of ***-ar*** verbs you drop the ending of the infinitive and add ***-ado*** (*picado*). For ***-er*** and ***-ir*** verbs, you drop the ending and add ***-ido*** (*cocido, batido*). The following verbs have irregular past participles.

La ventanilla está rota.

abrir → **abierto**	*opened*
cubrir → **cubierto**	*covered*
decir → **dicho**	*said, told*
devolver → **devuelto**	*returned*
escribir → **escrito**	*written*

morir → **muerto**	*dead*
poner → **puesto**	*put, placed*
resolver → **resuelto**	*solved*
romper → **roto**	*broken*
ver → **visto**	*seen*

31. Desayuno en familia

Mire el dibujo y complete las descripciones con el participio pasado de uno de los verbos en el recuadro.

abrir	dormir	poner	cubrir	revolver	servir
apagar	hervir	sentar	encender	romper	

MODELO

Los perros están **dormidos** debajo de la mesa.

1. Marisa le dice a su mamá que el agua para el té ya está ___, pero los huevos no están ___ todavía.
2. El radio está ___, pero el televisor está ___.
3. Dos de los chicos ya están ___.
4. La mesa está ___, pero el desayuno no está ___ todavía.
5. La mesa está ___ con un mantel de colores.
6. Las ventanas están ___ porque hace calor y el aire acondicionado está ___.

32. Trabajitos

Con una persona de la clase, complete los siguientes anuncios de un periódico boliviano con el participio pasado de los verbos entre paréntesis.

1. ¿El pollo nunca está bien (*asar*)? ¿Está (*romper*) su horno? Todos sus aparatos estarán (*arreglar*) en un abrir y cerrar de ojos si llama al 555-2032.
2. ¿Necesita muebles nuevos para su jardín? ¿Un techo para comer al aire libre? ¡Sus muebles estarán (*colocar*) en cuanto los pida! Los techos estarán (*poner*) en 24 horas.
3. Si Ud. llega a su casa y la comida no está (*hacer*), ¡no se preocupe más! Sus problemas están (*resolver*). Llámenos y le enviamos al instante la comida (*pedir*). Tel. 555-9876.

El pedido está entregado.

Más usos de se

- You have used **se** to form the passive voice to mean "you," "one," and "they."

*En Bolivia, **se come** mucha sopa.*	**They eat** a lot of soup in Bolivia.

- You can also use the pronoun **se** to express accidental occurrences. In this case, the verb agrees with the subject of the sentence.

*La mochila **se perdió**.*	The backpack **got lost**.
***Se rompieron** dos huevos.*	Two eggs **got broken**.

- You may also add an indirect object pronoun in this usage to indicate who is affected by the occurrence.

*¡Ay! **Se me quemaron** las tostadas.*	Oh! **I** (accidentally) **burned** the toast!
*¡Mira! **Se te cayó** la pelota.*	Look! **You dropped** the ball.

33. Instrucciones de cocina

Complete estas instrucciones de cocina usando el pronombre **se** y la voz pasiva. Siga el modelo.

MODELO

primero / hervir / el agua
Primero se hierve el agua.

1. después / lavar / las verduras
2. cortar / el tomate en pedazos pequeños
3. picar / el ajo con cuidado
4. poner / aceite y vinagre a la ensalada
5. batir / las claras sin las yemas
6. colocar / los huevos en una sartén
7. no agregar / sal
8. cocinar / las papas lentamente

34. ¿Qué más se le olvidó?

Raúl decidió ir a Oruro para las fiestas de carnaval, pero se le olvidó de hacer muchas cosas antes de salir. Empareje los errores de Raúl con las consecuencias.

Errores

1. Se le olvidó cerrar la puerta.
2. Se le olvidaron las llaves.
3. Se le olvidó dejarle comida al gato.
4. Se le olvidó la licencia de conducir.
5. Se le olvidaron los lentes.
6. Se le olvidó hacer reserva en el hotel.

Consecuencias

A. No va a poder alojarse.
B. Le van a dar una multa.
C. ¡Mimí se va a morir de hambre!
D. No va a poder ver nada.
E. Va a ocurrir un robo en su casa.
F. No va a poder abrir la puerta cuando regrese.

35. ¡Nada sale bien!

Parece imposible, pero hoy nada sale bien. Con una persona de la clase, creen un diálogo según las indicaciones. Sigan el modelo.

MODELO

el azúcar / acabarse
A: ¿Y el azúcar? ¿Se te acabó?
B: Sí, se me acabó.

1. ingredientes / olvidarse
2. receta / perderse
3. huevos / caerse
4. sartén / romperse
5. comida / quemarse
6. horno / apagarse
7. sal / terminarse
8. gafas de sol /caerse

Se les quemó la comida.

36. Antes y ahora

ClearTalk®

En parejas, conversen sobre cómo eran Uds. durante la niñez y cómo son ahora. Incluyan las siguientes preguntas en la conversación:

- ¿Qué cosas se te perdían a menudo durante la niñez? Y ahora, ¿qué cosas se te pierden a menudo?
- ¿Qué cosas importantes se te olvidaban hacer? ¿Y qué se te olvida hacer ahora?
- ¿Qué cosas se te rompían durante la niñez? ¿Qué cosas se te rompen ahora?
- ¿Se te caían cosas de vez en cuando? ¿Qué cosas se te caen ahora?

¿? **Pregunta clave** ¿Cómo se relaciona la comida que se consume en un país con su cultura?

¡Comunicación!

37. En el mercado

Con una persona de la clase, busque una receta en Internet de un plato típico de Bolivia. Luego, imaginen que están en el mercado, comprando los ingredientes para el plato boliviano. Creen el diálogo que Uds. dos tienen a medida que buscan los mejores productos en los diferentes puestos. Hagan comentarios sobre los precios y el estado de los productos. Digan si están frescos, agrios, verdes o maduros y compárenlos usando el comparativo y el superlativo, como se ve en el modelo. Presenten el diálogo frente a la clase.

Mercado boliviano al aire libre

MODELO

A: Mira estas cerezas. Se ven sabrosas. ¿Las llevamos?

B: No. Creo que están muy maduras. Las del otro puesto estaban mejores. Además, estaban baratísimas.

38. ¡Paso a paso! Recetas de la abuela

Imagine que su abuela quiere publicar sus recetas de cocina de Bolivia en Internet, y le pide que la ayude a diseñar una presentación para que las recetas se vean más atractivas y fáciles de preparar. Primero, vuelva a escribir las instrucciones para la receta de ají de arroz que se da a continuación usando la voz pasiva con **se** (que es más común en las recetas de cocina) y luego ilustre cada paso de la preparación, como se ve en el modelo.

MODELO

Primero, se pican los dientes de ajo en pedacitos muy pequeños.

Ingredientes

2 tazas de arroz estaquilla
1 lata de salsa vieiras (scallops)
2 cebollas fritas
2 dientes de ajo
1 vaso de vino blanco, aceite de oliva, orégano y sal

Preparación

Dorar los dos dientes de ajo picados y la cebolla en una sartén con aceite de oliva y el vino blanco. Dejar que se evapore el líquido y agregar el arroz previamente cocido (cooked). Revolver y añadir la salsa de vieiras. Volver a calentar, agregar un poco de orégano y servir.

39. Antes de leer

1. ¿Sabe de dónde viene su alimento preferido y cómo llega a las tiendas o supermercados?
2. ¿Sabe qué es la quinua? ¿La ha probado alguna vez?

ESTRATEGIA

Scanning for details

Scanning means to look for specific information without reading all the text. When you read about an unfamiliar topic, it is useful to scan the text. First look for words you know to get a sense of the context; then, scan again, looking for unfamiliar words and try to infer meaning from the context.

Scanning is a very useful tool to research a topic and gauge whether a passage contains relevant information.

La quinua, el "grano de oro" codiciado por el mundo

Una de las regiones más pobres del Altiplano despega gracias al *boom* global de la semilla.

—por Clarín. Caracollo, Bolivia. AP

Pequeños copos de nieve se diluyen[1] en los surcos[2] recién abiertos de una tierra reseca y sedienta. Miguel Choque exhala el aire húmedo y frío del altiplano boliviano, sonríe y dice que la nevada es señal de buen augurio[3] para la siembra[4] de quinua. En siete meses, los racimos[5] en flor pintarán el paisaje agreste[6] de amarillo, verde y rojo.

Plantación de quinua

La quinua (o quinoa) es un grano que ayudó a salvar del hambre a los incas y ahora está transformando una de las regiones más pobres de Bolivia desde que se popularizó en países ricos por sus excepcionales condiciones nutricionales, que han llevado a la NASA a incluirlo en la dieta de los astronautas. Las ventas al por mayor[7] se multiplicaron por siete desde que aumentó la demanda a partir del 2000. [...]

La variedad más cotizada[8] es la quinua real que solo se produce en Bolivia en una región vecina a inmensos salares[9] en el suroeste del país. La radiación solar que llega desde el mar blanco de sal y la tierra salitrosa[10] hace que se produzca el cotizado grano que el gobierno boliviano busca patentar. Es más cara y su precio puede alcanzar a los 3.000 dólares la tonelada. [...]

Hoy es un artículo de lujo

"La quinua es como el arroz del altiplano", declaró Evo Morales a fines de diciembre durante una visita a Venezuela. "Antes la gente no quería comer quinua, decía que era un alimento del indio y, como es del indio, no querían comer. Ahora el pueblo boliviano empieza a reaccionar".

Algunas autoridades dicen que por el tipo de siembra tradicional, menos dañina[11] con la naturaleza, la quinua encaja[12] en el modelo de sociedad que busca construir el presidente Morales, el primer indígena que gobierna Bolivia. El mandatario anunció que la meta es duplicar los cultivos hasta las 100.000 hectáreas, fortalecer la producción de quinua ecológica, industrializarla y fomentar el consumo interno. [...]

[1] dissolve [2] furrow [3] omen [4] sowing [5] clusters [6] rough [7] wholesale [8] valued [9] salt marshes [10] salty [11] harmful [12] fits

Un súper alimento

La quinua brota[1] en el altiplano, una región árida y pobre a 3.700 metros de altitud y es resistente a las heladas y sequías (también crece en Perú y en el norte de Argentina). [...]

Provee diez aminoácidos esenciales para el ser humano. Tiene un alto contenido de proteínas (14–18 por ciento) y es buena fuente de fósforo, calcio, hierro[2] y vitamina E, y puede incluso reemplazar la leche materna.

Bolivia genera un 46 por ciento de la producción mundial y le siguen Perú con 30 por ciento y EE.UU. con 10 por ciento.

[1] sprouts [2] iron

Source: www.clarin.com/mundo/quinua-grano-codiciado-ilusiona-bolivia_0_SJR3mdaPml.html

BÚSQUEDA cómo cultivar granos de quinua, recetas con quinua, el precio de quinua

40. Comprensión

1. ¿Por qué se ha vuelto popular la quinua en países ricos?
2. ¿Qué metas se propone el gobierno de Bolivia con respecto al cultivo de la quinua?
3. ¿En qué condiciones climáticas crece la quinua y qué beneficios nutricionales proporciona?

41. Analice

1. ¿Por qué este producto común y poco popular es importante ahora para la gente de Bolivia?
2. ¿Por qué se dice que la quinua "encaja" con el modelo de sociedad que quiere el presidente de Bolivia?

Escritura

42. Mi alimento favorito

Piense en su alimento natural favorito. Luego, responda a las siguientes preguntas. Si no sabe todas las respuestas, puede buscar información en Internet. Con todos los datos, escriba un breve informe sobre ese alimento.

PARA ESCRIBIR MÁS

climas templados	*mild climates*
originario de	*native to*
se cultiva	*it's grown*
se distribuye	*it's distributed*
sobrevivir	*survive*

¿Cómo se produce?	
¿Dónde se produce?	
¿Qué clima hay en ese lugar?	
¿Qué condiciones especiales se necesitan para cultivar o producir el alimento?	
¿Quiénes lo producen?	
¿Dónde se vende?	
Si se vende fuera de la comunidad, ¿cómo se transporta?	

A. Escuchar: ¿Qué tiene que comprar? (pp. 336-337, 348-349)

La mamá de Sofía no puede ir al mercado y le ha dejado un mensaje en el teléfono. Sofía no lo entiende muy bien; ayúdela. Escuche el mensaje y haga una lista de lo que tiene que comprar en el mercado.

B. Vocabulario: ¿Qué es? (pp. 348-349)

Complete la tabla con las palabras del recuadro que correspondan según la categoría.

la asadora	pelar	hervir	picar	el ajo
la harina	la batidora	la sartén	asar	hornear

Ingredientes	Utensilios	Instrucciones de preparación

C. Estructura: En mi opinión... (pp. 336-337, 340-341)

Escriba cinco oraciones comparando los alimentos del recuadro, según sus preferencias. Use **más que**, **menos que** y **tan/tanto como** y adjetivos como **saludable**, **sabroso**, **verde**, **picante** y **agrio** en sus comparaciones, como se ve en el modelo.

el ajo	las cerezas	las espinacas	los damascos	los garbanzos
el choclo	el repollo	el ají	los frijoles	las lentejas

MODELO

Los garbanzos son tan ricos como las lentejas.

D. Estructura: Más y menos formal (pp. 352, 355)

Vuelva a escribir las siguientes oraciones usando la voz pasiva regular y la pasiva con **se**, como se ve en el modelo.

MODELO

Asó la carne en el horno.
Pasiva regular: **La carne fue asada en el horno.**
Pasiva con **se: Se asó la carne en el horno.**

1. Cortó las papas en pedazos pequeños.
2. Hornearán las galletas por treinta minutos.
3. Primero, separarán las claras de las yemas.
4. Traen frutas frescas al mercado todos los días.
5. Hirvió un litro de agua.
6. Mezclaron la harina y el azúcar.
7. Venden los condimentos por gramos o por bolsas.
8. Servirán la cena a las nueve.
9. Escogen las verduras más sabrosas.

E. Cultura: Platos tradicionales (pp. 346-347)

Piense en los platos que se sirven tradicionalmente en Bolivia y compárelos con algún plato tradicional de la región donde Ud. vive. ¿Qué tienen en común o en qué se diferencian los ingredientes y la forma de preparación? ¿A qué cree Ud. que se deben esas diferencias o similitudes? ¿Hay algún plato que se sirva en una fecha especial, como ocurre con el rostro asado en el Carnaval de Oruro? Resuma sus resultados en un párrafo.

Vocabulario

Las verduras

el ají (pl. los ajíes)
el choclo
la espinaca
el repollo

Las legumbres

el frijol
el garbanzo
las legumbres
la lenteja

Los condimentos

el condimento
el orégano
el perejil

Las frutas

la cereza
el damasco

Para describir los alimentos

agrio/a
cocido/a
picante
podrido/a
sabroso/a
verde

Verbos

asar
batir
cocer (ue)
enfriar
hervir (ie)
hornear
mezclar
pelar
picar
revolver

Medidas

el diente de ajo
el gramo
el litro

Otras expresiones

el boliviano
la clara
la harina
el pedazo
el puesto
la yema

En la cocina

la asadora
la batidora
el recipiente
la sartén

Estructuras

El comparativo de igualdad

Para expresar la igualdad entre dos o más personas o cosas:
tan + (adjetivo/adverbio) + **como**

*Los damascos están **tan** maduros **como** las cerezas.*

Para expresar la igualdad de cantidad entre dos o más personas o cosas, use **tanto/a/os/as . . .** + **como**.

Recuerde que con tanto/a/os/as, hay concordancia con el objeto que le sigue.

*En este puesto hay **tantos** choclos **como** en aquel.*

Use **tanto como** para mostrar igualdad entre dos o más acciones.

*Yo cocino **tanto como** tú.*

El superlativo

El superlativo se usa para destacar algo sobre una cosa o persona:

el/la/los/las + **más/menos** + (adjetivo/adverbio) + **de**

*Tus tías son **las más amables de** tu familia.*

También se puede usar el sufijo **-ísimo(s)/a(s)** con adjetivos o adverbios para destacar aún más alguna cualidad.

*Esos jalapeños son picant**ísimos**.*

La voz pasiva

En la voz pasiva, el sujeto recibe la acción del verbo, no la realiza. Frecuentemente se expresa con una forma conjugada de **ser** y el participio pasado del verbo, pero también puede expresarse con el pronombre **se**.

Voz activa:	Voz pasiva:	Voz pasiva con se:
Francisca sirvió el almuerzo al mediodía.	*El almuerzo **fue servido** al mediodía.*	***Se sirvió** el almuerzo al mediodía.*

¡Tenemos una fiesta sorpresa!

Vocabulario en contexto

Mis amigos y yo estamos planeando una fiesta sorpresa para nuestra amiga Isabel, que cumple 17 años. Estos son algunos de **los invitados**.

Esperamos que vengan con hambre. Para comer tendremos:

los bocadillos

el maní (los maníes)

la nuez (las nueces)

las almendras

Bienvenidos a la fiesta. ¡Vamos a bailar!

el anfitrión / la anfitriona

el disc jockey

los parlantes

el sistema de audio

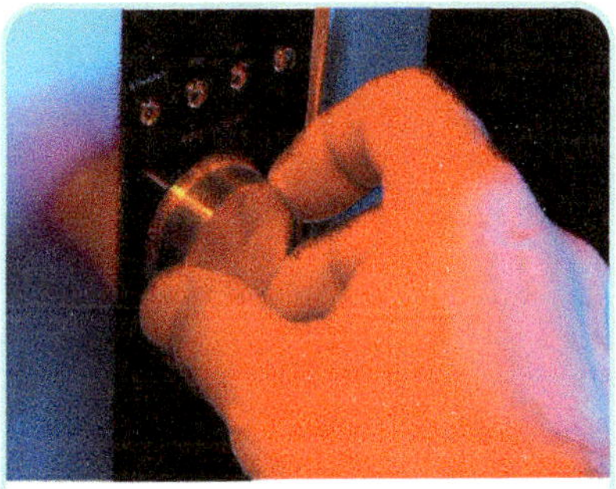

el volumen

Para conversar

Para pedir algo:

Ven y enséñame **unos pasos de baile**.

Seguro, pero primero pon **música bailable** y **sube** el volumen.

¡Lo siento! La anfitriona nos pidió que **bajáramos** el volumen.

Para hablar de los modales:

Esa no es forma de **comportarse**. ¿Se te olvidaron tus **modales**?

No hables y **mastiques** la comida al mismo tiempo.

Tápate la boca al bostezar.

No **interrumpas** cuando otros estén hablando.

Al saludarse, los invitados deben **darse la mano**.

PARA DECIR MÁS

el aperitivo	*appetizer, hors d'oeuvre*
la avellana	*hazelnut*
cacahuates	*peanuts* (México)
cacahuetes	*peanuts* (España)
los embutidos	*cold cuts*
el refrigerio	*snack*

1. En todas las fiestas

Escoja la letra de la palabra o expresión que corresponde a cada definición.

1. algo que se hace al saludar
2. las personas que dan una fiesta
3. las personas que van a la fiesta
4. de donde sale la música en un sistema de audio
5. una comida que se sirve en las fiestas
6. la música que es buena para bailar
7. lo que aprendes cuando te enseñan a bailar
8. la persona que toca la música en una fiesta

A. los invitados
B. el disc jockey
C. los bocadillos
D. los anfitriones
E. los pasos de baile
F. los parlantes
G. darse la mano
H. la música bailable

2. ¿Qué sucedió?

Indique la letra de la foto que corresponde con lo que oye.

A

B

C

D

E

F

Diálogo

¡Te dije que no pusieras los codos en la mesa!

Mateo: Me gustaría que me enseñaras buenos modales. Tengo una cita con Carolina y quiero comportarme bien.

Elisa: Claro, pero debes prestarme atención y no interrumpirme.

Mateo: Te lo prometo.

Elisa: Cuando estás comiendo, no puedes poner los codos en la mesa... Tampoco puedes hablar mientras masticas la comida.

Mateo: ¿Pero qué hago si Carolina me pregunta algo mientras estoy comiendo?

Elisa: Le respondes cuando termines de masticar. ¿Quieres hacer la prueba?

Mateo: Bueno...

Elisa: ¡Te dije que no pusieras los codos en la mesa!

Mateo: Discúlpame... Tengo mucho sueño.

Elisa: Tápate la boca al bostezar... Esa es otra regla que debes recordar.

3. ¿Qué recuerda Ud.?

1. ¿Qué le gustaría a Mateo que hiciera Elisa?
2. ¿Qué no puede hacer Mateo mientras come? ¿Y mientras mastica?
3. ¿Qué debe hacer Mateo si Carolina le pregunta algo mientras está comiendo?
4. ¿Qué otra regla le enseña Elisa?

4. Algo personal

1. ¿Qué buenos modales conoce Ud.?
2. ¿Tiene buenos modales al comer? Explique su respuesta.
3. ¿Qué le gusta hacer en las fiestas?
4. ¿Cómo escucha la música: con el volumen alto o bajo?
5. ¿Le gusta bailar? ¿Qué pasos de baile conoce?

5. ¡Qué modales!

Escoja una respuesta correcta a lo que oye.

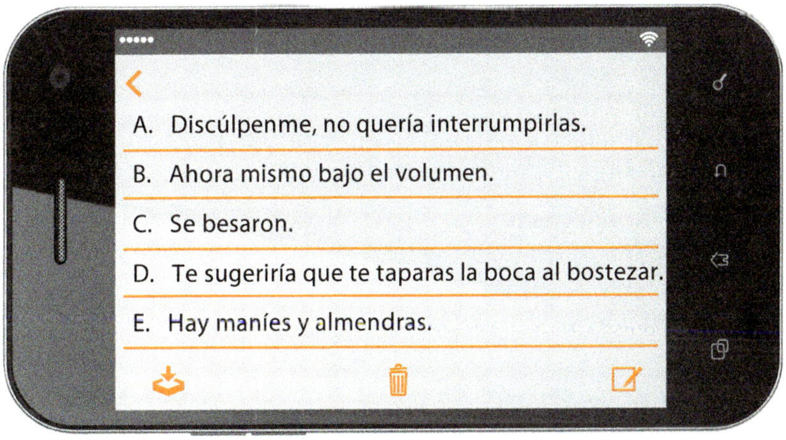

El imperfecto del subjuntivo

- You already know how to use the subjunctive mood. The subjunctive is used in a sentence with two clauses connected by the word ***que*** when there is a change of subject from the main to the dependent clause.
- When the verb in the main clause is in the present indicative (present or future), the verb in the dependent clause is in the present subjunctive.

*Tu mamá **dice** que **te comportes** bien.*	Your mom **says you should behave yourself**.
***Será** importante que **no interrumpas** la conversación.*	**It will be** important for **you not to interrupt** the conversation.
***Sugiero** que **sirvas** unas almendras.*	**I suggest** (that) **you serve** some almonds.

- The subjunctive also has a past tense, *el imperfecto del subjuntivo*. To form the past tense of the subjunctive, take the ***ellos*** form of the preterite tense and remove the final ***-on*** from the ending. Then, add the new endings: ***-a***, ***-as***, ***-a***, ***-amos***, ***-ais***, ***-an***. This pattern applies to all verbs.

comer	*ellos comier**on***	*comier* + imperfect subjunctive endings

comer	
yo comier**a**	nosotros/as comiér**amos**
tú comier**as**	vosotros/as comier**ais**
Ud./él/ella comier**a**	Uds./ellos/ellas comier**an**

Note: The ***nosotros*** form in the past subjunctive requires an accent mark: ***comiéramos***.

- Irregular verbs in the third person preterite carry the irregularity through to the imperfect subjunctive.

vinieron	→	viniera
pidieron	→	pidiera
sirvieron	→	sirviera
rieron	→	riera

- When the verb in the main clause is in the past indicative (preterite or imperfect) or conditional, the verb in the dependent clause is in the imperfect subjunctive.

*Tu mamá **dijo** que **te comportaras** bien.*	Your mom **said** (that) **you should behave** yourself.
***Era** importante que **no interrumpieras** la conversación.*	**It was** important that **you didn't interrupt** (for you not to interrupt) the conversation.
***Sugeriría** que **sirvieras** almendras.*	**I would suggest** (that) **you serve** some almonds.

Sugeriría que comieras la fruta.

6. ¡Modales y más!

Complete las oraciones con el presente o el imperfecto del subjuntivo del verbo entre paréntesis, según corresponda.

MODELO

Te dije que (*conseguir*) un disc jockey antes de la fiesta.

Te dije que **consiguieras** un disc jockey antes de la fiesta.

1. Te sugiero que (*taparse*) la boca al bostezar.
2. Es importante que tú no le (*decir*) nada a la anfitriona.
3. Sería bueno que Uds. no (*poner*) los codos en la mesa.
4. Me gustaría que todos (*comportarse*) bien.
5. Espero que tú (*recordar*) los pasos del baile.
6. Es importante que Uds. (*venir*) temprano.
7. Ella me dijo que no (*hablar*) con la boca llena.
8. Es mejor que Claudia y Roberto (*quedarse*) en su casa.
9. Sería mejor que tú (*bajar*) el volumen.

7. ¡Qué fiesta tan buena!

Ana hizo una fiesta. Complete las oraciones con el imperfecto del subjuntivo de los verbos del recuadro para saber qué pasó en la fiesta.

ser	llegar	comportarse	tener	venir
traer	poner	salir	dormirse	hacer

1. Ana les pidió a los invitados que ___ a las seis, pero dudaba que todos ___ a esa hora.
2. Antes de la fiesta, ella le dijo al disc jockey que ___ música bailable.
3. No quería que el volumen ___ muy alto para no molestar a los vecinos.
4. Sus amigos se encargaron de todo para que Ana no ___ que comprar nada.
5. Ana le pidió a su amigo Rafael que ___ la música.
6. Aunque ella quería que su hermanito pequeño no ___ de su habitación, él no la obedeció.
7. Entonces, Ana le sugirió que ___ bien y que no ___ mucho ruido.
8. A todos les gustó mucho que el niño ___ por fin.

8. ¡Te dije que no molestaras!

Ángel, el hermanito pequeño de Ana, no presta atención a lo que ella le dice. Ana debe repetirle todo dos veces. Siga el modelo.

MODELO

Lávate las manos antes de comer.

¡Te dije que te lavaras las manos antes de comer!

1. Saluda a los invitados.
2. Dale la mano a la invitada.
3. No interrumpas la conversación.
4. Busca un vaso, no tomes agua de la botella.
5. No hables al masticar.
6. No pongas los codos en la mesa.
7. Tápate la boca al bostezar.
8. Pide permiso para levantarte de la mesa.

9. Cada quien con su encargo

Antes de una fiesta, Luisa le pidió a Ud. que hablara con los invitados para asegurarse de que supieran lo que tenían que hacer. Túrnese con una persona de la clase para hacer el papel de cada invitado/a. Sigan las indicaciones de la lista. Usen expresiones como: **pidió que**, **dijo que**, **quería que**, **insistió en que** y **sugirió que**.

MODELO

María José: seleccionar la música

A: María José, ¿qué te pidió Luisa a ti?

B: Me pidió que seleccionara la música.

10. Sugerencias musicales

En una revista de Perú salió el artículo adjunto (*attached*) sobre las mejores canciones de la semana. Lea el artículo e indique si las oraciones son ciertas o falsas. Si son falsas, corríjalas.

1. El artículo sugería que los románticos escucharan a Café Tacvba.
2. Recomendaba que los que quisieran bailar eligieran la música de Celedón, Santa Rosa y Víctor Manuelle.
3. El artículo decía que Dvicio era una banda muy conocida.
4. El autor sugería a las personas a quienes les gustara la salsa y jazz que pusieran a La Sonora Libre.
5. El artículo les decía a los románticos que no se olvidaran de Luis Fonsi.
6. El *ranking* semanal tenía a David Bisbal en segundo lugar.
7. El artículo recomendaba a los que les gusta el rock vanguardista que escucharan a Illya Kuryaki and the Valderramas.
8. El *ranking* ponía a Enrique Iglesias de último.

Las 10 mejores
MÚSICA POP

Esta semana nuestras recomendaciones tienen música para todos los gustos. Si te gusta la música bailable, te recomiendo que elijas la salsa y jazz de La Sonora Libre o el vallenato de Celedón, Santa Rosa y Víctor Manuelle. Si prefieres la música romántica, no te olvides de Camila, Ricardo Arjona, Luis Fonsi o David Bisbal. Si quieres escuchar música rock vanguardista, tus bandas son Café Tacvba o Illya Kuryaki and the Valderramas. Entre las bandas nuevas está Dvicio de España.

	Ranking de la semana	Artistas
1	Bailando	Enrique Iglesias
2	Decidiste dejarme	Camila
3	Apnea	Ricardo Arjona
4	Corazón en la maleta	Luis Fonsi
5	Diez mil maneras	David Bisbal
6	Pa' los rumberos	La Sonora Libre
7	Bajo el palo 'e mango	Celedón, Santa Rosa y Víctor Manuelle
8	Aprovéchate	Café Tacvba
9	Ula ula	Illya Kuryaki and the Valderramas
10	Paraíso	Dvicio

11. ¡A organizarnos!

Una persona de la clase prepara una fiesta y le pide ayuda. Dele sus sugerencias según los temas del recuadro u otros de su elección. Túrnense para hacer las preguntas y responderlas. Usen el imperfecto del subjuntivo, como se ve en el modelo.

- día y hora de la fiesta
- lugar de la fiesta
- número de invitados
- para comer
- para beber
- tipo de música
- tema de la fiesta
- decoraciones

MODELO

A: ¿Qué sugerirías que hiciéramos para comer en la fiesta?

B: Sugeriría que hiciéramos bocadillos de atún y de salmón.

12. ¡Una fiesta fenomenal!

Imagine que hubo una fiesta en su casa y algunos/as de sus amigos/as no pudieron asistir. Complete las oraciones con verbos en imperfecto del subjuntivo para describir lo que pasó. Luego, resuma la información en un párrafo y póngala, junto con fotos de la fiesta, en su red social favorita para que sus amigos se enteren de todo lo que pasó.

MODELO

Yo esperaba que en la fiesta...

Yo esperaba que en la fiesta hubiera música alternativa.

Yo esperaba que...

1. Yo quería que...
2. Antes de que llegaran los invitados, era preciso que mi hermanito...
3. Me gustó que todos los invitados...
4. Mis padres me permitieron que yo...
5. Los vecinos nos dijeron que...
6. Todos los invitados me pidieron que...
7. Me alegró que...
8. Era importante que...
9. La disc jockey deseaba que...
10. Mi mejor amigo/a quería que...
11. Después de la fiesta, mis padres me pidieron que...

Pregunta clave ¿Cómo se relaciona la comida que se consume en un país con su cultura?

Platos peruanos de tradición

Fiesta tradicional peruana

Como en otras culturas, muchas celebraciones familiares peruanas están acompañadas de deliciosos alimentos. Por ejemplo, ¿qué sería de una fiesta de cumpleaños sin un sabroso pastel?

Las celebraciones de Navidad y Año Nuevo también incluyen alimentos típicos. En la mañana del 25 de diciembre, mientras los niños juegan con sus juguetes nuevos, los adultos desayunan con chocolate caliente y *panettone* (pan dulce de Navidad), que también se sirven en la cena de Año Nuevo después del tradicional pavo o lechón[1]. En el Día de las Madres, para agasajarlas[2] y que no sean ellas las que cocinen, se acostumbra invitarlas a comer fuera. Es una excelente excusa para disfrutar de los sabrosos platos que se pueden encontrar en los restaurantes peruanos.

Otra tradición peruana son las populares polladas. Como su nombre lo indica, son fiestas en las que el alimento principal es el pollo preparado a la parrilla[3], y en las que, por lo general, se recauda[4] dinero para algún fin social o una necesidad particular de la familia que la realiza.

Pero sin duda, la estrella de la cocina peruana, que se sirve en las ocasiones más especiales, es el ceviche. El ingrediente principal es el pescado, que no se cocina sino que se adereza con limón, cebolla, sal, ají y pimienta. Este plato único y exquisito es considerado patrimonio cultural de la nación.

Ceviche de pescado, el plato más típico de la comida peruana

[1] piglet [2] honor them [3] grill [4] raise

BÚSQUEDA gastronomía peruana, chancho crocante, chanchito a la caja china

13. Comprensión

1. ¿Qué se acostumbra consumir en el desayuno del 25 de diciembre en Perú?
2. ¿Cuál es una fecha que los peruanos escogen para alir a comer fuera? ¿Por qué?
3. ¿Qué es una pollada? ¿Y el ceviche?

14. Analice

¿Por qué es tan importante la comida en las celebraciones tradicionales de los países latinoamericanos?

PRÁCTICAS

En Perú, se celebra el Día del Chicharrón para difundir el consumo de carne de cerdo. Ese día se realizan actividades y ferias en las que los asistentes pueden degustar (*taste*) platos deliciosos como el chancho crocante al palo y el chanchito a la caja china. También se dan charlas en las que los cocineros profesionales enseñan al público distintas maneras de preparar esta carne que presenta muchos beneficios para las familias peruanas: es saludable, económica y muy sabrosa.

Chancho crocante al horno

Lo mejor de la cocina peruana

Un país puede lograr que se conozca su cultura a través de la gastronomía. Y el chef peruano Gastón Acurio lo sabe. Gracias a la riqueza y calidad de sus creaciones, ha logrado que los peruanos se reencuentren con su propia cultura gastronómica y que la cocina peruana ocupe un lugar importante en el mundo.

Cuando empezó con su restaurante en Lima, el chef Acurio estaba recién llegado de Francia, donde había ido a capacitarse[1]. Pero él no quería poner un restaurante francés, sino rescatar[2] los ingredientes que tradicionalmente se usaban en los hogares peruanos (cereales como la quinua y la kiwicha y tubérculos como la achira y la arracacha) y llevarlos a la alta cocina.

Con su restaurante Astrid & Gastón, logró que los mismos peruanos se interesaran por la gastronomía local y disfrutaran de platos peruanos, como el cuy (conejillo de Indias), el ají de gallina (guiso de pollo picante) y distintas variedades de ceviche. Luego, llevó esta experiencia alrededor del mundo para que todos se admiraran[3] de las delicias de la gastronomía peruana y, a través de ella, conocieran su cultura. El chef Acurio ha actuado más como embajador de su país que como cocinero, tanto que ya hasta le han ofrecido que se presente para las elecciones de presidente del Perú.

Pero lo que él quiere es continuar trabajando con los pequeños agricultores, desarrollar una cultura de cultivos ecológicos y hacer que los peruanos se sientan orgullosos de lo que se produce en sus tierras como las más de cinco mil variedades de papas andinas. Este chef ha logrado darle un valor agregado[4] a los productos del Perú y ha hecho que la gastronomía peruana se convierta en una marca reconocida alrededor del mundo.

[1] to train [2] recover [3] be amazed [4] added value

BÚSQUEDA mejores restaurantes del mundo, gastón acurio

Chef peruano, Gastón Acurio

PRODUCTOS

la gastronomía

En el año 2008, Perú inauguró la Feria Gastronómica Internacional Mistura. La feria es una oportunidad para conocer a grandes chefs que vienen a enseñar a los participantes, así como para degustar los más variados platos de la gastronomía peruana y conocer nuevas propuestas. Mistura se ha convertido en la primera feria gastronómica de Latinoamérica y una de las más importantes del mundo.

Cocineros repartiendo sus platos en la Feria Gastronómica Internacional Mistura

15. Comprensión

1. ¿Quién es Gastón Acurio?
2. ¿Por qué se dice que el chef Acurio ha actuado más como embajador de su país que como cocinero?
3. ¿Qué importancia tiene la Feria Gastronómica Internacional Mistura?

16. Analice

1. ¿Qué quiere decir "darle un valor agregado a los productos"?
2. ¿Cuáles son algunos de los beneficios de desarrollar una cultura de cultivos ecológicos?

¡Bienvenidos a mi restaurante!

Vocabulario en contexto

Inicio | Reservaciones | Menú | Especialidades | Eventos

Restaurante INCA

Les recomendamos un menú especial para el Día de la Madre.

Me llamo José. Soy el chef del Restaurante INCA. Quiero dar un saludo especial a nuestras **clientas** en el Día de la Madre.

Platos principales

Costilla de **cordero marinado** en jugo de naranja y ají **a la parrilla** con espárragos

Ceviche de camarones

Pollo **relleno** de almendras y verduras

Bistec asado con **papas fritas**

Pechuga de pavo con una salsa de cerezas

Salmón ahumado con **fideos**

Pescado **frito** con papas asadas

Todos con **las** mejores **especias**

Para conversar

Para quejarse de la comida en un restaurante:

Perdone, pero debo **quejarme**. Este bistec está muy **seco** y **salado**.

El cordero está **crudo**. Lo quiero más cocido. Creo que lo voy a devolver. ¿No hay ningún chef aquí que sepa preparar el cordero a la parrilla?

Para pedir comida en un restaurante:

¿Qué desea pedir?

Quiero un filete de pescado con papas fritas, y de beber, **una botella** de agua mineral. ¿Está mejor el pescado ahumado o el frito?

PARA DECIR MÁS

a la plancha	*grilled, on a griddle*
al vapor	*steamed*
bien cocido/a	*well done (meat)*
poco cocido/a	*rare (meat)*
tres cuartos	*medium well (meat)*
¿Qué aperitivos/entradas me recomienda?	*What do you suggest for appetizers?*

EN OTROS PAÍSES

a la parrilla	*asado (Argentina, Colombia)*
el bistec	*el bife (Argentina)*
	el filete (Latinoamérica)
las especias	*los condimentos (Colombia)*
las papas fritas	*las papas a la francesa (Latinoamérica)*
	las patatas fritas (España)

17. En el restaurante

Escuche las frases y diga a qué foto corresponde cada una.

A

B

C

D

E

F

18. Busque el intruso

Busque el intruso en cada grupo y explique por qué no pertenece.

MODELO

relleno / pavo / cordero
relleno: No es una carne.

1. cordero / pavo / papas fritas
2. asado / queja / a la parrilla
3. seco / botella / agua
4. orégano / plato principal / especias
5. salado / fideos / ahumado
6. picante / cliente / camarero

19. Lo mismo...

Escoja la oración que dice lo mismo que la oración que escucha, pero de otra manera.

1. **A.** Las papas fritas del restaurante no son tan saladas como las de la cafetería.
   B. Las papas fritas de la cafetería son menos saladas que las del restaurante.
2. **A.** La sopa de pollo es mejor que la sopa de pescado.
   B. Lo mejor del restaurante es la sopa de pescado.
3. **A.** El tocino que necesito comprar no debe ser muy ahumado.
   B. No quiero tocino que sea ahumado.
4. **A.** Prefiero no comer bistec si no es asado.
   B. Preferiría comer el bistec a la parrilla.

20. ¿Sabes qué vas a pedir?

Imagine que Ud. y su mejor amigo/a están en un restaurante y están tratando de decidir qué quieren comer, mientras viene el mesero. Estudien el menú del Restaurante Inca en Vocabulario B2 y, luego, intercambien información sobre sus platos favoritos y su forma de preparación preferida.

MODELO

A: ¿Ya sabes qué vas a pedir?
B: No, todavía no. No encuentro mi plato favorito, el pollo frito, en el menú, ¿y tú?
A: No estoy seguro, tal vez el filete de pescado. ¿Sabes si lo preparan bien aquí?
B: ...

Pollo frito

Diálogo

Pide lo que quieras

Mateo: Pide lo que quieras, Elisa. Quiero agradecerte tus consejos sobre los buenos modales.

Elisa: Espero que te sirvan.

Mateo: Seguro. ¿Qué vas a pedir de plato principal?

Elisa: Creo que el cordero... pero que no sea asado.

Mateo: Puedes pedirlo a la parrilla con papas fritas.

Elisa: No sé... también me gusta el bistec.

Mateo: Lo mejor en este restaurante es el ceviche.

Elisa: A mí no me gusta el pescado.

Mateo: Entonces, pide el bistec.

Elisa: ¿Crees que el bistec esté marinado?

Mateo: No creo. ¿Por qué no le preguntas a la camarera?

Elisa: Tienes razón. Espero que tampoco lleve muchas especias.

21. ¿Qué recuerda Ud.?

1. ¿Qué va a pedir Elisa?
2. ¿Qué otro plato le gusta a Elisa?
3. ¿Qué es lo mejor en ese restaurante?
4. ¿Qué quiere preguntarle Elisa a la camarera?

22. Algo personal

1. ¿Qué prefiere pedir de plato principal?
2. ¿Cómo le gusta comer el bistec?
3. ¿Le gusta la comida muy salada?
4. ¿Ha comido ceviche alguna vez?

23. Clientes exigentes

Trabaje con varias personas para representar una conversación entre un mesero y los clientes que está atendiendo. Túrnense para hacer el papel del mesero y el de los clientes, teniendo en cuenta que uno de ellos es vegetariano, otro está a dieta y dos de ellos no tienen restricciones de comida. Antes de empezar, busquen el sitio web de un restaurante elegante en Lima, Perú, y usen los platos del restaurante en su conversación.

MODELO

A: ¿Qué desean de plato principal?
B: Yo quiero un bistec a la parrilla.
C: Yo soy vegetariano. ¿Qué me recomienda?
A: ...

Bistec a la parrilla

Estructura B2

El subjuntivo después de pronombres relativos

- The relative pronouns ***que*** (that) and ***quien*** (who/whom) refer to, and help describe, a previously mentioned noun. Sometimes they are preceded by a preposition.

*Mi papá prepara un sushi **que** es delicioso.*	My dad makes sushi **that** is delicious.
*Ella fue **quien** recomendó esa receta.*	She was the one **who** recommended that recipe.

- The subjunctive is used after relative pronouns to describe people, places, and things that may or may not exist. Notice the personal *a* is not used with direct objects that refer to hypothetical persons. Compare the following pairs of sentences.

*Mi tío quiere una salsa **que tenga** muchas especias.*	My uncle wants a sauce **that has** a lot of spices. (He may not find any.)
*Mi tío siempre compra esta salsa **que tiene** muchas especias.*	He always buys this sauce **that has** a lot of spices. (It's this one here.)
*Busco un cocinero a **quien** le **pueda** preguntar acerca del ceviche.*	I am looking for a cook **whom I can** ask about the ceviche. (There may or may not be such a person.)
*Conozco **a** un cocinero a **quien** le **puedo** preguntar acerca del ceviche.*	I know a cook **whom I can** ask about ceviche. (This person does exist.)

- The subjunctive is also used in sentences with affirmative and negative expressions to talk about people or things that don't exist, or that the speaker knows little about.

*¿Hay alguien aquí **que sepa** preparar ceviche?*	Is there anyone here **who knows** how to prepare ceviche?
*No, aquí no hay nadie **que sepa** preparar ceviche.*	No, there is no one here **who knows** how to prepare ceviche.

24. ¿Qué quieren...?

Forme oraciones usando el subjuntivo después de cada pronombre relativo.

MODELO

quiero un postre que / no ser muy dulce
Quiero un postre que no sea muy dulce.

1. busco una persona que / saber hacer ceviche
2. no conozco a nadie que / poder ayudarte
3. necesito alguien a quien / gustarle cocinar
4. quiero una costilla de cordero que / no estar muy asada
5. hay alguien que / poder decirme cuáles son los platos especiales de hoy
6. busco un restaurante que / servir pescado a la parrilla

Quiero un plato que no tenga ajo.

25. Extrañar las buenas cosas

Ud. estuvo de vacaciones en Lima y le encantó la comida. Ahora está de regreso y le gustaría comer comida peruana, pero no sabe dónde encontrar los platos que le gustaron. Complete las oraciones.

MODELO

No conozco a nadie a quien no le (*gustar*) la comida peruana.
No conozco a nadie a quien no le **guste** la comida peruana.

1. Mis primos quieren comer en un restaurante que (*preparar*) buen ceviche.
2. Podemos ir a una tienda que (*vender*) los ingredientes para hacer papas a la peruana.
3. ¿Habrá alguien que (*conocer*) un restaurante de cocina fusión?
4. ¿Hay alguien que (*hacer*) la receta del refresco de maíz morado?
5. ¡Tienes suerte! En mi familia no hay nadie que no (*saber*) cocinar bien.
6. Tampoco hay nadie que no (*tener*) la receta para hacer ceviche.
7. No encuentro ningún libro que (*incluir*) la receta de ceviche con mango verde y salmón.

Ceviche peruano

26. Puesto libre

Con una persona de la clase, escriban anuncios para solicitar un(a) cocinero/a o un(a) camarero/a que cumpla los requisitos (*requirements*) de abajo. Pueden comenzar las oraciones del anuncio con las expresiones del recuadro.

se busca	busco	se necesita(n)	prefiero
se prefiere	necesitamos	queremos	preferimos

MODELO

saber hablar varios idiomas
Se necesitan camareros que sepan hablar varios idiomas.

1. hablar inglés
2. ser eficiente y responsable
3. saber preparar comida internacional
4. poder trabajar hasta tarde
5. tener dos años de experiencia
6. ser amable con los clientes
7. poder trabajar los fines de semana
8. saber trabajar bajo presión

27. Opiniones

En grupos de seis, háganse las siguientes preguntas para conocerse mejor. Lleven la cuenta de las respuestas en una tabla y resuman los resultados en oraciones como se ve en el modelo.

MODELO

En nuestro grupo hay tres personas que saben cocinar bien.

¿Hay alguien...	N.º Personas
que sepa cocinar bien?	3
a quien le guste el pavo?	
que prefiera la comida picante?	
que conozca un restaurante peruano?	
que conozca un chef famoso?	

La nominalización y el pronombre relativo *que*

When an object has been identified, it's not necessary to keep repeating it to be understood. Instead use an article followed by an adjective or an adjective phrase to refer to the object. This is called nominalization.

Note: The article is the same gender and number as the noun being replaced.

El pollo asado *es mejor que* ***el pollo frito****.*	**The roasted chicken** is better than **the fried chicken**.
El pollo asado *es mejor que* ***el frito****.*	**The roasted chicken** is better than **the fried** (one).
Tu sopa *es mejor que* ***la del restaurante****.*	**Your soup** is better than **the restaurant's**.

- You have seen more examples of nominalization using ***lo*** and ***lo*** + ***que*** to express an abstract idea.

Lo mejor *fue el postre.*	**The best thing** was the dessert.
Lo que *más nos gusta es el ceviche.*	**What** we like the most is the ceviche.

- To refer to specific things rather than abstract ones, you may use ***el que***, ***la que***, ***los que***, and ***las que***. This kind of nominalization always occurs in relative clauses.

Quiero ***la que*** *sea menos dulce.*	I want **the one that** is less sweet.
No me gustan ***los que*** *están demasiado cocidos.*	I don't like **the ones that** are over-cooked.

- Notice that if the nominalization refers to an object that has not been determined yet, the subjunctive is used. Compare the following.

Pediremos ***lo que les gusta****.*	We will order **what you like**. (I already know what you like.)
Pediremos ***lo que les guste****.*	We will order **whatever you like**. (I don't know what you like.)

28. ¿Qué hacer?

Hay muchas palabras que se repiten en el siguiente párrafo. Use la nominalización para reemplazar (*replace*) las palabras en cursiva.

En la escuela de cocina nos dijeron a David y a mí que cocináramos juntos el plato típico de Perú o (***1.*** *el plato típico*) de otro país de Latinoamérica. Primero, tuvimos que escoger una receta y escogimos (***2.*** *la receta*) que David encontró. Pienso que mi plato era mejor, pero (***3.*** *el plato*) de David era más fácil. Después, fue necesario decidir si cocinábamos en mi casa o en (***4.*** *la casa*) de David; y si era mejor la tarde del miércoles o (***5.*** *la tarde*) del jueves. Al final, decidimos cocinar en mi casa el jueves por la tarde. Cuando terminamos, le pedí a mi mamá que invitara a sus amigas del barrio y a (***6.*** *las amigas*) de la clase de gimnasia para que probaran la comida. A todas les gustó (***7.*** *la comida*) que preparamos y ninguna se quejó de dolor de estómago.

29. ¡Camarero, por favor!

Ud. y una persona de la clase están cenando en un restaurante con otros amigos y tienen problemas con el servicio. Túrnese con su pareja para quejarse. Usen la nominalización. Sigan el modelo.

MODELO

El pastel lleva manzanas. Su amiga pidió el pastel que lleva cerezas.

Este pastel lleva manzanas. Ella pidió el que lleva cerezas.

1. La sopa es de pollo. Ud. pidió la sopa que está hecha con tomate.
2. El ceviche tiene mariscos. Su amigo quiere el ceviche que tiene solo pescado.
3. La carne está marinada con especias. Sus amigos pidieron la carne que está frita con tomate y cebolla.
4. Los bistecs están fritos. Uds. pidieron los bistecs que están asados a la parrilla.
5. La cuenta indica que Ud. tomó la sopa que tiene camarones. Ud. tomó la sopa que tiene pollo.

ClearTalk®

30. ¡Mmm, mi plato preferido!

En parejas, hablen del plato que prefieren si tienen calor, frío, hambre o prisa. Lean el menú y sigan el modelo.

MODELO

A: Si tengo frío, prefiero una sopa. Me gusta la sopa de verduras. ¿Y a ti?

B: Yo prefiero la de pollo.

Todo en contexto

¿? **Pregunta clave** ¿Cómo se relaciona la comida que se consume en un país con su cultura?

¡Comunicación!

31. Perdón, ¿qué dijo?

Imagine que Ud. lleva a uno de sus amigos estadounidenses a un restaurante peruano donde no se habla inglés. Él habla un poco de español, pero a la mesera le cuesta mucho trabajo entenderlo y Ud. debe repetir todo lo que él dice. Represente la situación con dos personas de la clase. Túrnense para hacer los tres papeles y usen el imperfecto del subjuntivo en su conversación, como se ve en el modelo.

Pidió que le trajera una ensalada.

MODELO

A: ¿Qué le gustaría de aperitivo?
B: Tráigame un ceviche de camarones marinados en limón.
A: ¿Perdón?
C: Dijo que le trajera un ceviche de camarones marinados en limón.

32. Una receta tradicional

Imagine que Ud. es uno de los chefs participantes en la Feria Gastronómica Internacional Mistura. Ud. quiere promover la cocina peruana, como lo hace el chef Acurio y, por eso, decide presentar un plato autóctono (*native*) del país. Busque en Internet una receta en que se usen ingredientes originales de Perú y preséntela a la clase. Describa los ingredientes de la receta y use ayudas visuales para ilustrar, paso a paso, la preparación. Para finalizar, explique por qué eligió esa receta.

Alimentos originarios de Perú

MODELO

Buscaba una receta que incorporara alimentos indígenas del país.

Cocinero en su tinta de Gustavo Rodríguez

Sobre el autor

Gustavo Rodríguez, nacido en 1968, es un publicista peruano que ha tenido mucho éxito tanto en su carrera publicitaria como en su más reciente carrera de escritor. Su primer libro de relatos, *Cuentos de fin de semana*, publicado en 1998, fue muy bien recibido por los críticos y lectores del país, muchos de ellos en edad escolar. Eso lo motivó a crear el Proyecto Recreo, el cual busca fomentar la lectura en los colegios. Tiene como meta lograr que haya un millón de niños lectores, que lean sus libros por placer y no por obligación. Algunas de sus novelas son *La furia de Aquiles, La risa de tu madre, La semana tiene siete mujeres* y *Cocinero en su tinta*.

BÚSQUEDA gustavo rodríguez escritor

33. Antes de leer

1. ¿Qué persona, cuando piensa en ella, le trae a Ud. los mejores recuerdos de su infancia o de tiempos pasados?
2. ¿Por qué le trae esa persona tan buenos recuerdos?

34. Practique la estrategia

A medida que lea el fragmento de *Cocinero en su tinta*, visualice las acciones y el escenario en que tienen lugar. Resalte detalles de la lectura que apelen a los sentidos y categorícelos en una tabla como la que se ve a continuación. Siga el modelo como guía.

MODELO

Las pequeñísimas láminas (*layers*) naranjas se fueron amontonando (*piling up*) con ritmo, al compás de sus palabras.

ESTRATEGIA

Using your senses

Writers often use details that invite the reader to experience what they are talking about with the five senses. If you use your senses, you can easily visualize the setting and the actions of the reading. Use your imagination to place yourself in the situation and think about what you can smell, touch, see, hear, and taste. Be aware that one detail can appeal to more than one sense.

Vista	Tacto	Oído	Gusto	Olfato
pequeñísimas láminas naranjas	se fueron amontonando	con ritmo, al compás de sus palabras		

Cocinero en su tinta (*fragmento*)

de Gustavo Rodríguez

La primera vez que a Rembrandt Bedoya se le apareció su abuela fue en el remolino[1] de un caldo que preparaba a la una de la madrugada. La cocina del restaurante se hallaba en silencio [...]. El espinazo[2] de gamitana, un pez amazónico que se alimenta de los frutos que caen al río, soltaba su esencia en el agua mientras Rembrandt cortaba en dados su carne blanquecina[3]. Rembrandt pensaba que, por lo general, no era buena idea combinar esa hora de la madrugada con el filo[4] de su Santoku: habría bastado una fracción de pestañeada para que ese cuchillo con perfil de tren bala le rebanara[5] un dedo. Pero no tenía ni una pizca de sueño. Al contrario. Se sentía más alerta que nunca y, por eso mismo, no podría decirse que el sorpresivo diálogo que se dio a continuación se haya debido al cansancio [...].

La costumbre hizo que le diera una última vuelta al caldo, y fue en ese instante cuando le pareció que dos hoyuelos[6] que se formaron en el líquido lo miraban, como cuando de niño cometía alguna trastada[7]. El momento fue fugaz, pero la pregunta que irrumpió en el aire no dejó su cabeza hasta mucho tiempo después.

¿Qué estás haciendo, Rembo?

La voz, en efecto, era de su abuela materna. No la había escuchado en más de veinte años, pero era imposible que hubiera olvidado la caricia de su acento cantarín, tan propio de Loreto. La sorpresa lo dejó estático [...].

Soy cocinero, mamucha. Uno de los mejores, en un país que quiere ponerse entre los mejores. En tus tiempos no era así, ¿recuerdas? Ni siquiera en los míos: tú estuviste cuando le dije a mi papá que me iba a dedicar a esto. Tú viste su cara, era el Misti a punto de erupcionar.

Cuando los camotes[8] estuvieron pelados, Rembrandt se puso a rallarlos[9]. Las pequeñísimas láminas naranjas se fueron amontonando con ritmo, al compás de sus palabras.

¿Te acuerdas cuando te ayudaba a rallar yuca para hacer rosquitas[10]? ¿O cuando hacíamos tus platos de la selva? He estudiado en grandes institutos, me he codeado con grandes chefs, pero jamás podré igualar el tacacho[11] que solías hacer. Tú decías que el truco estaba en la manteca del chancho[12], pero creo que te equivocaste, mamucha. El truco está en que fuiste la primera: tú moldeaste[13] mi lengua a ese plato. Ninguno de los que vendrán serán iguales a ese que me hacías con amor. El amor es un ingrediente de la comida, solo que es invisible en la receta.

[1] swirl [2] backbone [3] whitish [4] blade [5] slice [6] dimples [7] mischief [8] sweet potatoes [9] grate them [10] little crunchy donuts [11] Peruvian dish [12] pork fat [13] shaped

35. Comprensión

1. ¿Por qué no era buena idea combinar esa hora de la madrugada con el filo de su Santoku?
2. ¿En dónde se le apareció la abuela a Rembrandt?
3. ¿Con qué nombre llama Rembrandt a su abuela?
4. ¿Con qué se hacen las rosquitas?

36. Analice

¿Cómo puede el amor ser un ingrediente de una receta?

37. Después de leer

Imagine que es a Ud. a quien se le aparece la imagen de un ser querido en la sopa. ¿Quién sería? ¿Qué diálogo tendrían? Comente su respuesta con la clase.

A. Escuchar: ¿Tienes buenos modales? (pp. 361-362, 370-371)

Diga **sí** si lo que oye en las seis oraciones tiene que ver con los buenos modales. Diga **no** si tiene que ver con otro tema.

B. Vocabulario: ¿Esto dónde va? (pp. 361-362, 370-371)

Complete esta tabla con las palabras del recuadro.

el cordero	el salmón	el ceviche	marinado	las nueces
frito	las almendras	la pechuga de pavo	los fideos	ahumado
los bocadillos	asado	relleno	el bistec	las papas fritas

Aperitivos	Carnes	Pescados o mariscos	Otros platos	Preparación

C. Estructura: Y antes, ¿cómo eran las cosas? (p. 364)

Vuelva a escribir estas oraciones usando el imperfecto del subjuntivo. Ponga el verbo principal en el imperfecto. Siga el modelo.

MODELO

Sugiero que vayamos a un buen restaurante para celebrar.
Sugería que fuéramos a un buen restaurante para celebrar.

1. Es increíble que puedas comer solo eso.
2. Dudo que David tenga música bailable.
3. No le gusta que su hermano haga fiestas en casa.
4. Esperamos que Uds. se diviertan.
5. Es importante que cenemos saludablemente.
6. Es una lástima que Pablo sea alérgico a las almendras.
7. No puedo creer que no les guste el plato principal.
8. Mis padres no quieren que yo estudie para ser chef.

D. Estructura: Todos queremos algo (p. 374)

Complete estas oraciones emparejando la información de las dos columnas lógicamente.

1. Quiero un libro de cocina...
2. El restaurante busca a una camarera...
3. Es posible que en Perú haya recetas...
4. Me gustaría encontrar un mercado...
5. Toña quiere un novio...
6. Espero tener una fiesta de cumpleaños...

A. que los vegetarianos puedan disfrutar.
B. que sea divertida.
C. a quien le guste cocinar.
D. que pueda hablar español con los clientes.
E. que venda buenas especias.
F. que tenga recetas saludables.

E. Cultura: Lo mejor de la cocina peruana (pp. 368-369)

¿Por qué se dice que el chef peruano Gastón Acurio ha actuado más como embajador de su país que como cocinero? Escriba sus ideas en un diagrama como el que sigue y, luego, escriba un párrafo sobre el tema.

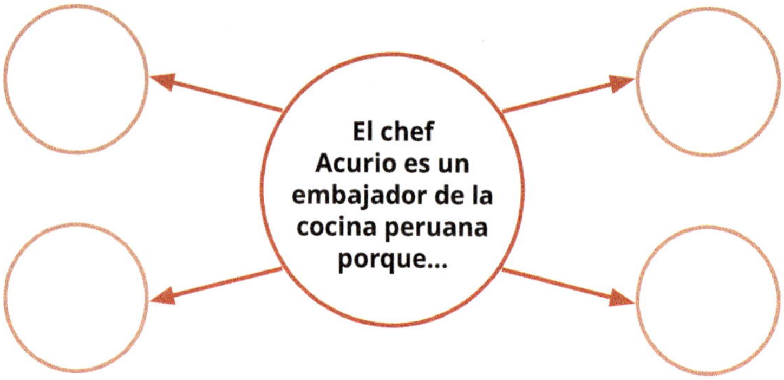

Vocabulario

Para comer

la almendra
el bistec (pl. los bistecs)
el bocadillo
el ceviche
el cordero
los fideos
el maní (pl. los maníes)
la nuez (pl. las nueces)
las papas fritas
la pechuga de pavo
el salmón

Para describir la comida

a la parrilla
ahumado/a
asado/a
crudo/a
frito/a
marinado/a
relleno/a
salado/a
seco/a

Expresiones y otras palabras

la botella
el cliente, la clienta
las especias
el plato principal

Verbos

bajar
comportarse
darse la mano
interrumpir
masticar
quejarse
subir
tapar(se)

La fiesta

el anfitrión, la anfitriona
el invitado, la invitada
los modales

Para bailar

el disc jockey, la disc jockey
la música bailable
los parlantes
los pasos de baile
el sistema de audio
el volumen

Estructuras

El imperfecto del subjuntivo

Use el imperfecto del subjuntivo cuando el primer verbo de la frase se encuentra en el pretérito, imperfecto o condicional. Forme el imperfecto del subjuntivo de todos los verbos de la siguiente forma:

la forma de **ellos** en el pretérito	omita **-on**	añada estas terminaciones	
hablaron	hablar-	habl**a**ra	habl**á**ramos
		hablar**as**	hablar**ais**
		hablar**a**	hablar**an**

*Yo **preferiría que** (tú) **no corrieras** en la calle.*
*La profesora nos **sugirió que ayudáramos** a los estudiantes.*
*Uds. me **dijeron que tuviera** cuidado.*

El subjuntivo con objetos hipotéticos

Use el subjuntivo después de los pronombres **que** y **quien** cuando no se sabe si el objeto existe.

*Esta profesora podría ser **quien me enseñe** español.*
*Uds. siempre quieren un ceviche **que tenga** muchas especias.*

También se puede usar el subjuntivo para describir algo que no existe.

*No conozco a nadie **que venda** cerezas amarillas.*
*No hay clientes **que paguen** con tarjeta de crédito.*

La comida deshidratada: ¿Un invento peruano?

Como la quinua, el chuño es una fuente de nutrición que los indígenas de Perú adaptaron por necesidad. Esencialmente, son papas secadas por congelación[1]. El clima de los Andes es severo, tanto por la altitud como por el frío. Los pueblos que vivían en esas zonas pasaban los largos meses del invierno sin la posibilidad de encontrar comida fresca. Pero descubrieron que había ciertas ventajas de vivir en áreas de muchísimo frío por la noche y luego días de temperaturas moderadas. Los indígenas se dieron cuenta de que las papas en estas condiciones se congelaban[2] en el frío, pero luego se descongelaban y se deshidrataban. Y cuando estaban totalmente secas, se conservaban por muchos años. Cada día los indígenas ponían las papas en la tierra cuando se descongelaban, y las pisaban para quitarles el líquido y la piel. El proceso se repetía hasta que quedaban totalmente secas. El resultado es el chuño. Un trozo[3] de chuño pesaba[4] mucho menos que una papa fresca y ocupaba la quinta parte[5] del volumen, pero llevaba toda la nutrición de una papa cruda.

Durante mucho tiempo se consideraba el chuño una comida inferior por la manera que era producido. Pero hoy en día se aprecia el valor del chuño y de la cultura que lo inventó.

[1] freeze-dried [2] froze [3] piece [4] weighed [5] one-fifth

BÚSQUEDA chuño, comida secada por congelación

El chuño y las papas crudas

COMPARACIONES

La producción de chuño depende de ciertas condiciones climáticas, no solamente del cambio de estaciones. ¿Hay alimentos en su cultura o en su comunidad que se deriven de plantas que dependen del clima?

PRÁCTICAS

Los peruanos de la ciudad también aprecian el valor del chuño, y lo preparan en casa usando el congelador. Congelan las papas, luego las ponen al sol, otra vez las congelan, y repiten el proceso hasta que se sequen por completo. Mucha gente sirve el chuño en la sopa, tanto en casa como en los restaurantes.

PRODUCTOS

la gastronomía

La causa limeña es otro plato tradicional del Perú. Se prepara la causa tradicional de papas amarillas que se cocinan con ajo y limón. Se sirve el plato frío, como aperitivo, y se puede rellenar (*stuff*) de varios ingredientes, como carne, mariscos o vegetales. Es una comida típica que se solía servir en casa. Pero como la comida peruana está muy de moda, se sirve ahora en restaurantes peruanos elegantes en todo el mundo, con diferentes rellenos.

Causa limeña con atún y ají

A. Comprensión

1. ¿Qué es el chuño y cómo lo preparaban los indígenas?
2. ¿Cuánto espacio ocupa una libra de chuño comparado con una libra de papas?

B. Analice

1. ¿Cuáles son las ventajas de una fuente de comida ligera y concentrada como el chuño? ¿Qué ejemplos de comida secada por congelación conoce Ud.?
2. La actitud de los peruanos con respecto al chuño ha evolucionado con el tiempo. ¿Cómo refleja esto la actitud de los peruanos con respecto a su propia cultura?

El anticucho

El anticucho es un aperitivo o merienda popular en Perú, tanto en los restaurantes como en los puestos de comida de la calle. Consiste en pedazos de carne marinada y asada y servida en pinchos de madera. Puede ser de cualquier carne, pero lo tradicional es corazón de vaca. Según varias fuentes[1], el anticucho fue la comida de los esclavos africanos en los días de la conquista. Los españoles tomaban la mejor carne de la vaca y dejaban los órganos para las personas esclavizadas. Como mucho de la cocina tradicional peruana, ese plato tiene elementos de más de una de las muchas culturas de Perú.

Unos pinchos de anticucho

[1] sources

BÚSQUEDA anticucho

PERSPECTIVAS

La cocina y los cocineros de Perú están muy de moda en los países de Europa y América del Norte. Cuando el chef peruano Virgilio Martínez fue nombrado el mejor chef del mundo en el 2017, el presidente de Perú le envió un tuit diciendo: "Reconocimiento a la innovación y calidad gastronómica que nos enorgullece (*makes us proud*)". ¿Qué valores peruanos se ven reflejados en este tuit?

COMPARACIONES

Una comida de los esclavos, el anticucho, llegó a ser una comida servida en restaurantes peruanos en Perú y en todo el mundo. ¿Sabe de otros ejemplos similares en Estados Unidos o en su propia cultura?

C. Comprensión

1. ¿Cómo se come el anticucho?
2. ¿Cuál es la carne típica del anticucho tradicional?
3. ¿Qué cultura además de la española contribuyó al anticucho?

D. Analice

1. ¿Por qué cree que los españoles dejaban los órganos para los esclavos?
2. ¿Qué conexión hay entre la cocina peruana y su historia y cultura?

El rincón del arte

Así como Perú tiene artistas culinarios, tiene artistas en otros campos. La obra de abajo representa dos: la pintura y la música. Es un retrato de Yma Sumac hecho por la pintora Magaly Sánchez, una artista peruana. Yma Sumac fue una cantante peruana conocida internacionalmente en las décadas de 1950 y 1960. Tenía una voz extraordinaria, y en Hollywood su talento y apariencia exótica de princesa inca le ganaron papeles en varias películas. Es la única peruana con una estrella en el Paseo de la Fama de Hollywood. Los artistas culinarios despiertan el sentido del gusto. ¿Qué sentidos provoca esta pintura de Magaly Sánchez?

Retrato de Yma Sumac

¡Qué chévere es la vida! De compras en el mercado

arepas *corn meal pancakes* [Colombia, Venezuela] **carne molida** *ground beef* **chiles** *peppers* (Mexico)

E. Comprensión

1. ¿Adónde fueron de compras los chicos y por qué?
2. ¿A qué se parece el mercado Green City?
3. ¿Por qué Dani no sabe qué comprar?

F. Analice

1. ¿Por qué piensa Ud. que el Club de español organiza un festival global de comida?
2. ¿Cómo se refleja la cultura en la comida de cada país?
3. ¿Qué posibles soluciones hay para resolver el problema de Dani?

Pregunta clave ¿Cómo se relaciona la comida que se consume en un país con su cultura?

A. ¡Manos a la obra!

Trabaje con dos personas de la clase para hacer una presentación sobre el mercado dominical de Tarabuco, en Bolivia. Investiguen en Internet por qué es famoso este mercado, qué se vende allí y por qué atrae a los turistas. Usen fotografías para ilustrar su presentación.

Mercado de Tarabuco, Bolivia

B. En resumen

¿En qué región se preparan los siguientes platos típicos, en qué consisten y cómo se relacionan con la cultura del lugar? Resuma la información en un cuadro como el que sigue y, luego, compare sus respuestas con las de una persona de la clase.

Platos típicos	Región	Descripción y contexto cultural
el pampaku	**la región de Cochabamba en Bolivia**	**Es una carne que se cocina en un foso bajo tierra y seviene preparando así desde tiempos prehispánicos. Su nombre se deriva de "p'ampay" una palabra quechua que significa enterrar o cubrir con tierra.**
el ceviche		
el chairo		
el chanchito a la caja china		
la marraqueta		
el rostro asado		
el ají de gallina		
el chancho crocante		
el fricasé		
el chuño		
el anticucho		

Taza de api, bebida típica de Bolivia

C. ¡A escribir! la gastronomía

Ud. es un(a) periodista peruano/a y su próximo trabajo consiste en escribir una reseña (*review*) para uno de los restaurantes de los chefs más reconocidos de todo el país, tales como Gastón Acurio, Virgilio Martínez o Javier Wong. Haga una búsqueda en Internet sobre uno de estos chefs, sus restaurantes y sus platillos famosos. Después, escriba un resumen de su búsqueda en el que describa el restaurante, su servicio y su comida.

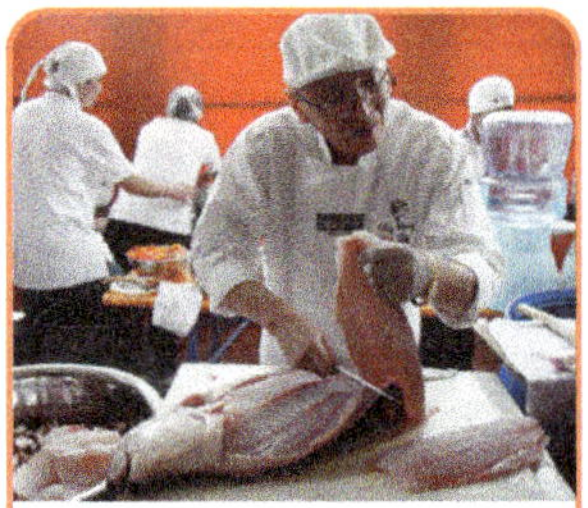
Chef Javier Wong

PARA ESCRIBIR MÁS

el ambiente	*atmosphere*
elogiar	*to praise, commend*
probar	*to taste*

D. El súper alimento andino

la salud

Imagine que Ud. es nutricionista y quiere promover el consumo de la quinua entre sus pacientes. Prepare un póster para la sala de espera de su clínica. En su póster, incluya detalles sobre los beneficios nutritivos de la quinua. Mencione por lo menos cinco beneficios. Ofrezca también una o dos recetas que utilicen la quinua. Cuando complete el trabajo, comente con un(a) "paciente" (persona de la clase) los beneficios que resumió.

La quinua, cien por ciento del altiplano boliviano

E. ¡A celebrar!

Hay numerosos festivales y tradiciones que se celebran en todas partes de Perú y Bolivia. Trabajando en grupos de tres o cuatro, seleccionen uno de los festivales de la lista y usen Internet para averiguar más sobre la celebración. Organicen la información que encuentren en una gráfica como la que se muestra y, después, preséntenla a la clase. Incluyan fotos de máscaras o de comida y fragmentos de música para ilustrar mejor lo que ocurre durante la celebración.

Inti Raymi, La Fiesta del Sol, Cusco

FESTIVALES

Bolivia	Perú
Alasitas	Fiesta de la Cruz
Festival de Achachairú	Fiesta de la Virgen del Carmen
Carnaval Jisk'a Anata	El Señor de los Milagros
Carnaval de Oruro	Fiesta de la Virgen de la Candelaria
Fiesta de la Cruz	Inti Raymi
Fiesta del Gran Poder	La celebración del Señor de los Temblores
Inti Raymi	Fiesta de Corpus Christi
Festival de la Virgen de Urkupiña	El Día de Todos los Santos

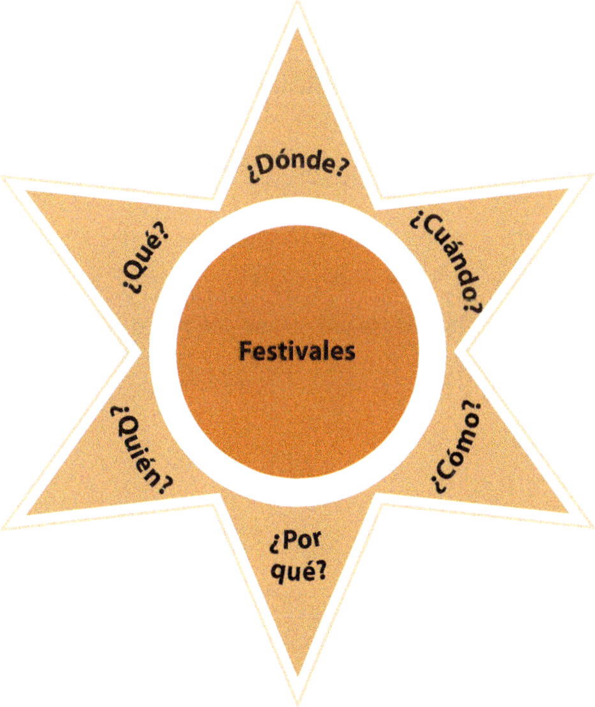

Repaso de la Unidad 7

Autoevaluación

Lección A I can:

- converse about buying food at the market (pp. 336–337)
- make comparisons using expressions of inequality, equality and superlatives (pp. 341, 343)
- discuss typical foods and markets found in Bolivia (pp. 346–347)
- discuss recipes and food preparation (pp. 348–349)
- narrate past actions (p. 351)
- describe food preparations (p. 353)
- communicate that an occurrence was an accident (p. 354)
- recognize and discuss some details about the role of **quinua** in Bolivia (pp. 357–358)

Lección B I can:

- describe some elements and customs of a party (pp. 361–362)
- comment on desired actions in the past (p. 364)
- recognize and discuss traditional and contemporary Peruvian cuisine (pp. 368–369)
- order from a menu in a restaurant and make a complaint (pp. 370–371)
- hypothesize about people or things that may or may not exist (p. 374)
- analyze an excerpt from a novel by a Peruvian author (pp. 379–380)

Repaso de estructuras

Lección A

- **Repaso rápido:** El comparativo (p. 340)
- El comparativo de igualdad (p. 341)
- El superlativo (p. 343)
- La voz pasiva (p. 351)
- **Estar** y el participio pasado (p. 353)
- Más usos de **se** (p. 354)

Lección B

- El imperfecto del subjuntivo (p. 364)
- El subjuntivo después de pronombres relativos (p. 374)
- La nominalización y el pronombre relativo **que** (p. 376)

My Language Town™

Y tú, ¿qué compraste la última vez que fuiste al mercado?

Vocabulario de la Unidad 7

a la parrilla grilled *7B.2*
agrio/a sour *7A.1*
ahumado/a smoked *7B.2*
el **ají** (**pl. los ajíes**) bell pepper *7A.1*
la **almendra** almond *7B.1*
el **anfitrión**, la **anfitriona** host, hostess *7B.1*
asado/a roasted *7B.2*
la **asadora** roasting pan *7A.2*
asar to roast *7A.2*
bajar to lower *7B.1*
la **batidora** mixer *7A.2*
batir to beat *7A.2*
el **bistec** (**pl. los bistecs**) steak *7B.2*
el **bocadillo** sandwich *7B.1*
el **boliviano** Bolivian currency *7A.1*
la **botella** bottle *7B.2*
la **cereza** cherry *7A.1*
el **ceviche** ceviche (marinated seafood dish) *7B.2*
el **choclo** ear of corn *7A.1*
la **clara** egg white *7A.2*
el **cliente**, la **clienta** customer *7B.2*
cocer (ue) to cook *7A.2*
cocido/a cooked, done *7A.2*
comportarse to behave *7B.1*
el **condimento** condiment, seasoning *7A.1*
el **cordero** lamb *7B.2*
crudo/a raw, uncooked, under cooked *7B.2*
el **damasco** apricot *7A.1*
darse la mano to shake hands *7B.1*
el **diente de ajo** garlic clove *7A.2*
el **disc jockey**, la **disc jockey** disc jockey (DJ) *7B.1*
enfriar to cool *7A.2*
las **especias** spices *7B.2*
la **espinaca** spinach *7A.1*
los **fideos** noodles *7B.2*
el **frijol** bean *7A.1*
frito/a fried *7B.2*
el **garbanzo** chickpea *7A.1*
el **gramo** gram *7A.1*
la **harina** flour *7A.2*
hervir (ie) to boil *7A.2*
hornear to bake *7A.2*
interrumpir to interrupt *7B.1*
el **invitado**, la **invitada** guest *7B.1*
las **legumbres** legumes *7A.1*
la **lenteja** lentil *7A.1*
el **litro** liter *7A.2*
el **maní** (**pl. los maníes**) peanut *7B.1*
marinado/a marinated *7B.2*
masticar to chew *7B.1*
mezclar to mix *7A.2*
los **modales** manners *7B.1*
la **música bailable** dance music *7B.1*
la **nuez** (**pl. las nueces**) walnut *7B.1*
el **orégano** oregano *7A.1*
las **papas fritas** french fries *7B.2*
los **parlantes** speakers *7B.1*
los **pasos de baile** dance steps *7B.1*
la **pechuga de pavo** turkey breast *7B.2*
el **pedazo** piece *7A.2*
pelar to peel *7A.2*
el **perejil** parsley *7A.1*
picante hot (spicy) *7A.1*
picar to chop *7A.2*
el **plato principal** main dish *7B.2*
podrido/a rotten *7A.1*
el **puesto** stall, stand *7A.1*
quejarse to complain *7B.2*
el **recipiente** bowl *7A.2*
relleno/a stuffed *7B.2*
el **repollo** cabbage *7A.1*
revolver (ue) to stir *7A.2*
sabroso/a tasty *7A.1*
salado/a salty *7B.2*
el **salmón** salmon *7B.2*
la **sartén** frying pan, skillet *7A.2*
seco/a dry *7B.2*
el **sistema de audio** sound system *7B.1*
subir to raise *7B.1*
tapar(se) to cover *7B.1*
verde unripe *7A.1*
el **volumen** volume *7B.1*
la **yema** egg yolk *7A.2*

UNIDAD

8 La salud

Refrán

Más vale prevenir que curar.

Better safe than sorry.

Pregunta clave

¿Qué se hacía en el pasado para mantenerse saludable y qué se hace en la actualidad?

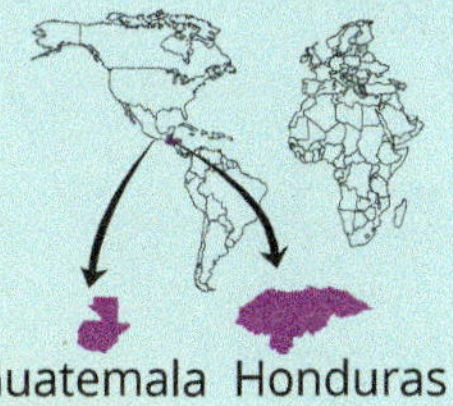

Mis metas

Lección A I will be able to:

- describe minor medical accidents and visit a clinic or hospital
- convey what body parts hurt
- communicate about events that will have happened in the future
- communicate about events that would have happened in the future
- discuss healthcare in Guatemala
- describe a visit to the doctor
- converse about symptoms and remedies
- communicate about how long something has/had been going on
- discuss natural cures for ailments and illnesses

Lección B I will be able to:

- discuss ways to stay fit
- communicate about hypothetical situations
- discuss Mayan games
- describe a program to promote exercise in Honduras
- discuss how diet can impact health
- analyze and discuss a fable

Y tú, ¿qué haces para tener una vida sana?

¿Cómo se ve la historia reflejada en Antigua Guatemala?

Vocabulario A1

En la clínica

Vocabulario en contexto

CLÍNICA DEL VALLE

Horas de atención al público de 8:00 a. m. a 5:00 p. m.

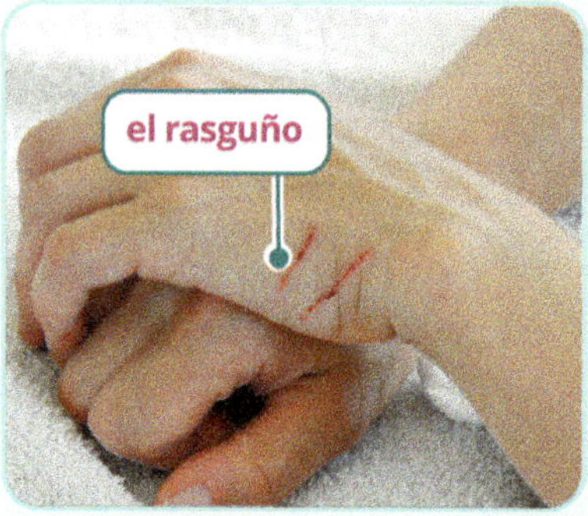

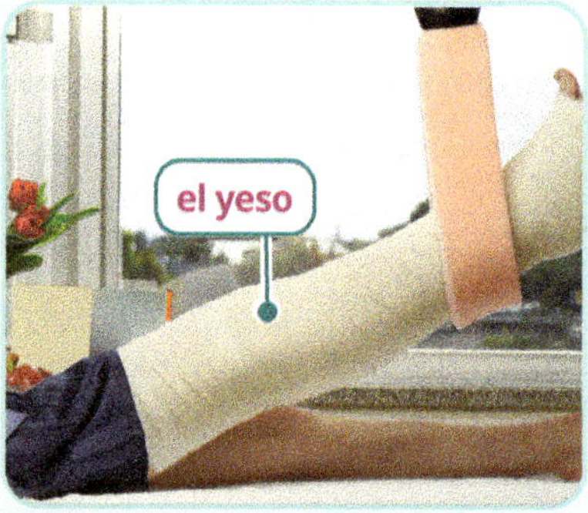

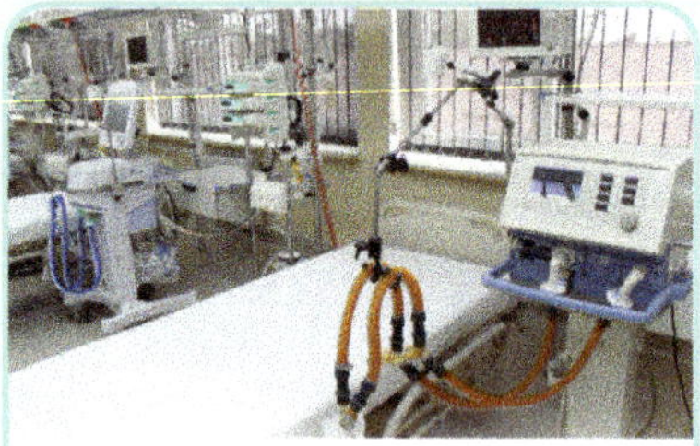

la sala de emergencias

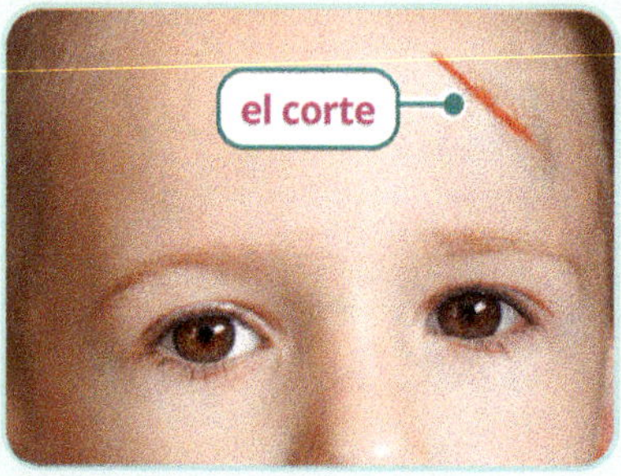

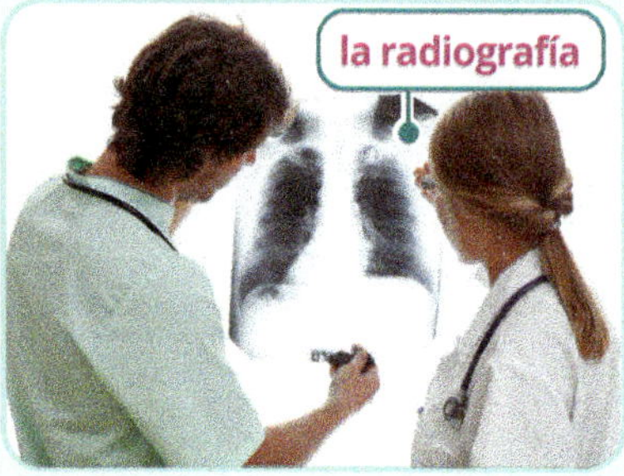

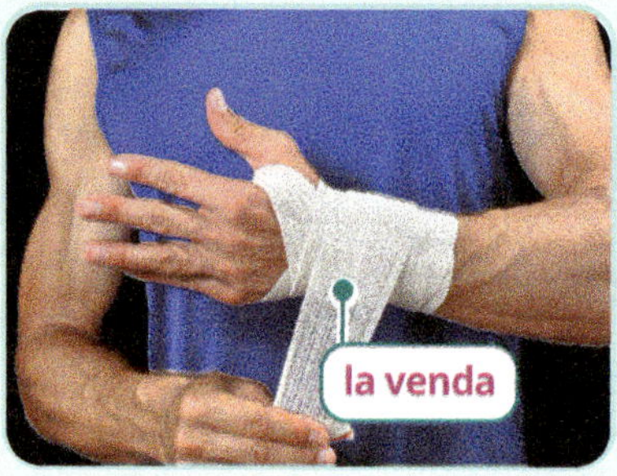

el antiséptico

las curitas

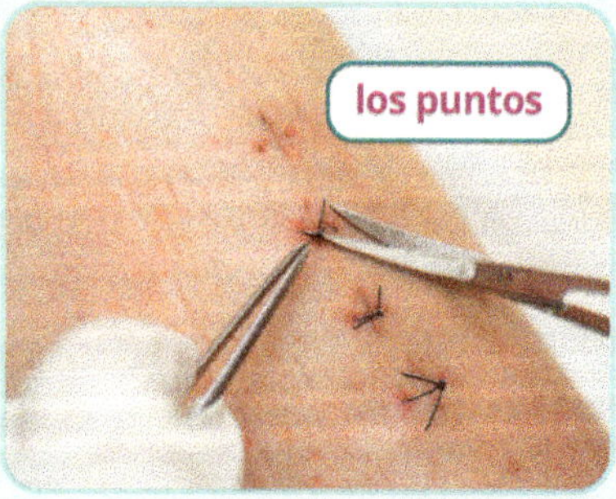

Para conversar

Para hablar de accidentes leves:

Doctora, **me di un golpe** muy duro.

No se preocupe, yo la **examinaré**. ¿Qué ocurrió?

Tropecé con un escalón y me caí. **Sufrí** varios rasguños y un corte **profundo** aquí en **la muñeca**.

Enfermera, **me resbalé** y al caer me lastimé **el tobillo**. Ahora me duele mucho. Habría ido a la sala de emergencias, pero esta clínica estaba más cerca.

No es tan grave. **Se** lo **ha torcido**, pero por suerte no **se** lo **ha quebrado**. No tiene **una fractura**.

Cuando Ud. hable con el doctor, él ya habrá visto la radiografía.

EN OTROS PAÍSES

el corte	*la cortada (Colombia)*
la curita	*la bandita (Venezuela)*
	la tirita (España)
el golpe	*el totazo (Colombia)*
	el tortazo (España)
la sala de emergencias	*la sala de urgencias (España)*
quebrarse	*fracturarse (España y Latinoamérica)*

1. Situaciones y soluciones

Escoja las soluciones de la columna II que se relacionen mejor con las situaciones de la columna I.

I

1. tener un rasguño pequeño
2. caminar con un yeso en la pierna
3. tener un corte profundo
4. tener una fractura
5. quebrarse la pierna y no poder caminar por un mes

II

A. usar una silla de ruedas
B. necesitar un yeso
C. necesitar muletas
D. ponerse una curita
E. necesitar puntos

PARA DECIR MÁS

el hematoma	*bruise*
la hemorragia	*bleeding*
la herida	*wound, injury*
la hinchazón	*swelling, bump, lump*
el mareo	*dizziness*
las náuseas	*nausea*
la presión alta	*high blood pressure*
enyesar	*to put in a cast*

ESTRATEGIA

Review and recycle

el brazo	*arm*
la cabeza	*head*
el codo	*elbow*
el dedo	*finger*
la espalda	*back*
el hombro	*shoulder*
la mano	*hand*
el pie	*foot*
la pierna	*leg*
la rodilla	*knee*

COMUNIDADES

Visite una clínica en su comunidad y averigüe qué servicios tienen para los hispanohablantes. Si le gusta el campo médico, ofrézcase como voluntario/a para practicar su español.

2. Después de un accidente

Indique la letra de la foto que corresponde con lo que oye.

A

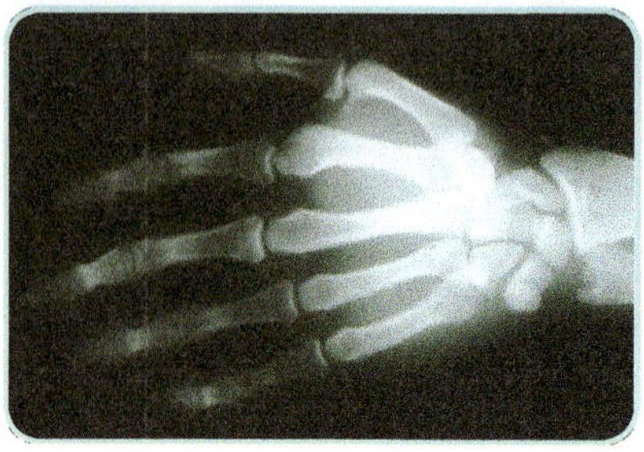

B

C

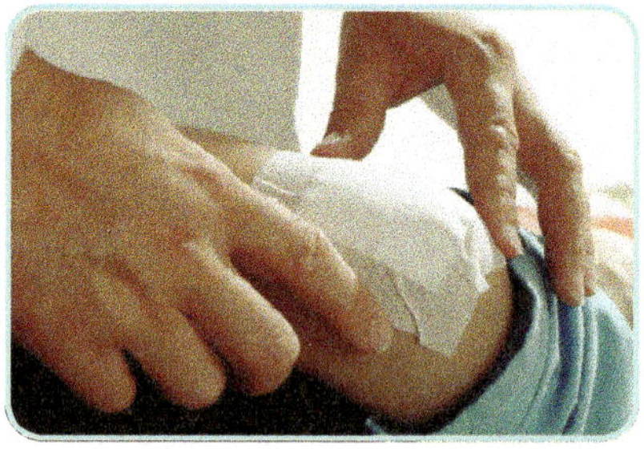

D

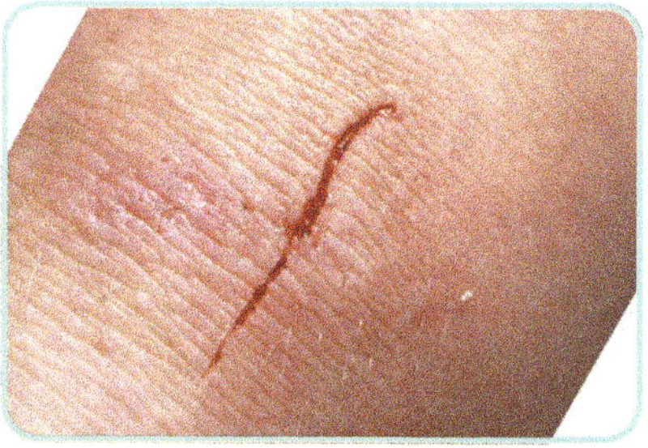

E

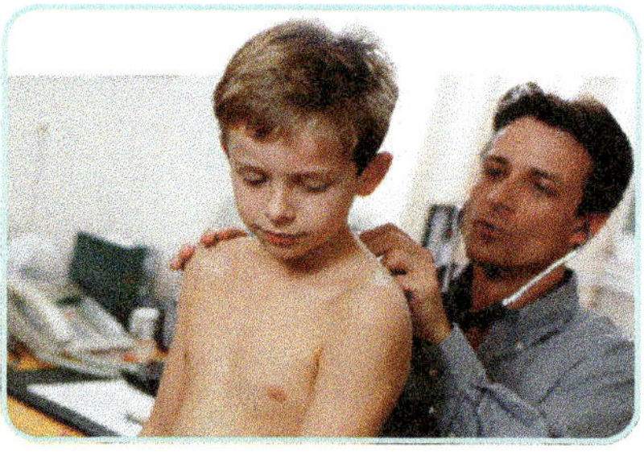

F

3. ¿Qué pasó en la clínica?

Complete el párrafo con las palabras del recuadro que correspondan según el contexto.

antiséptico	muletas	puntos	tobillo	fractura	yeso
radiografía	heridas	clínica	cortes	curitas	se torció

Uno de los jugadores se cayó y **(1)** el pie en el partido de fútbol. También sufrió varios **(2)** en los brazos y las manos. Lo llevaron a la **(3)** y allí le hicieron una **(4)**. Descubrieron que tenía una **(5)** en el **(6)**. Inmediatamente le pusieron un **(7)** y ahora tiene que caminar con **(8)**. Afortunadamente no necesitaba **(9)** para cerrar los cortes, solo unas **(10)**. El doctor le dijo que debía ponerse **(11)** en las **(12)** y que debía volver en dos semanas para examinarlo.

4. ¿Médico o paciente?

Escuche las siguientes oraciones. Para cada una, diga si la persona que habla es **médico** o **paciente**.

Creo que me torcí el tobillo.

Diálogo

¿Cómo te quebraste el brazo?

Luz: ¿Cómo te quebraste el brazo, Jorge?
Jorge: Estaba jugando a la pelota y me tropecé.
Luz: ¿Te llevaron a la sala de emergencias?
Jorge: Sí, me llevaron a la clínica del barrio.
Luz: ¿Qué te hicieron allí?
Jorge: El médico me examinó el brazo y me sacó una radiografía.
Luz: ¿Se veía la fractura en la radiografía?
Jorge: Por supuesto.
Luz: ¿Cuánto tiempo debes tener el yeso en el brazo?
Jorge: El médico me dijo que dentro de tres semanas ya me lo habrán quitado.
Luz: ¿Qué vas a hacer ahora?
Jorge: Me pintaré el yeso de rojo para que mis compañeros me vean cuando juguemos.
Luz: ¡Eres imposible, Jorge!

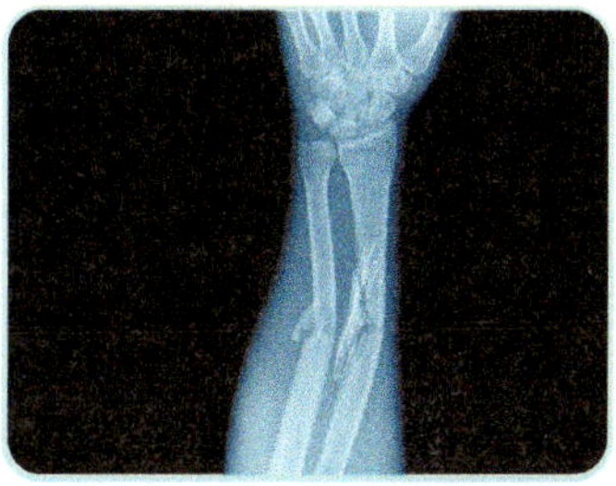

5. ¿Qué recuerda Ud.?

1. ¿Cómo se quebró Jorge el brazo?
2. ¿Adónde lo llevaron?
3. ¿Qué le hizo el médico?
4. ¿Para cuándo le dijo el médico que le habrán quitado el yeso del brazo?
5. ¿Qué va a hacer ahora Jorge?

6. Algo personal

1. ¿Ha tenido que ir a la sala de emergencias alguna vez? ¿Por qué?
2. ¿Se ha quebrado algo alguna vez? ¿Cómo?
3. ¿Ha tenido algún accidente?
4. ¿Qué usa cuando tiene una herida o un corte?
5. ¿Va al doctor a examinarse una vez por año?

7. ¿Qué te ocurrió?

Imagine que se encuentra con una amiga y la ve con un yeso. Con otra persona de la clase, representen la conversación. Pregúntele a su pareja qué le ocurrió, dónde la atendieron, cómo la examinaron, y qué le hicieron.

MODELO

A: ¿Qué te ocurrió, Lucía? ¿Por qué te han puesto un yeso?
B: Me resbalé en la calle y me quebré la pierna. Fui a la clínica y me hicieron una radiografía.

Repaso rápido

El verbo *doler*

- The verb ***doler*** (to hurt) is similar to the verb *gustar* because it is used with an indirect object pronoun. It has two basic forms, ***duele*** and ***duelen***. Use *duele* with a singular noun and *duelen* with a plural noun.

*Me **duele** la garganta.*	My throat **hurts**.
*A Carlos le **duelen** los tobillos.*	Carlos's ankles **hurt**.

- To say that you have a headache, stomachache, and so on, use the verb ***tener*** + ***dolor de*** + (**the part of the body that is aching**).

Tengo dolor de cabeza.	**I have a headache.**

UN POCO MÁS

El artículo definido

When speaking of parts of the body, definite articles are used instead of possessive adjectives.

Me duele la espalda.	*My back hurts.*
A él le duelen las piernas.	*His legs hurt.*

8. ¿Qué les duele?

Imagine que se encuentra con las siguientes personas y a todas les duele algo. Con su pareja, túrnense para preguntar y contestar, según cada ilustración y la información dada.

MODELO

él / cabeza

A: ¿Qué le duele a él?

B: Le duele la cabeza.

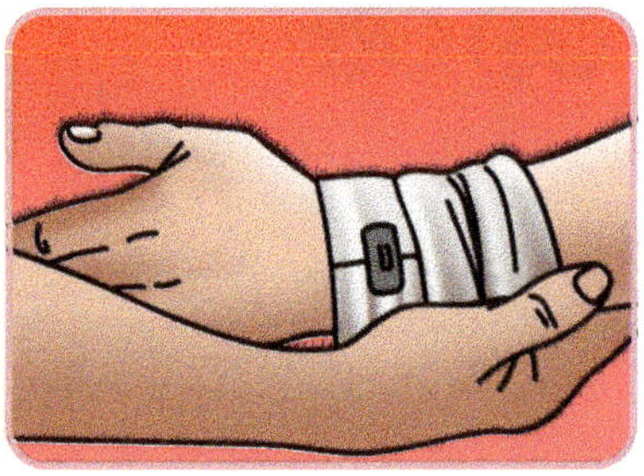

1. tu prima / muñeca

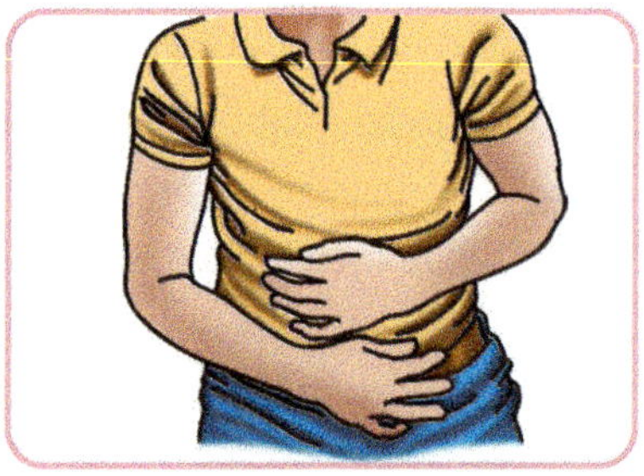

2. Enrique / estómago

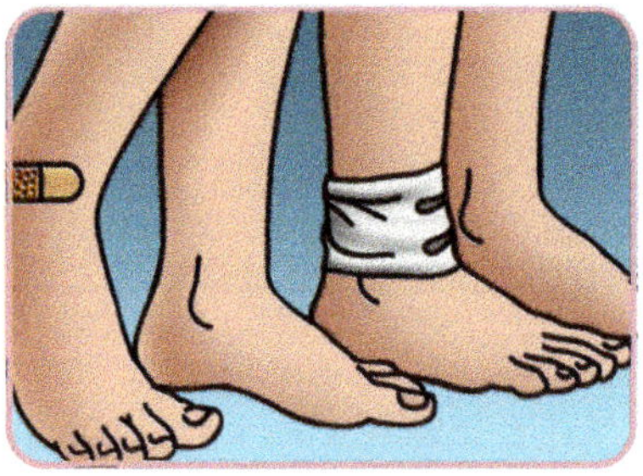

3. Martín y Juan / tobillos

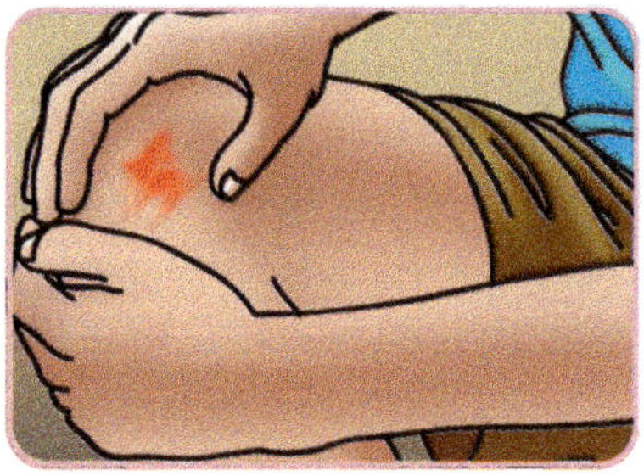

4. tú / rodilla

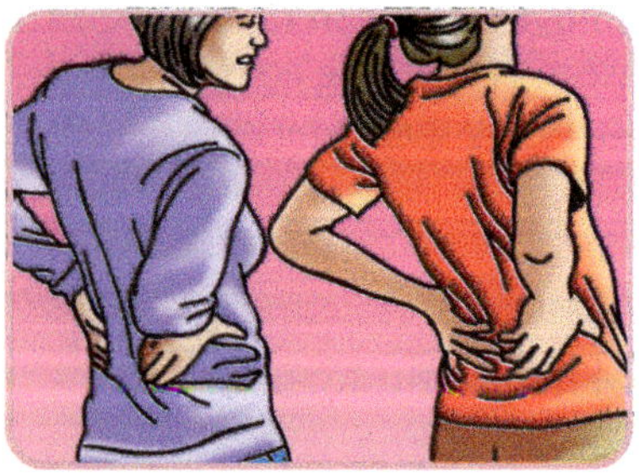

5. ellas / espalda

6. Ud. / corte

9. ¡Qué raro!

Imagine que un(a) amigo/a le contó lo que les había sucedido a ciertas personas, pero Ud. cree que se ha equivocado. Con su pareja, hablen de lo que le sucedió a cada persona. Sustituyan la palabra en cursiva con la palabra que está entre paréntesis usando el pluscuamperfecto. Sigan el modelo.

MODELO

Juan se torció el tobillo. (Jorge)

¡Qué raro! Yo creía que Jorge se había torcido el tobillo.

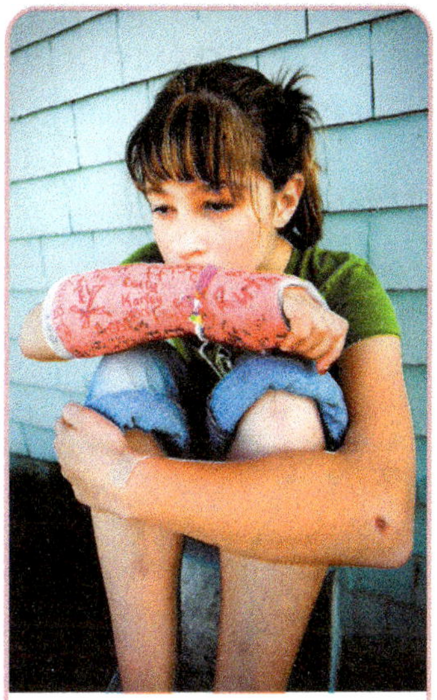

Se quebró la muñeca.

1. Natalia se quebró *la muñeca*. (el pie)
2. Rosa tenía un fuerte dolor de *cabeza*. (el estómago)
3. Los enfermeros le quitaron el yeso de *la pierna* a Roberto. (el brazo)
4. *Teresa* estaba en una silla de ruedas después del accidente. (Maribel)
5. El padre de Enrique se dio un golpe en *la rodilla*. (el codo)
6. Los hermanos *Gómez* fueron a la sala de emergencias de la clínica. (Durán)

Los tiempos compuestos: El futuro perfecto y el condicional perfecto

- The perfect (or compound) tenses consist of a form of *haber* combined with a past participle. You have learned the present perfect tense (*el pretérito perfecto*) to talk about what someone has done and the past perfect (*el pluscuamperfecto*) to talk about what someone had done.

José se ha quebrado el brazo otra vez.	José has broken his arm again.
Ya se lo había quebrado el año pasado.	He had already broken it last year.

- There are two more perfect tenses that use a form of *haber* combined with a past participle. These are the future perfect and the conditional perfect.
- To form the future perfect (*futuro perfecto*), use a future form of ***haber*** **+ past participle**. The future perfect expresses a future event that will have been completed before another future event.

*Cuando hable con el doctor, ya me **habrán quitado** el yeso.*	When I speak with the doctor, **they will have** already **taken off** my cast.

- To form the conditional perfect (*condicional perfecto*), use a conditional form of ***haber*** **+ past participle**. The conditional perfect expresses a situation that would have happened or that would have been if something else had happened but didn't.

*El doctor me **habría recomendado** antibióticos, pero no fue necesario. No tenía una infección.*	The doctor **would have recommended** antibiotics to me, but it was not necessary. I didn't have an infection.

10. Muchas cosas habrán sucedido

Muchas veces hablamos de cosas que ya habrán sucedido en momentos específicos del futuro. Diga qué habrá pasado en los siguientes casos, como se ve en el modelo.

MODELO

mañana / los médicos / ver la radiografía
Para mañana, los médicos ya habrán visto la radiografía.

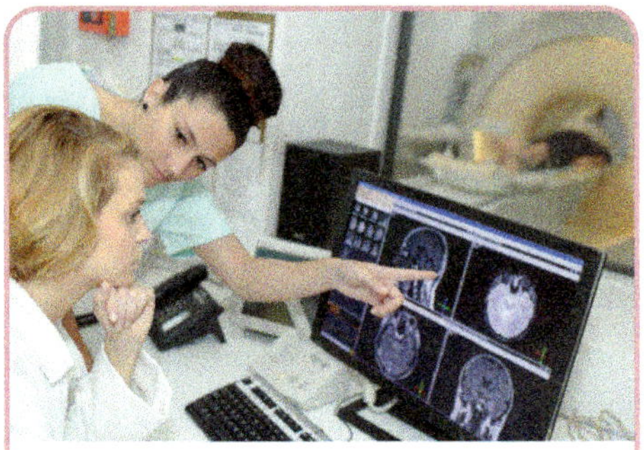

Para el lunes, la médica ya habrá examinado la imagen.

1. el fin de semana / el antiséptico / acabarse
2. antes de que anochezca / nosotros / traer la silla de ruedas
3. el jueves / yo / cambiarme la venda
4. dentro de un mes / mi primo / olvidarse de la fractura
5. el miércoles / los doctores / quitarle el yeso a Julia
6. el año próximo / ellos / abrir la nueva clínica
7. antes de que llegue la mamá / el médico / ponerle puntos en el corte del niño

11. Predicciones para el futuro

Muchas veces nos fijamos metas o hacemos predicciones para el futuro. ¿Qué cree que habrá pasado en su vida y en el mundo al cabo de (*at the end of*) diez, veinte o cuarenta años? Túrnese con su pareja para hacer sus propias predicciones. Usen el futuro perfecto en sus preguntas y respuestas y los temas del recuadro como guía, como se ve en el modelo.

En tu vida	En el mundo
terminar	descubrirse
convertirse en	acabarse
viajar por	inventarse
participar en	desaparecer
casarse con	construirse

MODELO

En tu vida
A: ¿Qué habrá pasado en tu vida al cabo de diez años?
B: Al cabo de diez años, yo ya habré terminado la universidad.
En el mundo
A: ¿Qué habrá pasado en el mundo al cabo de veinte años?
B: Al cabo de veinte años, se habrá descubierto una cura para el cáncer.

12. Nos habríamos divertido mucho, ¿verdad?

Imagine que Ud. y varias personas de clase habían hecho planes para viajar a Guatemala pero no pudieron ir. Lean la página web que se muestra a continuación y úsenla como referencia para hablar de todo lo que habrían hecho en su viaje. Intercambien información sobre los lugares que habrían visitado y las actividades que habrían realizado, explicando por qué. Usen el condicional perfecto en sus preguntas y respuestas, como se ve en el modelo.

MODELO

A: ¿En qué hotel te habrías quedado tú?
B: Yo me habría alojado en el Intercontinental porque es de cinco estrellas. ¿Y tú?
A: Yo me habría quedado en el Cayman Suites porque tiene vista al mar.

www.guatemala.com

http://www.guatemala.com/conozca_guatemala.html

Ciudad de Guatemala

La ciudad de Guatemala ofrece a los visitantes todos los servicios que esperan encontrar en un viaje de placer o de negocios.

Hoteles recomendados

Hotel	*Estrellas*
• *Intercontinental*	★★★★★
• *Cayman Suites*	★★★★★
• *Quinta Real*	★★★★★
• *Gran Tikal Futura Hotel*	★★★★★
• *Apartamentos Las Torres*	★★★
• *Hostal Los Volcanes*	★★

Restaurantes recomendados

Restaurante	*Tipo de comida*
• *Donde Mikel*	*española*
• *Tre Fratelli*	*italiana*
• *Hacienda Real*	*parrilla y mariscos*
• *Fuego Lento*	*carne a la parrilla*

Mercados

El mercado de abastos ofrece frutas y verduras de toda la región. Abierto lunes, jueves y sábados.

En el mercado de artesanías se puede comprar jade, cristal, tejidos y productos autóctonos no solo de la región, sino de todo el país. Horario: Lunes a sábado de 8:00 a 18:00 hrs. y domingo de 8:30 a 14:00 hrs. Entrada gratuita

Centros comerciales

Los modernos centros comerciales de la ciudad ofrecen una gran variedad de tiendas, entre las cuales se encuentran tiendas de ropa, zapatos y artículos para el hogar, todas con precios razonables y productos de alta calidad. También cuentan con salas de cine con sonido digital para que Ud. pueda disfrutar de las mejores películas.

Centros comerciales recomendados:
La Pradera, Unicentro, Los Próceres, Tikal Futura

Museos

Museo Ixchel del Traje Indígena
Horario: Lunes a viernes de 9:00 a 17:00 hrs.
Sábado de 9:00 a 13:00 hrs.
Precio de entrada: Q20 ($2.56)

Museo Popol Vuh
Horario: Lunes a viernes de 9:00 a 17:00 hrs.
Sábado de 9:00 a 13:00 hrs.
Precio de entrada: Q20 ($2.56)

Museo Nacional de Historia
Horario: Lunes a viernes de 9:00 a 17:00 hrs.
Entrada gratuita

Museo Nacional de Arqueología y Etnología
Horario:
Martes a viernes de 9:00 a 16:00 hrs.
Sábados y domingos de 9:00 a 12:00 hrs. y de 14:00 a 16:00 hrs.
Precio de entrada: Q30.00 ($3.85).

Palacio Nacional de la Cultura
Horario:
Lunes a sábado de 9:00 a 12:00 hrs. y de 14:00 a 17:00 hrs.
Entrada gratuita

Museo de Arte Moderno
Horario:
Lunes a viernes de 9:00 a 16:00 hrs.
Sábados de 9:00 a 12:00 hrs.
Precio de entrada: Q10.00 ($1.28).

Excursiones recomendadas a otras regiones del país
Visitar las Ruinas Mayas de Tikal
Pasear por la ciudad colonial de Antigua
Escalar volcanes, como el volcán de Agua y el Pacaya, que todavía sigue activo
Navegar en el Lago de Izabal
Navegar en balsa por el río Cahabón
Comprar artesanías en los mercados de Chichicastenango

Un mercado de Chichicastenango

Pregunta clave ¿Qué se hacía en el pasado para mantenerse saludable y qué se hace en la actualidad?

La salud en Guatemala: Antes y ahora

Uno puede pensar que los avances de la medicina moderna dejan en el olvido a la medicina antigua. Pero no siempre ocurre así. Guatemala, en términos de salud, ha logrado combinar lo mejor de esos dos mundos.

En ese país, debido a la numerosa población de origen maya que habita buena parte de su territorio, se reconoce la medicina antigua como una fuente[1] importante de recursos y prácticas. Un punto en común entre las formas de cuidar la salud en el pasado y las prácticas médicas actuales en Guatemala son las fuentes de aguas termales[2]. Desde tiempos inmemoriales, la civilización maya las utilizaba como medida terapéutica por sus propiedades curativas. Hoy, los médicos también las recomiendan para tratar los problemas de salud de la vida moderna. Estos problemas están relacionados con el deterioro del medio ambiente[3], el estrés y las tensiones provocadas por el ruido de las ciudades y las tareas diarias.

Por supuesto, la medicina moderna también ocupa un lugar importante en el sistema de salud guatemalteco, que cuenta con hospitales de calidad, tecnología avanzada y profesionales con experiencia. No solo los guatemaltecos pueden acceder a los beneficios de este sistema de salud. En los últimos años, el país se ha especializado en un tipo de turismo conocido como turismo de salud y bienestar. Se ofrecen procedimientos médicos a precios muy competitivos y con la opción de alojarse en hoteles especialmente diseñados para la recuperación de los pacientes.

La cultura guatemalteca ha sabido aprovechar los avances de la medicina moderna, sin dejar de valorar y conservar los conocimientos que se usaban en el pasado.

[1] source [2] thermal baths [3] environmental damage

BÚSQUEDA medicina tradicional en guatemala, aguas termales guatemala, turismo de salud y bienestar

Fuentes Georginas, Zunil, Quetzaltenango

PRODUCTOS

El turicentro Fuentes Georginas, en la región de Quetzaltenango, es uno de los lugares elegidos para el turismo de bienestar. Su principal atractivo son las aguas termales con azufre, que tienen propiedades relajantes y curativas. El centro también cuenta con senderos, bungalows, restaurante y áreas de picnic.

COMPARACIONES

¿Qué lugares de Estados Unidos conoce donde se ofrezcan tratamientos médicos tradicionales como las aguas termales?

13. Comprensión

1. ¿Qué caracteriza a la medicina en Guatemala?
2. ¿Por qué se recomiendan los baños en aguas termales en la actualidad?
3. ¿Qué es el turismo de salud y bienestar?

14. Analice

1. ¿Por qué cree Ud. que el turismo de salud y bienestar se ha vuelto tan popular últimamente?
2. ¿Por qué cree Ud. que en la actualidad las personas se interesan por las medicinas tradicionales o alternativas?

Medicina tradicional maya

Para los mayas, la medicina y la salud están relacionadas con la naturaleza y con las leyes sociales y religiosas. Y es por eso que ellos piensan que cualquier cambio en la naturaleza, en el entorno familiar o en la comunidad puede afectar la salud y producir enfermedades.

En relación con las enfermedades, en la cultura maya no solo se tratan los problemas físicos sino también los espirituales. Las enfermedades se clasifican en naturales y sobrenaturales. Estas últimas no son contempladas por la medicina convencional porque quedan fuera de las explicaciones biológicas. Un ejemplo es la "pérdida del alma"[1] o "susto", en la que el cuerpo del paciente se debilita[2] a causa de un cambio importante en su estado emocional.

En la medicina maya intervienen varios factores a la hora de curar a un enfermo. No solo se usan conocimientos médicos. También es necesario el uso de minerales y plantas medicinales, la realización de ofrendas[3] y rituales, y —lo más importante— la intervención de un terapeuta indígena, que actúe como intermediario entre los dioses[4] y los hombres para curar a los enfermos. Estos médicos ancestrales se clasifican según su especialidad. El curandero[5] es quien atiende enfermedades comunes. El yerbatero[6] es quien conoce y recomienda las plantas medicinales. Para atender a las mujeres durante el embarazo y el parto[7], se cuenta con la comadrona. El soplador[8] cura heridas y quemaduras con soplidos, y al huesero se le atribuye el poder de reparar los huesos rotos[9] solamente con tocarlos. Por su parte, el sacerdote[10] o la sacerdotisa, que recibe el nombre de *Ajq'ij* ("que conoce el sol"), puede leer los astros[11] y servir de guía espiritual.

[1] soul [2] weakens [3] offerings [4] gods [5] healer [6] herbalist [7] pregnancy and delivery [8] blower [9] broken bones [10] priest [11] celestial bodies

BÚSQUEDA medicina maya, terapeutas indígenas

Una curandera prepara un ritual con fuego e incienso, conforme a las creencias mayas.

PRÁCTICAS

la salud

Los rituales mayas se realizan en lugares que se consideran sagrados, por ejemplo en altares alrededor del fuego. Se realizan allí según sus creencias porque las llamas, el color, las chispas y la energía que el fuego desprende son manifestaciones del Ser Supremo que se comunica a través del guía espiritual.

PERSPECTIVAS

"Yo estoy completamente segura de que la mayoría de la humanidad no cuida su fortuna espiritual".

¿Cómo se refleja el pensamiento maya en esta cita de Rigoberta Menchú, líder indígena guatemalteca y ganadora del Premio Nobel de la Paz en 1992?

15. Comprensión

1. ¿Con qué están relacionadas la medicina y la salud para los mayas?
2. ¿Cuáles son dos de los especialistas en medicina maya?
3. ¿Dónde se realizan las ceremonias mayas? ¿Por qué?

16. Analice

¿Cómo cree Ud. que el equilibrio de la naturaleza contribuye a la salud y el bienestar?

Una visita al médico

Vocabulario en contexto

CLÍNICA DEL VALLE

Se atienden **pacientes** de lunes a sábado, de 8:00 a. m. a 5:00 p. m.

En la cita con el doctor

el historial médico

los remedios

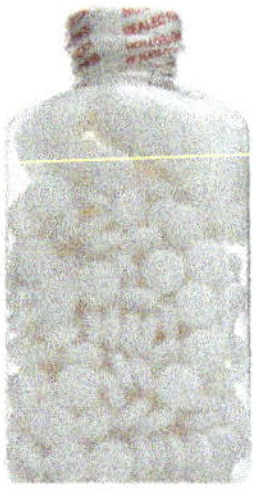

las aspirinas

las gotas

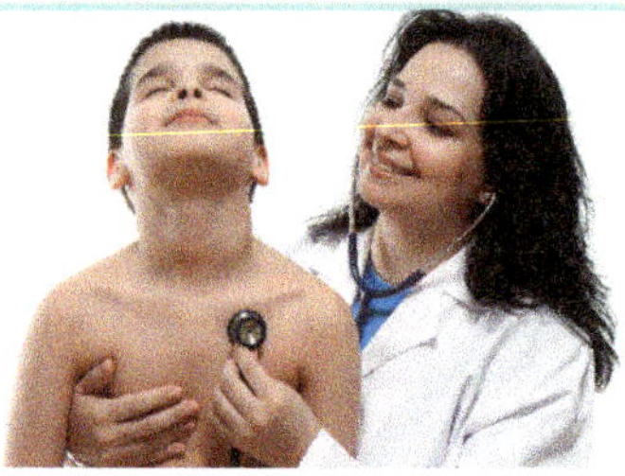

respirar hondo

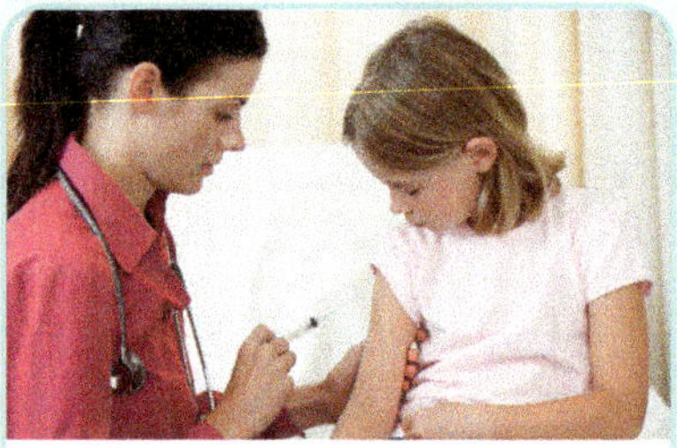

poner una vacuna

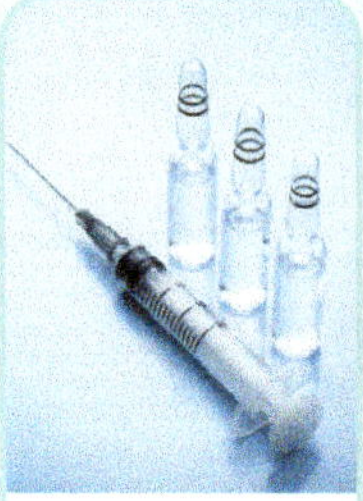

la inyección

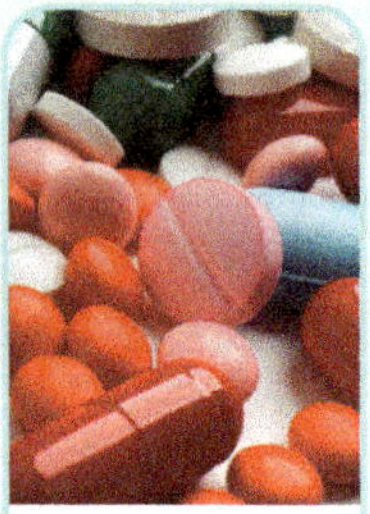

las pastillas

Los síntomas de una enfermedad

estornudar

toser

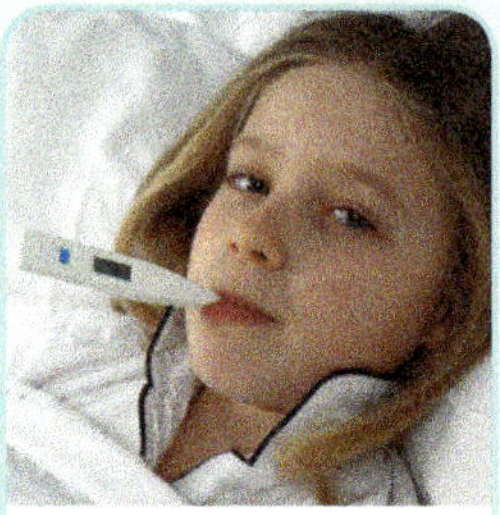

(tener) fiebre

el jarabe

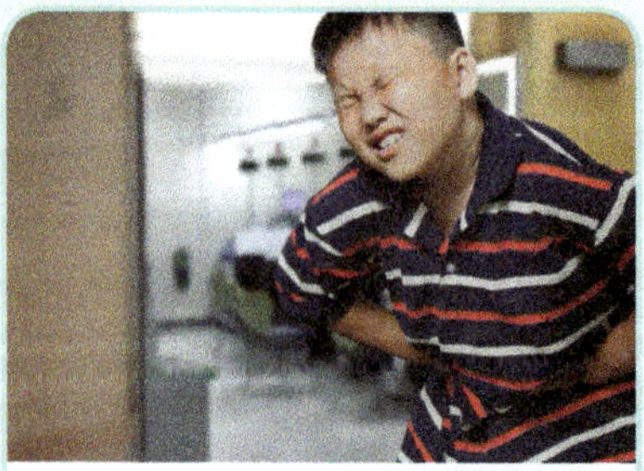

el dolor de barriga

la inflamación (de la garganta)

Para conversar

Para hablar de síntomas y remedios:

Hace una semana que tengo esta **erupción** en **la piel**. ¿Cree que es **una alergia**?

No. Tiene **una infección**, pero **se curará** con **los antibióticos** que le voy a **recetar**.

PARA DECIR MÁS

la bronquitis	*bronchitis*
las paperas	*mumps*
la poliomielitis	*polio*
el sarampión	*measles*
la varicela	*chicken pox*
contagioso/a	*contagious*

17. ¿Cuáles son sus síntomas?

Escuche lo que dicen los siguientes pacientes y escoja qué enfermedad sería lógico que tuvieran.

1. **A.** pulmonía **B.** erupción **C.** alergia
2. **A.** erupción **B.** alergia **C.** pulmonía
3. **A.** presión **B.** alergia **C.** infección
4. **A.** erupción **B.** gripe **C.** inflamación
5. **A.** erupción **B.** pulmonía **C.** resfriado

18. ¿Qué me receta?

Imagine que Ud. es médico. Escoja qué les recetaría a los pacientes que tienen los siguientes síntomas.

A. aspirina **B.** jarabe **C.** gotas **D.** antibiótico **E.** pastilla para dormir

1. Tengo una inflamación en los ojos. ¿Qué me puede recetar?
2. Tengo dolor de cabeza. ¿Qué puedo tomar?
3. Estoy tosiendo mucho. Hace dos noches que no puedo dormir. ¿Qué remedio me puede ayudar?
4. Tengo una infección en la garganta y mucha fiebre. ¿Qué me va a recetar?
5. Mi bebé tiene mucha fiebre pero no puede tomar pastillas todavía. ¿Qué le puede recetar?

Diálogo

¿Qué síntomas tiene?

Luz: Buenas tardes, doctor. Vengo a verlo porque no me siento bien.

Doctor: ¿Qué síntomas tiene?

Luz: Me siento muy cansada y toso bastante. Además, creo que tengo una inflamación en la garganta.

Doctor: ¿Tiene fiebre?

Luz: No.

Doctor: ¿Cuántos días hace que se siente así?

Luz: Casi una semana.

Doctor: ¿Y ha tomado algún remedio?

Luz: He tomado aspirinas.

Doctor: Voy a examinarla... Respire hondo y tosa.

Luz: ¿Qué enfermedad tengo, doctor? ¿Es muy grave?

Doctor: No. Según sus síntomas parece que tiene una infección. Con un antibiótico se va a curar en unos días.

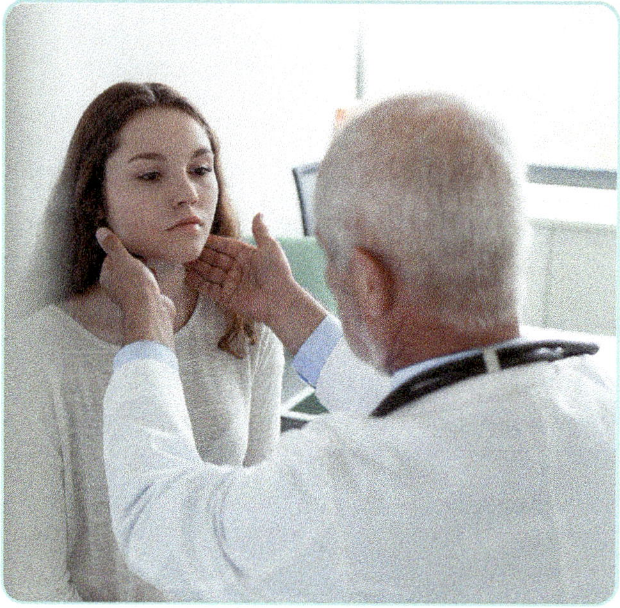

19. ¿Qué recuerda Ud.?

1. ¿Por qué va Luz a ver al doctor?
2. ¿Qué síntomas tiene Luz?
3. ¿Cuánto tiempo hace que Luz se siente mal?
4. ¿Qué remedio ha tomado?
5. ¿Qué le pide el doctor a Luz que haga?
6. ¿Qué parece que tiene Luz, por sus síntomas?

20. Algo personal

1. ¿Va Ud. a veces al doctor?
2. ¿Qué enfermedades ha tenido?
3. ¿Qué toma cuando le duele la cabeza?
4. ¿Cuánto tiempo hace que le pusieron una vacuna?

21. Situaciones

Indique la letra de la foto que corresponde con los diálogos que oye.

A

B

C

D

E

F

Expresiones con *hace/hacía... que*

- To find out or tell how long something has been going on or how long ago something happened, use:

> **¿Cuánto tiempo hace** + **que** + *present/preterite*?
>
> **Hace** + ***period of time*** + **que** + *present/preterite*.

¿Cuánto tiempo hace que *tienes esa erupción?*	**How long** have you had that rash?
Hace mucho tiempo que *Mario está en el hospital.*	Mario has been in the hospital **for a long time**.
¿Cuántas horas hace que *te resbalaste?*	**How many hours ago** did you slip?

- To tell how long something had been going on in the past, use:

> **Hacía** + ***period of time*** + **que** + *imperfect tense*.

Hacía diez horas que *el bebé no dormía.*	The baby hadn't slept **for ten hours.**
Hacía una hora que *estábamos en la sala de emergencias.*	We had been in the emergency room **for an hour.**

22. ¿Cuánto tiempo hace que...?

Con su pareja, hagan diálogos entre un doctor y una enfermera o un doctor y un paciente en un hospital de Guatemala. Usen **hace que** o **hacía que** y los verbos en presente, pretérito o imperfecto, según las indicaciones.

MODELO

Ud. tener fiebre (*presente*) / dos días

A: ¿Cuánto tiempo hace que tiene fiebre?

B: Hace dos días que tengo fiebre.

1. la enfermera tomar la presión al paciente (*pretérito*) / dos horas
2. la paciente tener pulmonía (*imperfecto*) / unos días
3. el doctor leer el historial médico (*pretérito*) / un mes
4. el doctor recetar un antibiótico (*pretérito*) / una semana
5. los pacientes estar en el hospital (*imperfecto*) / varios días
6. el niño no parar de toser (*presente*) / diez minutos
7. Ud. no tomar las pastillas (*imperfecto*) / dos días
8. Ud. tener dolor de barriga (*imperfecto*) / una semana
9. la niña no poder respirar hondo (*presente*) / tres días
10. el enfermero ponerle una vacuna al niño (*pretérito*) / unas horas

Hace dos horas que tengo dolor de cabeza.

23. ¿Cuánto hacía que...?

¿Cuánto tiempo hacía que estas cosas (no) les sucedían? Complete las oraciones con la forma apropiada del verbo entre paréntesis para saberlo.

MODELO

Hacía una semana que Roberto (*tener*) dolor de cabeza.

Hacía una semana que Roberto **tenía** dolor de cabeza.

1. Hacía tres días que José (*tomar*) aspirinas.
2. Hacía un año que Anita no (*ver*) al médico.
3. Hacía diez días que tú (*sufrir*) de erupciones.
4. Hacía un mes que los niños no (*estornudar*) tanto.
5. Hacía tres meses que nosotros no (*toser*) por la noche.
6. Hacía tres años que yo no (*tener*) una inflamación en la garganta.

24. Experiencias personales

Conteste las siguientes preguntas usando una expresión con **hace** o con **hacía**. Luego, hágale las mismas preguntas a su pareja y comparen sus respuestas.

1. ¿Cuándo fue la última vez que fue al médico? ¿Cuánto tiempo hacía que no había visitado a un médico?
2. ¿Cuánto tiempo hace que le pusieron una vacuna? ¿Para qué fue?
3. ¿Cuánto tiempo hace que vio un accidente? ¿Dónde ocurrió? ¿Qué pasó?
4. La última vez que se sintió mal, ¿qué síntomas tenía? ¿Cuánto tiempo hacía que se sentía mal?
5. La última vez que se enfermó, ¿qué remedios le recetó el doctor? ¿Cuánto tiempo hacía que no se enfermaba?

ClearTalk®

25. Cuánto tiempo hace que

En parejas, tomen turnos haciendo y contestando preguntas sobre cuánto tiempo hace que hacen las siguientes actividades:

- tomar un jarabe
- tener una cita médica
- ponerse gotas en los ojos
- hacer ejercicio
- caerse en la calle
- visitar a un(a) paciente en el hospital

MODELO

tomarse la presión

A: Hace un año que me tomé la presión. ¿Y tú? ¿Cuánto tiempo hace que te tomaste la presión?

B: Hace dos meses que me la tomé.

Hace una semana que visité a una paciente en el hospital.

¡Comunicación!

26. ¡Me duele todo!

Imagine que está de visita en Guatemala y hace varios días que no se siente bien. Un amigo guatemalteco le ha comentado las ventajas de la medicina indígena y Ud. decide ver a una curandera (*healer*). Ella le hace algunas preguntas sobre los síntomas que tiene. Túrnese con su pareja para hacer los papeles del paciente y la curandera. Usen **hace que** y el verbo **doler** en sus preguntas y respuestas, como se ve en el modelo.

MODELO

A: ¿Cuánto tiempo hace que le duele la cabeza?
B: Hace más de una semana que me duele.
A: ¿Se ha caído o se ha dado algún golpe?
B: ...

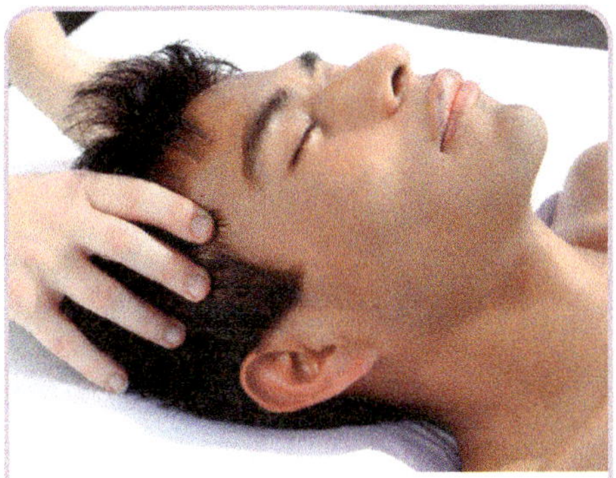

Hace dos días que me duele la cabeza.

27. Las aguas termales

En Guatemala, debido a la actividad volcánica del área, hay muchos lugares con baños termales. Trabaje con tres estudiantes para hacer una presentación oral sobre el poder curativo de las aguas termales, que se conoce desde la época de los antiguos mayas. Busquen información en Internet sobre los baños termales de Santa Teresita cerca del volcán Pacaya o Los Vahos, al pie del volcán Cerro Quemado. Averigüen qué síntomas o enfermedades pueden tratarse en las aguas termales y cuáles deben tratarse en una clínica o un hospital. ¿Cuáles podrían tratarse en los dos? Usen un diagrama de Venn como el que se muestra para clasificar los síntomas o las enfermedades. Luego, resuman la información en un cartel y preséntenlo enfrente de la clase.

Síntomas o enfermedades

tratarse en aguas termales **tratarse en una clínica**

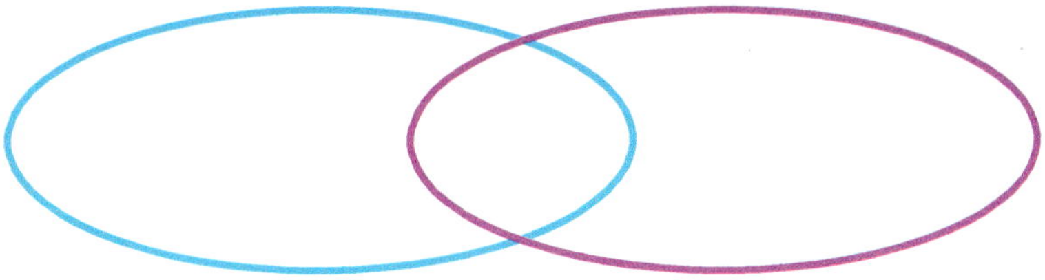

El volcán Pacaya en Guatemala

Lectura informativa

28. Antes de leer

1. ¿Alguna vez ha utilizado Ud. la medicina natural?
2. ¿Hay algún remedio casero que sea una tradición de su familia?

ESTRATEGIA

Comparing and contrasting

You can compare and/or contrast different aspects of a topic to offer your reader a clear mental picture of what you are describing. One way to compare/contrast items is by using a Venn diagram (overlapping circles, each containing one aspect of a topic) to create a visual representation of what two topics have in common.

La naturaleza también sana

PRENSA LIBRE.com ▶ vida / salud

Si al aparecer un dolor de cabeza o muscular, Ud. piensa en un analgésico[1] como una solución, tome en cuenta que puede haber otras opciones de la medicina, por ejemplo aquella que ofrece la riqueza natural.

Los medicamentos alternativos pueden ser efectivos.

El alza[2] del 30 y 40 por ciento en algunos medicamentos para tratar la hipertensión, problemas gástricos o analgésicos ha provocado la preocupación de muchos guatemaltecos, por lo que en esta edición incluimos algunas opciones naturales, incluso ancestrales, para tratar estas afecciones.

Los tratamientos con medicina natural han sido utilizados desde tiempos ancestrales por diferentes civilizaciones. "La naturaleza es rica en recursos de todo tipo para la prevención y tratamiento de la mayoría de las enfermedades", explica Alejandro Elías, especialista en medicina biológica, de Clínica Biológica familiar. Sin embargo, vale la pena mencionar que se debe tener especial cuidado con la ingesta de[3] este tipo de medicamentos, sobre todo si son recomendados al azar[4] por algún conocido.

Consejo saludable

Si quiere llevar una vida natural y saludable, tome en cuenta lo siguiente:

- Aumente el consumo de alimentos crudos, como las frutas, por ejemplo.
- Ingiera, durante todo el día, de siete a ocho vasos de agua.
- Incremente la actividad física, haga ejercicio periódicamente y duerma al menos ocho horas diarias.

Antes de aplicar medicina natural, consulte con un especialista para evitar consecuencias negativas. Es necesario tener un diagnóstico preciso.

[1] painkiller [2] increase [3] when taking [4] randomly

Analgésicos

Los analgésicos en medicina natural son no sistémicos, es decir, se aplican directamente en el área de dolor, articulación o músculo, a través de pomadas[1], hojas machacadas[2] —empastes— o aceites.

Hipertensión

Las infusiones de cola de caballo[3] y romero[4], así como las cápsulas de muérdago[5], ayudan a relajar las venas y arterias, y mejoran la circulación.

Digestión

Si hay problemas de gastritis se puede tomar té frío de manzanilla[6] durante todo el día.

Dolores intestinales

La mejor forma de prevenir problemas gastrointestinales es la higiene: lavar las manos adecuadamente y desinfectar los alimentos antes de comerlos.

POR ÁXEL VICENTE

---

[1] ointments [2] crushed leaves [3] horsetail [4] rosemary [5] mistletoe [6] chamomile

Source: www.prensalibre.com/salud/naturaleza-sana_0_1138686173.html

BÚSQUEDA medicina natural, medicamentos alternativos

29. Comprensión

1. Según el artículo, ¿por qué están preocupados los guatemaltecos?
2. ¿Cuáles son algunos consejos para llevar una vida natural y saludable?
3. ¿Por qué la medicina natural debe ser recomendada por un especialista?
4. ¿En qué formas pueden venir los remedios naturales?

30. Analice

1. ¿Por qué cree Ud. que algunas personas confían en la medicina natural y otras no?
2. ¿Cree Ud. que se debe elegir entre una medicina y otra o que se pueden usar al mismo tiempo?

Escritura

31. ¿Cuál es mejor?

Prepare una presentación sobre la medicina natural y la medicina convencional. Investigue las ventajas y desventajas de cada una. ¿Qué tienen en común? ¿En qué se diferencian? Resuma los resultados en un diagrama de Venn. Luego, escriba un párrafo sobre cada tipo de medicina. Por último, presente su diagrama de Venn y los resultados de su investigación frente a la clase.

medicina natural **medicina convencional**

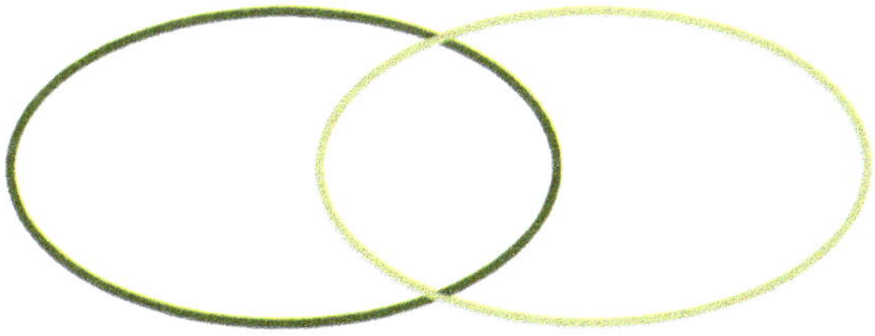

PARA ESCRIBIR MÁS

aprovechar	*take advantage*
descartar	*to dismiss*
entrenados/as	*trained*
los especialistas	*specialists*
los laboratorios	*labs*

Repaso de la Lección A

A. Escuchar: ¿Un accidente o una enfermedad? (pp. 392-393, 402-403)

Diga si lo que oye en las seis descripciones se relaciona con **un accidente** o **una enfermedad**.

B. Vocabulario: Remedios y situaciones (pp. 392-393, 402-403)

Complete cada oración con la palabra del recuadro que corresponda según el contexto.

antibióticos	puntos	varias vacunas
una radiografía	un par de aspirinas	un jarabe

1. Si tiene dolor de cabeza debe tomarse ___.
2. Si va a viajar fuera del país debe ponerse ___.
3. Si tiene tos es posible que le receten ___.
4. Si se quiebra un hueso, en el hospital le harán ___.
5. Si tiene un corte profundo, es posible que la enfermera le ponga ___.
6. Si tiene una infección en la garganta, es posible que le receten ___.

C. Estructura: Al cabo de dos años... (p. 397)

Imagine que Ud. tiene diecisiete años. Nombre cuatro cosas que hace tiempo quiere que sucedan y que, finalmente, se habrán realizado, al cabo de uno o dos años. Use el futuro perfecto como se ve en el modelo.

MODELO

Al cabo de un año habré terminado el colegio.

D. Estructura: ¿Qué habría hecho? (p. 397)

Imagine que Ud. es médico. ¿Qué habría hecho en las siguientes situaciones? Use el condicional perfecto en sus respuestas como se ve en el modelo.

MODELO

un paciente con una fractura en el brazo

Le habría puesto un yeso.

1. alguien con fiebre y mucha tos
2. una señora que sufre de alergias
3. una joven con una infección en los ojos
4. un niño con un corte profundo en la frente
5. un niño con un fuerte dolor de barriga
6. un hombre con una inflamación de la garganta

E. Vocabulario/Estructura: ¿Cuánto tiempo hace que...? (p. 405)

Escriba un diálogo sobre una visita al médico o al hospital. ¿Qué síntomas tiene el paciente? ¿Qué remedios le receta el doctor? Use **hace que** y el vocabulario de la lección y siga el modelo como guía.

MODELO

A: ¿Cuánto tiempo hace que le empezó la fiebre?

B: Hace dos días que me empezó.

F. Cultura: La medicina maya (pp. 400-401)

¿En qué se basa el pensamiento de los mayas con respecto a la salud y la enfermedad? Incluya información sobre los terapeutas mayas y sus diferentes prácticas de curación en un organizador gráfico como se ve a continuación.

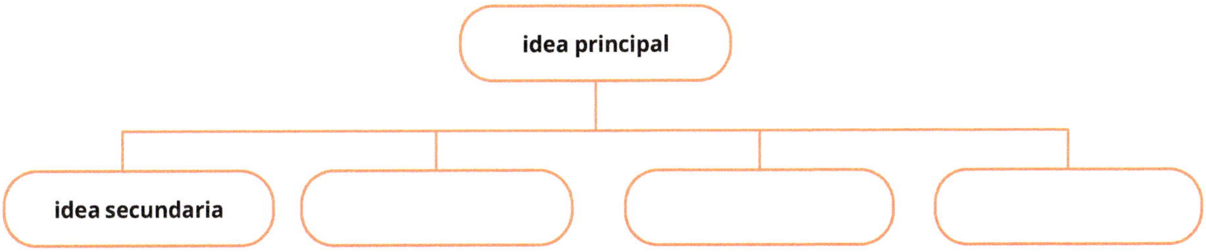

Vocabulario

Para hablar de los accidentes	Las enfermedades y los síntomas	Verbos	Otras palabras y expresiones	Los remedios
el antiséptico el corte la curita darse un golpe la fractura las muletas los puntos la radiografía el rasguño la silla de ruedas la venda el yeso	la alergia el dolor la enfermedad la erupción la fiebre la infección la inflamación la pulmonía los síntomas	curar(se) estornudar examinar poner una vacuna quebrarse (ie) recetar resbalarse respirar sufrir tomar(se) la presión torcerse (ue) toser tropezar con	la clínica el historial médico hondo/a el paciente, la paciente la presión profundo/a la sala de emergencias la vacuna	el antibiótico la aspirina las gotas la inyección el jarabe la pastilla el remedio **Partes del cuerpo** la barriga la muñeca la piel el pulmón (pl. los pulmones) el tobillo

Estructuras

El futuro perfecto

El futuro perfecto se usa para expresar una acción anterior a otro punto de referencia en el futuro.
El futuro perfecto se crea con la forma del futuro de **haber** + **participio pasado**.

*Para el próximo lunes, yo ya **habré terminado** de leer la novela.*

*Cuando comience a llover, nosotros ya **habremos llegado** a casa.*

El condicional perfecto

El condicional perfecto se usa para hablar de acciones que podrían haber ocurrido en el pasado, pero no ocurrieron.
El condicional perfecto se crea con la forma del condicional de **haber** + **participio pasado**.

*El avión **habría salido** a tiempo, pero no fue así porque hacía muy mal tiempo.*

***Habría ido** a visitarte, pero no pude porque me torcí el tobillo.*

Expresiones con *hace que*

Use **hace** + (tiempo) + **que** + (verbo en el presente/el pretérito) para expresar una acción que está pasando.

*¿**Cuánto tiempo hace que** tienes el yeso?*
***Hace tres semanas que** lo tengo.*

Expresiones con *hacía que*

Use **hacía** + (tiempo) + **que** + (verbo en el imperfecto) para expresar una acción que continuaba en el pasado.

***Hacía dos horas que** yo esperaba en la sala de emergencias.*

***Hacía muchos años que** ella sufría de terribles dolores de cabeza.*

LECCIÓN B

Honduras

Vocabulario B1

¿Qué haces para mantenerte en forma?

Vocabulario en contexto

Hola, me llamo Miguel. Me gusta **mantenerme en forma**.

Vale la pena hacer ejercicio todos los días. Mantenerse en forma ayuda a **evitar el estrés**.

estirarse

hacer abdominales

hacer flexiones

hacer bicicleta

hacer cinta

levantar pesas

hacer yoga

Para conversar

Para hablar de mantenerse en forma:

Si **hicieras un esfuerzo**, tú también podrías levantar pesas.

No, no tengo **la fuerza** necesaria.

Practicar (deportes) todos los días te dará más **energía**, te ayudará con el **peso** y a mantener una actitud **positiva**.

Me encantan los deportes **acuáticos**.

PARA DECIR MÁS

el atletismo	*track*
aumentar de peso	*to gain weight*
bajar de peso	*to lose weight*
hacer gimnasia	*to work out*
saltar lazo / saltar la cuerda	*to jump rope*
tonificar	*to tone*
trotar	*to jog*

EN OTROS PAÍSES

el ejercicio	*ejercitación (muchos países)*
hacer cinta	*usar la caminadora (muchos países)*
hacer ejercicio	*ejercitarse (muchos países)*
hacer flexiones	*hacer lagartijas (muchos países)*
hacer natación	*practicar la natación (muchos países)*

1. ¿Qué les aconseja?

¿Qué consejo le daría a cada persona en la columna de la izquierda? Escoja la actividad apropiada de la columna de la derecha.

1. un(a) ciclista que quiere mantenerse en forma
2. alguien que quiere tener más fuerza en los brazos
3. una persona que quiere evitar el estrés
4. alguien a quien le gustan los deportes acuáticos
5. una persona que quiere evitar calambres
6. una persona que quiere cuidarse el peso y tener más energía
7. alguien que quiere correr en el invierno

A. Haga natación.
B. Haga bicicleta.
C. Haga cinta.
D. Haga yoga.
E. Levante pesas.
F. Estírese.
G. Haga ejercicio.

2. Hacer ejercicio

Indique la letra de la foto que corresponde con lo que oye.

A

B

C

D

E

F

3. Rutinas de ejercicio

Escriba los nombres de Elisa y Antonio. Escuche y anote debajo de los nombres cuál es la rutina de ejercicio de cada uno.

Rutinas de ejercicio

Elisa	Antonio

4. ¡No sé qué hacer!

Imagine que va a hacerse miembro de un gimnasio y quiere desarrollar una rutina de ejercicios, pero tiene que pedirle consejo a uno de los entrenadores, porque no sabe qué ejercicios o actividades le conviene hacer. Túrnese con una persona de la clase para hacer el papel del entrenador y el del cliente. Usen el vocabulario del recuadro y sigan el modelo como guía.

MODELO

hacer yoga

A: ¿Por qué debería hacer yoga?

B: Hacer yoga es bueno para evitar el estrés.

hacer yoga	hacer natación
hacer bicicleta	hacer flexiones
levantar pesas	hacer natación

Diálogo

Si hicieras ejercicio, te sentirías mejor

Jaime: ¿Por qué te sientes tan cansada, Isabel?
Isabel: No sé, siento que no tengo energía.
Jaime: ¿Haces ejercicio para mantenerte en forma?
Isabel: No mucho.
Jaime: Si hicieras ejercicio, te sentirías mejor.
Isabel: Lo sé, pero siempre hay mucha gente haciendo bicicleta en el gimnasio.
Jaime: Pero puedes hacer otras cosas, como levantar pesas o hacer cinta.
Isabel: No sé... creo que quiero hacer algo diferente.
Jaime: Me han dicho que hacer yoga es bueno para evitar el estrés... Además ayuda a mantenerse en forma.
Isabel: ¿Y ofrecen clases de yoga en el gimnasio?
Jaime: Hay clases todos los días.
Isabel: Bueno, entonces haré un esfuerzo e iré a una clase.

5. ¿Qué recuerda Ud.?

1. ¿Cómo se sentiría Isabel si hiciera ejercicio?
2. ¿Qué otras cosas puede hacer Isabel además de hacer bicicleta?
3. ¿Por qué hacer yoga es bueno?
4. ¿Qué hará Isabel?

6. Algo personal

1. ¿Hace Ud. ejercicio? ¿Qué tipo de ejercicio hace?
2. ¿Le gusta ir al gimnasio? ¿Qué le gusta hacer allí?
3. ¿Se estira antes de hacer ejercicio?
4. ¿Hace Ud. yoga o conoce a alguien que haga yoga?
5. ¿Qué otras cosas hace, además de ejercicio, para mantenerse en forma?

7. ¿Qué ejercicio le gusta hacer?

Con una persona de la clase túrnense para hablar sobre las actividades que les gusta hacer para mantenerse en forma. Sigan el modelo.

MODELO

A: A mí me gusta hacer cinta. ¿Y a ti?
B: A mí no me gusta, es demasiado aburrido. A mí me gusta hacer natación.

El imperfecto del subjuntivo con *si*

- Remember that to form the past tense of the subjunctive you take the *ellos* form of the preterite tense and remove the final *-on* of the ending. Then, add the new endings: ***-a***, ***-as***, ***-a***, ***-amos***, ***-ais***, ***-an***.

  *Te sugerí que **te estiraras** antes de hacer ejercicio.* — I suggested **you stretch** before working out.

- To express a desire for things to be different, use the imperfect subjunctive after ***si***. Use it also to speak about an imagined event or condition. Use the conditional tense in the accompanying clause. The ***si*** clause may be the first clause or the second clause in the sentence. If it is the first, notice the placement of the comma.

  ***Si hicieras ejercicio, te sentirías** mejor.* — **If you exercised, you would feel** better.

  ***Tendrías** más fuerza **si levantaras** pesas.* — **You would be** stronger **if you lifted** weights.

8. ¿Qué les diría?

Deles consejos a las siguientes personas. Siga el modelo.

MODELO

No tengo energía. (*hacer ejercicio*)

Si hicieras ejercicio, tendrías energía.

1. Tengo estrés. (*hacer yoga*)
2. Tengo calambres. (*estirarse*)
3. No tengo tiempo para hacer ejercicio. (*hacer un esfuerzo*)
4. No tengo fuerza en los brazos. (*hacer flexiones*)
5. No tenemos fuerza. (*levantar pesas*)
6. No estoy en forma. (*hacer natación*)

9. ¿Qué dijo el entrenador?

Un entrenador de fútbol les da los siguientes consejos a sus jugadores. Complete las oraciones usando un verbo en el imperfecto del subjuntivo y un verbo en el condicional. Siga el modelo.

MODELO

Si Uds. (*entrenarse*) todos los días, (*jugar*) mejor.

Si Uds. **se entrenaran** todos los días, **jugarían** mejor.

1. Si Uds. (*estirarse*) antes de jugar, no (*lastimarse*) tanto.
2. Él (*evitar*) los calambres si (*hacer*) flexiones todos los días.
3. Si ellos (*jugar*) todos los días, (*mantenerse*) en forma.
4. Si Uds. (*hacer*) natación, (*respirar*) mejor al jugar.
5. Tu fuerza (*aumentar*) si (*levantar*) pesas dos veces por semana.
6. Si tú (*hacer*) flexiones, (*tener*) más fuerza.
7. Si Uds. (*correr*) dos millas por día, (*tener*) más energía.

Si te estiraras antes de jugar, no te lastimarías.

10. ¿Qué pasaría si...?

¿Cómo mejoraría su estado físico si hiciera las siguientes actividades? Complete las oraciones con vocabulario de la lección y de manera lógica, como se ve en el modelo.

MODELO

Si hiciera ejercicio todos los días, tendría más energía.

1. Si hiciera ejercicio...
2. Si hiciera cinta...
3. Si hiciera yoga...
4. Si hiciera natación...
5. Si hiciera flexiones...
6. Si hiciera bicicleta...

Si hiciera ejercicio, tendría más energía.

11. ¿Qué debo hacer?

¿Qué le recomendaría a su amigo/a en las siguientes situaciones? Con una persona de la clase, hagan minidiálogos usando las situaciones que se dan. Agreguen la información necesaria. Túrnense para representar cada parte del diálogo.

MODELO

sentirse mal

A: No me gusta sentirme mal. Quisiera sentirme mejor.

B: Si estuvieras en forma, te sentirías mejor.

1. querer brazos más fuertes
2. tener más energía
3. sentirse menos cansado/a
4. no tener calambres
5. querer mantenerse en forma
6. querer piernas más fuertes
7. querer bajar de peso
8. ser más flexible

ClearTalk®

12. ¿Qué harías si fueras...?

Con otra persona, tomen turnos haciendo y contestando preguntas sobre lo que harían si estuvieran en el lugar de cada una de las siguientes personas:

- un(a) ciclista profesional
- el/la entrenador(a) de un equipo de béisbol
- una persona que va a los Juegos Olímpicos
- el capitán o la capitana de un equipo de fútbol

MODELO

un miembro del equipo de natación

A: ¿Qué harías si fueras un miembro del equipo de natación?

B: Si fuera un miembro del equipo de natación, nadaría muy bien.

Pregunta clave ¿Qué se hacía en el pasado para mantenerse saludable y qué se hace en la actualidad?

Juegos del pasado

Las civilizaciones precolombinas (llamadas así porque vivían en América antes de la llegada de Cristóbal Colón) también practicaban deportes. Una de ellas es el pueblo maya que habitaba la región central de América, lo que hoy es México, Guatemala, Honduras, Belice y El Salvador. Entre las ruinas mayas, se han encontrado campos donde se practicaba un juego de pelota. Este juego se jugaba por diversión y su propósito no era mantenerse en forma; sin embargo el juego en sí requería de mucha resistencia física, fuerza y habilidad.

Campo de pelota de Copán

Uno de esos campos de juego fue descubierto en las ruinas de Copán, en el extremo occidental de Honduras, cerca de Guatemala. El campo es angosto[1] y largo y tiene dos paredes inclinadas paralelas a los lados. En otros lugares, también se han encontrado bolas de caucho[2] o pelotas que los jugadores hacían pasar por un aro[3] de piedra. Las reglas del juego no se conocen, pero se cree que eran parecidas a las reglas del ulama, un juego derivado del juego de pelota maya que todavía se practica en algunas partes de Centroamérica y México. En las figurillas y el arte relacionados con el juego de pelota maya, se representa a los jugadores con protectores de cuero[4] o de piedra cubiertos con cuero.

Los mayas, además de jugar por diversión, lo hacían también en fiestas religiosas o eventos de guerra. De la victoria del juego dependía a veces la vida de los jugadores.

[1] narrow [2] rubber [3] ring [4] leather

BÚSQUEDA copán, la pelota maya

PRODUCTOS

En el campo de pelota de las ruinas de Copán, todavía se pueden apreciar rasgos arquitectónicos como las guacamayas de piedra que servían para marcar el lugar por donde se hacía pasar la pelota. La guacamaya era un ave sagrada entre los mayas y, en la actualidad, es el ave nacional de Honduras.

Una guacamaya

PERSPECTIVAS

El director técnico de la selección nacional de fútbol de Honduras para la Copa Mundial de la FIFA del 2014, Luis Fernando Suárez, afirmó:

"Es necesario tener la presión. [...] Cuando se habla del fútbol de un país es mucho más grande la presión. Ahí es donde se demuestran los hombres y de qué estamos hechos. No quiero quitarles la presión a los jugadores".

¿Por qué podría decirse que esta actitud hondureña de presión en los deportes también tenía validez entre los jugadores mayas?

13. Comprensión

1. ¿Qué países de la actualidad formaban parte del territorio maya?
2. ¿Con qué propósito se jugaba el juego de pelota maya y qué requería?
3. ¿Cómo sabemos que los mayas jugaban deportes?
4. ¿Cómo estaban representados los lugares por donde pasaba la pelota en el campo de Copán?

14. Analice

¿Por qué cree Ud. que de la victoria en el juego de pelota podía depender la vida?

¡En forma en San Pedro Sula!

San Pedro Sula (Honduras) es una de las ciudades más violentas del mundo y presenta un alto índice de homicidios. Con el fin de mejorar la seguridad de sus habitantes, la oficina Paz y Convivencia de esa ciudad creó los bulevares biosaludables. Se trata de pequeños parques o zonas de recreación al aire libre. Cada zona elegida experimenta[1] una remodelación extrema. Primero, se limpia el terreno, se plantan arbustos o plantas y se instalan máquinas para hacer ejercicio al aire libre. Los bulevares biosaludables se han instalado en 14 vecindades de la ciudad con la intención de darles a los hondureños un lugar donde puedan relajarse al aire libre en un ambiente seguro. Paz y Convivencia trabaja para mejorar las condiciones de vida de los jóvenes hondureños. Reconociendo el valor y el impacto positivo que tiene el ejercicio no solo físicamente sino también sicológicamente en los jóvenes, se remodelan campos de deportes para que los jóvenes hondureños puedan hacer actividades deportivas no solo durante el día sino también en horarios nocturnos gracias a un nuevo sistema de alumbrado[2]. Otro programa con el mismo objetivo, Parques para una Vida Mejor, abrió dos parques nuevos en San Pedro Sula en febrero del 2018.

Zona verde en el centro de la ciudad, San Pedro Sula

[1] undergoes [2] street lights

BÚSQUEDA bulevares biosaludables, san pedro sula

15. Comprensión

1. ¿Qué caracteriza a la ciudad de San Pedro Sula?
2. ¿Qué es un bulevar biosaludable?
3. ¿Con qué objetivo trabaja la oficina Paz y Convivencia?
4. Según lo que dice el periodista, ¿qué problemas enfrentan los habitantes de Honduras a la hora de mantenerse en forma?

16. Analice

1. ¿Por qué pueden servir las actividades deportivas para mejorar la seguridad en una ciudad?
2. Además de los bulevares biosaludables, ¿qué otros proyectos podrían ayudar a que los habitantes de una ciudad se mantengan en forma?

PERSPECTIVAS

En un evento de la Asociación de Periodistas Deportivos de Honduras, el periodista Bertrand Anduray señaló que el pueblo hondureño necesita "que haya zonas de recreación ahorita". Y agregó: "Si cualquiera de nosotros como padres de familia deseáramos llevar a un niño a las cinco de la tarde a un gimnasio y queremos ir a jugar con él, no hay lugares y no hay seguridad". ¿Cómo refleja esta cita el valor que tienen los bulevares biosaludables y la salud en general para los hondureños?

Salud y seguridad para pequeños deportistas

Vocabulario B2

La buena alimentación

Vocabulario en contexto

Inicio | Dietas | Nutrición | Ejercicios | Consejos

Soy la doctora Inés López. Siempre les digo a mis pacientes que deben consumir **alimentos saludables**, como frutas, verduras y leche.

Y tú, ¿qué haces para tener **una dieta equilibrada**?

Evitar

la comida chatarra, como **las hamburguesas** y las papas fritas

Comer

alimentos **nutritivos**, como las frutas, las verduras y la leche

Alimentos nutritivos

Las espinacas contienen mucho **hierro**.

La leche y los quesos contienen **calcio**.

Los huevos y la carne contienen **proteína**.

El cereal y el pan contienen **fibra** y **carbohidratos**.

Los cacahuetes contienen **grasas**, carbohidratos y proteínas.

Las frutas contienen muchas **vitaminas**.

Para conversar

Para hablar de una dieta saludable:

A partir de hoy, debes cambiar tus **hábitos** de **alimentación** y seguir una dieta equilibrada.

A veces tengo que **saltarme** una comida porque no tengo tiempo de comer.

Uds. deben aprender a **alimentarse** mejor y consumir todos los grupos de alimentos.

Les recomiendo que lean más sobre los alimentos y **la nutrición**. Antes de preparar su dieta equilibrada, es necesario estar listos para cambiar sus hábitos.

PARA DECIR MÁS

el aceite de oliva	*olive oil*
los antioxidantes	*antioxidants*
el colesterol	*cholesterol*
los nutrientes	*nutrients*
los suplementos dietéticos	*dietary supplements*

EN OTROS PAÍSES

la comida chatarra	*la comida basura (España)*
la dieta	*el régimen alimenticio (muchos países)*
la nutrición	*la dietética (muchos países)*
nutritivo/a	*alimenticio/a (muchos países)*

17. Definiciones de nutrición

Escuche las siguientes definiciones y diga a qué palabra se refiere cada una.

1. **A.** comida nutritiva
   B. comida saludable
   C. comida chatarra
2. **A.** dieta
   B. proteínas
   C. calcio
3. **A.** fuerte
   B. chatarra
   C. nutritiva
4. **A.** alimentarse
   B. saltarse una comida
   C. mantener la dieta
5. **A.** saludable
   B. cocido
   C. interesante
6. **A.** igual
   B. diferente
   C. equilibrado

18. Consejos de nutrición

Imagine que la doctora Inés López está con un(a) paciente que le hace preguntas sobre una dieta saludable. Con una persona de la clase, túrnense para hacer el papel del paciente y la doctora. Usen el modelo como guía.

MODELO

Paciente: ¿Puedo saltarme una comida a veces?
Dra. López: No, debe hacer todas las comidas.

19. ¿Qué tiene lo que comemos?

¿Qué beneficios nutritivos tienen los alimentos que comemos? Conteste las siguientes preguntas, según la información dada en el Vocabulario B2.

1. ¿Qué tienen las frutas?
2. ¿Qué tienen los huevos y la carne?
3. ¿Qué es la comida chatarra?
4. ¿Qué contienen los cereales y el pan?
5. ¿Qué tiene la leche?
6. ¿Qué contienen las espinacas?

Los plátanos tienen vitaminas.

20. ¿Cómo es su dieta?

Piense en sus hábitos de alimentación. Haga una lista de los alimentos nutritivos y la comida chatarra que suele comer en una semana. Compare los alimentos de su lista con una gráfica de nutrición y piense en cómo es su dieta. Comente con la clase si su dieta es saludable o no, y explique por qué.

MODELO

Mi dieta (no) es saludable porque...

Alimentos nutritivos	Comida chatarra

21. La alimentación

Escoja una respuesta correcta a lo que oye.

A. Todos los días como alimentos nutritivos, por ejemplo, frutas y verduras.
B. Sí, y también carbohidratos y proteínas.
C. Yo también espero que haya comido bien hoy.
D. la comida chatarra
E. Me parece que no.

En el mercado se venden verduras nutritivas.

Diálogo

¡Evita la comida chatarra!

Bianca: ¿Cómo es tu dieta, Manuel?

Manuel: Bueno... no es muy equilibrada. No puedo vivir sin comer pizza y hamburguesas con papas fritas.

Bianca: ¿No estás cansado de comer tanta comida chatarra?

Manuel: No, me encanta.

Bianca: Debes cambiar esos hábitos. Aquí hay un artículo sobre la nutrición y los alimentos que hay que comer para llevar una dieta saludable.

Manuel: ¿Qué alimentos?

Bianca: Alimentos nutritivos como frutas, verduras y leche.

Manuel: ¿Y por qué los recomiendan?

Bianca: Porque contienen proteínas, hierro y calcio...

Manuel: Está bien, me convenciste. A partir de mañana voy a cambiar mi dieta.

22. ¿Qué recuerda Ud.?

1. ¿Cómo es la dieta de Manuel?
2. ¿Qué tipo de comida chatarra come?
3. ¿Qué alimentos nutritivos hay que comer?
4. ¿Por qué son nutritivos esos alimentos?
5. ¿Qué va a hacer Manuel a partir de mañana?

23. Algo personal

1. ¿Lleva Ud. una dieta saludable?
2. ¿Cómo son sus hábitos de alimentación?
3. ¿Qué prefiere: la comida chatarra o los alimentos saludables?
4. ¿Le interesan los artículos sobre la nutrición?

24. Cambiar los hábitos

Imagine que una persona de la clase tiene el mismo problema que Manuel. Intente convencerla de que cambie sus hábitos por otros más saludables. Creen un diálogo en el que su pareja se niegue (*refuses*) a darle la razón. Luego, representen el diálogo frente a la clase.

MODELO

A: Juan, deberías comer menos pizza y más verduras.
B: ¡Odio las verduras! La pizza es deliciosa.

La hamburguesa es comida chatarra.

Estructura B2

Repaso rápido

Preposiciones y pronombres

- In Spanish, prepositions are often followed by one of these pronouns: ***mí***, ***ti***, ***usted/sí mismo/a***, ***él/sí mismo***, ***ella/sí misma***, ***nosotros***, ***nosotras***, ***vosotros***, ***vosotras***, ***ustedes/sí mismos/as***, ***ellos/sí mismos***, and ***ellas/sí mismas***. Two exceptions are the prepositions ***entre*** and ***según***, which are followed by the subject pronouns ***yo*** (instead of *mí*) and ***tú*** (instead of *ti*).

*Empezaré a comer **sin ti**.*	I will start eating **without you**.
*¿Este bistec es **para mí**?*	Is this steak **for me**?
***Según tú**, debemos comer carbohidratos.*	**According to you**, we should eat carbohydrates.
*Toño se critica mucho **a sí mismo**.*	Toño criticizes **himself** a lot.

- The preposition *con* combines with ***mí***, ***ti***, or ***sí*** to form ***conmigo***, ***contigo***, and ***consigo***.

*Puedes empezar la dieta **conmigo**.*	You can start the diet **with me**.
*Bueno, me gustaría hacer la dieta **contigo**.*	Okay, I would like to do the diet **with you**.
*Ella no trajo el historial médico **consigo**.*	She didn't bring the medical history **with her**.

25. El club de cocina

Ud. y sus amigos se reúnen para hablar de comida y recetas. Escoja la expresión que complete cada oración de una manera lógica.

MODELO

Mi hermana cocina la comida (*conmigo / con mí*).
Mi hermana cocina la comida **conmigo**.

1. Si me esperas, voy al restaurante (*contigo / con tú*).
2. Laura siempre piensa más en los demás que (*consigo misma / en sí misma*).
3. ¿Este libro sobre las proteínas y las grasas en los alimentos es (*para yo / para mí*)?
4. El profesor de nutrición se la pasa hablando (*de sí mismo / de mí mismo*).
5. A veces, hasta lo hemos visto hablando (*con él / consigo mismo*).
6. (*Según ella / Según sí*), no es bueno saltarse una comida.

A mi hermana no le gusta hacer las tortillas conmigo.

¿Este libro es para ti?

26. ¿Qué pasa?

Use las preposiciones y los pronombres apropiados para escribir oraciones a partir de los siguientes datos. Use el modelo como guía.

MODELO

Ana / llevar siempre / una manzana / con ella
Ana lleva siempre una manzana consigo.

1. ¿tú / querer / preparar estas espinacas / con yo?
2. según / tú / nosotros / no deber / comer / comida chatarra
3. Pablo / traer / una bolsa de cacahuetes / con él
4. yo / ir / al mercado / con tú
5. María / escoger / espinacas y tomates / para ella
6. yo / ir / a comprar / estas vitaminas / para tú
7. ellos / nunca ir / al cine / sin yo

Preposiciones seguidas de infinitivo

- To express an action in Spanish, verbs that follow prepositions always appear in the infinitive. Prepositions often used with infinitives include: ***para***, ***por***, ***de***, ***hasta***, ***sin***, and ***tras***.

  *Gracias **por ir** conmigo al mercado.* — Thanks **for going** with me to the market.
  *Estoy cansada **de comer** comida chatarra.* — I'm tired **of eating** junk food.

- The word ***al***, meaning "at," while," or "when," is also used with infinitives.

  ***Al preparar** la lista de compras, no olvide incluir frutas y verduras.* — **When you prepare** your shopping list, don't forget to include fruits and vegetables.
  *No vi a nadie **al entrar** en la clínica.* — I didn't see anybody **when I entered** the clinic.

- Some other phrases followed by infinitives are:

antes de	cansado/a de	harto/a de	seguir hasta
después de	aburrido/a de	listo/a para	quedar... por

27. Harto de comer mal

Complete el párrafo con las expresiones del recuadro según corresponda.

hasta saber	para cambiar	de conversar	por aprender	de tomar	de alimentarme

Estoy cansado **(1)** tan mal. Creo que ya estoy listo **(2)** mis hábitos. Antes **(3)** esta decisión, comía mucha comida chatarra. Después **(4)** con un médico, supe que no era bueno para mi salud. Me quedan muchas cosas **(5)** sobre la buena alimentación, pero seguiré intentándolo **(6)** todo lo necesario.

28. Consejos sobre la nutrición

Complete el párrafo con la preposición que corresponda: **a**, **de** o **para** y acuérdese de usar las contracciones **al** y **del**, si es necesario.

¿Por qué es importante la nutrición?

Llevar una buena dieta es muy importante. **(1)** estar bien, nuestro cuerpo necesita recibir todos los alimentos necesarios **(2)** funcionar. Antes **(3)** comer algo, es importante saber qué beneficios le trae al cuerpo. Por ejemplo, la comida chatarra no es nutritiva, y aunque nunca te canses **(4)** comerla, no es siempre lo mejor **(5)** darle a tu cuerpo. Muchas veces, después **(6)** comer algo que no es saludable, te sientes sin energía y con sueño. Eso es porque no has comido los alimentos que necesita tu cuerpo. **(7)** llevar una dieta saludable, es necesario comer alimentos que contengan hierro, fibra, calcio, proteínas y vitaminas. Recuerda que **(8)** cambiar tu dieta, te sentirás mejor.

29. Vamos a crear oraciones

Use las palabras del recuadro para combinar las frases de la columna izquierda con las de la columna derecha y formar oraciones. Tenga en cuenta que se usan algunas palabras más de una vez.

hasta	después de	para	sin	de

MODELO

las espinacas son buenas — llevar una dieta saludable

Las espinacas son buenas para llevar una dieta saludable.

Sigo una dieta saludable para estar en forma.

I	II
1. Víctor visitará a su abuela	tener una nota del médico
2. estamos listos	tener que hacer ejercicio
3. no te puedo dar el jarabe	irnos de vacaciones al campo
4. mis hermanos están hartos	levantarse temprano todos los días
5. seguiré leyendo	salir de la escuela
6. la nutrición es importante	tener buena salud
7. me gustaría mantenerme en forma	terminar el libro

30. Una entrevista muy personal

¿Cómo se siente hoy? ¿Cómo es su rutina? Con una persona de la clase, túrnense para hacerse las siguientes preguntas y responderlas. Después, comparen sus respuestas con las del resto de la clase.

1. ¿De qué está Ud. aburrido/a?
2. ¿De qué está Ud. cansado/a?
3. ¿Se olvidó de hacer algo esta mañana? Si es así, ¿qué se olvidó de hacer?
4. ¿Está Ud. harto/a de algo? ¿De qué?
5. ¿Cómo se siente cuando sale sin desayunar?
6. ¿Está listo/a para hacer algo? ¿Qué?
7. ¿Qué hace Ud. al entrar en una clase por primera vez?
8. ¿...?

31. ¿Para qué? ¿Por qué?

Hable con una persona de la clase sobre sus actividades diarias. Túrnense para preguntarse y responder por qué o para qué hacen esas actividades. Usen el vocabulario y las preposiciones que aprendieron en la lección, como se ve en el modelo.

MODELO

hacer ejercicio

A: ¿Por qué haces ejercicio?

B: Al hacer ejercicio, me siento mejor y tengo más energía.

Hago ejercicio para mantenerme en forma.

32. ¿Cómo educar a la gente?

Imagine que trabaja para el gobierno de su país y debe crear una campaña para promover hábitos saludables en la población. Con una persona de la clase, escojan un tema importante como la nutrición, el ejercicio físico, las vacaciones, etc. y piensen en la mejor manera de presentar la campaña. Pueden crear un blog, hacer carteles, presentaciones interactivas, o cualquier otra manera. Escriban un texto para la campaña en el que expliquen por qué es importante y qué beneficios trae para la salud. Recuerden usar preposiciones en su texto.

MODELO

el ejercicio físico

El ejercicio físico sirve para mantener la salud y estar en forma. Desde tiempos inmemoriales, las personas han practicado deportes para...

¿? **Pregunta clave** ¿Qué se hacía en el pasado para mantenerse saludable y qué se hace en la actualidad?

¡Comunicación!

33. Un juego de pelota maya

la historia

Imagine que Ud. y unas personas de la clase van a representar un juego de pelota maya. Ud. quiere estar en forma para jugar, así que decide consultar con el entrenador de un gimnasio. Le explica que los jugadores deben pasar la pelota por un aro (*ring*), pero no pueden golpearla con las manos ni los pies, así que deben tener fuerza en las rodillas, las caderas (*hips*) y los hombros. Túrnese con una persona de la clase para hacer el papel del jugador y el del entrenador. Hablen de los ejercicios que Ud. debe hacer y mencionen los beneficios de una dieta equilibrada. Primero, organicen sus ideas en una gráfica. Luego, escriban el diálogo usando el imperfecto de subjuntivo con **si** y el condicional, como se ve en el modelo. Para finalizar, representen la conversación enfrente de la clase.

Representación de un juego de pelota maya

MODELO

A: Si quisiera tener más fuerza en los hombros, ¿qué debería hacer?
B: Debería levantar pesas.

Objetivo	Consejo del entrenador
tener más fuerza en los hombros	levantar pesas

34. Un almuerzo en Copán

la gastronomía

Imagine que trabaja como guía turístico. Va a llevar a un grupo de turistas a visitar el Parque Arqueológico de Copán. Después de visitar el parque, va a llevarlos a almorzar al poblado de Copán Ruinas. Ud. sabe que el menú incluye una variedad de platillos saludables y nutritivos preparados con ingredientes típicos de la cocina hondureña. Busque en Internet algunos platillos de Honduras con esas características. Haga una presentación enfrente de la clase usando una gráfica en la que muestre las comidas saludables que ofrecían en el menú y mencione su valor nutritivo.

Comida típica de Honduras

MODELO

El menú incluía platos como la tortilla de maíz, un alimento rico en fibra y minerales como hierro y calcio.

La rana que quería ser una rana auténtica
de Augusto Monterroso

Sobre el autor

Augusto Monterroso (1921–2003) nació en Tegucigalpa (Honduras), pero eligió la nacionalidad guatemalteca de su padre al cumplir la mayoría de edad. Desde el año 1944, vivió exiliado en México y murió en la Ciudad de México. Su formación fue en gran parte autodidacta. Desde muy joven se inició en la lectura de autores clásicos en varios idiomas, lo que le sirvió después para trabajar como traductor.

Sus obras son principalmente narraciones cortas, en las que se destaca un agudo sentido del humor. Entre ellas se encuentran: *El concierto y el eclipse* (1947), *Obras completas y otros cuentos* (1959), *La oveja negra y demás fábulas* (1969), *Lo demás es silencio* (1978), *Las ilusiones perdidas* (1985), *Esa fauna* (1992), *La vaca* (ensayos, 1998), *Viaje al centro de la fábula* (entrevistas, 1981) y *Los buscadores de oro* (autobiografía, 1983). Recibió reconocimientos importantes como el Premio Nacional de Literatura Miguel Ángel Asturias (Guatemala, 1997), el Príncipe de Asturias (España, 2000) y el Juan Rulfo (México, 2000) entre muchos otros.

BÚSQUEDA augusto monterroso

35. Antes de leer

1. ¿Qué fábulas conoce? ¿Qué animales las protagonizan? ¿Cuál es la moraleja en esas fábulas?
2. ¿Qué moraleja conoce Ud. que se haya convertido en refrán, como por ejemplo “No dejes para mañana lo que puedas hacer hoy” de la fábula *La hormiga y la cigarra*?

ESTRATEGIA

Moral and personification

Fables usually have a lesson for the reader. This lesson is known as the moral of the story and it can be implicit or explicit. Often, as a way of teaching a lesson without addressing it directly to a person, animals are used as main characters in fables and they act as humans would, with similar characteristics and feelings. This is called personification.

36. Practique la estrategia
la literatura

Extraiga de la lectura las actitudes o comportamientos de la rana que corresponden a emociones o sentimientos humanos (personificación). ¿Qué característica positiva o negativa se plantea en cada una?

¿Qué hace la rana?	¿Qué cualidad humana representa?
se esforzaba en ser auténtica	autoestima

37. Comprensión

1. ¿Por qué se miraba la rana largamente en el espejo?
2. ¿Dónde creyó que encontraría su propio valor?
3. ¿Qué hizo la rana al darse cuenta que lo que más admiraban de ella era su cuerpo?

38. Analice

1. ¿Cree Ud. que la rana logró lo que buscaba?
2. En su opinión, ¿valió la pena todo lo que hizo la rana para que la consideraran una rana auténtica? Explique su respuesta.

La rana que quería ser una rana auténtica **de Augusto Monterroso**

Había una vez una rana que quería ser una rana auténtica, y todos los días se esforzaba en ello.

Al principio se compró un espejo en el que se miraba largamente[1] buscando su ansiada[2] autenticidad. Unas veces parecía encontrarla y otras no, según el humor[3] de ese día o de la hora, hasta que se cansó de esto y guardó el espejo en un baúl[4].

Por fin pensó que la única forma de conocer su propio valor estaba en la opinión de la gente, y comenzó a peinarse y a vestirse y a desvestirse (cuando no le quedaba otro recurso) para saber si los demás la aprobaban y reconocían que era una rana auténtica.

Un día observó que lo que más admiraban de ella era su cuerpo, especialmente sus piernas, de manera que se dedicó a hacer sentadillas[5] y a saltar para tener unas ancas[6] cada vez mejores, y sentía que todos la aplaudían.

Y así seguía haciendo esfuerzos hasta que, dispuesta[7] a cualquier cosa para lograr que la consideraran una rana auténtica, se dejaba arrancar[8] las ancas, y los otros se las comían, y ella todavía alcanzaba a oír[9] con amargura[10] cuando decían que qué buena rana, que parecía pollo[11].

[1] for a long while [2] desired [3] mood [4] trunk, chest [5] squats [6] legs [7] willing to do [8] be torn off [9] managed to hear [10] bitterness [11] it tasted like chicken

39. Después de leer

¿Cuál es la moraleja de esta fábula? ¿Está expresada en una frase explícita? ¿Está sugerida para que el lector saque su propia conclusión? ¿Cuál es la enseñanza que quiere dar el autor? Escriba la moraleja de esta fábula en una oración.

Trabaje con una persona de la clase y comparen las moralejas que escribieron para la fábula de Monterroso. Pónganse de acuerdo en una versión final para la moraleja. Luego, creen una fábula nueva en la que puedan incluir esa misma moraleja. Piensen en los personajes, en el lugar donde transcurre la acción, en el conflicto y en cómo se resuelve. Por último, lean su fábula al resto de la clase.

A. Escuchar: Estado físico o alimentación (pp. 412-413, 420-421)

Diga si los seis consejos que oye se relacionan con **el estado físico** o **la alimentación**.

B. Vocabulario: Quiero bajar de peso (pp. 412-413, 420-421)

Complete la conversación entre estos dos amigos con las palabras del recuadro.

cinta	el calcio	flexiones	las grasas
los carbohidratos	abdominales	la comida chatarra	natación

Ana: ¡Hola, Pablo! ¿Qué tal? ¿Cómo te va con tu plan de ponerte en forma?

Pablo: ¡Hola, Ana! Pues me va muy bien. Vi a una nutricionista. Evito **(1)** y tampoco como pasteles ni helados para evitar **(2)**.

Ana: ¿Haces algún ejercicio?

Pablo: ¡Sí claro! Me gusta mucho hacer **(3)**, pero cuando me aburro de caminar en el mismo lugar, hago **(4)** para los brazos y **(5)** para el estómago. También me gustar hacer **(6)** en la piscina.

Ana: ¿Y evitas algún otro alimento?

Pablo: Bueno, no como pan por **(7)**, pero sí tomo leche porque necesito **(8)**.

Ana: Pues, buena suerte, Pablo.

Pablo: ¡Gracias!

C. Estructura: Un posible futuro (p. 416)

Conjugue los verbos que están entre paréntesis en imperfecto del subjuntivo. Luego, complete las oraciones de manera lógica con un verbo en el condicional, como se ve en el modelo.

MODELO

Si (yo) no (*saltarme*) una comida...

Si no me saltara una comida, no tendría tanta hambre.

1. Si (yo) (*levantar*) pesas...
2. Si (tú) (*comer*) solo fruta...
3. Si (nosotros) (*hacer*) yoga...
4. Si (yo) (*evitar*) el pan...
5. Si (tú) (*estirarse*)...
6. Si (nosotros) (*comer*) más proteína...

D. Estructura: Escojamos lo correcto (pp. 424-425)

Escoja la opción correcta del paréntesis según el contexto de la oración.

1. Entre (*tú y yo / ti y mí*), no me gusta que Martín no venga con nosotros.
2. Estoy de acuerdo (*contigo / con ti*), el nuevo estudiante es muy inteligente.
3. Según (*consigo / él*), no hay clases el lunes.
4. Carlos y Enrique fueron al cine (*con mí / conmigo*).
5. Yo no vi nada al (*entrar / entrando*) en el cuarto.
6. Estela fue al mercado para (*compras / comprar*) tomates.

E. Cultura: ¡A jugar! (pp. 418-419)

Imagine que Ud. está organizando un juego de pelota maya en uno de los bulevares biosaludables de San Pedro Sula. Aunque se conoce el campo de juego, tal como se describe en las páginas de cultura, no se conocen sus reglas. Trabaje con una persona de la clase para inventar las reglas. Luego, resuman la información en una gráfica como la que se ve a continuación.

Número de jugadores por equipo	Ropa o útiles permitidos	Cómo usar las paredes inclinadas	Cómo apuntar	Castigos

Vocabulario

Actividades en el gimnasio	La nutrición	Adjetivos	Otras palabras y expresiones
estirarse hacer abdominales hacer bicicleta hacer cinta hacer flexiones hacer natación hacer yoga levantar pesas mantenerse en forma practicar (deportes)	la alimentación el alimento el cacahuete el calcio el carbohidrato la comida chatarra la dieta la fibra la grasa el hábito la hamburguesa el hierro la nutrición la proteína la vitamina	acuático/a equilibrado/a nutritivo/a positivo/a saludable	a partir de alimentarse el calambre la energía el estrés evitar la fuerza hacer un esfuerzo el peso saltarse (una comida) valer la pena

Estructuras

El imperfecto del subjuntivo

El imperfecto del subjuntivo se usa con la palabra **si** en una cláusula para expresar una situación improbable, hipotética o contraria a la realidad. La otra cláusula de la frase se encuentra en el condicional.

__Si siguieras__ las recomendaciones del médico, __te sentirías__ mejor.

__Se mantendrían__ en forma __si hicieran__ ejercicio todos los días.

Preposiciones seguidas del infinitivo

Recuerde que los verbos que siguen a una preposición siempre se encuentran en el infinitivo.

Los huevos son buenísimos __para obtener__ proteínas.

__Después de comprar__ las espinacas, necesito comprar unos pimientos.

La medicina avanza, ¿pero la gente sigue?

Honduras mejora la vida y la salud de sus adultos mayores.

Honduras, como toda América Central, ha hecho muchísimo progreso en las últimas décadas para mejorar la vida y la salud de sus habitantes. Según un estudio de la Organización Panamericana de la Salud (OPS), "la esperanza de vida[1] de un hondureño es de 75 años de edad". Los avances han sido principalmente en la reducción de muertes en dos grupos: muertes maternas e infantiles y muertes de niños menores de cinco años.

Hace 50 años, afirma Merlín Fernández, el presidente de la junta directiva del hospital Mario Rivas, la esperanza de vida promedio era de 50 años. Había unos 200 establecimientos de salud en todo el país mientras que ahora hay cerca de 1.900. El sistema de salud nacional ha mejorado "de manera continua y progresiva", dice, pero "no tan rápido ni tan frondoso[2] como los problemas de salud lo requieren".

La OPS nota que la calidad de vida de los habitantes está afectada por enfermedades crónicas como diabetes, hipertensión, cáncer y obesidad. "Es positivo que las personas lleguen a más años. Pero tienen que tener un estilo de vida saludable que les permita vivir bien".

Para ayudar a la gente a adaptarse a una vida más larga, la oficina de Paz y Convivencia ha instituido programas como Parques para una Vida Mejor y los bulevares biosaludables (mencionados en Cultura de esta unidad) para promover la actividad física. Es importante notar que 30 empresas[3] de Honduras apoyan esos programas con las fundaciones Convive Mejor y Vive Mejor.

[1] life expectancy [2] widely distributed [3] businesses

Los parques no son solamente para niños.

BÚSQUEDA organización panamericana de salud

PRÁCTICAS

El Comisionado Nacional de los Derechos Humanos propuso en el 2014 incluir la medicina alternativa como estrategia de atención primaria en salud en Honduras. Se define la medicina alternativa como "la combinación de las prácticas tradicionales y modernas".

COMPARACIONES

Investigue en Internet la esperanza de vida de la gente de su país de origen. ¿Cómo se compara con la de Honduras?

PERSPECTIVAS

En un artículo en *La Tribuna* (periódico de Honduras) sobre los avances en la medicina de los últimos siglos, el autor afirma que no ha cambiado "el ser humano en su condición de paciente" que necesita "afecto, comprensión y bondad por parte del personal que lo atiende, especialmente del médico". ¿Está Ud. de acuerdo en que el paciente del pasado y el paciente actual tienen las mismas necesidades en cuanto a su relación con el personal médico?

A. Comprensión

1. ¿Cuál es la esperanza de vida de los hondureños hoy? ¿Cuál era antes, según Merlín Fernández?
2. ¿Dónde se nota el mayor progreso en la salud?
3. ¿Cuáles son los principales problemas de salud de los hondureños que viven más años?

B. Analice

1. En su opinión, ¿que significa el título de la lectura?
2. ¿Cuáles son las implicaciones de vivir una vida más larga? ¿Qué es necesario hacer para vivir bien? Explique.

El ejercicio en las escuelas

Como Honduras, Guatemala tiene programas para mejorar la calidad de vida de la gente. El programa Hora de Moverse empezó en el 2011 con la ayuda del Sistema Coca Cola, con el objetivo de capacitar[1] a maestros que implementarán 60 minutos diarios de actividad física en las escuelas. En el 2017, 25 maestros de educación física y 100 maestros de diferentes escuelas del país participaron en el séptimo taller de capacitación. En Guatemala, hay 2.949 maestros de educación física, pero hay 32.600 escuelas. ¿Cómo asegurar que haya un programa de ejercicio en cada escuela? Pues, entrenar a una persona de cada comunidad educativa, que enseñe a otras hasta que cada escuela tenga su propio programa.

Niños de la escuela 15 de Septiembre jugando

[1] train

BÚSQUEDA hora de moverse

C. Comprensión

1. ¿Tienen todas las escuelas de Guatemala instructores de educación física ahora? Explique.
2. ¿Cuándo empezó la capacitación de maestros en ejercicio físico?

COMPARACIONES

¿Qué programa(s) de ejercicio tiene su colegio para hacer moverse a los estudiantes? En su opinión, ¿es adecuado? Explique.

D. Analice

1. Considerando las dos lecturas, ¿por qué es necesario tener programas que promuevan el movimiento y el ejercicio en Centroamérica?
2. ¿Por qué hace 100 años no era necesario implementar programas de ejercicio en las escuelas y los parques? ¿Qué ha cambiado para que estos programas sean necesarios?

PERSPECTIVAS

"Está comprobado que las actividades al aire libre nos liberan de tensiones y nos ayudan a recargar energías". Esta frase viene de la introducción de un artículo sobre los ocho parques públicos de la Ciudad de Guatemala. ¿Está Ud. de acuerdo con esta filosofía? Explique.

El rincón del arte

Los artesanos mayas usaban los materiales que tenían a su alrededor para crear sus esculturas. Esta escultura, hecha de barro, muestra a una de las diosas con una vaina (*pod*) de cacao. También hay flores del cacao que adornan su pelo. Los mayas usaban el cacao para hacer chocolate y lo consumían desde hace 2.600 años. Ellos creían que el cacao era un regalo de los dioses. Era parte de su dieta diaria y lo tomaban para mantenerse saludable. ¿Qué se aprende de la cultura de los mayas al observar esta escultura? ¿Qué conexión se hace hoy en día entre el chocolate y la salud?

Una diosa maya con una vaina de cacao

¡Qué chévere es la vida! Nos ponemos en forma

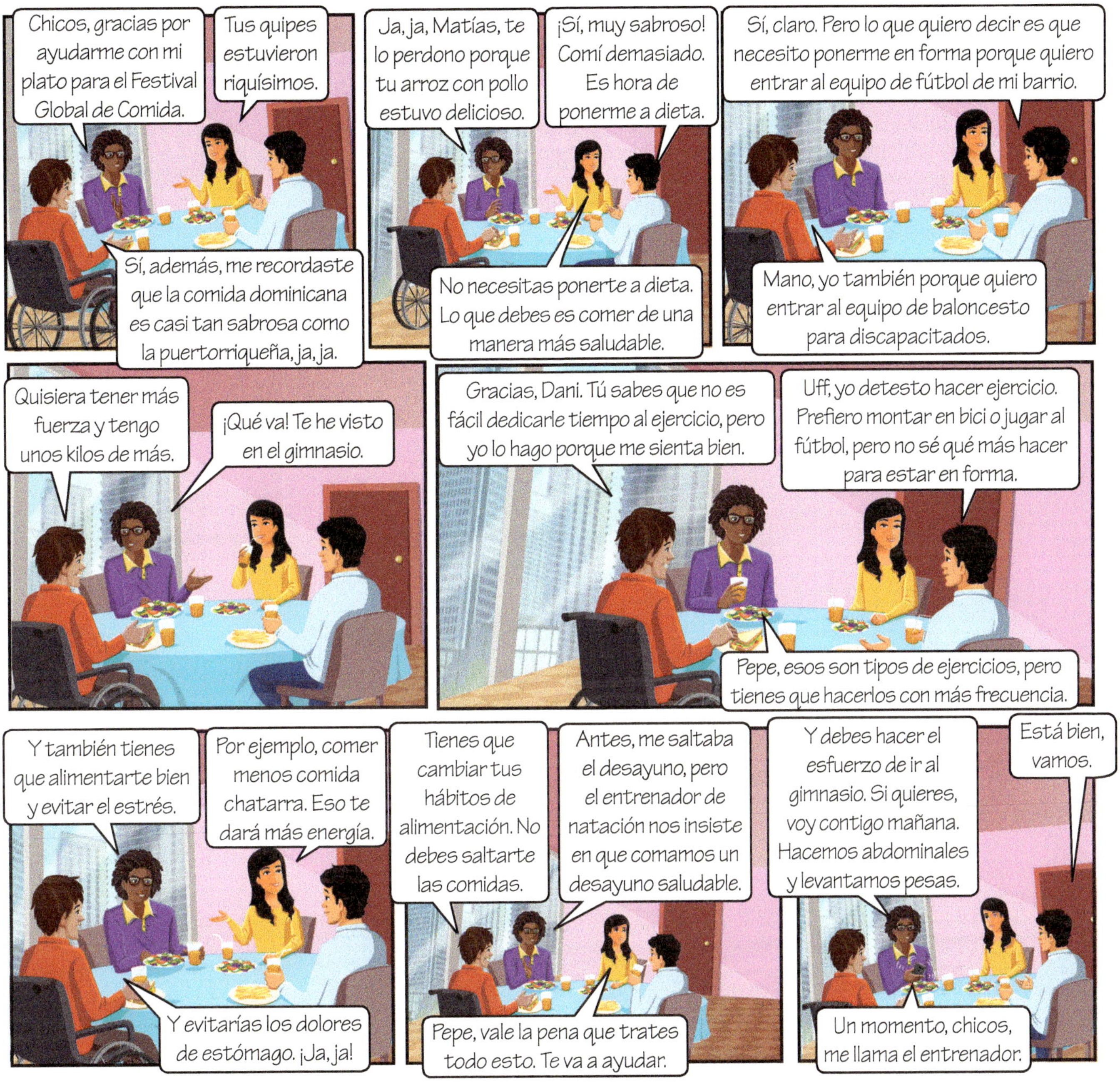

quipes *small, deep-fried balls of seasoned beef* [Dominican Republic] **Mano** *Bro* [Puerto Rico] **sentarle bien a alguien** *to agree with someone, to be good for someone*

E. Comprensión

1. ¿Por qué Pepe quiere ponerse en forma?
2. ¿Qué consejos le da Isa a Pepe?
3. ¿Qué le ofrece Dani a Pepe?

F. Analice

1. ¿Por qué cree Ud. que Isa le dice a Pepe que él no necesita hacer dieta?
2. ¿Está Ud. de acuerdo con Matías en que hacer ejercicio no es fácil? Explique.
3. ¿A qué personaje se parece Ud. más? Explique.

¿? **Pregunta clave** ¿Qué se hacía en el pasado para mantenerse saludable y qué se hace en la actualidad?

A. ¡Manos a la obra!

Imagine que Ud. y sus amigos están de excursión cerca del río Cangrejal, en Honduras. De repente uno de los chicos del grupo empieza a sentir un fuerte dolor de estómago. Cerca del lugar hay un puesto de salud de medicina occidental y otro de medicina tradicional maya, pero no hay un laboratorio. Uds. no están seguros de cuál es el mejor tratamiento para el dolor de estómago de su amigo: ¿el de la medicina occidental o el de la medicina maya? Entonces, deciden que algunos van a investigar el tratamiento occidental y los demás, el tratamiento maya. Trabajen en equipo. Comenten los diferentes tratamientos; escojan el mejor y expliquen por qué lo escogieron.

Excursionistas en Honduras

B. En resumen

Repase lo que aprendió sobre la salud en Guatemala y Honduras en esta unidad. ¿Qué se hacía antes para mantenerse saludable? ¿Qué se hace en la actualidad? Resuma la información en una tabla como la que se da a continuación.

Formas de mantenerse saludable		
País	**En el pasado**	**En la actualidad**
Guatemala		
Honduras		

Extensión

Los sacerdotes y las sacerdotisas mayas sirven de guías espirituales. Uno de los problemas que tratan son los problemas emocionales ocasionados por el susto, la enfermedad que se describe en la lectura “Medicina tradicional maya”. ¿Qué profesionales de la cultura actual se dedican a tratar este tipo de problemas? Investigue por Internet. ¿Qué semejanzas y diferencias cree Ud. que tienen con los sacerdotes y las sacerdotisas mayas? ¿Qué método es preferible para tratar este tipo de problemas? ¿Por qué?

C. ¡A escribir!

Imagine que estaba practicando senderismo (*trekking*) cerca de las ruinas de Copán y que resbaló, se cayó y se torció un tobillo. De inmediato, lo/a llevaron al centro médico más cercano y allí le dieron los primeros auxilios. Envíele un mensaje a su familia y a sus amigos en el que cuente qué fue lo que le sucedió, dónde estaba, qué estaba haciendo, adónde lo/a llevaron, qué tratamiento le dieron y cómo se encuentra de salud en este momento.

PARA ESCRIBIR MÁS

No me lo van a creer...	*You won't believe it...*
Sentí que me iba a morir.	*I felt like I was dying.*

D. Plan de alimentación

la salud

Trabaje en grupo con otras personas de la clase. Diseñen un plan de alimentación en español que sea apropiado para los jóvenes que practican deporte con regularidad. Debe incluir el tipo de alimento y las calorías. También pueden diseñar un plan de ejercicios de calentamiento para evitar lesiones y calambres cuando vayan a practicar deportes. Preparen una presentación para presentar el plan enfrente de la clase. Pueden incluir fotografías de los alimentos y videos para mostrar los ejercicios. Luego, visiten una clínica en la zona donde viven a ver si pueden usar el plan con sus pacientes hispanohablantes.

Es importante estirarse antes de hacer ejercicio.

E. Programa de medicina maya

En Guatemala conviven la medicina tradicional, de origen maya, y la medicina occidental, llamada también oficial o convencional. También hay otro tipo de prácticas médicas. Según el Programa Medicina Maya, en este país centroamericano las distintas prácticas se clasifican según el siguiente cuadro. Investigue y describa cuál es la principal característica de cada una.

Clase de medicina	Principal característica
convencional, oficial, occidental	
complementaria	
alternativa	
natural	
indígena	
tradicional maya	

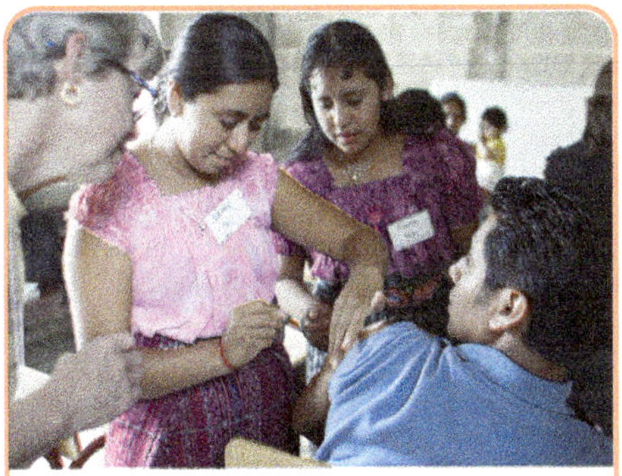

La salud en Guatemala

F. Patrimonio de la humanidad

la gastronomía

En el 2007, el gobierno guatemalteco nombró cuatro platos como Patrimonio Cultural intangible de la Nación: el jocón, el pepián, el kaq'ik y los plátanos en mole. Estos platos combinan ingredientes de la gastronomía maya con otros que trajeron los europeos.

Trabaje con una persona de la clase y escojan juntos uno de estos platos. Investiguen cuáles son los ingredientes para prepararlo, cuáles de estos ingredientes son de la cultura maya y cuáles fueron traídos por los europeos. Preparen una presentación con la información que reunieron sobre el plato elegido para compartirla con los demás compañeros.

Repaso de la Unidad 8

Autoevaluación

Lección A I can:

- describe minor medical accidents and visit a clinic or hospital (pp. 392–393)
- convey what body parts hurt (p. 396)
- communicate about events that will have happened in the future (p. 397)
- communicate about events that would have happened in the future (p. 397)
- discuss healthcare in Guatemala (pp. 400–401)
- describe a visit to the doctor (pp. 402–403)
- converse about symptoms and remedies (pp. 402–403)
- communicate about how long something has/had been going on (p. 405)
- discuss natural cures for ailments and illnesses (pp. 408–409)

Lección B I can:

- discuss ways to stay fit (pp. 412–413)
- communicate about hypothetical situations (p. 416)
- discuss Mayan games (p. 418)
- describe a program to promote exercise in Honduras (p. 419)
- discuss how diet can impact health (pp. 420–421)
- analyze and discuss a fable (pp. 429–430)

Repaso de estructuras

Lección A

- **Repaso rápido:** El verbo **doler** (p. 396)
- Los tiempos compuestos: El futuro perfecto y el condicional perfecto (p. 397)
- Expresiones con **hace/hacía... que** (p. 405)

Lección B

- El imperfecto del subjuntivo con **si** (p. 416)
- **Repaso rápido:** Preposiciones y pronombres (p. 424)
- Preposiciones seguidas de infinitivo (p. 425)

My Language Town™

Y tú, ¿qué haces para tener una vida sana?

Vocabulario de la Unidad 8

acuático/a aquatic, pertaining to water *8B.1*

a partir de from (a certain period of time) *8B.2*

la **alergia** allergy *8A.2*

la **alimentación** diet, food *8B.2*

alimentarse to eat *8B.2*

el **alimento** food *8B.2*

el **antibiótico** antibiotic *8A.2*

el **antiséptico** antiseptic *8A.1*

la **aspirina** aspirin *8A.2*

la **barriga** belly *8A.2*

el **cacahuete** peanut *8B.2*

el **calambre** muscle cramp *8B.1*

el **calcio** calcium *8B.2*

el **carbohidrato** carbohydrate *8B.2*

la **clínica** clinic *8A.1*

la **comida chatarra** junk food *8B.2*

el **corte** cut *8A.1*

curar(se) to cure, to recover *8A.2*

la **curita** adhesive bandage *8A.1*

darse un golpe to bang into something *8A.1*

la **dieta** diet *8B.2*

el **dolor** pain *8A.2*

la **energía** energy *8B.1*

la **enfermedad** disease *8A.2*

equilibrado/a balanced *8B.2*

la **erupción** rash *8A.2*

estirarse to stretch *8B.1*

estornudar to sneeze *8A.2*

el **estrés** stress *8B.1*

evitar to avoid *8B.1*

examinar to examine *8A.1*

la **fibra** fiber *8B.2*

la **fiebre** fever *8A.2*

la **fractura** fracture *8A.1*

la **fuerza** strength *8B.1*

las **gotas** drops *8A.2*

la **grasa** fat *8B.2*

el **hábito** habit *8B.2*

hacer abdominales to do sit-ups *8B.1*

hacer bicicleta to ride a stationary bike *8B.1*

hacer cinta to use a treadmill *8B.1*

hacer flexiones to do pushups *8B.1*

hacer natación to practice swimming *8B.1*

hacer un esfuerzo to make an effort *8B.1*

hacer yoga to do yoga *8B.1*

la **hamburguesa** hamburger *8B.2*

el **hierro** iron *8B.2*

el **historial médico** medical history *8A.2*

hondo/a deep(ly) *8A.2*

la **infección** infection *8A.2*

la **inflamación** inflammation, swelling *8A.2*

la **inyección** injection, shot *8A.2*

el **jarabe** (cough) syrup *8A.2*

levantar pesas to lift weights *8B.1*

mantenerse en forma to stay in shape *8B.1*

las **muletas** crutches *8A.1*

la **muñeca** wrist *8A.1*

la **nutrición** nutrition *8B.2*

nutritivo/a nutritious *8B.2*

el **paciente**, la **paciente** patient *8A.2*

la **pastilla** pill *8A.2*

el **peso** weight *8B.1*

la **piel** skin *8A.2*

poner una vacuna to vaccinate *8A.2*

positivo/a positive *8B.1*

practicar (deportes) to play, to practice, to do (sports) *8B.1*

la **presión** blood pressure *8A.2*

profundo/a deep *8A.1*

la **proteína** protein *8B.2*

el **pulmón** (**pl. los pulmones**) lung *8A.2*

la **pulmonía** pneumonia *8A.2*

los **puntos** stitches *8A.1*

quebrarse to break *8A.1*

la **radiografía** X-ray *8A.1*

el **rasguño** scratch *8A.1*

recetar to prescribe *8A.2*

el **remedio** remedy, medicine *8A.2*

resbalarse to slip *8A.1*

respirar to breathe *8A.2*

la **sala de emergencias** emergency room *8A.1*

saltarse (una comida) to skip (a meal) *8B.2*

saludable healthy *8B.2*

la **silla de ruedas** wheelchair *8A.1*

los **síntomas** symptoms *8A.2*

sufrir to suffer *8A.1*

el **tobillo** ankle *8A.1*

tomar(se) la presión to take one's blood pressure *8A.2*

torcerse (ue) to twist *8A.1*

toser to cough *8A.2*

tropezar con to stumble, to trip over *8A.1*

la **vacuna** vaccination *8A.2*

valer la pena to be worthwhile *8B.1*

la **venda** bandage *8A.1*

la **vitamina** vitamin *8B.2*

el **yeso** cast *8A.1*

APPENDIX A Grammar Review

Definite articles

	Singular	Plural
Masculine	el	los
Feminine	la	las

Indefinite articles

	Singular	Plural
Masculine	un	unos
Feminine	una	unas

Adjective/noun agreement

	Singular	Plural
Masculine	El chico es alto.	Los chicos son altos.
Feminine	La chica es alta.	Las chicas son altas.

Pronouns

Singular	Subject	Direct object	Indirect object	Object of preposition	Reflexive	Reflexive object of preposition
1st person	yo	me	me	mí	me	mí
2nd person	tú	te	te	ti	te	ti
	Ud.	lo/la	le	Ud.	se	sí
3rd person	él	lo	le	él	se	sí
	ella	la	le	ella	se	sí
Plural						
1st person	nosotros	nos	nos	nosotros	nos	nosotros
	nosotras	nos	nos	nosotras	nos	nosotras
2nd person	vosotros	os	os	vosotros	os	vosotros
	vosotras	os	os	vosotras	os	vosotras
	Uds.	los/las	les	Uds.	se	sí
3rd person	ellos	los	les	ellos	se	sí
	ellas	las	les	ellas	se	sí

Demonstrative adjective and pronouns

Singular		Plural		
Masculine	**Feminine**	**Masculine**	**Feminine**	**Neuter**
este	esta	estos	estas	esto
ese	esa	esos	esas	eso
aquel	aquella	aquellos	aquellas	aquello

Relative pronouns

que	*who, whom, which, that*
quien	*who*
quienes	*who*
a quien	*whom*
a quienes	*whom*
cuyo/a	*whose*
el que, la que	*who, which*
el cual, la cual	*who, which*
lo que	*what, that, which*

Possessive pronouns

Singular	Singular form	Plural form
1st person	el mío la mía	los míos las mías
2nd person	el tuyo la tuya el suyo la suya	los tuyos las tuyas los suyos las suyas
3rd person	el suyo la suya	los suyos las suyas
Plural	**Singular form**	**Plural form**
1st person	el nuestro la nuestra	los nuestros las nuestras
2nd person	el vuestro la vuestra el suyo la suya	los vuestros las vuestras los suyos las suyas
3rd person	el suyo la suya	los suyos las suyas

Interrogatives

qué	*what*
cómo	*how*
dónde	*where*
cuándo	*when*
cuánto/a/os/as	*how much, how many*
cuál/cuáles	*which (one)*
quién/quiénes	*who, whom*
por qué	*why*
para qué	*why, what for*

Possessive adjectives: short form

Singular	Singular nouns	Plural nouns
1st person	mi hermano mi hermana	mis hermanos mis hermanas
2nd person	tu hermano tu hermana su hermano su hermana	tus hermanos tus hermanas sus hermanos sus hermanas
3rd person	su hermano su hermana	sus hermanos sus hermanas
Plural	**Singular nouns**	**Plural nouns**
1st person	nuestro hermano nuestra hermana	nuestros hermanos nuestras hermanas
2nd person	vuestro hermano vuestra hermana su hermano su hermana	vuestros hermanos vuestras hermanas sus hermanos sus hermanas
3rd person	su hermano su hermana	sus hermanos sus hermanas

Possessive adjectives: long form

Singular	Singular nouns	Plural nouns
1st person	un amigo mío una amiga mía	unos amigos míos unas amigas mías
2nd person	un amigo tuyo una amiga tuya un amigo suyo una amiga suya	unos amigos tuyos unas amigas tuyas unos amigos suyos unas amigas suyas
3rd person	un amigo suyo una amiga suya	unos amigos suyos unas amigas suyas
Plural		
1st person	un amigo nuestro una amiga nuestra	unos amigos nuestros unas amigas nuestras
2nd person	un amigo vuestro una amiga vuestra un amigo suyo una amiga suya	unos amigos vuestros unas amigas vuestras unos amigos suyos unas amigas suyas
3rd person	un amigo suyo una amiga suya	unos amigos suyos unas amigas suyas

APPENDIX B Verbs

Present tense (indicative)

Regular present tense		
hablar (*to speak*)	hablo hablas habla	hablamos habláis hablan
comer (*to eat*)	como comes come	comemos coméis comen
escribir (*to write*)	escribo escribes escribe	escribimos escribís escriben

Present tense of reflexive verbs (indicative)

lavarse (*to wash oneself*)	me lavo te lavas habló	nos lavamos os laváis se lavan

Present tense of stem-changing verbs (indicative)

Stem-changing verbs are identified in this book by the presence of vowels in parentheses after the infinitive. If these verbs end in *-ar* or *-er*, they have only one change. If they end in *-ir*, they have two changes. The stem change of *-ar* and *-er* verbs and the first stem change of *-ir* verbs occur in all forms of the present tense, except *nosotros* and *vosotros*.

cerrar (ie) **(to close)**	e → ie	cierro cierras cierra	cerramos cerráis cierran

Verbs like **cerrar**: apretar (*to tighten*), atravesar (*to cross*), calentar (*to heat*), comenzar (*to begin*), despertar (*to wake up*), despertarse (*to awaken*), empezar (*to begin*), encerrar (*to lock up*), negar (*to deny*), nevar (*to snow*), pensar (*to think*), quebrar (*to break*), recomendar (*to recommend*), regar (*to water*), sentarse (*to sit down*), temblar (*to tremble*), tropezar (*to trip*)

contar (ue) **(to tell)**	o → ue	cuento cuentas cuenta	contamos contáis cuentan

Verbs like **contar**: acordar (*to agree*), acordarse (*to remember*), acostar (*to put to bed*), acostarse (*to lie down*), almorzar (*to have lunch*), colgar (*to hang*), costar (*to cost*), demostrar (*to demonstrate*), encontrar (*to find, to meet someone*), mostrar (*to show*), probar (*to taste, to try*), recordar (*to remember*), rogar (*to beg*), soltar (*to loosen*), sonar (*to ring, to sound*), soñar (*to dream*), volar (*to fly*), volcar (*to spill, to turn upside down*)

jugar (ue) (***to play***)	u → ue	juego juegas juega	jugamos jugáis juegan

perder (ie) (***to lose***)	e → ie	pierdo pierdes pierde	perdemos perdéis pierden

Verbs like **perder:** defender (*to defend*), descender (*to descend, to go down*), encender (*to light, to turn on*), entender (*to understand*), extender (*to extend*), tender (*to spread out*)

volver (ue) (***to return***)	o → ue	vuelvo vuelves vuelve	volvemos volvéis vuelven

Verbs like **volver:** devolver (*to return something*), doler (*to hurt*), llover (*to rain*), morder (*to bite*), mover (*to move*), resolver (*to resolve*), soler (*to be in the habit of*), torcer (*to twist*)

pedir (i, i) (***to ask for***)	e → i	pido pides pide	pedimos pedís piden

Verbs like **pedir:** conseguir (*to obtain, to attain, to get*), despedirse (*to say good-bye*), elegir (*to choose, to elect*), medir (*to measure*), perseguir (*to pursue*), repetir (*to repeat*), seguir (*to follow, to continue*), vestirse (*to get dressed*)

sentir (ie, i) (***to feel***)	e → ie	siento sientes siente	sentimos sentís sienten

Verbs like **sentir:** advertir (*to warn*), arrepentirse (*to regret*), convertir (*to convert*), convertirse (*to become*), divertirse (*to have fun*), herir (*to wound*), invertir (*to invest*), mentir (*to lie*), preferir (*to prefer*), requerir (*to require*), sugerir (*to suggest*)

dormir (ue, u) (***to sleep***)	o → ue	duermo duermes duerme	dormimos dormís duermen

Present participle of regular verbs

The present participle of regular verbs is formed by replacing the *-ar* of the infinitive with *-ando* and the *-er* or *-ir* with *-iendo*.

Present participle of stem-changing verbs

Stem-changing verbs that end in *-ir* use the second stem change in the present participle.

dormir (ue, u)	durmiendo
seguir (i, i)	siguiendo
sentir (ie, i)	sintiendo

Progressive tenses

The present participle is used with the verbs *estar, continuar, seguir, andar,* and some other motion verbs to produce the progressive tenses. They are reserved for recounting actions that are, or were, in progress at the time in question.

Regular command forms

	Affirmative		Negative
***-ar* verbs**	habla	(tú)	no hables
	hablad	(vosotros)	no habléis
	hable Ud.	(Ud.)	no hable Ud.
	hablen Uds	(Uds.)	no hablen Uds.
	hablemos	(nosotros)	no hablemos
***-er* verbs**	come	(tú)	no comas
	comed	(vosotros)	no comáis
	coma Ud.	(Ud.)	no coma Ud.
	coman Uds.	(Uds.)	no coman Uds.
	comamos	(nosotros)	no comamos
***-ir* verbs**	escribe	(tú)	no escribas
	escribid	(vosotros)	no escribáis
	escriba Ud.	(Ud.)	no escriba Ud.
	escriban Uds.	(Uds.)	no escriban Uds.
	escribamos	(nosotros)	no escribamos

Commands of stem-changing verbs (indicative)

The stem change also occurs in *tú*, *Ud.*, and *Uds.* commands, and the second change of *-ir* stem-changing verbs occurs in the *nosotros* command and in the negative *vosotros* command as well.

cerrar (***to close***)	cierra	(tú)	no cierres
	cerrad	(vosotros)	no cerréis
	cierre Ud.	(Ud.)	no cierre Ud.
	cierren Uds.	(Uds.)	no cierren Uds.
	cerremos	(nosotros)	no cerremos
volver (***to return***)	vuelve	(tú)	no vuelvas
	volved	(vosotros)	no volváis
	vuelva Ud.	(Ud.)	no vuelva Ud.
	vuelvan Uds.	(Uds.)	no vuelvan Uds.
	volvamos	(nosotros)	no volvamos
dormir (***to sleep***)	duerme	(tú)	no duermas
	dormid	(vosotros)	no durmáis
	duerma Ud.	(Ud.)	no duerma Ud.
	duerman Uds.	(Uds.)	no duerman Uds.
	durmamos	(nosotros)	no durmamos

Preterite tense (indicative)

hablar	hablé hablaste habló	hablamos hablasteis hablaron
comer	comí comiste comió	comimos comisteis comieron
escribir	escribí escribiste escribió	escribimos escribisteis escribieron

Preterite tense of stem-changing verbs (indicative)

Stem-changing verbs that end in *-ar* and *-er* are regular in the preterite tense. That is, they do not require a spelling change, and they use the regular preterite endings.

pensar (ie)	
pensé	pensamos
pensaste	pensasteis
pensó	pensaron

volver (ue)	
volví	volvimos
volviste	volvisteis
volvió	volvieron

Stem-changing verbs ending in *-ir* change their third-person forms in the preterite tense, but they still require the regular preterite endings.

sentir (ie, i)	
sentí	sentimos
sentiste	sentisteis
sintió	sintieron

dormir (ue, u)	
me dormí	nos dormimos
te dormiste	os dormisteis
se durmió	se durmieron

Imperfect tense (indicative)

hablar	hablaba hablabas hablaba	hablábamos hablabais hablaban
comer	comía comías comía	comíamos comíais comían
escribir	escribía escribías escribía	escribíamos escribíais escribían

Future tense (indicative)

hablar	hablaré hablarás hablará	hablaremos hablaréis hablarán
comer	comeré comerás comerá	comeremos comeréis comerán
escribir	escribiré escribirás escribirá	escribiremos escribiréis escribirán

Conditional tense (indicative)

hablar	hablaré hablarás hablaría	hablaremos hablaríais hablarían
comer	comería comerías comería	comeríamos comeríais comerían
escribir	escribiría escribirías escribiría	escribiríamos escribiríais escribirían

Past participle

The past participle is formed by replacing the *-ar* of the infinitive with *-ado* and the *-er* or *-ir* with *-ido*.

hablar	hablado
comer	comido
vivir	vivido

Irregular past participles

abierto	abrir
cubierto	cubrir
dicho	decir
escrito	escribir
hecho	hacer
muerto	morir
puesto	poner
roto	romper
visto	ver
vuelto	volver

Present perfect tense (indicative)

The present perfect tense is formed by combining the present tense of *haber* and the past participle of a verb.

hablar	he hablado has hablado ha hablado	hemos hablado habéis hablado han hablado
comer	he comido has comido ha comido	hemos comido habéis comido han comido
vivir	he vivido has vivido ha vivido	hemos vivido habéis vivido han vivido

Past perfect tense (indicative)

hablar	había hablado habías hablado había hablado	habíamos hablado habíais hablado habían hablado

Preterite perfect tense (indicative)

hablar	hube hablado hubiste hablado hubo hablado	hubimos hablado hubisteis hablado hubieron hablado

Future perfect tense (indicative)

hablar	habré hablado habrás hablado habrá hablado	habremos hablado habréis hablado habrán hablado

Conditional perfect tense (indicative)

hablar	habré hablado habrás hablado habrá hablado	habremos hablado habréis hablado habrán hablado

Present tense (subjunctive)

hablar	hable hables hable	hablemos habléis hablen
comer	coma comas coma	comamos comáis coman
escribir	escriba escribas escriba	escribamos escribáis escriban

Imperfect tense (subjunctive)

hablar	hablara (hablase) hablaras (hablases) hablara (hablase)	habláramos (hablásemos) hablarais (hablaseis) hablaran (hablasen)
comer	comiera (comiese) comieras (comieses) comiera (comiese)	comiéramos (comiésemos) comierais (comieseis) comieran (comiesen)
escribir	escribiera (escribiese) escribieras (escribieses) escribiera (escribiese)	escribiéramos (escribiésemos) escribierais (escribieseis) escribieran (escribiesen)

Present perfect tense (subjunctive)

hablar	haya hablado hayas hablado haya hablado	hayamos hablado hayáis hablado hayan hablado

Past perfect tense (subjunctive)

hablar	hubiera (hubiese) hablado hubieras (hubieses) hablado hubiera (hubiese) hablado	hubiéramos (hubiésemos) hablado hubierais (hubieseis) hablado hubieran (hubiesen) hablado

Verbs with irregularities

The following charts provide some frequently used Spanish verbs with irregularities.

abrir (*to open*)	
past participle	abierto
Similar to:	cubrir (*to cover*)

andar (*to walk, to ride*)	
preterite	anduve, anduviste, anduvo, anduvimos, anduvisteis, anduvieron

buscar (*to look for*)	
preterite	busqué, buscaste, buscó, buscamos, buscasteis, buscaron
present subjunctive	busque, busques, busque, busquemos, busquéis, busquen
Similar to:	acercarse (*to get close, to approach*), arrancar (*to start a motor*), colocar (*to place*), criticar (*to criticize*), chocar (*to crash*), equivocarse (*to make a mistake*), explicar (*to explain*), marcar (*to score a point*), pescar (*to fish*), platicar (*to chat*), practicar (*to practice*), sacar (*to take out*), tocar (*to touch, to play an instrument*)

caber (*to fit into, to have room for*)	
present	quepo, cabes, cabe, cabemos, cabéis, caben
preterite	cupe, cupiste, cupo, cupimos, cupisteis, cupieron
future	cabré, cabrás, cabrá, cabremos, cabréis, cabrán
present subjunctive	quepa, quepas, quepa, quepamos, quepáis, quepan

caer (*to fall*)	
present	caigo, caes, cae, caemos, caéis, caen
preterite	caí, caíste, cayó, caímos, caísteis, cayeron
present participle	cayendo
present subjunctive	caiga, caigas, caiga, caigamos, caigáis, caigan
past participle	caído

conducir (*to drive, to conduct*)	
present	conduzco, conduces, conduce, conducimos, conducís, conducen
preterite	conduje, condujiste, condujo, condujimos, condujisteis, condujeron
present subjunctive	conduzca, conduzcas, conduzca, conduzcamos, conduzcáis, conduzcan
Similar to:	traducir (*to translate*)

conocer (*to know*)	
present	conozco, conoces, conoce, conocemos, conocéis, conocen
present subjunctive	conozca, conozcas, conozca, conozcamos, conozcáis, conozcan
Similar to:	complacer (*to please*), crecer (*to grow, to increase*), desaparecer (*to disappear*), nacer (*to be born*), ofrecer (*to offer*)

construir (*to build*)	
present	construyo, construyes, construye, construimos, construís, construyen
preterite	construí, construiste, construyó, construimos, construisteis, construyeron
present participle	construyendo
present subjunctive	construya, construyas, construya, construyamos, construyáis, construyan

continuar (*to continue*)	
present	continúo, continúas, continúa, continuamos, continuáis, continúan

convencer (*to convince*)	
present	convenzo, convences, convence, convencemos, convencéis, convencen
present subjunctive	convenza, convenzas, convenza, convenzamos, convenzáis, convenzan
Similar to:	vencer (*to win, to expire*)

cubrir (*to cover*)	
past participle	cubierto
Similar to:	abrir (*to open*), descubrir (*to discover*)

dar (*to give*)	
present	doy, das, da, damos, dais, dan
preterite	di, diste, dio, dimos, disteis, dieron
present subjunctive	dé, des, dé, demos, deis, den

decir (*to say, to tell*)	
present	digo, dices, dice, decimos, decís, dicen
preterite	dije, dijiste, dijo, dijimos, dijisteis, dijeron
present participle	diciendo
command	di (tú)
future	diré, dirás, dirá, diremos, diréis, dirán
present subjunctive	diga, digas, diga, digamos, digáis, digan
past participle	dicho

dirigir (*to direct*)	
present	dirijo, diriges, dirige, dirigimos, dirigís, dirigen
present subjunctive	dirija, dirijas, dirija, dirijamos, dirijáis, dirijan

empezar (*to begin, to start*)	
present	empiezo, empiezas, empieza, empezamos, empezáis, empiezan
present subjunctive	empiece, empieces, empiece, empecemos, empecéis, empiecen
Similar to:	almorzar (*to eat lunch*), aterrizar (*to land*), comenzar (*to begin*), gozar (*to enjoy*), realizar (*to attain, to bring about*)

enviar (*to send*)	
present	envío, envías, envía, enviamos, enviáis, envían
present subjunctive	envíe, envíes, envíe, enviemos, enviéis, envíen
Similar to:	esquiar (*to ski*)

escribir (*to write*)	
past participle	escrito
Similar to:	describir (*to describe*)

escoger (*to choose*)	
present	escojo, escoges, escoge, escogemos, escogéis, escogen
Similar to:	coger (*to pick*), recoger (*to pick up*)

estar (*to be*)	
present	estoy, estás, está, estamos, estáis, están
preterite	estuve, estuviste, estuvo, estuvimos, estuvisteis, estuvieron
present subjunctive	esté, estés, esté, estemos, estéis, estén

haber (*to have*)	
present	he, has, ha, hemos, habéis, han
preterite	hube, hubiste, hubo, hubimos, hubisteis, hubieron
future	habré, habrás, habrá, habremos, habréis, habrán
present subjunctive	haya, hayas, haya, hayamos, hayáis, hayan

hacer (*to do, to make*)	
present	hago, haces, hace, hacemos, hacéis, hacen
preterite	hice, hiciste, hizo, hicimos, hicisteis, hicieron
command	haz (tú)
future	haré, harás, hará, haremos, haréis, harán
present subjunctive	haga, hagas, haga, hagamos, hagáis, hagan
past participle	dicho
Similar to:	deshacer (*to undo*)

ir (*to go*)	
present	voy, vas, va, vamos, vais, van
preterite	fui, fuiste, fue, fuimos, fuisteis, fueron
imperfect	iba, ibas, iba, íbamos, ibais, iban
present participle	yendo
command	ve (tú)
present subjunctive	vaya, vayas, vaya, vayamos, vayáis, vayan

leer (*to read*)	
preterite	leí, leíste, leyó, leímos, leísteis, leyeron
present participle	leyendo
past participle	leído
Similar to:	creer (*to believe*)

llegar (*to arrive*)	
preterite	llegué, llegaste, llegó, llegamos, llegasteis, llegaron
present subjunctive	llegue, llegues, llegue, lleguemos, lleguéis, lleguen
Similar to:	agregar (*to add*), apagar (*to turn off*), colgar (*to hang up*), despegar (*to take off*), entregar (*to hand in*), jugar (*to play*), pagar (*to pay for*)

morir (*to die*)	
past participle	muerto

oír (*to hear, to listen*)	
present	oigo, oyes, oye, oímos, oís, oyen
preterite	oí, oíste, oyó, oímos, oísteis, oyeron
present participle	oyendo
present subjunctive	oiga, oigas, oiga, oigamos, oigáis, oigan
past participle	oído

poder (*to be able*)	
present	puedo, puedes, puede, podemos, podéis, pueden
preterite	pude, pudiste, pudo, pudimos, pudisteis, pudieron
present participle	pudiendo
future	podré, podrás, podrá, podremos, podréis, podrán
present subjunctive	pueda, puedas, pueda, podamos, podáis, puedan

poner (*to put, to place, to set*)	
present	pongo, pones, pone, ponemos, ponéis, ponen
preterite	puse, pusiste, puso, pusimos, pusisteis, pusieron
command	pon (tú)
future	pondré, pondrás, pondrá, pondremos, pondréis, pondrán
present subjunctive	ponga, pongas, ponga, pongamos, pongáis, pongan
past participle	puesto

proteger (*to protect*)	
present	protejo, proteges, protege, protegemos, protegéis, protegen
present subjunctive	proteja, protejas, proteja, protejamos, protejáis, protejan

querer (*to wish, to want, to love*)	
present	quiero, quieres, quiere, queremos, queréis, quieren
preterite	quise, quisiste, quiso, quisimos, quisisteis, quisieron
future	querré, querrás, querrá, querremos, querréis, querrán
present subjunctive	quiera, quieras, quiera, querramos, querráis, quieran

reír (*to laugh*)	
present	río, ríes, ríe, reímos, reís, ríen
preterite	reí, reíste, rió, reímos, reísteis, rieron
present participle	riendo
present subjunctive	ría, rías, ría, riamos, riáis, rían
Similar to:	freír (*to fry*), sonreír (*to smile*)

romper (*to break*)	
past participle	roto

saber (*to know, to know how*)	
present	sé, sabes, sabe, sabemos, sabéis, saben
preterite	supe, supiste, supo, supimos, supisteis, supieron
future	sabré, sabrás, sabrá, sabremos, sabréis, sabrán
present subjunctive	sepa, sepas, sepa, sepamos, sepáis, sepan

salir (*to leave*)	
present	salgo, sales, sale, salimos, salís, salen
command	sal (tú)
future	saldré, saldrás, saldrá, saldremos, saldréis, saldrán
present subjunctive	salga, salgas, salga, salgamos, salgáis, salgan

seguir (*to follow, to continue*)	
present	sigo, sigues, sigue, seguimos, seguís, siguen
present participle	siguiendo
present subjunctive	siga, sigas, siga, sigamos, sigáis, sigan
Similar to:	conseguir (*to obtain, to attain, to get*)

ser (*to be*)	
present	soy, eres, es, somos, sois, son
preterite	fui, fuiste, fue, fuimos, fuisteis, fueron
imperfect	era, eras, era, éramos, erais, eran
command	sé (tú)
present subjunctive	sea, seas, sea, seamos, seáis, sean

tener (*to have*)	
present	tengo, tienes, tiene, tenemos, tenéis, tienen
preterite	tuve, tuviste, tuvo, tuvimos, tuvisteis, tuvieron
command	ten (tú)
future	tendré, tendrás, tendrá, tendremos, tendréis, tendrán
present subjunctive	tenga, tengas, tenga, tengamos, tengáis, tengan
Similar to:	contener (*to contain*), detener (*to stop*), mantener (*to maintain*), obtener (*to obtain*)

torcer (*to twist*)	
present	tuerzo, tuerces, tuerce, torcemos, torcéis, tuercen
present subjunctive	tuerza, tuerzas, tuerza, torzamos, torzáis, tuerzan

traer (*to bring*)	
present	traigo, traes, trae, traemos, traéis, traen
preterite	traje, trajiste, trajo, trajimos, trajisteis, trajeron
present participle	trayendo
present subjunctive	traiga, traigas, traiga, traigamos, traigáis, traigan
past participle	traído
Similar to:	atraer (*to attract*)

valer (*to be worth*)	
present	valgo, vales, vale, valemos, valéis, valen
preterite	valí, valiste, valió, valimos, valisteis, valieron
future	valdré, valdrás, valdrá, valdremos, valdréis, valdrán
present subjunctive	valga, valgas, valga, valgamos, valgáis, valgan

venir (*to come*)	
present	vengo, vienes, viene, venimos, venís, vienen
preterite	vine, viniste, vino, vinimos, vinisteis, vinieron
present participle	viniendo
command	ven (tú)
future	vendré, vendrás, vendrá, vendremos, vendréis, vendrán
present subjunctive	venga, vengas, venga, vengamos, vengáis, vengan
Similar to:	convenir (*to suit, to agree*)

ver (*to see*)	
present	veo, ves, ve, vemos, veis, ven
preterite	vi, viste, vio, vimos, visteis, vieron
imperfect	veía, veías, veía, veíamos, veíais, veían
present subjunctive	vea, veas, vea, veamos, veáis, vean
past participle	visto

volver (*to return*)	
past participle	vuelto
Similar to:	resolver (*to solve*)

APPENDIX C Numbers

Ordinal Numbers

1—primero/a (primer)	6—sexto/a
2—segundo/a	7—séptimo/a
3—tercero/a (tercer)	8—octavo/a
4—cuarto/a	9—noveno/a
5—quinto/a	10—décimo/a

Cardinal numbers 0-1.000

0—cero	13—trece	26—veintiséis	90—noventa
1—uno	14—catorce	27—veintisiete	100—cien/ciento
2—dos	15—quince	28—veintiocho	200—doscientos/as
3—tres	16—dieciséis	29—veintinueve	300—trescientos/as
4—cuatro	17—diecisiete	30—treinta	400—cuatrocientos/as
5—cinco	18—dieciocho	31—treinta y uno	500—quinientos/as
6—seis	19—diecinueve	32—treinta y dos	600—seiscientos/as
7—siete	20—veinte	33—treinta y tres, etc.	700—setecientos/as
8—ocho	21—veintiuno	40—cuarenta	800—ochocientos/as
9—nueve	22—veintidós	50—cincuenta	900—novecientos/as
10—diez	23—veintitrés	60—sesenta	1.000—mil
11—once	24—veinticuatro	70—setenta	
12—doce	25—veinticinco	80—ochenta	

APPENDIX D Syllabification

Spanish vowels may be weak or strong. The vowels *a*, *e* and *o* are strong, whereas *i* (and sometimes *y*) and *u* are weak. The combination of one weak and one strong vowel or of two weak vowels produces a diphthong, two vowels pronounced as one.

A word in Spanish has as many syllables as it has vowels or diphthongs.

al-gu-nas
lue-go
pa-la-bra

A single consonant (including *ch*, *ll*, *rr*) between two vowels accompanies the second vowel and begins a syllable.

a-mi-ga
fa-vo-ri-to
mu-cho

Two consonants are divided, the first going with the previous vowel and the second going with the following vowel.

an-tes
quin-ce
ter-mi-nar

A consonant plus *l* or *r* is inseparable, except for *rl*, *sl* and *sr*.

ma-dre
pa-la-bra
com-ple-tar
Car-los
is-la

If three consonants occur together, the last, or any inseparable combination, accompanies the following vowel to begin another syllable.

es-cri-bir
som-bre-ro
trans-por-te

Prefixes should remain intact.

re-es-cri-bir

APPENDIX E Accentuation

Words that end in *a*, *e*, *i*, *o*, *u*, *n* or *s* are pronounced with the major stress on the next-to-the-last syllable. No accent mark is needed to show this emphasis.

octubre
refresco
señora

Words that end in any consonant, except *n* or *s*, are pronounced with the major stress on the last syllable. No accent mark is needed to show this emphasis.

escribir
papel
reloj

Words that are not pronounced according to the above two rules must have a written accent mark.

lógico
canción
después
lápiz

An accent mark may be necessary to distinguish identical words with different meanings.

dé/de
qué/que
sí/si

An accent mark is often used to divide a diphthong into two separate syllables.

día
frío
Raúl

Vocabulary

Spanish / English

All active words introduced in *¡Qué chévere! 3* appear in this end vocabulary. The number, letter, and number following the term indicate the unit, lesson, and part of the lesson in which it is first actively introduced. The vocabulary from *¡Qué chévere! 1* and *¡Qué chévere! 2* is included for reference; those terms have *L1* or *L2* following them. Obvious cognates and expressions that occur as passive vocabulary for recognition only have been excluded from this end vocabulary.

Abbreviations

d.o.p.	direct object pronoun
f.	feminine
i.o.p.	indirect object pronoun
m.	masculine
pl.	plural
s.	singular

A

a at *L1*; to *L1*; *a caballo* on horseback *L1*; *a pie* on foot *L1*; *¿a qué hora?* at what time? *L1*; *a veces* sometimes, at times *L1*; *a ver* let's see *L1*
a cuadros plaid, checkered *L2*
a diferencia de unlike, contrary to *2A.1*
a favor (de) in favor (of) *L2*
a la derecha to the right *L2*
a la izquierda to the left *L2*
a la parrilla grilled *7B.2*
a lo mejor maybe *L2*
A mí me tocan... I get... *1A.2*
a partir de from (a certain period of time) *8B.2*
a propósito by the way *L2*
a punto de (partir) about (to leave, to depart) *5B.1*
a rayas striped *L2*
a tiempo on time *L2*
a último momento at the last minute *6A.1*
abajo downstairs, down *L2*
abierto/a open *L1*
el **abogado**, la **abogada** lawyer *3B.1*
abordar to board *L2*
el **abrazo** hug *L1*
el **abrelatas** can opener *L2*
el **abrigo** coat *L1*
abril April *L1*
abrir to open *L1*; *abran* (*Uds.* command) open; *abre* (*tú* command) open *L2*
la **abuela** grandmother *L1*
el **abuelo** grandfather *L1*
aburrido/a bored, boring *L1*
aburrirse to get bored *L2*
acá here *2B.2*
acabar to finish, to complete, to terminate *L1*; *acabar de* (+ infinitive) to have just *L1*
acampar to camp *5B.2*
el **accidente** accident *L2*
el **aceite** oil *L1*
el **acelerador** gas pedal *5A.1*
acelerar to speed (up), to accelerate *5A.1*
el **acento** accent *L1*
aceptado/a accepted *L2*
aceptar to accept *3A.2*
la **acera** sidewalk *L2*
acerca de about *L2*
aconsejar to advise, to suggest *L2*
el **acontecimiento** event, happening *L2*
acordarse (ue) (de) to remember *L2*
acostarse (ue) to go to bed, to lie down *L2*
acostumbrarse to get used to *L2*
el **acróbata**, la **acróbata** acrobat *L2*
la **actitud** attitude *1A.1*
la **actividad** activity *L1*
activo/a active *1B.1*
el **actor** actor *L2*
la **actriz** actress *L2*
la **actuación** performance *1B.2*
actuar to act *1B.2*
acuático/a aquatic (pertaining to water) *8B.1*
el **acusado**, la **acusada** accused person *3B.1*
acusar to accuse *4A.2*
adelante ahead *L2*
además besides, furthermore *L2*
adentro inside *L2*
el **aderezo** seasoning, flavoring, dressing *L2*
Adiós. Good-bye. *L1*
admitir to admit *4A.2*
¿adónde? (to) Where? *L1*
adornar to decorate *L1*
el **adulto**, la **adulta** adult *4B.1*
aéreo/a pertaining to air *L2*
los **aeróbicos** aerobics *L1*
la **aerolínea** airline *L2*
el **aeropuerto** airport *L2*
afeitarse to shave *L2*
el **aficionado**, la **aficionada** fan *L2*
el **África** Africa *L2*
africano/a African *L2*
afuera outside *L2*
las **afueras** suburbs *5A.2*
la **agencia de viajes** travel agency *L2*
el **agente**, la **agente** agent *L2*
agosto August *L1*
agradable nice, pleasing, agreeable *L2*
agradar to please *L2*
agradecer to thank *3A.2*
agregar to add *L2*
el **agricultor**, la **agricultora** farmer *1B.1*
agrio/a sour *7A.1*
el **agua (*f.*) (mineral)** (mineral) water *L1*
el **aguacate** avocado *L1*
el **aguacero** (heavy) rain shower *6A.2*
ahora now *L1*
ahora mismo right now *L1*
ahorrar to save *L2*
ahumado/a smoked *7B.2*
el **aire (acondicionado)** air (conditioning) *L2*

el **ajedrez** chess *L1*
el **ají** bell pepper (*pl. los ajíes*) *7A.1*
el **ajo** garlic *L1*
ajustar to adjust *5A.1*
al to the *L1*; *al lado de* next to, beside *L1*
al aire libre outdoors *L2*
al principio at the beginning *3A.2*
la **alarma** alarm *L2*
la **alarma de incendios** fire alarm, smoke alarm *L2*
el **albergue juvenil** youth hostel *6B.1*
alegrar(se) (de) to be glad, to make happy *L2*
alemán, **alemana** German *1B.2*
Alemania Germany *6A.1*
la **alergia** allergy *8A.2*
el **alfabeto** alphabet *L1*
la **alfombra** carpet, rug *L2*
algo something, anything *L1*
el **algodón** cotton *L2*
el **algodón de azúcar** cotton candy *L2*
la **alimentación** diet, food *8B.2*
alimentarse to eat *8B.2*
el **alimento** food *8B.2*
allá over there *L1*
allí there *L1*
el **almacén** department store, grocery store, warehouse *L2*
la **almeja** clam *L2*
la **almendra** almond *7B.1*
la **almohada** pillow *2B.2*
almorzar (ue) to have lunch, to eat lunch *L2*
el **almuerzo** lunch *L1*
aló hello (telephone greeting) *L1*
alojarse to lodge, to stay *L2*
alquilar to rent *L1*
alrededor de around *L2*
el **altavoz** speaker *L1*
alto/a tall, high *L1*
amable kind, nice *L1*
amarillo/a yellow *L1*
la **ambulancia** ambulance *3B.2*
la **América (Central/del Norte/ del Sur)** (Central, North, South) America *L2*
americano/a American *L1*
el **amigo**, la **amiga** friend *L1*
la **amistad** friendship *1A.1*
el **amor** love *L1*
añadir to add *L1*
anaranjado/a orange (color) *L2*
andar to walk, to go *L2*
el **andén** train platform *5B.1*
el **anfitrión**, la **anfitriona** host, hostess *7B.1*
el **anillo** ring *L2*
el **animal** animal *L2*
el **año** year *L1*; *Año Nuevo* New Year's Day *L1*; *¿Cuántos años tienes?* How old are you? *L1*; *tener* (+ number) *años* to be (+ number) years old *L1*
anoche last night *L2*
anochecer to get dark, to turn to dusk *L2*
anteayer the day before yesterday *L1*
antes de before *L1*; *antes de que* before *6A.1*
el **antibiótico** antibiotic *8A.2*
antiguo/a antique, ancient, old *L2*
el **antiséptico** antiseptic *8A.1*
anunciar to announce *3B.1*
el **anuncio (comercial)** announcement, advertisement *L2*
apagar to turn off *L1*
el **aparato** appliance, apparatus *L2*
aparecer (zc) to appear, to turn up *1A.1*
el **apartamento** apartment *L2*
el **apellido** last name, surname *L2*
la **aplicación** app *L2*
apoyar to support, to back (another person) *4A.1*
aprender (a) to learn *L1*
apurado/a in a hurry *L1*
apurar(se) to hurry up *L2*
aquel, **aquella (aquellos, aquellas)** that (one) (those [ones]) *L2*
aquello that *L2*
aquí here *L1*
Arabia Saudita Saudi Arabia *L2*
el **árbitro**, la **árbitra** referee, umpire *L2*
el **árbol** tree *L2*
el **arbusto** bush *5B.2*
el **arete** earring *L2*
Argentina Argentina *L1*
argentino/a Argentinian *L2*
el **armario** closet, wardrobe, cupboard *L2*
arreglar to arrange, to straighten, to fix *L1*
arrestar to arrest *3B.1*
arriba upstairs, above, up *L2*
la **arroba** at (the symbol @ used for e-mail addresses) *L1*
el **arroz** rice *L1*
el **arte** art *L1*
el **artículo** article *L2*
el **artículo electrónico** electronic article/item *L1*
el **artista**, la **artista** artist *1A.2*
asado/a roasted *7B.2*
la **asadora** roasting pan *7A.2*
asaltar to assault *3B.1*
asar to roast *7A.2*
así thus, that way *L2*
Asia Asia *L2*
asiático/a Asian *L2*
el **asiento** seat *5B.1*
la **asignatura** (school) subject *L2*
asistir a to attend *1A.2*
la **aspiración** aspiration, hope *L2*
la **aspiradora** vacuum cleaner *L1*
la **aspirina** aspirin *8A.2*
asustarse to get scared *6A.2*
el **atasco** traffic jam *5A.2*
atender (ie) (a la gente) to take care (of people) *1B.1*
aterrizar to land *L2*
el **ático** attic *L2*
el **atleta**, la **atleta** athlete *1B.1*
atlético/a athletic *1B.1*
la **atracción** attraction, ride *L2*
atravesar (ie) to go through, to cross *6A.1*
el **atún** tuna *L2*
los **audífonos** ear buds, headphones *L1*
Australia Australia *L2*
australiano/a Australian *L2*
el **autobús** bus *L1*
el **autógrafo** autograph *L2*
la **autopista** highway *5A.2*
el **auxiliar de vuelo**, la **auxiliar de vuelo** flight attendant *L2*
la **avenida** avenue *L1*

la aventura action (film) ***1B.2***
averiguar to find out ***3A.1***
el avión airplane ***L1***
avisar to let someone know ***4B.1***
el aviso printed advertisement ***L2***
¡ay! oh! ***L1***
ayer yesterday ***L1***
ayudar to help ***L1***
el azúcar sugar ***L1***
la azucarera sugar bowl ***L2***
azul blue ***L1***

B

bailar to dance ***L1***
el baile dance, dancing ***L2***
bajar to lower ***7B.1***; *bajar (un programa)* to download (a program) ***L2***
bajo under ***L2***
bajo/a short (not tall), low ***L1***
la balsa raft ***6B.2***
bañarse to bathe ***L2***
el banco bank ***L1***
la banda band ***L2***
la bañera bathtub ***6B.1***
el baño bathroom ***L1***
barato/a cheap ***L2***
la barba beard ***2A.1***
el barco boat, ship ***L1***
barrer to sweep ***L1***
la barriga belly ***8A.2***
el barrio neighborhood ***L2***
el básquetbol basketball ***L1***
el basquetbolista, la **basquetbolista** basketball player ***L1***
bastante quite, rather, fairly, sufficiently, enough, sufficient ***L2***
la basura garbage ***L1***
el basurero garbage/trash can ***2A.2***
la batería battery ***4B.2***
la batidora mixer ***7A.2***
batir to beat ***7A.2***
el baúl trunk ***L2***
la bebida drink ***L1***
el béisbol baseball ***L1***
el beisbolista, la **beisbolista** baseball player ***1B.1***
las bermudas bermuda shorts ***L2***
el beso kiss ***L2***
la biblioteca library ***L1***
el bibliotecario, la **bibliotecaria** librarian ***1B.1***
la bicicleta bicycle ***L1***
bien well ***L1***
bienvenido/a welcome ***L2***
el bigote mustache ***2A.1***
el billete ticket ***L2***
los binoculares binoculars ***5B.2***
la biología biology ***L1***
el bisabuelo, la **bisabuela** great-grandfather, great-grandmother ***L2***
el bistec steak ***7B.2***
blanco/a white ***L1***
blando/a soft ***6B.1***
la blusa blouse ***L1***
la boca mouth ***L2***
la bocacalle street entrance ***5A.2***
el bocadillo sandwich ***7B.1***
la boletería ticket office ***5B.1***
el boleto ticket ***L2***
el bolígrafo pen ***L1***
Bolivia Bolivia ***L1***
el boliviano Bolivian currency ***7A.1***
boliviano/a Bolivian ***L2***
la bolsa bag ***L2***
la bomba bomb ***3B.1***
el bombero, la **bombera** firefighter ***3B.1***
la bombilla light bulb ***L2***
bonito/a pretty, good-looking, attractive ***L1***
el borrador eraser ***L1***
el bosque forest ***L2***
bostezar to yawn ***L2***
la bota boot ***L2***
el bote boat ***L2***
la botella bottle ***7B.2***
el botones bellhop ***L2***
Brasil Brazil ***L2***
brasileño/a Brazilian ***L2***
el brazo arm ***L2***
la broma joke ***L2***
broncearse to tan ***L2***
la brújula compass ***5B.2***
bucear to scuba dive ***6B.2***
el buceo scuba diving ***L2***
buen good (form of *bueno* before a *m., s.* noun) ***L1***
bueno okay ***L1***; well (pause in speech) ***L1***
bueno/a good ***L1***; *buenas noches* good night ***L1***; *buenas tardes* good afternoon ***L1***; *buenos días* good morning ***L1***
la bufanda scarf ***L2***
el burro burro, donkey ***L2***
buscar to look for ***L1***
el buzón de voz voice mail(box) ***4B.2***

C

el caballero gentleman ***L2***
el caballo horse ***L1***
caber to fit (into) ***L2***
la cabeza head ***L2***
el cacahuete peanut ***8B.2***
cada each, every ***L1***
caerse to fall (down) ***L2***
el café coffee ***L1***
la cafetera coffee pot, coffee maker ***L2***
la caja cash register ***L2***; box ***2A.2***
el cajero automático ATM ***6A.1***
el cajero, la **cajera** cashier ***L2***
el calambre muscle cramp ***8B.1***
el calcetín sock (*pl. los calcetines*) ***L1***
el calcio calcium ***8B.2***
la calculadora calculator ***L1***
la calefacción heating ***2A.2***
la calidad quality ***L2***
caliente hot ***L1***
la calle street ***L1***
la calle de doble vía two-way street ***5A.1***
la calle de una sola vía one-way street ***5A.1***
el callejón sin salida blind alley ***5A.2***
calmarse to calm down ***L2***
el calor heat ***L1***; *hace calor* it is hot ***L1***; *tener calor* to be hot ***L1***
calvo/a bald ***L1***
la cama bed ***L1***; *la cama doble* double bed ***6B.1***; *la cama sencilla* single bed ***6B.1***

la cámara camera *L2*; *la cámara digital* digital camera ***3A.2***
el camarero, la **camarera** food server ***L2***
el camarón shrimp ***L2***
cambiar to change ***L2***
el cambio change ***L2***; *en cambio* on the other hand ***L1***
el camello camel ***L2***
caminar to walk ***L1***
el camión truck ***L1***
la camioneta truck, station wagon ***3B.2***
la camisa shirt ***L1***
la camiseta jersey, polo, t-shirt ***L1***
el campamento camp site, camp ground ***5B.2***
el campeonato championship ***L2***
el camping/ir de camping camping/to go camping ***L2***
Canadá Canada ***L2***
canadiense Canadian ***L2***
el canal channel ***L2***
la cancelación cancellation ***6A.1***
cancelar to cancel ***6A.1***
la cancha de tenis tennis court ***6B.1***
la canción song ***L1***
el cangrejo crab ***L2***
canoso/a white-haired, grayhaired ***L1***
cansado/a tired ***L1***
el cantante, la **cantante** singer ***L2***
cantar to sing ***L1***
la capital capital ***L1***
el capó hood (car) ***L2***
la cara face ***L2***
¡caramba! wow! ***L1***
el carbohidrato carbohydrate ***8B.2***
la cárcel jail ***3B.1***
el cargador charger ***4B.2***
cargar to charge ***4B.2***
cariñoso/a affectionate ***L1***
la carne meat ***L1***; *la carne de res* beef ***L2***
la carnicería meat market, butcher shop ***L2***
caro/a expensive ***L2***
el carpintero, la **carpintera** carpenter ***L2***
la carrera career, major (in college) ***1B.1***
la carretera road ***L2***
el carro car ***L1***
los carros chocones bumper cars ***L2***
el carrusel carrousel, merrygoround ***L2***
la carta letter ***L1***
las cartas playing cards ***L1***
la casa house ***L1***
casado/a married ***2A.1***
casarse to marry, to get married ***3A.1***
el casco helmet ***5B.2***
casi almost ***L1***
castaño/a brown ***2A.1***
la catástrofe catastrophe ***L2***
la catedral cathedral ***L2***
catorce fourteen ***L1***
causar to cause ***3B.1***
la cebolla onion ***L1***
la cebra zebra ***L2***
ceder el paso to yield ***5A.1***
la celebración celebration ***L2***
celebrar to celebrate ***L1***
celoso/a jealous ***4A.1***
el celular cell phone ***L2***
la cena dinner, supper ***L2***
cenar to have dinner, to have supper ***L2***
el centro downtown, center ***L1***; *el centro comercial* shopping center, mall ***L2***
centroamericano/a Central American ***L2***
cepillarse to brush (one's hair, teeth) ***2B.1***; to brush ***L2***
el cepillo brush ***L2***
el cepillo de dientes toothbrush ***2B.1***
la cerca fence ***L2***
cerca (de) near ***L1***
el cerdo pig ***L2***
el cereal cereal ***L2***
la ceremonia ceremony ***3A.2***
la cereza cherry ***7A.1***
cero zero ***L1***
cerrado/a closed ***L1***
la cerradura lock ***L2***
cerrar (ie) to close ***L1***
el césped lawn, grass ***L2***
el cesto de papeles wastebasket ***L1***
el ceviche ceviche (marinated seafood dish) ***7B.2***
el champú shampoo ***L2***
la chaqueta jacket ***L2***
chatear to chat ***L2***
el cheque check ***L2***
¡Chévere! Great! ***1A.1***
la chica girl ***L1***
el chico boy ***L1***
Chile Chile ***L1***
chileno/a Chilean ***L2***
la chimenea chimney, fireplace ***L2***
China China ***L2***
chino/a Chinese ***L2***
el chisme gossip ***L2***
chismear to gossip ***4A.1***
chismoso/a gossipy ***4A.1***
el chiste joke ***L2***
chistoso/a funny ***L2***
chocar to crash ***3B.2***
el choclo ear of corn ***7A.1***
el chocolate chocolate ***L1***
el chofer, la **chofer** chauffeur, driver ***L2***
el chorizo sausage (seasoned with red peppers) ***L1***
el ciclista, la **ciclista** cyclist ***1B.1***
el cielo sky ***L2***
cien one hundred ***L1***
la ciencia ficción science fiction ***1B.2***
ciento one hundred ***L1***
cinco five ***L1***
cincuenta fifty ***L1***
el cine movie theater ***L1***
el cinturón de seguridad safety belt ***L2***
el circo circus ***L2***
la ciruela plum ***L2***
la cita appointment; date ***L2***
la ciudad city ***L1***
la clara egg white ***7A.2***
¡Claro! Of course! ***L1***
claro/a clear ***L2***
la clase class ***L1***
los clasificados classifieds ***3A.1***
clavar to nail ***2A.2***
el clavo nail ***2A.2***
el claxon horn ***L2***
el cliente, la **clienta** customer ***7B.2***
la clínica clinic ***8A.1***
el club club ***L2***

la cobertura coverage *4B.2*
la cobija blanket *2B.2*
cocer (ue) to cook *7A.2*
el coche car *L2*; *el coche cama* sleeping car *5B.1*; *el coche comedor* dining car *5B.1*
cocido/a cooked, done *7A.2*
la cocina kitchen *L1*
cocinar to cook *L1*
el cocinero, la **cocinera** cook *L2*
el código (country/area) code *4B.2*
el codo elbow *L2*
colaborar to collaborate *1A.1*
el colchón mattress *2B.2*
la colección collection *L2*
el colegio school *L1*
colgar (ue) to hang *L1*; to hang up *4B.2*
colocar to put, to place *L2*
Colombia Colombia *L1*
colombiano/a Colombian *L2*
el color color *L1*
la columna column *L2*
combinar to combine *L2*
la comedia comedy *L2*
el comedor dining room *L1*
el comentarista, la **comentarista** commentator *L2*
comenzar (ie) to begin, to start *L2*
comer to eat *L1*
el comercial commercial, announcement, advertisement *L2*
comerse to eat up *L2*
cometer un error to make a mistake *4A.2*
cómico/a comedy (film) *1B.2*; comical, funny *L1*
la comida food *L1*; midday meal *L2*; *la comida chatarra* junk food *8B.2*; *la comida rápida* fast food *L2*
como like, since, such as *L2*
¿cómo? How? *L1*; What? *L1*; *¿Cómo?* What (did you say)? *L1*; *¿Cómo está (Ud.)?* How are you (formal)? *L1*; *¿Cómo están (Uds.)?* How are you (*pl.*)? *L1*; *¿Cómo estás (tú)?* How are you (informal)? *L1*; *¡Cómo no!* Of course! *L1*; *¿Cómo se dice...?* How do you say...? *L1*; *¿Cómo se escribe...?* How do you write (spell)...? *L1*; *¿Cómo se llama (Ud./él/ella)?* What is (your [formal]/his/her) name? *L1*; *¿Cómo te llamas?* What is your name? *L1*
la cómoda dresser, chest of drawers, bureau *2B.2*
cómodo/a comfortable *L1*
el compañero, la **compañera** classmate, partner *L1*
la compañía company *L2*
compartir to share *2B.1*
complacer to please *L2*
completo/a full, complete *L2*
el comportamiento behavior *4B.1*
comportarse to behave *7B.1*
comprar to buy *L1*
comprender to understand; *comprendo* I understand *L1*
comprensivo/a understanding *4A.2*
la computación computer class *L1*
la computadora computer *L1*
la computadora portátil laptop *L1*
la comunicación communication *L2*
con with *L1*; *con (mucho) gusto* I would be (very) glad to *L1*; *con permiso* excuse me (with your permission), may I? *L1*
con respecto a regarding *1B.1*
con retraso delayed *5B.1*
el concierto concert *L1*
el concurso contest, competition, game show *L2*
el condimento condiment, seasoning *7A.1*
conducir to drive *L2*
el conductor, la **conductora** driver *3B.2*
conectado/a connected *L2*
conectar to connect *2A.2*
el conejo rabbit *L2*
confiar (en) to trust (in) *4A.1*
la confirmación confirmation *6A.1*
confirmar to confirm *6A.1*
el conflicto conflict *4B.1*
conmigo with me *L2*
conocer to know (a person), to be acquainted with, to be familiar with *L2*
conseguir (i, i) to obtain, to attain, to get *L2*
el consejo advice *L2*; *el consejo estudiantil* student council *1A.1*
el conserje, la **conserje** concierge *6B.1*
considerado/a thoughtful, considerate *4A.1*
la consola de juegos game console/gaming system *L1*
construir (y) to build *2A.2*
consultar to check *4B.1*
la contaminación ambiental environmental pollution *L2*
contar (ue) to tell (a story) *L2*
contar con to count on (someone) *4A.1*
contento/a happy, glad *L1*
contestar to answer *L1*
contigo with you *L2*
continuar to continue *L1*
contra against *3B.2*
contribuir (y) to contribute *3A.1*
el control remoto remote control *L1*
convenir (ie) to be fitting, to agree *L2*
copiar to copy *L1*
el corazón heart *L2*
el cordero lamb *7B.2*
el coro choir *1A.1*
el corredor, la **corredora** runner *L1*
correr to run *L1*
la corrida (de toros) bullfight *L2*
el cortacésped lawn mower *2A.2*
la cortadora de césped lawn mower *L2*
cortar to cut, to mow *L2*
el corte cut *8A.1*
la cortina drape, curtain *L2*
corto/a short (not long) *L1*
la cosa thing *L1*
Costa Rica Costa Rica *L1*
costar (ue) to cost *L1*
costarricense Costa Rican *L2*

la costilla rib *L2*
el crédito credit *L1*
creer to believe *L2*
la crema cream *L2*; *la crema de afeitar* shaving cream *L2*
el crimen crime *3B.1*
criticar to criticize *4B.1*
el cruce de peatones pedestrian crosswalk *5A.2*
el crucero cruise *L2*; *ir de crucero* to go on a cruise *L2*
el crucigrama crossword puzzle *3A.1*
crudo/a raw, uncooked, under cooked *7B.2*
el cuaderno notebook *L1*
la cuadra city block *L2*
el cuadro square *L2;* picture, painting *L2*
¿cuál(es)? which, what, which one(s)? *L1*
cualquier, **cualquiera** any *L2*
cualquiera any, anyone *L2*
cuando when *L1*
¿cuándo? When? *L1*
¿cuántos/as? How many? *L1* (*s. ¿cuánto/a?*) How much?; *¿Cuántos años tienes?* How old are you? *L1*; *¿Cuánto* (+ time expression) *hace que* (+ present tense of verb)...? How long...? *L1*
cuarenta forty *L1*
el cuarto quarter *L1*; room, bedroom *L1*; *menos cuarto* a quarter to, a quarter before *L1*; *y cuarto* a quarter after, a quarter past *L1*
cuarto/a fourth *L1*
cuatro four *L1*
cuatrocientos/as four hundred *L1*
Cuba Cuba *L1*
cubano/a Cuban *L2*
los cubiertos cutlery *L1*
el cubrecama bedcover, comforter *2B.2*
cubrir to cover *L2*
la cuchara spoon *L1*
la cucharita teaspoon *L1*
el cuchillo knife *L1*
el cuello neck *L2*
la cuenta bill, check *L2*
el cuerno horn *L2*
el cuero leather *L2*
el cuerpo body *L2*
el cuidado care *L2*
cuidarse to take care of oneself *L2*
culpable guilty *3B.1*
culto/a cultured, well-read *L2*
la cultura culture *L2*
el cumpleaños birthday *L1*; *¡Feliz cumpleaños!* Happy Birthday! *L1*
cumplir (años) to become (number of years), to reach *L1*
la cuñada sister-in-law *2A.1*
el cuñado brother-in-law *2A.1*
curar(se) to cure, to recover *8A.2*
curioso/a curious *1B.1*
la curita adhesive bandage *8A.1*
la curva curve *L2*

D

la dama lady *L2*
las damas checkers *L1*
el damasco apricot *7A.1*
dar to give *L1*; *dar un paseo* to go for a walk, to go for a ride *L1*; *dar de comer* to feed *L1*; *dé* (*Ud.* command) give
dar a to look onto *6B.1*
dar clases to give classes *1B.1*
dar la bienvenida to welcome *L2*
dar un discurso to give a speech *3A.1*
dar una caminata to take a walk *5B.2*
darse cuenta (de) to realize *4A.1*
darse la mano to shake hands *7B.1*
darse prisa to hurry *1A.1*
darse un golpe to bang into something *8A.1*
de from *L1*; of *L1*; *de acuerdo* agreed, okay *L1*; *¿de dónde?* from where? *L1*; *¿De dónde eres?* Where are you from? *L1*; *de la mañana* in the morning, AM *L1*; *de la noche* at night, PM *L1*; *de la tarde* in the afternoon, PM *L1*; *de nada* you are welcome, not at all *L1*; *de todos los días* everyday *L1*; *¿de veras?* really? *L1*; *¿Eres (tú) de...?* Are you from...? *L1*
de cerca close up, from a short distance *L2*
de ida y vuelta round-trip *L2*
de primera (segunda) clase first (second) class *5B.1*
¿De qué se trata? What is it about? *1B.2*
(¿de) dónde? (from) where? *L1*
deber should, to have to, must, ought *L1*
decidir to decide *L2*
décimo/a tenth *L1*
decir (i) to tell, to say *L1*; *¿Cómo se dice...?* How do you say...? *L1*; *di* (*tú* command) say, tell *L2*; *díganme* (*Uds.* command) tell me; *dime* (*tú* command) tell me; *¿Qué quiere decir...?* What does... mean? *L1*; *quiere decir* it means *L1*; *se dice* one says *L1*
declarar to declare *3B.1*
decorar to decorate *2A.2*
dedicar to devote (time) *1A.2*
el dedo finger, toe *L2*
el defensor, la **defensora** defender *L2*
dejar to leave (something behind) *L1;* to let, to allow *L2*
dejar de to stop, to quit *L2*
dejar plantado/a a alguien to stand someone up *4A.2*
del of the, from the *L1*
delante de in front of *2B.2*
el delantero, la **delantera** forward *L2*
delgado/a thin *L1*
delicioso/a delicious *L2*
la demora delay *L2*
el dentista, la **dentista** dentist *L1*
dentro de inside of *2B.2*
el departamento department *L2*
depender (de) to depend (on) *1A.2*
el dependiente, la **dependienta** clerk *L2*
el deporte sport *L1*
el deportista, la **deportista** athlete *L1*
deportivo/a sporty *L2*
el depósito deposit *6B.1*

la derecha right *L2*
derecho straight ahead *L2*
derecho/a right *L2*
desaparecer (zc) to disappear *1A.1*
desarmar to take apart *2A.2*
desayunar to have breakfast *L2*
el desayuno breakfast *L2*
descansar to rest, to relax *L2*
desconfiar to mistrust *4A.2*
descubrir to find out, to discover *4A.2*
el descuento discount *6A.1*
desde since, from *L1*
desde luego of course *L2*
desear to desire, to wish *5A.2*
el desfile parade *L2*
desmayarse to faint *3B.2*
el desodorante deodorant *L2*
el desorden mess *2B.2*
desordenado/a messy *2B.2*
despacio slowly *5A.1*
la despedida farewell, good-bye *L2*
despedirse (i, i) to say goodbye *L2*
despegar to take off *L2*
el despertador alarm clock *L2*
despertarse (ie) to wake up *L2*
después afterwards, later, then *L1*
después de after *L1*; *después de que* after *6A.1*
desteñido/a faded *L2*
el destino destination *L2*
el destornillador screwdriver *2A.2*
la destreza skill, expertise *L2*
la destrucción destruction *L2*
destruir (y) to destroy *3A.1*
la desventaja disadvantage *2B.2*
el detalle detail *6A.1*
el detector de humo smoke detector *2A.2*
detrás de behind, after *2B.2*
devolver (ue) to return (an item) *4A.2*
di say (*tú* command) *L2*
el día day *L1*; *buenos días* good morning *L1*; *de todos los días* everyday *L1*; *todos los días* every day *L1*
dibujar to draw, to sketch *L1*
el dibujo drawing, sketch *L1*
el dibujo animado cartoon *L2*
la dicha happiness *L2*
se dice you say *L1*
diciembre December *L1*
diecinueve nineteen *L1*
dieciocho eighteen *L1*
dieciséis sixteen *L1*
diecisiete seventeen *L1*
el diente tooth *L2*
el diente de ajo garlic clove *7A.2*
la dieta diet *8B.2*
diez ten *L1*
la diferencia de opinión difference of opinion *4B.1*
diferente different *L2*
difícil difficult, hard *L1*
el dinero money *L1*
la dirección direction, address *L2*
la dirección de correo electrónico/de Internet e-mail/Internet address *L1*
las direcciones directions *L2*
el disc jockey, la **disc jockey** disc jockey (DJ) *7B.1*
Discúlpame. Forgive me. *4A.2*
la discusión discussion *4A.2*
discutir to discuss, to argue *L2*
disgustar to dislike *6B.2*
disminuir to slow (down) *5A.1*
disponible available *6B.1*
divertido/a fun *L1*
divertirse (ie, i) to have fun *L2*
doblado/a dubbed *1B.2*
doblar to fold *L1*; to turn (a corner) *L2*
doble double *L2*
doce twelve *L1*
el doctor, la **doctora** doctor *L2*
el documental documentary *1B.2*
doler (ue) to hurt *L2*
el dolor pain *8A.2*
el domingo Sunday *L1*
dominicano/a Dominican *L2*
donde where *L1*
¿Dónde queda...? Where is...? *5A.2*
¿Dónde se encuentra...? Where is...? *5A.2*
dondequiera wherever *L2*
dormir (ue, u) to sleep *L1*
dormirse (ue, u) to fall asleep *L2*
dos two *L1*
doscientos/as two hundred *L1*
el drama drama *1B.2*
la ducha shower *L2*
ducharse to shower *L2*
dudar to doubt *L2*
dudoso/a doubtful *L2*
el dulce candy *L2*
la dulcería candy store *L2*
durante during *L2*
el durazno peach *L2*

E

e and (used before a word beginning with *i* or *hi*) *L1*
echar la culpa a alguien to blame someone else *4A.2*
la ecología ecology *L2*
la economía economy *L2*
Ecuador Ecuador *L1*
ecuatoriano/a Ecuadorian *L2*
el edificio building *L1*
el editorial editorial *L2*
el efectivo cash *L2*
los efectos especiales special effects *1B.2*
egoísta selfish *L1*
el ejercicio exercise *L2*
él he *L1*; him (after a preposition) *L1*; *Él se llama....* His name is.... *L1*
El Salvador El Salvador *L1*
el the (*m., s.*) *L1*
el elefante elephant *L2*
elegante elegant *L2*
ella she *L1*; her (after a preposition) *L1*; *Ella se llama....* Her name is.... *L1*
ellas they (*f.*) *L1*
ellos they (*m.*) *L1*
el e-mail e-mail *L2*
embarcar to board *6A.2*
la emisora radio station *L2*
emocionado/a excited *L2*
emocionante exciting *L2*
empatar to tie (the score of a game) *L2*
empezar (ie) to begin, to start *L1*

el empleado, la **empleada** employee *1B.1*
el empleo employment, job *1B.1*
la empresa business *3A.1*
en in, on *L1*; *en carro* by car *L1*; *en* (+ vehicle) by (+ vehicle) *L1*; *en cambio* on the other hand *L1*; *en casa* at home; *en efectivo* in cash *L1*; *en resumen* in short; *en cuanto* as soon as *6A.1*; *en medio de* in the middle of *3A.1*; *en vivo* live *L2*
Encantado/a. Delighted. *L1*
encantar to enchant, to delight *L2*
encargar(se) (de) to make responsible (for), to put in charge (of), to take care (of), to take charge (of) *L2*
encender (ie) to light, to turn on (a light) *L1*
la enchilada enchilada *L2*
enchufar to plug in *2A.2*
encima de above, over, on top of *L2*
encontrar (ue) to find *L2*
la encuesta survey, poll *L2*
la energía energy *8B.1*
enero January *L1*
la enfermedad disease *8A.2*
el enfermero, la **enfermera** nurse *L2*
enfermo/a sick *L1*
enfrente de facing, in front of *2B.2*
enfriar to cool *7A.2*
enojar to anger *6B.2*
enojarse to get angry *2B.1*
la ensalada salad *L1*
el ensayo rehearsal *1A.1*
enseguida right away, immediately *1A.1*
entender (ie) to understand *1B.2*
enterarse de to find out, to become aware, to learn about *L2*
entonces then *L1*
entrar to go in, to come in, to enter *L1*
la entrega de premios awards ceremony *3A.2*
entregar to hand over *L2*
el entrenador, la **entrenadora** trainer, coach *1B.1*
entrenarse to train *1B.1*
la entrevista interview *L2*
entrevistar to interview *3A.2*
entrometido/a nosy *4A.1*
enviar to send *L1*
equilibrado/a balanced *8B.2*
el equipaje luggage *L2*; *el equipaje de mano* carry-on luggage *L2*
el equipo team *L1*
equivocarse to be mistaken *L2*
eres you (informal) are *L1*
¿Eres (tú) de...? Are you from...? *L1*
la erupción rash *8A.2*
es it is; he is/she is *L1*
Es increíble que... It's incredible that... *5B.1*
Es inútil que... It's useless that... *5B.1*
Es la una. It is one o'clock. *L1*
Es medianoche. It is midnight. *L1*
Es mediodía. It is noon. *L1*
Es una lástima que... It's a pity that... *6B.2*
la escala layover *L2*
escalar to climb *5B.2*
la escalera stairway, stairs *L1*; *la escalera mecánica* escalator *L1*
escaparse to escape *L2*
la escoba broom *L2*
escoger to choose *L1*
se escribe it is written *L1*
escribir to write *L1*; *¿Cómo se escribe...?* How do you write (spell)...? *L1*; *escriban* (*Uds.* command) write; *escribe* (*tú* command) write; *se escribe* it is written *L1*
el escritor, la **escritora** writer *1A.2*
el escritorio desk *L1*
escuchar to listen to *L1*
la escuela school *L1*
ese, **esa (esos, esas)** that (one) (those [ones]) *L2*
el esmalte de uñas nail polish *2B.1*
eso that (neuter form) *L2*
el espacio space *5A.1*
la espalda back *L2*
España Spain *L1*
el español Spanish *L1*
español, **española** Spanish *L2*
especial special *L1*
las especias spices *7B.2*
el espectáculo show *3A.1*
el espectador, la **espectadora** spectator *L2*
el espejo mirror *L2; el espejo retrovisor* rearview mirror *5A.1*
esperar to wait (for) *L2*; to hope *L2*
la espinaca spinach *7A.1*
la esposa wife, spouse *L1*
el esposo husband, spouse *L1*
el esquí ski *1B.1*
el esquiador, la **esquiadora** skier *L1*
esquiar to ski *L1*
la esquina corner *L2*
está (él, ella) (he/she) is *L1*
está (Ud.) you (formal) are *L1*
esta noche tonight *L1*
establecer (zc) to establish *1A.1*
el establo stable *L2*
la estación season *L1*
la estación station *L2*; *la estación de autobuses* bus station *L2*; *la estación del metro* subway station *L2; la estación del tren* train station *L2; la estación de servicio* gas station, service station *5A.2*
el estacionamiento parking lot, parking ramp *5A.1*
estacionar to park *5A.1*
Estados Unidos United States *L1*
estadounidense (something or someone from the United States) *L2*
están (Uds.) you (*pl.*) are *L1*
el estante shelving, bookcase *2B.2*
estar to be *L1*; *¿Cómo está* (*Ud.*)? How are you (formal)? *L1*; *¿Cómo están* (*Uds.*)? How are you (*pl.*)? *L1*; *¿Cómo estás* (*tú*)? How are you (informal)? *L1*; *está*

nublado/a it's cloudy ***L1***; *está soleado/a* it's sunny ***L1***; *están* they are ***L1***; *estar contento/a (con)* to be satisfied (with) ***L1***; *estar en oferta* to be on sale ***L2***; *estar listo/a* to be ready ***L1***; *estás* you (informal) are ***L1***; *estoy* I am ***L1***; *estar de acuerdo* to agree L2; *estar equivocado/a* to be wrong ***4B.1***
estás (tú) you (informal) are ***L1***
el **este** east ***L2***
este, **esta** this (one) ***L2***
estos, **estas** these (ones) ***L2***
estirarse to stretch ***8B.1***
esto this (neuter form) ***L2***
el **estómago** stomach ***L2***
estornudar to sneeze ***8A.2***
estoy I am ***L1***
la **estrella** star ***L2***
el **estreno** premiere ***3A.2***
el **estrés** stress ***8B.1***
estricto/a strict ***1A.2***
el **estudiante**, la **estudiante** student ***L1***
estudiar to study ***L1***
estudioso/a studious ***1A.2***
la **estufa** stove ***L1***
estupendo/a wonderful, marvelous ***L1***
Europa Europe ***6A.1***
europeo/a European ***6A.1***
evidente evident, clear ***L2***
evitar to avoid ***8B.1***
exagerar to exaggerate ***L2***
el **examen** exam, test (*pl. los exámenes*) ***L1***
examinar to examine ***8A.1***
exceder to exceed ***5A.2***
excelente excellent ***L1***
la **excursión** outing ***6A.1***
la **exhibición** exhibition ***L2***
exigente demanding ***L2***
exigir to demand ***5B.2***
el **éxito** success ***L2***
la **experiencia** experience ***1B.1***
la **explosión** explosion ***3B.1***
explotar to explode ***3B.1***
el **extinguidor de incendios** fire extinguisher ***2A.2***
extrañar to miss ***1A.1***
extranjero/a foreign ***L2***

F

fácil easy ***L1***
la **facultad** school (of a university) ***L2***
la **falda** skirt ***L1***
faltar to be missing ***2B.1***
la **familia** family ***L1***
famoso/a famous ***L2***
fantástico/a fantastic, great ***L1***
el **faro** headlight ***L2***
fascinante fascinating ***L2***
fascinar to fascinate ***L2***
fastidiar to bother ***6B.2***
favorito/a favorite ***L1***
febrero February ***L1***
la **fecha** date ***L1***
feliz happy (*pl. felices*) ***L1***; *¡Feliz cumpleaños!* Happy Birthday! ***L1***
feo/a ugly ***L1***
feroz fierce ***L2***
el **festival** festival ***3A.2***
la **fibra** fiber ***8B.2***
los **fideos** noodles ***7B.2***
la **fiebre** fever ***8A.2***
la **fiesta** party ***L1***
fijarse to notice ***1A.2***
la **fila** line, row ***L2***
el **filete** fillet, boneless cut of meat or fish ***L2***
el **fin de semana** weekend ***L1***
las **finanzas** finances ***3A.1***
la **finca** ranch, farm ***L2***
firmar to sign ***L2***
firme firm ***6B.1***
el **flamenco** flamingo ***L2***
el **flan** custard ***L2***
la **flor** flower ***L1***
la **florería** flower shop ***L2***
la **foca** seal *10B.2*
la **fogata** camp fire ***5B.2***
el **folleto** brochure ***L2***
el **fontanero**, la **fontanera** plumber ***10A.1***
el **fósforo** match ***5B.2***
la **foto(grafía)** photo ***L1***
el **fotógrafo**, la **fotógrafa** photographer ***2A.1***
fracasar to fail ***L2***
la **fractura** fracture ***8A.1***
francés, **francesa** French ***1B.2***
Francia France ***6A.1***
el **fregadero** sink ***L1***
freír (i, i) to fry ***L2***
el **freno** brake ***L2***
la **fresa** strawberry ***L1***
el **fresco** cool ***L1***
fresco/a fresh ***L1***
el **frijol** bean ***7A.1***
los **frijoles** beans ***L1***
el **frío** cold ***L1***
frío/a cold ***L1***
frito/a fried ***7B.2***
la **fruta** fruit ***L1***
la **frutería** fruit store ***L2***
fue was ***L1***
los **fuegos artificiales** fireworks ***L2***
fuera de outside of ***2B.2***
fuerte strong ***2A.1***
la **fuerza** strength ***8B.1***
fumar to smoke ***L2***
funcionar to function, to work ***2A.2***
la **funda** pillow case ***2B.2***
la **funda para celular** cell phone cover/case ***4B.2***
furioso/a furious ***2B.1***
el **fútbol** soccer ***L1***
el **fútbol americano** football ***L1***
el **futbolista**, la **futbolista** soccer player ***L1***
el **futuro** future ***1A.2***

G

las **gafas de sol** sunglasses ***L2***
la **gallina** hen ***L2***
el **gallo** rooster ***L2***
ganar to win, to earn ***L2***
las **ganas** desire ***L1***
el **garaje** garage ***L1***
el **garbanzo** chickpea ***7A.1***
la **garganta** throat ***L2***
la **gasolina** gas ***5A.2***
gastar to spend ***6A.1***
el **gasto** expense ***L2***
el **gato**, la **gata** cat ***L1***
los **gemelos**, las **gemelas** twins ***2A.1***
generoso/a generous ***L1***
la **gente** people ***L1***
el **gerente**, la **gerente** manager ***L2***
el **globo** (hot air) balloon ***L2***
la **glorieta** traffic circle ***5A.1***

el **gol** goal *L2*
la **golosina** candy *L2*
gordo/a fat *L1*
el **gorila** gorilla *L2*
la **gorra** cap *L2*
las **gotas** drops *8A.2*
gozar to enjoy *L2*
grabar to record *L2*
(muchas) gracias thank you (very much) *L1*
el **grado** degree *L1*
el **gramo** gram *7A.1*
gran big, great *L2*
grande big *L1*
la **grasa** fat *8B.2*
grave serious, grave *3B.2*
el **grifo** faucet *L2*
la **gripe** flu *L2*
gris grey *L1*
gritar to shout *L2*
guapo/a good-looking, attractive, handsome, pretty *L1*
guardar to put away, to keep *2B.2*
Guatemala Guatemala *L1*
guatemalteco/a Guatemalan *L2*
la **guía** guidebook *L2*
el **guía**, la **guía** guide *L2*
Guinea Ecuatorial Equatorial Guinea *L1*
el **guion** script (*pl. los guiones*) *1B.2*
el **guisante** pea *L1*
la **guitarra** guitar *L2*
gustar to like, to be pleasing *L1*
gustaría would like *L1*
el **gusto** pleasure; *con* (*mucho*) *gusto* I would be (very) glad to *L1*; *el gusto es mío* the pleasure is mine *L1*; *¡Mucho gusto!* Glad to meet you! *L1*; *Tanto gusto.* So glad to meet you. *L1*

H

haber to have (auxiliary verb) *L2*
había there was, there were *L2*
la **habichuela** green bean *L1*
hábil skillful *1B.1*
la **habitación** bedroom *L2*
el **hábito** habit *8B.2*
hablar to speak *L1*
hace (+ *time expression*) que (time expression +) ago; used to indicate how long something has been happening *L1*
hace (+ *weather expression*) it is (+ weather expression) *L1*
hacer to do, to make *L1*; *¿Cuánto* (+ time expression) *hace que* (+ present tense of verb)...? How long...? *L1*; *hace buen* (*mal*) *tiempo* the weather is nice (bad) *L1*; *hace fresco* it is cool *L1*; *hace frío* (*calor*) it is cold (hot) *L1*; *hace sol* it is sunny *L1*; *hace viento* it is windy *L1*; *hacer aeróbicos* to do aerobics *L1*; *hacer la cama* to make the bed *L1*; *hacer falta* to be necessary, to be lacking *L1*; *hacer la maleta* to pack a suitcase *L1*; *hacer un viaje* to take a trip *L1*; *hacer una pregunta* to ask a question *L1*; *hagan* (*Uds.* command) do, make; *haz* (*tú* command) do, make; *hacer abdominales* to do sit-ups *8B.1*; *hacer bicicleta* to ride a stationary bike *8B.1*; *hacer caso* to listen to, to pay attention, to obey *4B.1*; *hacer cinta* to use a treadmill *8B.1*; *hacer fila* to stand in line *6A.2*; *hacer flexiones* to do pushups *8B.1*; *hacer las paces* to make up (with someone) *4B.1*; *hacer natación* to practice swimming *8B.1*; *hacer un cumplido* to compliment (someone) *4A.1*; *hacer un esfuerzo* to make an effort *8B.1*; *hacer una cabalgata* to go horseback riding *6B.2*; *hacer yoga* to do yoga *8B.1*; *hacerlo sin querer* to do something without meaning to *4A.2*; *hacerse miembro* to become a member *1A.1*
hacia toward *L2*
el **hambre (*f.*)** hunger *L1*
la **hamburguesa** hamburger *8B.2*
la **harina** flour *7A.2*
harto/a (de) tired (of) *1A.2*
hasta *hasta luego* so long, see you later *L1*; *hasta mañana* see you tomorrow *L1*; *hasta pronto* see you soon *L1*
hasta que until *6A.1*
hay there is, there are *L1*
hay neblina it is misting *L1*
la **heladería** ice cream parlor *L2*
el **helado** ice cream *L1*
la **herida** wound *L2*
herido/a injured *L2*
la **hermana** sister *L1*
el **hermanastro**, la **hermanastra** stepbrother, stepsister *L2*
el **hermano** brother *L1*
hervir (ie) to boil *7A.2*
el **hielo** ice *L1*
el **hierro** iron *8B.2*
la **hija** daughter *L1*
el **hijo** son *L1*
el **hipopótamo** hippopotamus *L2*
hispanohablante Spanish-speaking *L1*
la **historia** history *L1*
el **historial médico** medical history *8A.2*
el **hogar** home *L2*
Hola Hello *L1*
el **hombre** man *L2*
el **hombre de negocios** businessman *1B.1*
el **hombro** shoulder *L2*
hondo/a deep(ly) *8A.2*
Honduras Honduras *L1*
hondureño/a Honduran *L2*
honesto/a honest *4A.1*
la **hora** hour *L1*; *¿a qué hora?* at what time? *L1*; *¿Qué hora es?* What time is it? *L1*
el **horario** schedule *L1*
hornear to bake *7A.2*
el **horno** oven *L2; el horno microondas* microwave oven *L1*
horrible horrible *L1*
el **hotel** hotel *L1*
hoy today *L1*
hubo there was, there were *L2*
el **huevo** egg *L1*
el **huracán** hurricane *L2*

I

la **idea** idea *L1*
ideal ideal *L1*
la **iglesia** church *L2*
Igualmente. Me, too. *1A.1*
la **iguana** iguana *L2*
imaginar(se) to imagine *L2*
impaciente impatient *2B.1*
el **impermeable** raincoat *L2*
importante important *L1*
importar to be important, to matter *L1*
imposible impossible *L2*
la **impresora láser** laser printer *L1*
el **incendio** the fire *L2*
incluir to include *6B.1*
increíble incredible *4A.1*
la **infección** infection *8A.2*
la **inflamación** inflammation, swelling *8A.2*
la **información** information *L2*
informar to inform *L2*
el **ingeniero**, la **ingeniera** engineer *1B.1*
Inglaterra England *6A.1*
inglés, **inglesa** English *1B.2*
el **ingrediente** ingredient *L1*
inocente innocent *3B.1*
el **inodoro** toilet *L2*
insistir (en) to insist (on) *L2*
el **inspector**, la **inspectora** inspector *5B.1*
instalar to install *L2*
el **instructor**, la **instructora** instructor *1B.1*
inteligente intelligent *L1*
interesante interesting *L1*
interesar to interest *L2*
internacional international *L2*
Internet Internet *L2*
interrumpir to interrupt *7B.1*
la **inundación** flood *3B.1*
investigar to investigate *1B.1*
el **invierno** winter *L1*
el **invitado**, la **invitada** guest *7B.1*
invitar to invite *L2*
la **inyección** injection, shot *8A.2*
ir to go *L1*; *ir a* (+ infinitive) to be going (to do something) *L1*; *ir de compras* to go shopping *L1*; *¡Vamos!* Let's go! *L1*; *¡Vamos a* (+ infinitive)*!* Let's (+ infinitive)! *L1*; *vayan* (*Uds.* command) go; *ve* (*tú* command) go
ir a parar to end up *L2*
irse to leave, to go away *L2*
la **isla** island *6A.1*
Italia Italy *6A.1*
italiano/a Italian *1B.2*
el **itinerario** itinerary *L2*
la **izquierda** left *L2*
izquierdo/a left *L2*

J

el **jabón** soap *L2*
el **jaguar** jaguar *6B.2*
el **jamón** ham *L1*
Japón Japan *1B.2*
japonés, **japonesa** Japanese *1B.2*
el **jarabe** (cough) syrup *8A.2*
el **jardín** garden *L1*
la **jaula** cage *L2*
los ***jeans*** jeans, blue jeans *L1*
la **jirafa** giraffe *L2*
joven young *L1*
la **joya** jewel *L2*
la **joyería** jewelry store *L2*
el **jueves** Thursday *L1*
el **jugador**, la **jugadora** player *L1*
jugar (ue) to play (sport, game) *L1*
jugar a (+ *sport/game*) to play *L1*
el **jugo (de naranja)** (orange) juice *L1*
el **juicio** trial *3B.1*
julio July *L1*
junio June *L1*
juntos/as together *L1*
el **jurado** jury *3B.1*

K

Kenia Kenya *L2*
keniano/a Kenyan *L2*
el **kilo (kg)** kilogram *L1*
el **kiosco** kiosk *5A.2*

L

la the (*f., s.*) *L1* her, it, you (*d.o.p*) *L1*; *a la...* at... o'clock *L1*
lacio straight (hair) *2A.1*
ladrar to bark *L2*
el **ladrillo** brick *L2*
el **ladrón**, la **ladrona** thief *3B.1*
el **lago** lake *L2*
las **lágrimas** tears *4A.2*
la **lámpara** lamp *L1*
la **lana** wool *L2*
el **lápiz** pencil (*pl. los lápices*) *L1*
el **lápiz de labios** lipstick *2B.1*
largo/a long *L1*
las the (*f., pl.*) *L1*; them, you (*d.o.p*) *L1*; *a las...* at... o'clock *L1*
la **lástima** shame *L1*; pity *L2*
lastimar(se) to injure (oneself), to hurt (oneself) *L2*
la **lata** can *L1*
el **lavabo** sink *L2*
el **lavadero** laundry room *L2*
la **lavadora** washer *L2*
la **lavandería** laundry *6B.1*
el **lavaplatos** dishwasher *L1*
lavar to wash *L1*
lavarse to wash *L2*
le (to, for) him, (to, for) her, (to, for) you (formal) (*i.o.p*) *L1*
la **leche** milk *L1*
la **lechuga** lettuce *L1*
leer to read *L1*
las **legumbres** legumes *7A.1*
lejos (de) far (from) *L1*
la **lengua** tongue *L2*
la **lenteja** lentil *7A.1*
los **lentes** eyeglasses *2A.1*
lento/a slow *L1*
el **león** lion *L2*
les (to, for) them, (to, for) you (*pl.*) (*i.o.p*) *L1*
levantar la voz to raise one's voice *4B.1*
levantar pesas to lift weights *8B.1*
levantarse to get up *L2*
libre free (unoccupied) *L1*
la **librería** bookstore *L1*
el **libro** book *L1*

la licencia de conducir driver's license ***5A.1***
la licuadora blender ***L2***
el limpiaparabrisas windshield wiper ***L2***
limpiar to clean ***L1***
limpio/a clean ***L1***
lindo/a pretty ***L2***
la linterna flashlight ***5B.2***
la lista list ***L1***
listo/a ready, smart, clever ***L1***
el litro liter ***7A.2***
la llamada de larga distancia long-distance call ***4B.2***
llamar to call, to telephone ***L1***; *¿Cómo se llama* (*Ud./él/ella*)? What is (your/his/her) name? ***L1***; *¿Cómo te llamas?* What is your name? ***L1***; *me llamo* my name is ***L1***; *te llamas* your name is ***L1***; (*Ud./él/ella*) *se llama* (your [formal]/his/her) name is ***L1***
llamarse to be called ***L2***
la llanta tire ***L2***
la llave key ***L2***
la llegada arrival ***L2***
llegar to arrive ***L1***
llenar to fill ***5A.2***
lleno/a full ***L2***
llevar to wear ***L1***; to take, to carry ***L1***; to bring ***L2***
llevarse to get along ***L2***
llorar to cry ***4A.2***
llover (ue) to rain ***L1***
la lluvia rain ***L1***
lo him, it, you (*d.o.p*) ***L1***; *lo que*, that which ***L1***; *lo siento* I am sorry ***L1***
lo (+ *adjective/adverb*) how (+ adjective/adverb) ***L2***
el local (tren) local (train) ***5B.1***
loco/a crazy ***L1***
lograr to achieve, to obtain ***3B.1***
los the (*m., pl.*) ***L1***; them, you (*d.o.p*) ***L1***
luego later ***L1***
el lugar place ***L1***
el lujo luxury ***L2***
la luna moon ***L2***
el lunes Monday ***L1***
la luz light (*pl. las luces*) ***L1***

M

la madera wood ***L2***
la madrastra stepmother ***L2***
la madre mother ***L1***
la madrina godmother ***2A.1***
maduro/a ripe ***L1***
magnífico/a magnificent ***1A.1***
el maíz corn ***L1***
mal badly ***L1***; bad (in front of a *m., s.* noun) ***L1***
el malabarista, la **malabarista** juggler ***L2***
el malentendido misunderstanding ***6A.1***
la maleta suitcase ***L1***
el maletín briefcase, handbag, overnight bag, small suitcase ***L2***
malo/a bad ***L1***
la mamá mother, mom ***L2***
mañana tomorrow ***L1***; *hasta mañana* see you tomorrow ***L1***; *pasado mañana* the day after tomorrow ***L1***
la mañana morning ***L1***; *de la mañana* AM, in the morning ***L1***; *por la mañana* in the morning ***L1***
mandar to order ***5A.2***
mandón, mandona bossy ***2B.1***
manejar to drive ***L2***
el maní peanut (*pl. los maníes*) ***7B.1***
la mano hand ***L2***
el mantel tablecloth ***L1***
mantener to keep, to maintain ***2A.1***; *mantenerse en forma* to stay in shape ***8B.1***
la mantequilla butter ***L1***; *la mantequilla de maní* peanut butter ***L2***
la manzana apple ***L1***
el mapa map ***L1***
el maquillaje makeup ***L2***
maquillarse to put on makeup ***L2***
la máquina de coser sewing machine ***9B.1***
el mar sea ***6A.1***
maravilloso/a marvelous, fantastic ***L2***
el marcador marker ***L1***; score ***L2***
marcar to score ***L2***; to dial ***4B.2***
la marcha atrás reverse (gear) ***5A.1***
marinado/a marinated ***7B.2***
la mariposa butterfly ***6B.2***
el marisco seafood ***L2***
marrón brown ***L2***
marroquí Moroccan ***L2***
Marruecos Morocco ***L2***
el martes Tuesday ***L1***
el martillo hammer ***2A.2***
marzo March ***L1***
más more, else ***L1***; *el/la/los/ las* (+ noun) *más* (+ adjective) the most (+ adjective) ***L1***; *lo más* (+ adverb) *posible* as (+ adverb + noun) as possible ***L1***; *más* (+ noun/adjective/adverb) *que* more (+ noun/adjective/adverb) than ***L1***
más allá de beyond ***5A.2***
más vale it is better ***L2***
masticar to chew ***7B.1***
matar to kill ***3B.1***
las matemáticas mathematics ***L1***
el material material ***L2***
máximo/a maximum ***L2***
mayo May ***L1***
la mayonesa mayonnaise ***L2***
mayor older ***L1***
la mayúscula capital (uppercase) letter ***L1***
me (to, for) me (*i.o.p*) ***L1***; me (*d.o.p*) ***L1***; *me llaman* they call me; *me llamo* my name is ***L1***
Me cae bien/mal. I like/ don't like (someone or something). ***1B.2***
me/te/le/nos/les gustaría I/ you/he/she/it/we/they would like ***L1***
el mecánico, la **mecánica** mechanic ***1B.1***
la medicina medicine ***L2***
el médico, la **médica** doctor ***L1***
el medio ambiente environment ***6B.2***
el mediocampista, la **mediocampista** midfielder ***L2***
mejor better ***L1***; *el/la/los/las mejor/mejores* (+ noun) the best (+ noun) ***L1***

el **melón** melon *L2*
mencionar to mention *3B.2*
menor younger, youngest *L1*; lesser, least *L1*
menos minus, until, before, to (to express time) *L1*; less *L1*; *el/la/los/las* (+ noun) *menos* (+ adjective) the least (+ adjective + noun) *L1*; *lo menos* (+ adverb) *posible* as (+ adverb) as possible *L1*; *menos* (+ noun/ adjective/ adverb) *que* less (+ noun/ adjective/adverb) than *L1*
el **mensaje de texto** text message *4B.2*
la **mentira** lie *L1*
el **menú** menu *L1*
el **mercado** market *L1*
merecer (zc) to deserve *1A.1*
el **mes** month *L1*
la **mesa** table *L1*; *poner la mesa* to set the table *L1*; *recoger la mesa* to clear the table *L1*
la **mesa de noche** night table *2B.2*; *la mesa de planchar* ironing board *L2*
el **mesero**, la **mesera** food server *L1*
mexicano/a Mexican *L2*
México Mexico *L1*
mezclar to mix *7A.2*
mi my *L1*
mí me (after a preposition) *L1*
mi, mis my *L1*
el **micrófono** microphone *L2*
el **miedo** fear *L1*
el **miembro** member *L2*
mientras while *L2*
el **miércoles** Wednesday *L1*
mil thousand *L1*
mínimo/a minimum *L1*
la **minúscula** lowercase letter *L1*
el **minuto** minute *L1*
mío/a (of) mine *L2*
¡mira! look! *L1*
mirar to look (at) *L1*; *mira* (*tú* command) look *L1*; *miren* (*Uds.* command) look
mismo/a same *L1*
el **misterio** mystery *L2*
la **mochila** backpack *L1*
los **modales** manners *7B.1*
moderno/a modern *L2*
el **modo de silencio** silent mode *4B.2*
mojado/a wet *2B.1*
molestar to bother *L2*
el **momento** moment *L1*
el **mono** monkey *L2*
la **montaña** mountain *L2*; *la montaña rusa* roller coaster *L2*
montar to ride *L1; montar en bicicleta* to ride a bicycle *1B.1*; *montar en patineta* to skateboard *L1*
el **monumento** monument *L2*
morado/a purple *L2*
morder (ue) to bite *L2*
moreno/a brunette, darkhaired *L1*
morir(se) (ue, u) to die *L2*
morirse de la risa to die laughing *L2*
el **mosquito** mosquito *5B.2*
la **mostaza** mustard *L2*
el **mostrador** counter *L2*
mostrar (ue) to show *L2*
motivado/a motivated *1A.2*
la **moto(cicleta)** motorcycle *L1*
el **motor** engine *L2*
mover(se) (ue) to move *6A.2*
la **muchacha** girl, young woman *L1*
el **muchacho** boy, young man *L1*
mucho/a a lot *L1*; much, very *L1*; (*pl. muchos/as*) many; *con* (*mucho*) *gusto* I would be (very) glad to *L1*; *muchas gracias* thank you very much *L1*; *¡Mucho gusto!* Glad to meet you! *L1*
el **mueble** piece of furniture *L2*
la **mujer** woman *L2*; *la mujer de negocios* businesswoman *1B.1*
las **muletas** crutches *8A.1*
el **mundo** world *L2*
la **muñeca** wrist *8A.1*
el **muro** wall (exterior) *L2*
el **museo** museum *L1*
la **música** music *L1*; *la música bailable* dance music *7B.1*
el **musical** musical *L2*
el **músico**, la **música** musician *1B.1*
muy very *L1*

N

nacer to be born *L2*
nacional national *L2*
nadar to swim *L1*
la **naranja** orange *L1*
la **nariz** nose (*pl. narices*) *L2*
narrar to announce, to narrate *L2*
la **naturaleza** nature *6B.2*
el **navegador** browser *L2*
navegar (uso en informática) to surf (in the computer field) *L2*
navegar por rápidos to go white-water rafting *6B.2*
la **Navidad** Christmas *L1*
la **neblina** mist *L1*
necesario/a necessary *L2*
necesitar to need *L1*
negar (ie) to deny *6A.2*
el **negocio** business *1B.1*
negro/a black *L1*
nervioso/a nervous *L1*
nevar (ie) to snow *L1*
ni un poquito not even a little bit *L1*
Nicaragua Nicaragua *L1*
nicaragüense Nicaraguan *L2*
la **niebla** fog *6A.2*
la **nieta** granddaughter *L1*
el **nieto** grandson *L1*
la **nieve** snow *L1*
el **niñero**, la **niñera** baby sitter *1B.1*
el **niño**, la **niña** child *L2*
no no *L1*
¡No es justo! It's not fair! *1A.2*
No faltaba más. Don't mention it. *4A.2*
¡No hay quien lo/la aguante! Nobody can stand him/her! *1A.2*
¡No lo puedo creer! I can't believe it! *3A.1*
No lo/la aguanto. I can't stand him/her/it. *1B.2*
¡No me digas! You don't say! *L2*
la **noche** night *L1*; *buenas noches* good night *L1*; *de la noche* PM, at night *L1*; *esta noche* tonight *L1*; *por la noche* at night *L1*
el **nombre** name *L2*
el **noreste** northeast *L2*
normal normal *L2*

las normas de tránsito traffic rules ***5A.1***
el noroeste northwest ***L2***
el norte north ***L2***
norteamericano/a North American ***L2***
nos (to, for) us (*i.o.p*) ***L1***; us (*d.o.p*) ***L1***
nosotros/nosotras we ***L1***
la nota note, grade ***1A.2***
la noticia news ***L2***
el noticiero news program ***L2***
novecientos/as nine hundred ***L1***
noveno/a ninth ***L1***
noventa ninety ***L1***
la novia girlfriend ***L2***
noviembre November ***L1***
el novio boyfriend ***L2***
la nube cloud ***6A.2***
nublado/a cloudy ***L1***
la nuera daughter-in-law ***2A.1***
nuestro/a our, (of) ours ***L2***
nuestro/nuestra/nuestros/nuestras our ***L1***
nueve nine ***L1***
nuevo/a new ***L1***
la nuez walnut (*pl. las nueces*) ***7B.1***
el número de teléfono/de teléfono celular/equivocado phone number/cell phone number/wrong number ***L1***
el número equivocado wrong number ***4B.2***
numeroso/a large (in numbers) ***2B.1***
nunca never ***L1***
la nutrición nutrition ***8B.2***
nutritivo/a nutritious ***8B.2***

O

o or ***L1***
obedecer (zc) to obey ***1A.1***
la obligación obligation ***4B.1***
la obra en construcción construction site ***5A.2***
el obrero, la **obrera** worker ***1B.1***
observar to observe ***6A.1***
obvio/a obvious ***L2***
la ocasión occasion ***L2***
el océano ocean ***6A.1***
ochenta eighty ***L1***
ocho eight ***L1***
ochocientos/as eight hundred ***L1***
el ocio free time ***3A.1***
octavo/a eighth ***L1***
octubre October ***L1***
ocupado/a busy, occupied ***L1***
ocurrir to occur ***L2***
el oeste west ***L2***
la oferta sale ***L2***
la oficina office ***L1***; *la oficina de correos* post office ***L2***
el oficio trade, job ***1B.1***
ofrecer to offer ***L2***
el oído (inner) ear ***L2***
oír to hear, to listen ***L1***
ojalá would that, if only, I hope ***6A.2***
el ojo eye ***L2***
la olla pot, saucepan ***L1***
olvidar to forget ***L1***; *olvidarse* to forget ***L2***
once eleven ***L1***
opinar to give an opinion, to form an opinion ***L2***
la opinión opinion ***3A.2***
la oportunidad opportunity ***L2***
ordenado/a neat ***2B.2***
el ordenador computer ***3A.2***
el orégano oregano ***7A.1***
la oreja (outer) ear ***L2***
organizado/a organized ***1A.2***
organizar to organize ***2A.2***
orgulloso/a proud ***1A.2***
la orilla shore ***L2***
el oro gold ***L2***
la orquesta orchestra ***1A.1***
la orquídea orchid ***6B.2***
os (to, for) you (Spain, informal, *pl., i.o.p*), you (Spain, informal, *pl., d.o.p*)
el oso bear ***L2***; *el oso de peluche* teddy bear ***L2***; *el oso perezoso* sloth ***6B.2***
el otoño autumn ***L1***
otro/a other, another (*pl. otros/as*) ***L1***; *otra vez* again, another time ***L1***
la oveja sheep ***L2***
oye hey, listen ***L1***

P

la paciencia patience ***5A.1***
el paciente, la **paciente** patient ***8A.2***
paciente patient ***2B.1***
el padrastro stepfather ***L2***
el padre father ***L1***; *los padres* parents ***L1***
el padrino godfather ***2A.1***
la paella traditional Spanish rice dish ***L1***
pagar to pay ***L2***
la página page ***L1***
el país country ***L1***
el pájaro bird ***L2***
la palabra word ***L1***
las palomitas de maíz popcorn ***L2***
el pan bread ***L1***
la panadería bakery ***L2***
Panamá Panama ***L1***
panameño/a Panamanian ***L2***
la pantalla screen ***L1***
el pantalón pants ***L1***
la pantera panther ***L2***
el pañuelo handkerchief, hanky ***L2***
la papa potato ***L1***
el papá father, dad ***L2***
las papas fritas french fries ***7B.2***
la papaya papaya ***L2***
el papel paper ***L1***
la papelería stationery store ***L2***
para for, to, in order ***L1***
para que so that/in order that ***6A.1***
Para serte sincero/a To be honest with you ***1B.2***
el parabrisas windshield ***L2***
el parachoques fender ***L2***
el parador inn ***L2***
Paraguay Paraguay ***L1***
paraguayo/a Paraguayan ***L2***
el paramédico, la **paramédica** paramedic ***3B.2***
parar to stop ***L2***
pare stop ***5A.1***
parecer to seem ***L1***; *1A.1*
parecerse (zc) to look like, to resemble ***1A.1***
la pared wall ***L1***

el pariente, la **pariente** relative *L1*
el parlante inteligente smart speaker *L1*
los parlantes speakers *7B.1*
el parque park *L1*; *el parque de atracciones* amusement park *L2*
el parque nacional national park *6B.2*
el parquímetro parking meter *5A.2*
la parte place, part *L2*
participar to participate *L2*
el partido game, match *L1*
partir to leave, to depart *5B.1*
pasado mañana the day after tomorrow *L1*
pasado/a past, last *L2*
el pasajero, la **pasajera** passenger *L2*
Pasándola. Getting by. *1A.1*
el pasaporte passport *L2*
pasar to pass, to spend (time) *L1*; *pásame* pass me *L1*; *pasar la aspiradora* to vacuum *L1*
el pasatiempo pastime, leisure activity *L1*
pasear to walk, to take a walk *1B.1*
el paseo walk, ride, trip *L1*
el pasillo hall, corridor *2A.2*
los pasos de baile dance steps *7B.1*
la pasta de dientes toothpaste *2B.1*
el pastel cake, pastry *L2*
la pastilla pill *8A.2*
la pata paw, leg (for animals) *L2*
el patinador, la **patinadora** skater *L1*
patinar to skate; *patinar sobre ruedas* to inline skate; *patinar sobre hielo* to ice skate *L1*
la patineta skateboard *L1*
el patio courtyard, patio, yard *L1*
el pato duck *L2*
el pavo turkey *L2*
el payaso clown *L2*
el peatón, la **peatona** pedestrian (*pl. peatones*) *5A.2*
el pecho chest *L2*
la pechuga de pavo turkey breast *7B.2*
el pedazo piece *7A.2*
pedir (i, i) to ask for, to order, to request *L1*; *pedir ayuda* to ask for help *L1*; *pedir perdón* to say you are sorry *L1*; *pedir permiso* (*para*) to ask for permission (to do something) *L1*; *pedir prestado/a* to borrow *L1*
peinarse to comb *L2*
el peine comb *L2*
pelar to peel *7A.2*
la pelea fight *4A.2*
pelearse to fight *2B.1*
la película movie, film *L1*
peligroso/a dangerous *L2*
pelirrojo/a red-haired *L1*
el pelo hair *L2*
la pelota ball *L2*
el peluquero, la **peluquera** hairstylist *L2*
la pena penalty *L2*
pensar (ie) to think, to intend, to plan *L1*; *pensar de* to think about (i.e., to have an opinion) *L1*; *pensar en* to think about (i.e., to focus one's thoughts on) *L1*; *pensar en* (+ infinitive) to think about (doing something); *pensar en sí mismo/a* to think of oneself *4A.1*
peor worse *L1*; *el/la/los/las peor/peores* (+ noun) the worst (+ noun) *L1*
pequeño/a small *L1*
la pera pear *L2*
la percha hanger *2B.2*
perder (ie) to miss *6A.2*; *perder la paciencia* to lose patience *4A.2*
perdido/a lost *5A.2*
perdón excuse me, pardon me *L1*
perdonar to forgive *4A.1*
el perejil parsley *7A.1*
perfecto/a perfect *L2*
el periódico newspaper *L1*
el periodismo journalism *3A.1*
el periodista, la **periodista** journalist *L2*
la perla pearl *L2*
permitir to permit, allow *L1*
pero but *L1*
el perro, la **perra** dog *L1*
la persona person *L1*
el personaje character *L2*
pertenecer (zc) to belong *1A.1*
Perú Peru *L1*
peruano/a Peruvian *L2*
la pesca fishing *5B.2*
el pescado fish *L1*
pescar to fish *L2*; *pescar un resfriado* to catch a cold *L2*
el peso weight *8B.1*
el pez fish (*pl. los peces*) *L2*
el piano piano *L1*
picante hot (spicy) *7A.1*
picar to chop *7A.2*
el picnic/hacer un picnic picnic/ to go on a picnic *L2*
el pie foot *L2*
la piel skin *8A.2*
la pierna leg *L2*
la pieza piece *L2*
el pijama pajamas *L2*
el piloto, la **piloto** pilot *L2*
el pimentero pepper shaker *L2*
la pimienta pepper (seasoning) *L1*
el pimiento bell pepper *L1*
la piña pineapple *L2*
pintar to paint *L2*
pintarse los labios (las uñas) to put on lipstick (to paint one's fingernails) *2B.1*
pisar to step on *5A.1*
la piscina swimming pool *L1*
el piso floor *L1*
la pizarra blackboard, whiteboard *L1*
la placa license plate *L2*
el placer pleasure *L2*
el plan plan *L2*
la plancha iron *L2*
planchar to iron *L2*
planear to plan *6A.1*
la planta plant *L1*
la planta baja ground floor *L1*
la plata silver *L2*
el plátano banana *L1*
el plato dish, plate L1; *el plato principal* main dish *7B.2*
la playa beach *L1*
la plaza plaza, public square *L1*
la pluma feather *L2*
pobre poor *L2*
poco/a not very, little *L1*; *un poco* a little (bit) *L1*

poder (ue, u) to be able ***L1***
podrido/a rotten ***7A.1***
el **policía**, la **policía** police (officer) ***L2***
policiaca detective (film) ***1B.2***
la **política** politics ***L2***
el **pollo** chicken ***L1***
poner to put, to place, to set ***L1***; *poner una multa* to give a ticket ***5A.2***; *poner una vacuna* to vaccinate ***8A.2***; *ponerse* to put on ***L2***; *ponerse* to become, to get ***2B.1***; *ponerse de acuerdo* to reach an agreement ***4B.1***
popular popular ***L1***
por through, by ***L1***; in ***L1***; along ***L1***; *por favor* please ***L1***; *por la mañana* in the morning ***L1***; *por la noche* at night ***L1***; *por la tarde* in the afternoon ***L1***; *por teléfono* by telephone, on the telephone ***L1***; *por todos lados* everywhere ***L1***; *por adelantado* in advance ***6A.1***; *por ahora* for now ***1B.1***; *por fin* finally ***L2***; *por suerte* luckily ***3B.2*** *por supuesto* of course ***3A.2***
¿por qué? Why? ***L1***
porque because ***L1***
el **portero**, la **portera** goalkeeper, goalie ***L2***
Portugal Portugal ***L2***
portugués, **portuguesa** Portuguese ***L2***
posible possible ***L2***
positivo/a positive ***8B.1***
posponer to postpone ***4A.2***
el **postre** dessert ***L1***
la **práctica** practice ***L1***
practicar (deportes) to play, to practice, to do (sports) ***8B.1***
el **precio** price ***L1***
preciso/a necessary ***L2***
preferir (ie) to prefer ***L1***
preguntar to ask ***L1***
preguntarse to wonder, to ask oneself ***L2***
el **premio** prize ***L2***
la **prenda** garment ***L2***
la **prensa** press ***3A.1***
preocupado/a worried ***3B.2***
preocupar to worry ***L2***
preocuparse to worry ***L2***
preparar to prepare ***L1***
prepararse to prepare oneself, to get ready ***2B.1***
presentar to introduce, to present; *le presento a* let me introduce you (formal, *s.*) to ***L1***; *les presento a* let me introduce you (*pl.*) to ***L1***; *te presento a* let me introduce you (informal, *s.*) to ***L1***
presentarse to show up ***6A.2***
la **presión** blood pressure ***8A.2***
prestar to lend ***L1***
prestar atención to pay attention ***1A.2***
la **primavera** spring ***L1***
primer first (form of *primero* before a *m., s.* noun) ***L1***; *el primer piso* first floor ***L1***
primero first (adverb) ***L1***
primero/a first ***L1***
los **primeros auxilios** first aid ***3B.2***
el **primo**, la **prima** cousin ***L1***
la **princesa** princess ***L2***
principal principal, main ***L2***
el **príncipe** prince ***L2***
la **prisa** rush, hurry, haste ***L1***
probable probable ***L2***
probarse (ue) to try on ***L2***
el **problema** problem ***L1***
la **profesión** profession ***1B.1***
el **profesor**, la **profesora** teacher ***L1***
profundo/a deep ***8A.1***
el **programa** program ***L2***
la **programación de televisión** TV guide ***3A.1***
el **programador**, la **programadora** programmer ***L2***
prohibido doblar do not turn ***5A.1***
prohibido/a not permitted, prohibited ***L2***
prometer to promise ***L2***
pronto soon ***L1***
la **propina** tip ***L2***
propio/a one's own ***2A.2***
el **protector de pantalla** screen protector ***4B.2***
proteger to protect ***6B.2***
la **proteína** protein ***8B.2***
la **protesta** protest ***L2***
el **próximo/a** next ***L2***
prudente cautious ***5A.1***
el **público** public, audience ***L2***
el **pueblo** village ***5B.2***
puede ser maybe ***L2***
el **puente** bridge ***L2***
la **puerta** door ***L1***; *la puerta de embarque* boarding gate ***L2***
Puerto Rico Puerto Rico ***L1***
puertorriqueño/a Puerto Rican ***L2***
pues thus, well, so, then (pause in speech) ***L1***
el **puesto** stall, stand ***7A.1***
el **pulmón** lung (*pl. pulmones*) ***8A.2***
la **pulmonía** pneumonia ***8A.2***
el **pulpo** octopus ***L2***
la **pulsera** bracelet ***L2***
el **punto** dot (term used in Internet and e-mail address) ***L1***
los **puntos** stitches ***8A.1***
puntual on time ***5B.1***
el **pupitre** desk ***L1***
puro/a pure, fresh ***L2***

Q

que that, which ***L1***; *lo que* what, that which ***L1***; *más* (+ noun/ adjective/adverb) *que* more (+ noun/adjective/ adverb) than ***L1***; *que viene* upcoming, next ***L1***
¡qué (+ *adjective*)! how (+ adjective)! ***L1***
¡qué (+ *description*)! how (+ description)! ***L1***
¡qué (+ *noun*)! what a (+ noun)! ***L1***
¿Qué (te, le, les) parece? What do/does (you/he/she/they) think? ***L2***
¡Qué raro! How odd! ***4A.2***
¡Qué va! No way! ***4A.2***
¿qué? What? ***L1***; *¿a qué hora?* At what time? ***L1***; *¿Qué hora es?* What time is it? ***L1***; *¿Qué quiere decir...?* What does... mean? ***L1***; *¿Qué tal?* How are you? ***L1***; *¿Qué temperatura hace?* What is the temperature? ***L1***; *¿Qué tiempo hace?* How is the weather? ***L1***
quebrarse to break ***8A.1***
quedarle (algo a alguien) to have (something) left ***L1***

quedarle bien a uno to fit, to be becoming ***L2***
quedarse to remain, to stay ***L2***
el **quehacer** chore ***L1***
quejarse to complain ***7B.2***
quemarse to get burned ***L2***
querer (ie) to love, to want, ***L1***; *¿Qué quiere decir...?* What does... mean? ***L1***; *quiere decir* it means ***L1***; *quieres* (do) you want ***L1***; *quiero* I love (a person), I want ***L1***
querido/a dear ***L1***
el **queso** cheese ***L1***
el **quetzal** quetzal ***6B.2***
¿Quién habla? Who is it? (telephone greeting) ***4B.2***
¿quién? Who? ***L1***
¿quiénes? Who? (pl.) ***L1***
quienquiera whoever ***L2***
quince fifteen ***L1***
quinientos/as five hundred ***L1***
quinto/a fifth ***L1***
quisiera would like ***L2***
quitarse to take off ***L2***
quizás maybe, perhaps ***L1***

R

el **rabo** tail ***L2***
la **radio** radio (broadcast) ***L1***
la **radiografía** X-ray ***8A.1***
rápidamente rapidly ***L1***
rápido quickly ***1A.1***
el **rápido (tren)** express (train) ***5B.1***
rápido/a rapid, fast ***L1***
el **rasguño** scratch ***8A.1***
el **ratón** (computer) mouse (*pl. los ratones*) ***L1***; mouse ***L2***
reaccionar to react ***4B.1***
real royal ***L2***; real ***1B.2***
la **recepción** reception ***L2***; (telephone) reception ***4B.2***
el **recepcionista**, la **recepcionista** receptionist ***L2***
la **receta** recipe ***L1***
recetar to prescribe ***8A.2***
recibir to receive ***L2***
el **recibo** receipt ***L2***
el **recipiente** bowl ***7A.2***
recoger to pick up ***L1***; *recoger la mesa* to clear the table ***L1***
recomendar (ie) to recommend ***5B.2***
reconciliarse to make up (with someone) ***4A.1***
reconocer (zc) to recognize ***1A.1***
recordar (ue) to remember ***L1***
el **recuerdo** memory ***3A.2***
la **red** Web ***L2***
la **red social** social network ***4B.2***
el **refresco** soft drink, refreshment ***L1***
el **refrigerador** refrigerator ***L1***
el **refugio de vida silvestre** wildlife refuge ***6B.2***
el **regalo** gift ***L2***
regar (ie) to water ***2A.2***
registrar to register, to check (a bag) ***L2***
el **registro** register ***6B.1***
la **regla** rule ***L2***
regresar to return, to go back, to come back ***L2***
regular average, so-so, regular ***L1***
la **reina** queen ***L2***
reír(se) (i, i) to laugh ***L2***
la **reja** wrought iron window grille, wrought iron fence ***L2***
la **relación** relation(ship) ***4B.1***
relajarse to relax ***6B.2***
el **relámpago** lightning ***6A.2***
relleno/a stuffed ***7B.2***
el **reloj** clock, watch ***L1***
el **remedio** remedy, medicine ***8A.2***
reparar to repair ***1B.1***
el **repartidor**, la **repartidora** delivery person ***1B.1***
repartir to deliver ***1B.1***
el **repelente de insectos** insect repellent ***5B.2***
repetir (i) to repeat ***L1***
el **repollo** cabbage ***7A.1***
el **reportaje** report, interview ***3A.2***
el **reportero**, la **reportera** reporter ***L2***
República Dominicana Dominican Republic ***L1***
resbalarse to slip ***8A.1***
rescatar to rescue ***3B.2***
la **reserva** reservation ***6A.1***
la **reserva natural** nature reserve ***6B.2***
la **reservación** reservation ***L2***
el **resfriado** cold ***L2***
respetar to respect ***4B.1***
respirar to breathe ***8A.2***
responsable responsible ***1A.2***
el **restaurante** restaurant ***L1***
retrasado/a delayed ***6A.2***
el **retraso** delay ***6A.2***
la **reunión** meeting, reunion ***L2***
reunirse to get together ***L2***
la **revista** magazine ***L1***
revolver (ue) to stir ***7A.2***
el **rey** king ***L2***
rico/a rich, ***L2***; delicious ***L2***
el **río** river ***L2***
la **risa** laugh ***L2***
rizado/a curly ***2A.1***
el **robo** robbery ***L2***
la **roca** rock ***5B.2***
rodear to surround ***3B.2***
la **rodilla** knee ***L2***
rojo/a red ***L1***
romántico/a romantic ***1B.2***
romper to break, to tear ***L2***
la **ropa** clothing ***L1***
rosado/a pink ***L2***
el **rubí** ruby ***L2***
rubio/a blond ***L1***
la **rueda** wheel ***L2***; *la rueda de Chicago* Ferris wheel ***L2***; *la rueda de prensa* press conference ***3A.2***
el **ruido** noise ***L2***
Rusia Russia ***L2***
ruso/a Russian ***L2***

S

el **sábado** Saturday ***L1***
la **sábana** sheet ***2B.2***
saber to know ***L1***; *sabes* you know ***L1***; (*no*) *sé* I (don't) know ***L1***
el **sabor** flavor ***L2***
saborear to taste, to savor ***L2***
sabroso/a tasty ***7A.1***
saca stick out (*tú* command) ***L2***
el **sacapuntas** pencil sharpener ***L1***
sacar to take out ***L1***
sacar fotos to take pictures ***2A.1***

el saco de dormir sleeping bag *5B.2*
la sal salt *L1*
la sala living room *L1*
la sala de emergencias emergency room *8A.1*
salado/a salty *7B.2*
la salchicha sausage *L2*
el salero saltshaker *L2*
la salida departure, exit *L2*
salir to go out *L1*
salirse con la suya to get one's way *L2*
el salmón salmon *7B.2*
la salsa sauce *L2*; *la salsa de tomate* ketchup *L2*
saltar to jump *L2*
saltarse (una comida) to skip (a meal) *8B.2*
la salud health *L2*
saludable healthy *8B.2*
salvadoreño/a Salvadoran *L2*
salvaje wild *L2*
salvar to save *3B.1*
las sandalias sandals *L2*
la sandía watermelon *L2*
el sándwich sandwich *L2*
la sartén frying pan, skillet *7A.2*
saudita Saudi, Saudi Arabian *L2*
se *¿Cómo se dice...?* How do you say...? *L1*; *¿Cómo se escribe...?* How do you write (spell)...? *L1*; *¿Cómo se llama (Ud./él/ella)?* What is (your/his/ her) name? *L1*; *se dice* one says *L1*; *se escribe* it is written *L1*; *(Ud./él/ella) se llama* (your [*formal*]/ his/her) name is *L1*
Se me hace tarde. It's getting late. *1A.1*
sé I know *L1*
el secador hair dryer *2B*
la secadora dryer *L2*
secarse to dry (oneself) *2B.1*
la sección section *L2*
seco/a dry *7B.2*
el secretario, la **secretaria** secretary *1B.1*
el secreto secret *L2*
la sed thirst *L1*
seguir (i, i) to continue, to keep on, to go on *L2*; to follow, to pursue *L2*
el segundo second (time increment) *L1*
segundo/a second *L1*
la seguridad safety *L2*
seguro/a (de) sure (of) *L2*
seis six *L1*
seiscientos/as six hundred *L1*
la selva jungle *L2*
el semáforo traffic light *5A.1*
la semana week *L1*
la señal (de alto) (stop) sign *L2*
sencillo/a single *L2*
el sendero path *5B.2*
el señor (Sr.) gentleman, sir, Mr. *L1*
la señora (Sra.) lady, madame, Mrs. *L1*
la señorita (Srta.) young lady, Miss *L1*
sentarse (ie) to sit down *L2*
la sentencia sentencing *3B.1*
sentir (ie) to be sorry, to feel sorry, to regret *L1*
sentirse (ie, i) to feel *L2*
septiembre September *L1*
séptimo/a seventh *L1*
ser to be *L1*; *eres* you are *L1*; *¿Eres (tú) de...?* Are you from...? *L1*; *es* you (formal) are, he/she/ it is *L1*; *es la una* it is one o'clock *L1*; *Es medianoche.* It is midnight. *L1*; *Es mediodía.* It is noon. *L1*; *fue* was (preterite of *ser*) *L1*; *¿Qué hora es?* What time is it? *L1*; *somos* we are *L1*; *son* they are *L1*; *son las* (+ number) it is (+ number) o'clock *L1*; *soy* I am *L1*
serio/a serious *L2*
la serpiente snake *L2*
el servicio service *6B.1*
el servicio de habitaciones room service *L2*
la servilleta napkin *L1*
servir (i, i) to serve *L2*
sesenta sixty *L1*
la sesión fotográfica photo session *3A.2*
setecientos/as seven hundred *L1*
setenta seventy *L1*
sexto/a sixth *L1*
los shorts shorts *L2*
si if *L1*
sí yes *L1*
siempre always *L1*
siéntate sit down (*tú* command) *L2*
siete seven *L1*
el siglo century *L1*
la silla chair *L1*; *la silla de ruedas* wheelchair *8A.1*
el sillón armchair, easy chair *L2*
simpático/a nice, pleasant *L1*
sin without *L1*; *sin embargo* however, nevertheless *6B.2*; *sin previo aviso* without advance notice *6A.1*
sino but (on the contrary), although, even though *L2*
los síntomas symptoms *8A.2*
el sistema de audio sound system *7B.1*
sobre about *L1*; on, over, on top of *L1*
la sobrina niece *L1*
el sobrino nephew *L1*
sociable sociable, friendly *1B.1*
la sociedad society *3A.1*
¡Socorro! Help! *3B.2*
el sofá sofa *2B.2*
el sol sun *L1*
soleado/a sunny *L1*
soler (ue) to be accustomed to, to be used to *L2*
solo only, just *L1*
solo/a alone *L2*
soltero/a single *2A.1*
el sombrero hat *L2*
somos we are *L1*
son you (*pl.*) are, they are *L1*
Son las (+ *number*). It is (+ number) o'clock. *L1*
sonar (ue) to ring *4B.2*
soñar (ue) (con) to dream (about) *L2*
sonreír(se) (i, i) to smile *L2*
la sopa soup *L1*
sorprender to surprise *6B.2*
la sorpresa surprise *L1*
el sótano basement *L2*
soy I am *L1*
su, sus his, her, its, your (Ud./ Uds.), their *L1*
suave soft *L2*
subir to climb, to go up, to go upstairs, to take up, to bring up, to carry up *L1*; to get in (a car) *L2*

subir to raise *7B.1*
los **subtítulos** subtitles *1B.2*
suceder to happen *3A.1*
el **suceso** event, happening *L2*
sucio/a dirty *L1*
la **suegra** mother-in-law *2A.1*
el **suegro** father-in-law *2A.1*
el **suelo** floor *2B.1*
el **sueño** dream *1B.1*; sleep *L1*
la **suerte** luck *L2*
el **suéter** sweater *L2*
sufrir to suffer *8A.1*
sugerir (ie) to suggest *5B.2*
sujeto a cambio subject to change *6A.1*
el **supermercado** supermarket *L1*
el **suplemento dominical** Sunday supplement *3A.1*
el **sur** south *L2*
suramericano/a South American *L2*
el **sureste** southeast *L2*
el **suroeste** southwest *L2*
el **surtido** assortment, supply, selection *L2*
la **suscripción de música** digital music subscription *L1*
la **suscripción de video** digital video subscription *L1*
suyo/a his, (of) his, her, (of) hers, its, (of) yours, (of) theirs *L2*

T

la **tabla** chart *L2*
la **tableta** tablet *L2*
el **taco** taco *L2*
tal como just as *4B.1*
tal vez maybe, perhaps *1A.1*
talentoso/a talented, gifted *1A.2*
también also, too *L1*
tampoco neither, (not) either *L1*
tan so *L1*; *tan* (+ adjective/adverb) *como* (+ person/item) as (+ adjective/adverb) as (+ person/item) *L1*
tan pronto como as soon as *6A.1*
el **tanque** gas tank *5A.2*
tanto/a so much *L1*; *tanto/a* (+ noun) *como* (+ person/ item) as much/many (+ noun) as (+ person/item) *L1*; *tanto como* as much as *L1*; *Tanto gusto.* So glad to meet you. *L1*
tapar(se) to cover *7B.1*
la **taquería** taco stand *L2*
la **taquilla** box office, ticket office *L2*
tardar en (+ *infinitive*) to be long, to take a long time *L2*
la **tarde** afternoon *L1*; *buenas tardes* good afternoon *L1*; *de la tarde* PM, in the afternoon *L1*; *por la tarde* in the afternoon *L1*
tarde late *L2*
la **tarea** homework *L1*
la **tarifa** fare *L2*
la **tarjeta** card *L1*; *la tarjeta de crédito* credit card *L2*; *la tarjeta de embarque* boarding pass *6A.2*; *la tarjeta telefónica* calling card *4B.2*
el **taxi** taxi *L1*
el **taxista**, la **taxista** taxi driver *6A.2*
la **taza** cup *L1*
te (to, for) you (*i.o.p*) *L1*; you (*d.o.p*) *L1*; *¿Cómo te llamas?* What is your name? *L1*; *te llamas* your name is *L1*
el **té** tea *L2*
el **teatro** theater *L1*
el **techo** roof *L2*
el **teclado** keyboard *L1*
la **tecnología** technology *L2*
la **tela** fabric, cloth *L2*
el **teléfono** telephone *L1*; *el teléfono fijo* landline *4B.2*
la **telenovela** soap opera *L2*
la **televisión** television *L1*
el **televisor** television set *L1*
el **temblor** tremor, earthquake *L2*
temer to fear *L2*
la **temperatura** temperature *L1*
temprano early *L1*
el **tenedor** fork *L1*
tener to have *L1*; *¿Cuántos años tienes?* How old are you? *L1*; *tener calor* to be hot *L1*; *tener cuidado* to be careful *L2*; *tener éxito* to be successful *L2*; *tener frío* to be cold *L1*; *tener ganas de* to feel like *L1*; *tener hambre* to be hungry *L1*; *tener miedo* to be afraid *L1*; *tener* (+ number) *años* to be (+ number) years old *L1*; *tener prisa* to be in a hurry *L1*; *tener razón* to be right *L2*; *tener que* to have (to) *L1*; *tener sed* to be thirsty *L1*; *tener sueño* to be sleepy *L1*; *tengo* I have *L1*; *tengo* (+ number) *años* I am (+ age) years old *L1*; *tienes* you have *L1*; *tienes* (+ number) *años* you are (+ age) years old *L1*; *tener celos* to be jealous *4A.1*; *tener confianza en sí/ti mismo* to have self-confidence *1A.2*; *tener intereses en común* to have interests in common *4A.1*; *tener la culpa* to be someone's fault *4A.2*; *tener lugar* to take place *3A.1*
el **tenis** tennis *L1*
los **tenis** tennis shoes *L2*
el **tenista**, la **tenista** tennis player *L1*
tercer third (form of *tercero* before a *m.*, *s.* noun) *L1*
tercero/a (tercer) third *L1*
terminar to finish *L1*
la **ternera** veal *L2*
la **terraza** terrace *2A.2*
terrible terrible *3B.1*
el **terror** horror (film) *1B.2*
el **testigo**, la **testigo** witness *L2*
ti you (after a preposition) *L1*
la **tía** aunt *L1*
el **tiempo** time *L1*; weather *L1*; verb tense; *Hace buen* (*mal*) *tiempo.* The weather is nice (bad). *L1*; *¿Qué tiempo hace?* How is the weather? *L1*
el **tiempo** period (of a game) *L2*
la **tienda** store *L1*
la **tienda de acampar** tent *5B.2*
tienes you are (age) *L1*
tienes you have *L1*
el **tigre** tiger *L2*
la **tina** bathtub *L2*
el **tío** uncle *L1*
el **tipo** type, kind *L2*
la **tira cómica** comic strip *L2*
tirar to throw away *L2*
el **tiro** kick *L2*
el **titular** headline *L2*
la **toalla** towel *L2*
el **tobillo** ankle *8A.1*

tocar to play (something musical) ***L1***
tocar to be someone's turn ***2B.1***
tócate touch (*tú* command) ***L2***
el **tocino** bacon ***L2***
todavía still, yet ***L1***
todo everything ***L2***
todo/a all, every, whole, entire ***L1***; *de todos los días* everyday ***L1***; *por todos lados* everywhere ***L1***; *todos los días* every day ***L1***
tomar to take ***L1***; to drink, to have ***L1***
tomar el pelo to pull someone's leg ***L2***
tomar(se) la presión to take one's blood pressure ***8A.2***
el **tomate** tomato ***L1***
tonto/a silly ***L1***
torcerse(ue) to twist ***8A.1***
la **tormenta** storm ***3B.1***
el **tornillo** screw ***2A.2***
el **toro** bull ***L2***
la **toronja** grapefruit ***L2***
la **torre** tower ***L2***
la **tortilla** cornmeal pancake (Mexico) ***L2***
la **tortuga** turtle ***L2***
toser to cough ***8A.2***
la **tostadora** toaster ***L2***
trabajador(a) hard working ***1A.2***
trabajar to work ***L1***
trabajar de to work as ***1B.1***
el **trabajo** work, job ***L1***
traer to bring ***L1***
el **tráfico** traffic ***L2***
el **traje (de baño)** (swim) suit ***L2***
el **transbordo** transfer ***5B.1***
la **transmisión** transmission ***L2***
el **transporte** transportation ***L1***
el **trapecista**, la **trapecista** trapeze artist ***L2***
trece thirteen ***L1***
treinta (y uno, etc.) thirty (one, etc.) ***L1***
el **tren** train ***L1***
tres three ***L1***
trescientos/as three hundred ***L1***
la **tripulación** crew ***L2***
triste sad ***L1***
tropezar con to stumble, to trip over ***8A.1***
el **trueno** thunder ***6A.2***
tu your (informal) ***L1***; *tus* your (informal) ***L1***
tú you (informal) ***L1***
el **tucán** toucan ***6B.2***
la **turbulencia** turbulence ***6A.2***
turístico/a tourist ***L2***
tuyo/a (of) yours ***L2***

U

u or (used before a word that starts with *o* or *ho*) ***L1***
Ud. you (abbreviation of *usted*) ***L1***; you (after a preposition) ***L1***; *Ud. se llama....* Your name is.... ***L1***
Uds. you (abbreviation of *ustedes*) ***L1***; you (after a preposition) ***L1***
último/a last ***L2***
un, **una** a, an, one ***L1***
único/a only, unique ***L1***
unido/a united, connected ***3A.1***
la **universidad** university ***L2***
uno one ***L1***
unos, **unas** some, any, a few ***L1***
urgente urgent ***L2***
Uruguay Uruguay ***L1***
uruguayo/a Uruguayan ***L2***
usar to use ***L2***
usted you (formal, *s.*) ***L1***; you (after a preposition) ***L1***
ustedes you (*pl.*) ***L1***; you (after a preposition) ***L1***
la **uva** grape ***L1***

V

va he/she goes ***L1***
la **vaca** cow ***L2***
las **vacaciones** vacation ***L2***
vaciar to empty ***2A.2***
vacío/a empty ***5A.1***
la **vacuna** vaccination ***8A.2***
vago/a lazy, idle ***1A.2***
el **vagón** train car ***5B.1***
valer la pena to be worthwhile ***8B.1***
el **valle** valley ***5B.2***
¡Vamos! Let's go! ***L1***
vamos we go ***L1***
los **vaqueros** western, cowboy (film) ***1B.2***
la **variedad** variety ***L2***
vas you go ***L1***
el **vaso** glass ***L1***
el **vecino**, la **vecina** neighbor ***L2***
veinte twenty ***L1***
la **velocidad** speed ***5A.1***
la **venda** bandage ***8A.1***
el **vendedor**, la **vendedora** salesperson ***1B.1***
vender to sell ***L2***
venezolano/a Venezuelan ***L2***
Venezuela Venezuela ***L1***
venir to come ***L1***
la **ventaja** advantage ***2B.2***
la **ventana** window ***L1***
la **ventanilla** window (transportation) ***5B.1***
el **ventilador** fan ***L2***
ver to see ***L1***; *ver la televisión* to watch television ***L1***
el **verano** summer ***L1***
la **verdad** truth ***L1***
¿verdad? Right? ***L1***
verde green ***L1***
verde unripe ***7A.1***
las **verduras** greens, vegetables ***L1***
el **vestido** dress ***L2***
el **vestidor** fitting room ***L2***
vestirse (i, i) to get dressed ***L2***
el **veterinario**, la **veterinaria** veterinarian ***L2***
la **vez** time (*pl. veces*) ***L1***; *a veces* at times, sometimes ***L1***; *otra vez* again, another time ***L1***
viajar to travel ***L1***
el **viaje** trip ***L1***
el **viajero**, la **viajera** traveler ***5B.1***
la **víctima** victim ***3B.1***
la **vida** life ***L1***
el **video** video ***L1***
la **videocámara digital** digital video camera ***3A.2***
el **videojuego** video game ***L1***
viejo/a old ***L1***
el **viento** wind ***L1***
el **viernes** Friday ***L1***
el **vinagre** vinegar ***L1***
el **vínculo** link ***L2***

violento/a violent *3B.2*
la **visa** visa *L2*
la **visibilidad** visibility *3B.2*
la **visita** visit *L2*
visitar to visit *L2*
la **vitamina** vitamin *8B.2*
la **vitrina** store window, glass showcase *L2*
viudo/a widower, widow, widowed *2A.1*
vivir to live *L1*
el **volante** steering wheel *L2*
volar (ue) to fly *L2*
el **volcán** volcano *6A.1*
el **voleibol** volleyball *L1*
el **volumen** volume *7B.1*
volver (ue) to return, to go back, to come back *L1*
vosotros/vosotras you (Spain, informal, *pl.*) *L1*
voy I go *L1*
el **vuelo** flight *L2*
vuestros/vuestras your (Spain, informal, *pl.*)
la **web** Web *L2*

Y

y and *L1*
y cuarto quarter past, quarter after *L1*
y media half past *L1*
ya already, now *L1*
la **yema** egg yolk *7A.2*
el **yerno** son-in-law *2A.1*
el **yeso** cast *8A.1*
yo I *L1*

Z

la **zanahoria** carrot *L1*
la **zapatería** shoe store *L2*
el **zapato** shoe *L1*; *zapato bajo* flat (shoe) *L2*; *zapato de tacón* high-heel shoe *L2*
la **zona verde** green space *5A.2*
el **zoológico** zoo *L2*

Vocabulary

English/Spanish

All active words introduced in *¡Qué chévere! 1*, *¡Qué chévere! 2* and *¡Qué chévere! 3* appear in this end vocabulary. The number and letter following the term indicate the unit and lesson in which it is first actively introduced in *¡Qué chévere! 3*. The vocabulary from *¡Qué chévere! 1* and *¡Qué chévere! 2* is included for reference and does not have a number/letter after the term. Additional passive vocabulary for recognition only has also been included in this end vocabulary.

Abbreviations

d.o.p.	direct object pronoun
f.	feminine
i.o.p.	indirect object pronoun
m.	masculine
pl.	plural
s.	singular

A

a un, una; *a few* unos, unas; *a little (bit)* un poco; *a lot (of)* mucho, muchísimo; *a very little (bit)* un poquito
about sobre; acerca de; *about (to leave)* a punto de (salir) *5B*
above encima de, arriba
to **accelerate** acelerar *5A*
accent el acento
to **accept** aceptar *3A*
accepted aceptado/a
accident el accidente
according to según
to **accuse** acusar *4A*
accused el acusado, la acusada *3B*
to **achieve** lograr
acrobat el acróbata, la acróbata
to **act** actuar *1B*
action (film) película de aventuras
active activo/a *1B*
activity la actividad
actor el actor
actress la actriz
to **add** añadir; agregar
address la dirección; *e-mail/Internet address* la dirección de correo electrónico/de Internet
adhesive bandage la curita *8A*
to **adjust** ajustar *5A; to tighten*
to **admit** admitir *4A*
adult el adulto, la adulta *4A*
advances los avances
advantage la ventaja
advertisement el anuncio (*comercial*); *printed advertisement* el aviso
advice el consejo
to **advise** aconsejar
aerobics los aeróbicos; *to do aerobics* hacer aeróbicos
aerosol aerosol
to **affect** afectar
affectionate cariñoso/a
afraid asustado/a; *to be afraid* tener miedo
Africa África
African africano/a
after después de; detrás de; *a quarter after* y cuarto; *the day after tomorrow* pasado mañana
after all al fin y al cabo
afternoon la tarde; *good afternoon* buenas tardes; *in the afternoon* de la tarde, por la tarde
afterwards después
again otra vez
against contra *3B*
age la edad
agency la agencia; *travel agency* la agencia de viajes
agent el agente, la agente
ago hace (+ *time expression*) que
to **agree** convenir, estar de acuerdo
agreeable agradable
agreed de acuerdo
ahead adelante; *straight ahead* derecho
air el aire; *air conditioning* el aire acondicionado; *pertaining to air* aéreo/a
airline la aerolínea
airplane el avión; *by airplane* en avión
airport el aeropuerto
alarm la alarma; *fire alarm* la alarma de incendios; *alarm clock* el despertador; *smoke alarm* la alarma de incendios
algebra el álgebra
all todo/a; *any at all* cualquiera
allergy la alergia *8A*
to **allow** dejar (de)
almond la almendra
almost casi
alone solo/a
along por; *to get along* llevarse
already ya
also también
although sino, aunque
always siempre; *to always get one's way* siempre salirse con la suya
ambulance la ambulancia
America la América; *Central America* la América Central; *North America* la América del Norte; *South America* la América del Sur; *United States of America* los Estados Unidos de América
American americano/a; *Central American* centroamericano/a; *North American* norteamericano/a; *South American* suramericano/a
to **amuse** divertir (ie, i)
amusement la atracción; *amusement park* el parque de atracciones; (*amusement*) *ride* la atracción
an un, una
ancient antiguo/a
and y; (*used before a word beginning with* i *or* hi) e
animal el animal
ankle el tobillo
to **announce** narrar, anunciar *3B*
announcement el anuncio; *commercial announcement* el anuncio comercial
another otro/a; *another time* otra vez
to **answer** contestar
answer la respuesta
antibiotic el antibiótico
antique antiguo/a
antiseptic el antiséptico *8A*

any unos, unas; alguno/a, algún, alguna; cualquier, cualquiera; *any at all* cualquiera; *not any* ninguno/a, ningún, nunguna
anybody alguien
anyone alguien
anything algo
apartment el apartamento
apparatus el aparato
app la aplicación
to **appear** aparecer ***1A***
apple la manzana
appliance el aparato; *to turn on* (*an appliance*) poner
appointment la cita
apricot el damasco
April abril
aquatic acuático/a ***8B***
Arab árabe
architect el arquitecto, la arquitecta
architecture la arquitectura
Argentina Argentina
Argentinean argentino/a
to **argue** discutir
arm el brazo
armchair el sillón
around alrededor de
to **arrange** arreglar
to **arrest** arrestar ***3B***
arrival la llegada
to **arrive** llegar
art el arte
article el artículo
artist el artista, la artista ***1A***
as tal, como; *as* (+ *adverb*) *as possible* lo más/menos (+ *adverb*) posible; *as* (+ *adjective/adverb*) *as* (+ *person/item*) tan (+ *adjective/adverb*) como (+ *person/item*); *as much as* tanto como; *as much/many* (+ *noun*) *as* (+ *person/item*) tanto/a (+ *noun*) como (+ *person/item*)
Asia Asia
Asian asiático/a
to **ask** preguntar; *to ask a question* hacer una pregunta; *to ask for* pedir (i, i); *to ask for help* pedir ayuda; *to ask for permission* (*to do something*) pedir permiso (para); *to ask oneself* preguntarse
aspiration la aspiración
aspirin la aspirina
to **assault** asaltar ***3B***
assortment el surtido
astronaut el astronauta, la astronauta
at en; *at* (*the symbol @ used for e-mail addresses*) arroba; *at home* en casa; *at night* de la noche, por la noche; *at... o'clock* a la(s)...; *at times* a veces; *at what time?* ¿a qué hora?; *at once* ahora mismo; *at the beginning* al principio ***3A;*** *at the last moment* a último momento ***6A***
athlete el deportista, la deportista, el atleta, la atleta ***1B***
athletic atlético/a ***1B***
ATM el cajero automático ***6A***
atmosphere la atmósfera
to **attain** conseguir (i, i); realizar
to **attend** asistir a ***1A***
attic el ático
attitude la actitud ***1A***
attraction la atracción
attractive bonito/a; guapo/a; atractivo/a
audience el público
audio (sound) system el sistema de audio ***7B***
August agosto
aunt la tía
Australia Australia
Australian australiano/a
autograph el autógrafo
automatic automático/a
autumn el otoño
available disponible ***6B***
avenue la avenida
average regular
avocado el aguacate
to **avoid** evitar
awards ceremony la entrega de premios ***3B***

B

baby sitter el niñero, la niñera ***1B***
back la espalda
bacon el tocino
bad malo/a; *Too bad!* ¡Qué lástima!
bag la bolsa
to **bake** hornear ***7A***
bakery la panadería
baking pan la asadora ***7A***
balanced equilibrado/a ***8B***
bald calvo/a
bald eagle el águila calva
ball la pelota
balloon el globo
banana el plátano
band la banda
bandage la venda ***8A***
to **bang (into something)** darse un golpe ***8A***
bangs el flequillo
bank el banco
to **bargain** regatear
to **bark** ladrar
baseball el béisbol
baseball player el beisbolista, la beisbolista ***1B***
basement el sótano
basketball el básquetbol, el baloncesto; *basketball player* el basquetbolista, la basquetbolista
to **bathe** bañarse
bathroom el baño, el cuarto de baño; *bathroom sink* el lavabo
bathtub la bañera ***6B;*** la tina
battery la batería ***4B***
to **be** ser; *to be a success* tener éxito; *to be able* poder (ue); *to be accustomed to* soler (ue); *to be acquainted with* conocer; *to be afraid* tener miedo; *to be becoming* quedarle bien a uno; *to be born* nacer; *to be called* llamarse; *to be careful* tener cuidado; *to be cold* tener frío; *to be familiar with* conocer; *to be fitting* convenir; *to be glad* alegrarse (de); *to be going* (*to do something*) ir a (+ *infinitive*); *to be hot* tener calor; *to be hungry* tener hambre; *to be important* importar; *to be in a hurry* tener prisa; *to be lacking* hacer falta; *to be likely that* ser fácil que; *to be long* tardar en (+ *infinitive*); *to be mistaken* equivocarse; *to be necessary* hacer falta; *to be* (+ *number*) *years old* tener (+ *number*) años; *to be on sale* estar en oferta; *to be pleasing* gustar; *to be ready* estar listo/a; *to be right* tener razón; *to be satisfied* (*with*) estar contento/a (con); *to be sleepy*

tener sueño; *to be smart* ser listo/a; *to be sorry* sentir (ie, i); *to be successful* tener éxito; *to be thirsty* tener sed; *to be unlikely that* ser difícil que; *to be used to* soler (ue); *to be worth* valer; *to be honest* para serte sincero/a; *to be jealous* tener celos ***4A***; *to be missing* faltar ***2B***; *to be motivated* estar motivado/a ***1A***; *to be someone's turn* tocar (tocarle a alguien) ***2B***; *to be someone's fault* tener la culpa ***4A***; *to be wrong* estar equivocado/a; *to be fashionable* estar de moda; *to be good at* valer para; *to be unemployed* estar en paro

beach la playa
bean el frijol
bear el oso; *teddy bear* el oso de peluche
beard la barba ***2A***
to beat batir ***7A***
beautiful hermoso/a
beauty salon el salón de belleza
because porque; *because of* a causa de
to become ponerse, cumplir; *to become aware* enterarse de; *to become* (+ *number*) *years old* cumplir; *to become a member* hacerse miembro ***1A***
bed la cama; *to go to bed* acostarse (ue); *to put* (*someone*) *in bed* acostar (ue)
bedcover el cubrecamas
bedroom el cuarto; la habitación
beef la carne de res; *boneless cut of beef* el filete
before antes de; *a quarter before* menos cuarto; *the day before yesterday* anteayer
to begin empezar (ie); comenzar (ie)
to behave comportarse ***7B***
behavior el comportamiento ***4B***
behind someone, something detrás de ***2B***
beige beige
to believe creer
bellhop el botones
belly la barriga ***8A***
to belong pertenecer ***1A***
belt el cinturón; *safety belt* el cinturón de seguridad; *seat belt* el cinturón de seguridad
benefits los beneficios
bermuda shorts las bermudas
beside al lado (de)
besides además
best mejor; *the best* (+ *noun*) el/la/los/las mejor/mejores (+ *noun*)
better mejor; *it is better that* más vale que
between entre
beyond más allá
bicycle la bici(cleta)
big grande; (*form of grande before a m., s. noun*) gran
bike la bici(cleta)
bill la cuenta
binoculars los binoculares
biology la biología
bird el pájaro
birthday el cumpleaños; *Happy Birthday!* ¡Feliz cumpleaños!; *to have a birthday* cumplir años
biscuit la galleta
to bite morder (ue)
black negro/a
blackboard la pizarra
to blame someone else echar la culpa a alguien ***4A***
blanket la cobija ***2B***
blind alley el callejón sin salida ***5A***
blond, blonde rubio/a
blouse la blusa
blue azul; *blue jeans* los *jeans*
blue jeans los vaqueros
to board abordar, embarcar ***6A***
boarding pass la tarjeta de embarque ***6A***
boat el barco, el bote
body el cuerpo
to boil hervir (ie) ***7A***
Bolivia Bolivia
Bolivian boliviano/a
Bolivian currency el boliviano ***7A***
bomb la bomba ***3B***
boneless cut of beef or fish el filete
book el libro
bookcase el estante ***2B***
bookstore la librería
boot la bota
to bore aburrir(se)
bored aburrido/a
boring aburrido/a
to borrow pedir prestado/a
boss el jefe, la jefa
bossy mandón, mandona ***2B***
to bother molestar, fastidiar
bottle la botella ***7B***
bowl el recipiente ***7A***
box la caja; el recuadro
box office la taquilla
boy el chico, el muchacho
boyfriend el novio
bracelet la pulsera
brake el freno
bravo olé
Brazil Brasil
Brazilian brasileño/a
bread el pan
to break romper, quebrarse
breakfast el desayuno; *to have breakfast* desayunar
to breathe respirar
brick el ladrillo
bridge el puente
briefcase el maletín
bright vivo/a (*color*)
to bring traer; llevar; *to bring about* realizar
broach el broche
broadcast la transmisión
brochure el folleto
broom la escoba
brother el hermano
brother-in-law el cuñado ***2A***
brown (color) café, castaño/a ***2A***; marrón
browser el navegador
brunet, brunette moreno/a
to brush (one's hair, teeth) cepillarse ***2B***
brush el cepillo
to build construir ***2A***
building el edificio
bull el toro
bullfight la corrida
bureau la cómoda ***2B***
to burn quemar
burro el burro
bus el autobús; *bus station* la estación de autobuses
bush el arbusto ***5B***
business la empresa ***3A***, los negocios ***1B***
businessman el hombre de negocios ***1B***

business owner el empresario, la empresaria
businesswoman la mujer de negocios *1B*
but pero; *but* (*on the contrary*) sino
butcher shop la carnicería
butter la mantequilla
butterfly la mariposa *6B*
button el botón (*pl.* botones)
to **buy** comprar
by por; *by airplane* en avión; *by car* en carro, en coche; *by* (+ *vehicle*) en (+ *vehicle*); *by telephone* por teléfono; *by the way* a propósito

C

cabbage el repollo *7A*
cafeteria la cafetería
cage la jaula
cake el pastel
calcium el calcio *8A*
calculator la calculadora
calendar el calendario
to **call** llamar
calling card la tarjeta telefónica *4B*
to **calm down** calmarse
camel el camello
camera la cámara
to **camp** acampar *5B*
camp fire la fogata *5B*
camp site el campamento *5B*
camping el camping
can la lata
can opener el abrelatas
Canada Canadá
Canadian canadiense
to **cancel** cancelar *6A*
cancellation la cancelación *6A*
candy el dulce; *candy store* la dulcería
cantaloupe el melón
cap la gorra
capital la capital; *capital letter* la mayúscula
car el carro; el coche; *bumper cars* carros chocones; *by car* en carro, en coche
carbohydrate el carbohidrato *8B*
card la tarjeta; *credit card* la tarjeta de crédito; *playing card* la carta
care el cuidado; *to take care of oneself* cuidarse, encargarse (de)
career la carrera *1B*
Caribbean Caribe
carpenter el carpintero, la carpintera
carpet la alfombra
carrot la zanahoria
carrousel el carrusel
to **carry** llevar; *carry-on luggage* el equipaje de mano
to **carry out** cumplir con
cartoon el dibujo animado; (*film*) película de dibujos animados
cash el efectivo; *in cash* en efectivo
cashier el cajero, la cajera; *cash register* la caja
cast el yeso *8A*
casual informal
cat el gato, la gata
catastrophe la catástrofe
to **catch** coger; *to catch* (*a cold*) pescar (un resfriado)
cathedral la catedral
to **cause** causar *3B*
cautious prudente *5A*
to **celebrate** celebrar
celebration la celebración
cellular phone el teléfono celular *4B*
cell phone cover/case la funda para celular *4B*
center el centro; el medio; *in the center of* en medio de; *shopping center* el centro comercial
Central America América Central
Central American centroamericano/a
century el siglo
ceramics la cerámica
cereal el cereal
ceremony la ceremonia *3A*
ceviche el ceviche (*marinated seafood dish*) *7B*
chain la cadena
chair la silla; *easy chair* el sillón
championship el campeonato
to **change** cambiar
change el cambio
channel el canal
character el personaje
to **charge (the battery)** cargar (la batería) *4B*
charger el cargador *4B*
chart la tabla
to **chat** chatear
chat la charla; *to chat* chatear
chauffeur el chofer, la chofer
cheap barato/a
check la cuenta, el cheque
to **check** revisar; *to check in* registrar; consultar
checkered a cuadros
checkers las damas
cheese el queso
chemical waste el desperdicio químico
chemistry la química
cherry la cereza *7A*
chess el ajedrez
chest el pecho
chest of drawers la cómoda *2B*
to **chew** masticar *7B*
chicken el pollo
chickpea el garbanzo *7A*
child el niño, la niña
Chile Chile
Chilean chileno/a
chilly fresco/a
chimney la chimenea
China China
Chinese chino/a
chocolate el chocolate
choir el coro *1A*
to **choose** escoger
to **chop** picar
chore el quehacer
Christmas la Navidad
church la iglesia
circus el circo
city la ciudad; *city block* la cuadra
clam la almeja
class la clase
classified los clasificados *3A*
to **classify** clasificar
classmate el compañero, la compañera
clay la arcilla
to **clean** limpiar
clean limpio/a
clear claro/a
to **clear** *to clear the table* recoger la mesa
clerk el dependiente, la dependiente
clinic la clínica
clock el reloj; (*alarm*) *clock* el despertador
to **close** cerrar (ie)

close up de cerca
closed cerrado/a
closet el armario
cloth la tela
clothing la ropa
cloud la nube *6A*
cloudy nublado/a; *it is cloudy* está nublado
clown el payaso
club el club
coat el abrigo
coffee el café; *coffee maker* la cafetera; *coffee pot* la cafetera
coin la moneda
cold el frío; el resfriado; *it is cold* hace frío; *to be cold* tener frío; *to catch (a cold)* pescar (un resfriado)
to **collaborate** colaborar *1A*
collar el cuello
collection la colección
Colombia Colombia
Colombian colombiano/a
color el color
column la columna
comb el peine
to **comb** peinarse
to **combine** combinar
to **come** venir; *to come back* regresar, volver (ue); *to come in* entrar
comedy la comedia; (*film*) película cómica *1B*
comfortable cómodo/a
comic strip la tira cómica
comical cómico/a
commentator el comentarista, la comentarista
commercial comercial; *commercial announcement* el anuncio comercial
to **communicate** comunicarse
communication la comunicación
company la compañía
compartment el compartimiento
compass la brújula *5B*
competition la competencia; el concurso
to **complain** quejarse *7B*
to **complete** completar; acabar
complete completo/a
to **compliment someone** hacer un cumplido *4A*
computer la computadora, el ordenador *3A*; *computer programmer* el programador, la programadora
computer science la informática; la computación
concert el concierto
concierge el conserje, la conserje *6B*
concourse el muelle
condiment el condimento *7A*
conditioner el acondicionador
to **conduct** conducir
to **confirm** confirmar *6A*
confirmation la confirmación *6A*
conflict el conflicto *4B*
congratulations felicitaciones
to **connect** conectar *2A*
connected conectado/a; unido/a
to **conserve** conservar
considerate considerado/a *4A*
construction site la obra en construcción *5A*
construction work la construcción
to **contaminate** contaminar
contaminated contaminado/a
contest el concurso
to **continue** continuar; seguir (i, i)
contrary to a diferencia de *2A*
to **contribute** contribuir *3A*
to **convince** convencer *1A*
to **cook** cocinar, cocer (ue) *7A*
cook el cocinero, la cocinera
cooked cocido/a *7A*
cookie la galleta
cool el fresco; *it is cool* hace fresco
to **cool** enfriar
to **copy** copiar
corn el maíz, *ear of corn* el choclo *7A*
corner la esquina; *to turn (a corner)* doblar
cornmeal pancake (*Mexico*) la tortilla
correct correcto/a
correspondence la correspondencia
corridor el corredor
to **cost** costar (ue)
Costa Rica Costa Rica
Costa Rican costarricense
cotton el algodón; *cotton candy* el algodón de azúcar
to **cough** toser *8A*
cough syrup el jarabe *8A*
to **count on someone** contar con alguien *4A*
counter el mostrador
country el país
country code el código *4B*
countryside el campo *5B*
couple la pareja
courtyard el patio
cousin el primo, la prima
to **cover** cubrir, tapar
cow la vaca
cowboy film la película de vaqueros *1B*
crab el cangrejo
to **crash** chocar *3B*
crazy loco/a
cream la crema; *ice cream* el helado; *ice cream parlor* la heladería; *shaving cream* la crema de afeitar
to **create** crear
credit el crédito; *credit card* la tarjeta de crédito; *on credit* a crédito
crew la tripulación
crime el crimen *3B*
to **criticize** criticar *4A*
to **cross** cruzar
crossed atravesado/a
crossword puzzle el crucigrama *3A*
cruise el crucero
crutches las muletas *8A*
to **cry** llorar *4A*
crystal (glass) el cristal
Cuba Cuba
Cuban cubano/a
cuff links los gemelos
culture la cultura
cultured culto/a
cup la taza
cupboard el armario
to **cure** curar(se) *8A*
curious curioso/a *1B*
curly rizado/a *2A*
curtain la cortina
curve la curva
custard el flan
customer el cliente, la clienta
customs la aduana
to **cut** cortar
cut el corte
cyclist el ciclista, la ciclista *1B*

D

dad el papá, el padre
dairy (store) la lechería
to **dance** bailar
dance el baile
dance steps los pasos de baile *7B*
dancing el baile; *dance music* la música bailable *7B*
dangerous peligroso/a
dark oscuro/a; *to get dark* anochecer
dark-haired moreno/a
date la fecha; la cita
daughter la hija
daughter-in-law la nuera
day el día; *every day* todos los días; *New Year's Day* el Año Nuevo; *the day after tomorrow* pasado mañana; *the day before yesterday* anteayer
dear querido/a; estimado/a
December diciembre
to **decide** decidir
to **declare** declarar *3B*
to **decorate** adornar, decorar *2A*
deep profundo/a *8A*
deeply hondo/a *8A*
defender el defensor, la defensora
degree el grado
delay el retraso, la demora *6A*
to **delay** tardar
delayed con retraso, retrasado/a *5B*
delicious delicioso/a, rico/a
to **delight** encantar
delighted encantado/a
to **deliver** repartir *1B*
delivery person el repartidor, la repartidora *1B*
to **demand** exigir
demanding exigente
dentist el dentista, la dentista
to **deny** negar (ie) *6A*
deodorant el desodorante
department el departamento; *department store* el almacén
departure la salida
to **depend on** depender *1A*
deposit el depósito
to **describe** describir
desert el desierto
to **deserve** merecer *1A*
to **design** diseñar
designer el diseñador, la diseñadora
desire las ganas
to **desire** desear *5A*
desk el escritorio, el pupitre; *cashier's desk* la caja; *reception desk* la recepción
dessert el postre
destination el destino
destiny el destino
to **destroy** destruir *3A*
destruction la destrucción
detail el detalle *6A*
detective film la película policiaca *1B*
to **develop** desarrollar
to **devote (time)** dedicar *1A*
to **dial** marcar *4B*
to **die** morir(se) (ue, u); *to die laughing* morirse de la risa
diet la alimentación, la dieta *8B*
difference of opinion la diferencia de opinión *4B*
different diferente
difficult difícil
digital camera la cámara digital
digital music subscription la suscripción de música
digital video camera la videocámara digital *3A*
digital video subscription la suscripción de video
dining room el comedor
dinner la cena; *to have dinner* cenar
dinning car el coche comedor *5B*
to **direct** dirigir, conducir
direction la dirección
director el director, la directora
dirty sucio/a
disadvantage la desventaja *2B*
to **disappear** desaparecer *1A*
disaster el desastre
disc jockey (DJ) el disc jockey, la disc jockey *7B*
to **discolor** desteñirse
discount el descuento, la rebaja
to **discover** descubrir *4A*
to **discuss** discutir
discussion la discusión *4A*
disease la enfermedad *8A*
dish el plato
dishwasher el lavaplatos
to **dislike** disgustar *6B*
disorder el desorden *2B*
to **do** hacer; practicar (deportes); *to do aerobics* hacer aeróbicos; *to do push-ups* hacer flexiones *8B*; *to do sit-ups* hacer abdominales *8B*; *to do (something) without meaning* hacerlo sin querer *4A*; *to do white-water rafting* navegar por rápidos *6B*; *to do yoga* hacer yoga *8B*
doctor el médico, la médica; el doctor, la doctora (*abbreviation:* Dr., Dra.); *doctor's office* el consultorio
documentary el documental *1B*
dog el perro, la perra
dollar el dólar
Dominican dominicano/a
Dominican Republic República Dominicana
donkey el burro
Don't mention it! ¡No faltaba más! *4A*
do not turn prohibido doblar *5A*
door la puerta
dot el punto (*term used in Internet and e-mail address*)
double doble
double bed la cama doble *6B*
double room la habitación doble
to **doubt** dudar
doubtful dudoso/a
down abajo
to **download a (software) program** bajar un programa
downstairs abajo
downtown el centro
drama el drama *1B*
to **draw** dibujar
drawing el dibujo
dream el sueño *1B*
to **dream (about)** soñar (ue) (con)
to **dress (someone)** vestir (i, i)
dress el vestido
dressing el aderezo
drink el refresco, la bebida; *soft drink* el refresco
to **drink** tomar, beber
drinkable potable
to **drive** conducir, manejar
driver el chofer, la chofer; *taxi driver* el taxista, la taxista; el conductor, la conductora
driver's license la licencia de conducir *5A*
drops las gotas *8A*
drum el tambor
to **dry (oneself)** secarse

dry cleaner la tintorería
dry seco/a
dryer la secadora
dubbed doblado/a *1B*
duck el pato
due to a causa de
to dump arrojar
to **dye (one's hair)** teñir(se)

E

each cada
ear (inner) el oído; (*outer*) la oreja
ear of corn el choclo *7A*
early temprano
to **earn** ganar
earphones los audífonos
earring el arete
Earth la Tierra
east el este
Easter la Pascua
easy fácil; *easy chair* el sillón
to **eat** comer, alimentarse *8B*; *to eat up* comerse; *to eat lunch* almorzar (ue)
ecology la ecología
economic económico/a
economy la economía
Ecuador Ecuador
Ecuadorian ecuatoriano/a
editorial el editorial
egg el huevo; *egg white* la clara *7A*; *egg yolk* la yema *7A*
eight ocho; *eight hundred* ochocientos/as
eighteen dieciocho
eighth octavo/a
eighty ochenta
either tampoco; *either... or* o... o
El Salvador El Salvador
elbow el codo
electric eléctrico/a
electrician el electricista, la electricista
elegant elegante
elephant el elefante
elevator el ascensor
eleven once
else más
e-mail e-mail; el correo electrónico
embroidered bordado/a
emergency room la sala de emergencias *8A*
emigration la emigración
empire el imperio
to **employ (someone on trial basis)** poner a prueba *10A*
employee el empleado, la empleada *1B*
to **empty** vaciar *2A*
empty vacío/a
to **enchant** encantar
enchilada la enchilada
end el fin
to **end** terminar; *to end up* ir a parar
endangered en peligro de extinción
energy la energía *8B*
engine el motor
engineer el ingeniero, la ingeniera *1B*
engineering la ingeniería
England Inglaterra *6A*
English el inglés (*language*) *1B*; inglés, inglesa (*people*)
to **enjoy** gozar
enough bastante
enterprising emprendedor/a
envelope el sobre
environment el medio ambiente
to **erase** borrar
eraser el borrador
escalator la escalera mecánica
to **escape** escaparse
to **establish** establecer
Europe Europa *6A*
European europeo/a *6A*
even aun; *even though* sino; *not even* ni
event el acontecimiento, el suceso
every todo/a, cada; *every day* todos los días
everybody todo el mundo, todos/as
everyday de todos los días
everyone todo el mundo, todos/as
everything todo
everywhere por todos lados
evident evidente
to **exaggerate** exagerar
exam el examen
to **examine** examinar
example el ejemplo; *for example* por ejemplo
to **exceed** exceder *5A*
excellent excelente
excited emocionado/a
exciting emocionante
excuse me perdón, con permiso
exercise el ejercicio
to **exhaust** agotar(se)
exhibition la exhibición
exit la salida
expense el gasto
expensive caro/a
experience la experiencia, la práctica *1B*
expertise la destreza
to **expire** vencer, caducar
to **explain** explicar, aclarar
explanation la explicación
to **explode** explotar *3B*
explosion la explosión *3B*
express train el tren rápido *3B*
exterior wall el muro
eye el ojo

F

fabric la tela
face la cara
facilities las facilidades
facing enfrente de
factory la fábrica
to **fade** desteñirse
faded desteñido/a
to **fail** fracasar
to **faint** desmayarse *3B*
fairly bastante
to **fall (down)** caerse; *to fall asleep* dormirse (ue, u)
family la familia; *family tree* el árbol genealógico
famous conocido/a; famoso/a
fan el aficionado, la aficionada; el ventilador
fantastic fantástico/a; maravilloso/a
far (from) lejos (de)
fare la tarifa
farewell la despedida
farm la finca
farmer el agricultor, la agricultora *1B*
farther on adelante
to **fascinate** fascinar
fascinating fascinante
fashion la moda
fast rápido/a; *fast food* la comida rápida
to **fasten** abrochar(se)
fat gordo/a; *to get fat, to make fat* engordar; la grasa
fate el destino
father el padre, el papá

father-in-law el suegro *2A*
faucet el grifo
fault la culpa *4A*
favorite favorito/a
fear el miedo
to **fear** temer
feather la pluma
February febrero
to **feed** dar de comer
to **feel** sentirse (ie, i); *to feel like* tener ganas de; *to feel sorry* sentir (ie, i)
fence la cerca; *wrought-iron fence* la reja
fender el parachoques
ferocious feroz (*pl.* feroces)
festival el festival
fever la fiebre *8A*
fiber la fibra
field (of study) el campo
fierce feroz (*pl.* feroces)
fifteen quince
fifth quinto/a
fifty cincuenta
to **fight** pelearse
fight la pelea *4A*
to **fill in** rellenar
to **fill up the gas tank** llenar el tanque *5A*
fillet el filete
to **film** filmar
film la película
finally por fin
finances las finanzas *3A*
to **find** encontrar (ue); *to find out* enterarse de, averiguar *3A*, descubrir *4A*
finger el dedo
to **finish** terminar; acabar
fire el fuego; el incendio; *fire alarm* la alarma de incendios; *firefighter* el bombero, la bombera *3B*
fire extinguisher el extinguidor de incendios *2A*
fireplace la chimenea
fireworks los fuegos artificiales
firm firme *6B*
first (second) class de primera (segunda) clase *5B*
first aid los primeros auxilios *3B*
first primero/a; primero; (*form of* primero *before a m., s. noun*) primer; *first floor* el primer piso
fish el pescado; *boneless cut of fish* el filete; el pez (*when alive, before being fished*)
to **fish** pescar
fishing la pesca *5B*
to **fit** ajustar
to **fit** quedarle bien a uno; *to fit (into)* caber
fitting room el vestidor
five cinco; *five hundred* quinientos/as
to **fix** arreglar
flamingo el flamenco
flashlight la linterna *5B*
flat roof la azotea
flavor el sabor
flavoring el aderezo
flight el vuelo; *flight attendant* el auxiliar de vuelo, la auxiliar de vuelo
flood la inundación *3B*
floor el piso; el suelo *2B*; *first floor* el primer piso; *ground floor* la planta baja
flour la harina *7A*
flower la flor; *flower shop* la florería
flu la gripe
flute la flauta
to **fly** volar (ue)
fog la niebla *6A*
to **follow** seguir (i, i)
following *the following* lo siguiente
food la comida, el alimento *8B*; *food server* el camarero, la camarera, el mesero, la mesera
foot el pie; *on foot* a pie
football el fútbol americano
footwear el calzado
for por, para; *for example* por ejemplo; *for now* por ahora *1B*
foreign extranjero/a
forest el bosque
to **forget** olvidarse
to **forgive** perdonar; *forgive me* discúlpame *4A*
fork el tenedor
form el formulario
to **form** formar; *to form an opinion* opinar
formal formal
forty cuarenta
forward el delantero, la delantera
to **found** fundar
four cuatro; *four hundred* cuatrocientos/as
fourteen catorce
fourth cuarto/a
fowl el ave
fracture la fractura *8A*
France Francia *6A*
free libre
free time el ocio *3A*
French francés, francesa *1B*
french fries las papas fritas *7B*
fresh fresco/a; puro/a
Friday viernes; *on Friday* el viernes
fried frito/a *7B*
friend el amigo, la amiga
friendly sociable
friendship la amistad *1A*
from de, desde; *from* (*a certain period of time*) a partir de *8B*; *from a short distance* de cerca; *from the* de la/del (de + el); *from where?* ¿de dónde?
fruit la fruta; *fruit store* la frutería
to **fry** freír (i, i)
frying pan la sartén *7A*
full lleno/a
full time la jornada completa
fun divertido/a; to have fun divertirse
to **function** funcionar *2A*
funny cómico/a; chistoso/a
furious furioso/a
furthermore además
future el futuro *1A*

G

game el partido, el juego; *game console/system* la consola de juegos; *game show* el concurso; *games won* los partidos ganados; *to play* (*a game*) jugar a; *video game* el videojuego
gap el agujero
garage el garaje
garbage la basura
garbage can el basurero *2A*
garden el jardín; *zoological garden* el jardín zoológico
garlic el ajo; *garlic clove* el diente de ajo *7A*
garment la prenda
gas la gasolina *5A*
gas pedal el acelerador *5A*

gas station la estación de servicio *5A*
gathered up recogido/a
gel hair el gel
gene el gen (*pl.* genes)
generous generoso/a
genetics la genética
gentleman el caballero
geography la geografía
geometry la geometría
German alemán, alemana *1B*
Germany Alemania *6A*
to **get** conseguir (i, i); *to always get one's way* siempre salirse con la suya; *to get along* llevarse bien; *to get burned* quemarse; *to get connected* conectarse; *to get dark* anochecer; *to get dressed* vestirse; *to get fat* engordar; *to get in* (*a car*) subir; *to get together* reunirse; *to get up* levantarse; *to get used to* acostumbrarse; *to get angry* enojarse; *to get* ponerse; *to get married* casarse *3A; to get scared* asustarse *6A; to get ready* prepararse *2B*
getting by pasándola *1A*
gift el regalo
gifted talentoso/a *1A*
giraffe la jirafa
girl la chica; la muchacha
girlfriend la novia
to **give** dar; *to give an opinion* opinar; *to give a speech* dar un discurso *3A; to give a ticket* poner una multa *5A*; *to give... classes* dar clases (de)... *1B*
glad contento/a; *Glad to meet you!* ¡Mucho gusto!; *I would be (very) glad to* con (mucho) gusto; *So glad to meet you.* Tanto gusto.; *to be glad* alegrarse (de)
glass el vaso; el vidrio; *glass showcase* la vitrina
glasses los lentes
global warming el calentamiento global
globe el globo
glove el guante
to **go** ir; andar; *to go away* irse; *to go back* regresar, volver (ue); *to go in* entrar; *to go on* seguir (i, i); *to go out* salir; *to go shopping* ir de compras; *to go to bed* acostarse (ue); *to go through/across* atravesar (ie) *6A; to go with* ir con
goal el gol
goalie el portero, la portera
goaltender el portero, la portera
godfather el padrino *2A*
godmother la madrina *2A*
gold el oro
good bueno/a; (*form of bueno before a m., s. noun*) buen; *good afternoon* buenas tardes; *good luck* buena suerte; *good morning* buenos días; *good night* buenas noches
good-bye adiós; *to say good-bye* despedirse (i, i); la despedida
good-looking guapo/a; bonito/a
gorilla el gorila
to **gossip** chismear *4A*
gossip el chisme
gossipy chismoso/a *4A*
government el gobierno
grade la nota *1A*
to **graduate** graduarse
gram el gramo *7A*
granddaughter la nieta
grandfather el abuelo
grandmother la abuela
grandson el nieto
grape la uva
grapefruit la toronja
grass el césped
grave grave
gray gris
greasy grasoso/a
great fantástico/a; gran
Great! ¡Padrísimo!; ¡Chévere! *1A*
greater mayor
greatest mayor
great-grandfather el bisabuelo
great-grandmother la bisabuela
green space la zona verde *5A*
green verde; *green bean* la habichuela
greens las verduras
to **greet** saludar
grilled a la parrilla *7B*
grocery store el almacén
group el grupo; *musical group* el grupo musical
to **grow** crecer
Guatemala Guatemala
Guatemalan guatemalteco/a
to **guess** adivinar
guest el invitado, la invitada *7B*
guide el guía, la guía
guidebook la guía turística
guilty culpable *3B*
guitar la guitarra
guy el muchacho
gym el gimnasio

H

habit el hábito
hair dryer el secador de pelo *2B*
hair dye la tintura
hair el pelo
haircut el corte de pelo
hairdo el peinado
hairstylist el peluquero, la peluquera
half medio/a; *half past* y media
hall el pasillo *2A*
hallway el corredor
ham el jamón
hamburger la hamburguesa *8B*
hammer el martillo *2A*
to **hand in** entregar
hand la mano; *on the other hand* en cambio; *to shake hands* darse la mano *7B*
handbag el bolso; el maletín
handicraft la artesanía
handkerchief el pañuelo
handmade hecho a mano
handsome guapo/a
to **hang** colgar (ue)
to **hang up** colgar *4B*
hanger la percha *2B*
to **happen** pasar, suceder *3A*
happening el acontecimiento, el suceso
happiness la dicha
happy contento/a, feliz (*pl.* felices), alegre; *Happy Birthday!* ¡Feliz cumpleaños!; *to make happy* alegrar
hard difícil
hard working trabajador/a *1A*
to **harm** dañar
hat el sombrero; *hat store* la sombrerería
to **have** tomar, tener; (*auxiliary verb*) haber; *to have a birthday* cumplir años; *to have breakfast* desayunar; *to have dinner* cenar; *to have fun* divertirse; *to have just* acabar de (+ infinitive); *to have a headache* (*stomachache*) tener dolor de cabeza (estómago); *to have*

lunch almorzar (ue); *to have (something) left* quedarle (algo a alguien); *to have supper* cenar; *to have to,* tener que; *to have in common* tener en común **4A**; *to have self-confidence* tener confianza (en sí/ti mismo) **1A**; *to have an ability for* tener facilidad para; *to have an internship* hacer prácticas
hazel castaño/a **2A**
he él
head la cabeza; *to have a headache* tener dolor de cabeza
headlight el faro
headphones los audífonos
headline el titular
health la salud
healthy saludable **8B**
to **hear** oír
heart el corazón
heat el calor
heating la calefacción **2A**
hello hola; (*telephone greeting*) aló, diga; *to say hello* saludar
helmet el casco **5B**
to **help** ayudar; *to ask for help* pedir ayuda
help la ayuda
Help! ¡Socorro! **3B**
hen la gallina
her su, sus; (*d.o.p.*) la; (*i.o.p.*) le; (*after a preposition*) ella; suyo/a; (*of*) *hers* suyo/a
here aquí, acá **2B**
heritage la herencia
hey mira, miren, oye, oigan
hi hola
high definition screen la pantalla de alta definición
high-heel shoe el zapato de tacón
highway la carretera, la autopista **5A**
hill la colina
him (*d.o.p.*) lo; (*i.o.p.*) le; (*after a preposition*) él
hippopotamus el hipopótamo
to **hire** contratar
his su, sus; suyo/a; (*of*) *his* suyo/a
Hispanic hispano/a
history la historia
hockey el hockey
hole el agujero
home la casa; el hogar; *at home* en casa
homework la tarea
Honduran hondureño/a
Honduras Honduras
honest honesto/a
honey miel
hood el capó
hoodie la sudadera
to **hope** esperar
hope la aspiración
horn el claxon; el cuerno
horrible horrible
horror (film) la película de terror **1B**
horse el caballo; *on horseback* a caballo
horseback ride la cabalgata **6B**
host el anfitrión **7B**
hostess la anfitriona **7B**
hot caliente; *it is hot* hace calor; *to be hot* tener calor, *spicy* picante **7A**
hot dog la salchicha
hotel el hotel
hour la hora
house la casa
how (+ adjective)! ¡qué (+ *adjective*)! *How odd!* ¡Qué raro! **4A**
how (+ adjective/adverb) lo (+ *adjective/adverb*)
how? ¿cómo?; *How are you?* ¿Qué tal?; *How are you* (*formal*)? ¿Cómo está (Ud.)?; *How are you* (*informal*)? ¿Cómo estás (tú)?; *How are you* (*pl.*)? ¿Cómo están (Uds.)?; *How do you say...?* ¿Cómo se dice...?; *How do you write* (*spell*)...? ¿Cómo se escribe...?; *How is the weather?* ¿Qué tiempo hace?; *How long...?* ¿Cuánto (+ *time expression*) hace que (+ *present tense of verb*)...?; *how many?* ¿cuántos/as?; *how much?* ¿cuánto/a?; *How old are you?* ¿Cuántos años tienes?
however sin embargo
to **hug (each other)** abrazarse **2B**
hug el abrazo
hunger el hambre (*f.*)
hungry: *to be hungry* tener hambre
hurricane el huracán
hurry la prisa; *in a hurry* apurado/a; *to be in a hurry* tener prisa
to **hurry up** apurar(se), darse prisa **1A**
to **hurt** doler (ue); lastimar(se)
husband el esposo, el marido

I

I yo; *I am sorry* lo siento; *I do not know.* No sé.; *I hope* ojalá
I can't believe it! ¡No lo puedo creer! **3A**
I can't stand him/her No lo/la aguanto **1B**
I get... A mí me tocan... **1A**
I like/don't like (someone) Me cae bien/mal **1B**
ice el hielo; *ice cream* el helado; *ice cream parlor* la heladería
to **ice-skate** patinar sobre hielo
idea la idea
ideal ideal
idle vago/a **1A**
if si; *if only* ojalá
iguana la iguana
to **imagine** imaginar(se)
immediately en seguida
impatient impaciente
to **imply** implicar
important importante; *to be important* importar
impossible imposible
to **improve** mejorar
in en, por; *in a hurry* apurado/a; *in cash* en efectivo; *in favor* (*of*) a favor (de); *in order to* para; *in order that* para que; *in short* en resumen; *in the afternoon* de la tarde, por la tarde; *in the center of* en medio de; *in the middle of* en medio **3A**; *in the morning* de la mañana, por la mañana; *in advance* por adelantado; *in front of* delante de, enfrente de **2A**; *in good/bad taste* de buen/mal gusto
to **include** incluir **6B**
increase el aumento
incredible increíble
infection la infección **8A**
inflammation la inflamación **8A**
to **inform** informar
information la información
ingredient el ingrediente
inhabitant el habitante, la habitante
injection la inyección **8A**
to **injure (oneself)** lastimar(se)
injured herido/a; *injured (person)* el herido, la herida

inn (Spain) el parador
innocent inocente *3B*
insect repellent el repelente de insectos *5B*
inside adentro; *inside of* dentro de *2B*
to **insist (on)** insistir (en)
inspector el inspector, la inspectora *5B*
to **install** instalar
instead of en vez de
instructor el instructor, la instructora *1B*
intelligent inteligente
to **intend** pensar (ie)
to **interest** interesar
interesting interesante
international internacional
Internet Internet
to **interrupt** interrumpir *7B*
to **interview** entrevistar *3A*
interview la entrevista, el reportaje
to **introduce** presentar
invention el invento
to **investigate** investigar
invitation la invitación
to **invite** invitar
iron la plancha, el hierro
to **iron** planchar
ironing board la mesa de planchar
island la isla *6A*
it (*d.o.p.*) la; (*d.o.p.*) lo; (*neuter form*) ello; *it is better that* más vale que; *it is cloudy* está nublado; *it is cold* hace frío; *it is cool* hace fresco; *it is hot* hace calor; *It is midnight.* Es medianoche.; *it means* quiere decir; *It is noon.* Es mediodía.; *it is* (+ *number*) *o'clock* son las (+ *number*); *it is one o'clock* es la una; *it is sunny* está soleado, hay sol, hace sol; *it is windy* hace viento; *it is written* se escribe; *It's a pity that...* Es una lástima que...; *It's getting late* Se me hace tarde; *It's incredible that...* Es increíble que... *5B*; *It's not fair!* ¡No es justo! *1A*; *It's useless that...* Es inútil que... *5B*
Italian italiano/a *1B*
Italy Italia *6A*
itinerary el itinerario
its su, sus; suyo/a

J

jacket la chaqueta
jaguar el jaguar *6B*
jail la cárcel *3B*
January enero
Japan Japón *1B*
Japanese japonés, japonesa *1B*
jealous celoso/a *4A*
jeans los *jeans*; los vaqueros
jersey la camiseta
jewel la joya
jewelry box el joyero
jewelry store la joyería
job el empleo *1B*; el oficio *1B*; el puesto
joke el chiste, la broma
journalism el periodismo
journalist el periodista, la periodista
juggler el malabarista, la malabarista
juice el jugo
July julio
to **jump** saltar
June junio
jungle la selva
junk food la comida chatarra *8B*
jury el jurado *3B*
just as tal como *4B*
just solo

K

to **keep** seguir (*i,i*); mantener *2A*, guardar; *to keep in shape* mantenerse en forma *8B*
Kenya Kenia
Kenyan keniano/a
ketchup la salsa de tomate
key la llave; *key chain* el llavero; *key ring* el llavero
kick el tiro
kilo(gram) el kilo(gramo)
kind amable; el tipo
king el rey
kiosk el kiosco *5A*
to **kiss each other** besarse
kiss el beso
kitchen la cocina
knee la rodilla
knife el cuchillo
knitted tejido/a
to **know** saber; conocer; *I do not know.* No sé.
knowledge los conocimientos
known conocido/a

L

label la etiqueta
lady la señora, Sra., la dama; *young lady* la señorita
lake el lago
lamb el cordero *7B*
lamp la lámpara
to **land** aterrizar
land la tierra
landline el teléfono fijo *4B*
landscape el paisaje
language la lengua, el idioma
lapel la solapa
large (in numbers) numeroso/a *2B*
laptop la computadora portátil
laser printer la impresora láser
last pasado/a, último/a; *last name* el apellido; *last night* anoche
late tarde
later luego, después; *see you later* hasta luego, hasta la vista
laugh la risa
to **laugh** reír(se) (i, i)
laundry room el lavadero
lawn el césped; *lawn mower* la cortadora de césped, el cortacésped *2A*
lawyer el abogado, la abogada *3B*
layers las capas
lazy perezoso/a, vago/a *1A*
to **learn** aprender; *to learn about* enterarse de
least: *the least* (+ *adjective* + *noun*) el/la/los/las (+ *noun*) menos (+ *adjective*)
leather el cuero
to **leave** dejar; irse, partir
left izquierdo/a; la izquierda; *to the left* a la izquierda
leg la pierna; la pata (*for an animal*); *to pull someone's leg* tomar el pelo
legumes las legumbres *7A*
to **lend** prestar
lentil la lenteja *7A*
less menos; *less* (+ *noun/adjective/adverb*) *than* menos (+ *noun/adjective/adverb*) que
to **let** dejar (de); *let me introduce you to* (*formal, s.*) le presento a, (*informal, s.*) te presento a, (*pl.*) les presento a; *to let someone know* avisar

let's (+ infinitive)! ¡vamos a (+ *infinitive*)!; *let's go!* ¡vamos!; *let's see* a ver
letter la carta, la letra; *capital letter* la mayúscula; *lowercase letter* la minúscula
lettuce la lechuga
level el nivel
librarian el bibliotecario, la bibliotecaria ***1B***
library la biblioteca
to **lie down** acostarse (ue)
lie la mentira
to **lie** mentir (ie, i)
life la vida
to **lift** levantar
to **lift weights** levantar pesas ***8B***
to **light** encender (ie)
light la luz (*pl.* luces); *light bulb* la bombilla; claro/a
lighthouse el faro
lightning el relámpago ***6A***
like como
to **like** gustar; *I/you/he/ she/it/we/ they would like...* me/te/le/nos/ os/les gustaría...
lime la lima
line la fila; *stand on line* hacer fila ***6A***; (*phone*) *line* la línea ***4B***
link el vínculo, el enlace
lion el león
lipstick el lápiz de labios ***2B***
list la lista
to **listen to** escuchar; hacer caso ***4B***
liter el litro ***7A***
little poco/a; *a little* (*bit*) un poco; *a very little* (*bit*) un poquito; *little machine* la maquinita
live en vivo
to **live** vivir
living room la sala
lobster la langosta
local train el tren local ***5B***
located ubicado/a
lock la cerradura
to **lodge** alojarse
long distance phone call la llamada de larga distancia ***4B***
long largo/a
to **look (at)** mirar; *to look for* buscar; *to look onto* (*a place*) dar a (un lugar) ***6B***; *to look good* verse bien; *to look like* parecerse a

loose ancho/a; *loose* (*hair*) suelto/a
to **lose** perder (ie); *to lose patience* perder la paciencia
lost perdido/a ***5A***
love el amor
to **love** querer
lovely hermoso/a
to **lower** bajar ***7B***
lowercase letter la minúscula
low-heel shoe el zapato bajo
luck la suerte; *good luck* buena suerte
luckily por suerte
luggage el equipaje; *carry-on luggage* el equipaje de mano
lunch el almuerzo; *to eat lunch* almorzar (ue); *to have lunch* almorzar (ue)
lung el pulmón (*pl.* pulmones) ***8A***
luxury el lujo

M

machine la máquina; *little machine* la maquinita
magazine la revista
magnificent magnífico/a ***1A***
mail el correo; *e-mail* e-mail, el correo electrónico
main dish el plato principal
main principal
to **maintain** mantener
majority la mayoría
to **make** hacer; *to make happy* alegrar; *to make responsible* (*for*) encargar; *to make a mistake* cometer un error ***4A***; *to make an effort* hacer un esfuerzo ***8B***; *to make up* (*with someone*) reconciliarse, hacer las paces ***4B***
makeup el maquillaje; *to put makeup on* (*someone*) maquillar; *to put on makeup* maquillarse
mall el centro comercial
man el hombre
manager el gerente, la gerente
manners los modales
many mucho/a; *how many?* ¿cuántos/as?; *too many* demasiados/as
map el mapa
March marzo
marinated marinado/a ***7B***
marker el marcador

market el mercado; *butcher shop/meat market* la carnicería
married casado/a ***2A***
marvelous maravilloso/a
match el partido
to **match** ir con
matches los fósforos ***5B***
material el material
mathematics las matemáticas
to **matter** importar
mattress el colchón ***2B***
maximum máximo/a
May mayo
maybe a lo mejor, puede ser, tal vez
mayonnaise la mayonesa
me (*i.o.p.*) *me*; (*d.o.p.*) me; (*after a preposition*) mí; *they call me...* me llaman...
me too igualmente
to **mean** querer decir; *it means* quiere decir; *What is the meaning* (*of*)...? ¿Qué quiere decir...?
means of communication el medio de comunicación
measurement la medida
measuring tape el metro
meat la carne; *butcher shop/ meat market* la carnicería
mechanic el mecánico, la mecánica ***1B***
media el medio de comunicación
medallion la medalla
medical history form el historial médico ***8A***
medicine la medicina, el remedio ***8A***
medium mediano/a
to **meet** conocer; *Glad to meet you!* ¡Mucho gusto!
meeting la reunión
melon el melón
member el miembro
memory el recuerdo ***3A***
men's restroom el baño de los caballeros
to **mention** mencionar
menu el menú
merry-go-round el carrusel
mess el desorden ***2B***
messy desordenado/a ***2B***
Mexican mexicano/a
Mexico México
microphone el micrófono
microscope el microscopio

microwave oven el horno microondas
middle el medio; *in the middle of* en medio de
midfielder el mediocampista, la mediocampista
midnight la medianoche; *It is midnight.* Es medianoche.
milk la leche; *milk store/dairy* la lechería
mine mío/a; (*of*) *mine* mío/a; *the pleasure is mine* el gusto es mío
mineral water el agua mineral (*f.*)
minimum mínimo/a
minus menos
minute el minuto
mirror el espejo
to **miss** extrañar *1A*, perder (ie)
Miss la señorita, Srta.
mist la neblina
mistake el error *4A*
to **mistrust** desconfiar *4A*
misunderstanding el malentendido *6A*
to **mix** mezclar *7A*
mixer la batidora *7A*
modern moderno/a
mom la mamá, la madre
Monday lunes; *on Monday* el lunes
money el dinero; la moneda
monkey el mono
month el mes
monument el monumento
moon la luna
more más; *more* (+ *noun/adjective/adverb*) *than* más (+ *noun/adjective/adverb*) que; *more than* más de
morning la mañana; *good morning* buenos días; *in the morning* de la mañana, por la mañana
Moroccan marroquí
Morocco Marruecos
mosquito el mosquito
most: *the most* (+ *adjective* + *noun*) el/la/los/las (+ *noun*) más (+ *adjective*)
mother la madre; la mamá
mother-in-law la suegra *2A*
motivated motivado *1A*
motor el motor
motorcycle la moto(cicleta)
mountain la montaña
mouse el ratón
mouth la boca
move la mudanza
to **move** mudarse
movie la película; *movie theater* el cine
to **mow** cortar
mower la cortadora de césped; el cortacésped *2A*
Mr. el señor, Sr.
Mrs. la señora, Sra.
much mucho/a; mucho; *as much as* tanto como; *as much* (+ *noun*) *as* (+ *person/item*) tanto/a (+ *noun*) como (+ *person/item*); *How much?* ¿cuánto/a?; *too* (*much*) demasiado; *too much* demasiado/a; *very much* muchísimo
muscle cramp el calambre *8B*
museum el museo
music la música
musical el musical; *musical group* el grupo musical
musician el músico, la música *1B*
must deber
mustache el bigote *2A*
mustard la mostaza
my mi, (*pl.*) mis; mío/a; *my name is* me llamo
mystery el misterio

N

to **nail** clavar *2A*
nail el clavo *2A*
nail polish el esmalte de uñas *2B*
name el nombre; *last name* el apellido; *my name is* me llamo; *their names are* se llaman; *What is your name?* ¿Cómo te llamas?; *What is* (*your/his/her*) *name?* ¿Cómo se llama (Ud./él/ella)?; (*your [formal]/his/her*) *name is* (Ud./él/ella) se llama; *your name is* te llamas
napkin la servilleta
to **narrate** narrar
narrow estrecho/a
national nacional
national park el parque nacional *6B*
native el indígena, la indígena
natural reserve la reserva natural *6B*
natural resource el recurso natural
nature la naturaleza
navy blue azul marino
near cerca (de)
neat ordenado/a *2B*
necessary necesario/a, preciso/a; *to be necessary* hacer falta
neck el cuello
necklace el collar
to **need** necesitar
needle la aguja
neighbor el vecino, la vecina
neighborhood el barrio
neither tampoco; *neither... nor* ni... ni
nephew el sobrino
nervous nervioso/a
never nunca
nevertheless sin embargo *6B*
new nuevo/a; *New Year's* (*Day*) el Año Nuevo
news la noticia
news program el noticiero
newspaper el periódico
next próximo/a, que viene; *next to* al lado (de)
Nicaragua Nicaragua
Nicaraguan nicaragüense
nice simpático/a, amable; agradable; *the weather is nice* hace buen tiempo
nickname el apodo
niece la sobrina
night la noche; *at night* de la noche, por la noche; *good night* buenas noches; *last night* anoche
night table la mesa de noche *2B*
nine nueve; *nine hundred* novecientos/as
nineteen diecinueve
ninety noventa
ninth noveno/a
no no
no turn prohibido doblar *5A*
No way! ¡Qué va! *4A*
nobody nadie
Nobody can stand him/her! ¡No hay quien lo/la aguante! *1A*
noise el ruido
none ninguno/a, ningún, ninguna
noodles los fideos *7B*

noon el mediodía; *It is noon.* Es mediodía.
normal normal
north el norte; *North America* la América del Norte; *North American* norteamericano/a
northeast el noreste
northwest el noroeste
nose la nariz (*pl.* narices)
nosy entrometido/a
not any ninguno/a, ningún, ninguna
not even ni
not to have a clue no tener ni idea de
not to have the faintest idea about no tener ni idea de
not very poco/a
note la nota
notebook el cuaderno
nothing nada
to **notice** fijarse
November noviembre
now ahora; ya; *right now* ahora mismo
nowadays hoy en día
number el número; *telephone number* el número de teléfono
nurse el enfermero, la enfermera
nutrition la nutrición ***8B***
nutritious nutritivo/a ***8B***

O

o'clock a la(s)...; *it is (+ number) o'clock* son las (+ *number*); *it is one o'clock* es la una
to **obey** hacer caso, obedecer
obligation la obligación
to **observe** observar
to **obtain** conseguir (i, i), lograr
obvious obvio/a
occasion la ocasión
occupied ocupado/a
to **occur** pasar; ocurrir
ocean el océano ***6A***
October octubre
octopus el pulpo
of de; *of the* de la/del (de + el); *of course* desde luego, por supuesto; *of course!* ¡claro!, ¡Cómo no!; (*of*) *hers* suyo/a; (*of*) *his* suyo/a; (*of*) *mine* mío/a; (*of*) *ours* nuestro/a; *of which* cuyo/a; (*of*) *yours* tuyo/a
to **offer** ofrecer
office la oficina; *box office* la taquilla; *post office* la oficina de correos; *ticket office* la taquilla; la boletería ***5B***; *doctor's office* el consultorio
official oficial
often a menudo
oh! ¡ay!
oil el aceite, el petróleo
okay de acuerdo, *regular;* (*pause in speech*) bueno
old viejo/a; antiguo/a; *How old are you?* ¿Cuántos años tienes?; *to be* (+ *number*) *years old* tener (+ *number*) años; *to become* (+ *number*) *years old* cumplir
older mayor
oldest el/la mayor
on en, sobre; *on credit* a crédito; *on foot* a pie; *on Friday* el viernes; *on horseback* a caballo; *on loan* prestado/a; *on Monday* el lunes; *on Saturday* el sábado; *on Sunday* el domingo; *on the other hand* en cambio; *on the telephone* por teléfono; *on Thursday* el jueves; *on time* a tiempo, puntual; *on top of* encima de; *on Tuesday* el martes; *on Wednesday* el miércoles; *on sale* de rebajas; *on my/his/her own* por mi/su cuenta
one un, una, uno; *one hundred* cien, (*when followed by another number*) ciento
one's own propio/a ***2A***
one-way sencillo/a; *one-way street* la calle de una sola vía ***5A***
onion la cebolla
only único/a, solo, solamente; *if only* ojalá
open abierto/a
to **open** abrir; *open* (*command*) abre
opinion la opinión ***3A***
opportunity la oportunidad
optimist optimista
or o, (*used before a word that starts with o or ho*) u; *either... or* o... o
orange (color) anaranjado/a
orange (color or fruit) la naranja
orchestra la orquesta ***1A***
orchid la orquídea ***6B***
to **order** pedir (i, i); mandar (to order, command) ***5A***; ordenar
oregano el orégano ***7A***
organ el órgano
to **organize** organizar ***2A***
organized organizado/a ***1A***
other otro/a
ought deber
our nuestro/a
out of fuera de
outdoors al aire libre
outing la excursión ***6A***
outside afuera
oven el horno; *microwave oven* el horno microondas
over sobre; encima de; *over there* allá
overnight bag el maletín
ozone layer la capa de ozono

P

paella la paella
page la página
pain el dolor ***8A***
to **paint** pintar; *to paint one's fingernails* pintarse las uñas
painting el cuadro, la pintura
pair la pareja
pajamas el pijama
pale pálido/a
Panama Panamá
Panamanian panameño/a
panther la pantera
pants el pantalón
pantyhose las pantimedias
papaya la papaya
paper el papel; *sheet of paper* la hoja de papel
parade el desfile
Paraguay Paraguay
Paraguayan paraguayo/a
paramedic el paramédico, la paramédica ***3B***
pardon me perdón
parents los padres, los papás
park el parque; *amusement park* el parque de atracciones
to **park** estacionar ***5A***
parking lot el estacionamiento ***5A***
parking meter el parquímetro ***5A***
parsley el perejil ***7A***
part la parte
part (in hair) la raya
part-time la media jornada

to participate participar
partner el compañero, la compañera
party la fiesta
to pass pasar; *pass me* pásame
passenger el pasajero, la pasajera
passport el pasaporte
past pasado/a; *a quarter past* y cuarto; *half past* y media
pastime el pasatiempo
pastry el pastel
path el camino, el sendero ***5B***
patience la paciencia
patient el paciente, la paciente ***8A***
patient paciente ***2B***
patio el patio
patterned estampado/a
paw la pata
to pay attention hacer caso, prestar atención ***4B***
to pay pagar
pea el guisante
peace la paz
peach el durazno
peanut butter la mantequilla de maní
peanut el cacahuete ***8B***; el maní (*pl.* maníes) ***7B***
pear la pera
pearl la perla
pedestrian crosswalk el cruce de peatones ***5A***
pedestrian el peatón, la peatona (*pl.* peatones) ***5A***
to peel pelar ***7A***
pen el bolígrafo
penalty la pena máxima
pencil el lápiz (*pl.* lápices); *pencil sharpener* el sacapuntas
people la gente
pepper el ají (*pl.* ajíes) ***7A***
pepper la pimienta (*seasoning*); *bell pepper* el pimiento; *pepper shaker* el pimentero
perfect perfecto/a
to perform cumplir con
performance la actuación ***1B***
perfume el perfume
perhaps quizás
period el tiempo
permanent fijo/a (*job*); la permanente (*hair*)
permission el permiso; *to ask for permission* (*to do something*) pedir permiso (para)
permit el permiso
to permit permitir
person la persona
personal personal
pertaining to air aéreo/a
pertaining to water acuático/a
Peru Perú
Peruvian peruano/a
pessimist pesimista
philosophy la filosofía
photo la foto(grafía)
photo session la sesión fotográfica ***3A***
photographer el fotógrafo, la fotógrafa ***2A***
physics la física
piano el piano
to pick up recoger
picnic el picnic
picture el cuadro
picture frame el marco de fotos
piece la pieza; *piece of furniture* el mueble; el pedazo ***7A***
pier el muelle
pig el cerdo; el puerco
pill la pastilla ***8A***
pillow la almohada ***2B***
pillowcase la funda ***2B***
pilot el piloto, la piloto
pin el alfiler; el broche
pineapple la piña
pink rosado/a
pity la lástima
place el lugar, la posición; la parte
to place poner; colocarse
plaid a cuadros
plain sin gracia
plan el plan
to plan pensar (ie), planear
planet el planeta
plant la planta
plastic el plástico
plate el plato; *license plate* la placa
to play jugar (ue); (*a musical instrument*) tocar; (*a sport/game*) jugar a
play la comedia
player el jugador, la jugadora; *basketball player* el basquetbolista, la basquetbolista; *soccer player* el futbolista, la futbolista; *tennis player* el tenista, la tenista
playing card la carta
plaza la plaza
pleasant simpático/a
to please agradar, complacer
please por favor
pleasing agradable; *to be pleasing* gustar
pleasure el gusto; el placer; *the pleasure is mine* el gusto es mío
to plug in enchufar ***2A***
plum la ciruela
plumber el fontanero, la fontanera
plural el plural
pneumonia la pulmonía ***8A***
pocket el bolsillo
to point apuntar; *to point to* (*at, out*) señalar
point el punto
police (officer) el policía, la policía
politically políticamente
politics la política
polka dot de lunares
poll la encuesta
pollution (environmental) la contaminación ambiental
ponytail la cola
poor pobre
popcorn las palomitas de maíz
popular popular
population la población
pork el cerdo; el puerco
port el puerto
Portugal Portugal
Portuguese portugués, portuguesa
position la posición, el puesto
positive positivo/a ***8B***
possible posible; *as* (*+ adverb*) *as possible* lo más/menos (*+ adverb*) *posible*
post office la oficina de correos
to postpone posponer
pot la olla; *coffee pot* la cafetera
potato la papa
pottery la cerámica
pound la libra
practical práctico/a
practice la práctica
to practice practicar ***8B***
to practice swimming hacer natación ***8B***

to predict predecir
to prefer preferir (ie, i)
premiere el estreno *3A*
to prepare preparar, prepararse
to prescribe recetar *8A*
press conference la rueda de prensa *3A*
press la prensa *3A*
pretty bonito/a, lindo/a, guapo/a
price el precio
prince el príncipe
princess la princesa
principle principal
printed advertisement el aviso
printed estampado/a
prize el premio
probable probable
problem el problema
profession la profesión *1B*
program el programa; *to download a program* bajar un programa
prohibited prohibido/a; *do not turn* prohibido doblar *5A*
to promise prometer
to protect proteger
protein la proteína *8B*
protest la protesta
proud orgulloso/a *1A*
to prove probar (ue)
psychologist el sicólogo, la sicóloga
psychology la sicología
public público/a; *public square* la plaza; *public telephone* el teléfono público; *public relations* las relaciones públicas
Puerto Rican puertorriqueño/a
Puerto Rico Puerto Rico
to pull (someone's leg) tomar el pelo
punishment la pena
purchase la compra
pure puro/a
purple morado/a
purpose el propósito
purse el bolso
to pursue seguir (i, i)
to put poner; colocar; *to put (someone) in bed* acostar (ue); *to put in charge (of)* encargar (de); *to put makeup on (someone)* maquillar; *to put on* ponerse; *to put on makeup* maquillarse; *to put away* guardar *2B*; *to put on lipstick* pintarse los labios *2B*

Q

quality la calidad
quarter el cuarto; *a quarter after, a quarter past* y cuarto; *a quarter to, a quarter before* menos cuarto
queen la reina
question la pregunta; *to ask a question* hacer una pregunta
quetzal el quetzal *6B*
quickly pronto, ¡Rápido! *1A*
to quit dejar de
quite bastante

R

rabbit el conejo
radio (apparatus) el radio; (*broadcast*) la radio; *radio station* la emisora
raft la balsa *6B*
rain la lluvia; (*heavy*) *rain shower* el aguacero *6A*
to rain llover (ue)
raincoat el impermeable
to raise levantar, subir; *to raise one's voice* levantar la voz *4B*
ranch la finca
rapid rápido
rapidly rápidamente
rash la erupción *8B*
rather bastante
raw crudo/a *7B*
to reach an agreement ponerse de acuerdo *4B*
to reach cumplir
to react reaccionar *4B*
to read leer
reading la lectura
ready listo/a; *to be ready* estar listo/a
real real *1B*
reality la realidad
to realize darse cuenta (de) *4A*
really? ¿de veras?
rear-view mirror el espejo retrovisor *5A*
reason la razón
receipt el recibo
to receive recibir
reception desk la recepción
reception (telephone) la recepción *4B*
receptionist el recepcionista, la recepcionista
recipe la receta
to recognize reconocer
to recommend recomendar (ie) *5B*
to record grabar
to recover curar(se) *8A*
to recycle reciclar
red rojo/a
red-haired pelirrojo/a
reduced (in price) rebajado/a
to refer referir(se) (ie, i)
referee el árbitro, la árbitro
references las referencias
refreshment el refresco
refrigerator el refrigerador
regarding con respecto a *1B*
register el registro *6B*
to regret sentir (ie, i)
regular regular
rehearsal el ensayo *1A*
relationship la relación
relative el pariente, la pariente
to relax descansar, relajarse *6B*
to remain quedarse
remedy el remedio *8A*
to remember recordar (ue); acordarse (ue) (de)
remote remoto/a; *remote control* el control remoto
to rent alquilar
to repair reparar *1B*
to repeat repetir (i, i)
report el informe
reporter el periodista, la periodista; el reportero, la reportera
to request pedir (i; i), solicitar
requirements los requisitos
to rescue rescatar *3B*
to resemble parecerse
reservation la reservación, la reserva *6A*
to resolve resolver (ue)
to respect respetar *4B*
respectfully atentamente
responsible responsable
to rest descansar
restaurant el restaurante
résumé el currículum vitae
to return volver (ue); regresar; *to return (something)* devolver (ue) *4A*
reunion la reunión
reverse (gear) la marcha atrás *5A*
to review repasar
rib la costilla
rice el arroz
rich rico/a

ride el paseo; (*amusement*) *ride* la atracción
to ride montar; *to ride a bicycle* montar en bicicleta; *to ride a stationary bike* hacer bicicleta ***8B***
right correcto/a; derecho/a, la derecha; *to the right* a la derecha; *right?* ¿verdad?; *right now* ahora mismo ***2B***, por ahora; *to be right* tener razón; *right away* enseguida ***1A***
ring el anillo
to ring sonar (ue) ***4B***
rip-off estafa
ripe maduro/a
river el río
road el camino
roar el rugido
to roar rugir
to roast asar ***7A***
roasted asado/a ***7B***
roasting pan la asadora ***7A***
robbery el robo
rock la roca ***5B***
roller coaster la montaña rusa
romantic romántico/a ***1B***
roof el techo; *flat roof* la azotea
room el cuarto; la habitación; *dining room* el comedor; *laundry room* el lavadero; *living room* la sala; *room service* el servicio de habitaciones
rooster el gallo
rotary (traffic circle) la glorieta ***5A***
rotten podrido/a ***7A***
round-trip de ida y vuelta
routine la rutina
row la fila
ruby el rubí
rug la alfombra
rule la regla
ruler la regla
to run correr
runner el corredor, la corredora
rush la prisa
Russia Rusia
Russian ruso/a

S

sad triste
safety la seguridad; *safety belt* el cinturón de seguridad
salad la ensalada
salary el sueldo
sale la oferta, la rebaja; *to be on sale* estar en oferta
salesperson el vendedor, la vendedora ***1B***
salmon el salmón
salt la sal; *salt shaker* el salero
salty salado/a
Salvadoran salvadoreño/a
same mismo/a
sand la arena
sandals las sandalias
sandwich el sándwich, el bocadillo ***7B***
satellite el satélite
Saturday sábado; *on Saturday* el sábado
sauce la salsa
saucepan la olla
Saudi saudita; *Saudi Arabia* Arabia Saudita; *Saudi Arabian* saudita
sausage (seasoned with red pepper) el chorizo
to save ahorrar, salvar ***3B***
to savor saborear
saxophone el saxofón
to say decir; *How do you say...?* ¿Cómo se dice...?; *one says* se dice; *say* (*command*) di; *to say good-bye* despedirse (i, i); *to say hello* saludar; *to say you are sorry* pedir perdón
scarf la bufanda
scenery el paisaje
schedule el horario
scholarship la beca
school el colegio, la escuela; (*university*) la facultad
science fiction film la película de ciencia ficción
science la ciencia
scientific científico/a
scissors las tijeras
to scold regañar
score el marcador
to score marcar
scratch el rasguño ***8A***
scratched rayado/a
screen la pantalla
screen protector el protector de pantalla ***4B***
screw el tornillo ***2A***
screwdriver el destornillador ***2A***
script el guión (*pl.* guiones)
to scuba dive bucear ***6B***
scuba diving el buceo
sea el mar ***6A***
seafood el marisco
seal la foca
search la búsqueda
season la estación
seasoning el aderezo, el condimento ***7A***
to seat (someone) sentar (ie)
seat belt el cinturón de seguridad
seat el asiento ***5B***
seat-back el respaldar
second el segundo; segundo/a
secret el secreto
secretary el secretario, la secretaria ***1B***
section la sección
to see ver; *let's see* a ver; *see you later* hasta luego, hasta la vista; *see you soon* hasta pronto
to seem parecer
selection el surtido
selfish egoísta
to sell vender
to send enviar
sense (of hearing) el oído
sentence la oración, la frase
sentencing la sentencia
September septiembre
serious serio/a, grave
to serve servir (i, i)
service el servicio; *room service* el servicio de habitaciones
services los servicios ***6B***
to set poner; *to set the table* poner la mesa
seven siete; *seven hundred* setecientos/as
seventeen diecisiete
seventh séptimo/a
seventy setenta
several varios/as
to sew coser
sewing la costura
sewing machine la máquina de coser
to shake hands darse la mano ***7B***
shame la lástima
shampoo el champú
to share compartir
to shave afeitarse; *to shave one's head* raparse
shaving cream la crema de afeitar
she ella
sheep la oveja

sheet la hoja; *sheet of paper* la hoja de papel; la sábana ***2B***
shelving el estante ***2B***
ship el barco
shirt la camisa; *polo shirt* la camiseta
shoe el zapato; *high-heel shoe* el zapato de tacón; *low-heel shoe* el zapato bajo; *shoe store* la zapatería
shopping center el centro comercial
shore la orilla
short (not tall) bajo/a, (*not long*) corto/a; *from a short distance* de cerca; *in short* en resumen
shortage la escasez
to **shorten** acortar
shorts los shorts; *bermuda shorts* las bermudas
shot el tiro; *vaccine* la inyección ***8A***
should deber
shoulder el hombro
to **shout** gritar
show el programa; *game show* el concurso
to **show** enseñar; mostrar (ue)
to **show up** presentarse
to **shower** ducharse
shower la ducha
shrimp el camarón
to **shrink** encogerse
sick enfermo/a
side el lado
sidewalk la acera
to **sign** firmar
sign la señal
silent mode el modo de silencio ***4B***
silk la seda
silly tonto/a
silver la plata
silverware los cubiertos
since desde, como
to **sing** cantar
singer el cantante, la cantante
single bed la cama sencilla ***6B***
single room la habitación sencilla
single sencillo/a; soltero/a ***2A***
sink el fregadero; *bathroom sink* el lavabo
sir el señor, Sr.
sister la hermana
sister-in-law la cuñada ***2A***
to **sit down** sentarse; *sit down* (*command*) siéntate
six seis; *six hundred* seiscientos/as
sixteen dieciséis
sixth sexto/a
sixty sesenta
size el tamaño, la talla
to **skate** patinar; *to ice-skate* patinar sobre hielo; *to inline skate* patinar sobre ruedas
skateboard la patineta
to **skateboard** montar en patineta
skater el patinador, la patinadora
to **sketch** dibujar
sketch el dibujo
to **ski** esquiar
skier el esquiador, la esquiadora
skiing el esquí ***1B***
skill la destreza
skillful hábil ***1B***
skin la piel
skip (a meal) saltarse (una comida) ***8B***
skirt la falda
sky el cielo
skyscraper el rascacielos
to **sleep** dormir (ue, u)
sleep el sueño
sleeping bag el saco de dormir ***5B***
sleeping car el coche cama ***5B***
sleeve la manga
to **slip** resbalarse ***8A***
slipper la pantufla
slippery resbaloso/a
sloth el oso perezoso ***6B***
to **slow (down)** disminuir ***5A***
slow lento/a
slowly despacio ***5A***
small pequeño/a; *small suitcase* el maletín
smart listo/a; *to be smart* ser listo/a
smart speaker el parlante inteligente
to **smile** sonreír(se) (i, i)
smoke alarm la alarma de incendios
smoke detector el detector de humo ***2A***
to **smoke** fumar
smoked ahumado/a ***7B***
smooth suave
snake la serpiente
sneakers los tenis
to **sneeze** estornudar ***8A***
snow la nieve
to **snow** nevar (ie)
so tal, tan; *So glad to meet you.* Tanto gusto.; *so long* hasta luego; *so that* a fin de que, para que
soap el jabón; *soap opera* la telenovela
soccer el fútbol; *soccer player* el futbolista, la futbolista
sociable sociable ***1B***
social network la red social ***4B***
society la sociedad
sock el calcetín
sofa el sofá ***2B***
soft suave; *soft drink* el refresco; blando/a ***6B***
solar solar
solid liso/a
to **solve** resolver (ue)
some unos, unas; alguno/a, algún, alguna
somebody alguien
someone alguien; *someone from the United States* estadounidense
something algo; *something from the United States* estadounidense
sometimes a veces
son el hijo
song la canción
son-in-law el yerno ***2A***
soon luego, pronto; *as soon as* en cuanto, luego que; *see you soon* hasta pronto
so-so regular
sorry: *I am sorry* lo siento; *to feel sorry* sentir (ie, i); *to say you are sorry* pedir perdón
sound system el sistema de audio ***7B***
soup la sopa; *soup bowl* el plato de sopa
sour agrio/a ***7A***
south el sur; *South America* la América del Sur; *South American* suramericano/a
southeast el sureste
southwest el suroeste
spaceship la nave espacial
space station la estación espacial
Spain España
Spanish el español (language)
Spanish español, española

Spanish-speaking de habla hispana, hispanohablante
to **speak** hablar
speakers los altavoces; los parlantes ***7B***
speaking el habla (*f.*)
special effects los efectos especiales ***1B***
special especial
specialist el especialista, la especialista
to **specialize in** especializarse en
species la especie
spectator el espectador, la espectadora
speech el habla (*f.*)
speed la velocidad ***5A***
to **spend (time)** pasar
to **spend** gastar
spices las especias ***7B***
spicy picante ***7A***
spill el derrame
spinach la espinaca ***7A***
sport el deporte; *to play (a sport)* jugar a
sporty deportivo/a
spot la mancha
spring la primavera
square el cuadro; *public square* la plaza
squid el pulpo
stable el establo
stadium el estadio
stain la mancha
stained manchado/a
stairway la escalera
stall el puesto
stamp la estampilla
stand (stall) el puesto ***7A***
to **stand on line** hacer fila ***6A***
to **stand out** destacarse
to **stand someone up** dejar plantado/a a alguien ***4A***
star la estrella
to **start** empezar (ie); comenzar (ie)
starting from (a certain period of time) a partir de ***8B***
station la estación; *bus station* la estación de autobuses; *radio station* la emisora; *subway station* la estación del metro; *train station* la estación del tren; *station wagon* la camioneta
stationery el papel de carta
stationery store la papelería
to **stay** alojarse, quedarse
to **stay in shape** mantenerse en forma ***8B***
steak el bistec
steering wheel el volante
to **step on** pisar ***5A***
stepbrother el hermanastro
stepfather el padrastro
stepmother la madrastra
stepsister la hermanastra
stick out (command) saca
still todavía
to **stir** revolver (ue) ***7A***
stitches los puntos ***8A***
stomach el estómago; *to have a stomachache* tener dolor de estómago
to **stop** dejar de; parar
stop el alto; pare ***5A***
stopover la escala
store la tienda; *candy store* la dulcería; *dairy store* la lechería; *department store* el almacén; *fruit store* la frutería; *hat store* la sombrerería; *jewelry store* la joyería; *milk store* la lechería; *shoe store* la zapatería; *stationery store* la papelería; *store window* la vitrina
storm la tormenta ***3B***
stove la estufa
straight (hair) lacio
straight ahead derecho
to **straighten** arreglar, *to straighten ones' hair* alisarse el pelo
strawberry la fresa
street entrance la bocacalle ***5A***
street la calle
strength la fuerza ***8B***
stress el estrés ***8B***
to **stretch** estirarse ***8B***
strict estricto/a ***1A***
stripe la raya
striped a rayas, rayado/a
strong fuerte ***2A***
student el estudiante, la estudiante
student council el consejo estudiantil ***1A***
studies los estudios
studious estudioso/a ***1A***
study el estudio
to **study** estudiar
stuffed relleno/a ***7B***
to **stumble** tropezar ***8A***
style el estilo
subject la asignatura
subject to change sujeto a cambio ***6A***
subtitles los subtítulos ***1B***
suburbs las afueras ***5A***
subway el metro; *subway station* la estación del metro
success el éxito; *to be a success* tener éxito
such tal; *such as* como
to **suffer** sufrir ***8A***
sufficient bastante
sufficiently bastante
sugar el azúcar; *sugar bowl* la azucarera
to **suggest** aconsejar, sugerir (ie) ***5B***
suit el traje
suitcase la maleta
summer el verano
sun el sol
sunglasses las gafas de sol
Sunday domingo; *on Sunday* el domingo; *Sunday supplement* el suplemento dominical
sunny soleado/a; *it is sunny* está soleado, hay sol, hace sol
supermarket el supermercado
supper la cena; *to have supper* cenar
supply el surtido
to **support** apoyar ***4A***
sure seguro/a
to **surf (in the computer field)** navegar (uso en informática)
surname el apellido
surprise la sorpresa
to **surprise** sorprender
to **surround** rodear ***3B***
survey la encuesta
sweater el suéter
sweater set el conjunto
sweatshirt la sudadera
to **sweep** barrer
sweet la dulce, la golosina
swelling la inflamación ***8A***
to **swim** nadar
swimming pool la piscina
swimsuit el traje de baño
symptoms los síntomas ***8A***
synthetic sintético/a

T

table la mesa; *to clear the table* recoger la mesa; *to set the table* poner la mesa; *tray table* la mesita

tablecloth el mantel
tablespoon la cuchara
tablet la tableta
taco el taco; *taco stand* la taquería
tag la etiqueta
tail el rabo
tailor el sastre, la sastre
tailor's (shop) la sastrería
to **take** tomar, llevar; *to take a long time* tardar en (+ *infinitive*); *to take a walk* dar un paseo, dar una caminata, pasear **5B**; *to take care of oneself* cuidarse **1B**; *to take charge (of)* encargarse (de); *to take off* despegar, quitarse; *to take out* sacar; *to take apart* desarmar **2A**; *to take care of* atender (ie) **1B**; *to take measurements* tomar las medidas; *to take pictures* sacar fotos **2A**; *to take place* tener lugar **3A**; *to take one's blood pressure* tomar(se) la presión **8A**
talented talentoso/a **1A**
tall alto/a
to **tan** broncear(se)
to **taste** saborear
tasty sabroso/a
taxi driver el taxista, la taxista **6A**
tea el té
to **teach** enseñar
teacher el profesor, la profesora
team el equipo
team work en equipo
to **tear** romper
tears las lágrimas **4A**
teaspoon la cucharita
technological tecnológico/a
technology la tecnología
teddy bear el oso de peluche
to **telephone** llamar
telephone el teléfono; *by telephone* por teléfono; *on the telephone* por teléfono; *public telephone* el teléfono público; *telephone number* el número de teléfono
television la televisión; *television set* el televisor; *to watch television* ver (la) televisión
to **tell** decir; (*a story*) contar (ue); *tell* (*command*) di; *tell me* (*Ud. command*) dígame
temperature la temperatura; *What is the temperature?* ¿Qué temperatura hace?
temporary temporal
ten diez
tennis court la cancha de tenis **6B**
tennis el tenis; *tennis player* el tenista, la tenista
tennis shoes los tenis
tent la tienda de acampar **5B**
tenth décimo/a
to **terminate** acabar
terrace la terraza **2A**
terrible horroroso/a, terrible
test el examen
to **test** probar (ue)
text message el mensaje de texto **4B**
to **thank** agradecer **3A**
thank you very much muchas gracias
thanks gracias
that que, ese, esa, (*far away*) aquel, aquella; aquello; (*neuter form*) eso, ello; *that* (*one*) aquel, aquella, ese, esa; *that way* así; *that which* lo que
the (*m., s.*) el, (*f., s.*) la, (*f., pl.*) las, (*m., pl.*) los; *to the* al, a la; *from the* del
theater el teatro; *movie theater* el cine
their su, sus; suyo/a; (*of*) *theirs* suyo/a
them (*i.o.p.*) les; (*d.o.p.*) los/las; (*after a preposition*) ellos/ellas
theme el tema; el tópico
then luego, después, entonces; (*pause in speech*) pues
there allí; *over there* allá; *there is* hay; *there are* hay; *there was* había, hubo; *there were* había, hubo
these estos, estas; *these* (*ones*) estos, estas
they ellos/ellas; *they are* son; *they were* fueron
thief el ladrón, la ladrona **3B**
thin delgado/a
thing la cosa
to **think** pensar (ie); *to think about* (*i.e., to have an opinion*) pensar de; *to think about* (*i.e., to focus one's thoughts*) pensar en; *to think about* (*doing something*) pensar en (+ *infinitive*); *to think of oneself* pensar en sí mismo/a **4A**
third tercero/a; (*form of tercero before a m., s. noun*) tercer
thirst la sed
thirteen trece
thirty treinta
thirty-one treinta y uno
this (*m., s.*) este, (*f., s.*) esta; esto; *this* (*one*) este, esta
those esos, esas, (*far away*) aquellos, aquellas; *those* (*ones*) aquellos, aquellas, esos, esas
thoughtful considerado/a **4A**
thousand mil
thread el hilo
three tres; *three hundred* trescientos/as
throat la garganta
through por
to **throw out** arrojar
to **throw away** tirar
thunder el trueno **6A**
Thursday jueves; *on Thursday* el jueves
thus pues; así
ticket el boleto; el billete; el pasaje; *ticket office* la taquilla, la boletería **5B**
to **tie (the score of a game)** empatar
tie la corbata
tiger el tigre
tight estrecho/a
time el tiempo, la vez (*pl.* veces); *another time* otra vez; *at times* a veces; *at what time?* ¿a qué hora?; (*number* +) *time*(*s*) per (+ *time expression*) (*number* +) vez/veces al/a la (+ *time expression*); *on time* a tiempo; *to spend* (*time*) pasar; *to take a long time* tardar en (+ *infinitive*); *What time is it?* ¿Qué hora es?
tip la propina
tire la llanta
tired cansado/a
tired of harto/a (de) **1A**
to a; *to the left* a la izquierda; *to the right* a la derecha
toaster la tostadora
today hoy
toe el dedo del pie

together juntos/as; *to get together* reunirse
toilet el excusado, el inodoro
tomato el tomate
tomorrow mañana; *see you tomorrow* hasta mañana; *the day after tomorrow* pasado mañana
tongue la lengua
tonight esta noche
too también; *Too bad!* ¡Qué lástima!; *too many* demasiados/as; *too (much)* demasiado; *too much* demasiado/a
tooth el diente
toothbrush el cepillo de dientes
toothpaste la pasta de dientes
to **touch** tocar; *touch (command)* toca
tourism el turismo
tourist turístico/a
toward hacia
towel la toalla
tower la torre
traffic el tráfico
traffic circle la glorieta 5A
traffic jam el atasco **5A**
traffic light el semáforo **5A**
traffic rules las normas de tránsito **5A**
to **train** entrenarse **1B**
train el tren; *train station* la estación del tren
train car el vagón **5B**
train platform el andén **5B**
trainer el entrenador, la entrenadora **1B**
transfer el transbordo **5B**
to **translate** traducir
transmission la transmisión
transportation el transporte
trapeze artist el trapecista, la tapecista
travel agency la agencia de viajes
to **travel** viajar
traveler el viajero, la viajera **5B**
tray la bandeja
tray table la mesita
tree el árbol; *family tree* el árbol genealógico
tremor el temblor
trial el juicio **3B**
trip el viaje; *to go away on a trip* irse de viaje
to **trip over** tropezar con **8A**
trombone el trombón
trouble la pena
truck el camión
trumpet la trompeta
trunk el baúl
to **trust** confiar **4A**
truth la verdad
to **try (on)** probarse (ue); *to try (to do something)* tratar (de)
tucan el tucán
Tuesday martes; *on Tuesday* el martes
tuna el atún
turbulence la turbulencia **6A**
turkey el pavo; *turkey breast* la pechuga de pavo **7B**
to **turn (a corner)** doblar; *to turn off* apagar; *to turn on* encender (ie); *to turn on (an appliance)* poner; *to turn to dusk* anochecer
to **turn up** aparecer **1A**
turtle la tortuga
tv guide la programación de televisión **3A**
twelve doce
twenty veinte
twenty-eight veintiocho
twenty-five veinticinco
twenty-four veinticuatro
twenty-nine veintinueve
twenty-one veintiuno
twenty-seven veintisiete
twenty-six veintiséis
twenty-three veintitrés
twenty-two veintidós
twins los gemelos, las gemelas **2A**
to **twist** torcer (ue) **8A**
two dos; *two hundred* doscientos/as
two-way street la calle de doble vía **5A**
type el tipo

U

ugly feo/a
umbrella el paraguas
umpire el árbitro, la árbitro
uncle el tío
under bajo
undershirt la camiseta
to **understand** comprender, entender (ie)
understanding comprensivo/a **4A**
underwear la ropa interior
undone crudo/a **7B**
to **undress** desvestirse (i, i)
unique único/a
united unido/a **3A**; *someone or something from the United States* estadounidense; *United States (of America)* los Estados Unidos (de América)
university la universidad **1B**; *school (of a university)* la facultad
uncooked (under cooked) crudo **7B**
unless a menos que
unlike a diferencia de **2A**
unripe verde **7A**
unruly rebelde
until hasta, *(to express time)* menos, hasta que
up arriba
upcoming que viene
upstairs arriba
urgent urgente
Uruguay Uruguay
Uruguayan uruguayo/a
us *(i.o.p.)* nos; *(d.o.p.)* nos; *(after a preposition)* nosotros
use el uso
to **use a treadmill** hacer cinta
to **use** usar

V

vacation las vacaciones
vaccination la vacuna **8A**
vacuum la aspiradora
to **vacuum** pasar la aspiradora
valley el valle **5B**
vanilla la vainilla
vase el jarrón
veal la ternera
vegetable la verdura
Venezuela Venezuela
Venezuelan venezolano/a
verb el verbo
vertical vertical
very muy, mucho/a; *not very* poco/a; *very much* mucho, muchísimo
veterinarian el veterinario, la veterinaria
victim la víctima **3B**
video el video
video game el videojuego
village el pueblo **5B**
vinegar el vinagre
violent violento/a **3B**

virtual reality la realidad virtual
virus virus (*pl.* virus)
visa la visa
visibility la visibilidad ***3B***
visit la visita
to visit visitar
vitamin la vitamina ***8B***
voice la voz (*pl.* voces)
voice mail(box) el buzón de voz ***4B***
volcano el volcán ***6A***
volleyball el voleibol
volume el volumen ***7B***

W

waist la cintura
to wait (for) esperar
to wake up despertarse (ie)
to walk caminar; andar, pasear; *to take a walk* dar un paseo ***5B***
walk el paseo
wall la pared, la muralla; (*exterior*) *wall* el muro
wallet la billetera
walnut la nuez (*pl.* nueces) ***7B***
to want querer
wardrobe el armario
warehouse el almacén
to wash lavarse
washer la lavadora
wastebasket el cesto de papeles
watch el reloj
to watch ver; *to watch television* ver (la) televisión
to water regar (ie)
water el agua (*f.*); *mineral water* el agua mineral (*f.*); *pertaining to water* acuático/a
waterfall la catarata
watermelon la sandía
wavy ondulado/a
way la manera; *to always get one's way* siempre salirse con la suya; *by the way* a propósito
we nosotros/nosotras
we are somos, estamos
to wear llevar
weather el tiempo; *How is the weather?* ¿Qué tiempo hace?; *the weather is nice* (*bad*) hace buen (mal) tiempo
Web la web, la red
Wednesday miércoles; *on Wednesday* el miércoles
week la semana
weekend el fin de semana
weight el peso ***8B***
welcome bienvenido/a; *you are welcome* de nada
welcome la bienvenida
well bien; (*pause in speech*) bueno, este, pues
well-read culto/a
west el oeste
wet mojado/a
whale la ballena
what! ¡qué!; *What* (*a*) (+ *adjective*) (+ *noun*)! ¡Qué (+*noun*) tan (+ *adjective*)!; *what a* (+ *noun*)! ¡qué (+ *noun*)!; *What a shame!* ¡Qué lástima!; *What a rip-off!* ¡Qué estafa!
what? ¿qué?, ¿cuál?; *at what time?* ¿a qué hora?; *What do/does you/he/she/they think?* ¿Qué (te, le, les) parece?; *What is the meaning* (*of*)...? ¿Qué quiere decir...?; *What is the temperature?* ¿Qué temperatura hace?; *What is wrong with* (*someone*)? ¿Qué (+ *tener*)?; *What is wrong with you?* ¿Qué te pasa?; *What is your name?* ¿Cómo te llamas?; *What is* (*your [formal]/his/her*) *name?* ¿Cómo se llama (Ud./él/ella)?; *What time is it?* ¿Qué hora es?; *What is it about?* ¿De qué se trata? ***1B***
wheel la rueda; *steering wheel* el volante; *Ferris wheel* la rueda de Chicago
wheelchair la silla de ruedas ***8A***
when cuando
when? ¿cuándo?
where donde; adonde
where? ¿dónde?; *from where?* ¿de dónde?; (*to*) *where?* ¿adónde?; *Where are you from?* ¿De dónde eres?; *Where are you* (*formal*) *from?* ¿De dónde es Ud.?; *Where is* (*he/she/it*) *from?* ¿De dónde es (él/ella)?; *Where is...?* ¿Dónde queda...? ¿Dónde se encuentra...? ***5A***
wherever dondequiera
which que; *of which* cuyo/a; *that which* lo que
which? ¿cuál?; *Which one?* ¿cuál?; *Which ones?* ¿cuáles?
while mientras (que)
white blanco/a
whiteboard la pizarra
white-haired canoso/a
Who is it? (*telephone greeting*) ¿Quién habla? ***4B***
who quien
who? ¿quién?, (*pl.*) ¿quiénes?
whoever quienquiera
whom quien
whose cuyo/a
why? ¿por qué?
wide ancho/a
widow viuda ***2A***
widower viudo ***2A***
wife la esposa; la mujer
wild salvaje
wildlife refuge el refugio de vida silvestre ***6B***
to win ganar; *games won* los partidos ganados
wind el viento; *it is windy* hace viento
window la ventana; (*transportation*) la ventanilla ***5B***; *store window* la vitrina
windshield el parabrisas
windshield wiper el limpiaparabrisas
winter el invierno
to wish desear ***5A***
with con; *with me* conmigo; *with you* (tú) contigo; *with you/him/her* consigo
without sin; *without previous/advance notice* sin previo aviso ***6A***
witness el testigo, la testigo
woman la mujer; *young woman* la muchacha
women's restroom el baño de damas
to wonder preguntarse
wonderful estupendo/a
wood la madera
wool la lana
word la palabra
work el trabajo, la obra
to work trabajar, funcionar; *to work as* trabajar de ***1B***; *to work on a team* en equipo
worker el obrero, la obrera ***1B***
world el mundo

worn gastado/a
worried preocupado/a ***3B***
to worry preocuparse
worse peor
worst *the worst* (+ *noun*) el/la/los/las peor/peores
worth while vale la pena
would like quisiera
would that ojalá ***6A***
wound la herida
wow! ¡caramba!
wrinkled arrugado/a
wrist la muñeca ***8A***
to write escribir; *How do you write...?* ¿Cómo se escribe...?; *it is written* se escribe
writer el escritor, la escritora ***1A***
wrong number el número equivocado ***4B***
wrought iron fence la reja
wrought-iron window grill la reja

X

X-ray la radiografía ***8A***

Y

yard el patio, el jardín
to yawn bostezar
year el año; *New Year's* (*Day*) el Año Nuevo; *to be* (+ *number*) *years old* tener (+ *number*) años
yellow amarillo/a
yes sí
yesterday ayer; *the day before yesterday* anteayer
yet todavía
to yield ceder el paso ***5A***
you (*informal*) tú; (*formal, s.*) usted (*Ud.*); (*pl.*), ustedes (Uds.); (*Spain, informal, pl.*) vosotros/vosotras; (*after a preposition*) ti, usted (Ud.), ustedes (Uds.), vosotros/vosotras; (*d.o.p.*) la, lo, las, los, te; (*Spain, informal, pl., d.o.*) os; (*formal, i.o.*) le; (*pl., i.o.*) les; (*Spain, informal, pl., i.o.*) os; (*i.o.p.*) te; *Are you from...?* ¿Eres (tú) de...?; *you are* eres; *you* (*formal*) *are* es; *you don't say!* ¡no me digas!; *you* (*pl.*) *were* fueron
young joven; *young lady* la señorita; *young woman* la muchacha; *young man* el muchacho
younger menor
youngest el/la menor
your (*informal*) tu; (*informal, pl.*) tus; su, sus (Ud./Uds.), (*Spain, informal, pl.*) vuestro/vuestra/vuestros/vuestras; suyo/a; tuyo/a; (*of*) *yours* suyo/a
yours truly atentamente
youth hostel el albergue juvenil ***6B***

Z

zebra la cebra
zero cero
zipper la cremallera
zoo el zoológico
zoological garden el jardín zoológico

Index

Credits

Acknowledgments

The authors wish to thank the many people in the Caribbean Islands, Central America, South America, Spain, and the United States who assisted in the photography used in the textbook. Credit is given to photographers and agencies below.

We would also like to thank the following publishers, authors, and holders of copyright for permission to include copyrighted material in ¡Qué chévere!: p. 162 "De la segunda salida de Don Quijote," by Miguel de Cervantes Saavedra, excerpt from the Easy Reader entitled Don Quijote de la Mancha (Primera parte), published by EMC Publishing; p. 216 "A Julia de Burgos" by Julia de Burgos reprinted by permission of Ediciones Huracán.

Abbreviations

(t)	top
(b)	bottom
(r)	right
(l)	left
(c)	center
(mod.)	modelo
act.	actividad

Literary Credits

22 ¿Cuáles son las obras más famosas de Fernando Botero, http://www.saberia.com/cuales-son-las-obras-mas-famosas-de-fernando-botero/; **45–48** La idea que da vueltas, Excerpt from "Cómo comencé a escribir", YO NO VENGO A DECIR UN DISCURSO © Gabriel García Márquez, 2010 y Herederos de Gabriel García Márquez; **101–104** From EL ARROYO DE LA LLORONA. Copyright © 1991 by Sandra Cisneros. Published by Vintage Espanol, a division of Penguin Random House. Translation copyright © 1996 by Liliana Valenzuela. By permission of Susan Bergholz Literary Services, New York, NY and Lamy, NM. All rights reserved; **267–270** Isabel Allende Excerpt from "Dos palabras", CUENTOS DE EVA LUNA © Isabel Allende, 1991; **302–303** Centro de Visitantes de Agua Clara (tercer juego de esclusas), https://www.panamaparaninos.com/paseos/museos/Centro-de-Observacion-de-la-Ampliacion-del-Canal-de-Panama; **379–380** Cocinero en su tinta (Extracto del Capítulo) de Gustavo Rodríguez

Photo and Art Credits

Generative AI Images

We use Generative AI images, created via Midjourney, to provide high-quality and ethically conscious educational materials. We create images that align with the embedded learning objectives, reflect diversity and cultural authenticity, and are adjusted to remove biases that are inherent in AI technologies.

Cover Photos (tr) (br) Alexander Spatari/Moment/Getty Images; (cl) Kryssia Campos/Moment/Getty Images; (bl) Nick Kee Son/Moment Open/Getty Images **0** gradyreese/iStock/Getty Images Plus; **1** (bl) My Language Town™; (br) iCulture; **2** (tc) iStock.com/Skynesher; (tr) monkeybusinessimages/Getty Images; (tl) iStock.com/Izusek; (cr) Andres Rodriguez/Alamy Stock Photo; Michaeljung/Shutterstock; **3** act. 1: (A) Rangel, Francisco; (B) iStock.com/Skynesher; (C) Image Source/SuperStock; (D, F) CORBIS Royalty-Free; (E) Image Source/Index Stock Imagery; **4** (tr) Kemp Davis; (cr) Kemp Davis; **5** iStock.com/Ridofranz; **6** iStock.com/Monkeybusinessimages; **7** act. 9: (A) iStock.com/Cynoclub; (B) iStock.com/Fotosmurf03; (C) iStock.com/Rauluminate; (D) iStock.com/AlexRaths; (E) Monkey Business Images/Shutterstock.com; (F) iStock.com/Lisafx; **8** iStock.com/Spotmatik; **9** iStock.com/Dominick, Sharon; **10** act. 15: iStock.com/G-stockstudio; act. 16: Yuri_arcurs/Dreamstime.com; **11** act. 17: ("Martes") Nmedia/Shutterstock.com; ("Miércoles") iStock.com/CactuSoup; ("Jueves") Viorel Sima/Shutterstock.com; **12** iStock.com/Javarman3; (b) Eitan Abramovich/Getty Images; **13** (cr) Expoartesanias; (c) Matyas Rehak/Shutterstock.com; **14** (cc) iStock.com/Ridofranz; (tc) iStock.com/Lisafx; (tl) iStock.com/Monkeybusinessimages; (tr) iStock.com/LuckyBusiness; (bc) iStock.com/AlexRaths; (br) iStock.com/Andresrimaging; (bl) iStock.com/Andresrimaging; **16** (tr) Kemp Davis; (cr) Kemp Davis; **18** iStock.com/Cokacoka; **19** act. 28: MoMo Productions/Getty Images; act. 29: Viorel Sima/Shutterstock.com; **20** act. 30: iStock.com/101PHOTO; act. 31: iStock.com/E_media; **21** act. 32: iStock.com/Chagin; act 33: VW Pics/Universal Images Group/Getty Images; **22** (cr) Age fotostock/Alamy Stock Photo; (tr) Age fotostock/Alamy Stock Photo; **23** Age fotostock/Alamy Stock Photo; **26** (cr) Aspen Photo/Shutterstock.com; (tl) iStock.com/M-gucci; (bl) technotr/E+/Getty Images; (cc) iStock.com/Belchonock; (tr) iStock.com/Oleh_Slobodeniuk; (br) iStock.com/Fotokostic; **27** (tr) andresr/E+/Getty Images; (bl) iStock.com/lisafx; (tl) iStock.com/Steve Debenport; (br) carlosalvarez/E+/Getty Images; (tc) iStock.com/Lighthaunter; (bc) iStock.com/Ingalvanova; **28** act. 1 (A, D) CORBIS Royalty-Free; (B) Tom Stewart Photography/CORBIS; (C) iStock.com/RichLegg; (E) Photodisc/Getty Images; (F) iStock.com/Wavebreakmedia; **29** (tr) Kemp Davis; (cr) Kemp Davis; **31** act. 9: ESB Professional/Shutterstock.com; **32** (bl) iStock.com/OlafSpeier; (br) iStock.com/Veronicagomepola; **33** act. 12: (mod.) Henley, John/CORBIS; (#1) CORBIS Royalty-Free; (#2) Young-Wolff, David/PhotoEdit; (#3) LWA-Dann Tardif/CORBIS; (#4) CORBIS Royalty-Free; (#5) Tom Stewart Photography/CORBIS; (#6) Disario, George/CORBIS; **34** (cr) Keeton Gale/Shutterstock.com; (tr) Rich Schultz/Getty Images Sport/Getty Images; **35** (tr) Josh Brasted/Getty Images Entertainment/Getty Images; (br); Amet, Jean Pierre/CORBIS Sygma; **36** (tl) Photo12/7e Art/Curiosa Films/Alamy Stock Photo; (tc) Universal History Archive/Universal Images Group/Getty Images; (tr) Fototeca Storica Nazionale/Hulton Archive/Getty Images; (bl) Universal History Archive/Universal Images Group/Getty Images; (bc) LMPC/Getty Images; (br) LMPC/Getty Images; **37** (tl) AF archive/Alamy Stock Photo; (c) Jose Perez/Bauer-Griffin/GC IMages/Getty Images; (tr) Evelyn Galindo/Midjourney; **38** act. 21: (A, B, C, D, E, F) CORBIS Royalty-Free; act. 23: CORBIS Royalty-Free; **39** ("tv") Multipedia/Shutterstock.com; (tr) Kemp Davis; (cr) Kemp Davis;

act. 24: iStock.com/YinYang; **40** (tr) iStock.com/Monkeybusinessimages; (bc) iStock.com/AndreyPopov; **41** iStock.com/XiXinXing; **45** Jose Lara/Wikimedia; **51** (tl) iStock.com/Brasil2; (tr) Chris Humphries/Shutterstock.com; **52** (t) Ministerio de Comercio, Industria y Turismo, República de Colombia.; (b) Catalina Estrada; **54** (cr) colombia.travel/en; **55** linio.com.mx; **58** FluxFactory/E+/Getty Images; **59** (tr) iStock.com/Switas; **60** ("Don Alberto") iStock.com/Carmebalcells; ("Doña Elena") iStock.com/VBaleha; ("Rosario") iStock.com/Juanmonino; ("Enrique") iStock.com/MichaelDeLeon; ("Isabel") iStock.com/Juanmonino; ("Felipe") iStock.com/Aabejon; ("Nora") iStock.com/Drbimages; ("Dora") iStock.com/101PHOTO; ("Alberto y Arturo") Nadezhda V. Kulagina/Shutterstock.com; **61** iStock.com/Ridofranz; **62** act. 2: (A) CORBIS Royalty-Free; (B) iStock.com/Pressdigital; (C) Simson, David; (D) iStock.com/Nyul; (E) iStock.com/Ajsn; (F) iStock.com/svetikd **63** (tr) Andersen Ross/DigitalVision/Getty Images; (cr) iStockphoto.com/Juanmonino; **64** iStock.com/Targovcom; **66** iStock.com/Ridofranz; **67** act. 12: iStock.com/Monkeybusinessimages; act. 13: BlueOrange Studio/Shutterstock.com; **68** (tl) iStock.com/Switas; (br) Ira L. Black - Corbis/Corbis News/Getty Images; **69** (tl) iStock.com/Juanmonino; (br) iStock.com/Tomas_Mina; **70** ("clavar") iStock.com/Perkmeup; ("el martillo...") Stillfx/Fotolia; ("la terraza") Barbara Helgason/Fotolia; ("Nosotros tenemos...") Denizo/Fotolia; ("El basurero...") iStock.com/IngaNielsen; ("enchufar") Alexey Stiop/Shutterstock.com; ("Desarmé...") Goodluz/Shutterstock.com; ("las cajas") VGstockstudio/Shutterstock.com; ("el destornillador...") Orangecrush/Shutterstock.com; ("regar las plantas") iStock.com/Elenathewise; ("El fregadero...") iStock.com/Baranozdemir; ("el detector de humo") iStock.com/AndrewJohnson; ("el extinguidor...") iStock.com/HKPNC; ("el pasillo") iStock.com/Pink_cotton_candy; ("la calefacción") iStock.com/Grassetto; **71** act. 18: (A) iStock.com/Monkeybusinessimages; (B) Hutchings, Richard/PhotoEdit; (C) Maass, Robert/CORBIS; (D) Africa Studio/Shutterstock.com; (E) CORBIS Royalty-Free; (F) ThinkStock/SuperStock; **72** (tr) Lolostock/Shutterstock.com; (cr) San Francisco Chronicle/Hearst Newspapers via Getty Images; Act. 22: (A) iStock.com/Urfinguss; (B) iStock.com/Kostsov; (C, D, E) CORBIS Royalty-Free; **73** iStock.com/Vafilms; **75** act. 25: ("women") iStock.com/Aleksej; act. 25: "tablet" iStock.com/Daboost; act. 27: SpeedKingz/Shutterstock; **76** (cl) iStock.com/Imanire; (cr) iStock.com/Dell640; **77** act. 30: (A) iStock.com/Shippee; (B) iStock.com/Contrastaddict; (C) iStock.com/Kettaphoto; (D) iStock.com/A40757; (E) iStock.com/Lillisphotography; (F) iStock.com/Vicnt; **78** (br) NG Images/Alamy Stock Photo; (tr) iStock.com/Juanmonino; **79** Jay Galvin; **80** Juan carlos tinjaca/Shutterstock.com; **83** iStock.com/Slphotography; (tr) iStock.com/LifesizeImages; ("el secador") iStock.com/Fabiofoto; ("la pasta de dientes") iStock.com/Lovleah; ("el desorden") iStock.com/Figure8Photos; ("el suelo mojado") JG Photography/Alamy Stock Photo; ("pintarse los labios") Mjth/Shutterstock.com; ("secarse el pelo") Africa Studio/Shutterstock.com; ("el cepillo de dientes") Qvist/Shutterstock.com; ("el lápiz de labios") Africa Studio/Fotolia; ("el esmalte de uñas") Naraz/Fotolia; ("cepillarse los dientes") Daxiao Productions/Fotolia; **84** act. 1: (A) McVay, Ryan/Getty Images; (B) iStock.com/Monkeybusinessimages; (C) iStock.com/KatarzynaBialasiewicz; (D) Savage, Chuck/CORBIS; (E) iStock.com/Image Source; (F) ThinkStock/SuperStock; **85** (tr) Kemp Davis; (cr) Kemp Davis; **86** Pfc. Michelle S. Mattei; **87** act. 7: (mod.) Prince, Michael/CORBIS; (#1) iStock.com/PeopleImages; (#2) iStock.com/A-wrangler; (#3) iStock.com/Ariwasabi; (#4) CORBIS Royalty-Free; (#5) CORBIS Royalty-Free; (#6) CORBIS Royalty-Free; **88** iStock.com/Eurobanks; **89** iStock.com/CountryStyle Photography; **90** CORBIS Royalty-Free; **91** (br) Monkey Business Images; (tr) iStock.com/McIninch; **92** (tr) Andria Patino/Alamy Stock Photo; (cr) David Grossman/Alamy Stock Photo; **93** (cl) Archive Photos/Moviepix/Getty Images; (br) Araya Doheny/Getty Images Entertainment; (tr) iStock.com/William87; **94** (bl) iStock.com/Kwanchai_Khammuean; (tc) Nastazia/Fotolia; (cl) Jose Luis Stephens/Fotolia; (br) Nastazia/Fotolia; (bc) Epstock/Fotolia; (bc) Epstock/Fotolia; (tr) Yesn/Fotolia; (cr) iStock.com/Gerville; (cc) iStock.com/UroshPetrovic; **95** act. 22: (A) iStock.com/Gehringj; (B) iStock.com/AustinArtist; (C) iStock.com/Wavebreakmedia; (D) iStock.com/Chunumunu; (E) iStock.com/Diego_cervo; (F) iStock.com/Kzenon; **96** (tr) Kemp Davis; (cr) Kemp Davis; (bl) iStock.com/Bowdenimages; **98** iStock.com/Avava; **100** act. 33: iStock.com/IPGGutenbergUKLtd; act. 34: iStock.com/Jannetav; **101** Shannon Finney/Getty Images Entertainment; **107** Nicolina Demakos and Dylan Demakos; **108** (tr) Maria_Ermolenko/Shutterstock.com; **110** act. A: (t) iStock.com/DustyPixel; (c) iStock.com/Paulbinet; **111** Johnny Louis/WireImage/Getty Images; **114** Jose Angel Astor Rocha/iStock/Getty Images; **115** (tc) iStock.com/Vwalakte; **116** (tl) Maxisport/Shutterstock.com; (tc) Europa Press News/Getty Images; (tr) Age fotostock/Alamy Stock Photo; (bl) iStock.com/RTimages; (bc) iStock.com/Vynce; (br) Pascal Saez/Alamy Stock Photo; **117** iStock.com/Fotoarts; **118** iStock.com/Tom Merton; **119** (tr) iStock.com/Bowdenimages; act. 6: (#1) AP/Wide World Photos; (#2) Cynthia Liang/Shutterstock.com; (#3, #4) CORBIS Royalty-Free; **120** iStock.com/Aldomurillo; **121** (tr) iStock.com/Squaredpixels; (br) iStock.com/Satori13; **122** (tr) iStock.com/monkeybusinessimages; (br) iStock.com/Adamkaz; **124** iStock.com/Captura; **125** (br) Brian Kinney/Shutterstock.com; (tr) iStock.com/Tupungato; **126** (tr) Emperorcosar/Shutterstock.com; (br) iStock.com/GoranQ; (cl) iStock.com/Vwalakte; **127** (tl) iStock.com/Monysasi; (cr) Pacific Press/LightRocket/Getty Images; (bl) Pablo Cuadra/Getty Images Entertainment; **128** (br) Lalo Yasky/WireImage/Getty Images; (tl) Toni Anne Barson/FilmMagic/Getty Images; (bl) Pablo Cuadra/Getty Images Entertainment; (tr) Cinedocnet; **129** act. 21: (A) CORBIS Royalty-Free; (B) iStock.com/D.vice; (C) Natursports/Shutterstock.com; (D) iStock.com/IPGGutenbergUKLtd; (E) iStock.com/Simsek, Baris; (F) Andrea Raffin/Shutterstock.com; act. 22: iStock.com/Melking; **130** Kemp Davis; **131** Strewe, Oliver/Lonely Planet Images; **134** (tr) iStock.com/Joel Carillet; (br) iStock.com/Tomeng; **135** iStock.com/Kelvinjay; **136** ("Zoo Aquarium") Plavevski/Shutterstock.com; ("Deportes de invierno en Madrid") Yanik88/Shutterstock.com; ("Parque de Atracciones") Amusement Parks of Madrid; **137** SOPA Images/LightRocket/Getty Images; **140** (c) iStock.com/Daboost; (tl) iStock.com/Jgroup; (tr) iStock.com/RichLegg; (bl) iStock.com/ChrisCrafter; (br) iStock.com/Mlenny; **141** act. 1: (A) iStock.com/RapidEye; (B) CORBIS Royalty-Free; (C) Photodisc; (D) Reuters NewMedia Inc./CORBIS; (E) iStock.com/TonyTaylorStock; (F) Reuters NewMedia Inc./CORBIS; **142** Sjo/E+/Getty Images; **143** (tr) Antonio Guillem/Shutterstock.com; (br) iStock.com/Junial; **144** (tr) iStock.com/Ideabug; (br) iStock.com/1001nights; **145** iStock.com/Wdstock; **146** (tr) iStock.com/GWImages; (bl) Englebert, Victor; **147** John Coletti/The Images Bank/Getty Images; **148** iStock.com/Sumnersgraphicsinc; **149** iStock.com/Jasmina81; **150** (cr) ANDER GILLENEA/AFP/

Getty Images; (tl) Cro Magnon/Alamy Stock Photo; 151 (tr) iStock.com/Sborisov; (tc) iStock.com/JoseManuelLuna; (bl) Xinhua News Agency/Getty Images; 152 (c) iStock.com/Daboost; (tl) iStock.com/Milanklusacek; (tr) iStock.com/Hereswendy; (bl) iStock.com/Southerlycourse; (br) iStock.com/Franckreporter; 153 (tr) iStock.com/MSRPhoto; (tl) iStock.com/Eyecrave; (c) iStock.com/Daboost; 154 act. 22: (A) David Young-Wolff/PhotoEdit; (B) simonkr/iStock/Getty Images; (C) Owaki-Kulla/CORBIS; (D) Lexington Herald Leader/CORBIS Sygma; (E) AFP/CORBIS; (F) redhumv/E+/Getty Images; act. 23: AP Wide World Photos; 155 (tr) David Acosta Allely/Shutterstock.com; act. 26: (A) CORBIS Royalty-Free; (B) Tom Merton/OJO Images/Getty Images; (C) Palmer, Gabe/CORBIS; (D) Dex Image/Alamy Stock Photo; 157 act. 28: ("Sevilla") iStock.com/Arnau Design; ("Amalia") ESB Professional/Shutterstock.com; 158 iStock.com/Fstop123; 159 iStock.com/LSOphoto; 160 (br) iStock.com/Ibturek; (tr) Awuachumele/Wikimedia; 161 Bettmann/Getty Images; 162 EMC Publishing: "De la segunda salida de Don Quijote" (Primera parte) from the Easy Reader edition. EMC Publishing; 163 Don Quixote and Sancho, Alexandre Gabriel Decamps (1803–60). Photo credit: Musée des Beaux Arts, Pau, France/Bridgeman Art Library; 164 Don Quixote and the Windmill, Francisco J. Torromé (fl. 1890–1908). Photo credit: Bonhams, London, UK/Bridgeman Art Library.; 167 (tl) Natursports/Shutterstock.com; (cr) iStock.com/Maridav; 168 (tr) Marcos del Mazo/Alamy Stock Photo; (br) The Bull Fight, 1934 (oil on canvas), Picasso, Pablo (1881–1973)/Saint Louis Art Museum, Missouri, USA/Gift of Mr. and Mrs. Marcus Rice/Bridgeman Images; 170 (tr) iStock.com/ShevchenkoAndrey; act. A: (t) iStock.com/Daboost; act. B: John Lamb/The Image Bank/Getty Images; 171 (tr) Jose Baztan Lacasa/Wikimedia; (br) E: Bruker:G.Meiners/Wikimedia; 174 SeanPavonePhoto/iStock/Getty Images Plus; 176 (tl) Monkey Business Images/Shutterstock.com; (cl) Antonio Guillem/Shutterstock.com; (tr) Africa Studio/Shutterstock.com; (tc) iStock.com/Carmebalcells; (cr) iStock.com/Estudi M6; (c) Sirtravelalot/Shutterstock.com; (b) Alessandro Colle/Shutterstock.com; 178 iStock.com/Monkeybusinessimages; 179 Frank van Delft/Cultura/Getty Images; (br) iStock.com/Aldomurillo; 180 (tr) iStock.com/LuckyBusiness; (br) iStock.com/Daboost; 181 iStock.com/Zhenikeyev, Armanphoto.com; 182 (tr) iStock.com/Paul Bradbury; (br) iStock.com/Michaeljung; 183 (tl) JpegPhotographer/Shutterstock.com; act. 12: (tr) iStock.com/IrynaD; (bl) iStock.com/lisegagne; (br) iStock.com/Neirfy; (tc) iStock.com/Givaga; (bc) iStock.com/Chaoss; 184 (tl) iStock.com/SeanPavonePhoto; (br) iStock.com/Jrroman; 185 (cr) David Redfern/Redferns/Getty Images; (tr) Jason Koerner/Getty Images Entertainment; (br) iStock.com/Msubhadeep; 186 (tr) Creatista/Shutterstock.com; (tl) iStock.com/Loooby; (cl) iStock.com/Fotostorm; (tc) iStock.com/Hjalmeida; (cr) iStock.com/Ridofranz; (cc) iStock.com/Martinan; (br) iStock.com/Elenathewise; 188 (tr) Radius Images/Alamy Stock Photo; act. 23: (A) CORBIS Royalty-Free; (B) TheRabbitHolePictures/iStockGetty Images Plus; (C) filadendron/E+/Getty Images; (D) NASA; 190 iStock.com/AndreyPopov; 191 iStock.com/Gligorijevic, Sandra; 192 Flickr.com/photos/jeffgunn/Wikimedia; 193 (tr) iStock.com/Chagin; (cr) iStock.com/Danielho; (br) iStock.com/Xeni4ka; 194 iStock.com/Antonio_Diaz; 196 act. A: (A) iStock.com/Ridofranz; (B) iStock.com/Omgimages; (C) iStock.com/Filadendron; (D) iStock.com/GMint; 198 ("Catalina, discúlpate...") iStock.com/Juanmonino; ("Mírame cuando...") iStock.com/Steve Debenport; ("¿Por qué siempre...") iStock.com/DragonImages; ("¡Tenemos que...") iStock.com/DragonImages; ("Gracias por...") iStock.com/Lisayq; ("Tienes la obligación...") iStock.com/Omgimages; ("¡No me critiques...") iStock.com/Dolgachov; ("Felipe, ¡estás...") iStock.com/PeterPolak; 199 iStock.com/Photos; 200 Glumack, Ben; 201 iStock.com/AndySWatson; 202 act. 9: (A) iStock.com/ParkerDeen; (B) Andrew Mayovskyy; (C) iStock.com/Ronen; (D) iStock.com/37bercik; (E) iStock.com/ValuaVitaly; act. 10: iStock.com/Chevrier, Jeff; 204 iStock.com/Ebstock; 205 iStock.com/monkeybusinessimages; 206 (br) Michael Stewart/Getty Images Entertainment; 207 (tr) iStock.com/Sweetlifephotos; 208 ("el cargador") Pung/Shutterstock.com; ("colgar") ALEXSHINE/Shutterstock.com; ("la funda para celular") iStock.com/Poplasen; ("el modo de silencio") VectorPainter/Shutterstock.com; ("el buzón de voz") iStock.com/Erikona; (tc) iStock.com/Lokibaho; ("telefónica") iStock.com/RyanKing999; ("boy on mobile") iStock.com/Monkeybusinessimages; ("girl on mobile") iStock.com/Arekmalang; ("Businessman") iStock.com/Jamirae; ("sonar") iStock.com/Prykhodov; ("marcar") iStock.com/Mishooo; ("el mensaje de texto") iStock.com/Maxkabakov; ("el protector") iStock.com/AlexandrBognat; 209 (tl) iStock.com/VladZymovin; (tr) Oscar Wong/Moment/Getty Images; act. 21: (A) TaTum2003/Shutterstock.com; (B) iStock.com/Jazzanna; (C) iStock.com/Erikona; (D) Nikolay Korolkov/Shutterstock.com; (E) Markuk97/Fotolia; (F) iStock.com/Ljupco; 211 Glumack, Ben; 212 iStock.com/Eila; 213 iStock.com/Mediaphotos; 214 FG Trade Latin/E+/Getty Images; 215 DanielPenfield/Wikimedia; 219 (t) Doug Perrine; (cr) Nature and Science/Alamy Stock Photo; 220 (tr) Dennis M. Rivera/Pichardo for The Washington/Getty Images; (b) By Puerto Rican journalist Milton Carrero Galarza; 222 iStock.com/Ampak; 223 iStock.com/Rawpixel; 226 Maiquel Jantsch/Moment/Getty Images; 228 ("la licencia de conducir") iStock.com/AlexRaths; ("el espejo retrovisor") Lisa F. Young/Fotolia; ("el semáforo") Veniamin Kraskov/Fotolia; ("la glorieta") iStock.com/Lisa-Blue; ("la calle de una sola vía") iStock.com/StudioCampo; ("la calle de doble vía") iStock.com/Badmanproduction; ("pisar el acelerador") April_89/Fotolia; ("prohibido doblar") iStock.com/Bankmoophoto; (tr) iStock.com/AlexRaths; ("pare") NoraDoa/Fotolia; ("el estacionamiento") Dbimages/Alamy Stock Photo; ("el espacio vacío") iStock.com/Mbbirdy; 229 iStock.com/Miszaqq; 230 act. 2: (A, B, C, E) CORBIS Royalty-Free; (D) Lehman, Danny/CORBIS/Getty Images; 231 (tr) Glumack, Ben; (cr) Glumack, Ben; 232 iStock.com/Kali9; 235 iStock.com/Grafissimo; 236 (cr) Roberto Fiadone/Wikimedia; (tl) Moebiusuibeom/Wikimedia; (br) Gobierno de la Ciudad Autónoma de Buenos Aires/Wikimedia; 237 (tr) Plus One Pix/Alamy Stock Photo; (br) iStock.com/Wsfurlan; 238 ("la bocacalle") Anton_Ivanov/Shutterstock.com; ("el cruce de peatones") Capuski/E+/Getty Images; ("el parquímetro") iStock.com/MoreISO; ("la obra en construcción") picture alliance/Getty Images; ("la estación de servicio") NurPhoto/Getty Images; ("la autopista") iStock.com/Kavram; ("el callejón sin salida") iStock.com/Matthewleesdixon; ("la zona verde") iStock.com/A_Taiga; ("el atasco") Matthew Berry/Alamy Stock Photo; ("el kiosco") iStock.com/Lya_Cattel; (bl) Ricardo Ceppi/Getty Images News; (br) iStock.com/Fstop123; 239 act. 19: (A) Fried, Robert; (B) Rangel, Francisco; (C) Fried, Robert; (D) Luxner, Larry/Luxner News Inc.; (E) Peter Leahy/Shuttestock.com; (F) Fletcher, Kevin/CORBIS; 240 iStock.com/AlenaPaulus; act. 23: (A) iStock.com/Minerva Studio; (B) Kraft, Wolf; (C, D) CORBIS Royalty-Free; 241 (bc) iStock.com/Diego_cervo; (tr) iStock.com/Bluecinema; 242 iStock.com/Andresr; 243 (tr) Simson, David; (bc) iStock.com/Abalcazar;